人是媒介的尺度

——保罗·莱文森媒介思想研究

郑燕 著

山东人民出版社·济南
国家一级出版社 全国百佳图书出版单位

图书在版编目（CIP）数据

人是媒介的尺度：保罗·莱文森媒介思想研究 / 郑燕著. -- 济南：山东人民出版社，2021.6

ISBN 978-7-209-13559-7

Ⅰ. ①人… Ⅱ. ①郑… Ⅲ. ①保罗·莱文森 – 传播媒介 – 思想评论 – 研究 Ⅳ. ①G206.2

中国版本图书馆CIP数据核字（2021）第230431号

人是媒介的尺度——保罗·莱文森媒介思想研究

RENSHI MEIJIE DE CHIDU BAOLUO LAIWENSEN MEIJIE SIXIANG YANJIU

郑 燕 著

主管单位 山东出版传媒股份有限公司
出版发行 山东人民出版社
出 版 人 胡长青
社　　址 济南市英雄山路165号
邮　　编 250002
电　　话 总编室（0531）82098914
　　　　 市场部（0531）82098027
网　　址 http://www.sd-book.com.cn
印　　装 山东新华印务有限公司
经　　销 新华书店

规　　格 16开（169mm×239mm）
印　　张 15.5
字　　数 240千字
版　　次 2021年6月第1版
印　　次 2021年6月第1次
印　　数 1-1000
ISBN 978-7-209-13559-7
定　　价 49.00元

目 录

绪 论

第一节 选题的依据和意义

一、研究的缘起

很多人不曾想过，在不远的将来，我们阅读新闻的方式将是：在厨房里，我们挥舞手臂，就可以控制屏幕上的新闻滚动，你点点头，新闻也会自动滚动；当我们密切关注某条新闻的时候，那条新闻就会变得更详细具体，随着阅读的更深入，文本上某条新闻就会有更多链接，更密集的说明。出门时，我们会戴着集智能手机、定位、相机功能于一身的谷歌眼镜，随身携带具有生物识别安全系统和私人助理功能的无屏智能手机，只要你眨眨眼就能拍照上传、收发短信、查询天气路况。看似水到渠成的功能背后蕴含的技术却具有改变世界、改变人类与世界交互方式的潜能，这种通过技术实现的人对现实世界愈来愈强的感知与渗透能力模糊了现实与科技的界限。歌德说，劳动可以使我们摆脱三大灾祸：寂寞、恶习和贫困，随着技术的发展和制度的更迭，很多传统行业或者面目全非或者退出历史舞台。早在互联网发展的初期就有专家预言，互联网将颠覆包含零售、制造、新闻、餐饮、金融、医疗、保险业在内的 17 个传统行业。如今互联网进入智能化阶段，人工智能、物联网、大数据技术的应用使各行业深度融合，智能经济将引起人机交互方式、基础设施层面的巨大改变，同时催生很多新业态，比如交通、医疗、城市安全、教育等各行业正在快速实现智能化，新的消费需求和商业模式层出不穷，这一系列的改变使得我们不得不重新审视我们自己以及我们所生存的这个世界。乔治·奥威尔曾经担心“老大哥”会毁掉我们，而赫胥黎却担心我们将毁于我们所热爱的东西，如今，我们既没有失去自由，也没有毁于我们所热爱的东西，但我们实实在在生活在技术建构的世界之中了。在古代社会，人们觉得他所面对的只是大自然本身，如今，无论你情不情愿，我们都生活在一个被技术彻底改造过的世界里了，火的发明改变了人类吃生肉的习惯与动物区分开来，纸的发明让人类的思想文化可以得到传承，电的发明让夜晚不再漆黑一片，而计算机的发明让技术的进步更快更精准。人类的发展历程从来离不开“改变”。科技是人类的发明，也是生命的产物。技术将我们带上一条方向明确而又前途未卜的路，19世纪中后期以来，西方许多哲学家不约而同地深入反思技术与人的关系问题，海德格尔从历史和文化的视角认为技术就是人的一种存在于世的方式，“人类不是科技轨迹的终点，而是中点，恰好在生命和制造品中间”[1]。

“一切社会变迁都可以追溯到我们头脑中的产物，文明的历史从来都是我们所创造的社会组织发生的连锁性连续事件。社会起初不过是狩猎采集者组成的乌合之众，数代之后有了首领，凭借对农田、土地和用水权的权威性裁决真正定居下来，进而孕育出城市，最终形成国家和民族。文明的每一步都被赋予了如下特征：更加社会化的组织，（家庭关系以外的）人与人之间更多不同种类的联系，更多相互依赖的网络。社会演进中出现的每个组织都作为一个平台，以便给公民带来更多新的组织方式。”[2]更重要的是，这个社会改良的回旋加速器不是由伦理或者宗教，而是由技术推动的。遍寻历史，社会组织的每一个进展都是由新技术的介入驱动的，书写的发明解除了法律公平公正的束缚，标准铸币的发明使贸易更加普遍，激励了创业精神，催生了自由思想。事实上，作为“革命动因”的技术一旦深入社会，就会慢慢渗透到社会制度之中并引发

[1] [美]凯文·凯利著，熊祥译：《科技想要什么》，中信出版社，2011，第358页。
[2] [美]凯文·凯利著，张行舟等译：《技术元素》，电子工业出版社，2012，第11页。

其他功能的改变以适应新技术的形式和内容。当然，技术在帮助人们实现梦想的同时也把人类推入难以避免的交流困境之中，在技术越来越频繁的应用中，我们如何理解它在社会中所扮演的角色？传播技术的发展将如何影响我们的生活和社会的发展？新媒介将如何影响旧媒介的生存？未来，人类是生活在技术主宰的地狱，还是沐浴在技术伺服人类的天堂？在技术的日益发展中，我们是一步步靠近自己的生活理想还是与之渐行渐远了呢？人在技术的发展中居于什么样的身份地位？换句话说，科技是否具备人性？

在技术的变迁中人的主体性是构成媒介人性化趋势的根本原因，但是媒介在满足人的需求的同时，也总是在某些方面违背人的本性或者说诱惑了人性中的劣根性的张扬。法兰克福学派对此保持足够的警醒，他们认为技术不过是一种用来获取权力的手段，是使人成为奴隶的奴隶，媒介营造出的大众文化在多领域都凸显着人的异化。对于媒介技术变迁与人的主体性关系问题需要辩证地看待，不能因为媒介变迁过程中可能存在的负面影响而否定技术的进步作用，从而对技术采取拒斥的态度。

在传播学研究的历史上，很长时期内占统治地位的一直是美国的经验学派和欧洲文化批判学派，他们更关注传播内容、传播效果的研究，对于传播媒介本身的研究被长期忽视，直到 20 世纪 50 年代，加拿大学者哈罗德·伊尼斯从政治经济学的角度把媒介视为影响社会进程和文明发展的重要诱因，麦克卢汉受到伊尼斯的启发，第一次对传播技术进行了系统性研究，将传播技术看作社会变迁和文化发展的重要动力，提出了“媒介即信息”的核心理论，开创了从传播技术角度考察、研究社会的新视角。此后，这一学派在多伦多和美国纽约薪火相传，历经伊丽莎白·爱森斯坦、约翰·卡尔金、尼尔·波斯曼、保罗·莱文森、约书亚·梅罗维兹和詹姆斯·凯瑞等人，形成了西方传播学的媒介环境学派，为我们认识媒介带给人类文明的影响提供了一种独特的视角和方法。

在这一研究群体中，保罗·莱文森（Paul Levinson）继承和发展了麦克卢汉媒介分析的研究视角，借用达尔文的自然选择理论和卡尔·波普尔“社会渐进工程”的变革方案，在麦克卢汉媒介延伸理论的基础上，提出了信息技术的发展和媒介形态的变革是自然界动态进化过程的一部分这一“软”决定论。莱文森对技术促进媒介形态的变革持乐观态度，他认为人在技术演化过程中具有主观能动性，能够主动地对各种媒介的生死存亡进行理性选择，人的能动性是决定媒介使用、传播和发展的重要因素之一；任何一种后继的媒介都会补救前一种媒介功能的不足，技术的最终走向必将越来越贴近“人”自身。莱文森的媒介进化理论和新媒介思想使他超越麦克卢汉和其导师波斯曼，被誉为“后麦克卢汉第一人”。

莱文森的媒介理论所产生的时代背景恰值数字时代来临之际，新技术应用频繁，媒介环境发生重大转变，媒介环境学派的思想越来越受到国内外相关领域的关注。本书就是在这样的媒介环境和时代背景下，希望系统地梳理和审视莱文森的媒介演化理论和媒介技术生态观念，在人与技术的合作、博弈中是否如莱文森预言人总是在其中扮演了主动角色？反观我们自己在媒介环境中，是否如莱文森所言，始终能抓住媒介演化的那根弦，按照我们的意志使之走向我们希望的方向？

二、研究的价值和意义

随着技术的发展，媒介更迭的速度让人始料未及，媒介环境变化引起社会结构、社会文化、社会权利、社会关系、交往方式的变化乃至颠覆，令人瞠目结舌，对生存环境的陌生感和无助感时时困扰着我们，而媒介环境学派的研究主旨越来越受到各界的关注，一度被“遗忘”和“嘲讽”的麦克卢汉疯子被新技术又一次推上了媒介研究的风口浪尖。作为“新新媒介”概念的提出者、践行者的保罗·莱文森，以研究媒介演化史起家，用《数字麦克卢汉》《软利器》《思想无羁》《学习赛博空间》奠定了他传播学大师的地位，被冠以“数字麦克卢汉”和“后麦克卢汉第一人”的美誉。在数字媒介时代，他勤耕不辍，继续写就了影响深远的《手机挡不住的呼唤》和《新新媒介》，完成了他对整个人类媒介历程的完整回顾与观察。目前世界各国在媒介技术应用上趋向于同时化，而我们的媒介生态观念和研究却依然停留在对西方媒介生态理论的学习、引介和模仿的阶段，从西方媒介环境学者那里获得一种学术精神，开拓我们自己的学术研究领域就显得尤为迫切了。本研究就是在这样的时代背景和学术心态中立题，以一种学习和批判接收的态度，运用传播学、社会学、心理学的相关理论，把莱文森及其媒介思想放在当下各种媒介交替往来、融合共生的环境中，放在媒介环境学乃至传播学各种思想的交汇点上，观察其对前人思想的继承、融合、反叛、发展的历史过程，对我国"新新媒介"的应用进行深入剖析。为莱文森媒介演化的"人性化趋势"和"补偿性理论"提供一个不同于西方视角的案例是个很值得期待的事情。因此，本研究无论是从理论上还是实践上都具有探究的意义：

（一）从学术理论上来说，本研究不仅可以进一步拓展我国媒介环境学研究的理论范畴，而且还可以丰富西方媒介环境学者的画像群

在20世纪中叶美国传播学这一学科逐渐形成的过程中，传播学的发展方向曾经是高度多元化和不确定的，有很多方向已经被"遗忘"，而又有一些方向的思想被放大和强化，并最终成为主导性的方向。脱胎于芝加哥社会学派的符号互动论、哥伦比亚社会学派的经验功能主义和欧洲法兰克福学派的工业批判思想成为20世纪传播学的三大阵营。翻开传播学教材我们看到，传播学者们受美国实证主义思潮影响，他们更关注媒介信息的传递内容与效果而忽视对媒介自身的研究，创始于20世纪60年代的媒介环境学派直到20世纪90年代还没有在美国的传播学学术领地中占有一席之地。据林文刚回忆，1983年《传播学杂志》曾经出过一期特刊《传播研究领域的发酵》，刊载了10个国家35位学者对传播学科发展状况的评估。这一期特刊给人留下深刻印象是，传播学研究关注的多半是持续不断的两派之争：一派是管理学派（经验学派），一派是批判学派，从方法论上来说，那就是定性研究和定量研究之争，媒介环境学在传播学领地被人拒之门外。十年之后《传播学杂志》又推出两期特刊，重新评估传播学的最新动态，分别是《学科展望之一》和《学科展望之二》，媒介环境学这个术语再次遭到漠视，没有得到一个字的承认。[1]

北美学者开创的媒介环境学研究是一种以人类为中心的文化研究，他们大多是从科技、文化甚至教育的角度切入，考察传播技术的本质，媒介符号如何影响或定义其传递的信息，信息的结构如何塑造人们思维的过程，这些变化反过来又如何影响文化的形成、延伸与变化？这些研究主要用文化研究、史学和人类学研究方法来解释媒介技术对社会和文化的影响，以静态描述、客观分析

---

［1］此番回忆在林文刚的著作《媒介环境学：思想沿革与多维视野》（北京大学出版社2007版）中有详细的描述。

加忧虑批判为主，在方法论上趋向于定性研究和结构性分析。而中国学者的媒介生态学研究目前的切入点是媒介的生存发展问题，从政治经济学的角度把对媒介的生存发展影响巨大的社会政治经济和人文环境、市场竞争环境作为一个生态系统研究，缺乏一定的人文主义倾向。

进入21世纪以来，我国译介了大量北美媒介环境学的著作并将媒介环境学派代表性人物的思想进行学术解读，比如鼎鼎大名的伊尼斯、麦克卢汉、波斯曼，也有新生代的杰出代表人物詹姆斯·凯瑞、约书亚·梅洛维茨和保罗·莱文森等人。在这些群星中，对麦克卢汉的研究和著述最为丰硕，笔者在2021年6月12日，以“麦克卢汉”为主题词，在中国知网全文数据库检索系统里，共检索到研究论文2422篇，以“麦克卢汉”为篇名，在中国知网全文数据库共检索到研究论文973篇，学位论文41篇，博士论文3篇。对哈罗德·伊尼斯、尼尔·波斯曼、保罗·莱文森、詹姆斯·凯瑞等媒介环境学派代表学者的研究在新世纪热度逐步上升，近十年，莱文森主题的研究比较集中，成果显著，其年份的分布说明我国业界对莱文森的研究正在逐渐升温。笔者认为对于保罗·莱文森的媒介理论研究，可以为我们国内的媒介环境学研究提供一种新的理论方向，从传播机制、媒介演化、认识论层面上拓展我国媒介环境学研究的理论范畴。

（二）从现实的社会背景来看，大数据、智能化时代已经来临，原有的社会组织结构、社会控制与行为、人际交往方式都发生巨变，对技术变化生态性的关注成为我们这个时代尤为重要的事情

早在1996年波斯曼在《教育的终结：重新界定学校的价值》中说：“技术变革不是叠加性的，而是生态性的，一种新技术并非仅仅是追加什么东西，而是改变一切。”[1]

互联网已经成为社会重要的社交和商业平台。第47次《中国互联网络发展状况统计报告》显示，截至2020年12月，中国网民规模达9.89亿，互联网普及率为70.4%；截至2020年12月，中国手机网民规模达9.86亿，网民中使用手机上网的人群占比提升至99.7%；截至2020年12月，我国网络购物用户规模达到

[1]Neil Postman:《The End of Education: Redefining the Value of School》, New York: Alfred A. Knopf. 1996，pp192。

7.82 亿，占网民整体的 79.1%，手机网络购物用户规模达 7.81 亿，占手机网民的 79.2%。[1] 消费者的消费方式和观念的变化迫使传统渠道和网络渠道正在加速融合，移动互联网时代的媒介已经结束了单一功能，由媒介而起的各种社会关系也产生相应的变革，无论你愿不愿意，人类走到今天，技术已如空气般渗透到我们的灵魂里。卡洛琳·马文说："虽然媒介形式一直在改变，但技术的'新鲜性'却是历史的恒量。"[2] 每一种媒介在它们的时代都像现在的新媒介一样既制造了恐慌又使人激动不已。印刷术推翻了口语传统，电报克服了空间距离的束缚，广播电视的声音、图像使文字过时，电脑集文字、图像、声音于一体延伸着我们整个身体的感知系统，而互联网的出现不仅颠覆了广告、制造、金融、新闻、通信等传统行业，而且还打破了原有信息流动中等级森严的把关体系，使社会权力逐渐下放和分化，使民众获得话语权的同时又使其有了更多的机会参与社会管理与文化生产，也使得原有的社会结构、文化观念、交往方式等受到冲击乃至瓦解。人们再也无法回避传播技术和媒介的巨大影响力，迫切需要一种媒介理论来关照它，麦克卢汉及其后继者的媒介研究成为最好的选择。

（三）从保罗·莱文森的学术地位来看，他不仅继承和发展了媒介环境学，并开创了"后麦克卢汉时代"，本研究通过对保罗·莱文森媒介思想的创新性解读，促进中西方媒介理论的沟通与融合

客观地讲，麦克卢汉、波斯曼等老一代媒介环境学者受他们所处的时代环境和技术条件的限制，其研究虽然与信息社会有着千丝万缕的关联，但他们毕竟生活在电子时代，没有机会亲历数字时代的万千景象，所有关于未来的预测，都只是对现在的预言，如凯文·凯利所说"过去的人们能够想象出来新的东西，却想象不出新的环境"[3]。如果说麦克卢汉囿于时代的局限而不能准确而严密地提出数字时代的媒介理论，保罗·莱文森却是幸运的，他生于电子时代长于数字化时期，他的"人性化趋势"和"补偿性"理论极大地吻合了我们这个时

[1] 数据来源于《第 47 次中国互联网络发展状况统计报告》，中国互联网络信息中心 https://www.cnnic.net.cn/hlwfzyj/hlwxzbg/

[2] 大卫·莫利（David Morley）：《媒介理论、文化消费与技术变化》，《文艺研究》2011 年第 4 期，第 99–106 页。

[3] [美] 凯文·凯利著，张行舟等译：《技术元素》，电子工业出版社，2012，第 374 页。

代对技术与人的关系的猜想，使他在众多的新生代媒介环境学者中脱颖而出，成为与“芒福德、伊尼斯、麦克卢汉比肩而立，与翁、埃吕尔、波斯曼不分伯仲”[1]的数字时代传媒大师。

保罗·莱文森（Pual Levinson，1947—），现任美国纽约福德汉姆大学教授，联合教育网络公司创办人兼总裁，美国科幻小说研究会会长，音乐人，纽约大学媒介生态学博士，师从著名的媒介理论家尼尔·波斯曼。莱文森以研究麦克卢汉著称，并在博士论文创作期间提出自己有别于先师的媒介认识论和媒介演化理论，尤其是对于人与技术的关系问题上有自己独到的见解，继承和发展了麦克卢汉的媒介观，并对自己亲历的互联网时代做出不同于别人的观察和解析。麦克卢汉、波斯曼与莱文森都强调“媒介技术观”，波斯曼认为语言是人类最重要的技术和环境之一，在他的多部著作中把媒介与技术画等号，莱文森认为演化过程中的媒介选择越来越支持“前技术”的人类传播模式，这是一种媒介环境也是一种文化，这与麦克卢汉媒介观中充满活力和人性的成分非常契合。

传播技术的问题之所以复杂是因为技术问题从不单纯是技术本身的问题，其间也掺杂着人类主体性的选择。媒介技术如果要投入使用一定会经过人们的反复权衡，一定要被一定范围内的人群所接受，因此，传播技术的新运用必然对人类文明的变迁产生根本性的影响。当技术出现后，它可能会引发一系列新的传播制度的生成并形成新的传播方式，这些方式都会改变人们对事物的认知并导致文化的变迁，而这种新技术运用过程中不可预知的负面影响必然会引发新的对抗力量，在这一系列的互动之后，人类的认知发生变化，文化与文明的变迁发生了。所以在从无到有的永恒流变中，自然界并不是一个充斥着运算法则和机器的冰冷世界，其中“人类独有的弱点、错觉、错误都是十分必要的，因为这些特性的另一头牵着的是人类的创造力、直觉和天赋。偶尔也会带来屈辱或固执的同样混乱的大脑运作，也能带来成功，或在偶然间促成我们的伟

[1]［美］保罗·莱文森著，何道宽译：《思想无羁：技术时代的认识论》，南京大学出版社，2003，译者序第4页。

大”[1]，“我们运用这些工具的时候，应当怀有谦恭之心，铭记人性之本”。[2]

第二节 国内外研究综述

一、国内研究综述

对于个体的研究，总也免不了对他所从属的派系做一个关照，在这个系统内给你的人物找一个思想的坐标，对于莱文森的研究也不例外，要想科学、全面、系统地了解这个人的思想，必先了解他所在的媒介环境学的发展状况及他在其中的位置。笔者在中国知网全文数据库以“媒介生态学”“媒介环境学”“麦克卢汉”“尼尔·波斯曼”“凯瑞＋传播”“保罗·莱文森”为主题词进行文章检索，所得信息基本上涵盖了我国学者在媒介环境学（媒介生态学）这一主题下的研究成果。

（一）截至2021年6月12日，笔者在中国知网全文数据库以“媒介生态学”为主题词，共检索到1372条记录，除去数学、计算机软件与应用、电信技术等学科方面的文献，符合条件的文章有1155篇

表1 “媒介生态学”主题的发文量与年度趋势图

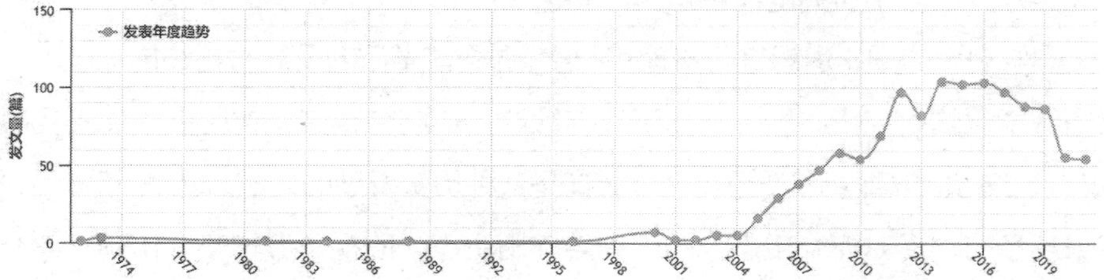

（来源于中国知网数据可视化分析）

---

［1］［英］维克托·迈尔－舍恩伯格 肯尼斯·库克耶著，盛杨燕等译：《大数据时代》，浙江人民出版社，2013，第245–246页。

［2］［英］维克托·迈尔－舍恩伯格 肯尼斯·库克耶著，盛杨燕等译：《大数据时代》，浙江人民出版社，2013，第247页。

查阅相关的研究文献发现，国内最早提及“媒介生态学”这一概念是北京师范大学教授尹鸿1996年在《电视媒介：被忽略的生态环境——谈文化媒介生态意识》一文中，“我们需要用生态学的观点来看待变化着的人与媒介环境之间修正与被修正、控制与被控制的关系，一种健康、平衡的媒介环境需要人与技术的和谐发展”[1]，这是我国最早关于媒介生态的论述。尹鸿强调电视媒介作为一种生态环境在社会中的巨大作用，呼吁从业者应该具备一种文化媒介生态意识，但是对于媒介生态的理论没有深入的探讨。浙江大学的邵培仁教授2001年发表在《新闻大学》冬季刊上的《论媒介生态的五大观念》，首次提出媒介生态的整体观、互动观、平衡观、循环观和资源观，倡导传播生态学要确立媒介与环境、人与自然和谐相处的新型价值观和资源观。2003年清华大学教授崔保国在中国传播学论坛暨CAC/CCA中华传播学术研讨会上提交《理解媒介生态——媒介生态学教学与研究的展开》一文，呼吁国内要重视媒介生态学的研究与教学。2006年武汉大学教授单波与其弟子王冰在《新闻与传播研究》杂志上撰文，细致而深刻地描述了西方媒介生态学派在人、媒介与社会各种力量的互动关系中考察媒介，他们认为北美媒介生态学派开辟了一种媒介研究的新视角，但过分强调科技因素削弱了社会政治经济因素在媒介演化和社会影响中的力量，导致了“其诠释现实时的乌托邦色彩”[2]。2008年邵培仁教授和其博士生廖卫民在浙江大学学报（人文社会科学版）发表《思想·理论·趋势：对北美媒介生态学研究的一种历史考察》一文，从历史发展的角度，对北美媒介生态学史上的重要思想进行梳理和归纳，透视该学派的发展轨迹和内在逻辑，指出该学派的研究正沿着“学术研究与社会行动结合，文化批判向人文关怀靠拢”[3]的方向发展。或许是巧合，或许是一种历史发展的必然，2008年以后，越来越多的学者对媒介生态学的研究转向用生态学的视角考察媒介市场、媒介

---

[1] 尹鸿：《电视媒介：被忽略的生态环境——谈文化媒介生态意识》，《电视研究》1996年第5期，第38–39页。

[2] 单波、王冰：《西方媒介生态理论的发展及其理论价值与问题》，《新闻与传播研究》2006年第3期，第2–13页。

[3] 邵培仁、廖卫民：《思想·理论·趋势：对北美媒介生态学研究的一种历史考察》，《浙江大学学报（人文社会科学版）》2008年第3期，第180–190页。

形态以及新媒介对社会、文化的影响等方面，如中山大学教师聂静虹的《媒介生态视角下的网络隐私权保护》，马婧的《从媒介生态学角度看网络受众的双重身份》，孙薇的硕士论文《关于SNS网站的媒介生态研究》，余艺的硕士论文《媒介生态学视域下电视民生新闻栏目的类型分化研究》，李献惠的《媒介生态视野下编辑活动的三个维度》等。

从统计数据分布情况看，我国对媒介生态学研究的全面展开是从2007年开始的，2012年到2016年达到高潮，每年平均有百篇文章发表。在国内，媒介生态学研究的重镇在浙江大学传媒与国际文化学院，这当然与媒介生态学的灵魂人物浙江大学传播研究所的所长邵培仁先生的鼎力推动不无关系，他也是国内在传播学领域主张“生态学”概念的第一人。在检索到的文献中，浙江大学有37篇，其中邵培仁先生就有10篇。其次，武汉大学与四川大学也是媒介生态学研究的核心地区，武汉大学博士生导师单波和他的博士生王冰对媒介生态学的研究更倾向于北美媒介环境学的引介、梳理和深思，其中王冰的博士论文《北美媒介环境学的理论想象》是一篇理论功夫深厚的文章；四川大学以李晓云博士为主，她2007年的博士论文《尼尔·波斯曼的媒介生态学研究》，围绕博士论文选题发表多篇论文，主要是对尼尔·波斯曼的媒介生态观念和技术批判理论的思考。基金分布中，国家社会科学基金占绝对优势，此研究主题有27个国家社科基金立项。总体而言，中国学者的媒介生态学研究立足于将媒介环境作为一个生态系统去研究，更关注媒介的经营管理状况和社会政治、经济因素对媒介生死存亡的影响，而不是从媒介历史演变和自身生命力上去分析，缺乏一定的历史文化倾向。

（二）截至2021年6月12日，以“媒介环境学”为主题词，在中国知网全文数据库检索系统里，剔除无效信息与不相关学科，共检索到897篇文献

与北美媒介环境学分为加拿大多伦多学派和美国纽约学派一样，在中国对于“Media Ecology”的研究，也分为两个派别，一个是上文提到的以浙江大学邵培仁先生为核心的“媒介生态学派”，另一个当属以深圳大学何道宽教授为灵魂的“媒介环境学派”。对“媒介环境学”这一概念下的研究是从2006年何道宽先生发表在深圳大学学报第6期上的《异军突起的第三学派——媒介环境学评论之一》开启的，这篇文章解释了“Media Ecology”如何翻译命名的问题，并对媒介环境学派的历史分期和我国学者对该学派的认识做了详细的论述，主张深化对这个学派及其代表人物的研究，随后何先生又陆续发表6篇对媒介环境学的系列文章，形成自己对媒介环境学派研究的系列成果。

表2 “媒介环境学”主题的发文量与发表年度趋势图

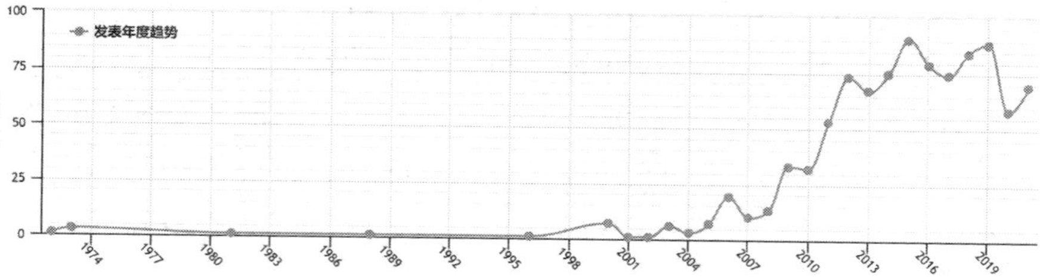

（来源于中国知网数据可视化分析）

我国学者对媒介环境学的研究主要集中在媒介环境学派的思想探源、范式革命、理论的梳理和思考上。清华大学教授刘建明2009年发表在武汉大学学报（人文科学版）第3期上的《媒介环境学理论范式：局限与突破》一文，指出媒介环境学派突破了经验学派和批判学派的理论范式，从人性化的角度理解媒介形态的演化，强调了媒介对人和社会的结构性影响，显示该学派人文情怀，但该学派忽视了传播主体和政治经济等社会因素对媒介效果的影响，体现了该学派理论范式的局限。单波、王冰于2010年在《新闻与传播研究》发表《媒介即控制及其理论想象》一文，在媒介环境学的基础上阐明“媒介即控制，即那嵌入我们自己的延伸里的隐蔽的偏向实质上是理性的控制偏向”[1]。秦州、王苦舟、许珂、杨慧琼和程栋梁等人也从媒介环境学的理论上进行探讨，而周海英、张芳圆、赵梦溪等人更倾向于从媒介环境学视野下看新媒体对社会的影响。应何道宽先生的呼吁，李明伟、王颖吉、戴元光、夏寅、王鑫等人对这一学派的代表人物如芒福德、波斯曼、伊尼斯、莱文森等人的媒介思想进行考察，分别论述和引介了麦克卢汉“媒介即人体的延伸”，芒福德“容器论”，波斯曼的媒介技术批判理论，莱文森的媒介演化“人性化趋势”理论、“补偿理论”，

[1] 单波、王冰:《媒介即控制及其理论想象》，《新闻与传播研究》，2010第2期，第41-49页。

同时探讨了媒体演化过程对这些理论的印证。

在“媒介环境学”这一概念下的研究自2006年何道宽先生的《异军突起的第三学派——媒介环境学评论之一》开始，直到2009年才逐渐多起来，一直到现在呈稳步增长之势。从研究者发表文章数量、被引用频次、发表刊物的等级三个变量来考查，媒介环境学研究核心人物当属深圳大学的何道宽教授，在他的影响和带动下，深圳大学成为我国媒介环境学研究的中心地带。

（三）截至2021年6月12日，以“麦克卢汉”为主题词，在中国知网全文数据库检索系统里，共检索到有效信息2041条，学术期刊有1953篇，硕士学位论文149篇，博士学位论文13篇

表3 “麦克卢汉”主题发文量与发表年度趋势

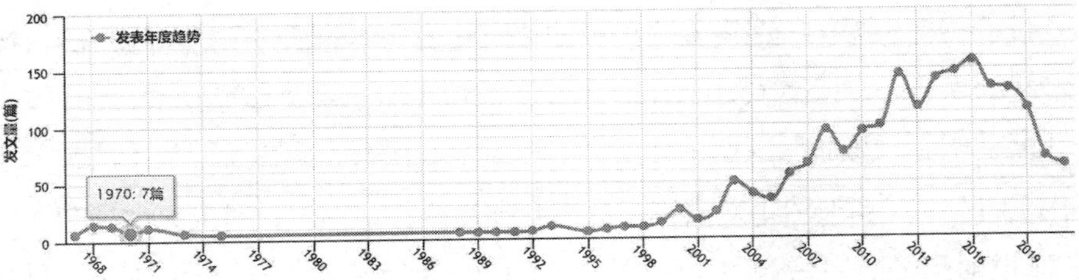

（来源于中国知网数据可视化分析）

从上表可以看出，国内学界对于麦克卢汉的研究，主要集中在2000年以后，之前的20年里总共近百篇文章，而仅2012年就有144篇文章，2016年达到峰值，近两年有回落的趋势。国内最早的一篇关于麦克卢汉的文章是《国际新闻界》1981年第3期上发表的李中子、周致翻译韦尔伯·施拉姆的文章《谈谈大众传播》，文中谈到大众传播的作用和影响时，引用马歇尔·麦克卢汉的观点，人们通过传播媒介获得信息这一行为本身就是一个重要的影响，传播技术使得人们不必像过去一样在现实生活中当场观察，通过文字符号呈现现实生活的状态，这样就使得人们脱离了现实，所以他认为技术并没有帮助人们更加社会化，而是更加个人化。在这一点上，电视要比印刷物好得多，电视是一种更真实、自然的大众媒介。[1]这是国内最早出现的对麦克卢汉思想的引用和阐释。

1988年由何道宽先生翻译完成，1992年四川人民出版社出版的麦克卢汉的成名作《人的延伸——媒介通论》（中译本第二版更名为《理解媒介——论人的延伸》），开始正式向国内学人引介麦克卢汉及其理论。1991年《四川外语学院》报第1期发表了何道宽先生的《跨学科的文化研究——‹人的延伸›中译本序》，同年北京广播学院教师孙振斌在《现代传播》第3期撰文《大众媒介：人的比喻》，论述了麦克卢汉“所有媒介都是活生生的比喻”[2]的观点，随后中国青年政治学院教师李彬在《郑州大学学报（哲学社会科学版）》1991年第4期发表论文《奇文共欣赏 疑义相与析——麦克卢汉媒介观之新探》，这是国内两篇关于麦克卢汉思想最早的研究性文章。

中国传媒大学教授陈卫星于1997年在《新闻与传播研究》第4期撰文《麦克卢汉的传播思想》，指出麦克卢汉的“媒介是人体的延伸”这一思想的直接来源是刘易斯·芒福德（Lewis Mumford）的传播技艺是“人的延伸”和“技术变化是文明史的核心”这两个观点。上海大学教授张咏华在《现代传播》2000年第1期发文《新形势下对麦克卢汉媒介理论的再认识》，对麦克卢汉的思想在20世纪60年代和90年代末两度绽放的原因进行了详细的分析，提供了具有相当价值的关于麦克卢汉思想研究的信息。

对于麦克卢汉的研究，无论是从时间上还是研究论文的数量和质量上，何道宽教授均功不可没，从1991年的《跨学科的文化研究——‹人的延伸›中译本序》至今，何先生共有15篇文章直接涉及麦克卢汉的媒介理论、学术转向以及对麦克卢汉思想的当代诠释。其次是兰州大学的李曦珍、广西大学的李庆林、中国传媒大学的梁颐、深圳大学的李明伟、南京大学的胡翼青、中国人民大学的陈力丹、武汉大学的梅琼林等一批学者，均对麦克卢汉的思想有深刻全面的研究。从发表文章作者分属单位来看，中国传媒大学、四川大学、南京大学、武汉大学当属麦克卢汉研究的四大重镇。

---

[1] 韦尔伯·施拉姆著，李中子、周致编译：《谈谈大众传播》，《国际新闻界》1981年第3期，第26–29页。此文章是李中子、周致编译自美国乔治·密勒编《心理学与大众传播》一书第16篇文章《大众传播》，美国1974年版。

[2] 李明伟：《媒介形态理论研究》，博士学位论文，中国社会科学院，2005，第2页。

（四）截至 2021 年 6 月 12 日，以“尼尔·波斯曼”为主题词，在中国知网全文数据库（中文）检索系统里，共检索到 232 篇相关的研究文章

表 4 “尼尔·波斯曼”主题的发文量与发表年度趋势图

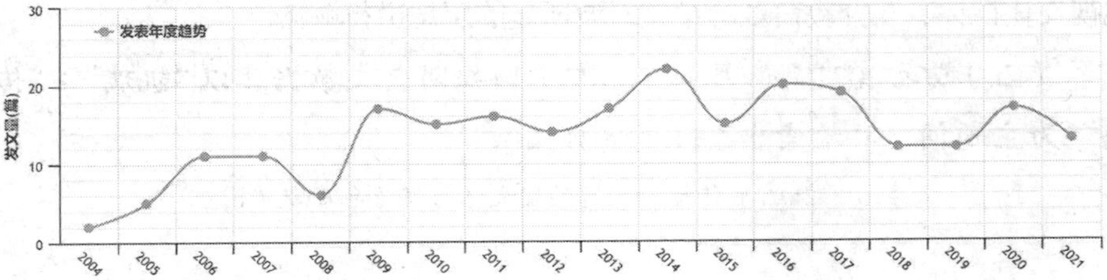

（来源于中国知网数据可视化分析）

从表 4 的时间分布来看，国内对于波斯曼的研究始于 2004 年，在 2006—2007 年是第一个研究小高潮，这一阶段的文章主要是对波斯曼思想的介绍和书评，从媒介哲学和教育学的角度进行诠释，解读不是很深刻；2009—2011 年这一时期对波斯曼的研究保持稳定的热度，对波斯曼媒介思想的研究从数量到质量都有所提升；2014—2017 年是对波斯曼思想研究的高峰期。其中 2007 年四川大学李晓云的博士论文《尼尔·波斯曼的媒介生态学研究》及其产生的两篇期刊论文对波斯曼的媒介生态学思想进行了全面而细致的梳理和分析，同期兰州大学瞿辉的硕士论文《电子媒介时代的技术悲观主义》对波斯曼的技术批评思想进行阐述。

对波斯曼媒介思想的研究主要集中在三个方向：一是对媒介娱乐化倾向的批判和“童年消失”的担忧，尤其是研究了新媒介环境下童年文化与人类文明之间的血缘关系，童年困境与文化困境之间的内在联结等问题（赵霞 2014）；二是对波斯曼媒介技术垄断批判思想的阐释，认为波斯曼对前互联网时代的电子媒介的批判集中于电子媒介瓦解了印刷媒介所构筑的理性和自律，解构了大众文化中严肃理性话语论述的空间（舒超逸 2016），整个社会文化生活的娱乐化和低智力化，将社会带入技术的集权统治阶段，而波斯曼对于互联网这一新兴电子媒介的关注则明显弱化（吴晓恩 2014）；三是对他的媒介生态观念的阐释，谢清果与赵晟（2018）从社会话语变迁的角度研究波斯曼的媒介技术演进思想，认为不同时代的媒介技术是各自时代的主导隐喻，新旧媒体的交替绝不是单纯的媒介工具之间的对抗，而是媒介技术俨然成了人类认识世界的钥匙，同时也引发话语权力的转移，进而导致人类社会的变革。国内对波斯曼媒介思想研究的主阵地集中在中国传媒大学、四川大学和安徽大学，尤其是四川大学的博士生李晓云对波斯曼的研究最为系统，分别从媒介生态观、媒介技术垄断及变迁、电视文化批评、媒介教育观等角度对波斯曼的思想进行解读。

（五）截至2021年6月12日，在中国知网全文数据库以“凯瑞”+“传播”为主题词，共检索出234篇有效文章

表5 “凯瑞+传播”主题的发文量与发表年度趋势图

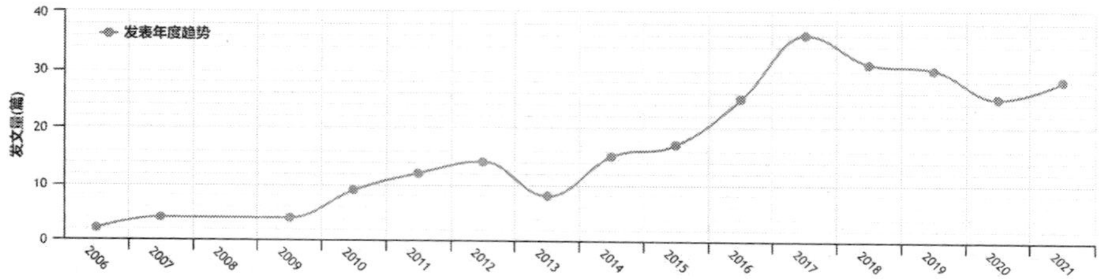

（来源于中国知网数据可视化分析）

从表5可以看出，对于詹姆斯·W.凯瑞的研究始于2006年，2016年至今研究热度不减，每年发文量在30篇左右，研究集中在凯瑞的传播仪式观、文化传播与符号互动、国家认同与品牌建构等议题。西北大学、上海大学、南京大学及武汉大学是詹姆斯·W.凯瑞传播思想研究的集中地区，刘建明（武汉大学）、陈力丹与王晶（中国人民大学）、韩瑞霞（上海交通大学）、胡翼青（南京大学）等人是凯瑞传播思想研究的主要学者。

对詹姆斯·凯瑞的研究始于深圳大学丁未教授《电报的故事——詹姆斯·凯瑞〈作为文化的传播〉札记》的文章，天津外国语学院张建中在2007年《国际新闻界》第4期上的文章《詹姆斯·凯瑞与美国传播学研究》认为，詹姆斯·凯瑞是美国七八十年代媒介理论研究复兴的主要推动者，他提出的传播仪式观为美国传播学研究开辟了新的路径，中国人民大学陈力丹教授发表在《国际新闻界》2008年第8期上的文章《传播是信息的传递，还是一种仪式？——关于传播“传递观”与“仪式观”的讨论》备受关注，这是中国人民大学新闻学院的研究生对凯瑞提出的关于传播的“传递观”和“仪式观”的讨论，他们认为仪式观是对传递观的有益补充，从传递观到仪式观是一种递进的关系。“仪式观强调的是传播中的符号对于人类思想、经验的重要影响……传播的本质应当是人类通过符号进行彼此经验和意义的交流过程。”[1] 2010 年陈力丹和王晶在《中国地质大学学报（社会科学版）》第 4 期的文章《节日仪式传播：并非一个共享神话——基于广西仫佬族依饭节的民族志研究》指出，学界对詹姆斯·凯瑞的传播仪式观最大的质疑在于其观点的理想化，但是通过陈力丹和王晶在广西罗城仫佬族依饭节民族志调查的基础上，阐释仪式传播中的文化共享与信仰塑造过程中发现，“有关传播仪式观的思想并非是带有神话色彩的仪式‘乌托邦’”[2]。安徽大学姜红教授在 2009 年《新闻与传播研究》第 3 期撰文《“仪式”“共同体”与“生活方式”的建构——另一种观念框架中的民生新闻》，以詹姆斯·凯瑞和约翰·杜威的“仪式 / 共享”观为框架审视民生新闻，发现民生新闻不仅提供信息，更重要的是共享文化。2016 年至今对凯瑞媒介思想的研究依然是对媒介仪式观的解读，不过分析解读的媒介及环境都迁移到了移动网络及智能化媒介，而非电子媒介了。

（六）截至 2021 年 6 月 12 日，在中国知网全文数据库以“保罗·莱文森”为主题词，共检索出 194 条有效文献

表 6 “保罗·莱文森”主题的发文量与发表年度趋势图

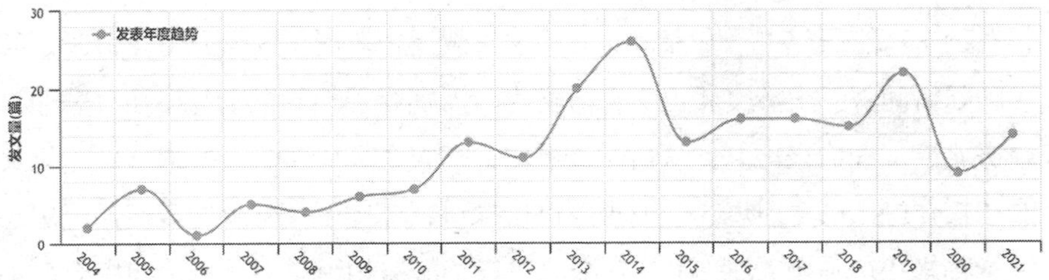

（来源于中国知网数据可视化分析）

[1] 陈力丹：《传播是信息的传递，还是一种仪式？——关于传播“传递观”与“仪式观”的讨论》，《国际新闻界》，2008 年第 8 期，第 44–49 页。

[2] 陈力丹、王晶：《节日仪式传播：并非一个共享神话——基于广西仫佬族依饭节的民族志研究》，《中国地质大学学报（社会科学版）》，2010 年第 4 期，第 73–76 页。

说起保罗·莱文森就必然要说何道宽，何先生于2001年翻译引进了保罗·莱文森的《数字麦克卢汉信息化新纪元》一书，之后的十年间，他分别翻译引进了莱文森的另外六本专著：《思想无羁》（2004）、《手机：挡不住的呼唤》（2004）、《真实空间：飞天梦的解析》（2006）、《莱文森精粹》（2007）、《软利器》（2011）、《新新媒介》（2011），对保罗·莱文森的媒介思想研究随即展开，2017年他的博士论文《人类历程回放：媒介进化论》由邬建中翻译出版，至此，他的所有传播学专著都被翻译成中文。2014、2019年分别是对莱文森媒介思想研究的两个小高潮，研究的主题涉及莱文森的媒介进化理论、技术哲学思想以及对麦克卢汉思想的超越和对导师尼尔·波斯曼的反叛，2019年这次研究的小高潮议题集中于莱文森的移动媒介（手机）的沉浸传播与互动体验式传播思想。

2006年，兰州大学硕士生杨先起开启了我国对保罗·莱文森媒介思想的研究，他在硕士论文《数字时代的麦克卢汉》中对保罗·莱文森的生平、主要媒介理论、思想渊源进行梳理分析，但是缺乏深入的思考。2008年，浙江大学邵培仁教授和他的博士生廖卫民在《思想·理论·趋势：对北美媒介生态学研究的一种历史考察》一文中简短地介绍说莱文森的首要贡献是提出了“媒介进化论”；2009年浙江大学研究生杨陶玉在《东南传播》第3期撰文《媒介进化论——从保罗·莱文森说起》，开始对北美媒介环境学派第三代代表人物保罗·莱文森展开研究，全文从技术和社会文化两个维度论述了莱文森媒介进化论思想，对莱文森的研究进一步深入。上海大学戴元光教授和其研究生夏寅在2010年《国际新闻界》上撰文《莱文森对麦克卢汉媒介思想的继承与修正——兼论媒介进化论及理论来源》，从哲学、进化论、媒介环境学三方面对保罗·莱文森的“媒介进化论”思想的理论来源进行探讨，详述了莱文森对麦克卢汉思想的继承和修正。陈功（2013）从媒介演进线路图谱和媒介进化理论对媒介环境学的超越两个方面对莱文森的媒介思想深入研究，莱文森对媒介环境学的超越体现在“三个层面上的拓展：其一，强化动态的媒介整体观；其二，构建人性化的媒介进化观；其三，提出软媒介决定论”[1]。胡翌霖（2013）认为“莱文

[1] 陈功：《保罗·莱文森的媒介进化理论对媒介环境学的超越》，《当代传播》2013年第2期，第24-29页。

森肤浅地继承了媒介环境学的传统，他认为技术在初生阶段所带有的弊端将在演化的过程中被淘汰或补救，但莱文森的进化论面临三个问题：谁在进行选择？何以选择？选择的结果如何评估？对这三个问题，莱文森的答案都是'自然——人性'，并给出了一幅黑格尔式的理论图景，但他错误地设定了某种前技术的'自然状态'的人性，未能贯彻媒介环境学从生态整体考察媒介的基本立场，没有意识到价值标准也存在范式革命"[1]，这是首次对莱文森的媒介进化论中"人性化趋势"理论进行反思，陈功（2014）也认为莱文森在其媒介进化理论中"坚持以人为中心的媒介立场不彻底，摇摆在'媒介'与'人'两个中心之间"[2]，没有彻底摆脱硬媒介技术决定论的影响。

国内对保罗·莱文森的研究主要集中在中国传媒大学、山东大学、西南大学，梁颐、田维钢、付晓光（中国传媒大学），陈功（湖南科技大学），戴元光（上海大学），胡翌霖（北京大学）等人的研究成果比较有参考价值和借鉴意义。

（七）国内对媒介环境学派以著作的方式进行论述的学者群体呈现由知名教授向青年博士拓展的趋势

国内对媒介环境学派以著作的方式进行论述的学者中分为两个主要群体：以张咏华、邵培仁、崔保国等著名教授及其博士生为核心的研究团体，上海大学的张咏华教授是最早关注到媒介环境学派的，她在1998年出版的《大众传播社会学》一书中，评述了梅罗维茨的"情境论"，后来她又出版了《媒介分析：传播技术的神话解读》（2002）一书，对媒介环境学重要的学者如伊尼斯、麦克卢汉等人的传播思想做出重要评价，是我国对媒介环境学派比较完整而翔实的介绍和解读，是研究此学派非常重要的参考文献。邵培仁先生的《媒介生态学》（2008）对媒介生态种群、集群、系统和信息生态、符号生态、受众生态等基本问题进行了深入的分析和探讨，试图建立起媒介生态体系，值得一提的是，邵培仁先生的博士生从2006年至2009年间，有近十人从博士论文选题到

---

[1] 胡翌霖：《技术的"自然选择"——莱文森媒介进化论批评》，《国际新闻界》2013年第2期，第77-84页。

[2] 陈功 张顺军 赵华：《保罗·莱文森媒介进化理论的价值及局限性》，《中外文化与文论》，2014第2期（辑刊），第132页。

个人学术论文，都涉及媒介环境学（邵先生更倾向于使用媒介生态学这一术语）这一主题。

国内媒介环境学研究的展开同北美研究趋势相似，呈现出由知名教授向青年博士拓展的趋势。一些散落于著名大学和研究机构的青年博士生群体，他们不约而同地在 21 世纪初关注到媒介环境学派，并将之作为自己博士论文的选题方向。中国社科院博士生李明伟（《媒介形态理论研究》2005）、武汉大学博士生王冰（《论北美媒介环境理论的建构及其问题》2006）、复旦大学博士生李洁（《传播技术建构共同体？从英尼斯到麦克卢汉》2007）和四川大学博士生李晓云（《尼尔·波斯曼的媒介生态学研究》2007）是国内较早关注这个学派将之作为博士论文选题的学生，他们对媒介环境学派进行了理论溯源和整体描述，并对代表性人物如英尼斯、麦克卢汉、波斯曼的媒介思想进行研究和梳理，丰富了学界对媒介环境学的研究和认知。另外，还有一位非常重要的年轻学者——南京大学的胡翼青，他在两本重要的著作《学科危机与范式革命》和《再度发言》中从社会学的角度对媒介环境学的范式革命、媒介环境学与芝加哥社会学派的渊源来探究传播学的学科建构和历史发展。

（八）我国媒介环境学研究成果发布平台集中在《国际新闻界》《青年记者》《东南传播》等杂志

对在中国知网全文数据库搜索主题词“媒介环境学”“媒介生态学”“麦克卢汉”“尼尔·波斯曼”“英尼斯”“凯瑞+传播”“保罗·莱文森”得出的文献，依据文献来源分组，取各主题词下发表文章数量最多的前三位期刊，可以很清晰地看出媒介技术学派（媒介环境学派）在中国的研究平台的分布情况。

表 7 中国大陆“媒介环境学”文献分布平台

主题词	媒介环境学			媒介生态学			麦克卢汉			伊尼斯			尼尔·波斯曼			凯瑞+传播			保罗·莱文森		
文献来源	东南传播	国际新闻界	新闻世界	东南传播	华中师范大学	青年记者	青年记者	国际新闻界	东南传播	国际新闻界	山东大学	河南大学	青年记者	新闻爱好者	新闻世界	国际新闻界	新闻研究导刊	西北大学	青年记者	新闻研究导刊	山东大学
数量	17	13	12	18	15	12	32	32	31	9	7	6	8	6	5	15	11	10	12	6	6

在 7 种类型分组中，从各期刊在各类型排行榜中的占有席位看，前三位的

是《国际新闻界》《青年记者》《东南传播》；从各期刊发表论文的总数看，《东南传播》《青年记者》《国际新闻界》占据前三位；从论文发布横跨的时间来看，当属《国际新闻界》历时最久，从1981年发表李中子、周致翻译的施拉姆《谈谈大众传播》一文至今，历时40年，始终不渝地坚持关注北美媒介环境学派的研究和发展，无论是从数量上、质量上还是时间上，都堪称是中国对媒介环境学派研究论文发布的最主要平台。《青年记者》和《东南传播》对媒介环境学派的关注要晚得多，分别是从2003年和2005年开始发表相关论文，但是从关注的主题和发表论文的数量来看，都是媒介环境学派研究的重要发布平台。

二、国外研究历史与现状

媒介环境学缘起于加拿大，开枝散叶于美国。传播学本就是个交叉学科，带有多种人文学科杂交的特点，又加上这个学派的鼻祖伊尼斯的经济学背景和麦克卢汉的外国文学背景，所以国外关于媒介环境学的研究涉及传播学、生态学、哲学、社会学与信息技术等多个领域。

（一）有些学者具有深厚的历史视野，面对媒介与技术带来的困惑他们关注媒介与技术、环境与文明的演进，时空跨度比较大

哈罗德·伊尼斯作为一名经济学教授却以《传播的偏向》和《帝国与传播》敲开传播学的大门，并开启了一个新的传播学派——媒介环境学派。瑞士著名城市建筑学家西格弗里德·吉迪恩（Siegfried Giedion）说："历史不是事实的编纂，而是对生命动态过程的洞见。而且，要求得这一洞见，不能用全景式的扫描，不能用鸟瞰的方法，只能把某些具体的事件分离出来进行精细的考察，就像拍特写镜头那样进行深入的检视。这种方法既能够从内部也能够从外部对一种文化进行评价。"[1] 伊尼斯秉承了这一研究方法深入到隐蔽的历史情境中，用参与性的关怀去研究历史运行机制，他用媒介"偏向论"对历史和历史模式做出解释："一种新媒介的长处，将导致一种新文明的产生。"[2] 所以，

[1] Siegfried Giedion, Space Time and Architecture, Cambridge, Mass, 1967. 转引自[加]哈罗德·伊尼斯著，何道宽译：《帝国与传播》，中国人民大学出版社，2003，麦克卢汉序言第2页。

[2][加]哈罗德·伊尼斯著，何道宽译：《传播的偏向》，中国人民大学出版社，2009，译者序第8页。

在《帝国与传播》中，他没有专注于某一个地区或者帝国某些时期的微观研究，而是集中研究了西方历史上大大小小的几十个帝国，并与东方帝国进行比对参照，揭示了文明兴衰的运行机制。如果说伊尼斯“是把历史当作一台戏，整个世界就是剧组”的话，耶鲁大学荣休教师，西方著名古典学家埃里克·哈弗洛克（Eric Havelock）的研究则是给研究目标拍“特写镜头”，他在《柏拉图导言》（1963）中以荷马史诗为例阐释了古代希腊字母的发明使书写广泛普及，而字母书写奠定了西方文明的基石，与印刷术共同促进了欧洲社会的民主化进程。媒介环境学派第二代核心人物圣路易斯大学教授沃尔特·翁就公开认同哈弗洛克的论点，沃尔特·翁以研究彼得·拉米斯和口语文化著称，代表作品有《拉米斯、方法和对话的式微》（1958）、《语词的在场》（1967）、《口语文化与书面文化：语词的技术化》（1982）等，在《口语文化与书面文化——语词的技术化》中，他第一次提出原生口语文化和次生口语文化的概念与区别，界定了原生口语文化具有记忆、移情、参与共享、情境化等九大特征。80年代以后，加拿大传播学家、媒介环境学派第二代代表人物罗伯特·K.洛根（Robert K Logan）和英国剑桥大学的人类学家杰克·古迪（Jack Goody）延续了沃尔特·翁的研究路线，认为技术化是人类历史上社会与心理转变的根源，传播方式的改变带来了文化和意识模式的改变。

（二）有的研究者立足于媒介自身的研究，不仅开启了泛媒介的视野，而且从信息传播的角度来考察人类的历史

以《机器新娘》《古登堡星汉璀璨》和《理解媒介》三部曲闻名于世的马歇尔·麦克卢汉当属其中的代表人物，麦克卢汉重新界定了媒介的内涵，并深入探索媒介如何改变人们的思维方式和对事物的理解方法，他认为人们交流所使用的媒介这一介质而非媒介内容在更大程度上决定了社会的形态与结构。无疑，麦氏的理论让人耳目一新，事实也证明了他预言的准确性，但这并没有使他避免遭受批评，英国文化研究学者雷蒙·威廉斯直言不讳地批判了麦克卢汉在媒介研究中的偏颇：“麦克卢汉的媒介理论忽视控制和使用媒介的机构和人，断言媒介的技术特征决定人们的思考和行为方式，避而不谈社会意图问题。”[1]相比而言，

---

[1] 单波、王冰：《西方媒介生态理论的发展及其理论价值与问题》，《新闻与传播研究》，2006年第3期，第2-13页。

密执安大学教授伊丽莎白·爱森斯坦倾毕生心血精心打造的经典著作《作为变革动因的印刷机》则要全面得多了，她不囿于研究印刷技术本身，而是考察了从手抄书文化向印刷文化转变的总体意义，专注于印刷革命对欧洲三百年间的文艺复兴、新教改革和科学革命的影响，既有宏观视野也有微观角度。

（三）有些学者从人性关怀的角度，一直保持警醒的态度，用批判学派的凌厉视角关注媒介与社会的互动问题

随着电子媒介的出现，技术环境学派的研究从"'口传—书写'的二元对立走向了'口传—书写—电子传媒'的三维观照"[1]，他们从一开始就保持警醒的态度，用批判学派的凌厉视角关注媒介与社会的互动问题，有学者认为我们正处在印刷时代的晚期，对传统印刷充满忧虑，认为印刷文本将被电子文本全面取代，并断言传统媒介已近黄昏。美国批判社会学派代表人物丹尼尔·贝尔指出经济增长唤起了人们难以遏制也难以满足的持续提高的期望是资本主义文化矛盾的一个来源，这些期望与社会各种问题结合起来"导致了失落感和危机感，动摇了个人对社会的信仰"[2]。20世纪70年代由电视主导的图像形式支配了文化的走向，媒介环境学的创始人波斯曼对于电视所主导的文化的批判接踵而来，与麦克卢汉的道德中立不同，波斯曼极其关注媒介技术自身对文化的控制及影响并给予旗帜鲜明的价值判断，他认为新媒介重塑文化内容的方式是通过改变人们的认识论来完成的。在工业社会中，电报和摄影术奏响了文化符号语境改变的前奏，印刷文化正逐渐衰退，以电视为代表的电子媒介形成了新的文化语境并影响着人们的社会生活和制度建设，娱乐是电视媒介偏向的公共话语模式，无论是对社会的映射还是客观描述电视都以娱乐的方式呈现，娱乐成了公共话语的内容并延伸至整个文化。在《童年的消失》（1982）里他指出电视这一媒介的出现模糊了成人与儿童之间的界限，以娱乐为主的电视文化主导了社会文化的走向，所以波斯曼在《娱乐至死》《童年的消失》和《技术

---

[1] 单波、王冰：《西方媒介生态理论的发展及其理论价值与问题》，《新闻与传播研究》，2006年第3期，第2-13页。

[2] [美] 丹尼尔·贝尔著，严蓓雯译：《资本主义文化矛盾》，江苏人民出版社，2007，第302页。转引自单波、王冰：《西方媒介生态理论的发展及其理论价值与问题》，《新闻与传播研究》，2006第3期，第2-13页。

垄断》中以振聋发聩的声音发出警告：人们由于享乐而失去了自由，以娱乐方式出现的公众话语成为一种文化精神，他以难以辩驳的证据提醒人们毁掉我们的，不是我们所憎恨的东西，而恰恰是我们所热爱的东西。这种批判和反省成为一部分媒介环境学者的内在意识，而他的嫡传弟子保罗·莱文森对他的这种呐喊则用“杞人忧天”来回应他。

（四）有些学者用技术乐观主义的态度，生态与哲学的视野，提出媒介人性化趋势理论

保罗·莱文森是尼尔·波斯曼的博士生，自称为麦克卢汉的门外弟子，他开创了媒介演化与技术哲学相结合的学术路径，通过对媒介演化过程的观察与思考展开技术与人性的哲学反思，他通过吸收与扬弃唯心主义哲学家笛卡尔与康德，进化论专家坎贝尔与波普尔等人的理论，完成了对马歇尔·麦克卢汉、尼尔·波斯曼等前辈媒介思想的继承与超越。他沿着技术—媒介—进化的视角，考量媒介形态变化、技术变革与人类文明的关系，考察媒介技术演进过程中所构建的环境对人类和自然的反作用，提出以技术进化为主线的知识进化论，主张人对技术的理性选择。他在 1979 年的博士论文《人类历程回放：媒介进化理论》中首次提出自己学术生涯中最有影响的媒介进化论，围绕“技术在模仿人、复制人体的感知模式和认知模式的趋势上越来越像人”这一主题，突出了人的主观能动性，扬弃了麦克卢汉的“媒介决定论”。在《思想无羁：技术时代的认识论》一书中从哲学和进化论层面阐述媒介进化的人性化趋势，而《软边缘：信息革命的历史和未来》进一步阐述了任何一种后继的媒介都是对前一种媒介功能的补救，技术越完美，媒介功能也就越来越接近人自身，而媒介演化的动力来自人的理性选择，强调了人的主动性，对媒介演化和人类前途抱有积极乐观的态度。莱文森除了在媒介演化史方面的著述外，还有两本书不容忽视，那就是《手机：挡不住的呼唤》和《新新媒介》，如果说他以前的研究视野是纵向的演化史，这两本书则是横向的媒介解剖，手机作为人类移动的家园，它能够生成新的社会环境和关系，它赋予我们了不起的力量，又使我们相当脆弱。《新新媒介》完成了莱文森对当代媒介的“三分说”：旧媒介、新媒介和新新媒介，讲述了新新媒介的到来与冲击，他从媒介哲学高度阐述了新新媒介的性质、原理和特征，对当代社会、政治、社交、娱乐以及生活的重大影响。

莱文森虽然师从尼尔·波斯曼，但是他们的媒介思想却有着天壤之别，莱文森不同意波斯曼对待技术的敌视态度，他认为从柏拉图批判文字的僵化到电视遭到以欧洲文化批判学派为首的研究者的指责，互联网所遭受到的批评更是持久而激烈，任何一种新媒介的出现都会受到传统媒介拥趸的责难，“芒福德和波斯曼认为媒介损害我们的理性，毒化我们的生活；埃吕尔认为，技术以其诱惑人的外衣支配我们，换句话说，这些批评者不仅看不见媒介的种系发育，而且看不见媒介的个体发育，他们的批评最有效的靶子是负面的、永恒的柏拉图式的形式，换言之，他们的靶子在媒介演化的真实世界里根本就不存在”[1]。莱文森在其所有的作品中一直高扬人性化旗帜，在他的博士论文《人类历程回顾：媒介进化理论》中常常批评麦克卢汉的媒介决定论，比如麦克卢汉把人看成是技术的“性器官”，给人分配一个受技术“影响”的角色，这种认识隐藏着人在技术世界里处于次要地位的意思，但莱文森认为，“人是积极驾驭媒介的主人，不是在媒介中被发送出去，而是发号施令，创造媒介的内容，对别人已经创造出的内容，人们拥有空前的自主选择能力”[2]。一切技术进化得失兼有，人通过评估利弊，发明新技术以弥补旧媒介的不足，使之对我们有利，哪怕是微弱的优势也好。

第三节 研究方法与创新

一、研究方法

社会科学的研究从方法论上来讲主要分为定性研究和定量研究，在传播学领域，传播研究大体分为实证研究、解释研究和批判研究三种研究范式。本研究是对特定学者的理论研究，故主要采用解释性研究和思辨性研究范式，并借

[1] [美]保罗·莱文森著，何道宽译:《软利器——信息革命的自然历史与未来》，复旦大学出版社，2011，第94页。

[2] [美]保罗·莱文森著，何道宽译:《数字麦克卢汉——信息化新纪元指南》，社会科学文献出版社，2001，第56页。

鉴了实证研究的方法和相关研究数据阐释文章的观点。

首先，运用文献研究法，全面地梳理保罗·莱文森的主要专著、论文及相关评论，对其主要的媒介理论进行解读；运用媒介社会学的方法，将莱文森的媒介理论放置于媒介环境学派的历史环境中，追寻其媒介理论的渊源和成长环境；用文献研究和比较研究法，通过更加翔实的资料论证了莱文森对麦克卢汉和波斯曼媒介环境思想的继承与超越；作为新锐的媒介理论家，莱文森的新媒介思想与实践是其媒介思想的重要组成部分，本研究运用比较研究方法，将莱文森的新媒介思想放在中国的新媒体环境中验证其理论的真伪，具有现实意义。

其次，本书沿着传播社会学的思路，对人与技术的关系问题进行历史的考察，侧重研究电子媒介诞生以来人与媒介关系的嬗变和人与技术的关系问题。在人与技术的关系问题上，保罗·莱文森主张人在技术的变迁中保持了对技术的主动权和能动性，他将达尔文、坎贝尔的生物进化论思想与康德的纯粹理性批判的认识论思想结合，构建了莱文森式的技术时代的认识论思想。

第三，莱文森媒介思想的实践来源是西方的媒体环境，虽然人类社会媒介演变历程的方向是一致的，但不同的社会、文化背景总会有细微的差别。在中国，人们不仅拥有了空前自由的话语权，也有机会接触更多的媒介和掌握更多的传播手段，这些技能与手段反过来又作用于社会现实，构建新的媒介社会，用莱文森的媒介演化理论来关照中国媒介变迁以及新的社会传播格局的构建或许是件更有意义的事情。

二、创新点与难点

（一）本研究的创新之处

第一，内容上的创新体现在四个方面：首先，本书是国内首次对保罗·莱文森的传播思想进行学术上的系统整理和评价，在作者检索到的有关保罗·莱文森传播思想的文献中，他们对莱文森的媒介思想进行整理，多流于表面的梳理，缺乏深入系统的分析，即使在美国本土，对保罗·莱文森媒介思想的研究多散见于书评、报纸文章对他思想的引用，未见系统的表述，通过对莱文森传播思想的系统整理，为媒介环境学派在中国的传承与发展积累资源与文献；二是对莱文森媒介思想之源的探讨拓展到社会学领域；三是用更加翔实的资料论证了莱文森对麦克卢汉和波斯曼媒介环境思想的继承与超越；四是补充了莱文森的新媒介思想。

第二，揭示了保罗·莱文森学术思想的主题，对莱文森思想的认识上升到哲学高度。这不仅利于把握莱文森思想的实质和内核，而且可以推动国内对莱文森文本的创新解读，拓展了传媒技术的研究视野，为传播学及技术哲学的研究提供新资源和新思路。

第三，本书在第四、第五章运用大量篇幅结合莱文森的媒介理论分析我国新媒体发展状况，既丰富了传播学理论研究，又拓展了传播学研究的领域。

（二）本研究的难点

第一，选择莱文森的传播思想研究，本意是要寻一个相对具体的研究对象便于把控，但是在深入研究的过程中发现，莱文森的思想不仅仅是我们表面看到的传播学领域，他的媒介进化论和认识论涉及科技史、生物进化论、哲学、传播社会学的内容，研究范围非常宽泛，是否能够准确、到位地把握研究对象，真是一个有待进一步确认的问题。

第二，保罗·莱文森的专著虽然大部分被翻译成汉语，但仍有一部分论文未能获取，这或许会影响到对莱文森传播思想的完整、准确地解读，造成本研究难免的疏漏。但是还原一个真实的莱文森是作者不懈努力的方向，同时也希望本研究能为同道中人研究莱文森提供一些参考，或者说是一个批判的“靶子”。

第一章 保罗·莱文森对媒介环境学的超越与反叛

第一节 媒介环境学

20世纪四五十年代加拿大学者哈罗德·伊尼斯和马歇尔·麦克卢汉不约而同地从各自学术领域闯进传播学，20世纪60年代麦克卢汉最早提出了“Media Ecology”[1]（媒介生态）一词，他们的贡献在于提出了传播方式与社会的关系问题，后人将他们称为媒介环境学派（媒介生态学派/媒介技术学派）的创始人。1968年，美国学者尼尔·波斯曼在英语教学理事会上首次使用“Media Ecology”一词，并把它定义为“媒介作为环境的研究”，此为“Media Ecology”被何道宽先生译为媒介环境学的主要原因，从此，将生态学的环境、系统、平衡、群落等概念运用到传播研究之中，从生态学的视角寻求人、媒介和社会各种力量的共栖关系，从不同媒介的特性出发，研究媒介环

[1] 在我国，关于Media Ecology一词的翻译，有两种不同的观点。以深圳大学的何道宽教授与美国媒介环境学会副会长林文刚先生为代表的学者倾向于将Media Ecology一词译为“媒介环境学”；以浙江大学的邵培仁教授和清华大学崔保国教授为主的学者倾向于将Media Ecology译为“媒介生态学”，他们认为媒介生态学包含了媒介环境的概念而不仅限于环境这一个因素。本论文是在将“媒介作为环境”的背景下进行的研究，所以倾向于何道宽先生的“媒介环境学”的说法。

境及其变化所产生的深远社会影响。随着尼尔·波斯曼在纽约大学拓展媒介研究课程和学位，媒介生态学逐渐发展为媒介研究的学术领域之一，作为将媒介生态引入媒介学术领域的学者，尼尔·波斯曼被北美传播学者奉为媒介生态学真正的开山之父，在他的学术引领下，各学科的学者转入媒介生态研究，许多学术著作得以整合成为媒介环境学的经典理论，克里斯琴·L.斯特洛姆（Christine L Nystrom）、约翰·库克（John Culkin）、艾里克·哈弗洛克（Eric Havelock）、埃德蒙德·卡彭特（Edmund Carpenter）、伊丽莎白·爱森斯坦（Elizabeth Eisenstein）、詹姆斯·凯瑞（Jams Carey）、约书亚·梅洛维茨（Joshua Meyrowits）以及作为“第三代旗手”的保罗·莱文森（Paul Levinson）等人沿着这一学派的足迹走下来，媒介环境理论经过上述学者为代表的几代人的努力拓展而日渐丰赡。

一、媒介环境学的思想源流

追溯媒介环境学派的思想渊源，就要走进语言相对论、城市生态学、欧洲批判学派和芝加哥社会学派的思想领域。

纽约大学媒介环境学博士点奠基人之一克里斯琴·L.尼斯特洛姆在《符号、思想和现实：沃尔夫与朗格对媒介环境学的贡献》一文中，把学派的思想追溯到20世纪初的相对论，他把这个思想当作20世纪最具有决定性的思想，是媒介环境学赖以建立的思想基石。美国人类语言学家本杰明·李·沃尔夫和爱德华·萨丕尔著名的“沃尔夫—萨丕尔假说”认为在建构我们所知的现实时，代码和符号发挥积极的作用。语言是人类的认识工具，不同语言里所包含的文化概念和分类会影响语言使用者对于现实世界的认知，不同语言的使用者会因语言差异而产生思考方式、行为方式的不同，它在塑造我们有关现实的概念时扮演着重要的角色。所以媒介环境学者将语言的诞生称为人类媒介演化的第一场革命，沃尔特·翁在其《口语文化与书面文化》一书中把语言作为人与环境交流的最重要的中介，探讨和研究了口语文化和书面文化对人们所生存的环境及文化的影响。沃尔夫的学术关怀是语言，他并没有把媒介环境学这些基本原理推广到一切表征系统和传播系统里，最早意识到沃尔夫思想背后宏观问题重要意义的是苏珊·朗格，她“大大拓展了沃尔夫语言相对论的洞见，将其用于更加广阔的表现代码和模式的领域”[1]，她认为不同符号构建现实的途径各异，对人类认知能力和感知形成不同的经验。

媒介环境学的另一思想源头是生态学，作为一种社会思潮，生态理论与人们对文明的发展带来的一系列社会问题的反思有着直接的联系，人们认为疾病和灾祸是由于自然界失去平衡与和谐的状态而导致的，他们通过唱歌、念咒、跳舞来治病驱灾，所以生态思维最早是作为人类的一种生存本领而存在的。达尔文强调生物进化是生物与环境交互作用的产物，由此揭开了生态学发展的序幕，20世纪初期技术的迅速进步带来的环境后果把生态学强有力地推向大众叙事，人们开始用生态学的思维方式反思生活中许多事物的相互联系，生态学和谐与平衡的理念使之跨越社会学、人类学、伦理学和哲学范畴，为人们打开了一个崭新的视野。

刘易斯·芒福德将生态学的思维带进媒介环境学，他对媒介环境学的贡献主要在四个方面：技术历史分期的思想、技术有机理论、技术容器论和对技术垄断及国家机器的批判。刘易斯·芒福德定义了人类的三个技术时代，始生代技术时期、古生代技术和新生代技术时期。有序的农牧文明是新石器时代出现的关键性进步，“农牧文明的稳定不仅催生了住房以及持久的社区，而且还产生了集体合作的经济生活和社会生活，此外还通过建筑物、纪念物和语言建立了制度和机构……而且技术、技能和知识也开始成为交易的客体”[2]。技术与文明作为一个整体是人类有意识或无意识地选择、智能活动和奋斗的结果，技术与人类环境的各种因素相互作用，比如“即使在无机的机器体系中也可以看到有机的因素：一些最具机器特性的机械设备，如电话留声机、电影等，是基于我们对人的声音、眼睛的兴趣和对发声和视觉器官的生理和解剖的了解而制造出来的”[3]。芒福德的技术有机论阐明了技术从来就不曾脱离整体的文化架

---

[1][美]林文刚编，何道宽译：《媒介环境学思想沿革与多维视野》，北京大学出版社，2007，第233页。

[2][美]刘易斯·芒福德著，陈允明、王克仁、李华山译：《技术与文明》，中国建筑工业出版社，2009，第61页。

[3][美]刘易斯·芒福德著，陈允明、王克仁、李华山译：《技术与文明》，中国建筑工业出版社，2009，第9–10页。

构，不同人的兴趣和目的、不同的有机体需求，使人类文化的任何构造成分都不可能单兵突进地片面发展，他强调生态平衡和渐进演化，这种思维方式成了媒介生态理论的思想来源。

芒福德对媒介环境学的另一大贡献就是他在20世纪60年代提出的“技术即容器”的观点，他认为文字就是一种储存信息和思想的容器，后来的技术形式比如摄影术、印刷术、广播、电视，甚至城市也是“容器的容器”，和麦克卢汉等媒介环境学家一样，芒福德把媒介当作是无形的环境，这一理论拓展了对技术、文化和城市的生态学视角，更接近媒介环境的观念。芒福德认为传播系统组成了一个“无形的城市”，“在人类历史的大部分时间当中，人所使用的工具和器皿总体说来都是他自身机能的延伸”[1]，麦克卢汉吸收了芒福德的思想开启了“媒介容器论”“媒介即人体的延伸”等媒介技术与生态的论题。

17—18世纪的工业革命改变了人们的生活方式与生活内容，也加剧了人们对技术的矛盾态度，人们因崇尚理性而崇尚科技，反过来又因崇尚科技而丧失了内在的灵性，这种对技术剥夺了人的存在的反思有着历史的传承性，它骨子里源于古希腊以来的哲学思想所包含的深刻对立，理性与技术的矛盾导致传播这个术语的多重含义及相关分析的深刻分歧。自苏格拉底、柏拉图以来，唯心主义阵营就集中了这样一些人，他们认为人应当摆脱束缚思想表达的具体限制，而这些具体限制就包括文字与语言。在《斐德罗篇》中苏格拉底表达了自己对文字的抱怨，文字没有人情味、损害记忆、不利于对话，但最终他还是用文字表达了对文字的反对意见。柏拉图说太阳是唯一的理性，太阳投射的影子都是骗人的扭曲变形，人应该走出洞穴，也应该把带来媒介化的人逐出城邦。唯心主义者呼吁即时的关系，真正的传播，摒弃传媒这个魔鬼机器，而逻辑中心论者认为理性先于语言，理性是存在的居所。

对媒介技术的批判倾向是由学者们对技术异化所带来的反思引起的。19到20世纪的百年间人们在技术的道路上一路狂奔，享受着技术带来的前所未有的刺激、舒适、快捷等福利的同时也进行着反思，如马克思、托克维尔、涂尔干、

---

[1] [美]刘易斯·芒福德著，陈允明、王克仁、李华山译:《技术与文明》，中国建筑工业出版社，2009，第281页。

韦伯等欧洲社会学奠基人的著作都直接或间接地谈到传媒，从他们提出的“失落”“异化”“失范”等概念就可以看出，世俗化、工业化和坎坷的民主化进程令他们忧心忡忡，他们对技术的理想化想象背后不免掺杂着恶魔化的忧虑，在这种思想背景下，对于传媒的想象就是对社会和技术现代性的想象。信息技术因扮演解放者的角色而被供奉，一旦出现问题，它就会变成社会监督或社会变态的罪魁祸首，令人不安、遭人批判。大众传媒在历史上遭遇很多贬损，我们一边批评大众传媒，一边与之过从甚密。人们认为大众传媒庸俗又误人，参与者越多社会个体水平就越低，这种观点根源于社会的等级化，即文化被定义为稀缺、不为普通人共有、只为少数杰出人才和社会某一群体享有的高级消费品。瓦尔特·本雅明在《机械复制时代的艺术品》一文中强调复制技术对原作的唯一性构成挑战，但又强化专制政权，容易被主流意识形态所扭曲。马尔库塞在《单向度的人》中进一步指出，“社会控制的现行形式在新的意义上是技术的形式。不错，在整个近代，具有生产性和破坏性的国家机器的技术结构及效率，一直是使人们服从已确立的社会分工的主要手段……但是在当代，技术的控制看来真正体现了有益于整个社会集团和社会利益的理性，以致一切矛盾似乎都是不合理的，一切对抗似乎都是不可能的”[1]。政治意图已经渗透进不断进步中的技术，技术的逻辑被转换成依然存在的奴役状态的逻辑，所以乔治·奥威尔在《一九八四》中用焦虑的口吻描述了工业技术的未来世界以及社会成员被媒介“老大哥”灌输沦为臣民，让人心生政治上的恐惧。奥尔德斯·赫胥黎在《美丽新世界》中担心传媒沦为商业，有朝一日会像流水线生产零件和日用品一样制造文化和思想，让能力有限的消费者被迫沦为幽灵，最终毁于我们所热爱的技术。所以整整一个世纪，欧洲思想界对各种技术及媒介形式纷纷予以谴责，批评走向了极端，其中典型的代表就是法兰克福学派，在某种程度上把自发的揭批系统化、理论化，由此形成一套社会学预言，垄断了日后关于传媒的公共讨论，这套预言宣布了社会关系将碎片化，精神领域被极权奴役，自由思想甚至智慧都走向末日，这种假说带有精英主义和视民众为可怜之辈的偏见。与此

---

[1]［美］赫伯特·马尔库塞:《单向度的人——发达工业社会意识形态研究》，上海世纪出版社，2008，第9页。

言论相映成趣的是乐观言论，他们不把媒介中的传播视作威胁，而是鼓吹它所谓的众人参与、其乐融融的优点：传媒让人走近彼此，重新串起社群间的联络，这一思想的代表人物是杜威。他们认为社会不能还原为技术，既不会被技术埋没，也不会从技术中重生，社会有它自己的动力，传媒把人和人连接起来，所以它们参与文化、形成文化，同时也促进、巩固和颠覆权利。社会科学领域里的传播理论范式在诞生之初颇多摇摆，学者先是用自然主义的眼光看待传播，为传媒的致病效果而焦虑，也经历了行为主义、高高在上的控制论和欢欣鼓舞的技术决定论，忽而悲观、忽而乐观。批判理论和拉扎斯菲尔德的心理社会学建构了传播社会学的框架，但这两种模型同样未能摆脱大环境的影响，批判理论的问题是绝望地把技术批得体无完肤，拉扎斯菲尔德的问题是对社会与传媒的关系和总的因果关系的理解贫乏。

将芝加哥社会学派的思想引入传播学领域的是伊尼斯。受凡勃伦及其创立的制度经济学的影响，伊尼斯在芝加哥大学攻读政治经济学的同时也浸淫在罗伯特·帕克、查尔斯·霍顿·库利、约翰·杜威、乔治·赫伯特·米德等芝加哥社会学派的生态思想和传播思想里，"尽管伊尼斯很少引用凡勃伦和帕克的研究成果，也很少提及他们与自己的关系，但他的研究从理论到方法，却有很大一部分建立在以帕克为首的芝加哥学派的基础之上"[1]。凡勃伦的进化思维和社会中各种社会习俗、制度变迁和经济行为之间相互作用的研究视角深得伊尼斯的学术旨趣，他吸收了凡勃伦的不同偏向的社会制度是由人在不同历史阶段产生不同偏向的思想和习俗造成的，这种偏向进而影响不同制度环境中的社会活动，将其发展成自己的媒介偏向论，开创了媒介环境学。

二、媒介环境学的核心命题与建构

1967年，麦克卢汉提出"媒介生态"的概念，他重点阐述的一个问题就是媒介对人的影响是潜移默化的，在人们不自知的情况下改变人们的感知平衡，他用环境作为比喻来帮助我们理解媒介对社会和文化所起的生态式的影响，要

[1] 胡翼青：《再度发言：论社会学芝加哥学派的传播思想》，中国大百科全书出版社，2007，第168页。

促进媒介生态的平衡必须要限制某种单一媒介的使用，这正如芒福德所说“人类的各种文明都不是孤立的体系，现代文明，如果没有从历史上各种文明以及现在还不断发展的周围文明中大量吸取养分，是不可能发展出自己特有的思维模式，也不能发明现代的技术设备的”[1]，麦克卢汉的媒介生态观念受伊尼斯的媒介技术思想的影响和启发，他评价伊尼斯是最早研究传播技术对人类造成影响的人。伊尼斯创建了传播与文化研究的重要概念，从技术与文化的视角勾勒了传播史的轮廓，他认为历史上的一切文明试图用各种方式控制时间和空间，过分强调其中一个时，社会崩溃就必然产生，所以“伊尼斯认为，传播技术主要影响社会组织和文化，而麦克卢汉跟他意见相左，他认为传播技术主要影响感知系统的组织和人的思想”[2]。正如尼尔·波斯曼和詹姆斯·凯瑞所说，在这块大陆上，对传播学做出最伟大贡献的是伊尼斯，他用历史研究的方法和视野为媒介环境学派提供了视野和方法，给当代世界的文化批评和技术批评提供了启示。

媒介环境学作为一个学派必须要具备好的理念、思想领导和组织领导，虽然麦克卢汉提出“Media Ecology”一词，但是波斯曼却是将“Media Ecology”正式引入学术领域的学者。20世纪50年代波斯曼在哥伦比亚大学师范学院读硕士学位时邂逅麦克卢汉，从媒介生态学的角度去理解媒介和文化的共同旨趣让他们结下持久的友谊。作为教育学专家尼尔·波斯曼的媒介环境思想更多的是思考和观察教育如何受社会环境变革的影响，所以此时波斯曼的学术重点并不在媒介研究，在2000年媒介环境学年会的开幕式上，他说“媒介环境学”这一术语是麦克卢汉在《古登堡星河璀璨》和《理解媒介》这两本书中率先使用，但是学界更倾向于认定“媒介环境学”这个术语是由波斯曼于1968年在英语教师全国理事会的年会上首次使用并被业界认可和推广，他将媒介生态定义为“对媒介环境的研究”，这标志着媒介环境学被正式命名为一个学术研究领域和理论团队。

---

[1] [美]刘易斯·芒福德著，陈允明、王克仁、李华山译：《技术与文明》，中国建筑工业出版社，2009，第99页。

[2] [美]林文刚编，何道宽译：《媒介环境学思想沿革与多维视野》，北京大学出版社，2007，第118页。

拥有好的理念和好的范式内容固然重要，可是，思想领导和组织领导坚强而持久的存在却是一个学派形成和长期存在的关键所在。在媒介环境学初创的几十年里，波斯曼是它在美国的精神领袖和公共代言人。特伦斯·莫兰和克里斯琴·尼斯特罗姆是纽约大学该学科最重要的两位幕后建设者。1968 年是个非常重要的年份，不仅波斯曼提出了“媒介环境学”这个术语，也是这一年，麦克卢汉恰好在纽约福德汉姆大学担任施伟策人文讲座教授，在他的鼓励和思想支持下，波斯曼在纽约大学正式创建媒介与文化课程，在 1967—1970 年间，波斯曼逐渐把媒介环境研究的课程嵌入英语教育的课程范式里，他的课程建设明显转向以传播为中心的学位课程，原本纳入“教育传播”范畴的大众心理、美国文化与传播革命、传播的语言转入新的教学计划，名字就叫作“传播学”。1970 年波斯曼以此为基础在纽约大学创建媒介环境学的博士点，成为媒介环境学派的第一个制度化的基地，波斯曼被任命为这个媒介环境学博士点的负责人，在这个学位点的建设过程中，莫兰承担了组织领导的工作，提供学科发展和日常行政事务的支持，而尼斯特罗姆扮演了媒介环境学理论建构和制度规范人的角色，他们和波斯曼一道构成了媒介环境学学位点在思想上的三驾马车。除了学位课程的内容建设和制度建构外，该学派学术研究平台的搭建也尤为重要。在 1953 年至 1959 年之间由福特基金会提供资金，麦克卢汉与卡彭特一起创办《探索》杂志，该期刊聚焦于文化和传播的研究，建立了人类学、艺术理论、语言学和历史学多学科交叉研究领域，为媒介环境学的创建和发展迈出重要一步。在 1970 年纽约大学创建媒介环境学博士点后，每两年召开一次的媒介环境学讨论会和杂志《如此等等：普通语义学评论》（ETC: A Review of General Semantics）成了媒介环境学至关重要的理论建设场所。1998 年以兰斯·斯瑞特（Lance Strate）和林文刚（Casey Man Kong Lum）为代表创建的媒介环境学学会（The Media Ecology Association, http: //www.media. ecology.org），为媒介环境研究者提供交流的平台，大大促进了媒介环境学的理论形成和完善。

直到 20 世纪 80 年代后期，媒介环境研究在传播学界还是闻所未闻的理论视野，一方面源于这个学派的年轻，另一方面源于这个学派的领军人物波斯曼的英语教育专家背景不被传播学界所熟悉，直到 1985 年他的《娱乐至死》一书问世，此书成为媒介环境学派对美国电视文化的有力批判，有趣的是这本书中对电视文化言辞犀利的批判是通过电子媒介的扩音器警醒了娱乐其中的人们，而这本书也成为当时大众市场的畅销书，它不仅给波斯曼带来了享誉全球的声誉，还成为推动媒介环境学闯入传播学领域的助产士，使它一步跨入了北美主流的传播学研究领域。同年，波斯曼的学生约书亚·梅罗维茨带着他的《消失的地域》闯进传播学界的视野，他运用欧文·戈夫曼的戏剧理论考察电子媒介（尤其是电视）如何重新界定人的交往和行为，该书赢得了批评家的赞誉，同时也推动了媒介环境学的发展。20世纪90年代，纽约大学培养的越来越多的媒介环境学者在全美担任教职，拓宽了媒介环境学的学术圈子。

尽管在各个时期媒介环境学研究的重点和思路不同，但是有它自身的核心命题，林文刚在《媒介环境学：思想沿革与多维视野》一书中，提出三个媒介环境学深层的理论命题，传播媒介固有的物质结构和符号形式不是无价值标准的渠道，它们发挥着规定性的作用，而每一种媒介都带有偏向性，传播媒介形成的各种社会心理和文化特征往往与传播技术固有的偏向性有关。媒介环境学派试图摆脱线状方式，从人类、媒介和社会进行全景性的系统观察，不是单一的视角，体现了走向多感官的努力，具有方法论上的意义。它在思维方式上从功利性思维转向互利性思维，在社会整体的生态框架下，从各种力量的共栖与互利的角度研究媒介对社会、文化的长期影响。

三、媒介环境学派的代际传承

媒介环境学派萌芽于20世纪30年代，成长于20世纪50年代，按照深圳大学的何道宽教授的观点，媒介环境学派已经走完了三代人的生命历程。第一代学者以埃里克·哈弗洛克、哈罗德·伊尼斯、马歇尔·麦克卢汉和埃德蒙·卡彭特为核心人物，以麦克卢汉研究所为组织保障，以《探索：文化与传播研究》杂志和《预警线通讯》为宣传阵地，于20世纪五六十年代取得第一批理论成果。他们观察媒介的视野较为宏大，与历史、文学、戏剧这些人文艺术学科密切相连，能抓住媒介传播的实质，通过隐喻、比拟的方式加以表达，具有时代的穿透力，其中麦克卢汉以他令人振聋发聩的预言“媒介即信息”和“地球村”享誉全球。

今天很多人把媒介环境学分为多伦多学派和纽约学派，其实真正的分化应该是在20世纪60年代末期，麦克卢汉来到纽约福德汉姆大学，并以此为基地影响和培养了一批媒介环境学的追随者，代表人物有尼尔·波斯曼、詹姆斯·凯瑞、沃尔特·翁、伊丽莎白·爱森斯坦，主帅是波斯曼。而加拿大多伦多的媒介环境学研究则以文化与技术研究所为基地，以麦克卢汉的第一位博士生唐纳德·特沃尔（Donald Theall）为主帅继续进行，特沃尔曾任多伦多大学校长，以研究麦克卢汉的思想见长，代表作是《媒介是后视镜》和《虚拟麦克卢汉》两部麦克卢汉传记。

20 世纪 90 年代媒介环境学派第三代代表人物开始登上学术舞台，在美国以保罗·莱文森、约书亚·梅罗维兹等人为代表，而加拿大则以多伦多大学麦克卢汉研究所所长德里克·德克霍夫和麦克卢汉的儿子埃里克·麦克卢汉为灵魂人物，其中纽约的保罗·莱文森以他著名的麦克卢汉传记《数字麦克卢汉》和理论专著《思想无羁：技术时代的认识论》以及《软利器》被称为“数字时代的麦克卢汉”、第三代媒介环境学者的旗手。下面我们主要通过对哈罗德·伊尼斯、麦克卢汉、尼尔·波斯曼、保罗·莱文森等人媒介思想的继承与发展脉络来了解媒介环境学派的代际传承关系。

哈罗德·伊尼斯（Harold Adams Innis，1894—1952），20 世纪 30 年代从芝加哥大学获政治经济学博士学位后回到祖国加拿大多伦多大学执教，是加拿大著名政治经济学家，他在研究加拿大经济史的过程中逐渐发现了传播技术对社会制度、习俗、文化以及国家制度的革命性意义，逐渐从经济史的研究转向媒介史的研究，在以后的十年间，他写成对传播学有着重要影响的两部著作《帝国与传播》与《传播的偏向》，完成了一个经济史学家向媒介理论家的转变。他以政治经济学的学科背景为基础，以媒介偏向为观察的视角，揭示了社会变迁与环境变革的关系，奠定了传播学的多伦多学派的基石，开创了传播学三大学派之一的媒介环境学派。不幸的是，哈罗德·伊尼斯 48 岁就英年早逝成为传播学界一大损失，手中还留有厚厚的一千多页的“传播史”手稿未曾付梓刊印。埃里克·哈弗洛克和伊尼斯的学术生涯相近，也曾执教于多伦多大学，但他不属于麦克卢汉思想圈子，哈弗洛克跟伊尼斯一样，对书面形式和口头形式之间的冲突具有浓厚的兴趣，伊尼斯偏向于口头传统，尤其是希腊文明中反映出来的口头传统，哈弗洛克在《柏拉图导论》中详述了书面传统与口头传统在古代世界里对塑造人类感知和行为的影响，尤其是对古希腊的口头传统做出了绝妙而独到的研究。

伊尼斯的传播研究有其经济学的深厚背景，深圳大学李明伟曾撰文系统论述了伊尼斯如何受制度经济学创建者凡勃伦的深刻影响，尤其是凡勃仑给伊尼斯“方法论的启发，加深对技术重要性的认识并提供了一些重要概念和命题”[1]，伊尼斯吸取凡勃伦的方法论用于观察和思考媒介与技术的关系问题，他用参与性的关怀去研究历史的运行机制，把某些具体的事件分离出来进行精细的考察，他认为“历史不是事实的编纂，而是对生命动态过程的洞见”，这恰恰在方法论上为媒介环境学奠定了重要基础，所以詹姆斯·凯瑞对此给予高度的评价，“伊尼斯为传播研究提供了一种学术探讨的模式，这种模式是历史的、经验的、解释的和批判的”[2]。凡勃伦认为技术的进步促进文化、思想和行为的改变，反过来这些改变又刺激了社会制度的变革，不同的社会制度会有不同的偏向，这缘于人在不同的历史时期会产生不同偏向的思想意识、文化习俗，进而影响不同社会政治环境中的经济活动，伊尼斯被凡勃伦的这种分析所折服，以至于成了他晚年研究转向的原因和主题，他吸收和改进了凡勃伦的经济偏向论，加工成了自己著名的媒介“时空偏向论”。在伊尼斯的理论中，帝国和媒介形态的演化构成了一对相互缠绕的双螺旋，相互作用与影响，在麦克卢汉和莱文森的理论中，我们也看到了媒介形态演化的螺旋伸展。

与伊尼斯辉映的是被人称为“多伦多双星”的另一闪耀的明星——麦克卢汉。20 世纪 30 年代，麦克卢汉在剑桥大学获英语文学博士学位，先后在美国和加拿大执教。在美国圣路易斯大学执教期间，受瑞士城市生态建筑学家西格弗里德·吉迪恩和美国社会哲学家刘易斯·芒福德的技术思想的影响，50 年代开始由文学转向传播学，以技术与大众媒介的关系作为自己的主要研究对象，在福特基金会的赞助下，他和卡朋特发起了一系列跨学科研讨会，创建文化与技术研究所，办了《探索》和《预警线通讯》杂志，发表了大量关于媒介生态

---

[1] 李明伟：《凡勃仑对伊尼斯传播理论的影响研究》，《北京理工大学学报（社会科学版）》，2009 年第 10 期，第 90-93 页。

[2] [美]E.M. 罗杰斯著，殷晓蓉译：《传播学史——一种传记式的方法》，上海译文出版社，1997，第 512 页。转引自李明伟：《凡勃伦对伊尼斯传播理论的影响研究》，《北京理工大学学报（社会科学版）》2009 年第 10 期，第 92 页。

的重要文章和《理解媒介》《谷登堡星汉》等影响后世的重要著作。

麦克卢汉对媒介的态度是矛盾的，受英国新批评学派的影响，他对媒介最初抱着百般挑剔的态度，最终还是跳出批判学派的窠臼，完成自己对媒介由批判到赞赏的转变。麦克卢汉初介入传播学领域是以文学批评家的身份，这在他1951年媒介研究的处女作《机器新娘》中表现得比较清楚，他采用英国新批评学派的文学方法和心理学术语在《机器新娘》中尝试对大众媒介和文化作全面的分析，研究工业人和广告，称“每日的大众文化提供了大量可供诊断的‘集体的恍惚’或‘白日梦状态’的资料，而工业社会就沉沦在这种状态之中”[1]，表现出对人文精神的关注和对工业文明的疏离与对抗，是北美传播学重要的批判之作。20世纪50年代中期，他清醒地认识到印刷技术即将被电子媒介所替代，他主张用客观的、道德中立的态度评价印刷以及文字在西方社会形成中的作用，探讨电子媒介这一新型的传播媒体的意义，这时候的麦克卢汉试图以“客观的探索”代替早期媒介研究的文学偏向，《谷登堡星汉：印刷人的诞生》就在这样的背景下写就。到了《理解媒介》时期，麦克卢汉已经完全抛弃了在《机器新娘》和《古登堡星汉》中遮遮掩掩的文人气息，变为新技术的吹鼓手，他从《机器新娘》时期批判工业人到《古登堡星汉》时期悲叹印刷人再到《理解媒介》时期的欢呼电子人，每走一步他对技术的乐观态度就高扬一分。麦克卢汉认为传播媒介是文明历史的中心主题，他的著名论断“媒介即信息”表达了媒介形式远比媒介内容重要的思想，揭示了媒介技术对于变化着的传播体系、社会结构、人与人之间的关系、社会政治权力的作用，他通过这一论断突破了美国传播学研究的传统，从文化角度对媒介形式本身进行探讨，赋予媒介前所未有的意义。他的部落化思想从媒介演化的角度去概括人类的历史，为解读历史提供了一个崭新的视角。

20世纪60年代逐渐成长起来的纽约学派在思维方式、研究方法、观点表达等方面与多伦多学派一脉相袭，然而，由于他们所处的年代电视媒介正好达到极致状态，他们又身处世界文化与技术最前沿的纽约，近距离地观察媒介显

[1] 殷晓蓉：《麦克卢汉对美国传播学的冲击及其现代文化意义》，《复旦学报（社会科学版）》，1999年第2期，第84-91页。

现的不同侧面、不同层次的本质性，体验到了媒介对社会及文化的深刻卷入改变了一个时代。媒介环境学研究走到这里才算真正进入正题，其学术研究的现实意义凸显出来，尼尔·波斯曼就是在这样的背景中从教育学转入传播研究，作为第二代学者的精神导师，他的媒介生态学理论涵盖了技术、社会历史、文化和教育等方面，他一生著作等身，尤其是他的《娱乐至死》《童年的消逝》和《技术垄断》成为媒介环境学的代表作。

作为献身于语言、文学和印刷文化素养的教育家，波斯曼对环境的关照源于教学手段的变化引起教学环境的变革，比如他最初关注电视的存在对教育的未来预示着什么样的后果，他在《电视和英语教学》一书中勾勒了人类传播史的轮廓，并对电视的历史及其影响做出重要的判断，对后来的沃尔特·翁论述口语文化，爱森斯坦论述印刷机的影响都起到重要的启蒙与参考作用。他在《语言学：教学革命》和《美国的语言：关于语义环境退化的报告》两本书里，运用语言学和符号学的理论论述大众媒介的语义环境，他的“媒介即是环境”的理念萌芽于此。他的《作为颠覆活动的教学》一书开始对麦克卢汉及其思想进行介绍，提请人们注意“不仅语言而且一切媒介都给我们对现实的感知提供结构”[1]。《作为保存活动的教学》《童年的消失：家庭生活的社会史》和《娱乐至死：娱乐时代公共话语》三本书全面体现了波斯曼媒介环境的核心思想。他引用维纳的控制论原理中的“恒温器观点”和伊尼斯的媒介偏向理论形成自己的媒介生态理念，他强调要在更为广阔的社会背景中思考媒介技术与文化的关系，认为技术对社会的影响是生态性的，技术本身也包含着特定的偏好、态度和思想，“一旦被人接受，技术就会坚持不懈，就会按照它设计的目标前进”[2]，所以，每个社会都是被某种传播模式和方法整合在一起的，新技术的出现彻底摧毁和改变了旧的技术生态，创造某种社会环境或文化生态。波斯曼的《技术垄断》一书使他对技术的关注走向成熟，虽没有《娱乐至死》和《童年得消失》如此有市场，但也是他学术生涯的重要作品，波斯曼对当代文化总

[1]［美］林文刚编，何道宽译：《媒介环境学思想沿革与多维视野》，北京大学出版社，2007年第10期，第163页。

[2]［美］尼尔·波斯曼，何道宽译：《技术垄断：文化向技术投降》，北京大学出版社，2007，第3页。

体上持批判的态度，其文化批判是以技术对文化负面影响的批判为基础的，因此，他的文化批判又可以看作是当代技术的文化批判。

波斯曼将麦克卢汉的著名论断“媒介即信息”发展为“媒介即隐喻”，媒介用语言、文字或者电视等方式感受世界，并对世界进行分类排序与重构，媒介的形式偏好最终塑造了当时的文化特征，他严厉批评了麦克卢汉在媒介技术问题上道德中性的立场，波斯曼认为技术造成的后果是人性化的或反人性化的，抛开道德的立场去看待媒介是没有意义的，麦克卢汉却说“媒介既不是上帝的恩赐，也不应该受到诅咒”。与麦克卢汉相比，波斯曼总是被一种深刻的道德感所驱使，试图用印刷时代的社会传统去维持或重获电子媒介时代的社会平衡，他强烈谴责美国文化的衰弱，并为阻止文字传统的消逝提供了一系列的解决方案，他更倾向于文化的保守性。

保罗·莱文森是美国纽约福德汉姆大学教授，是当前国际上公认的新锐媒介理论家，麦克卢汉和他的两位私淑弟子波斯曼和莱文森的师承关系非常有趣，他们之间有传承，也有偏离，莱文森继承发展了麦克卢汉，“反叛”了恩师波斯曼。

1979年，32岁的莱文森在尼尔·波斯曼教授指导下完成他的博士论文《人类历程回顾：一种媒介进化理论》，他继承与发展了麦克卢汉的媒介理论，提出自己的媒介演化的人性化趋势理论，直截了当地批评了他的导师波斯曼的技术悲观主义思想。他认为人在技术演化过程中拥有自主选择能力，整个媒介演化过程可以看成是人对媒介技术的补救，媒介的演化除了满足人对时空的渴求和幻想之外，还弥补上一种媒介失去或者淡化的感官感受，使之更接近于人自身对外界的认知感受，这篇博士论文使他在媒介生态学领域崭露头角。后来他在《软利器》里重新考量麦克卢汉的“硬媒介决定论”，他认为媒介很少对社会产生不可避免的社会后果，诸多因素共同造成了一个事件的最终状态和结果，他称这为“软媒介决定论”，对麦克卢汉的硬媒介决定论提出疑问。他将麦克卢汉的“地球村”概念拓展，把广播、电视、网络三个时代分别定义为儿童、窥视者、参与者的地球村，麦克卢汉提出地球村概念的时候还是一个窥视者的村落，现在凭借因特网，参与者的地球村已经变成现实。莱文森在《手机：挡不住的呼唤》中仿效达尔文的自然进化论将手机看作生命体，它点燃了技术进化与人类生活的发动机，使人恢复到边走路边说话的“前技术”时代的交流状态，打破了电子媒介把人囚禁在室内的枷锁，而且手机还能使人在使用过程中生成新的社会、文化和关系。

莱文森对麦克卢汉和波斯曼的继承更多地体现了他的“反叛”，显示出“吾爱吾师，吾更爱真理”的精神，他用“媒介乐观主义、人类沙文主义、蛋白质沙文主义、人性化趋势理论和补救性媒介理论，竖起后麦克卢汉的大旗”[1]。在莱文森的媒介理论中，始终贯穿这样的一条主线：媒介的演化服从人的理性，一切媒介的缺点都是可以补救的，人既然发明了媒介，就有办法扬其长避其短。

第二节 保罗·莱文森的生平（1947—）

保罗·莱文森（Paul Levinson），美国媒介理论家、科幻小说家、网络教育先驱、媒体评论人、社会批评家及音乐人，曾任美国科幻小说研究会会长，目前担任纽约福特汉姆大学（Fordham University，New York）信息与媒介研究所所长，教授。莱文森出版科幻作品20余部，其中有《丝绸密码》《意识灾难》等5部长篇，其科幻作品曾获雨果奖、星云奖和斯特津奖，他的科幻小说和媒介理论著作被翻译成12国语言，作为媒介理论家，曾创办“联合教育”网络教育公司，被誉为“数字时代的麦克卢汉”“后麦克卢汉第一人”。

一、保罗·莱文森的学术历程

1947年，保罗·莱文森出生于美国纽约的布朗克斯（Bronx），毕业于纽约最北端布朗克斯区（Bronx）的克里斯多佛哥伦布高中（Christopher Columbus High School）。1963年至1967年，保罗·莱文森就读于纽约城市大学（New York City University），主修心理学和社会学，在此期间，他于1964年在教育心理学课上经老师介绍，初读麦克卢汉的成名作《理解媒介》，如果说是这位

---

[1][美]保罗·莱文森，何道宽编译:《莱文森精粹》，中国人民大学出版社，2007，译者序第6页。

没有被记住名字的老师让莱文森初识麦克卢汉思想的话，那么约翰·卡尔金就是那个引领他系统学习麦克卢汉思想，给他开启了媒介理论和媒介环境学大门的指路人。

1967年，在福德汉姆大学约翰·卡尔金教授的不懈努力下，麦克卢汉到福德汉姆大学做客座教授。1968年麦克卢汉回到多伦多之后不久，卡尔金离开福德汉姆大学创建了一个非营利性的研究机构“理解媒介研究中心”，并先后在社会研究新型学院（New School for Social Research）和安提奥（Antioch）学院推出了媒介研究的硕士学位，就是在这样的背景下，保罗·莱文森于1974年进入社会研究新型学院攻读媒介研究的硕士学位，约翰·卡尔金开设了麦克卢汉思想研究这门课，莱文森系统地学习了麦克卢汉的思想，开始从专业角度思考媒介技术与环境的关系。

1975年，保罗·莱文森到纽约大学攻读博士学位，师从媒介环境学派以及纽约大学媒介环境学博士点的奠基人尼尔·波斯曼教授，由于波斯曼的大力举荐莱文森结识了麦克卢汉并为麦克卢汉的论文《媒介定律》作序。据莱文森自己回忆，自1976年以来，他发表的文章、评论和专著中，有20余种全部或部分与麦克卢汉有关，莱文森的第一篇论文《细说互动媒介之冷热》于1976年发表在《媒介生态学评论》上，这份杂志由纽约大学媒介生态学博士点主办。1977年，他在《等等》[1]上发表了两篇与麦克卢汉有关的文章。一篇是“玩具、镜子和艺术”（第34卷第2期第151—167页），文章提出一个羽毛丰满的原创理论：每一种技术都经过“玩具—反映现实的镜子—艺术的接生婆”三个演化阶段，技术在反映和超越现实的复杂过程中成为培养大众文化和艺术的必要条件。还有一篇是给麦克卢汉的文章《媒介定律》做的序文，这一期还同时刊发了梅罗维茨的《中部地区政治的兴起》一文，成为经典。1981年，莱文森在《传播学季刊》夏季号刊出文章《麦克卢汉与理性》，同年在《教育技术》刊出另一篇文章《麦克卢汉在进化语境下的贡献》，1986年在《电气电子工程师研究院专业传播会议论文集》上发表《麦克卢汉和电脑会议》，指出麦克卢汉遭人诟病的豆腐干大小、互相交叠的文章风格，实际上是一种“在线”形式的风格，

[1] 这份期刊由国际普通语义学会主办，波斯曼主编。

是电子文本的风格，迫于当时的媒介环境，他的风格被囚禁在纸上，这是把麦克卢汉和数字时代的表达方式联系起来的第一篇文章。

作为莱文森的博士生导师，尼尔·波斯曼将莱文森引入媒介环境学的学术殿堂，并把他引介给麦克卢汉，这在莱文森以后的学术道路上起到至关重要的作用。在《数字麦克卢汉》中，莱文森由衷感激导师的恩情：“我们这个博士点的指路明灯当时是尼尔·波斯曼，现在仍然由他执掌。他不仅教我如何上课，而且使我洞悉麦克卢汉，洞悉麦克卢汉对世界的影响。他不仅给我引路，而且把麦克卢汉本人介绍给我……波斯曼是颇有影响的媒介理论家。虽然有时我不敢苟同他对媒介的过分悲观的批评。”[1]

1979 年莱文森拿到博士学位，遇到生平两件大事：一是他和麦克卢汉成为亲密的朋友，二是他应聘为费尔莱·迪金森大学的传播学助理教授。20 世纪 70 年代末和 80 年代初，他在费尔莱·迪金森大学开设“大众传播理论”课程，80 年代初，他在福德汉姆大学研究生院暑假班教授“媒介运动”。他的第一门完全明确讲授麦克卢汉的课程叫作“麦克卢汉研究班：25 年之后”，他设计并开始授予媒介研究的硕士学位（在线和面授两种计划同时进行）。1985 年对莱文森来说，是个重大的转折点，当时莱文森在费尔莱·迪金森大学执教，任副教授，享受终身教职待遇，他的妻子在纽约一家著名的保险公司任经理，收益丰厚，但是夫妻二人毅然辞职，跟“社会研究新型学校”合作创办了联合教育公司，成为开启网络教育时代的先驱。1985 年秋季，公司开办起来的第一个学期，他们只招收了 12 个学生，一个完全在新加坡的家里学习，一个在东京的办公室里学习，另外几个在纽约之外的各个地方学习，但第二年注册学生人数已经超过 50 人。1988 年，他们又进一步开设了全套的媒介研究硕士学位课程，莱文森主持一门网上硕士课程“创造性写作”，这是联合教育公司与英国的巴斯·斯帕大学（Bath Spa University College）合作开设的。90 年代，他在霍夫斯特拉大学和福德汉姆大学讲授媒介环境学的本科课程，莱文森一边在媒介教育前沿实践教学，一边在媒介理论领域无尽探索。无论是在实践还是理论上，他都超越

[1]［美］保罗·莱文森著，何道宽译：《数字麦克卢汉——信息化新纪元指南》，社会科学文献出版社，2001，谢词第 2 页。

了其导师麦克卢汉和波斯曼。

二、保罗·莱文森的学术成就

作为美国知名媒介理论家，媒介环境学纽约学派的代表人物之一，保罗·莱文森从教30多年，受聘于多个高等学府，他的理论显示了鲜明的时代特色和乐观主义色彩，也继承了媒介环境学派大胆假设和思辨的学术风格。

从20世纪70年代末莱文森进入媒介环境学研究领域以来，一路上勤耕不辍，平均以每年一本专著或者科幻小说的速度创作，他是在理论和实践领域结合得最好的媒介理论家，他不仅是最早一批创办网络教育的先行者，还是世界上第一代网民。以学术而论，他发表论文两百多篇，多半涉及传播与技术的历史与哲学，媒介理论著作有10部：《人类历程的回放：媒介进化论》《学习赛博空间》《思想无羁》《软边缘：信息革命的历史与未来》《数字麦克卢汉》《手机：挡不住的呼唤》《真实空间》《莱文森精粹》《捍卫第一修正案》和《新新媒介》。

（一）莱文森媒介演化理论的提出与完善

早在1979年的博士论文《人类历程回顾》里，莱文森首创媒介演化的人性化趋势理论，用技术演化的“补救性理论”来解释他对媒介的乐观主义态度的由来。他认为整个媒介演化进程都可以看成是对前一种技术不足的补救，“一切技术都不完美，但一切技术都提供补救手段”[1]，比如电子文本解决了苏格拉底指责的文字没有互动性的缺点，反过来，与出口即逝的口语相比，文字就是一种补救性媒介，而因特网则成了报纸、书籍、电台和电话等媒介的补救性改进。莱文森的博士论文是他踏入传播学大门交的第一份完美答卷，也为他赢来了一份稳定的工作和继续进行媒介环境学研究的入场券。沿着媒介演化的人性化趋势的路径，莱文森在1997年写作完成了《软利器：信息革命的自然历史与未来》一书，成为讲述、描绘和论述媒介演化史的经典，他运用媒介分析的研究视角，借用达尔文的自然选择理论和卡尔·波普尔“渐进社会工程”的变

---

[1][美]保罗·莱文森著，何道宽译：《软利器：信息革命的自然历史与未来》，复旦大学出版社，2011，第91页。

革方案，提出了信息技术的发展和媒介形态的变革是自然界动态进化过程的一部分这一“软”决定论。

对麦克卢汉思想的研究和思考贯穿了莱文森的整个学术生涯。他在《数字麦克卢汉：信息化新纪元指南》的谢词中说：“自1976年以来，我发表的东西中，有20种全部或部分与麦克卢汉有关系，包括文章、评论和专著，这些东西有利于我清理和发展自己对麦克卢汉的思考。”[1]《数字麦克卢汉》既是麦克卢汉评传，又是莱文森媒介理论的专著，它不仅阐明了麦克卢汉在数字时代的先驱地位，更重要的是展现了莱文森的媒介思想和哲理洞见。

（二）莱文森技术进化论思想的形成

在莱文森博士毕业近十年后，他又一次完成了对自己的超越，1988年他出版了代表他哲学思想的专著《思想无羁：技术时代的认识论》，这是一本论述技术、媒介和知识进化的哲学与传播史著作。他以麦克卢汉的媒介技术观念为起点，糅合了达尔文的进化论思想，吸收并改造了波普尔的“三个世界”观念，形成了他的人脑获得的知识正是技术按照人的要求来改造世界这一“人类沙文主义”技术观，同时，他借鉴了坎贝尔“知识进化的三阶段论”的阐释，提出他的技术认识论、互动论，本文将在第二章对这一理论进行详细论述。

（三）莱文森的新媒介思想和实践

他用《手机：挡不住的呼唤》和《新新媒介》完成了对手机和新新媒介的哲学解读。2004年，莱文森通过《手机：挡不住的呼唤》这部书透过技术进化和社会生活的视野，从心理学、社会学和传播学的角度剖析新媒介革命，断言手机将会使人回到边走路边说话的“前技术时代”的交流状态，这本书使莱文森获得新锐媒介理论家和批评家的称号。莱文森并未因此止步，他紧跟时代与技术的步伐，于2009年写作完成《新新媒介》一书，提出了自己的新新媒介概念，并依据自己在新新媒介上的应用实践描述了新新媒介在当代社会生活、娱乐社交、政治体制和经济活动中的重要作用，用自己在新新媒介中的使用经验和思考完成了对网络时代媒介变革的想象。莱文森通过这两

---

[1][美]保罗·莱文森著，何道宽译：《数字麦克卢汉：信息化新纪元指南》，社会科学文献出版社，2001，谢词第3页。

部专著以及大量的电视专栏和访谈节目奠定了自己新锐媒介理论家的身份，这些作品是他传播学生涯的结晶，也是其媒介理论逐渐走向成熟的印证。

三、保罗·莱文森获得的荣誉

2005年，获得媒介环境学会颁发的“尼尔·波斯曼之杰出公众精英”奖（Neil Postman Award for Outstanding Public Intellectual winner——given by the Media Ecology Association）

2005年，有声小说《意识的丧失》获得“奥迪”入围奖（"Audie" Award finalist——The Consciousness Plague audiobook）。

2004年，获得福德汉姆大学研究生协会年度教学人物奖（Teacher of the Year winner——given by Fordham University’s Graduate Student Association）。

2004年，科幻小说《像素之眼》获得该年度普罗米修斯奖提名（Prometheus Award finalist——The Pixel Eye）。

2003年，科幻小说《记忆的丧失》获得玛丽·谢莉奖的“杰出科幻作品”奖（Mary Shelley Award for Outstanding Fictional Work winner——The Consciousness Plague）。

2002年，科幻小说《时序保护事件》获得埃德加爱伦坡奖的最佳戏剧奖提名（Edgar Allan Poe Award for Best Play nominee —— “The Chronology Protection Case”）。

2000年，学术著作《数字麦克卢汉》获得该年度“刘易斯·芒福德杰出学术成就奖”（Lewis Mumford Award for Outstanding Scholarship winner——Digital McLuhan）。

2000年，科幻作品《丝绸密码》获得美国《轨迹》杂志读者票选的最佳小说奖。同年，它再次获得“巴恩斯＆诺布尔首次航行奖”的最佳小说奖的亚军（Locus Award for Best First Novel winner——The Silk Code；2000 Barnes & Noble Maiden Voyages Award for Best First Novel runner-up——The Silk Code）

1999年，短篇小说《细小的差别》《果园》和《领先，贝拉明》同年获得“霍默奖”提名（Homer Award finalist, novelette—— “Little Differences”&” The

Orchard" &" Advantage, Bellarmine")

1998 年，小说《凌乱的结果》荣获年度雨果奖和斯特津奖提名，同年获得 AnLab 奖亚军（"Loose Ends"——Hugo Award finalist，Sturgeon Award finalist， AnLab Award first runner-up）

1997 年，小说《凌乱的结果》获得年度星云奖提名（Nebula Award finalist, novella——" Loose Ends" ）

1996 年，中篇小说《版权声明案例》获星云奖、斯特津奖提名，并成为荷马奖得主（novelette "The Copyright Notice Case"- Nebula Award finalis, Sturgeon Award finalist,Homer Award winner.）[1]

莱文森是波斯曼的嫡传弟子，他二人都称自己是麦克卢汉的私交弟子，虽然三人对媒介的态度差异很大，但他们三人都具有强烈的人文情怀和深邃的历史视野，关注社会变迁与文化的偏向，传播与教育的关系，但三人也确确实实在学术理论和态度上有很大不同，莱文森发展和超越了麦克卢汉，"反叛"了自己的恩施波斯曼。

第三节　媒介环境学派第三代旗手的超越与反叛

翻开保罗·莱文森的著作，你会看到所有的书中都会提到两个人：马歇尔·麦克卢汉和尼尔·波斯曼。麦克卢汉是对莱文森的媒介思想产生巨大影响的人或者说是莱文森媒介思想的宝藏，而尼尔·波斯曼是他的博士导师，虽然在学术思想上，他严重地"反叛"了自己的恩师，但是波斯曼确实是他学术之路上的"伯乐"，是给予他学术指引和重大机会的"恩师"。黑格尔说"超越的过程既是吸收的过程，也是摒弃的过程"，这话用来评价莱文森对麦克卢汉和波斯曼的继承与发展无比贴切，尤其是在数字化时代，莱文森近距离地接触和使用大众

[1] 莱文森的个人获奖信息来源于保罗·莱文森个人博客主页。

媒介，对媒介的观察和研究也比他的老师们走得更远。

一、保罗·莱文森对麦克卢汉的继承与超越

众所周知，保罗·莱文森正是因为邂逅了马歇尔·麦克卢汉才走进了“媒介”研究的殿堂，展开自己的学术之路，他学术生涯的很大部分精力和作品与麦克卢汉有关系，对莱文森学术成就的评价离不开麦克卢汉，所以他被学界称为“数字麦克卢汉”“后麦克卢汉第一人”，这是对他的褒奖，也是对他学术风格和媒介思想的“介定”。他比麦克卢汉幸运，成长于广播电视为主的电子时代，亲历了互联网和移动互联网从无到有的过程，所以，他在吸收麦氏思想的基础上实践并修正了麦氏思想，并发展出自己的媒介理论。

（一）在研究方法和写作风格上，莱文森是麦克卢汉的知音

在 20 世纪 80 年代，莱文森就第一个意识到麦克卢汉“缺乏学术严谨性和连贯性”的文章风格恰恰是他超越那个时代暗合了未来社会数字的、电子的、碎片化的、全息图式的风格。

从伊尼斯、麦克卢汉到波斯曼与莱文森，几乎所有的媒介环境学者都具有强烈的历史感，而麦克卢汉则更具有强烈的未来感，或许这才是他最伟大也最不容易被同时代人理解的地方吧。在麦克卢汉受到的指责中，对他的研究方法和文章风格的指责最为激烈，埃德蒙森和索卡洛夫说麦克卢汉的话语是“疏漏、粗疏的胡言乱语”，学界对他的媒介理论批评主要集中在他的文章“缺乏学术严谨性和连贯性”。在藐视实证研究的结果、轻视逻辑推理的思想指导下，麦克卢汉的著述确实带有一些按学术严谨性来衡量属于缺陷的特点，就连非常推崇他的美国传播学者梅洛维茨也不得不说：“麦克卢汉的作品充满了格言、双关语和比喻，实际上麦克卢汉最深奥的见解对于没有专业知识的读者而言是无法理解的，因为麦克卢汉运用了他自己的非线性思维风格，并以此来证明口语形式推理的力量。”[1]麦克卢汉的论著所显示的观点的深刻性往往被他颇像文学评论的文体所掩盖，同时麦克卢汉对自己著作中的基本概念缺乏明晰而严格的界定。对于

---

[1] [美] 约书亚·梅罗维茨著，肖志军译：《消失的地域：电子媒介对社会行为的影响》，清华大学出版社，2002，第 16 页。

这些批评和指责，麦克卢汉抛出一句“我不解释，我只探索”来回应大家。

作为他的追随者，莱文森却是按照学术论著的路数替麦克卢汉做了注解，他在《数字麦克卢汉》一书中开篇即为麦克卢汉的研究方法“勉说其理”，用坎培尔的“进化认识论”来澄清麦克卢汉的贡献和学界批评之间的差别，莱文森说：“达尔文的生物进化论有三个分明的进化阶段：第一个阶段，是生成的阶段，新的有机体特征和有机体本身出现，独立于外在的环境；第二个阶段，这些有机体特征和有机体本身或存或亡，这取决于它们在世上的表现（自然选择、适者生存——既包含合作，也包含竞争，二者都是生存战略）；第三个阶段，幸存的有机体把基因和成功的特征传递给后代（遗传和散播）。坎培尔等人认为，人的知识以模拟的方式演化：提出新思想，经受批评、检验和讨论，第二个阶段的幸存者被印成书、进入课堂、受到引用。”[1]学术界既关注思想的生成，又关注批评、描绘和传播，而麦克卢汉只对第一个阶段即“提出新思想”阶段感兴趣，而别人已经把许多时间和精力花在第二和第三个阶段上去了，“那么让他选择那条创新的路子，这难道不会使我们大家都更加相安无事、活的更痛快吗？”[2]

莱文森第一个意识到，麦克卢汉遭人诟病的文章风格恰恰是他超越那个时代暗合了未来社会电子文本的风格。1986年莱文森发表在《电气电子工程师研究院专业传播会议文集》上的文章《麦克卢汉与电脑会议》率先意识到麦克卢汉豆腐干大小、互相交叠的文风实际上是一种在线形式的风格，是电子文本的风格，迫于当时的媒介环境，他的风格被囚禁在纸上。该文是莱文森非常看重的一篇文章，他在2006年与何道宽先生一起编选《莱文森精粹》一书时，将这篇文章放在该书“马歇尔·麦克卢汉”这一组文章的首篇，他说：“如何理解麦克卢汉，如何理解麦克卢汉著作的结构和内容之间的关系？这个问题仍然吸引着评述麦克卢汉的人。我再一次提出这个问题，是因为我认为我发现了一把最令人震惊的钥匙，发现了解读其中谜团的电子软件，这个发现可以在回答上述问题时取得重大的成果……麦克卢汉著作里那些拼贴式的散文风格实在是酷

[1][美]保罗·莱文森著，何道宽译:《数字麦克卢汉: 信息化新纪元指南》，社会科学文献出版社，2001，第35页。

[2][美]保罗·莱文森著，何道宽译:《数字麦克卢汉: 信息化新纪元指南》，社会科学文献出版社，2001，第35页。

似电脑会议的记录稿。”[1]当时以电视作为主流新媒体的媒介环境还没有跟上麦克卢汉思想的多维视野，莱文森把他的这个发现当作这本书(《莱文森精粹》)的种子，可见他对此文的重视程度。莱文森把麦克卢汉的写作风格称作“电脑会议的记录稿”，这在1984年[2]的媒介环境中已经是他能想到的最接近的文风了，若是在今天，应该把他的这种风格称作“微博”或是“微信”风格了，比如“媒介即信息”“地球村”“无形无相之人”“处处皆中心，无处是边缘”“机器把自然变成艺术”等格言警句式的论断与今天微博与微信表述风格无异，无须论证缜密、材料翔实，人们照样能理解并作出回应，或许正应了中国那句成语——“微”言大义。麦克卢汉去世的时候，网上文本和网上社区还在孕育之中，所以他著作中那些看似前言不搭后语的格言警句让批评家们恼火，莱文森却认为“麦克卢汉著作里的评注、警语和迸发出的思想，就像是电脑上展开的网页和超文本的链接，它们走在时代之前，也走在它们依托的媒介之前”[3]，“他50年代到70年代的著作，似乎是在参加80年代中期的‘电脑会议’”[4]。

至于说到麦克卢汉著作中对基本概念缺乏严格的定义，麦克卢汉喜欢用法国著名诗人马拉梅的名句“定义就是杀戮，暗示就是创造”来暗喻自己的研究风格，莱文森解释说：“麦克卢汉并不是要粉碎一种话语模式，而是要培养另一种话语模式。”翻开麦克卢汉的主要著作，你不会看到学术著作的常规模式，无论是《机器新娘》《古登堡星汉璀璨》还是《理解媒介》它们绝不是传统的学术书，它们由数量众多的章节组成，《机器新娘》有51章，《古登堡星汉璀璨》有107章，《理解媒介》也有41章，每一章长短不一，一连串的主题盘根错节、互相参照。莱文森对麦克卢汉的这种模式和风格是不反对的，甚至是推崇的，所以他说：“这些书可以在任何地方开始读，在篇幅不长的章节中间开始读也可以。从哪儿都可以发现，它的一套主题和参照可以顺利通达每一章。换句话说，

[1][美]保罗·莱文森，何道宽编译：《莱文森精粹》，中国人民大学出版社，2007，第166页。
[2]莱文森在1984年写作完成了《麦克卢汉与电脑会议》这篇文章，两年后也就是1986年发表在《电气电子工程师研究院专业传播会议文集》上。
[3][美]保罗·莱文森著，何道宽编译：《莱文森精粹》，中国人民大学出版社，2007，第171页。
[4][美]保罗·莱文森著，何道宽译：《数字麦克卢汉：信息化新纪元指南》，社会科学文献出版社，2001，第41页。

每一章都含有全书的蓝图，很像我们细胞中的DNA，DNA中就含有整个人体的‘菜谱’。”[1]最有力的证明，或许是他在撰写《数字麦克卢汉》时对于此书的章节架构的安排明显带有麦氏的风格，全书共分15章，除了长篇序文之外，剩下的14个专题，各章破题的引语都是麦克卢汉的名言，如：媒介即讯息 / 无形无象之人 / 处处皆中心，无处是边缘 / 机器把自然变成艺术品等题目，莱文森还为这些题目精心编排了副题，这些题目多半也是比喻，暗合了麦氏语言的风格，如：勉说其理 / 赛博空间的字母歌 / 中心的命运 / 从物役到役物。

如果说莱文森对麦克卢汉文风的理解带有“弟子崇拜”的感情色彩的话，卡茨对麦克卢汉文风的评价则是相当中肯的：“麦克卢汉从事文学研究出身，自然将自己视为印刷文化的产物，他在私人通信与学术对话中毫不避讳地指出：基于印刷术的思维及经验方式优于基于电子媒介的思维及经验方式。然而，若抛开麦克卢汉对印刷文化的迷恋不谈，单就其正式出版的著作而言，便不难发现他其实一直在努力跳脱印刷文本标准模式的窠臼。而且，在很大程度上，他成功了。”[2]卡茨认为麦克卢汉的文风是内爆式的，他从不纠缠于某一个题目或展开任何线性推理，他的著作缺乏明晰的结构，观点毫无规律可循，他给后人留下了成百上千个引人入胜却半生不熟的理论，从手抄本到电子讯息、从牙齿到打字机、从汽车到异化、从核心家庭到核子弹等等，不过，“若我们追随麦克卢汉的脚步，不再在某个特定问题上纠缠不清，而是从整体上观察世界，则一定会‘开发’出更清晰、更引人入胜的理解模式来”[3]。

（二）在对待媒介、技术与人的关系问题上，莱文森继承了麦克卢汉“道德中立”的立场，在“媒介即讯息”的基础上提炼出自己的“人性化趋势”理论

莱文森作为后起的学术精英与麦克卢汉的为人行事风格有着某种一脉相承

---

[1][美]保罗·莱文森著，何道宽译:《数字麦克卢汉: 信息化新纪元指南》，社会科学文献出版社，2001，第42页。

[2][美]伊莱休·卡茨等编，常江译:《媒介研究经典文本解读》，北京大学出版社，2011，第197-198页。

[3][美]伊莱休·卡茨等编，常江译:《媒介研究经典文本解读》，北京大学出版社，2011，第200页。

的特点，他们都能够用一种超然的态度对待媒介的演化，“麦克卢汉认为媒介既不是上帝的恩赐，也不应该受到诅咒，他们只不过是在这里而已。他认为，这种道德中性的观点给人提供最佳的机会，使人能够弄清楚新媒介如何起作用。如果你花很多时间去研究新媒介是好是坏，你的注意力就会受到干扰，你就不能够真正理解媒介的作用”[1]。他认为媒介的技术形式比媒介所承载的内容对人的影响要大，媒介技术对于变化着的传播体系、社会结构、人与人之间的关系、社会政治权力有着巨大的影响力，他通过这一论断突破了美国传播学研究的传统，从文化角度对于媒介形式本身进行探讨。莱文森跟麦克卢汉一样，把媒介当作只不过在这里而已，但是他比麦克卢汉要更为积极和乐观，他认为媒介的演化是人的自然选择，适合人类感知系统的媒介才可以存活下来，他的理论是以人为演化的尺度，以人的主动选择作为演化的方向。

麦克卢汉对媒介的态度是矛盾的，受英国新批评学派的影响，他对媒介最初抱着百般挑剔的态度，最终还是跳出批判学派的窠臼，完成自己对媒介由批判到赞赏的转变。最初麦克卢汉以文学批评家的身份介入传播学领域，这在其1951年媒介处女作《机器新娘》中看得清楚，他采用英国新批评学派的文学方法和心理学术语，在《机器新娘》中尝试对大众媒介和文化做全面的分析，研究工业人和广告，称“每日的大众文化提供了大量可供诊断的‘集体的恍惚’或‘白日梦状态’的资料，而工业社会就沉沦在这种状态之中”[2]，表现出对人文精神的关注和对工业文明的疏离和对抗，是北美传播学重要的批判之作。20世纪50年代中期，他清醒地认识到印刷技术即将被电子媒介所替代，他主张用“客观的”“道德中立”的态度评价印刷以及文字在西方社会形成中的作用，探讨电子媒介这一新型的传播媒体的意义。这时候的麦克卢汉试图以“客观的探索”代替早期媒介研究的文学偏向，《谷登堡星汉：印刷人的诞生》就在这样的背景下写就，到了《理解媒介》时期，麦克卢汉已经完全抛弃了在《机器新娘》和《古登堡星汉》中遮遮掩掩的文人气息，显然已经完全变为新技术

---

[1] [美] 林文刚编，何道宽译：《媒介环境学思想沿革与多维视野》，北京大学出版社，2007，第45页。

[2] 殷晓蓉：《麦克卢汉对美国传播学的冲击及其现代文化意义》，《复旦学报（社会科学版）》，1999年第2期，第84-91页。

的吹鼓手，他从《机器新娘》时期批判工业人到《古登堡星汉》时期悲叹印刷人再到《理解媒介》时期的欢呼电子人，每走一步他对技术的乐观态度就高扬一分，而这一欢呼给他带来一顶“媒介决定论”的帽子。在对麦克卢汉的攻击中，比较常见的就是对他的“媒介决定论”的批评，就连保罗·莱文森在自己的学术初期也会质疑，他在《人类历程回顾：媒介进化理论》中常常批评麦克卢汉的媒介决定论，批评麦克卢汉把人看作是技术的“性器官”，是一个受技术“影响”的、处于次要地位的角色。保罗·莱文森认为媒介决定论是在媒介演化过程中人与媒介谁更具有主动性和决定性，人与媒介之间谁支配谁的问题。麦克卢汉在《古登堡星汉璀璨》一书中表明：“本书绝对不抱决定主义的立场，笔者希望阐明社会变革的一个主要因素，它可能会真正地增加人的自主性。”[1]在书中麦克卢汉以印刷术为例分析了中国人对待技术以及技术异化的、暧昧的、不能直面的态度和面对媒介技术变革做出的自主性选择，最终麦克卢汉得出的结论是中国人对待技术的态度“确实蕴含了大智慧”，用李明伟的话来说：“麦克卢汉并不像技术决定论那样，认为技术与社会之间是一种单向的因果决定关系。”[2]所以，莱文森在《数字麦克卢汉》中检讨说：“如今，用事后诸葛亮的眼光来看问题——在后视镜里回顾他，回顾我最初对他的研究——我可以清楚地看见，用‘媒介决定论’来描写他未必是妥当的，虽然我依然认为，那些观点把人放在面对技术时较低的位置。至今，有一个问题我依然与他意见相左：他强调技术，贬低人对技术的控制力，这是他那些观点必然的内涵。不过，我可以理解，为什么他要反对‘媒介决定论’的帽子，他的抵制和他置身事外，不愿意预告未来有关系。”[3]

麦克卢汉对待技术的态度也不是一成不变的，1964 年他出版《理解媒介》一书时，就已经明确地表达了人在使用技术的同时也被技术不断地修改，同时，技术也会被人寻找各种方式去提升和修正。莱文森与麦克卢汉的分歧就在这里

[1] [加] 埃立克·麦克卢汉 弗兰克·秦格龙编，何道宽译：《麦克卢汉精粹》，南京大学出版社，2000，第 151 页。

[2] 李明伟：《媒介环境学派与“技术决定论”》，《国际新闻界》，2006，第 40-43 页。

[3] [美] 保罗·莱文森，何道宽译：《数字麦克卢汉：信息化新纪元指南》，社会科学文献出版社，2001，第 260 页。

了，莱文森认为：“对于我们的发明，我们是可以有所作为的，我们可以提炼技术、指引技术，使之按照适合我们感知和需要的道路发挥作用，而不是按照改造我们感知和需要的道路发挥作用，因为如果没有对媒介的影响有所作为，只是用它来吓唬人，那又有什么意思呢？”[1]莱文森认为人不仅可以创造媒介的内容，还可以把控媒介的演化方向。在麦克卢汉的启发之下，莱文森提炼出了“人性化趋势”理论，认为无论在形式还是功能上媒介的演化越来越趋向于“人”自身的传播模式，而且人在这一过程中居于主动的位置。由此看出，莱文森与麦克卢汉对技术的态度是一致的，他们认为媒介技术中包含了乐观而又充满人性的成分，只是在人与技术的互动关系问题上，莱文森比麦克卢汉更坚决地站在了“人”这一边，而麦克卢汉却还在“一脚门里、一脚门外”地犹豫着。

（三）由“媒介四定律”到螺旋展开的“补救性”媒介

伊尼斯认为，媒介对社会形态、社会心理产生长远的影响，“一种新媒介的长处，将导致一种新文明的产生”[2]。随着人类社会经历了口语媒介时期、字母媒介时期、印刷媒介时期、电子媒介时期和数字媒介时期，时代变迁越来越清晰地证明了不同媒介各有殊异的特性和功能，一种新的媒介经过漫长的试用期、成长期而逐渐演化为社会的主导媒介后，一定会给这个社会带来文化的、社会习俗的甚至是社会制度的震动和变迁。沿着伊尼斯的思路，麦克卢汉认为：“任何媒介（即人的任何延伸）对个人和社会的任何影响，都是由于新的尺度产生的；我们任何一种延伸（或曰任何一种新的技术），都要在我们的事务中引进一种新的尺度。”[3]所谓新的尺度，主要是指新的传播模式带来新的社会交往模式、行为标准以及文化内涵与外延的扩展，这一思想孕育了麦克卢汉的媒介四定律假说，即媒介演化过程中经历的四个阶段：放大、过时、再现和逆转。四定律把麦克卢汉各自分离的洞见如地球村、后视镜等思想拼合起来，被莱文森评价为这是麦克卢汉的天鹅绝唱，然而，这四定律也仅仅是相对清楚而已，关于定律的含义、用意以及如何运用这些定律，麦克卢汉自己也是思虑不清的。

---

[1] [美] 保罗·莱文森著，何道宽编译：《莱文森精粹》，中国人民大学出版社，2007，第 191 页。
[2] [加] 哈罗德·伊尼斯，何道宽译：《传播的偏向》，中国人民大学出版社，2003，第 28 页。
[3] [加] 马歇尔·麦克卢汉著，何道宽译：《理解媒介——论人的延伸》，商务印书馆，2001，第 33 页。

莱文森对麦克卢汉的“媒介四定律”尤其赞赏，并在很长时间内思考、阐释这一理论，使之清晰并丰富。1977年在尼尔·波斯曼的鼓励和大力举荐下，莱文森给麦克卢汉的“媒介定律”撰序，麦克卢汉的《媒介定律》连同莱文森的序一同发表在1977年6月刊的《如此等等》杂志上。围绕“媒介四定律”，莱文森提出四个问题：新媒介提升了社会生活的哪个方面？它使什么东西过时？它会将过时的什么东西重新拉回舞台的中央？新媒介走向顶峰之后又逆转为什么？[1]他用“媒介四定律”来考察媒介的演化史，作为最古老媒介的语言几乎存在于一切新媒介之中，字母是语音的视觉表达，书籍、报纸、杂志的内容是文字，在漫长的印刷文化时期，视觉传播久久占据主导位置，遮蔽了听觉传播。20世纪初期，无线广播使人的声音在技术的协助下超越自身的生物边界，将垄断社会上百年的主流媒介印刷术赶下统治地位，接着，作为听觉媒介的广播被推向极端之后，又逆转为视听媒介的电视。继而莱文森进一步发现，电视使之过时的东西，不只是广播，还有电影院、家里的视听媒介，所以，媒介通常是同时提升、过时、再现和逆转成许多东西，广播使视觉过时，接着电视使视觉得到再现，由广播逆转而成的电视反过来又使纯粹听觉的广播过时。虽然麦克卢汉早就说过，媒介的四定律是开放的，在放大、过时、再现、逆转的过程中，可以再现很多过去被过时或是遮蔽的很多方面，也可以逆转成你不能想象的很多种媒体形式，但他却没有时间进一步探讨媒介革命是按照一种什么样的模式进行的，因为他倒在了1980年的门槛上，莱文森替他做了这个工作，在莱文森《进化的四轮车》这篇文章中，他将这种实实在在的前进运动称之为媒介“进化的四轮车”，后来，在他写作《数字麦克卢汉》时，重新审视这个运动，又将这一过程称为“媒介革命的螺旋形展开”。莱文森的思考不止于此，他将“媒介四定律”和数字时代相联系，他认为“互联网及其体现、证明和促进的数字时代，是一个大写的补救性媒介。这是由于电视、书籍、报纸、教育、工作模式等的不足逆转而成的互联网是一个大写的补救性媒介，差不多是过去一切媒介不敷应用而产生的逆转”[2]。当前媒介逆转的过程中存在媒介影响的多样性，

[1] [美]保罗·莱文森著，何道宽编译：《莱文森精粹》，中国人民大学出版社，2007，第179页。
[2] [美]保罗·莱文森著，何道宽编译：《莱文森精粹》，中国人民大学出版社，2007，第192页。

麦克卢汉将根本的影响因素交给了技术，而莱文森拒绝接受这种将技术对人类处于居高临下的因果地位的判断，他说，逆转律有个坚定的立场，“人必须扮演积极的角色。在这个意义上，这个逆转律不像亚里士多德的第四因或终极因，而是固有的命运、目标的终点，会随时冒出来供人去把握”[1]，所以，在这一点上，一切媒介都成为立竿见影的补救性媒介。

二、保罗·莱文森对尼尔·波斯曼的背离和开拓

作为媒介环境学派第二代和第三代代表人物，波斯曼与莱文森都受到麦克卢汉的影响，媒介环境学是他们研究的共同范式。波斯曼继承了麦克卢汉的理论传统，他从麦克卢汉“媒介即讯息”的观点发展出自己的“媒介即隐喻”的论题。莱文森把自己称为麦克卢汉的私淑弟子，他的学术视野和学术成果都离不开“麦克卢汉”这一关键词，他在《数字麦克卢汉》的序文中说他和梅罗维茨媒介环境的视野是从麦克卢汉那里学来的，莱文森由导师波斯曼引入媒介环境学的学术殿堂，他也很好地验证了中国那句“师傅领进门，修行在个人”的俗语，在他学术修行的道路上，无论是从学术风格、对技术的态度、人在技术演化中地位，还是在对待媒介形态的认识上，他与自己的恩师波斯曼走了完全不同的道路。

（一）学术旨趣和思想渊源的不同

波斯曼从麦克卢汉和伊尼斯那里继承了媒介技术主义范式，尤其是对伊尼斯，波斯曼对他的评价很高，他甚至认为伊尼斯的学术地位要高过麦克卢汉，把伊尼斯尊称为“现代传播之父”。伊尼斯对西方文明的发展前景持怀疑态度，认为媒介技术的发展方向并不乐观，他认为“在每一件工具里都隐藏了一个不被它的制造者和使用者所察觉的意识形态上的偏倚或行为倾向，由此它会控制我们对周围世界的认识和理解”[2]，波斯曼那带有浓郁的人文关怀精神和道德拯救意识的媒介批评理论与伊尼斯建立的以历史的视角将媒介与文化和社会发展问题联系起来研究的路子一脉相承。如果说伊尼斯的媒介时空偏向论为波斯

---

[1]［美］保罗·莱文森著，何道宽编译：《莱文森精粹》，中国人民大学出版社，2007，第191页。
[2]［加］哈罗德·伊尼斯著，何道宽译：《传播的偏向》，中国人民大学出版社，2003，第79页。

曼提供了思考新事物的手段的话，那么芒福德的"技术与文化"视角则为他提供了审视和考察电子媒介的理论工具。芒福德第一个意识到技术对人类生活和文化的巨大影响，这对波斯曼产生重要影响，他提出的三个技术时代：工具使用时代、技术统治时代和技术垄断时代就明显是芒福德前技术阶段、旧技术阶段和新技术阶段的变体。对于莱文森来说，麦克卢汉的思想是他的学术基石、思想的灵感所在，他把从麦克卢汉那里学来的学术视野与卡尔·波普尔哲学和唐纳德·坎培尔的进化认识论揉合起来，（这一点我们会在莱文森的思想之源一章专门探讨）甚至美国科幻作家阿西莫夫的著作也给了莱文森很多思想灵感，他在《软边缘》一书中也表达了对阿西莫夫的欣赏与感激。阿西莫夫通过自己的科幻作品向人们展示了他对技术坚定而乐观的态度，"他坚定不移地提倡人的理性，主张将其用于技术，而技术是我们自我完善的最佳手段"[1]，莱文森对媒介技术的态度显然深受阿西莫夫的影响。

波斯曼的学术活跃期正是电子媒介逐渐风靡的20世纪中后期，他的研究兴趣是新媒介尤其是电子媒介使我们生活得更好还是更糟，面对电子媒介带来的冲击，他不遗余力地对电子媒介给社会诸方面带来的负面影响给予了无情的批判。波斯曼指出，尽管时间会改变我们对媒介影响的判断，例如苏格拉底反对文字，可柏拉图却看见文字的正面影响，然而具体到一种媒介究竟是有助于或有害于人性化的观念，我们还是可以表达一个明确的观点，所以在他的媒介批评三部曲中对电子媒介进行了急风暴雨式的批评，做出自己的道德判断。但是，对于20世纪最后几年才显露巨大力量的网络、手机、虚拟空间等信息革命未能进入他的视野，他关于技术垄断的理论显然缺乏更为现实的依据，而莱文森有幸目睹了数字时代起步至今的整个过程，他的主要论著大多完成于世纪之交前后的十年，考察的正是新兴的数字传播对社会关系和社会组织的影响。波斯曼的研究思路是从人性和道德的尺度挞伐技术的负面影响，像20世纪的"唐吉诃德"挥舞着批评的宝剑对电子文化的负面影响紧追不放，而莱文森更侧重于媒介变迁的技术、社会、文化根源和发展趋势，揭示媒介演化的规律，突出人在

---

[1]［美］保罗·莱文森著，何道宽译：《软利器：信息革命的自然历史与未来》，复旦大学出版社，2011，前言第6页。

媒介演化过程中作为媒介的创造者和控制者的主体地位。相比波斯曼去裁决媒介是有益还是有害的人文主义视角，莱文森的视角更加宏大，他认为媒介的进化服从于人的理性、有无穷的发展潜力、更加人性化和合理化。所以，莱文森的态度比波斯曼要明亮得多，对未来社会也更积极乐观。

（二）在媒介形态上，波斯曼认为文字培养理性，图像降低思考，而莱文森却认为文字易受干扰，图像符合感知

对待媒介形态的态度是波斯曼和他的爱徒最显著的差异，也是莱文森对恩师大张旗鼓的叛离，这一学术上的分歧在20世纪80年代达到高潮，以莱文森1980年写作《看电视的好处》为标志。波斯曼认为，我们关于理性、批判、分析和不偏不倚的思考的观点是与书写文字紧密相连的，像电视、电影等以图像为特征的媒介将报纸、书籍等以文字为中心的媒介挤压至大众传播媒介的边缘地带，但是图像带给人的感性认识要多于理性分析，人们跟随图像的直观感受忘却了思考，电视使得建立在图像基础上的文化占据大众媒介的中心位置，多年来文字培养起的理性思想随着文字一起走向没落。莱文森对文字与图像进行比较也不吝笔墨，他认为口语本身就是对现实的抽象表达，而文字又是对口语的抽象，所以说，文字的双重抽象是过度的抽象，“图像的力量不奇怪，因为眼睛和耳朵可以直接领会的东西具有诱惑力。尽管字母表带来很大的便利和重大的影响，但我们过去和现在浸淫在字母表文化中却付出了代价，那就是拉开了与真实世界的距离”[1]。他用照片作为分析媒介来展示图像的魅力，他认为摄影术这种反映世界的镜子不仅准确而且持久，用安德鲁·巴赞的话说“影像使世界免于因时间而衰朽”，莱文森称之为“跨越时间的凝视”。文字的确可以让我们跨越时空进行交流，但是，文字失去了语音、形象和三维的真实世界，媒介应该尽量避免以牺牲或削弱人类与生俱来的感知系统为代价，所以他说电话使我们用语音交流而不是用莫尔斯电码交流，收音机让我们用耳朵而不是用眼睛接收信息，电视是摄影术的延伸，动态、逼真的画面使媒体反映现实的能力增强。所以莱文森好像要与自己的导师赌气一样，于1980年写了《看电视的

[1]［美］保罗·莱文森著，何道宽译：《软利器：信息革命的自然历史与未来》，复旦大学出版社，2011，第31页。

好处》一文，大张旗鼓地欢迎电视的到来，说电视的好处正是它对我们的要求很低，只需要有一定的时间就可以给我们提供娱乐，还允许我们打瞌睡，在这个压力很大的世界，这对我们的健康有益。在这里，莱文森与波斯曼观点的对立走到极致。

（三）对待媒介的传播速度这一问题上，波斯曼认为瞬间信息传递助长情绪化反应，莱文森却认为即时交流利于生成批评

波斯曼担心，瞬间传递信息的电子媒介会使信息在社会里泛滥成灾，会助长匆忙、情绪化的判断与回应，波斯曼的这种担心我们在芒福德那里早就听到了相似的论调，“即时联系确实方便，但也带来了负面的影响。阅读、写作和绘画是思维的高度提炼，也是深刻思想和深思熟虑行动的媒介，现在却被这种即时交流削弱了。与直接而有限的接触相比，人们在保持一定距离的时候更善于交流，有时，看不见对方的时候交流进行得更顺畅，例如原始部落间的实物交易。从社会角度来看，过分频繁而重复的个人交流可能并不有效，这点从电话的滥用上可以看得清楚”[1]，莱文森反驳说，即使瞬间传播的信息存在情绪化的危险，但也没有理由说这样的舆论必然是非理性的，虽说印刷媒介迟滞的交流有助于人们理智地思考，但是电子时代，人们还是愿意用写在电脑屏幕上的字代替印刷媒介，通过电子邮件、小组讨论、网络社群等方式实现信息的即时流动，莱文森认为这种即时的交流和意见交换有助于信息的及时沟通和头脑风暴或批评的生成。

在莱文森所界定的“前技术”时代，信息在发送者和接受者之间流动，但是传播的效率和广度受到局限，人类对传播技术的执着追求正体现了人们对快速、广阔空间的信息流动的需求。但是，技术并非完美无缺，在电报发明之前，一切超过身边物质环境的交流，都造成互动能力的丧失，所以才会有苏格拉底抨击书面词不能回应读者的质询，而电子媒介的兴起复兴了人与人之间即刻反应的交往方式，“电报及其后的一系列发明，都在克服空间距离的障碍并且缩小表达与反应之间的时间差。首先是电报，然后是电话，然后是无线电报，再

[1]［美］刘易斯·芒福德著，陈允明、王克仁、李华山译：《技术与文明》，中国建筑工业出版社，2009，第213页。

后是无线电话，最后是电视。结果，借助于机械装置，通信又回到最初的人与人之间的瞬时反应了”[1]。莱文森认为媒介生死存亡的关键是看它与前技术时期人类交流环境的相似程度，广播复制了人类只听不看的媒介交流情境，电视恢复了人类对现实世界直观感觉的要求，电话、手机等恢复了前技术世界人们交流的即时性和互动性，是媒介进化和发展的必然趋势。

（四）对于新媒介的态度，波斯曼认为电子文化是对印刷文化的颠覆，而莱文森却认为是一种补救

波斯曼的理论视野并不是整个媒介技术的变迁史，他只选取了几个关键点来分析，印刷术和电视成为他关注的重点，加上他的研究有价值标准在先，所以他对媒介的研究透着浓郁的人文关怀精神和道德拯救意识。波斯曼是最富有原创精神的捍卫书籍的批评家之一，他成长于前电视时代，其辩才受惠于怀特的经典散文，他认为阅读性质本身就决定它教会我们推理的能力，而电视是任意的不连接的图像，与线性传统背道而驰，瓦解逻辑和思维的习惯。在波斯曼和费城艺术大学教授卡米尔·帕格里亚的一次关于“两种文化——电视对阵印刷术”的对话中，波斯曼明确表达了对电视的不满，他说我们看电视的危险在于，电视促进情感的非连续性，每5分钟它就唤起截然不同、难以兼容的情感，所以电视是达达主义的，他任意虚妄地把一些不相关的事件编辑在一起，比如，上一分钟电视在播放灾难信息，下一个画面就是娱乐广告。但是，卡米尔·帕格里亚却认为这正是电视超现实主义所在，电视实际上比书本上的任何东西都更接近生活，自然界山崩地裂太阳照常升起，人们依然按照原有的轨迹生活，电视和自然界一样，每件事都有各自的分量，我们看到电视上从灾难到广告的切换制造了希腊悲剧的效果，起初是动情，然后是超然，接着是若有所失，最后是哲学的关照。从灾难到超然的迅速变化，是成熟的过程，如果你对每一场灾难回应时都全情投入，你就会一团糟，智慧的定义就是哲理上对灾难保持超然的态度。相较于波斯曼忧心忡忡地对印刷文化和电子文化反复衡量，做出孰好孰坏的裁定，莱文森更热衷于通过自己的观察去探究媒介演变的规律，所有

---

[1][美]刘易斯·芒福德著，陈允明、王克仁、李华山译：《技术与文明》，中国建筑工业出版社，2009，第213页。

的技术进步都有一定的缺陷，任何一种后继的媒介都是对过去某一种媒介功能的补救和补偿。莱文森用自己的理论去分析媒介而不是去裁决媒介，这更符合媒介环境学派的作风。

（五）对待技术，波斯曼的态度是悲观的，他认为人在技术发展中变得越来越无能为力；莱文森正好相反，他认为人在技术面前具有至上性，可以通过人类理性实现对媒介技术的选择和控制

透过波斯曼的作品我们可以深深感受到一种令人绝望的悲观，他将技术垄断的形成归罪于技术，将人的努力视为徒劳无益，在他的《娱乐至死》中充满了对“电视毁灭头脑”的控诉，《技术垄断》里一直强调任何技术都能够代替我们思考问题，技术的运转独立于人或半独立于人，远古时代人们由于缺乏信息的沟通每天处于生死边缘，如今人们由于信息的泛滥、无序、失控而一筹莫展，甚至有人沦为信息的奴隶，被信息的汪洋大海淹死。相较于波斯曼消极而悲观的媒介技术观，莱文森要乐观明快得多，他直视技术的两面性，承认技术带来负面性的同时也认为技术遭人痛恨的非人性不会因人的意愿而消失，但人类不能因噎废食，直面问题的同时可以通过技术革新去改善和修补旧媒介的不足，媒介也会拥有越来越多的人类功能。

莱文森始终拒绝麦克卢汉对人与技术的关系不作价值判断的立场，也拒绝波斯曼对技术深深绝望的悲观态度，他认为，人的理性和判断能力可以对未来产生正面的影响，“在人与技术关系中，我们可以提炼技术、指引技术，使之按照适合我们感知和需要的道路发挥作用”[1]，所以，正是人的主体性决定了媒介演化的人性化趋势。

---

［1］［美］保罗·莱文森著，何道宽编译：《莱文森精粹》，中国人民大学出版社，2007，第191页。

第二章 保罗·莱文森的技术进化论思想

莱文森的学术历程不同于麦克卢汉，麦克卢汉大学期间因不满美国西部的文化贫瘠，远走英国学习英语文学和哲学，他被英国的文学积淀和高雅生活所倾倒，认为“剑桥岁月是他生平最美好的时期。期中一个原因是，他来自荒郊野岭，剑桥优雅的生活使他喜出望外”[1]。在这里，他受到英国思想家切斯特顿、天主教思想家圣托马斯·阿奎纳等天主教思想的影响，认为世界是真实而理性的、可以被认知的，这奠定了他一生的思维方式。他在剑桥大学三一学院受到瑞恰兹、里维斯、燕卜荪等文学“新批评”先驱思想的冲击和巨大影响，他的文学观念被全盘颠覆，加之他美国的教学生涯和加拿大学者身份使他的思想和思维方式多元而新锐。莱文森却不同，他是彻彻底底在美国本土出生、成长，所受的教育也是在美国本土完成，虽然跟麦克卢汉等学者有密切的联系，但是对于处于学习阶段的莱文森来说，美国本土思想尤其是传播学思想对他的影响应该是最大，也最为直接的。初读莱文森的人，总会有个问题萦绕在脑际：“为什么文学、艺术起家的莱文森会专注于哲学、进化论领域，完成了早期奠定其传播学大师地位的专著《思想无羁——技术时代的认识论》，并创建了自己的技术进化论

[1] [加]菲利普·马尔尚著，何道宽译：《麦克卢汉：媒介及信使》，中国人民大学出版社，2015，第40页。

思想？”每一种理论的产生都有着特定的社会文化背景，学者们用他们所处的文化环境赋予他的思想来探索自然、人性和社会，保罗·莱文森终究也不能拔着自己的头发离开地球，他的思想不可能摆脱那个时代，也自然不能摆脱他的学术传承而创造出一种横空出世的理论，要想厘清这个问题，我们必须还原到他思想生成的那个环境中去寻找其中的原委。

在莱文森的技术哲学思想中，“进化、知识和技术的相交，是人类生存的驱动力”[1]，技术是主题，进化是方向，人则是变化的尺度。芝加哥社会学派的技术主义范式为莱文森的技术进化论提供了主题，达尔文的自然进化论、卡尔·波普尔和唐纳德·坎贝尔的进化认识论为莱文森的技术进化论提供了方向，康德的先验认识论为莱文森提供了技术哲学基础。从某种意义上来说，一切理论问题都是历史问题，我们从影响保罗·莱文森的那个时代和人物出发去研究他思想的由来，或许是个不错的开始。

第一节 芝加哥社会学派对莱文森思想的启蒙

莱文森与伊尼斯和麦克卢汉学术路径相似，他们都并非嫡出的传播学者。保罗·莱文森早期在纽约城市大学（库尼城市学院）主修心理学和社会学，只是在教育心理学的讨论课上读到麦克卢汉的《理解媒介》，1974年至1979年在纽约大学完成了自己的传播学硕士和博士学位时重新修习并接触麦克卢汉和媒介环境思想，从而走上传播学研究的学术之路。但是，原来的心理学和社会学的素养给他带来更为宽广和多元的视野，技术进化论的提出可以证明这一点，事实证明，一个人无论最终在什么样的领域有所建树，他最初接受的专业训练对他后来的研究和视野都会产生持久而永恒的影响。如伊尼斯最初在倡导批判性思维和自由学术风气的教会学校——麦克马斯特大学学习哲学、历史经济学，

[1]［美］保罗·莱文森著，何道宽译：《思想无羁——技术时代的认识论》，南京大学出版社，2003，中文版序第1页。

并深受哲学教授詹姆斯·本·布洛克和历史经济学教授 W.S. 华莱士的影响，即使后来去芝加哥大学学习政治经济学，深受凡勃伦的制度经济学的影响，但是正如张咏华教授所言，“伊尼斯媒介理论的一个重要特点，是他的经济史学和政治经济学的学科背景留下的深深的印记”[1]，伊尼斯用他经济史学家的目光和政治经济学科的背景追溯社会的生存状态和历史变迁，始终以一种批判的目光审视这种状态和社会变迁背后的文化机理和制度根源，这成就了他始终如一的学术风格。而年轻的莱文森在纽约大学修读传播学硕士、博士学位期间，约翰·卡尔金教授向他大力引介麦克卢汉的思想，“我师从他学习麦克卢汉，不胜荣幸，否则我的生活会是另一种样子，而不是现在的学者和媒介理论家……是他把我送上学术之路”[2]，后来，尼尔·波斯曼不仅给他引路，还把麦克卢汉介绍给他，成为他学术之路上思想的源泉和亲密的朋友。莱文森从麦克卢汉、波斯曼等媒介学者那里汲取学术营养，继承和发展了媒介环境学派的思想我们了解甚多，但他早期接受的社会学以及心理学的专业训练一直被大家所忽视，何况由伊尼斯所发起的媒介技术学派跟社会学芝加哥学派有着深厚的渊源。

伊尼斯在芝加哥大学主攻政治经济学之余还选修了当时比较流行的社会学课程，当时主政芝加哥大学社会学的是帕克，伊尼斯深受帕克社会学思想的影响，从他那里获得了很多关于传播技术的观点，开始从媒介的角度来思考人类文明的进程中影响因素的问题，这令他逐渐放弃了当时的主流观点：经济才是人类文明发展主要推动力的说法，逐渐让他对人类文明进程中影响因素做更宽泛的、人文视角的考察，而不是仅仅从经济这一个层面上考虑问题，这也使他的学术重心逐渐由经济学转到了传播学。关于传播技术的观点经过伊尼斯、麦克卢汉等学者的扬弃，最终走出了不同于结构功能主义、批判主义的第三条道路——传播技术主义的范式。黄旦曾说：“社会学对大众传播学的产生、发展所起的推动作用是非常明显而又极其直接的，以至于令人谈大众传播学史如不从杜威、

[1] 张咏华：《媒介分析：传播技术神话的解读》，复旦大学出版社，2002，第 57 页。
[2] [美] 保罗·莱文森著，何道宽译：《数字麦克卢汉：信息化新纪元指南》，社会科学文献出版社，2001，谢词第 1 页。

库利和帕克等说起，恐就有数典忘祖之嫌”[1]，而杜威、库利、帕克等人就是社会学芝加哥学派的奠基人和旗手，尤其是1921年帕克与伯吉斯合作写成的《社会学这门科学的导论》一书成为规定美国社会学以后几十年发展方向和内容的主要教材，在这部长达1000页的教科书中，他们选择了涉及人类本性、人类生态学、人的社会化和集群行为等的14个主题，所以这本教科书被许多国家翻译引用，成为当时最具有影响力的社会学巨著，尤其是20世纪20年代以后很长时间内“美国社会学的方向和内容主要是由帕克和伯吉斯的这本教科书设定的”[2]，对于60年代初期正在读社会学专业的莱文森来说，芝加哥社会学派的经典之作正是他的入门教材，对他社会学素养的熏陶也是不言而喻的。

一、芝加哥社会学派的技术主义观点

芝加哥社会学派一直致力于人类交流过程的研究，认为人类社会应该作为一个交流的共同体而存在，尤其是对现代技术充满热情，将其视为解决社会问题的关键。芝加哥社会学强调人的主体性与传播社会互动性之间的关系，这对传播学学科的建构和后续的发展有积极的影响，尤其是他们的研究方法受到传播学者们的广泛认同，“芝加哥学派的传播思想总体上来看可以被看作是在两条很难交织在一起的线索上开展的，一条是以帕克为代表的城市社会学，一条是以米德为代表的符号互动论”[3]，但追溯其理论渊源，技术与社会进步一直是芝加哥学者们关注的重要话题，他们的技术观点主要体现在三个方面：

（一）芝加哥学派认为传播技术是人类文明发展的推动力之一，尤其是在促进人类心智进化和社会发展这一问题上传播技术扮演重要的角色

芝加哥学派认为媒介是社会变迁的工具，社会是在信息传递和传播中存在

[1] 黄旦：《媒介是谁：对大众媒介社会定位的探讨——兼论大众传播研究的社会学框架》，《国际新闻界》，1997年第3期，第26页。

[2] [美]Robert E. L. Faris，Chicago Sociology: 1920—1932，San Francisco: Chandler Publishing Company， 1967,pp37。转引自柯泽：《论社会学芝加哥学派的历史分期及理论贡献》，《社会科学辑刊》，2012第6期，第68-74页。

[3] 胡翼青：《传播学科的奠定1922 ~ 1949》，中国大百科全书出版社，2012，第54页。

着。所谓社会，在杜威看来就是使经验、观念、情绪、价值得以相互传授，而致彼此共同结合的进程，传播正是社会共同性得以实现的基础。帕克师从杜威，他承袭了杜威“传播技术建构共同体”的观念，他把传播看作推动社会文明进步的重要力量，用重建现代社区的对策延伸了杜威大社区的观点，将技术视为重建现代民主共同体的基石。

库利是美国第一代社会学家中对传播进行过系统研究的学者，他以传播、人类本性、社会发展、媒介发展、现代传播为论述对象，详述了传播对社会进步发展的各种作用，从而在其社会有机体的思想基础上努力构建他理想的传播模式。他在《社会组织》一书中花了很大篇幅探讨媒介技术与人类社会的问题，他认为现代传播技术的发展可以使得信息能够更迅速广泛地传播，这种信息快速大面积传播机制能够帮助人们对自己的生存状态做出及时合理的判断，社会机制可以被更加合理地调配，库利以其乐观主义的态度认为新的传播媒介可以帮助人们调整自己的社会心理，增强在社会中自我改造和适应的能力，为社会发展和道德进步提供智力支持，他的这些观点成为后来传播技术主义范式的萌芽，但也被后人评价为纯粹的媒介技术主义的一种理想。帕克深受库利传播技术主义范式的影响，他认为技术是影响社会变迁和传播发展的主要问题，帕克的这种“技术影响传播发展”的观点奠定了传播技术主义范式的理论基础，麦克卢汉认为的“媒介是影响社会存在和发展的主要因素”，不过是帕克“媒介技术所造成的速度的加快使原有的乡村和城邦的功能分裂，并最终导致这些组织的崩溃”这一观念的翻版。

（二）在个人与社会发展关系问题上，芝加哥学派以历史分析和现实分析的视角摆脱了欧洲传统社会学解释上的生物学观点

芝加哥社会学派的代表人物从杜威、查尔斯·霍顿·库利、威廉·I.托马斯到帕克都深受达尔文进化论、欧洲社会学传统的影响，他们也常常以生物学观点来解释个人与社会发展问题，比如芒福德的容器论仍然带着欧洲传统社会学的影子，他认为“容器技术”是一种常常被忽视的技术形式，是女性器官的延伸，工具、武器和机器的文化编码是男性，有机体、生物繁殖、建筑和城市的文化编码是女性，所以芒福德将城市视为“母性的围场”“容器的容器”。早期芝加哥社会学派主要代表人物威廉·I.托马斯，早年求学德国，深受欧洲这一社会学传统的影响，将社会看作一种纯粹的生物环境，认为人类对食物和性的追求是人类生存中最主要的驱动力，冲动衰退是一种病态，而农业和定居这类生活方式会使人类器官退化，他在博士论文《论性代谢的差异》扉页就表明，“一个日益明显的事实是，一切社会事实都源于生理现象”[1]，后来他的观点发生了改变，他在《性与社会：性别的社会心理研究》（1907）一书中在解释人类行为方面开始摆脱生物决定论的影响，在以后的学术生涯中，他创造性地提出了社会失序、情境定义、生活秩序等理论和概念，强调人与社会环境的相互影响与相互作用，将社会问题放在具体的历史环境中去分析，开启了芝加哥社会学派实用主义和经验主义的研究方向。杜威将达尔文的进化论和黑格尔的社会有机论经过实用主义的改造，建立了经验自然主义的哲学理论，这又深深地影响了他以及后来芝加哥学派的传播观，但真正将这一思想和方法应用于具体的社会学研究的还是托马斯，他将经验描述与理论概括完美结合，完成了典范之作《欧洲和美国的波兰农民》，这为以后帕克创立都市生态学提供了方法论的支持和启迪。

20世纪初期美国思想界被达尔文生物进化论和斯宾塞社会进化论所统治，帕克身处其中也不能免于这些思想的影响，他以生物学的思想和方法去观察城市，将芝加哥看作一个巨大的社会实验场，认为社会学的研究工作应该去收集那些影响城市生活的各种材料，并对材料进行归纳和分析，但他又超越了生物学思想的影响，运用文化路径去考察种族、人种以及移民等问题，他痴迷于此，在城市资料的整理和搜集中，各类人性不断显现，研究者可以通过对他们个人资料和生活的追踪找到探究人心的秘密、人性和社会的种种场所。

（三）与法兰克福学派对技术强硬而深刻的批判态度不同，芝加哥学派对技术坚持了一贯的乐观而浪漫主义的态度

他们坚持认为传播技术是一种重要的改造力量，是提升政治、文化质量的关键，传播技术实现了人们跨越时空的梦想，加强了个体之间、群体之间、组织之间和人与社会之间的互动，使整个社会成为一个有机体实现理想的沟通。

---

[1] 柯泽：《论社会学芝加哥学派的历史分期及理论贡献》，《社会科学辑刊》，2012第6期，第69页。

杜威和库利等先驱们一直怀有通过技术将由工业创造的大社会改造为一个大的“社会共同体”的技术浪漫主义的理想。在库利看来，传播与社会进步是相互交织的，传播的发展带来社会的进步和人性的回归，“现存的传播系统决定着环境的范围……社会使人与人之间相互发生影响；因为这种影响正是由传播所形成的，所以传播的历史是所有历史的基础”[1]，他坚信传播媒介可以把人从“时间和空间、粗暴和压制的束缚之下解放出来”[2]，帕克则认为一旦人际网络与传媒联结起来,传播技术所带来的后果一定是社会的进步、使民主成为可能。很多人曾迷惑师从尼尔·波斯曼的莱文森为何会对技术充满如此的乐观情绪，从芝加哥社会学派对技术的乐观情绪和对进化论思想的坚持，我们或许能找到答案。

二、芝加哥社会学派对保罗·莱文森传播研究的影响

（一）方法论的启发

芝加哥学派在大社会历史背景的宏观思辨研究和突出人的主体性与传播社会互动性的研究方向，受到 20 世纪六七十年代传播学者们的广泛认同，也深深吸引了莱文森。芝加哥学派的研究方法以实地观察法和访谈法等定性研究方法作为经验研究的手段，强调社会调查的重要性，虽说“定性的人种学研究方法在早期也是非常粗鄙的，有些甚至和单纯的社会报道没有什么区别”[3]，然而，对于复杂的社会问题和人，芝加哥学派方法的解释力尤其卓越。在实用主义者看来，在人的认识和行动中，人都是创造者，芝加哥社会学派跳出欧洲传统社会学的生物学视角，以历史分析和现实分析的方法，在广阔的社会变迁图景中分析社会、心理、习俗、制度和人的行为之间的相互作用和影响，打破了欧洲传统社会学的单向度理论，代之以社会、环境、人相互影响的多向度考量，这

---

[1] [美] 丹尼尔·杰·切特罗姆著，曹静生等译：《传播媒介与美国人的思想——从莫尔斯到麦克卢汉》，中国广播电视出版社，1991，第 104 页。

[2] Charles Horton Cooley. The Process of SocialChange. Political Science Quarterly. 1897(12),pp78。转引自胡翼青：《试论社会学芝加哥学派与传播学技术主义范式的建构》，《国际新闻界》，2006 年第 8 期，第 50 页。

[3] 周晓虹：《芝加哥社会学派的贡献与局限》，《社会科学研究》，2004 年第 6 期，第 98 页。

一点直接启发了当代传播环境学的研究。最为直接的证据就是伊尼斯为媒介环境学创造的独特的方法论工具，“一种在大社会历史背景的宏观思辨研究方式的特征”[1]，这一学术探讨的模式被美国传播学者詹姆斯·凯瑞评价为“历史的、经验的、解释的和批判的”，伊尼斯的这种研究方法对媒介环境学影响至深，被麦克卢汉视为“芝麻开门”般的灵奇咒语。莱文森继承了伊尼斯这一“历史的、经验的、解释的和批判的”研究方法，在他的媒介进化、技术和宇宙宏大论述中，采用历史的、经验的、批判的视野，论断了技术发展的趋势是越来越像人。技术在模仿、复制人体的感知模式和认知模式的过程中，通过人的理性选择，后继媒介是对前一种媒介功能的补救。在莱文森亲历的媒介技术变革中，他以自己、亲人和朋友丰富多彩的技术体验描绘了博客、维基、脸谱、推特等新新媒介在当代社会、政治、社交、娱乐、学习中的多彩画卷，使他进入最先进的媒介理论家的行列。

（二）芝加哥学派技术哲学视角对莱文森起到重要的启迪作用

芝加哥学派关于技术对社会发展的高度关注和经典论述经由伊尼斯锲而不舍的深入挖掘和整合，最终形成了媒介环境学派技术主义的范式，莱文森在《思想无羁》一书中，倾尽全力论述的主题就是技术是人的思想的物质体现。在《技术能够给哲学什么教益》一文中他说：“虽然技术有局限性，但是凭借技术，宇宙的未来就在人的脑子里。”[2]技术作为人类思想的体现这一论题曾经长期受到忽视，在工业革命之前，技术变革的速度很慢，技术存在虽然已经广泛渗透，但是在一定程度上还是难以看见，而且被视之为理所当然。在莱文森的技术哲学思想中，除了康德的互动论、马克思的技术认识论、波普尔的进化认识论作为他的直接思想源之外，杜威的技术经验论成为他非常重要的参考和批判的对象，所以在他论述技术进化论思想时，对杜威的技术经验观做了大量的对比和参照，“我和杜威关于技术的思想不一样。我们可以这样来进一步表述：我认为，

[1] 李明伟：《凡勃伦对伊尼斯传播理论的影响研究》，《北京理工大学学报（社会科学版）》，2009 年第 10 期，第 92 页。

[2] Levinson Paul（1982），What Technology Can Teach Philosophy，in In pursuit of Tyuth,ed.P.Levinson,Atlantic Higulands,N.J.:Humanities,pp.170。转引自保罗·莱文森著，何道宽译：《思想无羁——技术时代的认识论》，南京大学出版社，2003，第 55 页。

无论用它还是不用它，铁钉从认识论和本体论来看，都具有意义。因为其存在构成了宇宙中一类新的现实，它是人的思想和铁矿石的混合，因为它具有潜在的用途。在杜威看来，只有等到铁锤敲打铁钉，使它派上用场的时候，铁钉才获得意义。”[1]

在芝加哥学派中，除了杜威哲学层面上的技术经验观之外，还有如帕克等人对技术哲学思想的现实应用，他们敏锐地感觉到技术的进步不只是促进经济发展，更主要是对思想和习惯的改变，进而推动社会制度、文明形态的演变。帕克最初的社会心理学素养让他自年轻时候起就一直围绕个人与社会、个人心理与社会心理问题努力求证，随着他在都市生态以及移民问题上的深入，最后又都指向了文化和传播，他认为传播是社会过程中根本的东西，对文明发挥着至关重要的作用。受杜威和库利的影响，芝加哥学派对传播技术所带来的社会后果表现出乐观的情绪，这对莱文森乐观的媒介技术观有很大的影响。

（三）芝加哥学派为莱文森研究传播问题提供了一些重要的概念和命题

在米德和帕克的传播学思想中“传播要比传递信息更富有内涵”。很多研究者曾把对媒介的宽泛界定归功于麦克卢汉，实际上早在麦克卢汉半个世纪之前，库利就把传播媒介界定为“包括所有心灵的符号，通过空间传达它们和及时保存的手段。它包括表情、态度、姿态、声音的语调、语言文字、著作、印刷文化、铁路、电报、电话的表达和一切可以成功征服空间与时间的技术”[2]。芝加哥学派对传播媒介的界定从人的情态、语言到交通、大众传媒，一切有利于交流的中介都被看作是媒介，十分宽泛，这种对传播媒介的宽泛界定理念，经由伊尼斯和麦克卢汉的大力挖掘成为媒介环境学派的典型特征，为其后几代学者普遍接受和应用。麦克卢汉口中的媒介泛指一切人工制造物和一切技术，仅在《理解媒介》一书中他就详述了从口语词到汽车、武器等 26 种媒介，在他

---

[1] [美] 保罗·莱文森著，何道宽译：《思想无羁——技术时代的认识论》，南京大学出版社，2003，第 109–110 页。

[2] Charles Horton Cooley.Social Organization.AStudy of the Larger Mind [M]. New York. Charles Scribner' s Sons. 1967, pp61。转引自柯泽：《库利的传播学研究及其思想价值》，《新闻爱好者》，2014 第 5 期，第 37 页。

看来，“口语是最早的技术，凭借这一技术，人类用一种新的方法去摆脱环境以便于掌握环境”[1]。而以研究口语文化著称的沃尔特·翁在口语是否是技术问题上观点比较含糊，他认为口语是“自然而然”的，有别于人为性很高的物化的技术，保罗·莱文森此时坚决地捍卫了麦克卢汉的界定，挑战了沃尔特·翁在口语问题上的模糊立场，他把技术的起源推到口语和原始工具出现之前，认为口语出现之前的技术是“前技术”，“前技术”是环境，也是文化。早在库利时候，他已经把口语甚至是表情都算在技术之列了，莱文森的技术观超越了他的老师麦克卢汉，他在这个问题上走得更远，他用泛技术的观点改造了波普尔的“三界”图式，在他看来，宇宙、自然界、人的世界（包括人的精神世界和精神产品）都可以看成是物质，也可以看成是技术，所以他将自己的三个世界说命名为三个技术：由物质组成的技术－世界Ⅰ；由人组成的技术－世界Ⅱ，尤其是大脑、思维及精神活动；人“触摸”过的物质、或人造的物质，组成的技术－世界Ⅲ。三个技术世界的划分奠定了莱文森技术时代认识论的核心思想和哲学基础。

在杜威、库利、米德和帕克等人的论著中都涉及过一个主题，那就是技术带来现代社会的民主，传媒使人类走向伊甸园，走向没有任何沟通障碍的社会有机体。传播技术与政府的关系成了伊尼斯《帝国与传播》的主题，麦克卢汉也曾断言电子媒介的传播将带来民主，这不过是芝加哥学派论述的重申，就连麦克卢汉享誉全球的“地球村”概念，在杜威那里也早有论断：“以形体言，地球之大小如昔也；以交通言，有火轮、舟车、邮电、飞机彼此沟通，互相贸易、交换意见、灌输思想，从前视为石油工业鸾绝莫至者，今则近若比邻。”[2]

20世纪六七十年代莱文森在纽约城市大学、纽约福德汉姆大学和纽约大学攻读本科、硕士和博士的时期，也正是传播学作为一门独立的社会学科正在创建并成熟的时期，传播学的方向曾经是高度多元化和不确定的，有些方向被

---

［1］［加］埃里克·麦克卢汉 弗兰克·秦格龙编，何道宽译：《麦克卢汉精粹》，南京大学出版社，2000，第408页。

［2］袁刚等编：《民治主义与现代社会：杜威在华讲演集》，北京大学出版社，2004，第18页。转引自胡翼青：《试论社会学芝加哥学派与传播学技术主义范式的建构》，《国际新闻界》，2006年第8期，第51页。

放大和强化成为主导性方向，比如以效果为中心的功能主义研究范式和实证主义研究，而有些方向却被“遗忘”；比如高度重视传播及其社会功能，其学术理论建立在交流机制基础上的芝加哥学派。法国传播思想家米耶热认为20世纪60年代是传播思想的一个转折点，建立在控制论、大众传播的经验功能主义和结构主义方法及其语言学应用奠基性思想基础上的传播思想开始分化[1]。70年代初，传播思想开始变得多样化，既有对知识建构和意识形态范畴的深入探讨，也有对人们在既定社会条件下“实际”问题的回答，比如以赫伯特·席勒和阿尔芒·马特拉为首的传播－批判－政治经济学的研究，以格雷戈里·贝特森为先驱的语用学的探讨，而乔治·齐美尔的社会互动理论和欧文·戈夫曼的社会生活“舞台维度”视角试图表明日常生活的传播互动分析具有普遍的社会意义，对媒介环境学的影响深远。20世纪80年代媒介环境学者约书亚·梅洛维茨运用媒介技术主义理论和戈夫曼戏剧理论写就了成名作《消失的地域》，全面论述了各种大众电子媒介正在淡化的区别和边界，开创了梅洛维茨独特的媒介情景理论，成为媒介环境学派里程碑式的作品，而约书亚·梅洛维茨正是莱文森在纽约大学攻读博士学位的邻座，他们之间建立了深厚的情谊，作为同学兼好友的莱文森同样也在寻求自己学术的出路，作为曾经就读于社会学和心理学专业的莱文森来说，将哲学和进化论纳入学术视野也就不足为奇了。

第二节 进化认识论为保罗·莱文森的技术进化论提供了方向

一、进化认识论的兴起

进化认识论是20世纪70年代形成的一种新的认识论，它把人的认识能力置于种系进化的框架内加以理解，认为人类所拥有的知识或者认识的结果是作为生命有机体的人类赖以生存和繁衍的重要进化机制，把认识能力和知识看成

[1]［法］贝尔纳·米耶热著，陈蕴敏译:《传播思想》，凤凰出版传媒集团江苏人民出版社，2008，第30页。

是一个变化着的动态过程。进化认识论力图克服哲学与自然科学的分裂，把各门自然科学中有价值的成分系统地综合起来，尝试对人类认识的起源、范围和界限等问题重新做出解答，其主要代表人物有波普尔、坎贝尔、洛伦兹、福尔迈、皮尔斯、雷德尔等人。进化认识论产生之后，在西方哲学中反响比较强大，催生了各种门类的进化社会科学，如进化伦理学、进化经济学、文化进化论以及进化心理学等等。

进化认识论经历了较长的产生、发展和历史演变过程，到 20 世纪 70 年代才正式形成一个系统的认识理论派别。至于它的产生时期却无定论，有人把波普尔的《客观知识：一个进化论的考察》作为进化认识论产生的标志，但也有人把福尔迈的《进化认识论》视作进化认识论诞生的标志[1]，还有人把雷德尔和洛伦兹对人类认知器官及其生物进化的研究作为进化认识论的开端。比较普遍的认识是进化认识论最早由自然科学家洛伦滋、雷德尔、马赫、彭加勒、皮尔逊、皮亚杰等人提出，后来由波普尔、坎贝尔等人加以完善和系统化，1974 年坎贝尔最早使用“进化认识论”一词。作为一个哲学派别，进化认识论从其产生到今天大致经历了三个发展时期，分别是生物进化认识论阶段、心理进化认识论阶段和哲学进化认识论阶段。

在达尔文之前，拉马克就已经尝试回答进化机制的问题了，他承认物种的进化是按照从简单到复杂的过程进行的，他提出“用进废退”和“获得性遗传”理论来解释生物物种为了达到进化的目的而主动适应环境的能力，物种在新的环境适应中能够获得新的特点并可以将此遗传给后代，这虽与后来达尔文的生物进化论相反，但是拉马克毕竟开始考虑进化机制的问题，这本身就是一个重要的进步。达尔文的进化论强调自然选择的主动性，物种遗传的过程中处于被动地位，而且这种选择是随机、盲目的，没有一定的规律可循。自然环境的变化必然会引起物种的消亡和变异，只有适应环境的物种才会被选择保存下来，不适应的物种被自然淘汰。

19 世纪末，在达尔文进化论的影响下，许多科学家开始将知识的进化和生

---

[1] 舒远招：《进化认识论——当代西方新思潮评介》，《自然辩证法通讯》，2009 第 5 期，第 69–73 页。

物进化论相对照，提出自己的进化观点，著名物理学家马赫就在其中。恩斯特·马赫（Ernst Mach，1838—1916）是逻辑经验论的先师，也是进化认识论的先驱。马赫从小受到进化论思想的熏陶，并把进化论当作思考一切经济和社会问题的视角和方法，马赫的进化认识论主要体现在他带有整体论和进化论色彩的自然主义思想之中。在马赫看来“思想像每一自然产物一样，需要时间成熟、生长和发展，因为人以及他的思想也是自然界的一部分，一种思想缓慢地、逐渐地、费力地转变为不同的思想，很可能像一个动物物种逐渐转变为新物种”[1]，而且，马赫认为自然界并不是由两个完全不同的无机界和有机界构成的，在它们之间还有一个思想世界，说到这里我们似乎看到了波普尔的三世界理论。他说人生来不是“白板”，而是存在着某种“天赋观念”的思想，有着拉马克的“获得性遗传”的影子，尤为重要的是他认为“所有的知识和理论都是可错的、暂定的、不完备的，其形成具有一定的偶然性，因为任何认识都只是关于外部世界的一种假设”[2]。受马赫思想的影响，彭加勒也认为人类认识能力离不开对外部世界的“适合”，他认为人类的感官是受自然界长期进化的结果，是在适应外部环境的过程中形成的，我们从麦克卢汉对技术延伸人的生理器官功能的思考中看到了彭加勒影响的影子。

进化认识论的完整而系统的表述是从波普尔提出知识的自然选择理论开始的，因此他被认为是进化认识论的创立者。卡尔·波普尔于1902年生于奥地利维也纳，1928年获维也纳大学哲学博士学位，这位犹太裔思想家的哲学重点在于批判的理性主义，他认为科学理论和人类所掌握的一切知识，都不过是推测和假想，他认为真不能被证明，只有伪可以被证明，他用100万头绵羊推导出“绵羊是白色的”这一结论非常容易被证明是错误的，人们不可能有足够多的实验数据，能证明一条科学理论绝对无误，所以这一“真伪不对称性理论”成为波普尔哲学思想的核心。波普尔在完成他的证伪主义的逻辑学和方法论论证及其在政治哲学中的应用研究之后，从20世纪60年代中期开始进一步构造他的整个哲学体系，重点转向三个世界的本体论、进化哲学和生物哲学的研究，成为

[1] 李醒民：《进化认识论和自然主义的先驱》，《自然辩证法通讯》，1995年第6期，第3页。
[2] 李醒民：《进化认识论和自然主义的先驱》，《自然辩证法通讯》，1995年第6期，第8页。

进化认识论的创始人之一。波普尔自己承认他“通过猜测与反驳、尝试与排错而发展的证伪主义方法论是达尔文进化论的”[1]，他将猜测与反驳的知识增长过程看作是一个多样性的试探性解决、变异和自然选择过程，并将进化论的原则应用于生命世界的认识、人类技术与文化的进步以及世界Ⅲ的自主发展中去。波普尔首次将自然选择原则当作知识发展的最基本原则来论证，各个时期的假说组成了我们的知识体系，不适应的假说经由批判性的讨论和竞争性斗争被淘汰，我们的知识就是在这样的选择、淘汰中逐渐发展和丰满起来。当然我们是在一定的历史、文化框架中解决问题，不可避免地掺入了我们的想象力和创造性，波普尔认为科学知识的增长模式既是开放性的，也是非决定性的，知识的积累不仅仅是数量上的增长，还应该是新、旧理论质变的过程，虽然理论的革新和进化论中的突变一样，存在某种非理性因素，人们不能完全预测科学知识的未来状况，但是这些理论本身是理性的产物。

传统的唯物主义者和二元论者只看到客观的物理世界和主观意识状态世界，物理世界包含各种可触可感的实体、力与场等，主观的意识世界包含人的感觉、知识、期望和意志等非物质的东西。物理世界被波普尔称为世界Ⅰ，意识状态世界被波普尔称为世界Ⅱ，波普尔认定在世界Ⅰ、世界Ⅱ之外还有一个“自在陈述”的世界Ⅲ，人们通过世界Ⅲ来沟通和协调世界Ⅰ和世界Ⅱ，以解决科学知识的自主增长的问题，“我指的世界Ⅲ是人类精神产物，例如故事、解释性神话、工具、科学理论（不管是真实的还是虚假的）、科学问题、社会机构和艺术作品的世界”[2]，这个客观内容的世界可以超越时空而存在。波普尔认为知识增长是在一定的文化背景中提出问题，然后尝试各种解决办法，最后批判地选择一种办法，沿着这个轨迹发展，就会产生第二个问题，周而复始，知识在轮回中自主增长，而这个文化背景是可以相对地脱离创造它的创造者而存在的，比如，几千年来生产创造世界Ⅲ的人一代又一代地死去了，但他们的思想、作品、艺术形式以及社会机构仍然客观地存在着，成为影响着一代又一

---

[1] 张华夏：《波普尔的证伪主义和进化认识论》，《自然辩证法研究》，2003年第3期，第11页。

[2] 卡尔·波普尔著，纪树立编译：《科学知识进化论——波普尔科学哲学选集》，三联书店，1987。转引自张华夏：《卡尔·波普尔后期哲学的几个新进展》，《科学技术与辩证法》，2002年第6期，第28页。

代人的文化传统或者意识形态。笔者赞成张华夏教授在《波普尔的证伪主义和进化认识论》一文中所说，波普尔正是因为将他的认识论公式客观化和本体论化，从而发现了世界Ⅲ，世界Ⅲ基本上是人类精神的产物，正是我们创造了世界Ⅲ的对象，这些对象有它们自己固有的或自主的规律，这些规律产生意想不到和不可预见的后果，波普尔的进化认识论和他的三个世界本体论是密切相关的。

在当代进化认识论的文献中，还有一个人不容忽视，他就是美国社会心理学家，进化哲学和社会科学方法论的重要思想家之一唐纳德·坎贝尔，他跟波普尔一样，是进化认识论的奠基者。20世纪50年代初，坎贝尔在芝加哥大学参与跨学科的行为科学发展研究时把艾什比的控制论与学习、知觉等理论放在一起考虑，这种思路使他超出社会心理学范畴，加之受到波普尔的科学进化论的启发，将普遍进化论原理表述为盲目的变异与选择的保存原理，并在1974年提出“进化认识论”概念，坎贝尔并没有对知识进化的总体过程进行描述，而把重点放在了知识个体形成的过程，他认为新知识生成的过程是一种随机突变，在盲目的试错过程中，优胜劣汰是必然规律，“盲目的变异与选择的保存对于所有的归纳成就，对于所有的真正的知识增长以及对于所有的系统对环境的适应，都是基本的”[1]，而波普尔却认为进化并不完全是盲目的，它只是在一定程度上具有随机性和盲目性，知识的新发现是目的定向的，而且人们能从新发现的结果中进行学习。波普尔的这一思想对莱文森的媒介进化理论影响深远，后面我们会有详细的分析。

二、保罗·莱文森对进化论思想的吸收与改造

进化论是莱文森媒介思想体系形成的关键因素，他在1988年出版的《思想无羁——技术时代的认识论》一书中，借鉴并发展了达尔文的进化论思想，借用唐纳德·坎贝尔的生物进化三部曲推出自己的知识演化三部曲，并对波普尔的3个世界理论进行修正，提出自己的3个“技术—世界”理论。

---

[1] D T Campbell，Evolutionary Epistemology [A]. in P ASchilpp,ed·The Philosophy of Karl Popper[Z],The Libraryof Living Philosopher,1974,pp421，转引自张华夏：《波普尔的证伪主义和进化认识论》，2003年第3期，第12页。

莱文森把达尔文思想作为他的媒介进化论的思想基础，他说“我接受达尔文的进化论，尤其是接受进化论对人的适用性”[1]，“我们和环境的关系是，我们生成有机和无机的东西，环境淘汰‘不适合’的东西，剩余的东西至少以暂时的稳定性站稳了脚跟”[2]，而进化认识论则是把我们的头脑和进化联系起来的关键，这其中当属波普尔和坎贝尔的贡献最大，也是莱文森媒介进化论的思想沃土。坎贝尔认为我们认识世界的方式是在漫长的磨砺过程中发展起来的对环境的进化适应能力，而脑子就是生物进化的产物，他对知识个体形成过程做了微观而动态的描述，他认为“生物进化分三步进行：生成新器官和 / 或有机体——淘汰不适应的特征和 / 或物种——繁殖幸存的特征和 / 或物种”[3]。莱文森借鉴坎贝尔这一进化模式，形成自己的知识进化三部曲：“生成或创造新思想——借助批评和检测淘汰那些不正确的思想——通过教育和大众媒介传播那些尚未证明为不正确的思想”[4]。

莱文森从波普尔的进化认识论中获得启发，波普尔的三个世界理论启迪了他的技术进化论思想。在康德心智互动论的基础上，波普尔用进化论视野澄清了技术在精神与物质之间的互动作用，赋予世界Ⅲ独立自主性，揭示了物质世界、精神及精神产品之间的因果关系：物质世界在进化中走在精神的前头，精神走在精神产品的前头。在莱文森看来，波普尔是用认知的方式而不是用技术方式来澄清知识与进化的关系，莱文森在他的技术进化哲学中花了大力气来修正波普尔的三个世界理论。为了更清晰地看出两个理论的差别，现将他们两人的“三界”图式做表比对如下：

---

[1] [美] 保罗・莱文森著，何道宽译：《思想无羁——技术时代的认识论》，南京大学出版社，2003，第 1 页。

[2] [美] 保罗・莱文森著，何道宽译：《思想无羁——技术时代的认识论》，南京大学出版社，2003，第 2 页。

[3] [美] 保罗・莱文森著，何道宽译：《思想无羁——技术时代的认识论》，南京大学出版社，2003，第 3 页。

[4] [美] 保罗・莱文森著，何道宽译：《思想无羁——技术时代的认识论》，南京大学出版社，2003，第 3 页。

表 2-1 波普尔与莱文森“三界”图式的比较[1]

	波普尔的“三界”图式	莱文森的“三界”图式
世界Ⅰ	物质（原子、树木和大脑等）	非生命物质和一切生命物质（除人或脑之外）
世界Ⅱ	心智（思考、感情和想象的过程等）	人（尤其是大脑——思维活动及精神产品）
世界Ⅲ	心智产品（观念、理论、艺术作品等“客观知识”）	人造物质（技术）

从上表很清晰地看出，莱文森的“三界”图式，在进化机制上继承了波普尔的思想，但是他将技术的作用大大突出，并将知识与技术的关系做了调整。他用技术代替了波普尔世界Ⅲ的心智产品，而把波普尔世界Ⅲ的心智产品和世界Ⅰ中的人与人脑放在了自己的技术—世界Ⅱ中，形成了他的“物质—人（脑）—人造的物质（技术）”三个世界。技术在波普尔的图式中似乎很难找到确切的位置，在莱文森看来这是因为波普尔为了反对经验论者的“技术只是物质形态”的观点，把人造物质（技术）归纳到他的世界Ⅲ即心智产品中去，从而强调技术属于意识形态，莱文森显然不能同意这种主张，他强调技术是由物质组成的，它不仅改变了世界的物质构成，也改变了人类认知能力和进化方式。

在莱文森看来，技术的作用贯穿于知识的生成、批判选择以及传播的全过程。如果说波普尔的世界Ⅲ理论在于暗示了技术与知识的相似性，那么莱文森的贡献则在于发现了技术不仅是知识的类似物，还是知识作用于物质时候的存在物，莱文森认为技术的本质与纯粹的观念根本不同，它既暗含了观念的非物性成分又作为知识进化结果而存在。所以，莱文森的知识进化论也被称之为技术进化论，在他看来，“有了技术之后，人就变了，人就从进化的产物变成了进化和变革的生产者，就从现存世界的理解者变成了新世界的创造者”[2]。当

[1] 此表来源于秦州：《莱文森修正波普尔3个世界理论的得与失》，《自然辩证法研究》，2013年第5期，第106页。

[2] [美] 保罗·莱文森著，何道宽译：《思想无羁——技术时代的认识论》，南京大学出版社，2003，第15页。

然，这种进化不是盲目的“试错”，而是在人理性的指引下进行的，所以，人与理性在莱文森的进化论中就占据了关键性的地位。“用进化论的语言来说，对理性的检视使我们考虑两种进化的关系。一种是无目的的、‘盲目’的进化过程，一种是人类理性有目的的、指令的过程。换句话说，这个问题是：人脑这个进化的产物，何以产生有目的的行为——在这个意义上，大脑有目的的行为，是和进化相悖的行为。第二个问题并非与第一个问题没有关系，这是一个思想的价值问题。我们对智力作进化描述时，涉及技术这个问题是对人类命运充满希望还是感到绝望的问题”[1]。

第三节　先验认识论为保罗·莱文森技术进化论提供哲学基础

一、康德的先验认识论为技术进化论做先驱

莱文森在《思想无羁》的开篇就说“一切学术探究都必须有某种基础或预设”，他在哲学上的预设就是以康德的先验认识论为达尔文的进化论做基础。

康德作为古典唯心主义哲学的创始人，主张自在之无不可知，人类认识是有限度的。康德是历史上第一个比较系统地对认识能力进行解释的学者，他认为人的认识既不全然归功于心智（先验），也不全然归功于世界（经验），知识的内容或材料来自外部世界刺激了人的感官以后产生的感觉，人的理性从本性上要求认识终极的无条件的东西，但我们的认识永远是有条件的，是无止境的现象。康德认识论的特点在于他认为人类先天地具有主体认识能力，否则我们就不可能认识客观世界。莱文森批判地继承康德哲学在心智与世界的关系上的认识论立场，但是对康德认识论和进化论的探讨并不是莱文森首创，洛佩兹和波普尔为了说明康德和进化论的关系做了大量工作，洛佩兹在《当代生物学关照之下的康德哲学》和《镜子的背后》中表达了“遗传获得的或先天的知识

---

[1]［美］保罗·莱文森著，何道宽译：《思想无羁——技术时代的认识论》，南京大学出版社，2003，第15页。

绝对是处在任何个体的一切经验之前"[1]。他小心翼翼不在康德认识论和进化认识论之间画上等号，而真正在康德认识论和进化论认识论之间做出重要贡献的是波普尔，他意识到康德虽然把先天形式和后天的感觉经验结合起来作为人的认知能力的前提条件，但却未对"先验的认知结构从何而来"的问题加以澄清，康德认识论的核心是"无形态的环境等待人用智力去提供结构，是先天能力决定并塑造我们的经验"，而波普尔把知识看成是不完美的探索产生的结果，猜想的挫折和不停地试错过程中带来知识的增长。所以，莱文森论断："经过波普尔非完美观点和错误难免的观点的提炼，康德的认识论就成为进化认识论恰当的基础。"[2]莱文森由此高度评价波普尔，认为他在认识论方面做出的贡献完全可以与康德媲美。

莱文森对认识论的探索不止于此，他还质疑了康德对先验知识不加批判地接受的态度。康德坚信先验比经验具有逻辑优先性，莱文森坚决反对这种逻辑优先性。所谓逻辑优先，无非就是通过基因遗传的先天认识能力比后天经验更具有可靠性，在莱文森看来，如果我们后天经验内容超过了先天认识能力，这种优先性就不存在了。在这一点上，莱文森跟波普尔是一致的，他们都坚信先验的未必就是正确的，所以人在不停地试错中增长知识，认识世界。在这个过程中人脑作为进化的产物何以产生有目的的行为？这就牵扯出一个关键的哲学问题：理性是否存在？

二、理性与进化

达尔文早期的进化观认为，进化是没有方向的或者说是没有特定目的的，所有物种（包括人类）都是经过完全自然的、偶然而又盲目的过程创造出来的，唯一的要求是生物变异是否适应其环境，适应的变异被强化，不适应的被淘汰，而适应本身也是偶然的、盲目的、不断变化的。到了晚期他又说"动物和人的利他行为由本能和理性两种冲动作为动力，更高等的动物往往更容易受制于理

[1] 关于康德认识论与进化理论的讨论见莱文森在《思想无羁——技术时代的认识论》（何道宽译，南京大学出版社 2003）一书的第一章、第四章以及章后注释。

[2] [美] 保罗·莱文森著，何道宽译：《思想无羁——技术时代的认识论》，南京大学出版社，2003，第 11 页。

性和道德的冲动”[1]。可在哲学上，很多人怀疑理性是否存在？罗素几乎耗尽毕生的精力试图给理性下个定义，他所谓的理性是乐意对各种相关的论点和证据进行考虑。波普尔承认理性的存在，但是他认为“理性有一个令人遗憾但不可避免的非理性成分，他们相信这个非理性成分是一切理性的基础”[2]，而莱文森试图用进化论的立场来考察理性。

首先，他检视了理性在生物学上的必要性。用进化论的语言来说，对理性的检视使我们考虑两种进化的关系，一种是无目的的、“盲目”的进化过程，一种是人类理性有目的的、指令的过程，也就是说人脑这个进化的产物，何以产生有目的的行为？在将进化论与理性连起来的一环上，坎贝尔功莫大焉，他在《进化认识论》中详述了一切类型的认知和感知，都是间接闯进世界的手段。他用阿米巴虫这种单细胞动物来例证了直接接触获取知识的手段既精准又危险，随着进化阶梯往上走，有机体形成了认识环境的间接方法，也就是听觉、嗅觉、视觉手段，这些间接感知方式准确度要低一些，但是比较安全。在人类身上，位于间接认识世界方法顶端的，是思维、想象、抽象等心理功能，这些间接的认知方式提供了第二代的世界图像，这些图像更加容易出错是显而易见的，所以坎贝尔说“在任何时候，人这个有机体都沐浴在大量的认知可能性之中，浸泡在真真假假的经验相互竞争的表现之中”[3]。人必须有办法介入和评估这些浩如烟海的可能性，也是生物学上的必然性，而这个办法就是理性。理性在大量感觉、印象、思想和理论中进行裁决，分辨正确与错误，“倘若没有理性，生物学上赋予的多种认知路径，就会成为使人迷惑的高速公路立交桥，使我们必死无疑”[4]。

第二，理性是人进化过程中涌现出来的一种机制，理性是进化之进化。在

---

[1] 胡翼青：《传播学科的奠定：1922 ~ 1949》，中国大百科全书出版社，2012，第 67 页。

[2] [美] 保罗・莱文森著，何道宽译：《思想无羁——技术时代的认识论》，南京大学出版社，2003，第 25 页。

[3] [美] 保罗・莱文森著，何道宽译：《思想无羁——技术时代的认识论》，南京大学出版社，2003，第 27 页。

[4] [美] 保罗・莱文森著，何道宽译：《思想无羁——技术时代的认识论》，南京大学出版社，2003，第 27 页。

波普尔看来，理性是从对非理性的信仰起步的，有人认为理性在起点上容许非理性的存在本身就站在了非理性主义者一边，所以波普尔的学生巴特利更愿意“把理性等同于对批评的开放性”，面对有效的批评，要愿意放弃任何立场或原则，甚至包括理性自身，这比承认非理性要好。这在莱文森看来是个不切实际的梦想，批评过程的预设和自证的复杂性戳破了这个梦想，莱文森用进化论的观点解释说，理性之根并非无理性而是前理性，所以进化认识论使理性起源的问题成为一个自我超越的问题。

在莱文森的哲学理念中，受理性指令的技术就成了理性的物质载体，“它有可能将取代和超越产生技术的自然选择过程”[1]，正是因为在前人类的宇宙里，缺乏目的和思索的方向，后来人类的理性思索和选择机制才可能出现，这也正是莱文森想努力证明的知识的非完美性使知识的增长成为可能。因为知识的不确定性，猜想无处不在正是我们的认知具有拯救能力的特色，而人的认识能力不受确定性的影响，人们凭借技术把知识的改善转化为具体的进步，有了非完美认识在前，才会有通过人类的理性认识、各种批评、试错来改善这些不完美的推测，而这种改善的渠道正是执行思想并创造变革的技术。所以，莱文森说：“知识在技术中的体现和实行，可能会急剧地改变进化的过程，可能会改变知识产生的背景。（比如核武器中实现的知识增长，就不能认为是积极的东西。）我们审视宇宙的技术变化时，我们就不仅是在看物质的变化，而且是在看宇宙过程的变化，这是迄今为止宇宙游戏规则的演化。早一些时候，我们看见，理性的涌现可以被看成是从非故意演化到有意识的、定向演化的过程。在技术现象上，我们将会发现，这个演化的方向被赋予了物质的形态：我们将会看到，进化之进化通过技术而实现了。”[2]

三、人是媒介的尺度，技术是人类思想的物质表现

康德“主体性”哲学体系的建立使人的感官及其感性再一次被引领到思想

[1]［美］保罗·莱文森著，何道宽译：《思想无羁——技术时代的认识论》，南京大学出版社，2003，第40页。

[2]［美］保罗·莱文森，何道宽译：《思想无羁——技术时代的认识论》，南京大学出版社，2003，第71–72页。

史的前台，但是他把身体-心灵这个媒介的由来归于“造物主安排给人的物质情况”，使得康德的先验认知结构蒙上了神秘主义色彩，莱文森认为康德的问题在于他“把物质现实当作是完全封闭在人之外的、独立于我们经验能力之外的东西……这个观念不符合进化论的观念。进化论认为，外部现实独立于人的经验而存在，但是它对人的进化产生强烈而持续的冲击”[1]。康德没能突破其心智系统的终极封闭性，倒是马克思作出了突破，他在精神与物质的互动中强调是人诱导和指引变革，人与自然的接触点就是劳动，这在莱文森看来劳动就是一种技术努力，“这种技术关怀使他（马克思）的工作不仅补足达尔文对自然变化的检视，而且补足了康德对认识和环境互动的考察”[2]。当然，莱文森也批评了马克思“把技术中的理性成分降到了最低限度”这种完全唯物主义的互动论，但他毕竟超越了康德哲学，“承认人的存在的终极表现并不是在于认识世界而是在于改造世界，把哲学带进了技术时代”[3]。莱文森的立场更倾向于马克思而非康德，在马克思的技术认识论中，技术是人类思想的物质表现，而人在技术关系中具有至上性。

坎贝尔指出人是通过“身体对世界的触摸”来获得对世界的认知，麦克卢汉则把马克思和坎贝尔的认识论阐发得更加具体而鲜明，他认为是媒介不仅决定我们每个人知觉和经验的形貌，而且还是“人的身体感官的延伸”。如果把身体-心灵看作是人介入世界的媒介的发端，其后的任何技艺，无论是语言、文字、影像还是网络，都是人身体的延伸。莱文森在麦克卢汉的基础上进一步指出，“技术是人最深刻的认知经验”[4]，媒介技术的变革引起了人感觉世界的方式的变迁，进而改变了人的感觉比率和感知模式，这种变化必然引起“人

---

[1]［美］保罗·莱文森著，何道宽译：《思想无羁——技术时代的认识论》，南京大学出版社，2003，第89页。

[2] Bell,Daniel（1975）,Technology,Nature,and Society,in The Frontiers of Knowledge,Garden City,N.Y.:Doubleday,pp27–28. 转引自［美］保罗·莱文森著，何道宽译：《思想无羁——技术时代的认识论》，南京大学出版社，2003，第94页。

[3]［美］保罗·莱文森著，何道宽译：《思想无羁——技术时代的认识论》，南京大学出版社，2003，第96页。

[4]［美］保罗·莱文森著，何道宽译：《思想无羁——技术时代的认识论》，南京大学出版社，2003，第97页。

的尺度”的变化，而这些变化必然革新着人所创造的媒介，换言之，媒介是“人的尺度”的表征[1]。行文至此，我们似乎发现莱文森将哲学与进化论应用于传播学领域形成自己的媒介进化论，就成了顺理成章的事情了。

[1] 王妍、李颖：《媒介形态：“人的尺度”的表征和人类生存的“尺度”》，《文艺评论》，2009 年第 4 期，第 27 页。

第三章 保罗·莱文森的媒介演进图谱

伊尼斯和麦克卢汉都把媒介技术看作人类历史的内在动因，把它看作社会变革的动力和重建文明的关键所在。相比于历史学家们着眼于记录人类的思想和行动，媒介环境学者笔下的媒介技术显得更接近于“自然界”，亦即人类生存之“环境”，他们并不关心这些技术究竟是由谁通过怎样的行动发明或推广起来的，也不关心人如何制造和改进这些媒介技术，他们更关注媒介技术所营造的“环境”及其对社会生活的塑造。由于过分强调技术在人类文明发展过程中的重要作用，媒介环境学也被称为技术决定论。

那么什么是技术？在雅克·埃吕尔看来，技术是一种控制人和物的方法，是一种文化现象而不是机器本身。人类的生产活动、政治活动甚至是经济活动都受到技术的影响，变成了技术的一部分。埃吕尔认为，现代技术已经形成复杂的“技术系统”，按其自身的规律、沿着自己的道路向前发展而不承受任何外部的评判和约束，技术的自主性使得现代社会已经变成了一个所有的东西皆为技术而存在的“技术社会”。在技术环境论者看来，技术是人和自然环境之间的中介，比如衣服、住宅、电子产品是人和周围环境之间的屏障，这些中介已构成了一个新的世界，人类已不再生存于原始的自然环境，而是一个人造的环境中，我们常常感叹城市生活中四季转换的悄然，实际上是城市这个技术产品隔离了我们与自然环境的接触。在技术无所不在的环境中，现代社会人际关系也技术化了，在艾吕尔看来，人只能在技术系统内为了技术系统的进步，按照技术的规律选择和定向，使人的本性被技术过程所改变，人已不再像过去那样能动地进行判断和选择了，人的选择只有第二位的性质。人与技术的关系，在莱文森看来，恰好相反，他承认技术是中介的观点，通过技术把人类的思想注入客观世界，赋予思想物质表现并改变我们生活的世界，按照自己的设计来塑造未来。在莱文森看来，技术的独特存在归因于生产它的人的得天独厚的存在，技术创造的任何物质，如衣服、工具、城市、电话、手机、网络，都是通过人脑神奇的创造力实现的人自身的再发明和延伸。“人的思想对环境的有机操作而形成的技术，就是进化史中的创新”[1]，所以，技术是媒介进化的动因，人则是媒介进化的尺度。

保罗·莱文森跳出了老师麦克卢汉和波斯曼视技术为“社会变革动力”的窠臼，与前辈们的技术决定论相比，他更强调人与媒介环境的协同进化，强调人在媒介技术演进中的能动作用，人类理性对技术的自主选择。他高扬媒介进化“人性化趋势”的大旗，遵循“玩具—镜子—艺术”的媒介演进路径，用层层递进的媒介补救措施，描绘了人类自主选择的媒介演进的图景。

第一节 媒介进化的路径：玩具—镜子—艺术

1977 年，莱文森在《如此等等》第 6 期发表了他的成名作《玩具—镜子—艺术：技术文化的变迁》一文，分析了通俗文化的技术基础作用，也就是以技术为基础的新媒介诞生与其产生的通俗文化的关系，深入考察了技术对通俗文化塑造的细腻机制，形成自己独特的考察技术文化的视角和媒介演进的路径。

---

[1] [美] 保罗·莱文森著，何道宽译：《思想无羁——技术时代的认识论》，南京大学出版社，2003，第 115 页。

一、玩具—镜子—艺术的演化路径

在莱文森看来，媒介技术发展的阶段性好比人的幼年、青年和壮年。媒介最初进入社会多是以玩具的方式，好玩而不被重视，也不会对社会造成什么冲击和振动。所以，处于婴幼儿时期的新媒介是社会的小玩意儿，被排斥在社会主流之外，幼稚、毛躁，几乎没内容。“一切新技术得到社会承认之前，起初必然是以弄臣和特洛伊木马的面目出现，其物质属性虽然显而易见，但是其潜在功能却没人理解。”[1]这样的例子在历史上不在少数，1843年5月，摩尔斯发明了电报想出让专利权，但美国邮政总长凯夫·约翰逊并未正确判断电报技术的无限潜力拒绝了这个机会，1876年当亚历山大·格雷厄姆·贝尔发明电话时，世人都认为电话更像小玩意儿而不是人们能够依靠的工具，所以当贝尔要把电话的专利卖给西部联盟公司时，西联总裁威廉·奥顿说这个做电玩的公司有什么用？在技术催生的新媒介成长的婴幼儿时期，只对极少数对此技术感兴趣的人产生影响，如伊尼斯所说：“一旦确定了文化中占支配地位的技术，这一技术就是整个文化结构的动因和塑造力量。”[2]该文化中的成员对自己最重要的发明视而不见，这就是所谓“创造性麻木”，所以，新媒介作为小玩意儿常常只在社会的边缘起作用。从游戏到工作的转折，绝对不是打了包票的，每一种媒介完成转折的速度也是不同的。这里所谓的转折，先是在玩具的一般流程中寻求快乐，然后才集中注意力看这种新玩意能够为我们做什么。

倘若实用技术真是以玩具的功能起步，那么它需要什么力量来完成从玩具到实用技术的转变呢？莱文森说得很清楚，这种转变不是必然发生的，这其中有两个重要的条件：其一是经济发展的需要和人们对技术潜力的感觉是最重要的条件。其二就是麦克卢汉所分析的，媒介与环境兼容的重要性。他们往往喜欢用中国人发明印刷机早于古登堡至少五百年，却由于中国的会意字不太适合互换性的活字排版而影响用印刷机来推动报纸、书籍之类的大众媒介发展为例子，来说明媒介的成功与否，在一定程度上依赖其与其他媒介的兼容性，也就

---

[1] [美]保罗·莱文森著，何道宽译：《莱文森精粹》，中国人民大学出版社，2007，第6页。
[2] [加]哈罗德·伊尼斯著，何道宽译：《传播的偏向》，中国人民大学出版社，2009，麦克卢汉序言第5页。

是说，“点燃技术发展的烈火往往来自技术之外，社会、经济、媒介甚至是物质条件汇合成为辅助技术发展的外部条件。玩具阶段可能是后续阶段的前提条件，但绝不保证后续的技术发展，在缺乏一定环境的条件下，技术‘玩具’可能会长期‘定格’在初始阶段”[1]。新媒介是否成为一个实用的装置与其说取决于社会态度的变迁，不如说取决于技术的发展。

传达现实与现实互动是传播技术的第二阶段，技术作为现实的一面镜子，通过媒介有效地、大规模地捕捉或取代真实的世界。这个阶段技术对现实世界的反映和重塑成为主要的功能，相反技术的形式变得习以为常而被人们忽略。因为使用和接触此种媒介的人越来越大众化，人们通过这种媒介获得的感知经验逐渐向社会化和大众化靠拢，成为社会集体的感知经验。此时，媒介成为现实的记录器，占据社会和大众心理的中心位置。依然还是以电话为例，19 世纪 70 年代电话刚刚被发明的时候，由于技术条件的原因，远距离传输和旅行受到限制，人们大部分的事情都可以亲手去做，或是写个信就可以解决了，至于特别紧要的事或信息是通过电报迅速、准确地传达的，而电话在当时并非必需品，并且，那时电话机收听状况不太理想，人们对它并不太感兴趣。1877 年，贝尔带着他的新发明出现在费城博览会的时候，评审员对电话的评价是：“嘿！什么用电气说话的机器？唉，是玩具嘛！这种东西哪有评定的价值呢？”但是贝尔对此信心满满，他说电话一定会面向大众，成为公众依赖的通信工具。电话从玩具到镜子的过程是漫长的，以美国为例，1880 年电话在公众中的普及率是 1‰，20 年后这个比例上升到 1%。但是在美国，有线电话走进普通家庭却是在二战后，二战前只有富人装电话。电话、留声机、电报从玩具转向现实记录器的过程虽然漫长，但是它们融入现代生活，就如空气和水那样被视为当然，同时，它们对社会的作用是结构化的，是与技术、文化、社会习俗、政策规定和使用选择等诸多要素密切相关的。电视和广播的玩具阶段短暂，它们很快就达到记录现实的成熟阶段，直到今天，广播电视仍然保存着大部分纪实的功能，在电影、录像带、广播和电视发挥的作用和现场演出实况一样逼真，而且这些媒介拓展了我们对现实世界的控制和我们肢体对所处环境的感知。

---

[1] [美] 保罗·莱文森著，何道宽译：《莱文森精粹》，中国人民大学出版社，2007，第 6 页。

媒介技术不仅仅是只停留在记录和反映现实的阶段，技术还能够作为艺术的“接生婆”，以新颖和有趣的方式对现实进行复制、解剖和重组，当然，并不是所有的媒介技术都能走到这一步。在这个阶段，莱文森主要考察的对象是电影，我们也来看看电影作为一种媒介的发展史吧。随着19世纪中期照相技术趋于稳定， 电影在19世纪的最后十年发展起来。19世纪后期，技术的发展使得拍摄“运动中的画面”成为可能，爱迪生实验室制作了第一台电影摄影机，但他却反对把电影投影在银幕上，他认为电影只有让每个好奇的顾客单独通过看片机来看电影才能挣钱。19世纪的观众是喜欢那种把运动、形状和光结合起来的机械演出的，爱迪生错估了电影的商业价值，忽视了机械化的大众娱乐需求。同时期法国卢米埃尔兄弟改革了爱迪生的电影放映机，而且一改爱迪生舞台式影片拍摄模式，他们更喜欢捕捉镜头前实际发生的某些生活的片段，如《火车进站》《工厂大门》《婴儿进餐》以及《水浇园丁》都是他们早期代表作品，他们的影片比爱迪生的电影更新颖和自由，以及更富有动作性和生动性，更为重要的是他们于1895年在巴黎大咖啡馆的沙龙里把电影投影到银幕上向付款的公众播放他们的影片，至此，电影作为小部分爱好者喜爱的“小玩意”阶段结束，开始进入大众化视野走向商业化模式，这在莱文森的技术阶段理论中预示电影作为一种媒介从玩具阶段到镜子阶段的过渡。

一次偶然的失误，法国电影先驱乔治·梅里爱发明了富有表现力的剪辑手段——蒙太奇剪辑，“剪辑是电影从现实记录转向通俗艺术的关键：不同的时间地点拍摄，反映不同现实的片段，可以拼接起来并放映出一个为人接受的一气呵成的新的现实。这就把电影解放了出来，使之不必依赖原本的现实”[1]。实际上，技术的镜子阶段和艺术阶段不是截然分开的，有的技术停滞于现实的层面，比如作为大众媒介的广播、电视从功能上来说，就是对现实的刻板复制，忠诚于现实世界是对媒体的基本要求，不允许媒介和操作者更多地干预，这是广播电视与生俱来的天职，也就成了它们走向艺术之路的限制。而绘画就不同了，绘画的早期阶段是写实，承担实用、日常的功能，从人类社会最初的图画到象形符号到象形文字再到字母表，这是世人普遍接受的文字演化的路径。因

---

[1] [美] 保罗·莱文森著，何道宽译:《莱文森精粹》，中国人民大学出版社，2007，第10页。

此，远古的绘画在发展的过程中走上两条道路：一条是抽象的文字，一条是写实的肖像画和风景画，这给以后走向艺术之路埋下伏笔。19世纪30年代后期摄影术问世时，法国画家保罗·德拉罗什喟然长叹："从今天起，绘画死了。"但事实是，绘画安然无恙地活下来了，而且兴旺发达。1839年达盖尔照相术发明，这种反映世界的媒介不仅准确而且持久，不久就被用来对准贫民和战争，摄影术变成了新媒介对现实世界的反映和跨越时间的记忆。作为肖像被替代的绘画，却在主观性上大力发掘，通过一代又一代艺术家采用各种绘画表现手法有别于纯粹客观记录的摄影术，使得这一媒介形式以艺术的形式存在下来并发扬光大。而电影技术的艺术阶段也在不断发展，三十年代初同期声的出现又一次打破了时间和空间的平衡，把对话和画面结合起来，把构图和剪辑、时间和空间结合成一个整体，如话语本身一样，色彩、剪辑、音乐、宽银幕、主观性的摄影都是电影艺术家对这一技术的主观性创造，使得这一媒介艺术形式更加丰富而长久。

二、媒介技术演化的动力：经济发展阶段和人对技术潜力的需求

芒福德在《技术与文明》中一语道破技术变迁的天机：技术与文明作为一个整体是人类有意识或无意识地选择、智能活动和奋斗的结果。技术是人类文化中的一个元素，技术的世界不是孤立的，也绝非自成一统，现代文明，如果没有从历史上各种文明以及现在还不断发展的周围文明中大量吸取养分，是不可能发展出自己特有的思维模式，也不能发明现代的技术设备的。在莱文森看来，人就是技术的"自然环境"，历史上各种媒介的生死存亡是依照人的选择而消长，技术演进的动力是从周围的文明中吸取养分，满足人类适应社会发展的需求而不是来自技术本身。在这一点上，芒福德和莱文森的认识非常一致，当然，正如麦克卢汉所强调的，媒介与环境的兼容性也非常重要。

在人类历史演进中，人的因素始终占主导地位。媒介技术从无到有，并非凭空而降，它从来离不开人类的主导。技术并非万能的，每个时期的技术总会有它自身的功能极限，正是因为这一点才会激励着人们不断创造新的媒介技术以满足人们的交流和对外探索的需求。比如语言、文字、机械钟表、望远镜、

廉价的纸张、印刷术、指南针、电报、电话等，这些新媒介的发明是基于我们对人的声觉器官以及视觉器官的生理特征的了解而制造出来的，它们构成了后来技术快速发展的基础。同时，人的各种感知能力被大大拓展，与来自人类环境的各种因素相互作用，对外界刺激更敏锐是技术文化最重要的成果之一。

人与人之间的通信发源于人类直接的生理学上的表达，从婴儿的唧唧咕咕和头的转动直到抽象的手势和声音，并由此发展出丰富的语言。从象形文字、图形、绘画到字母，随着历史的进程而发展出一系列抽象的表达方式，它们使得人们的交往更深入、更有思想性也更为有效，表达与接收之间的一段时间，让人们有思索的余地，首先是电报，然后是电话，然后是无线电报，再后是无线电话、广播、电视最后是电脑、网络，最终我们的信息沟通的方式又回到最初的人与人之间的瞬时反应了。但无论如何，跨越长距离的瞬时通信是人类最杰出的成就之一。全球范围的思想和感情上的合作在技术的努力下最终出现，而即时通信就是这种合作在机械设备上的象征，通信的新途径意味着利用机械设施来使人的器官机能得以倍增或深化成为现实。

与口语交流相比，文字跳出时空的限制，不仅拓宽了信息交流的范围，还能长期保存文字资料，促进了理性思考方式，把人们从此时此地的限制中解放了出来。但是，在做到这一点的同时，也促进了古代社会的解体，在这个过程中，纸张和印刷术的发明都居功甚伟，尤其是纸张不仅仅是用来印刷书籍，它还能够节省时间、空间和精力，使得人们在交际的时候不再需要面对面了，把动力机器用于造纸是当时经济发展的一项重要成就。

芒福德说人类文明的传承有赖于永久性的记录：建筑物、纪念碑、雕刻的题词、照相机、留声机和电影，这些新的技术一开始主要都是为了娱乐，虽然推动其发展的兴趣是感官上的，而不仅仅是功利性的，但它们仍然在科学上获得了重要的应用，甚至影响到了我们的概念。[1] 他考察了 16 世纪出现的玻璃工艺，人们透过玻璃看到的不仅是明亮的世界，还有别人眼中的自我形象，就像希腊神话中年轻的纳喀索斯长久而深沉地凝望自己水中的形象一样，同时到

[1] [美] 刘易斯·芒福德著，陈允明、王克仁、李华山译：《技术与文明》，中国建筑工业出版社，2009，第 215 页。

来的还有对独立人性的感知，对自我客观属性的认识。“如果说当时的自然科学照亮了外部的物质世界，那么镜子则照亮了人的内心世界。”[1] 17 世纪开始人们高举镜子探索外部的自然界，到了 19 世纪人们对着相机摆姿势，甚至对着电影摄影及表演，人们这种由自我检查向自我表现的转变，预示着成熟人格的到来。所以，芒福德说：“技术导致的任何东西都不会比人类的需求和兴趣更具有决定性，难道这还需要再强调吗？”[2]

人类的需要对媒介技术的促进作用还表现在推动其他技术向媒介技术的转化，这在莱文森看来叫作“无心插柳的革命”，就如同生物有机体进化过程中不断出现的革命性变化。如贝尔最初的意向是发明助听器，结果却发明了电话；1888 年赫兹发现电磁波，当时他并未预料到电磁波所能产生的重大社会影响，甚至对电磁波将来最重要的无线电通信应用也不敢肯定。6 年后，意大利的马可尼、俄国的波波夫分别研制成功无线电传播并投入使用，接下来一个世纪技术在媒介上的开发利用在这条线上开花结果，从电报、电话、广播与电视以及通信卫星，它们使整个世界面貌发生了深刻的变化。

三、玩具—镜子—艺术的演化语境是对单一媒介的自我进化，而非针对新旧更替的各类媒介

莱文森是在考量电影技术发展史的基础上形成了自己早期的媒介演化理论：玩具—镜子—艺术三阶段演进理论。这一理论的前提是同一种技术在不同的发展阶段表现出来的不同样式或是功能，与新旧媒介同台竞技最后被赶出局的情况不是一种语境。尽管他的这一理论麦克卢汉并不十分认同，但是并不影响莱文森对此的看重和欣喜，这是他早期最重要的成果之一，所以在他自己的选集《莱文森精粹》中把《玩具、镜子和艺术：技术文化之变迁》放到开篇显要的位置。

莱文森认为玩具—镜子—艺术的演化过程并不是一切媒介技术演进的必经

[1] [美] 刘易斯·芒福德著，陈允明、王克仁、李华山译：《技术与文明》，中国建筑工业出版社，2009，第 118 页。

[2] [美] 刘易斯·芒福德著，陈允明、王克仁、李华山译：《技术与文明》，中国建筑工业出版社，2009，第 216 页。

之路，有些技术仅停留在“玩具阶段”，大多数技术发展到“镜子阶段”就停滞不前，只有少数技术能实现艺术阶段的飞跃。“新技术被广泛应用于实用媒介和大众艺术,媒介传达的内容被强调,新媒介就发展成为反映现实的一面镜子,传达、复制、反映现实是技术发挥镜子功能的表征”。[1]当然，不是所有的技术都能走完全过程，只有少数技术才能完成由镜子向艺术的转变，这就是莱文森所说的一种媒介“不但要能够复制现实，而且要能够以富有想象力的方式重组现实”[2]，才会有机会完成由镜子向艺术的转化，绘画和电影最终走向艺术形式得以存活，没有被后起的摄影和电视两种媒介所替代就是很好的例子。

刚才提到过，麦克卢汉对莱文森的这一理论并不是很赞成，他们主要的区别在于观察的主体有所不同,其实所传达的理念还是一脉相承的。麦克卢汉在《理解媒介》中指出媒介竞争所产生的一个基本后果是：“与其说新技术将其先驱埋葬，不如说是将先驱推上了一个更高的层次，把它们推向了令人钦佩的地位，虽然不再使用它们。”[3]“当它们被新媒介从主流的惯用法装配线上取下来时，麦克卢汉就看见它们进入了聚光灯下，温文尔雅地接受我们的审视和欣赏”[4]，旧媒介成为一种艺术或内容，成为那个时代的精神，从理解媒介的角度来说，随身听将唱片机、摄影把绘画、电视把电影、个人电脑和因特网把电视变成了艺术形式。媒介的这种变迁在莱文森的眼里，是技术本身的内在功能的再发掘，当然，他也看到了“媒介技术从小玩意到复制现实的艺术显然在很大程度上有赖于另一个新技术成分”[5]，这一“新技术成分”在麦克卢汉看来就是来给旧媒介送行的新媒介，而莱文森却认为这个“新技术成分”不过是媒介走上更高形式的“垫脚石”。在莱文森的眼里，技术内在功能的开发是媒介变迁的主因，而麦克卢汉却认为“对旧媒介一见钟情的怀旧情绪”是媒介走向艺术形式的主

---

[1] 陈功：《保罗·莱文森的媒介演进线路图谱》，《当代传播》，2012 年第 2 期，第 28 页。

[2] [美] 保罗·莱文森著，何道宽译：《莱文森精粹》，中国人民大学出版社，2007，第 15 页。

[3] [美] 保罗·莱文森著，何道宽译：《数字麦克卢汉：信息化新纪元指南》，社会科学文献出版社，2001，第 209 页。

[4] [美] 保罗·莱文森著，何道宽译：《数字麦克卢汉：信息化新纪元指南》，社会科学文献出版社，2001，第 210 页。

[5] [美] 保罗·莱文森著，何道宽译：《莱文森精粹》，中国人民大学出版社，2007，第 9 页。

要因素。

第二节 媒介演进的方向：适应人的“小生境”

纵观媒介变迁历程，莱文森为我们指出：“一切媒介的性能终将越来越人性化。”[1]所谓人性化，也就是加入媒介手段的传播，越来越像人“自然”加工信息的方式，比如彩色照片取代黑白照片，有声电影取代无声电影，电话说话声取代了电报的冰冷、刻板的点线传播变得亲切、熟悉，网络的即时交流更像是面对面传播，即时、有声有影，除了不能触摸，其他面对面交往的感知要素都具备了。技术支持下的媒介手段不断超越时空，超越了人自身所备的生物感知手段，当然这过程中我们也不得不牺牲人类交流的某些要素，这是人类要跨越时空的唯一选择，不得不接受的“交易”。莱文森在博士论文《人类历程回放》中一直强调：“媒介延伸有个始终存在的压力：既超越生物屏障又不牺牲语音、色彩以及与自然界的直接接触。”[2]这就形成了媒介演化过程中“以人为尺度”的不变规则：“每一种媒介都像一个生物有机体，其运动功能和生存都由我们进行选择，而不是由自然来选择。我们选择媒介的依据是：它们在多大程度上延伸我们生物有机体传播的能力，在多大程度上维持我们面对面交流的能力或前技术传播的能力。”[3]莱文森指出媒介的生死存活关键是看它能否找到适应它存在的“人类”小生境，新媒介不仅要具有再现现实的能力，还必须具有保存先期媒介跨越时空延伸的能力，使以前媒介的有利因素得以继续，并补偿上一届媒介牺牲了的人类生境。比如文字弥补了口语出口即逝的时间缺陷，

[1][美]保罗·莱文森著，何道宽译:《软利器——信息革命的自然历史与未来》，复旦大学出版社，2011，莱文森前言第5页。
[2][美]保罗·莱文森著，何道宽译:《软利器——信息革命的自然历史与未来》，复旦大学出版社，2011，莱文森前言第5页。
[3][美]保罗·莱文森著，何道宽译:《软利器——信息革命的自然历史与未来》，复旦大学出版社，2011，莱文森中文版序第1页。

依赖轻便的介质（比如竹简、帛、纸张）实现空间的流动，得以经世保存，彰显了人的视觉能力，但也牺牲了听觉功能；广播的出现弥补了文字对听觉的忽视，并突破前技术传播的生理局限使得信息在空间上延展，并将文字变为广播的内容。莱文森用媒介演化的小生境理论描绘了媒介演化的“人性化”趋势，这奠定了他媒介理论大师的地位。

一、适应人类的“小生境理论”的提出

1979年保罗·莱文森在其博士论文《人类历程回放：媒介进化理论》中已经关注到媒介在人类生态中的地位问题。媒介的进化依据是符合人的前技术传播模式，适应人类生境的媒介就能够存活。在这里有一个首先必须界定的概念，那就是什么是前技术？莱文森所界定的前技术首先要具有独立性，要独立于复制它的技术而存在，其次是这种传播模式存在于复制它的技术之前。说白了所谓前技术就是在所有媒介出现之前就存在着的依赖于人的感知能力而存在的传播模式，比如，人对颜色、冷暖、声音等的感知能力就是前技术，语言、文字及其以后的各种媒介的演化都围绕着人的这种前技术传播模式进行时空上的延伸和平衡。

20世纪初期无声片和广播两种娱乐媒介占据了支配地位，几年后有声片和电视登场，打破了无声片和广播的霸权，再过几年，无声片消失于无形，而广播却是生生死死几个轮回，到现在依然活得有声有色。由此我们可以看出，只听不看的媒介是一种适应性更强的媒介形态，因为只听不看是人类广泛而自然的“前技术”传播模式，相反，只看不听的传播模式不能够准确地复制和再现现实，信息在传播的过程中产生更多的冗余（歧义），而且它与人类的感知比例格格不入，所以无声片只能暂时满足人们诉诸讲故事的需求和舞台效果的娱乐，有声片出现后，其声情并茂的传播模式更加符合人类的感知布阵，所以很快有声片代替无声片。而广播从一开始就满足而且直接诉诸基本的人类传播模式，比如闭着眼睛欣赏音乐、聆听自然的声音，夜幕下人与人之间的语言交流并不会受到视觉障碍的影响，“偷听”是人类搜集信息的固有模式。所以莱文森通过考察广播的生存和无声片的死亡得出媒介存活的“小生境”理论，“一种媒介的存活系数，与前技术的人类交流环境的接近程度有直接关系。一切媒

介的进化趋势都是复制真实世界的程度越来越高，其中一些媒介和真实的传播环境达到了某种程度的和谐一致，即使早期的媒介存活下来而没有大的变化，其他媒介包括与之同时代的和后来的媒介，却不得不在进化过程中不断地急遽变化”[1]。从广播的存活和发展中演绎出来的媒介进化的小生境原理，或许可以用来解释其他媒介的可能的、或生或死的命运。我们从莱文森的人类生态的小生境角度来看，媒介存活的一般规律又是什么？

二、媒介适者生存的规律

（一）媒介要存活必须获得自己的一种人类生态位，不仅具有再现现实的能力，而且要保存先期媒介跨越时空延伸的能力

从生理上来说，人对外部世界的感知是通过眼、耳、鼻、手、口所对应的视觉、听觉、嗅觉、触觉、味觉在人脑的综合反映而来的。在这个充满变化的世界，单纯靠个体的生理感知模式很难对外界有一个持久而统一的认识，所以人在漫长的社会实践中通过技术延伸了自身的感知模式。语言作为人类最早的传播媒介强调了听觉的感知能力，很快文字就平衡了人对听觉的过分依赖，但弗洛伊德依然说文字是“不在场者的声音”，是通过视觉完成的听觉感知。希腊人对文字抱有爱恨交织的态度，坚守面对面的交流，这样的态度贯穿希腊人精神生活的各个方面，接着又贯穿希腊神化时期和罗马时期的精神生活。在我们的时代，一些学者猛烈抨击一切电子媒介，这与古代人在新传播方式出现时的焦虑如出一辙，只不过焦虑的对象颠倒了过来，文字成了保护的对象而已。[2]但无论怎样，语言和文字都找到了自己的一种人类生态位，直到今天作为其他媒介不可或缺的内容形式存在着。

自始至终确定了准确的人类生态位的媒介当属广播。广播只听不看的传播机制与人类的一种需求协调起来。直到今天，我们很多人还保留着早晨一睁开眼就打开电视机或者只要在家就开电视的习惯，这一行为不是为了看，而是为

[1]［美］保罗·莱文森著，何道宽译：《莱文森精粹》，中国人民大学出版社，2007，第34页。
[2]［美］保罗·莱文森著，何道宽译：《软利器——信息革命的自然历史与未来》，复旦大学出版社，2011，第15页。

了听，人有时候需要看和听不同的东西。记得我小时候很多时间的家庭作业是听着广播剧完成的，现在很多孩子也是戴着耳塞听着音乐完成作业、手工、设计等各种工作。20世纪50年代电视兴起瓦解了广播在大众媒介市场的霸主地位，当时许多观察家说，电视宣告了电台的死亡，但时间证明，两者都找到了自己的空间，用莱文森的话说，“广播做了电视做不了的事情”，音乐成为广播的主打节目，更为重要的是，随着技术的发展，广播从有线进化为无线，从笨重的广播匣子进化为小巧的收音机，从与电视在客厅争夺注意力的主要媒介变为室外的媒介，进入了汽车、厨房、卫生间，与人如影随形，广播获得了新的位置蓬勃发展，人们发现自己越来越喜欢在广播上听新闻、访谈和音乐节目。

下面我们再来看一看照相机的例子，照相机提供了一种人类对抗退化和衰败的手段。摄影术的非个性化和速度使之成为科学和社交记事的理想媒介，因为它保留了使人和万物免于“因时间而衰朽”的影像，以方便的方式留下人、地、建筑物或风景的影像，使人的记忆得以用一种实实在在的可以触摸的形式永久保存，成为人类历史上“跨越时间的凝视”，而且是对现实的一种精准度非常高的复制和保存。电影扩充了照相机的应用范围并从本质上改变了其功能，它能捕捉缓慢的成长过程，也能放慢迅速的跳跃动作；它还能让我们的注意力持续集中于某个事件，若没有电影的帮助，这种强化的集中和关注是不可能做到的。过去的记录仅限于时间的抓拍，若想记录事件随着时间变化的过程，那只能满足于抽象的文字提炼，现在可以实现对事件的影像记录。所以，随着媒介“人性化”进化趋势的发展，新媒介不仅是再现前技术环境，而且它们再现真实世界的水平不断提高。

（二）媒介复制前技术环境的精确度比复制范围更重要

当一种媒介满足或者延伸的只是人类早期的一种生理感知模式的时候，它是比较容易存活的。比如广播，只是在听觉上延伸了人的生理边界，从广播诞生到今天，广播模式的变化比较小，而电视则不同，它在视听两方面延伸人的生物感知模式，为了在媒介演化中存活下来所付出的代价也是高昂的。电视机经历了从黑白到彩色，从电子管、晶体管电视到集成电路电视的过程，围绕电视这一媒介的技术革新从未止步，家庭录像、电缆电视、卫星直播电视、多功能电视等新媒介的出现，使得电视由公共媒介向家庭媒介转变，所以在电视融合了影像、声音和色彩等媒介符号之后，人们对媒介的要求越来越高，不仅要求声音、图像、色彩的高保真，还需要一种涵盖前技术传播模式的全息媒介出现。现在，就中国来说，三网融合的步伐已经越来越近了，电视与网络的融合在技术上已经不是传奇，网民已经可以通过电视显示屏完成上网、看电视、打电话、订机票、炒股、信息查询等几乎所有的日常信息处理。回过头来再看一眼最初的电视机跟今天相比已经是面目全非了。我们或许会疑惑，百年来广播还是那个广播，可是具有了电话、上网、信息处理功能的电视还是那个电视吗？也就是当一种媒介试图覆盖人类的所有感知模式的时候，自身进化就会加速，丢失了自己本性的可能性更大一些。

下面我们来看一个更加鲜活的例子。2010年10月22日，索尼宣布日本国内将停止生产磁带式随身听 Walkman，索尼磁带随身听自1979年面世后，从最初的 TAPE 磁带到风靡全球的 CD 音乐，历经30多年历史，两亿多台销量，索尼 Walkman 引领了20世纪音频播放器的革命，曾经彻底改变人们欣赏音乐的方式。2001年10月23日，苹果的 iPod 出现后，音乐市场格局随即发生颠覆性变化，Walkman 的地位逐渐被各种数字音乐播放器 MP3 取代，随着 MP3 诞生10年全球累计销量10亿部，它的单一化功能也走上了穷途，而手机首当其冲地成为 MP3 随身听最简单的突破口。可是，传统手机厂商都已经音乐化了，无论是从商业逻辑上还是媒介演化逻辑上都不可能出现音乐手机倒退回随身听、再重新进化到手机的情况。英特尔公司前任首席技术官基辛格认为：“MP3 和手机，作为两个独立存在的口袋电子设备，都得被历史淘汰。所谓有通信能力的 MP3 上网浏览器，才是未来时代人见人爱的东西。”照这个思路想来，与其说这是 MP3 的未来，不如说 MP3 被手机消解，成为融入手机的一个音乐符号，使其更加贴合人的需要，找到了媒介存活的小生境罢了，但是离最初的 Walkman 及其营造的文化氛围相去甚远了。

（三）为了满足适合人类的小生境，各种媒介共同进化，大有汇聚趋势

媒介的存活就像媒介的进化一样，是一个复杂的现象，不仅要看媒介复制现实和跨越时空的能力，而且要看它与其他媒介的融合性，也可以说是看它与其他媒介的合作性能。我们知道，单就一种媒介不可能完美地复制现实，那么多种媒介是否可以协同合作从而达到小生境呢？莱文森在考察广播和默片的时候说，一个单一的视觉媒体在声音和视觉媒体出现后死掉了，而一个单一的听觉媒介在视听媒介出现后再现繁荣，原因很简单，广播能够诉诸一个人类的交流模式，做了电视不能做的事，他将之称为人类的媒介生态环境。广播通过提供听而不见的方式占据了一部分媒介生态环境，它在这方面比电视做得要好。我认为广播之所以能够存活更大比例上是因为它与其他媒介的合作与共同进化。比如，广播与电话的合作一直保持至今，广播弥补电话发射范围的不足，电话能够弥补广播互动性的不足，随着新媒体的加入，广播与智能终端合作，实现了在智能终端实时收听广播、精彩节目重听、节目信息推送等，并实现了与社交媒体微博、微信听众互动、后台图文资讯推送、手机广告营销等综合应用。节目内容也实现了多媒体化呈现，尤其是传统广播以声音为主，内容形式单一，出口即逝，时效性差，而基于 APP 应用的新媒体播出，能实现声音、图像、文字的多媒体播出，同时互动性加强，原来只有通过热线电话实现与听众的互动，现在可以通过平台内嵌的微博、微信、留言板或投票栏等互动功能，实现新闻报料、节目内容的即时互动和效果的跟进。这样的合作不仅仅只在广播身上出现，在媒介发展史上，电报和照片完成空间和时间的平衡，留声机和照片实现耳朵和眼睛的平衡，电话和照片构成空间和时间的互补，这些媒介的融合共生增强了它们各自独立传播所能够达到的效果，这种融合模式更接近于人类传播模式。当我们追踪这些合作的媒介时，我们发现，过去媒介的合作互动，比如电报与照片、广播与电话等，往往是隔着一段距离而产生互补，也就是说它们各自独立，可是现在，广播与移动终端、电视与录像机，这些合作的媒介彼此内嵌为对方的一个组成部分，构成了统一、整合的单一过程。唱片（或录音带）给广播节目提供内容，家用录像机成为附加在电视机上的配件，iPod 直接就进化为 iPhone，这些例子说明，会聚成单一且复杂的技术也许是媒介的天性。

2011 年莱文森在接受中国传媒大学两位学者付晓光和田维钢就媒介融合问题的访谈时预言，随着技术的发展，单一媒介的功能将走向融合，涵盖多种媒介功能，就像人脑一样。在莱文森的眼里，所谓媒介融合就是媒介的进化过程会向着人类的功能和形态发展，互联网络和智能手机是媒介将来最终的聚合之处。网络是媒介的媒介，所有媒介单独在线下能做的事情，比如读报、听音乐、看视频，网络在一个系统内都能够实现。而智能手机与网络的功能聚合越来越没有缝隙，而且，它体积小，移动性好，在媒介融合或者说媒介进化的道路上，各种媒介共同进化，单一媒体功能越来越强大，设备越来越小。在20世纪70年代莱文森就预见到，将来有一天，无论我们身处何处，用手中的一个小设备就能够得到全世界你想知道的任何信息，今天，我们手中握着各种类似iPhone的智能手机，已经将其预言化为现实。而iPhone实际上就是iPod和手机的共同进化版，上文我们已经讨论过iPod的用户希望除了用它听音乐之外还希望能够直接上网、打电话，iPhone就应声而出了。媒介的共同进化使得它们复制真实世界的能力日益增强，这个进化合流的原理无疑能够解释电视本身的发展，电视实际上是电影内容和广播发送功能的合流，如今，网络与移动终端的合作使媒介进化为一个活生生的“超级脑”，这是一个整合一体的媒介系统。所以，莱文森总结说，几种媒介可以合作，以求贴近前技术环境，从而存活下来。媒介进化似乎有会聚的趋势，合作的媒介各自履行延伸和复制的任务……表现出最大程度汇聚趋势的媒介，很可能就是能够持续发生急遽变化的媒介。[1]电视、电脑和手机的演变足以证明这种媒介演化的规律。

第三节 媒介进化的方式：以人为尺度的补救性演进

一、什么是媒介的补救性演进

媒介和传播技术的变迁是人类基本的、与生俱来的传播能力的延伸。语言是一种最原始也最基础的媒介，以后出现的每一种媒介，从字母到印刷，从广播到电视，从网络到手机，都对语言进行了或多或少的再创造，这些媒介都为思想、文化、艺术以及信息传递和情感的表达提供新的方式，创造新的尺度。广播在即时性、持久性这根轴上产生冲击，与电视联手后大大增加了它的即时性，但是广播在此时此地延展的同时，失去了媒体能够跨越时间长久保存的特

[1]［美］保罗·莱文森著，何道宽译：《莱文森精粹》，中国人民大学出版社，2007，第39页。

点。沉浸于当下的媒介成了电子时代批评家抨击的中心，芒福德忧心如焚地批评电子媒介使人“囿于当下的时间囚笼，与过去和未来脱离”，但是，莱文森对此却是信心满满，他用充满乐观的态度对待媒介的演化：“一切技术都不完美，但一切技术都提供补救手段，能补救思想和生存使我们困扰的不足：思想和生存在时间流逝中必然有不足之处。”[1]

媒介演化的每一个阶段都会创造出独特的话语符号，重塑各自特有的文明，而“每一种文明都有具体的文化取向，或为时间偏向，或为空间偏向。这一取向在一定程度上源自文化采用的主要媒介”。[2]比如19世纪上半叶，英国倚重文学，与此相伴的而是报纸对知识的垄断，这个垄断地位受到优惠赋税的保护。与此同时，美国却没有版权的立法，这就迫使美国作家倚重新闻业。在一个文字是唯一远程通信的世界里，信息迟滞是难以避免的。电话发明之后，信息迟滞的时间就是打电话要花的时间，同样的迟滞现象既适用于收音机，也适用于电视，还适用于台式电脑。然而到了今天，手机成为信息终端，我们和不在场的人的信息交流所花时间几乎为零，媒介的一次次演变都是为了弥补上一任媒介的不足，使其更接近于人与人之间的面对面交流，更加贴近于人自身，从这个角度去看媒介的更迭或许就能更清晰地看清媒介演化的路径和方式，也能更好地观察和预测媒体发展的未来之路。

莱文森从互联网及数字时代的媒体演进中看到，互联网成为广播、电视和印刷媒介的补救性媒介。目前，技术的发展已经将文本、语音、图片、多媒体和数据等所有信息类型合为一体，将传统的通信技术与移动互联网融为一体，成为目前最贴合人的补救性媒介，据移动市场研究公司 OnDevice Research 的一项全球调查发现，WhatsApp 是目前最受欢迎的社交短讯应用，紧随其后的是 Facebook Messenger 和微信，它们都是基于通信与移动互联网融合技术支持下的为智能手机终端提供即时通信服务的应用程序，它们支持通过手机网络发送语音短信、视频、图片和文字，可以单聊及群聊，支持 ios、Android、塞

[1] [美]保罗·莱文森著，何道宽译:《软利器——信息革命的自然历史与未来》，复旦大学出版社，2011，第 91 页。

[2] [加]戴维·克劳利 保罗·海尔著，何道宽译:《传播的历史：技术文化和社会》，北京大学出版，2011，第 3 页。

班等多种平台手机。在中国，从2011年1月21日腾讯发布第一个版本的微信至今，其功能定位经历了从短信到平台又到SNS社区的过程，微信产品也经历了从1.0到8.0几十个版本的变革，从能发照片的免费短信到语音对讲，从熟人社交到摇一摇的陌生人交友，从朋友圈到公众平台的推出，使微信从社交工具延伸为商业平台。就是这样一款集合了人们所能够想象到的各种社交功能的移动应用，到目前为止，已经吸引了4亿多用户，在经过多次版本升级后，微信彻底颠覆了传统的文字短信模式，建立了纵横交错立体化的社交链，覆盖了工作、生活的多层次需求，即时互动、视觉、听觉的冲击力让信息变得更加有吸引力，趣味性的应用带来更高的用户黏性，沟通也变得更加人性化。

微信推出时，以语音短信这一独有功能，使其在众多移动社交应用中占有一席之地，随着微信产品本身的演进，其社交功能和商用价值被开发，对社会的影响也越来越明显，有人断言当微信成为一种生活方式时，它就是短信死亡的信使，微博的替代品，事实是否真如人们的预言一样？从媒介演化的生态学角度来分析，微信到底是因何而来，又向何处而去？

二、人性化是媒介补救的尺度与方向

保罗·莱文森认为技术在模仿、复制人体的感知模式和认知模式，从语言、文字、机器印刷、光化学媒介、电子媒介、互联网和手机的更迭交替中发现，“一切媒介的性能终将越来越人性化”[1]。

技术出现之前，人类的交流仅限于视觉和听觉的生物边界，也就是人们双腿移动的边界和记忆力容许交流的范围。在口语传播阶段，人除身体之外没有任何东西可以依傍，人类凭借语言进行跨空间的交流，凭借记忆进行跨时间的交流，所以语言有很强的节奏感，有重复和对仗的特征，以此来使传统和思想流传乃至永恒，莱文森把人类交流这个漫长的黎明期称之为第一阶段，“在这个阶段，我们的眼睛和耳朵在幻想中把远方的形象和声音带到我们身边，但是绝不可能真正看到或听到这些东西，这个阶段一直维持到雕刻、涂鸦、绘画、

[1]［美］保罗·莱文森著，何道宽译：《软利器——信息革命的自然历史与未来》，复旦大学出版社，2011，莱文森前沿第5页。

书写兴起”[1]。

文字的出现使得人类交流第一次超越了自身的生物边界。在文字之前的世界里，人需要亲身参与在场的交流，“随着人们象征性活动的进展，物质现实似乎在成比例地缩小，人们没有直面周遭的事物，而是在不断地和自己对话，他们把自己完全包裹在语言形式、艺术形式、神话象征或宗教仪式之中，以至于不惜借助人工媒介他们就无法看见或了解任何东西”[2]。文字之后，媒介交流模式出现，文字虽然没有声音和画面，但是可以说出不在场的人的声音。从口语文化浸染出来的人，起初对待文字的态度是多么的不情愿，柏拉图假借苏格拉底之口在《斐德罗篇》中说，文字没有人情味、损害记忆、不利于对话，但他最终还是用文字表达了对文字的反对意见。语言虽能实现人与人之间的无障碍交流，但是其对空间的伸展极为有限，出口即逝的特点使得它保存知识的功能有很多漏洞，文字从空间和时间上都弥补了语言的这些缺陷，所以沃尔特·翁说：“在某种意义上，文字是三种技术（文字、印刷、电脑）中最彻底的技术。它启动了一种技术，以后的印刷术和电脑无非是继承了这种技术而已；它把有爆发力的语音化解为寂静的空间，把词语从赖以生存的此时此刻分离出来，唯有口语词才能够存在于鲜活的此时此刻。”[3]

文字进入社会的初期必然是局限于一定的阶层，使文字深深地内化在人的心里的是印刷术的发明与大规模使用。印刷机是历史上第一个既空间延伸又时间延伸的媒介，而且是在这两个维度上达到平衡的媒介。在欧洲，报纸问世之前，教友们上教堂交流本地新闻、外地事务和其他世俗的事情，印刷术发明之后，新闻的采集和传播就交给专业机构去处理，咖啡屋里静坐的读报活动取代了上教堂的交流，布道坛最终被报刊取代，印刷媒介催生了近代社会，形成了一个封闭的、不在场的传播空间。我们生活在印刷机产生的信息的、社会的、技术

[1]［美］保罗·莱文森著，何道宽译：《手机，挡不住的呼唤》，中国人民大学出版社，2004，第45页。

[2] 卡西尔. 人论. 纽约花园城：双日出版社. 铁锚丛书，1956，第43页。转引自〔美〕尼尔·波斯曼著，章艳译：《娱乐至死》，广西师范大学出版社，2009，第11页。

[3]［美］沃尔特·翁著，何道宽译：《口语文化与书面文化：语词的技术化》，北京大学出版社，2008，第62页。

的世界里，同时，其他重要的媒介也进入我们的生活，比如书籍和杂志都曾经称霸一时，但是，印刷机不能产生图像和声音，有些人希望用形象看世界而不是用抽象概念看世界，渴望用更接近于人的方式进行即时的交流，而且电子媒介之前的一切技术延伸的传播都要慢很多，印刷品传播方式必然产生信息的迟滞，印刷媒介的先天不足为下一代媒介指明了方向，对印刷媒介的改革始于摄影术和电报。摄影的贡献是准确、完美的跨时间延伸，摄影使得人类反映世界的镜子不仅准确而且持久，这一媒介的非个性化和速度使之成为科学和社会记录的理想媒介，使得那些珍贵的影像免于“因时间而衰朽”，与文字相比，照片的图像力量更亲切、更令人心动，所以摄影这一媒介形式在以后的媒介变迁中成为“跨越时间的凝视”，不曾衰朽。电报是文字传播和电子媒介的中介形式，是最抽象的传播方式，电报虽重复了文字的抽象性，但是它却跨越了文字传播的时空桎梏，在较短时间里跨越千山万水到达目的地。文字、印刷机、照片和电报的更迭使媒介的时间延伸和空间延伸得到平衡，但是，它们都是偏重视觉领域的媒介，媒介的人性化演变趋势发出姗姗来迟的呼唤，希望视觉与听觉的互动，电话在 1876 年回应了这一呼唤。电话瞬间发送的既不是文字也不是代表文字的电码，而是人的言语、朴素的说话，电话这一声音媒介把电报的抽象性简约到人性的基本维度——说话。第二年，爱迪生发明了留声机用来弥补电话出口即逝的不足，事与愿违，留声机没有成为电话录音机，却为全世界提供了随时能听的音乐。19 世纪末，媒介家族中的新成员照片、电报、电话、留声机在视觉的时空延伸、听觉的时空延伸方面为 20 世纪的广播和电视的发明做了充分的创造性铺垫。

麦克卢汉说媒介演化过程基本遵循了放大、过时、再现、逆转的过程，广播使得这一过程清晰可见。作为中枢神经系统的延伸，广播放大了语言的传播效果和煽动性，使得依赖文字、产生理性时代的报纸过时，再现了我们祖先的大众媒介即口语传播的特点，凭借电子媒介的属性逆转为全然不同的另一种媒介，并延伸了口语文化时期口耳相传的模式。与印刷工业造成的非集中化和地方主义不同的是，广播由于它不受文化程度的限制而打破阶级界限，而且覆盖广大地区，有利于集中化和官僚主义，所以路易斯·芒福德担心，广播这种瞬间传递信息的媒介会使信息在社会里泛滥成灾，和培育了国民批判和理性分析态度的报纸、杂志不同，广播的亲近、个性化的说话声和冲击力使得听众绕开理性分析，激发情感纽带，这助长匆忙、情绪化的判断与回应，这样的信息不能够用来仔细、反复地检讨，这也正是富兰克林·罗斯福淋漓尽致地利用了广播这种媒介在竞选中大获全胜，希特勒利用喇叭和广播得以上台的原因。广播最初吸引人的特性很快就逆转为它的致命伤，20世纪50年代，广播这种单一感官的媒介很快就被双重感官的电视取而代之。这两种媒介都同样深入家庭，具有同步性、即时性和全球性，两种媒介在同样的人类感知范围、同样的接收条件、同样的家庭里起作用。表面上看，电视似乎具有广播的一切功能，而且做得更多、更好，广播的短命似乎不可避免。但事实并非如此，这又给了我们一个深层次上观察媒介演化规律的绝好案例，要理解广播为什么能够存活，先需要知道为什么无声电影从媒介家族中迅速消亡？1893年，爱迪生发明电影视镜并创建“囚车”摄影场，被视为美国电影史的开端，最初的电影只是线性的记录某一种情景或故事，格里菲斯将电影从复制性媒介改造为创造性媒介，影片中使用了蒙太奇剪辑技巧，在以后的岁月里，电影成为极受欢迎的媒介。1927年由A.克罗斯兰导演、阿尔·乔尔森主演的有歌唱、对白、声响的《爵士歌手》成为世界上第一部有声故事片，有声片一面世，无声片几乎就轰然倒下。我们在上一节已经详细分析为什么无声片被猎杀而广播却兴盛的原因，那就是广播的只听不看的传播机制与人的一种需求协调起来，人有时需要听和看不同的东西，而无声片只看不听并不诉诸这种先前存在的人类传播途径，这就是媒介自身演变所遵循的人性化的机制。

《电报：维多利亚时代的因特网》是《经济学人》杂志的科学与技术记者汤姆·斯丹迪奇（Tom Standage）一篇文章的标题，揭示了作为传播系统和文化符号的互联网与电报的修补关系。对快速传播的要求创造了远程通信系统，我国是世界上最早建立有组织的传递信息系统的国家之一。早在原始社会末期，先民就使用击鼓传递信息的方式，西周时期就采用烽火作为一种原始的边防告急的通信手段，服务于古代军事。史书《周礼》记载各国边塞到首都的重要通道上筑起烽火台，每当外敌入侵时，烽火台一个接一个地燃放烟火传递警报，夜晚以火告急，称为“烽”，白天以烟告急，称为“燧”，由此可以看出早在周朝时期就有了完善的军事信息网络。这种使用焰火、烟雾等信号远距离传递特定信息的方法不仅见诸古代中国，古代欧洲大陆也有记载，例如荷马《伊利亚特》，埃斯库罗斯的《阿伽门农》和希罗多德的作品中都有提到，罗马人曾经在地中海和大西洋沿岸建造了3197座瞭望塔，使用烟火和烟雾信号提醒人们注意海盗和敌人的船只。[1]但是这种单向、预设信号系统的缺陷也是显而易见的。

17世纪晚期，开放的、双向远程通信系统进入试验中。1844年5月24日，美国人摩尔斯在美国国会大厅里，亲自按动电报机按键，电文通过电线很快传到了数十公里外的巴尔的摩，他的助手准确无误地把电文译了出来，摩尔斯电报的成功轰动了美国、英国和世界各国，他的电报很快风靡全球。1846年，美国唯一的一条电报线路是摩尔斯试验用的从华盛顿到巴尔的摩的40英里线路，两年后，这里有大约2000英里的线路，1850年已经超过了12000英里的线路，由20家不同的公司经营，在1846年到1852年间，美国的电报网络扩展了600倍。[2]很多人将互联网想象成覆盖在工业化世界网状排列的电线，如同电报时期一样，今天的电子邮件也很像电报的信息传递方式。由于万维网早期无法提供一系列可打印的资料，它不得不将传播的速度作为对电报修补的唯一优势，这样的优势主要通过电子邮件体现出来，这是20世纪90年代早期对互联网最普及的使用。万维网初期，科学家们凭借网络只能分享他们的论文和数字资料，超文本服务只是对文字传播速度的修补，直到1993年伊利诺伊大学的马克·安德里森和他的同事创造了第一台图像浏览器，能够在页面上将静态的图像与文字一起展示出来，这个看上去微不足道的发明产生了两个重大的后果：一是互联网开始吸引更多的使用者；第二个后果是互联网改造了许多早期的媒体，它修补了图书、报纸、杂志在及时性、精准度、传输速度上的缺陷，它对广播、电视的修补则更具攻击性，在互联网上，受众对视听体验比从广播、电视中得到更大的控制权，互联网对电话的修补则更具有经济价值，因为互联网电话比长途电话要便宜许多。

---

[1][加]戴维·克劳利 保罗·海尔著，何道宽译：《传播的历史：技术文化和社会》，北京大学出版，2011，第153页。

[2]数据来源于汤姆·斯丹迪奇的《电报：维多利亚时代的因特网》，文章见于[加]戴维·克劳利 保罗·海尔著，何道宽译：《传播的历史：技术文化和社会》，北京大学出版，2011，第164–165页。

早在1979年保罗·莱文森在其博士论文《人类历程回放：媒介进化理论》中写道："媒介的无线性、便携性演化应该继续展开，直到个人能获取地球上的一切信息，而且是从任何地方去获取信息，所谓任何地方包括家里和户外，当然还包括这颗星星之外的广袤宇宙。"[1]人类在石板、木板、泥板上书写的时候就已经进入移动媒介的领域，书籍作为移动媒介的先驱使媒介演化朝向不同于视听演化的方向进行，移动性成为照相机、收音机和手机媒介的典型特征。互联网替代了相当多的文牍工作，同时又使我们困守在电脑前不能移动，手机完全斩断了把人束缚在室内的绳索，成为互联网无意之间酿成的后果的一种补偿，和一切人性化趋势媒介一样，手机成就了我们对所有媒体的想象——把报纸、视频、网页、交友网站上的朋友、博客、微博和微信带入我们手中那小小的屏幕上，借助手机这一移动平台，个人的选择权比互联网时代更加凸显。媒介的进化不是自然选择，而是我们人的选择，人数众多的消费者决定着媒介进化的方向，它满足了人的某种需要，无论这需要是肤浅的心动还是深刻的渴望，因为它补偿了以往媒介的各种不足。

三、以微信为例的补偿性进化分析

今天，各种传播媒介不仅仅是提供用户感知环境、塑造他们对传媒的知觉方式的手段，也是一种具有独特代码和句法的符号环境。移动互联网不仅使得人的地域感消失，而且原来生活和工作之间明确的界限被模糊，我们常常看到身处汽车、餐厅、公共场所的人不停地打电话处理公务，甚至是你坐在家里手机也一定要放在触手可及的地方，每隔短暂的瞬间都会拿起手机看一眼，手机成了我们的器官和思维方式，而微信强化了这种趋势。

（一）从媒介演化的角度看，微信是对前通信工具而非大众媒体的逆转

麦克卢汉在他的"媒介四定律"中指出，媒介在推陈出新的过程中，沿着放大、过时、再现、逆转的规律线性展开。广播使视觉过时，电视使视觉得到再现，于是由广播逆转而成的电视又使纯粹听觉的广播过时，这个循环往复的过程被

---

[1]［美］保罗·莱文森著，何道宽译：《新新媒介》，复旦大学出版社，2011，第188页。

莱文森称为“进化的四轮车”，媒介这一进化过程不是一个封闭的圆圈，而是螺旋形展开的。逆转而来的新媒介保存了前媒介的某一部分特点，比如由广播逆转而来的电视保留了广播的声觉特征，由电视逆转而来的电脑，还保留着屏幕。在这个定律中，媒介的逆转都存在潜在可能性而不是确定，都存在媒介影响的多样性，但是莱文森认为，逆转律存在一个坚定的立场：人必须扮演积极的角色，人的理性和判断能力对未来产生正面的影响。“互联网及其体现、促进的数字化时代，是一个大写的补救性媒介，这是由电视、书籍、教育、工作模式等不足产生的逆转，差不多是过去一切媒介不敷应用而产生的逆转。”[1]手机是对个人电脑的逆转，移动互联网又是对互联网的一次逆转。

很多人喜欢把微信与微博作比较，断言说微信将会替代微博，事实是否如此呢？从媒介演化角度看，微博逆转自传统的大众化媒体，它承载了报纸的文字、图片功能，过时了传统媒体专业化操作的方式，再现了古希腊广场式民主的特征，人们在广场上畅所欲言交流思想，不过现在人们不再聚集在现实社会的某一场所，而是汇聚到虚拟社区某一个主题之下对所关注的问题自由表达，用现代技术实现了新媒体形式的逆转。而微信则属于通信家族的子孙，它放大了电话的声觉、私密、亲切和即时互动的特点，过时了的短信只有文字没有图像的冷漠、疏离的感觉，再现了广播的大众化声觉传播，逆转为集文本、语音、图像为一体的融合性新媒体。在微信上，交流对象主要是身边的朋友，大部分彼此熟识，封闭的熟人网络更有利于建立信任，保留了私密性，人们在微信上的发言也渐渐不同于微博，更贴合了人与人面对面交流模式，只是把交流的场地从真实空间延伸到了网络上而已。

（二）微信把不在场的人屏蔽在交流之外，私密性更好，能够避免无关者的围观

微信的传播机制不同于微博，在你的微博上别人的评论如不加限制，所有人都能看到，而微信是点对点的交流：我的微信，你的评论，若他不是你我的共同好友，我与你的交流，他只能看到我的回复，看不到你的留言，所以，微信更像是打电话，更注重沟通的私密性、深度与黏性。利用微信，个人对日常

[1] [美] 保罗·莱文森著，何道宽译：《莱文森精粹》，中国人民大学出版社，2007，第 192 页。

生活、事物和思想进行个性化的记录和表达，以文字、语音甚至是视频的形式直接传播给最亲近、最想沟通交流的好友。

在詹姆斯·凯瑞看来，传播“不是为在空间上扩散讯息，而是为在时间上保持社会稳定；不是一种告知信息的活动，而是共同信念的表达”[1]。微信圈子形成的社区与以往的网络社区有所不同，圈子成员是由现实空间延伸而来，在空间上有地域的趋同性，文化上有认知的相似性，每个圈子就是一个亚文化“圈子”，原本孤立、隔绝的亚文化群体由于圈子成员分属于不同微信圈子而使得资源呈病毒式扩散，圈子成员由于现实社会的熟人身份而使得线上的信息分享与交流更加理性、平和，促进了参与性文化的发展，使得朋友间线上线下的交往更具黏性和凝聚力。

在网络时代，我们越来越多地被迫同我们从未见过面的陌生人交往，我们的社会变成了如福柯所说的一个坦白的社会，大家迷恋于个人隐私的暴露，同时习惯于日益增多的监视，但仍然还是有很多人不愿意被监视、被围观，不愿意自己的生活被网络所影响，微信正弥补了微博传播的这种公共性，让一部分人安静地在自己熟悉的、安全的圈子里叽叽喳喳。所以，如果说微博用以“微”观天下的话，微信则是用来“微”观朋友而已。

（三）从传播内容上来看，微信主要是对个人生活的关照和对社会正能量的传播，纯粹用于社交而非像微博那样还有伸张正义等“公共器物”的象征意义

凡勃伦说随着社会交往的范围越来越大，炫耀性消费比有闲阶级更能博取荣耀。中国人常说一句话“富贵不还乡，如锦衣夜行”，借助新一代媒介工具，富贵无须还乡，一样可以向“小伙伴们”炫耀自己的荣耀，如今最大的炫耀场恐怕就是微信圈子了，最惹眼的炫耀内容不仅仅是富贵，还有小资的生活方式、家庭温馨的生活画面、工作的小有成就、绿色环保的生活理念等。前段时间有人做过微信用户类型分析，共划分了16种微信用户类型，包括：广告型、自恋型、虚荣型、英语型、炫富型、“脑残”型、感慨型、拍饭型、文摘本型、瞎赞型、怨妇型、情种型、花痴型、图控型、损贼型、潜水型。这16种类型虽不

[1]［美］詹姆斯·凯瑞著，丁未译：《作为文化的传播》，华夏出版社，2005，第10页。

能概括所有微信用户，但是可以大体看出，对微信的使用和对其功能的企盼，已经与微博不同。2013 年 5 月份艾媒咨询发布《2013 中国微信公众平台用户研究报告》，报告显示 2013 年微信公众平台，用户关注最多的是资讯类公众平台，占比达 65.7%，其次是搞笑 / 玩乐类公众平台和科技类公众平台，占比分别为 37.1% 和 31.4%。[1]这与微博用户不同，微博用户除了将其作为生活秀场之外，还赋予了微博“公共器物”的象征，希望借此改变国家、社会或者一部分人的个人命运，微信却不再承担如此重大的社会责任，只是个人生活的秀场和资讯平台，即使是对社会不良问题也不再像微博上那样有犀利的口诛笔伐和谩骂。我们可以看出，社交媒体发展至此，已经开始进行功能性的分化，各司其职，互有主战场，这应该是媒介发展人性化的另一体现。

我们在研究媒介史时多次看到，新技术总是被横加指责，如苏格拉底对文字的批评，现代教会抨击机印的《圣经》是手稿的堕落，在过去的几十年里，人们对电视和电脑的攻击不过是这种长期喧嚣在当前的表现而已。而微信却是个例外，这或许与它与生俱来的人性化设计有关，微信的创始人张小龙说“追求技术与自然的本质”是团队内部的信念和文化，产品设计的过程中“对人性的把握是最重要的”[2]，也是构筑微信产品的根源。人类为了解决信息交流的时空障碍，发明了语言、文字、印刷机、广播、电视、网络，可是这些人造媒介往往会使人非人性化，把我们与真实世界、我们的情感以及我们最深层的自我隔离开来。媒介演化的历史脉络让我们清楚地看到，我们逃离的正是我们最终奔向的那个方向，即人性化。每个时代都有每个时代的产品，微信改进了或是逆转了以往的 IM 产品，把它做成一个适应这个时代的人需求的东西，这在哲学层面上符合了媒介演化的人性化趋势，所以我们选择了它，但这只代表当下，而不是永远，或许不远的将来，会有另一种更接近人性的媒介出现！

---

[1] 艾媒. 2013 中国微信公众平台用户研究报告 http://tech.hexun.com/2013-05-20/154318073.html

[2] 丁伟：《腾讯副总裁张小龙谈微信：对人性把握最重》，腾讯网，http://tech.qq.com/a/20120104/000423.htm

第四章 手机：从挡不住的呼唤到移动的家园

人类有两种基本的交流方式：说话和走路。随着语言这一交流工具的产生，这两个功能就开始分割。文字的出现“承载着不在场者的声音”，但这个缺席的声音不能够立即对问题作出回应，每一种新媒介都会因延伸了人的某种感官而存在，也导致了这种分割的加剧。在手机出现之前，电话算是媒介史上最快捷、精准的交流工具，具备了电话录音、待机、来电显示等补救性功能，但是，电话与生俱来的对空间的依赖限制了它的适用范围——只能在电话线铺设到的空间里。直到手机问世，斩断了把人束缚在室内的电话线，如同斩断了出生时婴儿与母亲连接的脐带，像柯达照相机、半导体收音机一样，把它的使用者从固定场所解放了出来，并将人说话和走路的两种功能完美地融合在一起。“从长远来看，互联网可以被认为是手机的副手。身体的移动性，再加上与世界的连接性——手机赋予我们的能力——可能会具有更加深远的革命性意义，比互联网在室内给我们的一切信息的意义更加重大”[1]。

[1] [美] 保罗·莱文森著，何道宽译：《手机，挡不住的呼唤》，中国人民大学出版社，2004，第9页。

一切媒介的应用潜力和后果是不可预测的。1973年手机作为通信工具而诞生，四十年后的今天，以iPhone为代表的智能手机越来越呈现出超越“外脑”的姿态：电话、信息收发、娱乐游戏、社交、购物、个人数据信息管理等功能集于一身。在这个信息时代，手机作为当之无愧的信息处理器的霸主，将会给人类社会带来革命性变化，如麦克卢汉所说的真正有意义、有价值的讯息，不是各个时代的传播内容，而是这个时代所使用的传播工具的性质、它所开创的可能性以及带来的社会变革。

在2004年手机诞生30周年的时候，传媒理论家保罗·莱文森思考了手机作为通信工具的历史沿革、社会影响和未来前景，他认为“手机是革命，是超越电脑和网络的革命；手机把我们送回大自然，使我们恢复同时说话和走路的天性”。[1]十年之后的今天，手机已经远远不仅是一部通信工具，而成为个性十足的信息处理器，是人脑的延伸，从替代记忆开始，到沟通方式的改变，再到各种感官的延伸，越来越接近人脑的节奏，手机对我们每个人来说，已经从“挡不住的呼唤”工具一路演化为我们的“移动家园”。

最新报告显示截至2021年1月，全球手机用户数量为52.2亿，互联网用户数量为46.6亿，而社交媒体用户数量为42亿。据Strategy Analytics估计，全球智能手机用户基数已从1994年的3万急剧增长到2012年的10亿，到2021年6月达到创纪录的39.5亿。据估计，2021年6月，全球共有79亿人，这意味着现在全球50%的人拥有智能手机。[2]十年前，手机与钱包、钥匙并称为现代人出行“三大件”，今天，这“三大件”功能集于“手机一身”，今天谁还用现金付款？手机扫码也代替了钥匙的功能。遥想四十年前，手机还是“两个砖头大小”的大家伙时，谁曾想今天的手机会是这个样子。现在，就让我们揭开历史尘封的画面，回顾一下手机的历史，以便展望它更为精彩的未来！

---

[1] [美]保罗·莱文森著，何道宽译：《手机，挡不住的呼唤》，中国人民大学出版社，2004，译者序第10页。

[2] 数据来源于2021年两份IT业界报告：《全球手机用户数量为52.2亿 互联网用户数量为46.6亿》http://www.inpai.com.cn/news/new/20210128/76263.html

《Strategy Analytics：2021年6月全球拥有智能手机人口达39.5亿 占比超50%》http://www.199it.com/archives/1270134.html

第一节 手机——补偿性媒介的集大成者

一、手机发展史

今天我们对手机有多熟悉，就会对它的历史有多陌生。1972年，当手机之父马丁·库珀（Marty Cooper）接到要开发一台移动电话的任务时，他还很惊奇地回应："移动电话是什么东西？"从1983年第一台标准化手机Dyna TAC 8000X诞生，到2004年3G网络的出现；从1984年第一台大哥大式手机的面市，到后来的翻盖、滑盖、侧滑盖，再到后来的音乐、蓝牙、摄像，到智能手机，经历了非常多的革新阶段，未来手机会向着智能化、多功能化、高度集成化方向发展，库珀说我们曾想过无线技术会彻底改变我们的生活，而且未来每个人都会拥有一支手机，但有一件我还无法预测的事情，是数字技术所带来的冲击会有多大？如今，手机已经从最古老、笨重、单一功能的通信媒介发展到今天我们使用的这个样子，打电话已经是次要功能，手机与网络联手一步一步塑造着我们现在的生活，手机的发展史代表着科技的进步，从模拟到GSM、从GSM到GPRS等等，新技术的发明给手机带来全新的应用，也记录了人类文明的发展历程，手机的发展史大致上可分为以下几个阶段：

（一）手机概念的初创期

1887年德国物理学家赫兹发现了电磁波的存在，成为有线电通信向无线电通信的转折点，也成为整个移动通信的发端，手机是踩着电报和电话的肩膀降生的；1902年，一个叫作内森·斯塔布菲尔德的美国人在肯塔基州默里的乡下住宅内制成了第一个无线电话装置，这部可无线移动通信的电话就是人类对"手机"技术最早的探索；1938年，美国贝尔实验室为美国军方制成了世界上第一部"移动电话"（见图4-1）。手机这个概念，早在20世纪40年代就已经出现了，贝尔实验室于1946年制造了第一部所谓的移动通信电话，由于体积太大，研究人员只能把它放在实验室的架子上，因为不具有实用性而没有进行下一步的研究，这给摩托罗拉提供了机会。

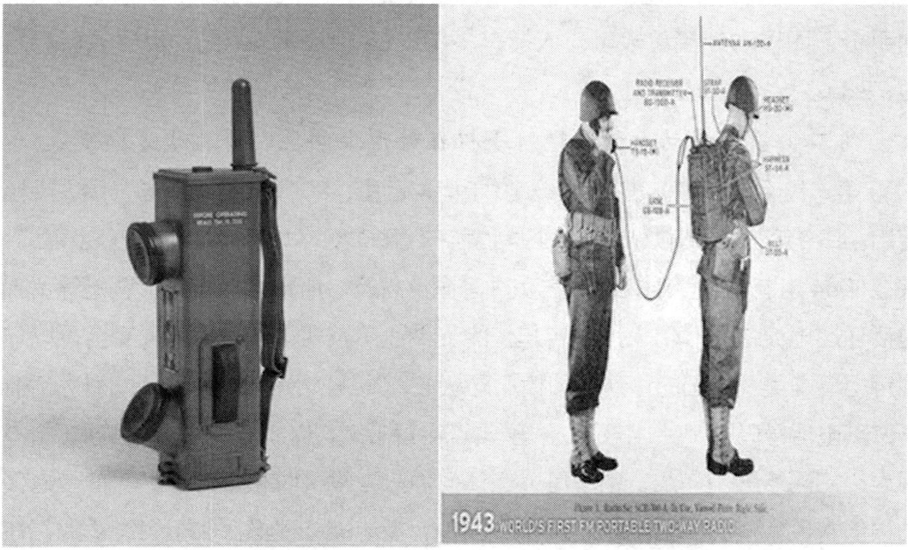

图 4-1 贝尔实验室第一台军方移动电话

1973 年美国摩托罗拉的总设计马丁·库珀发明了世界上第一部推向民用的手机，他因此被称为现代“手机之父”，研制出“便携式”移动电话。1973 年 4 月 3 日，库珀走出实验室，来到曼哈顿的大街上，库珀拿着一部没有绳子的电话，兴奋地大喊：“乔治，我正在用一个真正的移动电话和你通话，一个真正的手提电话！”人们无不驻足观望，电话的另一端是贝尔实验室的一名科学家乔治·恩格尔，他是库珀长期以来的竞争对手。库珀手上拿的正是世界上第一部手机 Dyna TAC，而这是人类通信史上的第一次手机通话，和今天的手机相比，这种电话勉强算是便携式的，内部电路板数量达 30 个，重约 1.13 公斤，它靠电池运转，仅有拨打和接听电话两种功能，这部手机的诞生意味着一个新时代的开始——无线通信的诞生。1973 年，“蜂窝通信”（cellular communications）的概念率先由美国电报电话公司（AT&T）提出，采用蜂窝无线组网方式，在网络和终端设备之间通过无线通道连接，使用户在活动中相互通信成为可能。AT&T 认为人们需要的蜂窝通信只是“车载通信”，但是马丁·库珀不同意这个说法，他认为人们希望是和人说话，而不是和汽车、房子、办公室说话，所以电话号码对应的应该是人而非地点，这一坚持让他获得了“手机之父”的美誉。

从那时起，手机开始了自己的辉煌征程，截至 2021 年 1 月全球有 52.2 亿人使用手机，而移动连接总数（一人拥有多部设备）达到 80.2 亿，世界人口数量为 78.3 亿。

（二）模拟移动电话时期：手机在外形上向轻、薄、小方向发展

第一代手机（1G）在 20 世纪 70 年代末诞生，80 年代推上市场开始大规模商用。1979 年，基于模拟技术的世界上第一代移动网络（1G）由 NTT 在东京建成，并在 1984 年铺开至全国，随后在美国等国家普及。所谓模拟技术，就是蜂窝式电话通过电波信号模仿人声跌宕起伏的一种通信方式，其音质效果完全可以与固定电话媲美。中国的移动通信模拟网从 1987 年开始运营 900MHz 模拟电话业务，其电话号码以“9”字开头。第一代无线网络技术的最大成就是去掉了将电话连接到网络的用户线，用户可以在任何地方无线接收和拨打电话，但模拟移动通信与数字移动通信相比，保密性较差，极易被并机盗打。手机的功能往往只是局限于通话，无法提供丰富多彩的增值业务，网络覆盖范围小且漫游功能差，而且受到技术、材料各方面的限制，模拟手机体积大、重量沉，款式上也相当单一，大可称为手机的史前时代。

1983 年 6 月 13 日，世界第一部标准化手机诞生。摩托罗拉公司花费 10 年时间和 1 亿美元的资金研发出这台名为 Dyna TAC 8000X 的手机，是全球首部商用移动电话，因为它的外形和尺寸很像砖头，重 794 克，长 33 厘米，顶部还有外拉天线，人们都称它为“砖头”手机。这款手机标价 3995 美元，最长通话时间是一个小时，可以存储 30 个电话号码，很多人第一次见到它是在电影《华尔街》中，迈克尔·道格拉斯扮演的戈登·盖克使用的就是这款手机。1989 年，摩托罗拉发布了有翻盖话筒的 Micro Tac 手机，售价 3000 美元，此时，手机才可以真正握在手中。最初手机没有锁键功能，放在口袋里难免碰触开机发出信号，于是 1995 年摩托罗拉推出世界上第一款翻盖式的手机 8900，它面世时引起了相当大的轰动，为后来手机的设计提供了诸多灵感，也弥补上一代手机的不足。（代表机型参看图 4-2）

20 世纪 80 年代，全球移动电话业务发展迅猛，用户数年增长率为 40%，远远超同时期固话的增长；1986 年，美国手机用户达 200 万，次年手机服务收入达 10 亿美元，此时移动通信还处于早期。90 年代初，移动电话已由模拟转

向数字，用户的年增长率高达 40%—50%，1990 年美国手机用户突破 500 万，1996 年已经达到 3800 万，1997 年突破 5000 万，人们把手机当作日常生活的一部分，拥有数字无线数据及语音网络的 2G 时代来临。中国的模拟手机时代始于 1987 年，由中国移动通信集团公司开启了 900MHz 模拟移动电话业务。

世界第一部手机摩托罗拉
Dyna TAC 8000X

第一台进入中国市场的手机
摩托罗拉 3200

第一款揭盖式手机
摩托罗拉 8900

图 4-2 模拟移动电话时期代表机型

（三）2G 时期：手机多样化与功能化齐头并进

1991 年，芬兰首先开始铺设 2G 网络（GSM），这意味着包括数据服务和短信在内的手机功能开始出现。2G 采用了数码无线电技术，改善了语音质量和保密性，还引入了无缝的国际漫游，第二代系统除了可以进行语音通话以外，还可以收发短信、彩信、WAP 等。1994 年中国建成第一个 GSM 通信网络，到 2001 年中国移动模拟网全面转网并轨，2013 年 12 月 4 日，工信部正式向中国移动、中国联通、中国电信三大运营商颁发第四代数字蜂窝移动通信业务经营许可，这意味着让公众期待已久的 4G 生活近在咫尺。时任中国移动副总经理唐剑峰在一次业内会议上表示，目前不少中国移动用户还在使用 2G 手机，但是，2015 年 2G 手机将退出市场。回顾整个 2G 时代，是手机大发展的时代，基于集成电路板技术的更新，体现在外形的改变上，手机逐渐由粗大厚重走向纤小薄轻，在功能上由单一向功能多元化方向发展。主要体现在几个方面的功能突破和完美融合：

1. 外形向纤小轻薄发展，色彩开始丰富

继 1995 年摩托罗拉推出 8900 之后，1999 年摩托罗拉推出 328c，这是市场上的第一款折叠手机，体积更加小巧，颜色更加多彩，被消费者誉为“掌中宝”。在直板机领域，汉诺佳 CH9771 第一款采用内置天线设计，内置天线设计成为里程碑。1999 年诺基亚推出的 3210，是消费者普遍接触到的内置天线折叠机型。1998 年，西门子公司推出 SL10 至尊经典手机，称得上是拥有多项“世界第一”：首创上下开合、屏幕与按键分离的模式，被称为第一款真正意义上的滑盖手机，也是第一款三色彩屏手机，但是由于设计过于前卫，市场反应并不如预期，时隔几年后滑盖手机才成为经典。2002 年，摩托罗拉推出第一款旋盖手机 V70，它在业界率先带来了反色的界面显示效果。三星首推 SGH-A288，沿袭了折叠式手机超小、超轻型设计。20 世纪末，彩屏手机和触屏手机相继出现，品种繁多的手机使人们有了更多的选择。（见图 4-3）

第一台折叠手机
摩托罗拉328c

第一款内置天线手机
汉诺佳CH9771

诺基亚3210

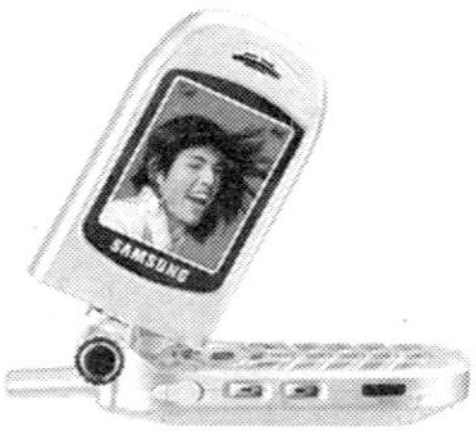

第一款旋盖手机
MOTO V70

图 4-3 2G 时代手机外形变革方向

2. 功能的多元化发展

在整个 2G 时期，手机的短信、触摸屏、互联网、游戏、电子邮件、GPS、MP3 播放和相机功能在这一时期实现技术突破。

手机短信的出现改变了手机语音通话的单一功能，开创了人际交往的新方式，对人们的工作、娱乐以及消费等生活方式产生很大影响。1984 年，一位叫 Matti Makkonen 的芬兰工程师发明了短信，另一位工程师 Friedhelm Hillebrand 制定了 160 个字符的信息传送标准。1992 年 12 月 3 日世界上第一条短信由 22 岁的英国工程师尼尔·帕普沃思（Neil Papworth）利用自己的电脑发出，当时接收短信的是沃达丰公司经理理查德·贾维斯（Richard Jarvis），他使用的手机是欧比特 901。1993 年诺基亚推出第一款能够接收和发送短信的手机，芬兰面向消费者开通短信服务，在英国，直到 1999 年手机用户都只能向同网内的用户发送短信。随着短信的流行，用户希望它具有更多的功能，比如发送图片、语音，并希望手机能有更好的键盘，1995 年出现的 T9 键盘让人们的短信发送速度实现了飞跃，之后的文字联想功能、QWERTY 键盘和触屏输入法等都让短信发送迎来新高度。2002 年索爱推出了第一款支持彩信的手机 T68ie，手写输入、短信群发、超长短信等辅助功能被开发出来，现在人们可以通过平板电脑、PC 机、手机、具有上网功能的电视等终端向手机发送短信。2010 年全球每分钟发送短信总量高达 193000 条，短信业务带来的总营收达到 1147 亿美元；2014 年全球手机每秒短信发送量为 20 万条，每 7 分钟花在手机上的时间，短信就占了 1 分钟。

手机屏幕的演化主要在两个方面：一是触摸屏，二是黑白屏演化为彩屏。全球第一款触屏手机 IBM Simon 诞生于 1993 年，它由 IBM 与 BellSouth 合作制造，它结合了手机和 PDA 的功能，集电话、个人数码助理、传呼机、传真机、日历、行程表、世界时钟、计算器、记事本、电子邮件、游戏等功能于一身，其最大的特点就是，没有物理按键，输入完全靠触摸屏操作，这在当时造成了不小的轰动。早期的触屏技术体验较差，其中一个原因就是当时的触屏都需要触摸笔，之后，包括摩托罗拉、索尼爱立信、HTC 和 LG 在内的厂商都在摸索更好的触屏技术，直到 2007 年的苹果 iPhone 出现，为行业确立了标杆。在黑白屏时代，大家用改变背景灯光的色彩来实现视觉感受的改变，2001 年诺基亚推出蓝色背灯的 8250 就是经典作品。最早提出彩屏概念的是日本的手机厂商，

2000 年 1 月，日本电信运营商 NTT DoCoMo 推出了第一支正式上市的彩屏手机 D502i，终于实现了人们“彩色的梦”，彩屏手机当时在市场上供不应求，很多手机厂商都把彩屏手机定位成时尚和面向未来的机型，2002 年爱立信推出的第一款 GSM 网络手机 T68，拉开了中国彩屏手机时代的序幕。

音乐与手机的融合敲响了传统音乐播放器的丧钟。1995 年爱立信推出第一款可编铃声的手机 GH398，2000 年三星推出了第一款支持 MP3 播放功能的机型 M188，揭开了手机与 PMP（多媒体播放器）大战的序幕，随后索尼推出 Walkman 系列手机，这一趋势也让苹果在 iPhone 中加入该功能。2001 年，爱立信发布 T39mc，这是第一款支持蓝牙传输功能的手机，摩托罗拉 E680 则第一次让我们感受到了蓝牙立体声的快感，能够播放各种音乐成为主流手机的必备功能。现在智能手机已经终结了 PMP 的市场，各种应用不仅能播放音乐，还能收听网络电台，同时也导致了 iPod 和其他 MP3 播放器的销量骤降。

1995 年，手机开始与网络接触。爱立信 GH337 作为一款数字手机，在 1995 年登陆中国大陆，与同时代的模拟手机相比，抢线快、接收信号灵敏体现了当时的时尚潮流，但是 GH337 不支持中文操作，横在它和中国用户之间的障碍不言而喻。而摩托罗拉 CD928+ 于 1999 年扫除了这个障碍，作为第一款全中文手机，电话簿和短信都支持中文输入，CD928+ 是当之无愧的手机汉化“开国元勋”。2000 年诺基亚推出 7110，这是一款支持 WAP 上网的 GSM 网络手机，可支持中英文输入，内置游戏功能。据统计，在 2013 年第二季度全球网络浏览量的 29% 来自移动设备，现在智能手机能完美地呈现网站内容，人们通过手机上网的体验已经得到了前所未有的改善。

手机与游戏的融合（1998 年）开创了一种全新的娱乐方式和应用模式，并随着移动互联网的发展而火爆，游戏成为手机的一个重要功能体现。诺基亚是手机游戏的首创者，1998 年诺基亚推出的第一款内置游戏手机是 6110，第一代手游用户的经典回忆是贪食蛇、记忆力、逻辑猜图等内置游戏。早期的手机游戏属于文字类游戏，娱乐性较差，随着手机硬件和软件技术的不断提升，手机游戏从早期的嵌入式游戏、短信游戏、WAP 游戏、JAVA 游戏再到网络游戏，具备越来越强的娱乐性和交互性，广受玩家的喜爱，各大手机厂商密切关注手机游戏对新业务、新产品营销的带动作用，以游戏为卖点的手机产品正成为它们利润增长的另一重要来源。据中国游戏产业报告统计，2012 年中国游戏用户已经达到了 0.89 亿，同比增长了 73.7%；手游市场实际销售额也达到了 32.4 亿，同比增长了 90.6%。我国手游玩家规模整体呈增长态势，2020 年已达到 6.4 亿人。从市场规模来看，中国手游市场由 2016 年的 972 亿元扩大至 2019 年的 1817 亿元，2020 年突破 2000 亿元。[1]

2000 年彩屏手机的出现，直接催生出带有拍照功能的手机。通过摄像头和手机的结合正在不断简化人们的交流方式，夏普开创了手机拍摄功能的先河，夏普于 2000 年 9 月发布了 J-SH04 手机，内置 11 万像素 CCD 摄像头。带有摄像头手机的出现预示着手机能够做更多的事情，2002 年诺基亚推出了第一款内置摄像头手机 7650，同年三洋 SCP-5300 登陆美国让市场炸开了锅，此后，手机开始了摄像头高速发展时代，从最初的 10 万像素发展到了千万像素，摄像头的像素已经成为手机品质的重要衡量标准，NOKIA 推出了最高达到了 4100 万像素的 808，2012 年，83% 的手机拥有一个内置摄像头，越来越多的人开始使用手机来捕捉日常生活。如今，智能手机像素过亿，内置超感知莱卡摄像头，自带美颜效果。

（四）3G、4G：智能手机大发展，互联网巨头布局社交与信息流

2001 年开始，日本率先进入了 3G 时代。所谓 3G，是指将国际互联网与无线通信等多媒体通信结合的新一代移动通信，有 WCDMA、CDMA2000、TD-SCDMA 三种制式。与第一代模拟制式手机（1G）和第二代 GSM、CDMA 等数字手机（2G）相比，3G 网络能处理图像、音乐、视频等多种媒体形式，3G 手机的全部价值就在于带领人们进入移动互联网世界。3G 时代的互联网不仅给人们带来全新的生活体验，更给整个人类带来纵深的社会变革。我国 2008 年成功研发 3G 通信技术应用，2009 年 1 月工信部正式发布 3G 牌照，中国移动、中国电信和中国联通三家运营商开始发展 3G 用户。伴随着网络技术的发展，手机演化的趋势也由 2G 时期重在手机外形轻薄、功能新颖转向操作系统之争和功能整合的能力，更多的多媒体功能被引入，手机成为个人信息终端，通话和短信

---

[1] 中商产业研究院：《2020 年中国手游行业及细分市场发展规模及趋势预测》http://finance.eastmoney.com/a/202006111517964150.html

仅仅成为手机的基础功能，手机与电脑的边界越来越模糊，跨界延伸成为未来的演化趋势。

所谓智能手机，相对于功能手机而言，它具有独立的开放性操作系统，可以自行安装、卸载软件。摩托罗拉在1999年推出的A6188手机，标志着智能手机的诞生，A6188手机采用摩托罗拉公司自主研发的龙珠16兆赫处理器，PPSM（Personal Portable Systems Manager）操作系统，支持无线上网，也是全球第一部触摸屏、中文手写识别输入的手机，深受商务人士喜爱。2001年，爱立信发布了第一款支持蓝牙传输功能的T39mc手机，蓝牙的诞生使数据传输变得更加高效。

2003年黑莓推出首款6230手机，不仅延续了此前黑莓产品在商务PDA方面的优势，并且让QWERTY键盘和手机第一次完美融合，给当时的手机用户带来别样的操作体验，在当时的手机领域彻底诠释了功能性、操控感和人性化的意义。2005年索尼爱立信联合打造W800cWalkman音乐手机，掀开了手机演化史上重要的一页，那就是引入其他产品类型的概念和手机跨界延伸。此后索尼爱立信将索尼的相机品牌Cyber-shot引入到手机领域，整个市场逐渐掀起了一阵“Crossover”潮流，如果说索尼爱立信的W800c全新定义了“音乐手机”的概念，那么同年诞生的夏普V903SH则成为所有拍照手机厂商追赶的目标和榜样，它搭载320万像素CCD镜头，支持自动对焦和两倍光学变焦，要知道在2005年专业数码相机的主流配置也才300万像素。2006年，第一款内置硬盘手机诺基亚N91上市，强大的内储存是智能手机迈向高端功能化发展的重要一步。2007年，诺基亚N95第一次加入了GPS导航功能，但好景不长，诺基亚在智能机领域的统治地位只维持了几年，2008年美国苹果公司的iPhone横空出世，苹果成为手机市场的搅局者，也是新规则的制定者，对很多手机厂商来说，噩梦开始了，它改变了整个手机产品领域的发展进程，触摸大屏的设计由此成为潮流。作为智能手机的iPhone引入多点触摸技术，第一次使用电容屏，它使得拨打电话、程序转换等操作变得易如反掌，另外，iPhone手机内部有重力感应器、内置光感器和内置距离感应器，这些功能都是前所未有的，iPhone成为一种时尚和潮流，尤为重要的是，它完善的网络应用真正开启了移动互联网时代。（见图4-4）

（1999）第一款智能手机摩托罗拉A6188

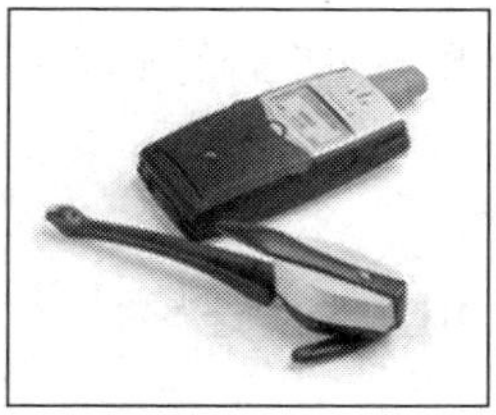

第一款支持“蓝牙”功能的手机 爱立信T39mc（2001）

QWERTY全键盘来袭黑莓6230（2003）

Walkman音乐潮索尼爱立信W800c（2005）

拍照手机的榜样夏普V903SH（2005）

第一款内置硬盘的手机诺基亚N91（2006）

iPhone（8G）（2007）

iPhone 5s 4G （2013）

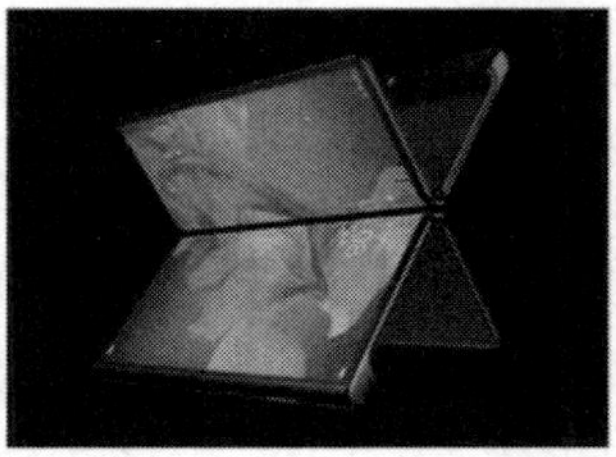

华为Mate Xs 5G折叠屏手机（2020）

图 4-4 智能手机的代表机型

3G 时代是移动互联网的开端，从此手机通信功能降到了次要位置，而数据功能也就是上网成为主要功能，以腾讯 QQ 为首的网络社交应用成为这一时期的主要特征。如果说 3G 时代智能手机崭露头角的话，4G 时代网速发生了质的飞跃，短视频以及手游市场开始呈爆发趋势，以抖音、快手为代表的社交媒体短视频最为火爆，以秒拍、西瓜为代表的新闻资讯短视频也广受媒体和用户欢迎，网络的巨大流量使广告投放方式发生变革，运用大数据进行目标市场的精准投放成为各大巨头争先布局的板块，而这其中最为突出的就是今日头条和百度，依靠强大的算法，从海量的内容中挖掘有价值的信息，根据客户的需要进行“定制化”推送。如今我们进入5G时代，万物互联的进程的加速也改变了我们与世界的交互界面，除了VR游戏、无人驾驶、智能物联等应用外，移动办公、会议直播、视频监控、智能城市等都会在5G的大网络下运行，5G时代，一切皆有可能。

二、手机是补偿性媒介的集大成者

莱文森在20世纪70年代就提出了媒介演化的“人性化趋势”理论，他认为随着技术的发展媒介越来越具有人类传播的形态。若在40年前这还是一种预言的话，现在看来就是一种发展轨迹，就是事实了。2011年莱文森接受我国两位访问学者付晓光、田维钢的访谈时谈到媒介融合这一趋势时，就明确表达了“随着媒介的进化，每个设备能做的将会越来越多，直到所有的设备都融合为一体，就像人脑一样，这就是我认为的融合的本质所在”[1]，在他看来所谓的媒介融合就是媒介向着人脑的方向演化，智能手机就是最好的例子，是目前为止所有媒介功能补偿的集大成者。

（一）手机是对媒介移动性的补偿

“有了说话的能力，再加上和远方人说话的自然而然的欲望——无论他们和我们是在何方都有想说话的欲望——我们就必然走到手机这一步；边走边说的能力，无论我们在哪里行走，也无论和我们谈话的那个人是在哪里行走”[2]。人类学家认为，在人类形成的过程中，走路和说话一样，发挥重大作用。手机问世之前，我们已经有一些放在衣袋里，拿在手上或扛在肩头上的其他交流工具，比如书籍、铅笔、收音机、照相机、摄像机等。然而，在电话之前没有一种是互相交流的工具，没有一种容许我们能够与不在身边的人交谈的工具，所以莱文森才说，手机之前，电话就是一种接近完美的交流工具，但是，电话线把人拴在了屋子里，不能够随时随地自由地交流。

移动是手机的另一个关键特征，在石板、木板、泥板上书写的时候，人类

---

[1]付晓光、田维钢：《媒介融合的前世、今生和未来——美国著名媒介理论家保罗·莱文森访谈》，《声屏世界》，2012年第1期，第25-27页。

[2][美]保罗·莱文森著，何道宽译：《手机，挡不住的呼唤》，中国人民大学出版社，2004，第17页。

就已经进入移动媒介的领域。约在公元前3200年，苏美尔人就开始采用泥版刻字，将文字刻在湿润状态的粘土制成的板状物上，然后用火或者阳光烤干，由于笔画像楔子，所以也称为“楔形文字”，这是世界上有据可查的最早的文字。中国公认的最早的汉字是公元前1300年夏商时期的甲骨文，这些文字都是刻在石头、泥板、甲骨上，可以随身移动，摩西就是将“十诫”刻在石板上随身携带穿越沙漠而将其带到了全世界。印刷机被发明之前，虽然文字与轻便的承载介质（竹简、莎草纸、丝帛、纸）已经使得手书文件运输起来很轻便，但是手写稿毕竟是人力，费时、费力。印刷时代来临，书籍的批量复制使得知识的传播和流传以当时人们难以想象的速度铺展开来。尽管书籍有很好的便携性，但是这种便携性只能方便消费者，不能方便生产者。印刷机和打字机都是不能动的，对于那些出门时写字看书的人，笔记本电脑是最理想的发明，能够将笔、纸张、台面集于一身，说走就走，就像公文包一样随身携带，所以这种对媒介流动性的需求在19世纪以后变得越来越迫切。

承载文字的介质从不可移动的石头到石板、泥板、木板、竹简、莎草纸、丝帛再到纸，“书籍在墙壁上打开缺口时，移动媒介的革命就已经在改变历时数千年的媒介演化的第二阶段，直到摄影术使影像很自然。柯达照相机、收音机和现在的手机使媒介进步的调整和精细过程进入高潮。如今我们拿着手机，使声音、语音、图像和文字招之即来，我们站在媒介演化的第三阶段，站在其回廊上欣赏美景”[1]。早期的照相机不仅笨重，而且在其问世的前50年里只有很少专业的摄影师才能够摆弄，直到1888年柯达照相机的问世，才使得拍摄走出了摄影师的照相馆，走进了每个人的日常生活，成为第一个能够使人在运动中生产物品的媒介。如果说文字和照相机迎合了视觉的需要，使人的眼睛不仅可以随时看见他过去看见的东西，而且可以将这些东西记录下来，免于因“时间而衰朽”，它们延伸的是人的视觉感官的话，电话和收音机则是在听觉上的延伸。电话被绳子拴在了屋内，收音机却随着技术的发展，在材质上经历了矿石、电子管、晶体管和集成电路，个头从大到小，从客厅到厨房，从室内到车

[1]［美］保罗·莱文森著，何道宽译：《手机，挡不住的呼唤》，中国人民大学出版社，2004，第47页。

上再到随身听，从静态到移动媒介。莱文森根据媒介“对房间的依恋”和与房间的关系，把媒介分为三类：“早期的收音机和电视、固定电话、台式电脑、电影院的电影，过去和现在都必须在室内，或者靠电线和室内连接。笔记本电脑、每分钟 45 转速的电唱机（20 世纪 50 年代流行，摇滚乐早期）是过渡型，这是因为，虽然它们很容易从一个房间、一个家、一个办公室搬到另一个地方，但是它们一般是在房间里用。书籍、柯达照相机及其后裔、车载半导体收音机、便携式录音机、CD 机和手机，明白无误地挥手向房间告别”[1]。

（二）手机是对报纸、广播、电视等传统媒介的传播方式的补偿

手机消除了以前使用媒介时受到的限制，手机对电话的最大补偿在于增加了电话的流动性，人们可以坐着、站着甚至是行走中使用它。以前人们在等公交、火车时，手中会拿份报纸边等边看，现在手中换成了手机，边等边看新闻、听音乐、查阅邮件、短信、及时处理重要的工作。2001 年美国 9・11 时，我们对媒体的第一选择是打开电视，只有小部分人是打开电脑搜寻相关信息，几乎无人把手机作为主要的信息来源，可是，2008 年汶川地震，手机已经成为重要的信息源和互动媒介，关于地震的第一条信息就是通过手机发送出来的，但是电视、网络依然是人们最依赖的两屏，因为手机受制于网络速度，无法跟今天的手机功能相比。

我们知道，传统的大众媒介如报纸、广播、电视，受到节目采集、制作、印刷、录制、播出的时间和空间版面的限制，受众必须要配合大众媒体的节奏才能看到或者听到自己喜欢的节目。互联网的出现将各种媒介纳为自己的内容，融合了它们的各种功能，但是受制于台式机的庞大，线路的牵绊，并不能让人们随时随地上网看新闻、听广播音乐、看电影电视，智能手机弥补了人们的这一遗憾，无须家庭录像机录下你喜欢但错过的节目，随时随地都能用手机上网回看。比如 2013 年热播的《爸爸去哪儿》，湖南卫视每期首播时间是周五晚 10 点，那个时间不是黄金时段，尤其对于收视主体是孩子的一档节目来说时间太晚了，但并不影响这档节目火遍大江南北，2013 年底央视 CSM48 城的统计调查

---

[1]［美］保罗・莱文森著，何道宽译：《手机，挡不住的呼唤》，中国人民大学出版社，2004，第 39 页。

显示《爸爸去哪儿》（12月13日）的收视率高达5.3，市场份额为23.22%，成为当年除春晚之外收视率最高的节目，据笔者观察，身边大多数人看《爸爸去哪儿》是在第二天通过手机、iPad或者电脑来看重播的，手机的多元交互功能几乎用尽了人们所有的感官，人们可以拍摄、发送、接收照片或视频，可以阅读、录音或扫描，还可以通过语音、打字或触屏操控，在视觉、听觉、触觉方面都得到了充分的延伸，所以有人把它称之为目前“终极”的通信设备。

（三）手机是对互联网的补偿

莱文森说“手机本身是对互联网无意之间酿成的后果的一种补偿”[1]，互联网弥补了报纸、广播、电视等传统媒体的不足，但也没有使人们摆脱困于室内的窘境，而且还造成了另一个难以弥补的后果：手机可能会在不合时宜的时候响起，无意产生的后果和补偿性技术之间的拉锯战自始至终贯穿于人类历史和媒介发展的过程之中。托马斯·爱迪生一个人就构成了一个令人尊敬的发明时代，他就是无心插柳和补偿性媒介后果的范本，他本来想发明一个辅助电话这种媒介的“电话重放机”，结果歪打正着发明了留声机，电话录音机一百多年后才出现，留声机成了记录音乐的机器，特立独行地风光一时，爱迪生无意间创造的音乐录音产业和电影产业极其成功，这也说明，一切媒介的应用潜力和后果是不可预测的，就像手机之父马丁·库珀所说：“我曾想过无线技术会彻底改变我们的生活，而且未来每个人都会拥有一支手机；但有一件我还无法预测的事情，就是数字技术所带来的冲击会有多大？”[2]苏格拉底在《斐德罗篇》中也说：“有发明天赋的人，并非总是能够最准确地判断，他的发明对使用者有何用处，又有何无用之处。”[3]

虽然个人电脑初期的文字处理和数据管理能力与电话没有关系，但是个人电脑的远程通信能力从一开始就完全依赖电话线，现在电脑的远程电话、视频

---

[1] [美]保罗·莱文森著，何道宽译：《手机，挡不住的呼唤》，中国人民大学出版社，2004，第10页。

[2] Karen Field, Hello? It’s Marty Cooper. Can you hear me? http://www.esmchina.com/ART_8800123624_1100_2201_3600_0_b5041370-02.HTM

[3] [美]保罗·莱文森著，何道宽译：《手机，挡不住的呼唤》，中国人民大学出版社，2004，第11页。

都得到了开发和应用，通话质量和功能甚至超过了有线电话，具有互联网功能的电脑成了一个大大的补偿性媒介，它集文字、通话、图像于一身，将电影、音乐、报纸、广播、电视等大众媒介作为自己的内容，而且电脑对人的要求很高，它要求一种新的文化素养即“电脑素养”，这比传统的读写能力要求高，因为它赋予人生产的能力，而电话则是赋予人生产能力的第一种媒介。手机最初作为电话的补偿，挣脱了电话线的牵绊，还通话以自由，如今，手机兼具了电话和互联网的功能，融合了声音、文字、屏幕和图像等多种媒介符号，更为关键的是，它成为互联网的补偿，使得人们能够随时随地互联互通。

伊尼斯倾其学术生涯的很大部分精力一直在追寻“一种媒介与其他媒介遭遇时，会释放出什么力量使其他媒介改变？”他考察了口语媒介向文字媒介转化时期的三十多个古国，意识到“文字摧毁了希腊生活的纽带，可文字的艺术便利了人与人之间记忆的传送，人就有了人为拓展的可以确认的记忆，记忆之中的物体和事件不必目力所及，也不必处在回忆之中。人进行思考，用的是符号而不是物体，这种思想过程超越了具体的经验世界，进入概念的关系。时间的世界超越了记忆中的物体的范围，空间的世界超越了熟悉的地方的范围。文字极大地提高了抽象思维的能力。越来越多的文字记载不仅使拓宽的社会结构凝聚，而且使之更加能够改变生活方式。”[1]每当引进新的技术发明，由此而产生全新的服务环境，就会使社会经验发生大规模的重新组合，就如他文中所说：“一种基本媒介对其所在文明的意义，是难以评估的，因为评估的手段本身受到媒介的影响，实际上，评估本身似乎是某种类型的媒介的特征，媒介类型一变，评估类型随之而变，因此一种文明理解另一种并不容易。”[2]正如今天手机的出现与发展，它不仅是人的器官的延伸，几乎成了人的一个器官，信息时代交互方式越来越接近人类的自然反应，越来越贴身，在线速度也越来越快，这给人类社会带来的震动和改变是天翻地覆的。

---

[1][加]哈罗德·伊尼斯著，何道宽译：《帝国与传播》，中国人民大学出版社，2003，第7–8页。
[2][加]哈罗德·伊尼斯著，何道宽译：《帝国与传播》，中国人民大学出版社，2003，第7页。

第二节 手机：挡不住的呼唤

莱文森认为手机是超越电脑和网络的革命，它使人们摆脱束缚，离开家宅和办公室，恢复边走边说的天性。我们打电话用言语表达思想时，可以选择说什么，也可以选择不说什么，它开启了一个心灵感应似的电子社会，这是一个说出心思的社会，而不是解读心思的社会，我们最深层的隐私处在我们的牢牢控制之下。在这个社会里，每个人手中都有一个信息收发器，我们接触信息和人的机会大大增加，人人有能力刹那间表达交流思想，所以很多媒介研究者认为，这是一个民主彰显的社会，麦克卢汉一再强调，“新媒介对社会和个人的影响都是由于新尺度的产生，任何一种新技术都要在我们的事物中引进一种新的尺度”[1]。约书亚·梅罗维茨1985年在《消失的地域》中指出，电子媒介使前景、后景界限模糊，边界交融，地域作为信息源头的意义将大不如前，电子媒介重构了人的空间感、地域感和场景感。而莱文森却说，电子媒介使得我们的地域之感不是消失而是“无处不在”。手机的出现，改变了人们的时空观与注意力分配，它对人们的精神生活和社会交往方式产生冲击，进而影响到人们公共空间中的身体活动与自我呈现。

一、呼叫难以转移

（一）手机弥补了以往媒介交流迟滞性的问题

文字出现之后，书面语言无须交际者面对面，所以它促进了隔离和分析的思考方式。文字摆脱了时间和空间的局限，阅读者可以在任何方便的时候打开阅读。印刷术的出现，使得文字会有多个副本，也增加了保存文字资料的安全性和长期性，拓展了交际的范围，所以，印刷品很快就成为人们新的交际媒介，但这也带来一个不容忽视的问题，正如苏格拉底所说文字和会话一样有先天不

[1] [加]马歇尔·麦克卢汉著，何道宽译：《理解媒介——论人的延伸》，商务印书馆，2000，第33页。

足的地方，它僵化固定，不会移动，尤其不能立即回应，而且产生了媒介在漫长演化过程中都不能回避的问题：那就是信息的迟滞性，直到今天，“互联网和手机的书写矫正了文字的不足”[1]。

芒福德和莱文森都关注到媒介参与之后信息交流的迟滞性这一问题，在《技术与文明》中芒福德认为，电报及其后的一系列发明，都在努力克服空间距离的障碍，缩短反应时间，这一努力的过程首先是电报，后来是电话、无线电报、无线电话，再后来是电视，努力的结果是即时联系不再受到时间和空间的限制，而仅仅取决于设备的精密与否，“有了电视帮助的射频电话，他与直接交流的区别仅仅在于身体无法直接接触，同情的手无法紧握对方的手，举起的拳头也无法立刻落到挑衅者的头上”[2]。莱文森也说，在文字或书信是远程通信唯一途径的世界里，迟滞难以避免也无处不在。电话发明之后，迟滞的时间就是打电话要花的时间，收音机、电视和台式电脑也有同样的迟滞现象，“然而到了今天，手机正在迅速加热，正在飞快地烘干过去那些延迟传播速度的水坑。到了那个时候，媒介与直接性就是同样又同一的东西了”[3]。对于信息交流迟滞性的问题，芒福德认为，“迟滞、思想和行动的分离对理性的决策师是绝对需要的。他担心，收音机——这个在他的前半生里大型的、瞬间传递信息的媒介——会使信息在社会里泛滥成灾。和报纸杂志的文本不一样，收音机的信息是播完即逝的，这样的信息不能够用来仔细地检讨和反复地检讨”[4]，芒福德认为即时联系确实方便，但也带来了负面的影响。阅读、写作和绘画是深刻思想和深思熟虑行动的媒介，表达与接收之间的一段时间让人们有思索的余地，以便做出理性的选择，这从我们日常生活的琐事中可以看出，比如夫妻吵架之后需要分开各自冷静而不是面对面吵个不停。写信比打电话更具有思想性和逻辑性，

[1] Levinson P, Intelligent Writing: The Electronic Liberation, Technology in Society, vol.no.3, pp387-400

[2] [美]刘易斯·芒福德著，陈允明、王克仁、李华山译：《技术与文明》，中国建筑工业出版社，2009，第213页。

[3] [美]保罗·莱文森著，何道宽译：《手机，挡不住的呼唤》，中国人民大学出版社，2004，第50页。

[4] [美]保罗·莱文森著，何道宽译：《手机，挡不住的呼唤》，中国人民大学出版社，2004，第49页。

表达更充分，因为信件的交流会给双方充足的时间思考、回应，电话却是即时的交流，脱口而出的语言更能激发人们的感性成分，容易冲动。“从社会角度来看，过分频繁而重复的个人交流可能并不有效，这点从电话的滥用上可以看得清楚。有了电话以后，个人的精力和注意力不再由自己控制，有时要受某个陌生人自私的打扰或支配”[1]，芒福德还担心瞬间完成信息传递的收音机会助长匆忙、情绪化的判断与回应，并且会损害民主程序，比如在德国，纳粹上台之初，德国的收音机普及率不高，当局要求像餐厅、咖啡馆之类的所有公共场所，都必须配备收音机，并下达了集体收听广播的命令，在当时，没有哪个国家有德国那么密集的无线电覆盖度，广播同样使斯大林鼓舞苏联人民以“焦土”政策阻止纳粹德国征服他们的国家。瞬间传播的信息本身不存在固有的集权主义或者非理性，但是瞬间传播的信息在动员大众舆论上却极有效，在这一点上，互联网和手机与广播很相似，莱文森也承认网络与手机更容易滋生过激的反应，“电子邮件、实时通信和网上公共地域，比起面对面谈话和打电话时更加尖刻地与人交锋——一般地说对谁都没有好处，而且肯定是网上讨论的缺点之一。因为各方看不见彼此的面孔、听不见彼此的声音，因此就失去了可以减少误解的其他暗示，而且也推动了放肆而尖刻地回应：面对显示屏比面对一张面孔更容易咄咄逼人”[2]。

尽管如此，媒介还是发展到这一步，手机成为与人形影不离的重要媒介，这是技术的发展方向，也是人类的自主选择，用莱文森的话说，凡是接触媒介的人都有权决定媒介的未来，我们就是媒介种类的环境，你每一次选择看电视还是上网，看电影还是看书都是给媒介的兴衰做出贡献，人数众多的消费者决定着媒介进化的方向，手机一路顺风的强劲势头更加说明了这个道理。手机与网络的融合使得手机不仅仅是个通话工具，更成为人的“外脑”，在缩减信息的迟滞性问题上手机比电脑更加有力。2013 年世界手机运营商协会 GSMA 发布的数据显示当时全球移动设备联网数由 2012 年的 68 亿个增至 74 亿个，超过当时全球人口总数 71 亿人，而到 2021 年全球联网设备将达到 280 亿个，IDC 预

[1] [美] 刘易斯·芒福德著，陈允明 王克仁 李华山译：《技术与文明》，中国建筑工业出版社，2009，第 213 页。

[2] [美] 保罗·莱文森著，何道宽译：《手机，挡不住的呼唤》，中国人民大学出版社，2004，第 48 页。

测到 2025 年全球物联网设备数将达到 416 亿台，万物互联正在变为现实。截至 2020 年 12 月，我国即时通信用户规模达 9.81 亿，较 2020 年 3 月增长 8498 万，占网民整体的 99.2%；手机即时通信用户规模达 9.78 亿，较 2020 年 3 月增长 8831 万，占手机网民的 99.3%。（见图 4-5，图 4-6）

图 4-5 2016.12—2020.12 中国即时通信用户规模及使用率[1]

图 4-6 2016.12—2020.12 中国手机即时通信用户规模及使用率[2]

[1] 数据和图表来源于中国互联网信息中心发布的《第 47 次中国互联网络发展状况统计报告》http://www.cnnic.net.cn/hlwfzyj/hlwxzbg/hlwtjbg/202102/t20210203_71361.htm

[2] 数据和图表来源于中国互联网信息中心发布的《第 47 次中国互联网络发展状况统计报告》http://www.cnnic.net.cn/hlwfzyj/hlwxzbg/hlwtjbg/202102/t20210203_71361.htm

（二）手机：社会生活的插足者

自1876年固定电话发明以来，它就被电线束缚在室内或者电话亭里，在我们最想接到重要电话或打重要电话的时候不在触手可及的地方，所以手机是对电话最深刻的不足的最完美的补救。它作为媒介移动性的典型代表，既容许接收信息，又能够生产信息，尤其是它的及时互动性，让我们脑子里的思想、冲动、想法，在无所不在的交流的世界里可以信手拈来。但是，手机可不是听话的baby，你想让它什么时候叫它就什么时候叫。伊尼斯认为，所有媒介都有其偏向性，"手机也有偏向，它偏向主叫方而不是被叫方"[1]，所以莱文森说"手机是我们挡不住的呼唤"，除非你关机，只要开机，它就是我们生活中不请自来的插足者。马歇尔·麦克卢汉曾说汽车是北美人能够安静独处的唯一地方，因为家庭的安静气氛已经被电话铃声搅扰了，然而，到了20世纪末，"手机使我们再没有藏身之地，无论我们是在汽车里、公园里还是在山坡上"[2]。

"手机是我们社会生活的插足者"这一论断来源于莱文森，他在《手机：挡不住的呼唤》一书中用了三章的内容描述了手机对儿童、家庭生活、工作环境的影响，在一切不合时宜的地方和时候响起来。在手机使用的过程中，它总是偏向于主叫方，被叫方处于被动的位置上，所以无论被叫方处于什么样的场合、情境、心情下，只要电话铃声响起来就无法阻挡，真真切切是我们社会生活的插足者。我们还依稀记得，20世纪90年代初期的公共场所，经常会看到一部分先富起来的人高扬手中的"大哥大"，强装淡然地打电话，即使没有通话也会隔一会掏出手机看一眼，似乎在等什么重要的电话一样，周围的人安静中满含羡慕，这或许就是凡勃伦所说的炫耀性消费比有闲阶级更能博取荣耀的表现吧。如今，就连我九十岁的姥姥这样目不识丁的老太太也用上手机的时候，手机已经不能成为炫耀性工具，但我们依然会在候车室、飞机场等公共场所听到电话铃声响不停，打电话的人肆无忌惮、旁若无人地喋喋不休，周围的人看似无所谓却无一幸免都被电话搅了思绪。我们也常常听到一些人抱怨说："我

[1] [美] 保罗·莱文森著，何道宽译：《手机，挡不住的呼唤》，中国人民大学出版社，2004，第139页。

[2] [美] 保罗·莱文森著，何道宽译：《手机，挡不住的呼唤》，中国人民大学出版社，2004，第57页。

多么想一年中哪怕有一天，关了手机，安安静静地不受打扰地过一天！”可是，他的手机如果5分钟之内没有响起来，他就会不自主地拿手机查看，一小时不响，他会很纳闷，俩小时不响，他会忍不住查看手机是否正常，手机对人的影响已经绝不仅仅是手机铃声难以阻挡，它对我们生活方式、心理依赖的呼叫一刻不停，当然，人对手机功能的补偿也从未止步。

当你手机没电的时候，以防遗漏重要电话，你可以呼叫转移到办公电话；当你开会、有重要的会晤、心情不好不想被打扰、上课的时候、作讲座的时候，你可以把手机设置成会议模式、静音模式；当你觉得铃声刺耳，音乐惹你烦恼的时候，你可以调控声音的大小，可以随时更改手机铃声；当对方不接电话而你又万分火急的时候，当你惹怒你的上司、朋友、家人而挂断你电话的时候，你可以选择发短信传递你的信息，你的歉意；当你正在开车或不方便接电话的时候，手机响起将你推进一个进退两难的境地，接听不合时宜，拒绝会造成对方的不满甚至生气，手机已经在拒绝接听的按钮旁弹出了系统自带的拒绝理由，你只需选择一个合适的理由轻轻一按即可，不用担心对方会生气或者不满。电话之类的双向媒介像探戈舞一样，要有两个人才能够跳起来，而交流的固有特征就是挑选——不仅选择是否要交流，而且是选择和谁交流，选择不和谁交流，手机把这个挑选的包袱从秘书、配偶或其他家庭成员的身上转移到了你自己身上：大多数情况下，你不得不自己接手机上的电话，这种无法回避的事实产生了各种回避的方略，从关机到任由它响个不停。大多数情况下，回避的办法包括这样的谎言：你没有听见手机响起，没有想到手机是关着的。当然，随着手机功能的演化，你不想接某个人电话又不能关机的时候，手机的黑名单功能将他阻挡在外而又无须你向对方解释甚至连一点点歉意都不让你有。手机的这些功能不是生来就有的，人们在使用过程中显现出哪些功能不足或者对哪些功能的需求，在新一代手机功能研发中逐渐得以补偿，所以，人是手机演化的主导者，一切功能的开发都是以人为尺度的。我们说过，手机是偏向主叫方的媒介，所以功能演化过程中主要是围绕着补偿被叫方的主动选择权来进行的。当然，当主动的天平向被叫方倾斜的时候，对主叫方的功能补偿也就开始了，所以，新一代手机具有了“在被叫方显示本机号码”功能，当主叫方把这一功能关闭，被叫方的电话中就无法显示来电号码，让被叫方无法依据来电人进行选择性接听。人对手机的使用不结束，手机功能的演进补偿就不会止步，手机在一步步补偿完善中，逼近人与人之间的面对面交流。

手机在主被叫双方权力的拉锯战中生存演化，可是，我们是否想过一个问题：我们为什么要极力掩饰当时不想接电话的事实，为什么不想表达的自由竟然成了难以启齿的苦苦挣扎？莱文森对此看的倒是很淡然，他说“对付朝夕有人相扰的‘雪崩’的第一个办法就是承认拒绝交流是一个合理的选择，未必一定会冒犯他人。交流的自由当然也包括了不交流的自由”[1]。我们生活在一个需要交流的世界中，但人天生就需要隐私，需要控制交流，那个无法拒绝、无所不在的交流的世界永远不会来临，莱文森乐观地告诉我们，手机对我们的生活带来的有意无意地干扰实在不足为虑，“我们人性的节拍需要暂停的休息时间，我们把这些需要镌刻在我们的社会期待之中，越来越多的人有这样的需求之后，手机使用中的越来越多的自我约束机制，就会成为社会规范了，于是，手机数量增加的驱动力量同样会驱动和实行这样的社会期待：所有的使用者都可以在自己挑选的时间退出局而不与人联系”[2]。

（三）手机强化了个人的存在感，创造了“互联空间”的存在

黄鸣奋在2009年第4期《读书》上撰文《拇指文化、手机与社会存在》，其中引用《拇指文化：手机对社会的意义》（瑞士圣加伦大学社会学家格罗茨、伯奇与英国电信专家洛克合编）一书导言中的观点，“手机是一种强化个人身份感的物神化（fetishised）对象，它是一种改变我们处理事务方式的有革新能力的技术，它是一种改变我们管理时间与空间的方式的手段，它是一种发送文本一信息的工具”[3]。若论其社会影响，手机让人有种切实的存在感，“我们日甚一日地期待人在电话线的另一端，如果呼叫无应答，就会觉得受挫”[4]，这种存在感当我们面对灾难时尤为强烈，2008年汶川地震时，四川大学锦城学

[1] [美] 保罗·莱文森著，何道宽译：《手机，挡不住的呼唤》，中国人民大学出版社，2004，第58页。
[2] [美] 保罗·莱文森著，何道宽译：《手机，挡不住的呼唤》，中国人民大学出版社，2004，第62页。
[3] 黄鸣奋：《拇指文化、手机与社会存在》，《读书》，2009年第4期，第157–163页。
[4] 黄鸣奋：《拇指文化、手机与社会存在》，《读书》，2009年第4期，第157–163页。

院的大学生躲在桌子底下用手机拍下5月12日下午2点29分成都强烈的震感画面，并将之发布于网络，这是最早发布的关于汶川地震的画面信息。2011年日本大地震时，为了保障公共通信资源更经济合理地分配，日本三大电信运营商均采取了限制语音服务的措施，虽然手机作为通信工具的这一原始功能丧失，但用户仍可以通过手机登录Twitter、Facebook、Mix，这成了震后许多日本居民交流信息的重要“生命线”。新浪微博提供的数据显示，在震后4小时内，新浪微博上发布日本地震相关的微博近450万条，其中在日本的微博用户发出了30万条[1]，既有普通民众用手机向亲人报平安的信息，也有很多灾区之外的人寻找亲人的信息，还有亲历者发布的灾情信息，也有公众人物借助这一平台发出的呼吁与支援，人们纷纷用手机确认了自己和所爱的人在这个世界的存在。传统媒体在地震发生初期是无能为力的，因为它不在场，只有手机与人是形影不离的，手机的存在预示了人的存在性。所以也才会有2004年3月11日马德里火车连环爆炸案中，新闻机构和治安当局都利用手机追寻实践新闻和追踪施炸者，在灾难来临时候，我们求助于手机这一小物件，重新联系外部世界，见证我们身在其中，“它表现了对我们在世界上的双重存在的阐释，‘是我在此处’与‘我在是此处’，这正是对于手机在我们生活中的作用的执拗确认”[2]。

布尔迪厄曾定义了三种基本的社会空间，即家庭、工作与社交。在手机广泛应用之前，社会身份总体来说是依系于场所定位的。在家庭、工作场所和社交场所，人们在特定的环境被描绘成为不同的身份。手机问世之后，这种基本的社会空间的界限变得模糊，用莱文森的话来说就是“公务和个人生活均质化的趋势被送回了办公室，结果，这个世界上只办公或只娱乐的场所是越来越少了”[3]。由于领域的边界已经变得日益模糊，身份边界也变得更有弹性，我们常会听到身边的人不得已的“谎言”，明明在家却推说在外面，明明在北京却

[1] 姚小云：《手机媒体在危机传播中的特色及作用——以日本强震报道为例》，《东南传播》，2011年第7期，第42-44页。

[2] 黄鸣奋：《拇指文化、手机与社会存在》，《读书》，2009年第4期，第157-163页。

[3] [美]保罗·莱文森著，何道宽译：《手机，挡不住的呼唤》，中国人民大学出版社，2004，第81页。

说在上海。手机虽说客观上助长了“谎言”的蔓延，但是这种“谎言”也给了电话两头的人一定程度的“信息距离”，让彼此能够有充足的时间冷静、思考、理智解决问题，或者是避免了无法回避的面对面的冲突和尴尬。在莱文森看来，这种信息距离有助于维持健康的婚姻和家庭的和谐，因为“手机显然使夫妻不忠更加困难”，而且手机使人更容易说好听的话，尤其是手机短信的出现，使我们找到了在“手机里写信的方式”，无法说出口的甜蜜的话语通过短信来传递，使人们情感交流的机会大大增加，减少了误解，传递美好的感情。与其他媒介批评家担心儿童利用手机沉迷于游戏和网络不同的是，莱文森更担心“手机使孩子对父母承担了太多的责任”，过去十来岁的孩子是可以离开父母的，只要走出家门就可以了，但是手机使这种日常的事情不再可能，孩子成了被父母扯在手上的风筝，而手机就是那条线。如果孩子无时不向父母做交代，儿童成长为独立的成年人这一过程就会变得漫长而又艰难。

手机除了带来家庭、工作和社交空间边界的模糊之外，更为重要的是发现了三个空间之外的空白地带——互联空间（interspace）的存在，休默解释说“互联空间”是指“空间之间的空间”，即我们常说的在路上。比如当我们奔波在家与办公室之间的时候，从布尔迪厄的三个场域中是找不到归属的，个人与社会的关系可以忽略不计，但是今天，“手机的移动性使得先前具有短暂性、过渡性的空间变成了相对独立、日益重要的社会领域，它是不同领域的交叠，人们在那儿杂耍各种角色，管理诸多社会身份”[1]。比如我们可以在这个过程中收发邮件、给家人朋友打电话、处理工作或者私人的各种问题、在公共空间维护自己的网络虚拟身份等，互联空间为人们提供了强化特定领域社会身份的机会。

二、改变难以阻挡

（一）手机带来传统交往方式的消解

交往是人的社会本性，社会交往是人类特有的需要。交往方式既包含交往手段比如媒介，又包含把交往联结起来的交往程序、礼仪和禁忌。社会交往方

[1] 黄鸣奋：《拇指文化、手机与社会存在》，《读书》，2009 年第 4 期，第 157–163 页。

式随着技术演进、工作方式的改变和人们生活习惯的改变而发生变化。在农业社会中，社会交往主要是自然村落范围内，亲戚之间的社会交往，通过逢年过节走亲戚和婚丧嫁娶聚会的方式来实现；远途的社会交往受制于交通条件的限制主要通过书信的方式进行，所以我国古代社会才会有“家书抵万金”的诗句，进入工业社会后，人口流动性和社交范围都有所增强、扩大，社会交往的圈子扩大到了同业和朋友之间，交往的纽带不再仅仅是血缘和地缘，交往方式也由彼此之间定期走动、偶尔的书信往来扩展到电子媒介的参与，比如电报、电话的沟通与问候。如今人们走进信息社会，人们交往的时空大为拓展，交往的对象日趋多样，交往方式也在不断丰富，稳定而长久的交往关系日渐式微，短暂、迅捷的交往关系日趋增多。互联网的出现使得人们交往突破时空的限制，可以选择任何地域的任何人进行对话、交谈沟通、交流情感、构建友谊、发展共同的爱好、探讨同一话题。手机的出现更加方便、快捷了人们的社会交往，交往方式的变革随之引发了某些相关行业的消减，比如电报行业的消失，邮政局主营业务的转变。

在所有电子媒介中，手机出现比较晚，但是手机对社会交往方式的冲击却是最大的。我们以手机短信为例，1992 年世界上第一条短信发送成功，直到 1999 年短信才开始蔓延到世界各国，并呈持续爆炸性的增长趋势。中国移动于 2000 年下半年出推手机短信业务，到 2001 年全国短信业务量 189 亿条，收入 20 亿元，成为中国电信业发展的一大亮点。据尼尔森报告称，2008 年，平均每位美国手机用户每月发送和接收短信数量超过打电话数量（357：204），也就是在这一年底，短信收入达到顶峰，自此开始下滑，造成这一现象的罪魁祸首是 WhatsApp、iMessage 以及 Facebook 提供的免费信息服务。2011 年芬兰、西班牙和荷兰圣诞节发送短信数量同比下滑。电信运营商短信发送量下滑的同时，基于 IP 的文本消息业务在飞速增长，2012 年 10 月份，苹果宣布 iMessage 在过去 12 个月中发送的信息量达到 3000 亿条，WhatsApp 宣称 2013 新年期间其信息发送量突破 180 亿条。在中国，2013 年除夕当天，中国移动短信量达到 91 亿条，同比增加 3%，中国电信短信量达 28 亿条，中国联通短信量也达到了 14 亿条。艾媒咨询在一项针对 2013 年春节拜年信息的调查清晰显示了信息的分

布渠道。[1]（图 4-7、4-8 均来自艾媒咨询首发官方网站魔部网）

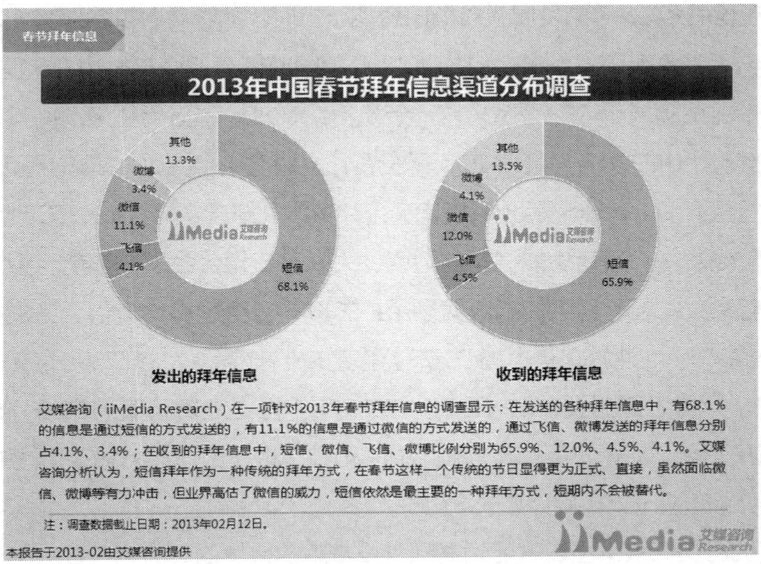

图 4-7 2013 年中国春节拜年信息渠道分布图（来自艾媒咨询）

图 4-8 2009-2012 中国手机短信和彩信业务发展状况（来自艾媒咨询）

[1] 蒋宁：艾媒咨询：2013 年中国春节拜年信息渠道调查报告. 魔部网， http://www.iimedia.cn/36454.html

尽管英国《卫报》在2012年底撰文《手机短信年满二十 不是年轻是迟暮》，回顾了短信服务20年的发展，并指出智能手机时代随着免费短信服务出现，手机短信不可避免地面临衰退。但是2012年英国通信产业监管机构OFCOM报告称，58%的英国成年人每天至少发一条短信给亲友，短信仍是亲友间日常沟通联系最普遍使用的办法。直到2014年左右，事情发生了变化，那就是即时通信如QQ、微信、Facebook等升级换代，公共场所网络全覆盖，4G、5G业务的发展使得免费语音、通话功能稳定性增强，大有替代短信社交的趋势，但是短信商用却迎来大发展，据工信部数据显示：2019年，全国移动短信业务量相比上年增长37.5%，增速较上年提高23.5%；移动短信业务收入完成392亿元，与上年持平。[1]博思数据发布的《2020—2026年中国企业短信服务市场分析与投资前景研究报告》也印证了这一点：2019年我国移动短信业务累计值达15066.4亿条，期末产量比上年累计增长37.5%。

手机让我们足不出户就能领略到科技带来的快感的同时，也让人们体验到了情感的疏离。我们常常看到在休息室、餐厅很多人即使面对面也很少交流，每个人盯着自己的手机屏幕痴痴傻笑。而且，手机具有的群发功能使得信息同质化严重，消解了手机媒介个性传播的特点。让·鲍德里亚认为高度复制信息对意义和内涵具有直接的破坏性，群发短信一般是节日祝福、娱乐、服务、商务短信等，大批量复制使内容消解，人们的真实感情体验被冲淡，我们很难想象一个人在一天之内收到成百上千条个性不明、内容雷同的短信他还有兴致回复或者是记住你，正如法兰克福学派所批判的，现代社会高度复制下生成的文化泯灭了人的个性。

手机除了消解了我们传统的交往方式外，还加速了与信息相关的传统行业的没落与消失。20世纪四五十年代出生的人，对两个部门应该有很深的印象，一个是电报局，另一个是邮政局，它们曾是社会上非常重要且风光的行业。我国电报业的历史可追溯至清朝光绪年间，光绪六年（1880）八月中旬，清政府在天津成立官办的津沪电报总局，后来正式命名为中国电报总局，1882年，我

---

[1] 观研报告网：《2020年中国移动互联网行业头部企业集中度高 流量及短信业务量较快增长》http://free.chinabaogao.com/it/202002/02294Q3632020.html

国第一条天津至上海的长途电报线竣工通报，1958年，北京电报大楼落成开通，这是第一个五年计划中邮电建设的大型综合通信枢纽工程，它与全国所有重要城市和重要海港、边防要塞均设有直达报路，与全世界各主要国家和地区都建有国际报路，是当时最为重要的电信网中心和电报网路主要汇接局。据北京邮局公布的数字显示，1990年北京邮局电报去报513.4万份，来报481.16万份，分别比1956年增长了十倍多。电报与人民生活息息相关，天津市通信管理局的一位负责人曾描述电报业务鼎盛时期的状况：那个时候，家庭有电话的还不多，有什么要紧的事，比如通知接人、家人病危或过世通知远方亲人、汇款、祝贺、吊唁……都是通过电报。当时火车票紧张，凭着电报甚至可以买到站台票进站。单位用户也很多，比如发货、账务结算，银行间的结算等等。在20世纪80年代末期，来发电报的个体户特别多，挤在窗口等着汇款、发货。记忆最深的是由于当时电报收发量太大了，刚刚新换的系统还一度瘫痪过。1998年，国家对邮电企业实行机构改组，成立了国家邮政局，邮与电分离，到2001年8月，中国电信集团公司取消了公众电报加急业务，也就在这一年中国推出了手机短信业务。4年后的2005年12月，在全国31省（区、市）停止办理公众礼仪和鲜花礼仪电报业务。仅仅过了两个月，一直从事电报业务的邮政系统宣布退出电报业务，电报员这一职业也淡出人们的视野。

另外一种传统的交往方式——信件也经历了与电报相似的过程，传统书信对于很多人来说已成为记忆，电子邮件与手机短信成为其主要的远程信息沟通方式。传统意义上的书信交往，是一个相当漫长的过程，所思所想在这一过程中细致入微，反复咀嚼，对双方来说，都不啻是一种精神洗礼。在手机时代，传统书信交往时所建立的那种对话空间渐渐消弭，当下的对话时间、空间被极度压缩，为追求信息的实用与快捷，思维和交流也变得单薄浅显。传统的书信交往已经衰退，虽然不一定会消亡，但作为传统意义上的信息传达主渠道已经踏上了它的终结之路。

（二）拇指文化的兴起

据黄鸣奋先生文章记载，“拇指文化”意指年轻人的拇指绕着键盘转，宛如在演奏小提琴协奏曲，这一词汇诞生于2000年秋乔伊斯和弗里德曼分别在《纽约时报》和《每日电讯》发表的两篇文章，随着手机的普及这一术语就成为手机文化的别称。在世界各国城市的街头，随处可见这种景象：年轻人边走边全神贯注其手机，拇指在手机键盘上飞舞，日本称这类人为“拇指族”，是新新人类的一种，据有关专家试验，日本的新新人类，用拇指10分钟便可轻易输入350次键，这正是日本文字键盘输入三级考试的合格标准。早在2001年日本有6528万人拥有手机，相当于全人口的46.85%，年轻人的拥有率则高达90%。2011年美国著名调查机构皮尤研究中心（Pew Research Center）对21个国家和地区的超过2.3万名手机用户进行了调查，结果显示，全球75%的手机用户都在使用手机发送短信，中国这一数字高于平均水平，为80%。据中国工信部统计数据，截至2013年3月底，中国共有11.46亿移动通信服务用户。当年3月，移动通信服务用户发送短信745.8亿条，平均到每个手机号码大约每天要发送两条短信。由于拇指文化的崛起，很多年轻人情愿舍弃嘴巴，而普遍用拇指来“讲”话。根据费城电讯公司、哈里斯互动公司和无线电世界论坛2006年的数据显示，手机短信及其改进文本占到年轻人手机费用的85%。

莱文森说“短信使我们找到了在手机里写信的方式”，预示了文本的复兴。20世纪以来，广播、电影、电视等大众媒介以其轻松、吸引人的图像、亲切的语音占据主流媒介的地位，电话的出现以其口头交谈的亲和力将以文本形式出现的电报扫荡得一干二净，电话上的交谈不经手陌生人，直接把信息单独送进你的耳朵里，为什么还需要短信呢？莱文森从媒介特质和社会交往的角度给予了解释，“书面文本的无声性质，恐怕是它最重要的社会财富。如果收发信息的人不想让他周围的人知道交流的情况，而且不想让接受者周围的人知道交流的情况，传情达意的语词最好是能够看见，而不是被人听到”[1]。保密的原因通常并不是因为信息绝密，而是不想让周围的人知道交流在进行，短信给收信人很大的回旋余地与思考空间，诸如拒绝、道歉、情话之类很难直接在口头上表达的话都可以通过短信委婉地叙说，弥补了电话过于直白和仓促的不足。据莱文森分析，短信还有一个好处是“一心多用”，当你用手机与另一个人互致短信时，至少你周围的人会认为你并没有离群，比如你在开会、上课、聚会时

---

[1]［美］保罗·莱文森著，何道宽译：《手机，挡不住的呼唤》，中国人民大学出版社，2004，第100页。

都可以用短信与不在场的人交流而不会干扰正在进行的工作，真可谓是有了手机之后，“你就可以用语词在两场会话中跳舞了”，“手机短信终于以平等的身份参与了竞争，在这种新型的、手机的语境下，文本无声、精确和耐久的优势，终于再一次显示出自己的勇气”[1]。

拇指文化演绎的是一种流行的社会文化现象。短信作为一种新的语言文本、交流方式和娱乐手段，正改变着人们的生活方式，也改变着人们的观念形态。拇指文化某种程度上也可以说是一种年轻人的文化，据调查，我国15岁至25岁的年轻人每天平均发送短信5.2条，美国青少年要超过50条。受众的年轻化、广泛性注定了这种流行现象具有很强的生命力和创造力，再加上智能手机的推广和普及，使得以短信文化为主要形式的拇指文化向WhatsApp、iMessage、Facebook、微博、微信应用扩展，拇指文化也开始由亚文化到主流文化转变，手机文化及其不断开拓延展的内容产业开创了一个“指尖上的世界”。

（三）手机带来阅读方式的改变和传统出版业的变局

莱文森说“书籍在墙壁上打开缺口时，移动媒介的革命就已经在改变历时数千年的媒介演化的第二阶段，直到摄影术使影像很自然。柯达照相机、收音机和现在的手机使媒介进步的调整和精细过程进入高潮。如今我们拿着手机，使声音、语音、图像和文字招之即来，我们站在媒介演化的第三阶段，站在其回廊上欣赏美景”[2]。手机是移动媒介的第三次革命，不仅带来了通话方式的革新，还掀起了一场阅读方式的革命：数字化阅读的兴起。

2013年4月公布的中国第十次全国国民阅读调查结果显示：“2012年我国18—70周岁国民数字阅读方式的接触率为40.3%，比2011年上升了1.7个百分点，其中，网络在线阅读、手机阅读的接触率均有所上升。”[3]2020年我国成年国民包括书报刊和数字出版物在内的各种媒介的综合阅读率为81.3%，数字化阅

---

[1][美]保罗·莱文森著，何道宽译：《手机，挡不住的呼唤》，中国人民大学出版社，2004，第98页。

[2][美]保罗·莱文森著，何道宽译：《手机，挡不住的呼唤》，中国人民大学出版社，2004，第47页。

[3]第十次全国国民阅读调查成果发布[EB/OL].[2013-4-18].[2013-4-23].http://www.chuban.cc/cbsd/201304/t20130418_140009.html

读方式（网络在线阅读、手机阅读、电子阅读器阅读、Pad 阅读等）的接触率为 79.4%，手机阅读和网络在线阅读是成年国民数字化阅读的主要方式，中老年群体在数字化阅读人群中的占比增高。[1]所谓数字阅读是相对于传统的纸质阅读而言的，指的是阅读的数字化，包括两层含义：一是阅读对象的数字化，阅读的内容以数字化的方式呈现，包括文字、图片、音频、视频等多种媒体形式，呈现方式多样化，如电子书、网络小说、网络杂志、博客、微博等形式；二是阅读方式的数字化，指的是阅读的载体、终端是带屏幕的电子仪器。阅读工具种类繁多，如 PC 电脑、电子阅读器、电纸书、PDA、iPad、智能手机等。数字阅读是数字化、网络化带来的一种全新的阅读形式，是活字印刷革命之后的另一场革命，它“使阅读变成了双向及多向的阅读交流，创造了人人是读者，人人是作者的阅读盛世”[2]，是知识平民化的继续延伸，而且还带来了出版发行、图书馆、媒体、传播等相关领域的变革。

移动阅读的便捷性与时效性让越来越多的人成为数字阅读的消费群体，改变传统的阅读方式。手机阅读是指用户通过手机移动终端的彩信、浏览器和客户端应用等以在线浏览和下载为主要方式获取阅读信息的行为，用户一般通过手机阅读新闻早晚报、手机小说、手机杂志、手机动漫、各类资讯等内容。手机阅读是一个渐进的过程，最初手机阅读受通信技术和屏幕技术的限制，只能以短信、彩信为主，但是随着技术的发展，手机可以承载的内容会更加丰富多彩，而且手机与互联网的融合，使得人们的阅读习惯快速地改变：起床刷微博、睡前聊微信已成为现代年轻人的日常生活习惯。据 Statista 数据显示，2017 年和 2018 年全球数字阅读市场收入规模分别为 125.77 亿美元和 132.10 亿美元，并预计相关规模在 2023 年可以达到 152.55 亿美元。全球数字阅读产业已经具备相当规模且处于上升态势。[3]2016 年至 2019 年中国数字阅读产业规模分别为 166.6 亿元、212.7

---

[1] 澎湃新闻：《第十八次全国国民阅读调查报告权威发布》，https://www.thepaper.cn/newsDetail_forward_12369739

[2] 张成林、姚依民：《数字阅读与未来图书馆的读者服务工作》，《科技情报开发与经济》，2011 年第 29 期，第 68-70 页。

[3] 中商情报网：《2020 年中国数字阅读市场现状及发展前景预测分析》https://www.163.com/dy/article/FM3QH5PV051481OF.html

亿元、254.5 亿元和 288.8 亿元，同比增长分别为 27.67%、19.65% 和 13.48%，整体市场稳步增长，大众阅读市场规模占比逾九成，是产业发展的主导力量。[1]

我国数字阅读行业先后受益于互联网、移动互联网红利而高速发展，在二十余年的发展历程中，数字阅读完成了内容由单一向多元化，载体由 PC 端网络文学平台向移动端阅读 APP 发展的飞跃，产业链运作模式向下游不断跨界延伸，形成现阶段免费与付费共存，版权运营不断壮大的商业模式。[2]当前在线阅读行业呈现出内容上往有声书布局、免费阅读生态布局、打造多元 IP、开拓国际市场等几大趋势。[3]

以手机阅读为代表的数字阅读带来传统出版行业革命和实体书店的衰亡。面对数字阅读带来的出版危机，2008 年中文在线的版权总监袁晖先生提出“全媒体出版”的概念，同一种读物以纸质和数字方式同时同步出版，多种载体同时发布，应该是现在比较流行的内容产业 IP 化打造的初级模式，如长江文艺出版社和中文在线在 2008 年国内首推全媒体出版方式，将《非诚勿扰》以图书、互联网、手持阅读器和手机阅读四种方式同步出版，实现了“一种内容、多种载体、复合出版”，这一出版理念的尝试与更新推动了多元阅读与全民阅读的发展。出版业用“全媒体出版”的概念对抗手机阅读的挑战，实体书店却没有这等幸运了，近年来，全球实体书店倒闭潮汹涌而至，2011 年美国老牌连锁书店博德斯宣布倒闭，万名员工丢掉饭碗；2013 年美国著名的巴诺书店，传出亏损近 2 亿美元的坏消息，美国最后一个大型连锁书店有可能会步博德斯的后尘。据中华全国工商联合会书业商会的调查，从 2001 年至 2011 年中国有近五成的民营书店倒闭，其中就包括很多城市的文化地标，如北京的“风入松”、南京的“先锋”、上海的“季风”、杭州的“枫林晚”、广州的“学而优”书店，都已消失在城市的地图中，很快也会消失在人们的记忆中。追溯其原因，从全球性趋

[1] 中商情报网：《2020 年中国数字阅读市场现状及发展前景预测分析》https://www.163.com/dy/article/FM3QH5PV051481OF.html

[2]《数字阅读市场格局及发展趋势分析（2021 年）》https://max.book118.com/html/2021/0111/7010132023003042.shtm

[3] 艾媒咨询：《2020 年中国数字阅读行业创新发展趋势盘点及案例分析：中文在线》https://www.iimedia.cn/c1020/75712.html

势看，人们的阅读观念、习惯的改变和电子商务渠道的蚕食是主要因素，而在中国，租金上涨压力和人工成本的增加也是重要原因。虽然目前实体书店表现不景气，但长期来看，仍拥有一定的发展空间，一是政策利好，例如近年来北京推出了扶持举措，从“注资”到“减租”再到制度层面，鼓励实体书店对接周边社区，打造完善“15分钟阅读圈”，2020年北京市级实体书店扶持资金总金额达到1亿元，实体书店已达1994家，书店联手图书馆打造阅读空间，成为周边居民休闲充电的“雅舍”；二是很多书店成功转型“书店+”模式，文创成为书店的支柱产业，主题书店变得丰富起来，例如被誉为“北京最美社区书店”的甲骨文·悦读空间，致力于成为所有人的精神后花园，为社区书店的发展提供了一种行之有效的模式。[1]

手机作为电话的完美补偿、所有媒介的集大成者，给用户带来的惊喜自不待言，给社会带来的影响还未完全显现，当它与网络实现完美融合后，给社会带来的革命将是颠覆性的，它必将创造一个“指尖上的新世界”，我们下一节拭目以待！

第三节 手机：移动的家园

莱文森对手机的认识也是随着技术发展的脉络越来越清晰的，作为电话的补偿媒介，手机让人们从电话线的束缚中解放出来走进大千世界，让信息的流动随着人的脉搏而律动，同时手机对人的呼唤是执拗的，对社会的影响也是深远而持久的。“如果说互联网是媒介之媒介，手机有一点是胜过了互联网的，它正在变成移动之中的媒介之媒介”[2]，所以莱文森说手机不仅是“挡不住的呼唤”，还是我们“移动的家园”。

---

[1] 观研报告网：《2021年中国实体书店行业分析报告－市场深度分析与投资前景预测》http://baogao.chinabaogao.com/qikantushu/371962371962.html

[2] [美] 保罗·莱文森著，何道宽译：《手机，挡不住的呼唤》，中国人民大学出版社，2004，第95页。

一、手机创造移动互联网时代

（一）移动互联网的概念

所谓移动互联网（Mobile Internet，简称 MI）是一种通过智能移动终端，采用移动无线通信方式获取业务和服务的新兴业态，可同时提供话音、传真、数据、图像、多媒体等高品质电信服务的新一代开放的电信基础网络，包含终端、软件和应用三个层面。

1981 年 IBM 推出世界上第一台真正意义上的个人电脑——IBM 5150，这标志着一个时代——PC（Personal Computer）时代的开始。在过去 40 年里，个人电脑市场微软和英特尔一手垄断，微软的 windows 操作系统几乎占有了所有的市场份额，而芯片市场则以英特尔的 X86 架构为主，留给惠普、戴尔等 PC 厂商的利润相当有限。随着技术的发展，个人终端向着更加智能、便携的方向演进，相继诞生的更具便携性的笔记本电脑、能放在口袋里的PDA以及智能手机，都预示了智能时代来临，这也将彻底终结微软和英特尔的垄断统治。网络技术的发展，尤其是5G技术应用创造了真正的移动互联网时代，也被称为后PC时代。

截至 2020 年底，有 52 亿人订阅了移动服务，占全球人口的 67%，其中有 40 亿移动互联网用户；预计到 2025 年，将有 57 亿人订阅移动服务，约占全球人口的 70%，移动互联网用户将增加 10 亿，大部分增长来自新兴数字市场。2020 年，移动技术和服务在全球创造了 4.4 万亿美元的经济增加值（占 GDP 的 5.1%），到 2025 年，这一数字将增加 4800 亿美元，达到近 5 万亿美元。[1]

移动互联网是互联网与移动通信网的融合，可细分为移动和无线互联网，相对于无线互联网可以是室内电脑以无线方式接入互联网，移动互联网主要基于移动设备（主要是手机）接入互联网，是真正移动的概念。为了便于分析，本文涉及移动互联的概念，主要是针对用户使用手机通过移动网络获取移动通信网络服务和互联网服务。

（二）中国移动互联网的发展历程

手机作为移动互联网终端，技术赋予它更多的意义。1999 年末摩托罗拉推

[1] 数据来源于 GSMA 全球移动通信协会的微博 https://weibo.com/mwcshanghai?is_all=1#_loginLayer_1625712885369

出世界第一款智能机（天拓 A6188）的时候，就预示了手机未来的命运，不仅仅是打电话、发短信的通信工具，还是提供增值服务和无线传播的终端。很多人更愿意将诺基亚 2000 年推出的 7110 视为手机上网时代的开始，它支持无线应用协议（WAP）[1]，用户通过 7110 可以浏览新闻，甚至可以收发 email，首次把手机和互联网真切地连接在一起。

中国在移动互联网领域是与世界同步的。我国真正意义上移动互联网是从 1999 年开始的，广东移动梦网（当时叫广东风采）第一个推出了 GPRS 上网模式，开启了中国移动互联网元年，当时中国移动电话数超过 1.9 亿，中国移动互联网迎来了第一个春天。但是值得注意的是，那时的移动互联网概念仅仅是基于短信、彩信和 WAP 技术的初级应用。当时手机还难以像电脑一样进行高强度运算，只能访问简单的、特别为手机用户打造的 WAP 网站，订阅新闻、下载铃声等，从事无线增值服务的服务商（SP）通过短信的方式，为手机用户发送简单的游戏、手机铃声等。当时，手机接上网络大概需要 30 秒左右，浏览一个普通的 WAP 网页大概 5 秒钟左右，而那时手机上网资费高得吓人，1kb=3 分钱，这意味着 1MB=1024KB=3072 分，即约等于 30 元。尽管这样，人们还是愿意让 internet 网进入移动环境，满足用户网络阅读、快速获取信息等方面不断增长的需要，这样的网络连接方式曾经被认为代表了手机网络化的未来，但是 WAP 网站不实用，不仅内容匮乏，而且多数网站雷同。

手机互联网的快速发展需要两个因素的推动：一是手机智能化革命，从打电话、发短信的功能机转到智能机，手机成为互联网的一个接入口，可以随意登录互联网，从互联网下载东西，还可以跟更多人一起在线联机游戏；二是无线网络的普及和资费的降低，智能手机开始普及之后，人们对无线网络的要求越来越高，要求可以随时随地享受高速上网。2000 年前后摩托罗拉、诺基亚相继推出了自己的第一款智能手机，2001 年爱立信推出了世界上第一款采用 Symbian OS 的智能手机 R380sc，他们开创了手机在智能应用方面的先河，也

---

[1] WAP（Wireless Application Protocol）的缩写，意为无线应用协议。1997 年 6 月，爱立信、摩托罗拉、诺基亚和无线星球组成了无线应用协议论坛，讨论建立一套适合不同网络类型的全球协议规范。1998 年初公布无线应用协议（WAP），它是全球性的开放标准。它的出现使移动 Internet 有了一个通行的标准，标志着移动 Internet 标准的成熟。

开启了智能手机时代的大幕。2001 年开始，日本率先进入了 3G 时代；2004 年，RIM 推出了黑莓 6210，被称为是第一款更像手机的智能手机；2006 年，诺基亚推出 N73，迎来了 SymbianS60 的巅峰时代。这一时期市场有多款智能手机存在，但还未广泛发展，仍处于市场的推广期，直到 2007 年 iPhone 的问世，改变了智能手机的市场格局，也改变了人类计算的模式，真正开启了移动互联网新时代。在 iPhone 问世之前，移动版网站要么慢如蜗牛，要么就是文字单调，iPhone 迫使网站开发人员让他们的网站在手机和电脑上一样正常工作且外观漂亮，iPhone 内置的 Safari 浏览器第一次给移动设备带来了和电脑一样的上网体验，而且多点触摸使得智能手机彻底告别了键盘和鼠标，后来出现的 AppStore，给软件开发者提供了产品销售的一个巨大市场。据宜搜科技创始人 CEO 汪溪回忆，美国人早期不玩移动互联网，美国人手指头粗，对这么小的键盘不感兴趣，但 2008 年 iPhone 席卷全球，美国一举成为世界移动互联网的领头羊。为了布局前景广阔的移动互联网，各大巨头也展开了激烈的争夺，2008 年，Android 系统成为全球第一大智能手机操作系统，这年 8 月 15 日，谷歌以 125 亿美元收购摩托罗拉，并迅速把获得的摩托罗拉 9 项专利转给合作伙伴 HTC，支持 HTC 反诉苹果侵犯专利，一个月后又结盟英特尔，使用英特尔最领先的处理器对谷歌安卓系统进行优化，拉英特尔进军智能手机市场是谷歌公司通过强强联手，改变苹果一统天下的重要一步。2010 年前后，世界智能手机市场竞争格局激烈，苹果、谷歌、“微软和诺基亚组合”三足鼎立局面逐渐形成。

中国第二波移动互联网的春天从 2009 年开始，标志性的事件就是运营商发 3G 执照和以 iPhone 为代表的新型智能终端在全国范围内开始普及。2009 年 1 月 7 日，工业和信息化部为中国移动、中国电信和中国联通发放了 3 张第三代移动通信（3G）牌照，三大巨头共同完成 3G 网络建设，直接投资 1609 亿元，建设 3G 基站 32.5 万个，建立了全面覆盖的高速网络系统，大大降低了网络资费，使人们不再受网络资费的困扰，2009 年被普遍认为是我国的 3G 元年。移动互联网概念从 2010 年开始彻底从神坛走向了日常生活，所以这一年被业界普遍认为是中国移动互联网元年。据中国互联网信息中心统计，2010 年中国移动互联网用户规模达到了 3.03 亿，手机应用下载量达到了 8.63 亿次，从此，中国开始进入移动互联网的大时代，3 年的时间，中国移动互联网网民人数翻了一番，

2013 年底达到 6.52 亿，网民中使用手机上网的人群占比也从 2006 年的 28.5% 提升至 78.5%。（见图 4-9）艾瑞咨询数据显示，2013 年 1—9 月，国内 PC 端网站的日均覆盖人数基本保持在 2.3 亿人次，已趋于停滞。而移动端 App 的日均覆盖人数已接近 2 亿，并呈现持续上涨趋势，用户的注意力从 PC 向移动端转移的态势已不可逆转。截至 2020 年 12 月，我国手机网民规模为 9.86 亿，网民中使用手机上网的比例为 99.7%。经过 10 年发展，我国近 10 亿网民构成了全球最大的数字社会。[1]

图 4-9 2016-2020 年手机网民规模及其网民占比

2013 年 12 月 4 日，工业和信息化部正式发放 4G 牌照，中国移动、中国电信、中国联通三大运营商获得首批 4G 牌照，对于正在迅猛发展的移动互联网来说，4G 时代的到来无异于如虎添翼。移动互联网企业的竞争也将从拼前端转向拼后台，从对设备和网络的要求，更多地转向技术、创意以及更强大更丰富的内容和服务。作为互联网行业、电信行业以及广电行业等众多行业的交叉点，移动互联网辐射的产业和周边产品市场巨大。2012 年传统互联网巨头，如腾讯、360、盛大等传统互联网公司瞄准移动互联网，纷纷制作手机移动客户端，捆绑用户。国外数据调查公司 Asymco 调查报告显示，智能手机市场的两大品牌就吃

[1] 数据和图表来源于中国互联网信息中心发布的《第 47 次中国互联网络发展状况统计报告》http://www.cnnic.net.cn/hlwfzyj/hlwxzbg/hlwtjbg/202102/t20210203_71361.htm

掉了 99% 的行业利润，苹果占智能手机行业总利润的 73%，三星占 26%。但这也阻挡不了中国互联网企业制作手机的欲望，雷军推出小米手机，表达“小米要用做互联网的方式来做手机，不靠硬件赚钱”的宗教式理想，前赴后继的还有马云的阿里云手机以及李彦宏的百度易手机，就连 360 董事长周鸿祎也表示推出多款 360 用户特供机，因为他们都看得清楚，5 寸屏是个界限，只要它普及了，真正的移动互联网时代就到来了，当时他们只不过是想先为未来占个位置而已。

2019 年 6 月 6 日工信部正式为中国移动、中国联通、中国电信和中国广电四家企业发放 5G 牌照，大约 2023 年至 2024 年中国的 5G 网络将发展成熟，整个社会将进入万物互联的大爆发时期，5G、云、AI 等前瞻技术的结合，将改变医疗、交通、工业、教育等多个垂直行业领域，未来 5G 承载的万物智联将会革新人们的生产生活方式。中国信息通信研究院《5G 产业经济贡献》认为，预计 2020 至 2025 年，我国 5G 商用直接带动的经济总产出可达 10.6 万亿，5G 将直接创造超过 300 万个就业岗位。

中国通信标准化协会、移动互联网特别工作组主席宋俊德认为：“移动互联网不仅会改变人的生活，甚至将会和人类历史上的产业革命一样，划分出一个新的时代。”[1] 在这个时代里，“改变”将是永恒的主题，移动互联网不仅给传统行业带来新模式，还会创造新的行业领域，对社会的改造将是全方位的。

（三）移动互联网催生新的社会形态

一是移动互联网将移动和社交深度融合，必然推动社会的深刻变革，特别是 Facebook、Twitter、微博和微信等社交平台的普及应用，交往模式的改变将塑造新型的人际关系。移动社交是一种通过数字化平台，以在线识别用户及交换信息技术为基础，按照流量计费，通过移动网络来实现的社交应用功能。移动社交综合了移动网络、手机终端和社交网络服务的优势和特点，将传统的 PC 社交转移到移动终端上，结合人们的移动方式，方便用户的移动生活。截至 2020 年 12 月，我国手机即时通信用户规模达 9.78 亿，即手机网民的 99.3%，随着即时通信产品功能不断拓展，正在从聊天工具向综合平台转变，购物、支付、

---

［1］移动互联网：智能手机的战国．CCTV2．经济半小时．http://tech.163.com/11/0916/10/7E2JT87H000915BF.html

游戏等服务的引入为即时通信产品搭建一个良好的生态圈。艾媒咨询数据显示，2019上半年中国即时通信应用使用率达到96.9%，即时通信所代表的移动社交已成网民生活常态，2020年中国移动社交用户规模达9.24亿人，预计2022年中国移动社交用户整体将突破10亿人，庞大的移动社交用户规模意味着更多的市场可能性。以95后、00后为主的年轻新世代逐渐成为中国移动社交市场的主力军，这部分年轻用户更青睐于轻松、趣味的社交形式，偏好新潮、有趣、多元的社交场景。随着5G时代的来临，人工智能、VR等技术的发展与变迁驱动音频、视频、直播等新型社交载体加速落地，在原有用户基础上，中国移动社交平台产品的创新将进一步释放社交价值。[1] 对于社交网络应用，莱文森有过非常深入的体验和深刻的思考，他也由此提出自己的媒介形态的新理论——新新媒介的概念，对于新新媒介的形态、内容、应用和社会影响，笔者将在下一章详细考察，此处不再赘述。

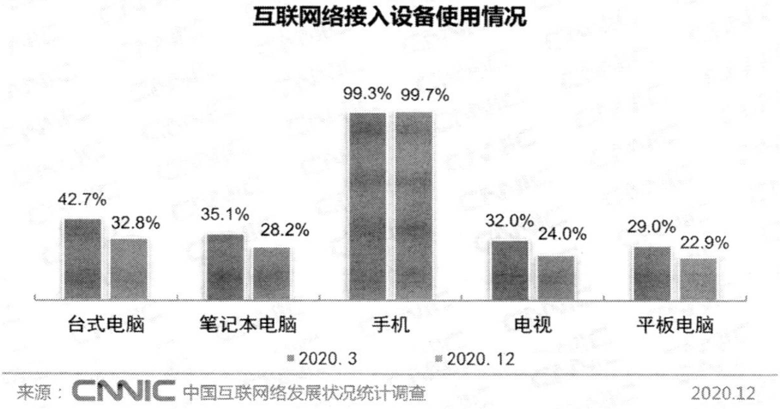

图4-10 互联网接入设备使用情况[2]

二是移动互联网深刻改变生产、生活形态。移动互联网打破了网上信息传播时间和空间的局限，第一次把物联网放到人们的手中。数以亿计的用户依靠

---

[1] 数据综合来源于艾媒网：《2021上半年中国移动社交行业研究报告》https://www.iimedia.cn/c400/79510.html

《2019-2020年中国移动社交行业年度研究报告》https://www.iimedia.cn/c400/70165.html

[2] 图表来源于中国互联网信息中心发布的《第47次中国互联网络发展状况统计报告》http://www.cnnic.net.cn/hlwfzyj/hlwxzbg/hlwtjbg/202102/t20210203_71361.htm

移动互联网生活、工作、交友，这些崭新的行为变换出数不清的商业机会，催生出如手机电视、手游业、移动广告等全新的产业形态。人们也越来越习惯于移动电子阅读、移动定位服务和手机搜索服务，更喜欢在微博、微信、即时空间分享好的图片、音乐和视频，时刻保持一种在线的生活状态，分享变成了现代人的一种生活方式也是一种精神面貌。

三是移动互联网创造新的商业模式。移动互联网正在创造全新的商业消费模式，将交流沟通、信息获取、商务交易、娱乐融入互联网服务。截至 2020 年 12 月，我国国内市场上监测到的 APP（移动互联网应用）数量为 345 万款，期中游戏、日常工具、电子商务和生活服务类 APP 排在前四位，占比合计达 59.2%。获取信息仍然是移动互联网的重要功能之一，截至 2020 年 12 月，我国网络新闻用户规模达 7.43 亿，较 2020 年 3 月增长 1203 万，占网民整体的 75.1%；手机网络新闻用户规模达 7.41 亿，较 2020 年 3 月增长 14666 万，占手机网民的 75.2%，慢直播、短视频、新媒体矩阵等创新报道形式为用户带来直观、翔实的新闻体验。网络游戏成为网民重要的娱乐方式，长时间呈现爆发式增长态势，截至 2020 年 12 月，我国网络游戏用户规模达 5.18 亿，占网民整体的 52.4%；手机网络游戏用户规模 5.16 亿，占手机网民的 52.4%。数据显示，2020 年我国游戏市场实际销售收入 2786.87 亿，同比增长 20.71%。电子商务是移动互联网应用的一大亮点，移动支付是支付手段电子化和移动化的必然产物，也是移动行业和金融行业的进一步融合，截至 2020 年 12 月，我国网络支付用户规模达 8.54 亿，较 2020 年 3 月增长 8636 万，占网民整体的 86.4%；手机网络支付用户规模达 8.53 亿，较 2020 年 3 月增长 8744 亿，占手机用户的 86.5%。[1] 以上数据显示，我国消费者网络购物平台重心已经从 PC 端转移到手机，也就是消费主场在手机移动端，谁能把握手机这个主场，谁就能把握住未来市场。

四是手机用户向族群化演变，移动互联网进入深耕时期。早在 2011 年由 3G 门户与 UC 优视共同提供数据样本，北京大学新闻传播学院刘德寰教授带领第一象限研究团队共同完成的《手机人暨 2011 移动互联网全景调研之“族群”

[1] 数据来源于中国互联网信息中心发布的《第 47 次中国互联网络发展状况统计报告》http://www.cnnic.net.cn/hlwfzyj/hlwxzbg/hlwtjbg/202102/t20210203_71361.htm

趋势》的研究，在全球首次提出“手机人”这一概念，也是第一次从学术角度将手机用户通过族群的方式进行精确分析和研究。调研人员通过对手机用户不同的行为习惯和兴趣需求等重要特征，因人群的聚集和数量的累积而形成了手机人的“族群”，依次分为折扣族、搜索族、手机GAME族、拍客族、理财族、信息高手族、微博族、草根上网族、IM族、手机阅读族、手机购物族、APP应用达人族，信息发布狂、手机签到、手机社交族、商务族、潜水族。（族群分布如下图4-11）[1]相对于一台电脑背后模糊不清的用户影像，手机人族群更能够被清晰精准地还原其真实面孔。

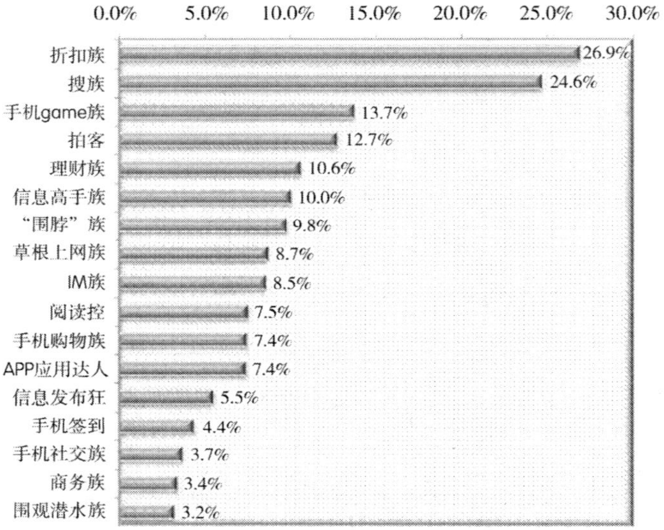

图 4-11 手机人族群规模[2]

移动互联网并不是互联网的移动化，这两个世界有着截然不同的架构和形态。个人电脑时代的互联网崛起时社会的主要诉求在信息交流上，而移动互联网从一开始就是带着多样化的个性诉求，有着鲜明“族群化”特性。如今“手机”与“打电话”这两个词在内涵上的交集越来越少，但是人们与手机的黏性却越来

[1] 手机用户向族群化演变 移动互联网进入深耕时期. http://roll.sohu.com/20111027/n323621116.shtml

[2] 图表资料来源于新浪科技、3G门户、UC优视联合发布《手机人——暨2011移动互联网全景调研与趋势洞见》http://tech.hexun.com/2011-10-26/134589263.html

越高，它正在成为人们一个新的“感官”，人们通过它来感知世界和被世界感知。

个性化与族群化天生是移动互联网的基因。“大众”的概念在手机时代逐渐变弱，手机成为了小众化的媒介，人们因为共同而小众的爱好自成一群，互通信息，重塑群体特征和用户习惯，目前，移动互联网上3种最主要的需求是媒体类、工具类和娱乐类。手机族群在沟通、实用、自助和娱乐四个维度随机分布，围绕实用和自助的需求聚集了用户基数最大的折扣族和理财族，这表明当前手机用户最主要的行为习惯是通过手机进行自助式的实用搜索，手机在当前更主要的是作为一种工具被使用。

二、手机重构了传统媒介的传播模式和理念

截至2020年12月，我国网民使用手机上网的比例高达99.7%，手机作为用户接触第一媒体的地位已经确立。伊尼斯曾说“一种媒介的长处，将导致一种新文明的产生”，移动互联网真正打破时空限制使手机成为最自由的媒介，同时也催生了一种新的传媒生态环境。

表4-1 2020.3-2020.12手机网民各类手机互联网应用用户规模及使用率[1]

应用	2020.3		2020.12		增长率
	用户规模（万）	手机网民使用率	用户规模（万）	手机网民使用率	
手机即时通信	89012	99.2%	97844	99.3%	9.9%
手机搜索引擎	74535	83.1%	76836	77.9%	3.1%
手机网络新闻	72642	81.0%	74108	75.2%	2.0%
手机网络购物	70749	78.9%	78058	79.2%	10.3%
手机网上外卖	39653	44.2%	41758	42.4%	5.3%
手机网络支付	76508	85.3%	85252	86.5%	11.4%
手机网络游戏	52893	59.0%	51637	52.4%	-2.4%
手机网络音乐	63274	70.5%	65653	66.6%	3.8%
手机网络文学	45255	50.5%	45878	46.5%	1.4%
手机在线教育	42023	46.9%	34073	34.6%	-18.9%

[1] 图表来源于中国互联网信息中心发布的《第47次中国互联网络发展状况统计报告》http://www.cnnic.net.cn/hlwfzyj/hlwxzbg/hlwtjbg/202102/t20210203_71361.htm

（一）手机使大众化传播向个性化传播模式转变

手机作为通信工具来说，它的最大优势在于“移动”，但作为传播工具，它的亮点却不在“移动”，而在于它的“个人”内涵。所以在移动互联网时代，“大众化传播将向个性化传播转变，单向集权传播将向自由平等的互动传播回归”。[1] 美国移动未来研究院执行院长恰克·马丁（Chuck Martin）在《决战第三屏：移动互联网时代的商业与营销新规则》中论述，每一部手机都是高度个性化的移动设备，每部手机的通信录、应用程序及其设置都有不同，每个手机用户都有自己的固定的使用习惯，每个人都生活在自己的移动世界里，独一无二。这种全球移动化带来一个全新的变化，那就是人们观察事物的视角都变得极具个性化，所以信息的投放需要具有独特的定向性、即时性、互动性和个性化，信息的传播需要尊重个人选择、满足个人需求，以人作为归宿成为移动互联网前进的永恒原则。在 20 世纪初期广播、电视作为新兴媒介兴起时，人们是如此的欢呼“大众化”媒介的到来，终于可以使人能同时接收“同样的信息”，这既显示了信息传播的广度，也代表了信息传播的公平性，人们对信息的“知晓权”尤其看重。如今，事情倒了过来，人们不再担心信息闭塞、不公的问题，只担心如何才能从纷繁复杂的信息乱象中得到自己想要的。在移动互联网时代，过去被动接收信息的“受众”，将变身为主动选择信息、自由分享信息、积极参与传播信息的人群，他们将成为媒介的核心和服务的对象。目前，手机媒体正处在一个移动客户端的新时代，个性化、社会化、本地化是其典型特征。比如，当外地人到达某地，他的手机屏幕上就会自动弹出相应的欢迎页和短信，服务端口安装的提示页面，进行简单操作后，就可进入当地客户端，阅读当地社区新闻，查询吃、住、行、游、购等方面的服务信息。信息提供商将信息选择权交给了手机用户，而其后则是传媒机构数据库作支撑。

（二）手机媒体打破媒体时空的限制，新闻传播实现了从实时到随时的转变

有人把手机媒体形象地称为“影子”媒体，因为手机往往 24 小时不离身，

---

[1] 陈兵：《媒生态视阈中的移动互联网生存策略》，《中国出版》，2011 年 8 月（下）：第 14–16 页。

手机媒体以其移动性、便携性的优势实现了边走边看，逼迫传统媒体必须打破原来新闻产制过程的时空限制，实现新闻传播从实时到随时的转变。早期的电台，用户只能按照时间表去听某个节目，随后的电视时代，基于时间表播放的模式仍被延续，电视台把最好的节目放在晚饭后的黄金时间播放，这种模式在全球得以采用，观众集中在特定的时间段观看电视节目，为企业进行规模化广告提供最好的时机，传统媒体相关活动时间由广播电台、电视台和广告商控制，受众一旦错过播放时间，就错过观看和收听的机会。录像机的问世让消费者逐渐可以控制时间，但是这仍然没有改变媒体把控消费者收视时间的状况。直到互联网的出现，不仅削弱了纸媒的重要性，网页摆脱了新闻纸对字数的要求，也就是空间版面的限制，只要有足够的信息可以无限制地延展网页容量，同时也一定程度上弥补了广播、电视对消费者接收信息的时间限制，人们可以通过互联网回放已经过去的新闻内容或者电视节目，而不必按照广播或电视台的日程表来安排自己的时间。但是真正将人们从传统媒体上获得解放的，还是手机，手机用户从来不在统一时间休息，也不会因为你起身离开电视或者电脑时错过任何内容，因为手机可以与你同步，只要网络在。在移动互联的时代，用户在特定时间消费特定内容的习惯已经改变，因为移动终端用户期望拥有全天候互动的交互环境，这种要求打破了原来新闻制作过程截稿时间的要求，新闻生产无处不在，无时不产生，这对新闻从业者职业素养提出更高的要求，原来要求新闻记者能跑会写，现在不仅要求他们能跑会写，最重要的是具有超强的新闻敏感性和对海量信息的快速处理和反应能力。

（三）手机让每个人获得了平等的信息权力，同时又让人得以摆脱场所、时间与体制的约束，更容易激起社会情绪的波动

2011 年 1 月 14 日晚，执政长达 23 年之久的突尼斯总统本·阿里放弃总统权力，离开突尼斯前往沙特阿拉伯，这场由一名 26 岁的突尼斯大学生因抗议城管暴力执法而选择自焚引起的骚乱最终导致了“茉莉花革命”（因突尼斯的国花为“茉莉花”）。美国《外交政策》杂志称，维基解密网站曝光的电文是突尼斯这次革命的催化剂，这或许称得上是世界上第一场“维基革命”，而且在突尼斯有四分之一的人使用社交网站 Facebook，使他们得以快速互通消息。“茉莉花革命”在当地引起强烈回响，十天之后埃及首都开罗和全国多座城市开始发生大规模示威游行，要求总统穆巴拉克下台，埃及政府被迫关闭抗议者用于联系和组织集会的“脸谱”和“推特”网站，随后手机短信和黑莓即时通信也不能使用，埃及互联网服务在当地时间28日凌晨1点30分彻底中断，从摩洛哥到埃及再到约旦及其他地区，这一消息在互联网和手机上不胫而走，该消息对这些长期饱受压抑的社会造成了重大冲击，互联网、手机媒体，Twitter、YcuTube、Facebook等新媒体成了这次政治剧变的时代标志。作为“带着体温的媒体，手机弥合了传统媒体在信息传播中有意无意地缺位”[1]，特别是在突发新闻事件中，来自业余新闻工作者的第一手新闻报道变得普遍，手机的普及使得“公民新闻”具有革命性的意义，颠覆了“舆论一律”的传播格局，是一种民主化的媒体形式，但正如黄鸣奋先生在《拇指文化、手机与社会存在》一文中所引用瑞士苏黎世大学的格塞和匈牙利学者尼里的观点，“手机将通信权力置于个人手中，同时又让人们得以摆脱场所、时间与体制的约束，是一种导致社会变革的激进力量”[2]。莱文森也说，与白天的正襟危坐相比，人们更愿意在夜深人静的时候通过网络与人交流，夜幕的掩护更能给人安全感，更能让人毫无顾忌地说出真心话或者容易言辞激烈，对他人或者社会事务做出过激的反应。手机的移动性和无时无刻不在线的状态更容易激发人对社会事务的关注和瞬间反应的过激行为，比如温州动车事件、药家鑫案件、郭美美事件、山东聊城辱母杀人案、新冠疫情等社会热点事件从发端到结束都有手机深度卷入的影子，这些事件在一定程度上干预了社会的进程，促进了信息公开，满足网民的知情权。在2011年温州动车事件中手机微博是最早的信息源，比最早报道的传统媒体（杭州网）早了一小时，在这一事件中，手机媒体扮演了第一信息源、社会动员平台、舆论话题主导等多重身份，发布信息、救援寻人、真相探究、事故问责，充分彰显了以微博为代表的网络自媒体的力量。但是，也不可否认，手机这种摆脱场域和体制约束的信息自由、权力下放“具有潜在的颠覆性与退行性影响，即引导用户从多数人的同质文化后退到个人的异类文化”[3]，比如

[1] 匡文波：《手机媒体舆论管理研究》，《行政管理改革》，2011年第4期，第81–84页。
[2] 黄鸣奋：《拇指文化、手机与社会存在》，《读书》2009年第4期，第157–163页。
[3] 黄鸣奋：《拇指文化、手机与社会存在》，《读书》2009年第4期，第157–163页。

从2011年王功权微博私奔、郭美美微博炫富到2020年新冠肺炎疫情期间网络自媒体个人命运的书写，形成巨大的网络舆论不仅倒逼社会制度的改善以及社会治理能力的提升，而且重建了复杂、多重的网络社区或圈层，个性化、非主流，各类鬼畜、丧文化盛行，通过手机的病毒传播，在现实生活中引起多数人的效仿，形成当下复杂多变的社会心态。

三、手机正在成为我们“移动的家园”

“独立于手机的互联网，开发了海量多样且易于检索的信息。加上手机之后，我们不但能够获取这些信息，而且能够在阳光下、大海边、山顶上或城市中心的繁华街道上与任何人交谈，想和谁交谈都行。”[1]莱文森说这话的时候是2003年，那时候手机的最主要功能还是“通信工具”，对社会的影响还停留在“挡不住的呼唤”阶段，虽然莱文森作为媒介理论家，有着麦克卢汉预言大师般的敏感，敏锐地感觉到手机与网络的融合，将会催生出一个“移动的家园”，但他当时毕竟不能超越于那个时代，他对手机的裁剪和期望，也不过就是继续在手机作为电话的完美补偿这条“通信工具”的道路上前进，比如“可视手机”的研发、改善手机主被叫方的选择权等，即使是2009年他在写作《新新媒介》时也不过是把iPhone的出现当作新新媒介进步神速的引擎，他当时无法预知，今天的手机已经摆脱了仅仅是“通信工具”的身份，它正在成为人类的第六感官，或许有一天会变成我们的一个器官。正如凯文·凯利在《技术元素》中所说“过去的人们能够想象出来新的东西，却想象不出新的环境”[2]，但莱文森的方向是对的，他一直强调“媒介的走向是生产更加自然的形式，存活下来的媒介就达到人类某种自然的生态环境，电视和广播的演进都是这样的情况。我把这种走向叫作媒介演化的‘人性化趋势’……我们人是‘自然环境’，我们选择媒介以维持生存，我们选择的工具是：媒介如何延伸我们交流的范围和能力，却

[1]［美］保罗·莱文森著，何道宽译：《手机，挡不住的呼唤》，中国人民大学出版社，2004，第151页。
[2]［美］凯文·凯利著，张行舟、余倩译：《技术元素》，电子工业出版社，2012，第374页。

又不扰乱我们从生物学角度的企盼”[1]。

随着手机虚拟化、智能化和人性化的发展，在个人生活、社会管理、企业运作等各领域卷入越来越深。据《第47次中国互联网络发展状况统计报告》显示，2020年我国个人互联网应用中，短视频、网络支付和网络购物的用户规模增长最为显著，基础应用类即时通信、搜索引擎用户保持平稳增长。手机网民的互联网应用中即时通信、搜索引擎、网络新闻、网络购物和网络支付排在了前五位。手机也越来越深度卷入人们的日常生活，比如设置闹钟、查看时间、照相、记事时，首先想到的是手机，即便是上网冲浪或看电视，年轻人也不再将笔记本电脑和电视机作为首选，而更多地使用手机。手表、相机、书籍甚至笔记本电脑等承载的生活功能，统统由智能手机功能拓展而替代。在个人信息管理、电子邮件和云端服务等方面，手机也显示了越来越深入的影响力，你只要将个人电脑里的资料放在云端备份，无论你身在何处，通过手机云端服务可以随时查阅、调取资料，透过云端服务让商业信息流随时流入自己的手持装置中，迅速做出决策，对企业尤为重要，这在很大程度上将改变人们对办公场所的依附关系，也会改变人们8小时工作时间的态度，几百年来人们设置的工作时间与场所与私人时空的界限将会模糊甚至是轰然倒塌，尤其是全球新冠肺炎期间，生活、工作空间的物理隔离使得远程办公用户规模暴增。截至2020年12月，我国远程办公用户规模达3.46亿，较2020年6月增长1.47亿，占网民整体的34.9%，整个2020年远程办公应用市场规模保持高速增长，并出现生态化发展趋势，除提高效率节约成本外，还助力新就业形态的形成。当前手机最成功的跨界应用当属手机购物与手机支付了，网络娱乐类应用和电子商务类应用整体看涨，尤其手机网络视频和手机网络支付使用率涨幅较大。在社会事务管理方面，手机成了政府机构与市民沟通的最好平台，比如通过手机发布天气、交通、灾害、事故等突发事件的信息，及时预警，减少灾害带来的伤害，在重大节庆或重要的日子，通过手机平台发送祝福、慰问等，并在公共服务、共享交通、在线教育、在线医疗等领域跨界融合。

---

[1]［美］保罗·莱文森著，何道宽译：《手机，挡不住的呼唤》，中国人民大学出版社，2004，第151页。

手机作为人的第六器官，越来越强大的视讯、导航、信息交流和跨界实用功能使得它移动家园的身份越来越明显。2012 年谷歌公司研制的一款智能电子设备——“谷歌眼镜”，具有网上冲浪、电话通信和读取文件的功能，作为手机的变体，可以代替智能手机和笔记本电脑进行工作。手机会变成我们某一器官的替代物，具有语音控制和眼睛识别功能，照片和视频之间的界限将会消失，更成熟的声控功能让你通过语音处理所有设备命令；手机成为物联中心，手机上的近距离通信（NFC[1]）功能越来越受欢迎，手机支付使得我们出门不用再带钱包和现金，包括乘坐公交和打开房门；智能手机的 GPS 导航功能将变得更为实用，包括个人导航、交友、本地信息搜索、家人跟踪应用和车队管理等，如今手机就是我们出行的“堵车预报员”。爱立信消费者实验室（Consumer Lab）发布的一份最新报告，强调了 5G 对全球智能手机用户所产生的影响以及他们对这项技术未来的期待，与 4G 用户相比，5G 早期用户每周平均多花两个小时在云游戏上，多花一个小时在增强现实（AR）应用上。

莱文森在《手机，挡不住的呼唤》中预言：“手机在掌握了一连串的信手拈来的交流手段之后，就变成了家庭外面的家庭，一个移动的家庭，一个微型的便携式的家庭，一个可以漫游的媒介之媒介。”[2]。手机作为“电话的完美补偿”所经历的一次脱胎换骨的转变是 2007 年 iPhone 的问世，此后智能手机一路沿着更大屏幕、更强劲的处理器、续航时间更久的电池、更快的数据连接、分辨率更高的摄像头以及更多的跨界应用的方向高歌演进，我们可以借用罗曼·罗兰的一句话来描述手机的未来，那就是——“我是即将来到的日子”。

---

[1] NFC 是 Near Field Communication 缩写，即近距离无线通信技术。由飞利浦公司和索尼公司共同开发 NFC 是一种非接触式识别和互联技术，可以在移动设备、消费类电子产品、PC 和智能控件工具间进行近距离无线通信。NFC 提供了一种简单、触控式的解决方案，可以让消费者简单直观地交换信息、访问内容与服务。

[2] [美] 保罗·莱文森著，何道宽译：《手机，挡不住的呼唤》，中国人民大学出版社，2004，第 43 页。

第五章 处处是中心 无处是边缘
——保罗·莱文森的新新媒介思想

莱文森著作的汉语版“御用翻译家”何道宽先生评价说，2009年，保罗·莱文森以《新新媒介》这部书进入最先锋的媒介理论家行列，并独占鳌头。从媒介演化的视角看，《新新媒介》是《软利器》的续集，莱文森提出了当代媒介的“三分说”：旧媒介、新媒介和新新媒介，完成了理论上的突破。从媒介实践的视角看，《新新媒介》以作者本人丰富的经验例证描绘了新新媒介在当代社会、政治、社交、娱乐、学习生活中的多彩画卷。[1] 如果说上一章的手机是作为媒介的载体出现，是硬件，那么这一章的新新媒介则是作为其应用来说的。媒介的演化过程，是人类科技和社会文化不断发展的结果，每一种新媒介的出现，都曾对人类交往与社会生活的方式产生过重大影响，成为推动社会发展变革的重要力量。新新媒介是独立于手机又依赖于手机推进其发展繁荣的新一代媒介形式，它推动了“自媒体”的发展，正如当年的因特网挑战电视和印刷的权威，以浩大的声势入主主流媒介一样，如今，手机作为移动互联网的载体再一次将电视、书籍和报纸等主流媒介挤压至边缘，有些媒介不得不和我

[1] [美]保罗·莱文森著，何道宽译：《新新媒介》，复旦大学出版社，2011，译者前言第2–3页。

们挥手作别。新新媒介作为人类历史上最民主化的媒介，又是赋予政府和其他权威机构更大权力的媒介，在这样各种媒介呈叠加性状态发展的环境中，新旧媒介如何在新的环境中共生是个值得关注的问题。

第一节 媒介向何方延伸——新新媒介的兴起

一、新新媒介的界定

“新新媒介”的概念是相对于“新媒介”而来的，我们在界定新新媒介之前，首先要界定什么是新媒介。所谓新媒介或者新新媒介都是一个相对的概念，通过前面对媒介演化规律和历史梳理我们知道，所有媒介在一定历史时期都曾经新过，正如我们每个人都经历了从幼年、青年到中老年的过程一样，没有长青不衰的人，也没有永不过时的媒介，这就是与人一样的媒介生命历程。莱文森给在 20 世纪 90 年代出现的不同于以往的网络聊天室、邮件、BBS 等网络新应用取了一个新的名字，叫作“新新媒介”，很多人觉得这个分期不成立或者没有说服力，这么分期的原因或者是理由是什么呢？

旧媒介、新媒介和新新媒介的媒介“三分说”，是莱文森在2009年出版的《新新媒介》一书中提出。所谓旧媒介，就是互联网诞生之前的一切媒介形态，范畴相当于传统媒体，书籍、报刊、广播、电影、电视等，其特点是媒介内容由专业人士生产和把关，属于高度集权的、实行自上而下控制的大众媒介，广播电视等旧电子媒介还有“出口即逝”的特征。所谓新媒介同样是一个宽泛的概念，它是指 20 世纪 90 年代中期兴起的，以数字技术、网络技术作为技术支撑，以互联网（包括宽带局域网、无线通信网、卫星等）为传播渠道，以电脑、手机、数字电视机等为终端设备，向用户提供信息和娱乐服务的传播形态。新媒介能够为大众提供个性化的内容服务，传受双方能够实现平等的交流，并且人们可以按照自己时间去使用、欣赏或交流，而不是按照媒介决定的时间。电子邮件、网上书店、数字电视、大众媒体的网络版、留言板、聊天室等，是基于互联网的第一代媒介，已具有比较稳定持久的特性。所谓新新媒介，网民通过维基、聚友、脸谱、推特、微博、微信等社交平台自行发布信息与产品，生产者即是消费者，在新新媒介上没有自上而下的控制，人人都可以成为出版人、制作人和消费者，新新媒介也是互联网上的第二代媒介。在我国，新新媒介的发展几乎与世界同步，当前流行的QQ、微博、微信、人人等社交网站都属于新新媒介的范畴。通过以上分析我们看出，新新媒介涵盖了新媒介的存在原理，同时大大增加了用户对媒介的控制权，是一种新兴的跨越式媒介形态。

对于莱文森的这种当代媒介“三分法”，虽说是一种创新，但并非没有质疑。比如张冠文在其博士论文中就说，“笔者不赞同‘新新媒介’的说法，因为媒介的发展一日千里，将来肯定会有比他笔下的‘新新媒介’更新的媒介，那该如何称呼呢？莱文森说未来的媒介不是‘后’新新媒介，也不是‘新’新新媒介，而是新新媒介的‘超级版’，也就是新新媒介的‘仿生版’，虽然此语揭示了媒介进化的人性化趋势，但‘仿生版’‘超级版’及‘新新媒介’等概念算不上是严谨的媒介发展阶段的划分”[1]。在豆瓣网上有一篇署名为SSW的文章《对“新新媒介”的界定原理的质疑》，文章对莱文森提出的“新新媒介”的界定原理提出质疑，并非没有道理，比如消费者也是生产者，非专业人士参与生产新闻，挑选适合自己的媒介，得到不必付钱的服务，媒介的相互竞争和促进，新新媒介的服务功能胜过搜索引擎，这些界定的原则并非只有在新新媒介时代才有的，比如在留言板、BBS、强国论坛等新媒介上生产者也是消费者，那时候的生产者也多是非专业人士，在广播电视时代甚至更早时期人们就可以自由选择适合自己的媒介，至于得到免费的服务，从电子邮箱时期用户就开始享受免费服务了。媒体之间的竞争是媒介发展的动力之一，与其说新新媒介的互相促进，不如说融合更恰当，比如报网、台网融合。至于说新新媒介的服务功能胜过搜索引擎和电子邮件，只能说是一厢情愿了，我们都知道谷歌搜索到底有多么强大，至于电子邮件，或许即时性上新新媒介更胜一筹。最后还有看似有道理但是更该受到质疑的一条，那就是“新新媒介没有自上而下的控制”，的确，在新新媒介上，用户逃过了专业把关人的初级审核，可以将内容直接上传至网络，人人都可以瞬时看到，但莱文森自己在谈到维基百科时候也有这种

---

[1] 张冠文：《互联网交往形态研究》，博士论文，山东大学，2013，第55页。

担心，新新媒介的一切成分是相互关联的，维基百科的一切网页都是相互联系的，这就意味着，禁止其中一页就会使整部百科全书离线，而莱文森也说：“新新媒介目前的架构和管道使其很容易被集中制的权威禁止。数字化工程使新新媒介成为人类历史上最民主化的媒介，同时又使政府和其他权威机构拥有更大的权力来禁止新新媒介，其权力胜过教会400年前禁止伽利略著作的权力。这真是对新新媒介极大的讽刺”[1]。莱文森否定web2.0和web3.0的分类法，因为web只是一个关于网络媒介的分类，并未涉及传统媒介，所以放在整个媒介史上去考量，web的分类法有其局限，按照传统、惯常的媒介分类法，则以口语媒介、印刷媒介、广播媒介、网络媒介分类，然后网络媒介再加以细分，而莱文森把媒介分为旧媒介、新媒介、新新媒介，他自己也没有说清楚在新媒介和新新媒介之间的明确的、界定性的区别是什么，所以他“新新媒介”概念的界定和阐释，有诸多站不住脚的地方。

虽说笔者也不尽赞成他这种媒介的分类方法，但我们也不得不承认，这一概念确实帮助我们能够更方便、直观地观察和研究博客、推特、微博与微信等新出现的媒介形式。莱文森也解释了为什么称“新新媒介”而不是社交媒介、银屏艺术等名称，“新新媒介的固有属性是社交。实际上，无论博客网的读者和论者，维基网的读者和编者抑或是脸谱网上的活跃的小组，都具有社交的因素。对新新媒介而言，社交因素不仅是必不可少的，而且提供了人的活力，使新新媒介能正常运行。然而，过去的新媒介和旧媒介也拥有重要的社交因素，从群发邮件到在线公告牌和论坛都有。事实上书店的阅读小组不是社交媒介又是什么呢？姑不论面对面的会晤，书籍是最悠久的社交媒介。由此可见，新新媒介的社交性质虽然关键，但并非它能独有。所以，新新媒介和社交媒介这两个术语不能互换”[2]，但是，不可否认，社交是一个不断推进的过程，而新新媒介把社交摆在了前所未有的重要位置，所以人们才会形象化地将其称为社交媒介。“新新媒介”的概念一经提出就得到学界的呼应，以中国为例，2011年3月《新新媒介》中译本出版，5月《中国图书评论》就出现了关于该书的评论文章，

---

[1]［美］保罗·莱文森著，何道宽译：《新新媒介》，复旦大学出版社，2011，第99页。
[2]［美］保罗·莱文森著，何道宽译：《新新媒介》，复旦大学出版社，2011，第4页。

截至2013年12月31日，在中国知网中国学术期刊网络出版总库中以“新新媒介”作为主题词进行搜索，共搜到26条信息，除去一条2009年无效信息外，共有25条有效信息；截至2021年7月，“新新媒介”主题词下的学术文章有210篇，研究主题涉及新新媒介的概念、类别、传播效果、公众话语表达权以及自媒体的困境与反思。

二、新新媒介的类别及其在中国的形态

互联网上的第二代媒介即新新媒介种类繁多，更新换代频繁，各种媒介形式协作共生，有着不同的标准与分类。比如，按社会功能划分有政治媒介和娱乐媒介；按社交属性划分有聚友网、优视网；按新闻属性划分有博客、掘客、维基、推特等。在中国，如果按照莱文森的划分标准，新新媒介经历了博客、社交网站、视频网站和微博、微信等媒介形式，其中的代表新浪博客、人人网、优酷网、土豆网、酷6网、新浪微博、腾讯微博、微信等，先后粉墨登场、各领风骚。

（一）博客（Blog）

1993年6月，美国国家超级技术计算应用中心（NCSA）创建的“What′s New Page” 是博客的原型，1997年，约翰·巴杰（Jorn Baiger）第一次使用Weblog一词，用来描述那些有评论和链接，能够持续更新，自由书写的个人网站，1999年，Peter Merholz首次将此种网站定名为“Blog”。“Blog”被称为网络日志，又被译为博客或者部落格，它允许个人自由发布内容，没有专业要求和审核程序，这和有别于传统媒体，去把关人、去专业化和去权威性的特征，成为新新媒介最典型的识别特征。2002年，中国台湾地区最早出现“繁体中文Blog”信息中心，8月“博客教父”方兴东和王俊秀开通“博客中国”（Blog China）。博客正式进入国人视野是2002年，数量不足1万，2003年用户就达到20万，2004年博客开始成为互联网上的一种重要的媒介力量和普遍现象，博客由精英走向普通大众，开始进入商业化时期，2004年5月，南京召开中国首届网络传播学年会，博客成为热点议题，学术界开始全面关注和跟踪博客的发展。

在中国，许多人是经历了木子美的日记事件（2003年）、竹影青瞳的照片事件（2004年）和韩白之争（2006年）之后才知晓博客这个新生事物，那时博

客成了下半身写作、自暴隐私、口水仗、散布流言蜚语的场所。但是，随着博客进入有序发展后，其在社会事件中表现出来的信息传播价值和舆论引导作用引起社会关注，博客作为新兴媒体成为一种不可忽视的媒介力量（我们通过中国互联网信中心发布的一系列的数据可以看出它社会使用率和媒介影响力呈现出逐年递增的趋势，见图 5-1）。在 2010 年前后，中国影响力比较大的博客平台分别是新浪博客和搜狐博客，专业的博客群当属和讯网财经博客，网易和腾讯的博客也有一定的影响力。

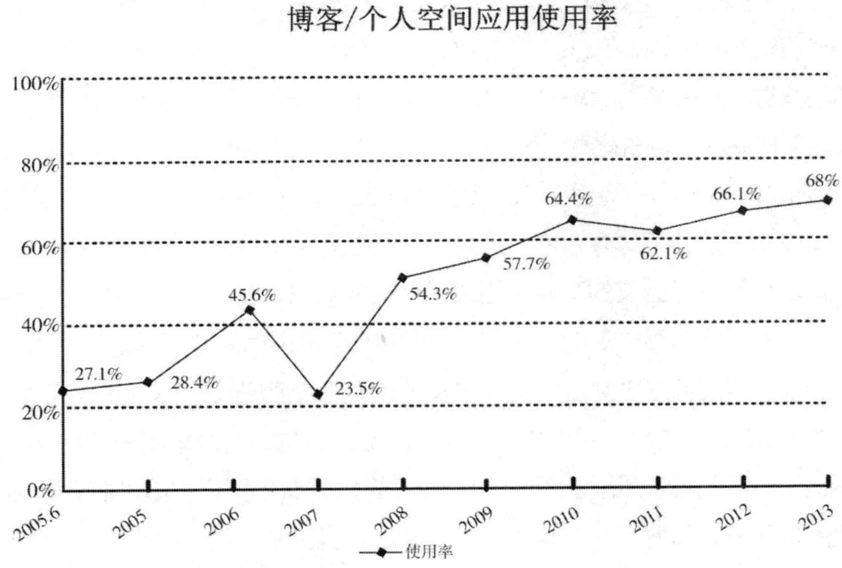

图 5-1 2005-2013 中国博客 / 个人空间应用使用率

博客作为相对自由的发言平台，它不但是一个信息源，更是思想亮相的舞台，而博主既是信息的发布者，又是自己文章的编辑和把关人，它避免了传统媒体检查制度的阻止、删改，有利于真实信息的自由传播，让人畅所欲言。博客渐渐形成一股介入现实的力量，这股力量也在向传统媒体渗透，有些博客成了传统媒体的重要信息资源，同时也成了它们的思想来源，一些文章先在博客发表，又在传统媒体上面世，两者形成了一种良性的互动关系，成为理性精神的重要阵地。从个体角度来说，博客为个人提供了信息传播、情绪披露、态度表达的空间，成为个体与社会连接的重要通道，逐渐成为获取信息的重要渠道；

是个体身份在网络社区的书写，使得个人公共形象的建构从现实社会延展至网络空间；是与他人进行交往的一种方式，既满足了个人社会交往的诉求，又体现了媒介满足人性、表达人性的人性化趋势。

（二）以脸谱网（Facebook）为代表的社交网站的兴起，熟人社交全面爆发

媒介具有与生俱来的社会性，而新新媒介使自身的社交性得到了提升，聚友网（MySpace）和脸谱网（Facebook）的瞬间集聚性就是很好的证明。早在1995年，美国在线社交网络的先驱Classmates.com和SixDegrees.com引进了个人资料页和朋友联系的概念，之后又有Friendster、Orkut、Bebo和Hi5等，这些早期的社交网站在当时红极一时，吸引了数以百万计的用户。直到2003年，"电子宇宙"网站的主管布德拉·格林斯潘（Brad Greenspan）及其同事汤姆·安德森（Tom Anderson）、克里斯·德沃尔夫（Chris DeWolfe）和乔希·伯尔曼（Josh Berman）共同创建了MySpace。MySpace在美国在线、电脑信息服务、留言板、论坛和计算机会议的基础上拓展了社交能动性，它的宣传口号是"朋友之家"，如同《南方周末》的"在这里读懂中国"和福克斯新闻网的"公平与正义"一样，通过用户之间口口相传的病毒式传播迅速成长。2004年，变身音乐社区的MySpace完成了对当初所有社交网站的超越，新闻集团于2005年7月以高达5.8亿美元的价格将MySpace纳入囊中，其成为新闻集团进入数字媒体行业的垫脚石，与此同时，其他社交网站不是退出了人们的视线，就是被逼退守到某些特定领域，MySpace开始了自己生命中最辉煌的一段历程，到2008年底，MySpace每月的独立访客人数飙升至7500万，MySpace的市值曾一度高达650亿美元，书写了一段疯狂的历史。然而，媒介竞争是残酷的，随着Facebook的快速崛起，MySpace的风光日子结束了，2009年4月，MySpace被Facebook反超，之后用户数量开始逐渐萎缩。2011年6月30日，新闻集团以3500万美元的跳楼价将MySpace甩卖给Specific Media。

作为MySpace"掘墓人"的Facebook历史并不长，于2004年2月4日上线，创始人是哈佛大学的学生马克·扎克伯格（Mark Zuckerberg）。作为一个新的社交网站，Facebook是花名册的意思，在2006年9月11日以前，它是主要针对在校生开放的社交网络，之后对所有拥有有效电子邮件地址的互联网用户开放。2008 年 5 月，Facebook 全球独立访问用户首次超过了竞争对手 Myspace；2012 年 5 月 18 日，Facebook 在纳斯达克正式上市；2013 年 2 月美国知名科技博客网 Business insider 发布互联网流量监测机构 comScore 的数据，Facebook 以 8.367 亿独立访问者位居全球最大网站。目前，Facebook 已成了全球网民的通信录和私人社交的网络工具。

Facebook 是如何从一个大学宿舍内的项目成长起来并超越 MySpace，在整个社交网络领域傲视群雄的呢？这个问题困扰很多人。莱文森也不例外，他试图从个人的使用经历中探寻 Myspace 与 Facebook 的差异，脸谱网里的真实生活朋友的比例远远高于聚友网，这是一个直接扎根于真实世界的网上社群。[1] 在莱文森看来这是它们最主要的区别，但是除此之外还有一个更重要的原因是用户的信任和参与。Facebook 的创始人很早就意识到，只有当社交网站包含有价值的信息时，人们才会登录，而且人们只会在一个他们信任的环境里分享信息，正如莱文森所说，评价网络系统和社群的重要的原理是无论其客观差异和优势如何，其终极价值在于它们对用户有什么好处。[2] MySpace 成立的初衷是做“生人社交”，即帮助人们去寻找他们不认识的人，并与之在共同兴趣爱好的基础上建立联系，而 Facebook 则建立在熟人社交的基础之上，更多地承载了用户与熟人之间的互动联系。创建伊始，Facebook 就是围绕现实世界中的网络，如学校、公司和其他组织进行设计的，比如要加入哈佛大学的网络，用户就必须用带有 @harvard.edu 后缀的邮箱申请，这样那些想假冒身份加入网络的人就不会那么容易得手了，Facebook 鼓励其用户发起和接受来自他们真正认识的朋友的请求，在过去的几年里，Facebook 引进了很多特色服务，用来帮助建立一个值得信赖的网络环境。

国内 SNS 网站走红始于 2005 年成立的校内网，高潮在 2007 年。2010 年，360 圈、蚂蚁网接连倒闭，中国 SNS 网站热潮开始降温，目前较为活跃的仅剩下人人网、开心网、朋友网和聚友网等少数几家，并且各自面临着不同的困境。除了竞争的压力不单来自行业内，更多来自替代应用，如微博、新型

---

[1] [美] 保罗·莱文森著，何道宽译：《新新媒介》，复旦大学出版社，2011，第 122–123 页。
[2] [美] 保罗·莱文森著，何道宽译：《新新媒介》，复旦大学出版社，2011，第 122 页。

即时通信工具等，还有一个重要的原因是“大型全球社交网络的成功让区域社交网络付出巨大代价，用户越来越多地从本地化社交平台向全球化社交平台转变”[1]。中国地方社交网络用户数量全线大幅下降，腾讯微博、开心、新浪微博与QZone均不例外，腾讯微博用户数量减少了57%。

众所周知，腾讯微博、QQ空间、新浪微博等借助原有的门户平台实现了不同媒介的客户资源共享，而人人网的发展历程与Facebook很相似。人人网的前身是千橡集团旗下著名的校内网，是中国大陆最早的校园社交关系网络平台之一，校内网创办于2005年12月，创办人是来自清华大学和天津大学的王兴、王慧文、赖斌强和唐阳等几位大学生。早在1999年陈一舟创办的Chinaren，一度成为互联网上的热点，后因业绩不佳于2001年在大陆关闭互联网业务，2005年，陈一舟从香港安佳公司将人人网收购过来，当时人人网仅是个域名而已，2006年5月，陈一舟重启人人网，定位为地方分类信息，遗憾的是因发展过慢，2007年3月底再一次关闭。2006年10月陈一舟主政的千橡互动集团收购校内网，同年底，千橡公司的5Q校园网与校内网合并，陈一舟的“人人网”情怀不改，最终于2009年8月14日，校内网改名人人网。前期的校内网以学生用户为主要用户群体，改名为人人网后，试图将用户群扩展至校外社会，标志着中国的SNS网络进入鼎盛时期。2011年5月4日，人人网在纽约证券交易所上市，截至2012年2月，人人网的股价已经跌去2/3，2013年人人网的注册用户2.8亿，月活跃用户PC端1.1亿，移动端0.26亿。同Facebook的初衷一样，人人网也是承载了用户与熟人之间的互动关系的平台，较早为用户提供SNS的社交网站。在中国，社交网络的发展趋势是围绕熟人方向发展的，黏性比较强，正是这一点帮助人人网在战乱纷呈的社交网络中找到了自己的立足之地。

相比人人网，开心网的日子更不好过。截至2011年2月，开心网注册用户运到1亿，曾经的忠实粉丝们打开电脑的第一件事，就是登录开心网，挪挪车位、偷偷菜，但随着用户对社交游戏的热度下降，出现了“社交游戏玩家集体出逃”。为了寻找突破，开心网进军团购领域，又迅速抽身再次回归社交平台。2010年

---

[1] 中国社交网站排名：QQ空间第一，新浪微博第二，http://www.weste.net/2013/2-2/88735.html

左右井喷式增长的社交类网站三年后陷入集体低迷。

根据市场研究机构 Global Web Index 最新调查，截至 2019 年 11 月，全球最活跃的社交 APP 前十位中有 4 位来自中国，Facebook 月活跃用户 22.34 亿排名第一，微信月活跃用户 10.58 亿排名第四，QQ、抖音、新浪微博分别以月活跃用户 8 亿、5 亿、4.31 亿位居第六、七、八名。2020 年中国移动社交用户规模达到 9.24 亿人，预计 2022 年中国移动社交用户将突破 10 亿人。随着 5G 时代的来临，在原有用户基础上，中国移动社交平台产品的创新将进一步释放社交价值。随着政策推动和大众对社交效率的要求提升，真人社交需求得到激发。[1]

（三）视频成为移动互联网时代的融媒体之王

麦克卢汉认为真正有意义的，并不是媒介所提供给人们的内容，而是媒介本身，网络视频作为一种新媒体形式，由于其丰富的信息表达形式和快捷的信息传递渠道，让人们感受到什么是“真正有意义的媒介本身”。从 20 世纪末的门户网站群雄逐鹿到博客热浪，从微博的异军突起到微信公众号的内容创业热潮，直到如今的短视频风靡，互联网的媒介载体每三五年就出现迭代，不断刷新人们的认知。

2005 年 2 月，美籍华人陈士骏（Steve Chen）、查理·赫里（Chad Hurley）在硅谷的一间车库里创办了网络视频分享网站 YouTube，在接下来的一年半时间里，YouTube 拥有了数十亿节目，每天浏览量上亿，为全球用户提供优质的视频展示、浏览、上传、分发等服务。2006 年 11 月，Google 收购 YouTube，收购额高达 16.5 亿美元。YouTube 的最大特点就是免费上传视频，注册用户可将自己拍的视频短片免费上传与他人分享。正是由于 Google 的高调介入，让很多人看到了视频网站的巨大商机，在中国也不例外，2004 年 11 月，我国第一家专业视频网站——乐视网正式上线，之后 17 年间，中国视频网站经历了从无到有、从小到大、从弱到强的发展历程，逐渐成为改变人们生活娱乐方式的一支重要力量。截至 2020 年 12 月，我国网络视频（含短视频）用户

---

[1] 艾媒咨询：《2021 上半年中国移动社交行业研究报告》，https://www.iimedia.cn/c400/79510.html

规模达 9.27 亿，较 2020 年 3 月增长 7633 万，占网民整体的 93.7%，其中短视频用户规模为 8.73 亿，较 2020 年 3 月增长 1 亿，占网民整体的 88.3%。（如图 5-2）

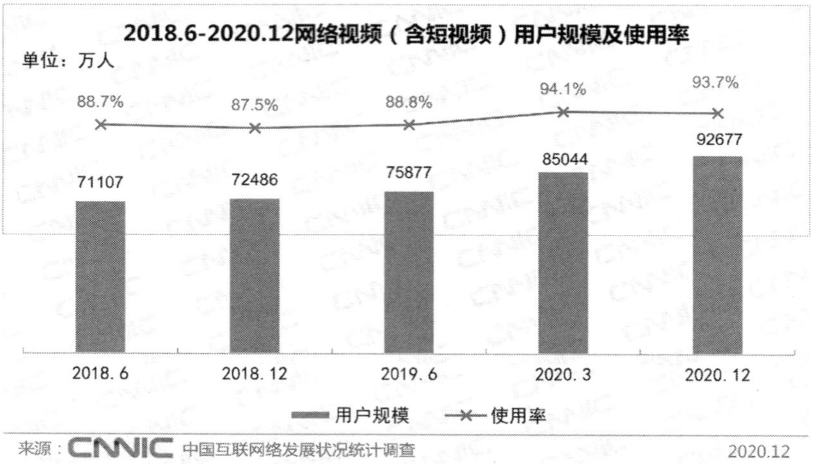

图 5-2 2018.06-2020.12 中国网络视频用户规模及使用频率[1]

在中国，视频分享网站除了优酷网、土豆网，还有酷 6 网、56 网等，一些门户网站如搜狐、新浪、央视国际等也进入该领域，它们的传播模式借鉴了 YouTube，上传到网站共享的视频多为网友自己拍摄。视频分享网站初创阶段一直处于“跑马圈地”状态，2007 年以前，企业把对盈利模式的探索和营收放在了次要的位置，将提升用户体验和增加视频数量和访问速度为首要任务，此阶段网站开始从培养用户为主向注重商业模式转化，通过购买版权来吸引广告主、减带宽降低成本、大肆招募销售人员，逐渐将盈利放在了首位。2011 年到 2013 年网络视频行业市场格局逐步成熟，一波上市潮和并购潮在行业内出现，促进行业的整体良性发展。比如，2005 年上线就拥有 8000 万粉丝，以“每个人都是生活的导演”为宗旨的土豆网（Tudou. com），2011 年在美纳斯达克上市；2006 年优酷网上线，本着“快者为王”的产品理念和“世界都在看”的目标，

[1] 图表来源于中国互联网信息中心发布的《第 47 次中国互联网络发展状况统计报告》http://www.cnnic.net.cn/hlwfzyj/hlwxzbg/hlwtjbg/202102/t20210203_71361.htm

很快成为互联网拍客聚集的阵营，兼具影视、综艺、资讯三大内容形态，互联网、电视、移动三大终端，贯通视频内容制作、播出、发行三大环节，成为真正意义上的互联网电视媒体，2010年优酷网在纽约证券交易所挂牌上市，成为全球首家在美独立上市的视频网站。2009年酷6网加盟盛大集团，与华友世纪合并后于2010年登录美国纳斯达克；2010年乐视网凭借自身强大的资源与独特的运营模式在国内创业板挂牌上市；2011年人人公司以8000万美元全资收购56网，2012年，优酷和土豆合并为“优酷土豆股份有限公司”；2013年百度3.7亿美元收购PPS视频业务，并将PPS视频业务与爱奇艺合并；2013年苏宁2.5亿美元投资PPTV，完成网络视频的收购布局。经过这一系列重磅并购洗牌后，网络视频市场份额进一步趋于集中，行业整合逐步定局。据易观智库2011年二季度发布的数据显示，优酷网、土豆网、搜狐视频分别占据中国网络视频市场广告收入的前三位。

短视频成为移动互联网时期“媒介之王”，多屏互动与移动视频成为新增长点。据艾瑞咨询调查，电视机开机率2010年在北京地区下降至30%，2012年在上海地区跌到27%以下，随着移动互联网和5G时代的到来，整个文化正在经历一场革命性变化，从以语言为中心转向以视觉为中心，短视频成为新媒体和社交媒体平台上实时分享的新型传播方式，我国网民每天大约有1/3以上的时间用在社交媒体上，微信的月活跃用户突破10亿，90后、00后成为主要力量，他们热爱社交，乐于接受新鲜事物，喜欢在社交媒体上分享信息。越来越多的社会新闻及现场新闻以短视频的方式，在社交媒体上经过不断被转发分享，演变成社会热点。[1]

2020年中国短视频用户规模迅速增长，同时短视频平台进军支付领域，比如字节跳动、快手等公司通过收购方式获得支付牌照，完善生态布局，有利于他们后续的精细化运作和业务拓展。同时短视频平台尝试国际化，2020年抖音海外版TikTok全球下载量达6.26亿，列全球第一，在苹果和谷歌系统内产生收入4.21亿美元，列全球第三；快手在韩国、俄罗斯、越南等国市场表现突出。

---

[1] 长沙晚报：《短视频——媒介融合“利器”》，2019-09-18 https://lmtw.com/mzw/content/detail/id/175832

短视频应用迅速占领海外市场，但也面临政策监管的风险。[1]

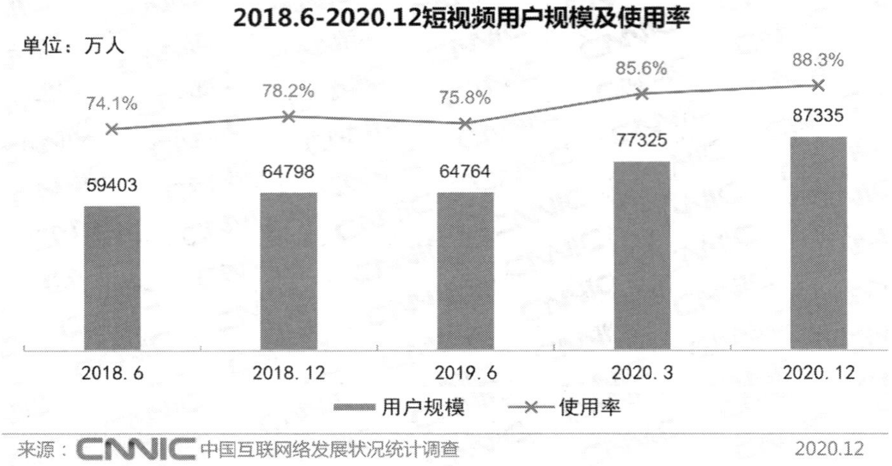

图 5-3 2018.06-2020.12 短视频用户规模及使用率

（四）微博预示着网络传播的社会化时代到来

微博是基于用户关系的信息分享、传播以及获取平台，允许任何人阅读或者只能由用户选择的群组阅读，以140字左右的文字更新信息，并实现即时分享。微博的代表性网站是 Twitter，Twitter 意为小鸟的叽叽喳喳，引申为个人的表达欲和分享欲，是 2006 年 3 月由美国人埃文·威廉姆斯（Evan Williams）创立的社交网站，它的出现把世人的眼光引入了一个叫微博的小小世界里。2007 年，国际间共有 111 个类似 Twitter 的网站，截至 2010 年 1 月份，该产品在全球已经拥有 7500 万注册用户。国外 Twitter 的“大红大紫”，令国内有些人坐不住了，曾任优酷网首席科学家的李卓恒于 2007 年 4 月创办叽歪网，从校内网起家的王兴同年 5 月创建饭否网，2007 年 8 月腾讯滔滔上线，但国内微博一直不温不火，直到 2009 年 8 月，“新浪微博”的出现，微博才正式进入中国网民的视野。此后，网易、腾讯、搜狐等门户网站先后推出了微博服务，开发了 PC 版、手机版、iPad 版，性能也在不断更新，增添了“@ 功能”“私信功能”“评论”和“转发”

---

[1] 数据来源于中国互联网信息中心发布的《第 47 次中国互联网络发展状况统计报告》http://www.cnnic.net.cn/hlwfzyj/hlwxzbg/hlwtjbg/202102/t20210203_71361.htm

的功能，彰显了媒介延伸的人性化趋势。

2010 年是微博快速成长的一年，它凭借平台的开放性、文本的简洁性、终端的移动性，快速发展为重要的社交媒体。微博“打破了传统媒介的垄断，使多元性、小规模性、双向互动性、平等性的自主性传播行为得以实现，这对于新的社会舆论环境的形成和发展无疑具有重大的影响”[1]。2011 年 9 月 27 日“上海地铁追尾事件”中，第一条带图片的微博出现于 27 日 14 时 10 分，由新浪微博网友“季法师”发布，微博称“现在地铁十号线两车相撞了，大家保佑我们吧!”短短 2 个小时，此条微博转发量超过三万，人民网、新浪网、腾讯网等互动平台均开设专题实时直播，真正创造了一个 “人人都能发声，人人都可能被关注”的微博时代。第 27 次中国互联网络发展状况统计报告（2010.12）首次将微博作为一种独立的交流工具进行数据统计分析，中国的微博用户量在 2010 年底是 6311 万，而半年后的 2011 年 6 月底，猛增到 1.95 亿，微博用户半年中的增幅高达 208.9%，微博成为中国网民媒介使用的主流应用，这又进一步巩固了微博在媒体矩阵中的重要地位。根据《2011 上半年中国网络舆情指数年度报告》（中国传媒大学网络舆情研究所发布，2011 年 7 月）显示，网络热点事件中 18.8% 的源头是微博，随着微博用户的快速增长，中国舆论的重心正在向微博转移。微博创造了网络社区的公共领域，这一公共领域的舆论反过来影响和引导着现实社会舆论，微博话题也从日常琐事转向社会事件，逐渐发展成为介入公共事务的新媒体，演变成为大众化的舆论平台，吸引了大批重度用户，越来越多机构及公众人物都通过微博来发布或传播信息。

在经历了 2010—2011 年爆发式增长后，中国微博用户从 2012 年开始进入了一个相对平稳的增长期，但微博用户行为却发生变化。2012 年下半年 PC 端微博用户出现停滞甚至下滑，而手机微博用户规模却出现急剧上涨，达到 2.02 亿，造成这一趋势最主要的原因是智能手机的普及使得大部分年轻用户转移到手机微博。2012 年底 65.6% 的微博用户使用手机微博，截至 2013 年 6 月底，我国微博网民规模为 3.31 亿，网民中微博使用率达到了 56.0%，中国微博市场用户规

[1] 陈建：《社会化媒体舆论表达的民粹主义隐忧——以微博客的舆论表达为例》，《东南传播》，2010 年第 11 期，第 39-41 页。

模已基本稳定和成熟；2020年，微博月活跃用户达5.23亿，同比增长3700万，每天活跃用户2.29亿，同比增长1800万，月活跃用户中，30岁以上用户占比23%，30岁以下的占比77%。[1]微博集娱乐、休闲、社交、营销于一身，满足了人们在碎片化时间里弱关系低强度的上网沟通需求，无论是从体量还是影响力上看，微博成了大部分网民上网的“入口级”应用，成为网民获取信息的重要途径之一，成为新媒体行业中拥有较大曝光流量的平台之一，与此同时，微博也成为广告主日常投放中不可或缺的重要渠道。

（五）微信

莱文森说媒介的每次演变都是为了弥补上一任媒介的不足，以使其接近于人与人之间面对面的交流，更加贴近于人自身。手机成为信息终端使得我们和不在场的人的信息交流所花时间几乎为零，微信是专为手机打造的一种即时通信工具，以不为人所注意的形式使它慢慢影响并左右我们的生活及思维。

2011年，腾讯推出了一款手机聊天软件，带给人们全新的移动沟通体验，类似的软件还有米聊、开心飞豆、飞信等。2011年1月21日，微信1.0版本上线，433天用户数达到1亿，上线2年用户数达到3亿，其功能定位经历了从短信到平台又到SNS社区的过程。

微信1.0版本功能单一，平淡无奇，“能发照片的免费短信软件”是其产品定位。2.0推出的语音对讲功能，促使微信的用户规模实现爆发，相比免费短信，语音对讲在交往的深度上更进一步，并且能够实现语音的延时交流。此后推出的微信2.5和3.0版本，在熟人社交的基础上又集成了陌生人交友的功能，推出了查看附近的人、摇一摇和漂流瓶的功能，新场景应用使微信成为一款弹性社交应用工具，用户数就实现了暴涨，并把国内同行都远远地抛下了，奠定了其在国内移动通信App中的巨无霸地位。微信3.5版本有了二维码功能，分享二维码名片使微信社交从熟人到网络陌生人再拓展到线下陌生人，使线上线下社交关系链打通。微信4.0版本增加了朋友圈功能使其更像是一个SNS社区，盘活了个人沉寂多年的关系网络，同时因为有了更多共同的话题、共同的信任，

---

[1] 艾媒网：《微博月活跃用户达5.23亿，2020中国移动社交行业用户画像及行为分析》，https://www.iimedia.cn/c1020/74841.htm

促进了人与人之间的更多连接，因为有了微信朋友圈，人与人之间单线联系变成一个密集的分布式网络关系，每个人都成了这张密集网络中的一个重要结点，微信的社交功能也就更加多样化，如果说微信做了陌生人社交功能后奠定了它移动互联网巨头的地位，那么，朋友圈就是一个让巨头地位永固的功能。2013年微信5.0版本发布了游戏中心、微信支付和表情商店，这三个功能志在让微信实现商业化，从此微信由社交领域向娱乐和商业领域迈进，2013年成为微信的商业化元年，事实证明，游戏中心确实是成功的，它使腾讯股价实现了大规模上涨，微信支付也在2016年实现了盈利。据腾讯2020年第三季度公布的数据显示，微信及WeChat月活跃用户达12.1亿，市场预估为12.1亿。

图5-4 2011-2019微信月活跃用户[1]

微信以语音短信这一独有功能在众多移动社交应用中打开市场，经过多次版本升级后，它彻底颠覆了传统的文字短信模式，建立了纵横交错、立体化的社交链，覆盖了工作、生活的多层次需求，即时互动、视觉和听觉的冲击力让信息变得更加有吸引力，趣味性的应用带来更高的用户黏性，沟通也变得更加

[1] 图表来源于《2019微信年度数据报告的分析洞察》，http://www.woshipm.com/evaluating/3310778.html

人性化。随着其社交功能和商用价值被开发，对社会的影响也越来越明显，曾有人断言当微信成为一种生活方式时，它就是短信死亡的信使、微博的替代品，事实是否真如人们的预言一样？2013 年艾媒咨询的微信用户分析显示，微信用户主要使用“文字信息聊天”“语音对讲”功能，有 46.5% 和 41.1% 的用户使用“摇一摇”和“查看附近的人”功能，表明陌生人交友的功能更受单身人群欢迎。用户关注最多的是资讯类平台，占比达 65.7%，其次是搞笑、玩乐类公众平台和科技类平台，占比分别为 37.1% 和 31.4%。因微信平台产生的信息量不足且实用性不佳，实际营销效果和用户黏性比预期低，利用微信公众平台进行营销并非最理想的方式。[1] 而到了 2019 年，微信小程序、微信电商、微信支付稳步增长，其中增速最猛的是工具类小程序，增长 65%，其次则是商家自营微信小游戏，增长 51%，小程序日活突破了 3 亿，相较 2018 年，2019 年的用户人均使用小程序的个数翻番，增长 98%。微信在电商领域的发展由小程序带动，虽然不能判断这个交易额中有多少是来自电商类小程序，但可以大致猜测电商类小程序贡献了很大一部分交易额，未来，微信将重点建设商业交易场景，助力商家打造属于自己的商业闭环。相较 2018 年，2019 年玩家使用的小游戏人均款数提升了 45%，2019 年微信小游戏走进了更大的年龄层，走进更下沉的区域：30 岁及以上玩家占比从 2018 年的 59% 提升至 66%，三四五线用户的占比也从 2018 年的 55% 提升至 57%。微信支付成了支付人数增速 TOP3 行业，支付人数增长最快的是政务行业，增速 190%，其次是医疗，增速 108%，第三是教育领域，增速 80%，无论是政务办理、医院预约挂号买药还是教育缴费都使业务流程快捷便利，改变了人们办理公共事务的理念和方式。[2]

从诞生那天起，微信承载的功能随着版本的更新不断提升，由导入熟人关系链、陌生人关系链、线下关系链，到盘活关系链，最后完成商业化，形成一条完美的演化路线。在中国，微博具备表达意见、监督社会、彰显正义的舆论功能，而微信则正在成为一种生活方式，传达社会正能量、跨界的商用价值越

---

[1] 数据来源于艾媒咨询：《2013 中国微信公众平台用户研究报告》，https://www.iimedia.cn/c400/36689.html

[2] 数据来源于《2019 微信年度数据报告的分析洞察》，http://www.woshipm.com/evaluating/3310778.html

来越被发掘和利用。目前，我国即时通信用户规模达9.81亿，手机即时通信用户规模达9.78亿，新新媒介作为举足轻重的媒介，有着庞大的用户群和影响力，给社会带来的变革也是显而易见的。

第二节 新新媒介改变了什么

每一个媒介的使用者都会有这种感觉，当我们习惯使用一种新媒介的时候会逐渐习惯依靠它，就像我们依靠我们的眼睛、耳朵、嘴巴和手指一样。如麦克卢汉所预言的，媒介成为我们的延伸，成为我们参与交流的肢体和头脑的替代品。但是莱文森也告诫我们，新新媒介赋予我们生产和自我投射的非凡的能力，它成为我们身体、生活、欲望的延伸，但同时它又属于它自己，这一点耐人寻味。伊尼斯认为我们对其他文明的了解，在很大的程度上，有赖于这些文明所用的媒介的性质，也许还可以说，一种新媒介的长处，将导致一种新文明的产生。[1]那么我们现在来看一看新新媒介具有什么样的特征，它们在全球的兴起与广泛使用会给我们的世界带来什么样的变化和影响？

一、新新媒介的特征

相较于旧媒体，新媒体的偶发性、碎片化特征明显，那么如Twitter、Facebook、微博、微信等新新媒介除了拥有新媒介的特征外，它们又具有哪些自身的特征呢？

（一）新新媒介的一个首要特征就是它的消解性

新新媒介无论是对传统媒介的边界还是对主流媒体权利都体现出了较强的消解力量，它消解了传统媒体（电视、广播、报纸、通信）之间的边界，消解了信息发送者与接收者之间的边界，消解了国家与国家之间、社群之间、产业

[1][加]哈罗德·伊尼斯著，何道宽译：《传播的偏向》，中国人民大学出版社，2003，第28页。

之间的边界。保罗·莱文森说："电报使新闻的发布发生革命性变化，记者能立即向报馆发回报道……博客使新闻和舆论的传播超越了电报的阶段。它允许'报道者'即每个人可以把自己采写的报道立即用博客发布，向全世界发布，而不是在报纸上刊载。因为博客由自己编辑，所以它可以是博客人自己喜欢的任何东西，这就与报刊不同了。"[1]每一个新闻从业人员内心都会有一个清晰的概念，那就是"新闻是正在发生的事实的报道"，在传统的媒体环境中，记者才是那个身处现场讲述事实的人，新闻自由赋予他们新闻豁免权和优先权，非新闻人员即使在现场，也只能被报道，被专业媒体剪裁他的观点、视角。如今，媒体环境改变了，新新媒介赋予了每个公民发布信息的自由和便利条件，每个在场的人都变成了专业记者的竞争者，这种传播的个性化或去专业化是新新媒介最典型的特征之一，它消解了专业记者和业余爱好者之间的界限。据美国著名的互联网新闻博客 Mashable 综合华盛顿邮报、Pew 研究中心和路透社的研究得出："传统媒体强势主宰力不再，社群媒体正渐渐取代传统媒体成为多数人的新闻来源，50% 以上的民众是从社群媒体得知即时新闻，早于官方消息；2012 年网路新闻媒体的营收已超过印刷新闻媒体；27.8% 的人会透过社群媒体获取新闻资讯，仅次于电视及报纸；2009 年至今，自社群网站导入新闻网站的流量成长了 57%。"[2]这是否意味着在新新媒介占主流的时代，传统媒体的报道可以被取代或者会消失？在莱文森看来，答案是否定的，他斩钉截铁地回答："在新新媒介的新闻业时代，旧媒介的报道仍然是需要的。旧媒介和新媒介的共生关系和相互促进关系是不可否认的，也是充满活力的。"[3]如今我们可以更清楚地看到，电视从博客、微博、Twitter 等媒介对电视节目的宣传受益，报纸、广播电视又从新新媒介获得分析和观点。对于这个问题，魏武挥也有类似的看法，他在接受记者采访时说："新媒体和传统媒体其实属于两个维度的问题。有些事情，如果没有新媒体，可能不会被公众关注，但是如果只有新媒体，那么很可能被关注几天就偃旗息鼓了，只有引起传统媒体跟进，才能引起受众的官方

[1]［美］保罗·莱文森著，何道宽译：《新新媒介》，复旦大学出版社，2011，第 18–19 页。

[2] Planet：《社群媒体渐渐取代传统媒体成为主要新闻来源》，摘自《科技报橘》http://new.iheima.com/detail/2013/1100/28592.html

[3]［美］保罗·莱文森著，何道宽译：《新新媒介》，复旦大学出版社，2011，第 53，55 页。

关注。所以我认为，新媒体能曝出很多事，传统媒体才能曝出大事。”[1] 1962年麦克卢汉就敏锐地意识到电子媒介正在把世界变成“地球村”，直到新新媒介的兴起使得国际范围内互动参与者出现以后，“地球村”的预言才真切地显现在世人面前。

（二）第二个重要特征是碎片化

随着技术的发展，传统媒体市场格局发生了变化，原来由上而下的集中化信息传播模式发生了逆转，新媒体的“平民化”使得信息传播权力下移，加之电脑、iPad、手机或者其他嵌入式信息终端的多样化和移动化趋势，碎片化的时间消费碎片化的内容，这将是移动互联网用户的特征。碎片化不仅象征着传统媒体版图的瓦解，同时还显示出社会凝聚力的消解。碎片化传播不仅是指信息来源的多元、信息文本的零散和信息要素的不完整性，还包括对信息解读的异质性。在新媒体环境中不可能再出现广播时期社会意见的集中化和一致性，依托新媒体而形成的社会意见是各种碎片意见碰撞、冲突的过程。终端市场碎片化的背后是内容的碎片化，如微社交、微视频、微电影的兴起，而碎片化的内容正是由于去中心化造成的，新新媒介的用户充分利用碎片化时间上传个人关注的信息或者画面，他们散落在世界各个角落，如同街角的摄像头一般全景式扫描着社会的进程，消解了主流媒体的权威性，新媒体对于传统媒体的“颠覆”或许也就在这里了。

（三）第三个特征是社交化

莱文森在《新新媒介》一书的开篇就称“新新媒介的固有属性就是社交”，这也是为什么新新媒介很多人称之为“社交媒介”的原因，这些媒介具有很强的参与性、民主性和包容性，既有非专业人士的外行话，也包含了精英人士的专业见解，有助于在圈子里产生“认同感”。Facebook、Twitter、微博、微信等社交媒介把人与内容的关系拓展为人与人的关系，建立起以“人为中心”，而不是以“内容为中心”的传播机制，吸引有兴趣的公众主动参与其中，具有很强的话题黏性，用户的参与性热情很高，这种既是消费者又是传播者的双重身份，更容易使他们对所传播的内容产生认同感。社交媒体的“圈子”属性明显，

---

[1] 袁楚：《新媒体的碎片化本质》，《互联网天地》，2010 年第 8 期，第 55-56 页。

人们或基于相同的爱好、习惯，或基于相同的职业，在网络上迅速地聚集成一个个“圈子”，分享内容、经历、生活甚至是技术，这些自动聚合的小圈子突破了国界、地域的限制，从而真正实现了“地球村”的理想。

2015年，在中国媒体发展史上是重要的一年，因为这一年中国用户花费在数字媒体上的时间超过传统媒体，社交媒体用户呈现快速增长态势，日趋主流。社交媒体用户在城市居民中的百分比已经从2013年的28.6%上升到2014年的34%，网民在微博上除了热衷于讨论娱乐和社会舆论类资讯，还注重个人生活类信息的获取和互动。[1] 2020年GlobalWebIndex（GWI）发布了第一季度《社交媒体趋势报告》，在全球范围内，用户平均每天在社交网络和聊天应用上花费2个小时24分钟，社交媒体消费持续攀升。但数据趋势显示市场趋于临界饱和点，娱乐性成为使用社交媒体的第三大理由，16—24岁的用户把“寻找搞笑和有趣的内容”列为他们使用社交媒体的主要原因（45%），其次是用社交媒体来打发时间（43%）以及实时跟进新闻和时事（40%）。社交媒体用户年龄结构呈现多元化：90后成为最大人群，70、60、50后份额均呈现不同幅度的增长。热门关键词主要围绕娱乐及社会舆论类话题，如热门电视节目、明星、网络视频等，社会舆论类关键词如环境、安全、违法等。[2]

（四）第四个特征是移动化

张朝阳曾说，在未来的互联网业务竞争中，终端非常重要，媒介演化也不可避免地走向了终端之争，终端的移动化已成为趋势。2019年4月中国新闻出版研究院发布《第十六次全国国民阅读调查报告》显示，超过半数成年国民倾向于数字化阅读方式，倾向纸质阅读的读者比例下降。据京东图书与第三方的调研显示，2019年中国线上图书用户不同阅读形式中，电子书占94.1%，纸书占77.0%，听书占64.1%，55.6%会阅读报纸/杂志。随着5G和物联网时代的来临，网络音频的渗透率继续提升、用户收听习惯不断养成，听书阅读逐渐成为阅读新方式。从阅读频次来看，纸书月均阅读35.8次，听书有40.9次，听书由于更加方便，用户的单次阅读时长也更长，单次阅读纸质书在一小时以上的用

[1]《2015年中国社交媒体核心用户数据分析》http://www.199it.com/archives/362161.html

[2]《GWI：2020社交媒体趋势报告》，http://www.199it.com/archives/1068188.html

户占比22.4%，听书则有32.2%。国民阅读习惯的改变，推动了整个图书市场向线上化、数字化、智能化转变，数字阅读已成为主流阅读方式。

媒介的移动化是一种手段，也是媒介顺应时代与技术发展的必然选择，而移动网络及移动终端也不再仅仅是与消费者相连，更逐渐深入甚至是重构了新闻的产值和消费模式，形成了随时随地生产和消费信息的习惯，而这种强大的习惯力量将会逐渐转变为新媒体习惯。

（五）第五个特征是跨界融合

网络媒体天然具有互动的功能，但很多互动完成于媒体之内，比如评论、跟帖。但新新媒介具有很强的连通性，它可以将不同的媒介产品、媒介渠道连接起来，同时也可以将线上线下的公众连通起来，这种跨界融合的特点，使得多平台互动成为现实，在多种链条、多种传播的碰撞中实现传播效果的最大化。

随着移动互联网、移动终端以及5G技术和人工智能技术的发展，在技术融合的基础上叠加场景融合，使媒介跨界融合在范围、层次和程度上进一步拓宽、加深。尤其是2015年以来，传统媒体两微一端全面发力，音视频、游戏深度融合，各类媒介力量在充分发挥自身优势的过程中，通过与互联网分发平台和技术公司合作，使媒介在内容、业务、技术、行业等领域的融合有了进一步加深。例如，中央电视台联合新媒体平台推出《国家宝藏》节目，通过移动端互动参与形式向观众展示历史文物，给这档历史文化类节目融入新元素吸引年轻人，产生极好的口碑扩散效应；河南电视台2021年春晚、端午节，将传统文化资源与技术融合，通过仿真技术、沉浸式的故事场景展开与现代文明的对话，创造出符合时代价值观和审美需求的媒介内容产品。在业务融合领域，“中央厨房”极具代表性，“中央厨房”对传统的“记者前线+编辑后方”模式进行了延伸和深化，使之呈现出“数据支撑+记者出镜+可视化融入+内容推广+产品统筹”的多线性合作模式。[1]

媒介的演化趋势让我们清楚，“媒介融合意味着一种或者少数几种媒介能

[1] 陈硕、李昭语：《媒介跨界融合的现实瓶颈与“智慧”转型研究》，《新闻爱好者》，2019年第7期，第90-93页。

做越来越多的不同的事情，这是媒介演化的重要原理”[1]。媒介技术的每一次进步不仅浸透着人类渴望突破自身交流困境的努力，而且还在不断塑造着人与社会的未来，“任何媒介的终极影响都是一个方程式，一切人共享的普世特征要数倍于每个人所在的那个文化的具体特色”[2]。

二、新新媒介带来的变革

（一）新新媒介的兴起迫使国家赋权于民

公民作为传播主体如何发挥其传播力量，以丰富现有的社会与政治话语、推动社会正义、改革社会积弊，是媒体研究与社会改革的应有之义，而信息传播技术的变革已经让“赋权于民”这个理想成为现实。对于话语权的控制，世界各国都经历了漫长而又复杂的过程。话语权即控制舆论的权力，是指信息传播主体潜在的现实影响力，福柯认为，人与世界的关系是一种话语关系，话语意味着某个团体将其诉求与主张加以传播和影响。所谓媒体的话语权，就是受众的权利表达间接让渡给媒体，而这种让渡与控制是潜在的，因为人们并没有给予媒体直接的权力，但是公众信赖的媒介价值会形成社会舆论影响社会行为。在网络兴起的今天，人们觉得把对社会监管的权力完全交给媒体这些中介机构并不情愿，技术的可能使得他们愿意回收部分的权力，自行通过网络表达观点、瞭望社会。

在中国历史上，“存在着由士大夫阶层践履不绝的公共批评的潮流”[3]，但是他们不具有言论豁免权，所以通常要为自己的言论付出代价。现代意义上的大众媒体产生后，传统新闻媒体本身预设了新闻的来源以政府和精英为主，限制了对议题的观照角度，实际上仍然是由精英供稿和把关并向大众进行信息灌输的媒体，大众的话语权仍被媒体和精英们挟持。网络媒体尤其是新新媒介的崛起创造出一种不受时间和空间限制的协同合作模式，促成一种自我表现的新社会形态，人们共同关心的时事把素不相识的人们聚拢成相互可以交流、并

---

[1]［美］保罗·莱文森著，何道宽译：《新新媒介》，上海：复旦大学出版社，2011，第191页。
[2]［美］保罗·莱文森著，何道宽译：《手机：挡不住的呼唤》，北京：中国人民大学出版社，2004，中文版序。
[3] 林语堂著，刘小磊译：《中国新闻舆论史》，上海：上海人民出版社，2008，第9页。

得出共识的公众，所谓“公共话题”，也远不仅仅局限于所谓的社会大事件，人们可以就任何共同关心的问题，随时展开不同意见的讨论。比如当年郭美美炫富，本身是个网络热点问题，但同时也意味着提供出一个公共话题，人们可以就当前年轻人虚妄的消费观念进行评论，也可就我国的慈善事业的积弊进行口诛笔伐，实际上已经形成了一个规模可观的公共讨论的空间，网民在这个公共讨论的空间里可以相对自由地行使话语权，尤其是以微博、Twitter、Facebook、微信为主阵地的公民写作的崛起意味着公民话语权在多年酝酿后的全面崛起，新新媒介作为一种自媒体介入公共事务之后，带来多方面的重构。

首先，对社会话语空间的释放进一步消弭了传统社会话语权和信息传播权的中心化状态，带来了舆论格局的新变化。2010 年 6 月互联网数据中心（DCCI）统计数据显示中国互联网出现了历史性的拐点，用户产生的内容流量超过网站专业制作内容流量，博客、微博客、论坛、SNS 等应用流量超过了新闻、搜索、电子商务等的总和，网民爆料的首选媒体更多转向微博，中国舆论的重心迅速向微博转移。以 2010 年江西宜黄拆迁自焚事件为标志，“微博”话题从日常琐事转向社会事件，逐渐发展成为介入公共事务的新媒体。宜黄拆迁自焚悲剧从拆迁自焚到网络轰动，从机场截访到“微博”营救，在现实—“微博”—传统媒体—现实的舆论传播轮回中，网络舆论终于撼动了现实的权力：宜黄县委书记邱建国和县委副书记县长苏建国被免职，其余六位参与官员被免职或受其他行政处分。“微博”创造了网络社区的公共领域，这一公共领域的舆论反过来影响和引导着现实社会舆论。在 2013 年 8 月份上海交通大学发布的《2013 年中国舆情蓝皮书》中显示，2012 年持续时间长、关注度高、对中国经济社会文化伦理冲击强烈的特大舆情事件相较于 2011 年明显减少，整体表现出“高频度、低烈度”的特点。传统媒体首次曝光比重下降，微博首次曝光比例增长放缓。2010 到 2012 年三年间舆情事件的数量呈不断飙升之势。与此同时，舆情事件的热度，即媒体关注度和网民关注度也在逐年增高。[1] 近几年，网络热点事件中涉企舆情占比有所上升，经济社会民生焦点多变更易引发舆情，2020 年新冠肺

[1] 资料数据来源于上海交通大学舆情研究实验室、危机管理研究中心主编：《中国社会舆情与危机管理报告》，社会科学文献出版社，2013。

炎蔓延全球使得公共卫生议题牵动舆论神经，突发事件增加社会焦虑情绪，民间舆论场与官方舆论场频繁碰撞，各方利益主体通过相互博弈，展开话语权的争夺，深刻影响社会舆论的生成和走向。

其次，话语权经历了由精英向大众、又从大众向流量转移的过程，即经历了去中心化和再中心化的轮回，即使在媒介赋权于民的今天，现实与网络世界的一系列复杂因素共同构建了话语权力的差序格局。如果说 2007 年厦门 Px 事件和“周老虎”事件标志着市民或网民分别在街头和网上开始社会舆论运动，那么 2010 年宜黄拆迁自焚案中钟如九自始至终的手机拍照、录音、“微博”求救，则显示普通民众通过自媒体实现自救的媒介素养的提升和公共意识的崛起。“微博”无疑给了公众表达的平台，并由他们自设议题进入公共视野，打破了过去只有媒介机构才能发布信息、特定阶层才能作决定的状况。根据舆情检测，在 2009 年中 34% 的社会议题是由网络草根推动的，2010 年这个比例上升到 46%，网络话题在社会生活中的影响力正在快速提升。同时，话语权的转移不仅表现在公众可以有更大的空间和更自由的手段实现表达，还表现在人们对公众人物和精英人士使用反讽话语进行批判和启蒙，比如从名人的微博骂战到流量明星、网红博主的粉丝互撕，众多社会精英遭遇个人形象危机，又通过社交媒体进行个人形象的重建与救赎。

移动互联的时代，看似“人人都有话语权”，其实对于普通个体来说，他们握着的“麦克风”音量微弱，在敏感话题或个体命运的遭遇中是很难通过发声获得救赎，只有通过社交媒体上的“意见领袖”或者平台的青睐才可以影响舆论的走向，“他们或者作为强势内容源，向人们提供独家的或高质量的信息、知识、见解；或者作为信号放大器，促进某些信息的迅速传播；或者作为流向调节阀，影响信息流动的方向；或者作为‘意见气候’的营造者，影响着舆论的形成”。[1] 互联网经过了几十年的发展，人们经历了网络赋权、平权、再集权的过程，虽然未必赋予所有人平等的话语权，但它确实打破了原有的话语权力格局，尤其是 2020 年以来围绕新冠肺炎疫情展开的网络讨论，涉及大数据时

[1] 彭兰：《网络社会的层级化：现实阶层与虚拟层级的交织》，《现代传播》，2020 年第 3 期，第 9–15 页。

代社会管理模式的变革，也涉及家国情怀、人类命运共同体的宏大叙事，更少不了个体在重大社会事件中个人命运的书写，这既是话语权的释放，也是主流话语与民意互动下的社会变革进程。

第三，在中国，微博、微信、论坛等社交媒介的社交功能淡了一些，作为“精神器物”的象征，对公平正义的期许和追索表现出空前的热情。微博等自媒体的崛起让公众参与公共事务成为可能，并为社会事务的解决提供多重声音和鲜活的观点，有着共同兴趣和话题的人由此连接，建立起网络社群，他们借由此社群关注社会、发表观点、参与讨论，他们的观点经由网络汇聚成有影响力的舆论，使人们获得“更丰富的可供选择的新闻来源，他们越来越自信，也越来越丧失对传统新闻媒体的敬畏”[1]。转型中的中国社会与微博相遇注定会改造微博原有的功能，削弱其社交功能，将它自然而然地改造成表达意见的公共平台，比如，在主流媒体通道不畅的情况下，微博成为新闻发布的前线；在主流媒体无法直接表达民众声音的情况下，它是民间意见发布的主要阵地。这两个特征在一系列网络热点事件中表现得十分明显，就拿微博兴起之初“郭美美事件”为例，2011 年 6 月郭美美的微博被天涯社区网友扒出，其真实身份在天涯社区引发激烈的讨论和猜测，郭美美的微博迅速被围观，加之此前红十字会“天价餐费”事件被曝光，引发网友再次质疑红十字会是否存在贪腐现象，一批草根“微博”充当了信息“挖掘机”角色，慢慢扯出红十字会、高官、富二代、私生女、“小三”等挑逗中国人神经的字眼，加上现场直播式的人肉搜索，新浪“微博”协同天涯社区掀起一场全民追踪郭美美的浪潮，中央电视台、《人民日报》《南方都市报》等传统媒体开始关注并报道郭美美事件，原本看点在于美女、炫富、豪车的社会娱乐事件，最后演绎成全民讨伐以红十字会为代表的中国慈善事业的公共事件。从上海 11.15 特大火灾到 7.23 动车事故，从宜黄强拆自焚案到河北黄骅官方强拆案，从“我爸是李刚”到郭美美炫富，网友们对滥用公权的不满情绪累积爆发，对“公平正义”追索也达到高潮。

新新媒介的出现实际上已经对专业新闻机构的权威地位和主导作用形成了

---

[1] 蔡雯：《从媒介主导到公众分享——在美国看新闻传播》，《新闻记者》，2005 年第 2 期，第 69–71 页。

质疑，正如哈贝马斯所说：“互联网并没有什么意识形态功能，它所具有的新东西是，它可以让人以一闪眼的速度在随意的一些私人之间建立一种水平方向的联系……它能够创造种种新的联系，在迄今不曾有过的公众领域，建立起文学的、科学的和政治的公众领域，它也能够肢解现有的公众领域，因而使富有意义的联系化为乌有。”[1] 值得我们注意的是，在网络铺展到的每一个地方，能看到新闻传播在专业新闻媒体之外的运转，如药家鑫杀人案、杭州保姆纵火案、江歌案、山东辱母杀人案、长生疫苗事件、翟天临“学霸”人设崩塌事件、席卷全球绵延至今的新冠肺炎疫情等网络热点事件，网友通过网络连接，由下而上创造出一个全新的、融合集体智慧的新媒体，它们借由互联网的分享精神，让每个人、每个团体都可以发布和连结自己感兴趣的新闻、创造自己理想中的媒体。随着移动网络的铺展、智能手机的普及，人们随时随地网络互连，在重大事件中追踪热点、表达观点，他们关心的议题可能引起其他社群媒体或大众媒体的注意，让信息得以进一步传播，观点得以进一步讨论，让分众的议题有机会成为大众的话题，这些话题借由论坛、微博、微信等渠道分享、讨论形成一个个民间舆论场，这不是单纯的信息传播活动，它体现了网民之间的社会关系、价值观以及心理不同层面的文化认同。

（二）新新媒介的自媒体特征使得网民个性化显现，社交网络既是个人生活的秀场，又是社会公共生活的舆论场，网民透过这个平台实施了一场又一场个人命运的救赎

2011 年 5 月中国社会科学院社会学研究所发布了社会心态蓝皮书《2011 年中国社会心态研究报告》，报告中称从用户使用微博的目的来看，“关注自我”是最主要目的，首先是表达自我情感（74.3%）、记录生活与成长（59%），其次才是与别人分享一些信息和观点（55.7%），可见，微博已成为中国自媒体用户自我宣泄和表达的空间。

微博伊始的 2011 年，人们通过微博上演了一场场触动人神经的生活秀，“微博”求婚、偷拍、自杀、选美、炫富等等。胡泳在《众声喧哗》中说：“在网络时代，我们越来越多地被迫同我们从未见过面的陌生人交往，结果是个人

[1] 王正鹏、薛华：《哈贝马斯访谈》《当代国外马克思主义评论》，2001 年（辑刊），第 1–3 页。

受到空前的压力，有披露自己私生活细节的欲望，同时却无法预估观者的反应……在互联网时代，普通人感受到同样的压力，为了向陌生人投射一种一以贯之、能够留住记忆的形象，必须显示自己无可隐匿，为了吸引注意力和赢得虚拟观众的信任，许多人发现自己难以抵挡‘宽衣解带’的诱惑。”[1]撇开道德与价值观念的高尚与否不谈，单就“微博”的功能而论，它确实承载了用户释放情绪、记录生活、发表观点、吸引眼球的多元价值诉求。

如果上面的生活琐记、情绪释放是一种简单的个人生活秀，那么，一部分弱势群体通过“微博”表达不公，将网上的话语运动与现实中的干预行为结合试图实现个人命运的救赎则是另一种层次上的话语要求。2011年沈阳夏俊峰杀人案，夏俊峰的妻子张晶开通新浪微博，通过微博为自己的丈夫申诉，中国著名童话作家郑渊洁关注了她的微博并为她发声，“如果你认为夏俊峰罪不该死，请用关注张晶的方式表明你的态度”“我恳请最高人民法院依法不核准夏俊峰死刑立即执行”“本微博征集万人联名恳请高法对夏俊峰刀下留人”，郑渊洁的微博发声矛头直指民意最为激愤的城管制度，呼吁最高院不核准夏俊峰死刑，且不管这种呼吁的方式是否得当，事实上张晶及其儿子的命运确实得到改变，虽然最终没有改变夏俊峰死刑的结果。在宜黄拆迁自焚案中钟家姐妹，通过“微博”呼救，在“微博”围观和传统媒体适时干预下，宜黄拆迁自焚案最终进入公共视野，经相关部门充分调查和公共舆论的充分表达，宜黄相关领导受到免职撤职处分，很大程度上安抚民意，匡正国家基层干部野蛮执法现象。在民间甚至流传“求人不如求微博”这样一句话，可见“微博”在表达意见、揭露不公、对执法者监督等方面，确实功能卓著。

十年后的2021年微博发布《2020微博用户发展报告》[2]，报告显示：微博用户群体继续呈现年轻化趋势，90后和00后的占比接近80%，女性用户规模高于男性用户，微博从消费、美食、运动、娱乐等各方面渗透到年轻人的生活，成为年轻人潮流文化和生活方式的聚集地；同时微博也依然凸显其强大的公共

---

[1] 胡泳：《众声喧哗——网络时代的个人表达与公共讨论》，广西师范大学出版社，2008，第155页。

[2]《微博2020用户发展报告：用户群体继续呈现年轻化趋势》，http://finance.sina.com.cn/tech/2021-03-12/doc-ikkntiak9143019.shtml

讨论属性，2020年从居家隔离生活到武汉解封，从美国暴动到美国大选，从奔驰女闯故宫到鲍毓明性侵养女案，不断涌现的热门话题引发了微博用户的关注、追踪、讨论，引发微博为主的民间舆论场与主流媒体为主的官方舆论场的博弈。

保罗·莱文森说，媒介互相竞争争夺我们的注意力，它们在多大程度上能够存活，那要看它们是否有独特的性能满足人的需要。数字媒介模糊了地域边界，跨越国界、民族、文化，使媒介原有的存在形态土崩瓦解，新媒介以它与生俱来的民主化、互动性、共享特点满足人们对表达权和个性的欲求，表现出一种有别于既存大众媒介形式的公共性传播活动。从BBS到博客、播客，一直到微博、微信，无论是作为一个信息的发布平台，还是草根秀场、官方代言，它对于传统媒体和社会舆论环境的影响已不容置疑，它是一种承载了各种思想和意念的符号集合，全面展现了人类现有的所有文化形态。

（三）新新媒介创造了一个“处处是中心，无处是边缘”的公共空间

李普曼指出新闻的首要责任是将政治家、专家的决议和行动用公众能够接受的语言来最大限度地告知尚不能自治的公众。杜威却认为现代的大众传播方式使建构“大社区”成为可能，在这种社区里，公众可以了解、更可以积极参与民主管理，民主是一种生活方式而不仅仅是一种管理模式。詹姆斯·凯瑞曾在一系列文章中指出，如果新闻从业者的意图在于促进民主进程中公众更加积极地参与，就必须实现从李普曼式的“告知新闻”到杜威式的“对话新闻”的转向。换言之，媒体要视自身为公众对话的促进者，而不是专家信息的传播者。互联网的兴起，从BBS到门户网站，从博客到微博，日新月异的新媒体改变着舆论生态，重塑我们的公共生活，普通公民和政治上边缘化的人们，再也不用完全依赖传统上占主导地位的广播电视等媒介来构建身份或者表达不满，权力机构的权威地位正在弱化，历史上从未有哪一个时代像今天这样，能让普通个人拥有如此大的话语权和公共空间。

新新媒介消解了传统媒体对社会自我呈现的时间、空间的限制，使网民随时随地参与表达不同意见，在他们的发言中呈现多元、异质和互为主体性的特征，并构成一个讨论的、意见交换的社群，这一情形如同古希腊雅典时代的公民传统，公民每日可以在市集上自由地发表言论并参与公共事务的讨论，只是现在换了地方和方式而已，无须身体在场，只要意见在场即可。他们根据自己的立

场、社会背景或理念，选择自己关心、喜爱的空间投入对话和沟通。戈夫曼将社会生活描述成一出多幕的戏剧，人们透过在场的自我呈现来发展和他人的社会关系，并赋予彼此相互期待的社会角色。在戏剧中我们每个人根据所处的环境、特定的角色以及观众的组成扮演着不同的社会角色。[1]网络上讨论或传递的信息所建构出的并非虚构的社会形态，而是人们现实生活的真实再现，因此，网络沟通的场域正如同一般社会沟通的场域，只不过比传统沟通领域更加多元而异质。

所谓公共领域，汉娜·阿伦特认为就是在一个公共空间中无数观点同时出现，并在交流碰撞过程中产生一个共同的意见，“公共领域说到底就是公共舆论领域，它和公共权力机关直接抗衡”[2]，公众舆论的形成是由具有独立人格的公民就公共利益问题自由、平等地辩论和交流，进行理性批判达成共识的过程。“如果没有具有批判意识的公众的相互交流，即便舆论有公共潜力，也不会发展成一种公众舆论”[3]。哈贝马斯有关公共性的看法，强调了公众的理性沟通能力和公共场域同等重要，若没有理性沟通的公众参与，空有一个公共领域的场域，公共价值无法完整呈现。因此，民意的公共性首先是具有反思与理性沟通能力的公众，其次是具有开放、辩论的公共领域，三是表达上必须反映沟通理性。

人民网舆情数据中心发布的《2020 年互联网舆情形势分析与展望》[4]分析称，2020 年新冠肺炎疫情扰乱了正常的社会生活秩序也搅动着舆论场，公共卫生成为舆论最关心的内容，涉及新冠肺炎疫情的信息居于高位，呈现出舆情与疫情交织的特点，教科文体领域紧随其后，5G、大数据、云计算等内容备受关注，新兴科技日渐成为大众话题，全球局势波云诡谲，大国博弈向舆论场延伸，疫情不确定性及新兴技术的发展将持续拨动舆论。在突发事件和公共议题上，网络“意见领袖”的影响力常常超过媒体和政府在微博中的传播力。目前，

---

[1] 约书亚·梅罗维茨著，肖志军译：《消逝的地域：电子媒介对社会行为的影响》，清华大学出版社，2002，第 2 页。

[2] [德]哈贝马斯著，曹卫东等译：《公共领域的结构转型》，学林出版社，1999，第 2 页。

[3] [德]哈贝马斯著，曹卫东等译：《公共领域的结构转型》，学林出版社，1999，第 247 页。

[4] 人民网舆情数据中心：《2020 年互联网舆情形势分析与展望》，http://download.people.com.cn/yuqing/eleven16003359621.pdf

我国的网络公共空间仍缺乏沟通理性，尤其是那些弱势群体在处境艰难的煎熬下，更倾向于选择以个人暴力的方式宣泄不满，如何对待公共情绪的表达与汇集，是一个非常复杂和考验社会治理能力的问题，尤其是2020年新冠肺炎疫情以来这个问题尤其凸显。

（四）新新媒介带来场景的融合和社会角色的混淆

美国社会学家戈夫曼认为印刷媒介尽可能地维持了私人空间和公共场所的界限，电视则有限度地混淆了私人空间和公共场所，所以约书亚·梅罗维茨说“电视社会意义的重点不是在于电视播放什么，而是其作为一种共享场地的存在，电视为人类提供了最大范围的同时获取讯息的渠道，这是人类从未体验过的”[1]。电视时代，人们只有进入客厅这个共享空间才能看电视、共享信息，如今，无论身在厨房还是卫生间，我们都能看到手机电视，都可以随时与外界保持在线的联系。新新媒介在模糊、淡化甚至消解社会场景区隔上更进一步，不同年龄、职业、教育背景、地理区域、民族文化的不同阶层之间的信息屏障被打破，所有人拥有了同等的权力和空间，所以梅罗维茨说电子媒介促成原来不同情境的合并，而情境的改变导致了像神秘的职业权威消失和名人、英雄的光环不再耀眼，比如，社交媒体上很多名人公开自己的生活、意见、关系，晒自己生活的内容，让很多网友和粉丝觉得拉近了彼此的关系，去掉明星的光环之后的他们，跟我们一样是普通人。很多职业由于技术或者保密的原因不为外人所知，在普通人眼里是很有权威性和神秘感的，可是你不妨试一试，只要在维基百科、Google、百度等搜索引擎上搜一搜，任何职业的神秘感都会消失，所以梅罗维茨说这种权威的消失，不是由于权利的大小，也不是由于金钱的多少，而是由于是否了解有关权威“后区”行为的信息。社会场景区间的融合导致人们地域感消失，而更多人担心的是私人空间和公共空间的模糊，会导致隐私的侵害和网络暴力的出现，在莱文森看来，“穿睡衣的博客人”和坐在“60分钟”直播室里的丹·拉瑟一样，场景的不同并不影响他们追求和发表事实真相的信念和能力。

梅罗维茨的媒介情境论认为，媒介的变化必然导致社会环境的变化，而社

[1]约书亚·梅罗维茨著，肖志军译:《消逝的地域: 电子媒介对社会行为的影响》，清华大学出版社，2002，第76页。

会环境的变化又必然导致人类行为的变化，每一种独特的行为需要一种独特的情境，不同情境的重叠或混淆会引起社会角色的变化和行为的错乱，人们会感到困惑不解、不知所措。比如，新新媒介造就了一大批宅男宅女，在现实生活中他们都有自己的既有身份，可是他们更愿意沉溺于网络身份，给自己一种暗示或者希望，希望自己就是网络上的身份和样子，他们不愿意重新融入社会，不愿意被人识破在现实生活中的身份，如同莱文森在“第二人生”中所体验的，化身、动画、声音使之更像生活的另一种选择，而不是生活的附属物，它有让人全身心浸淫的魅力，也因此改变了我们真实生活的乐趣、爱情和群体身份。新新媒介在手机的帮助下，使人们随时随地交流成为可能，所以，人们可以在物理场景和手机交流场景中自由穿梭。

“就社会角色变化而言，网络媒介最大的贡献在于使信息控制变得不那么容易，从而动摇了等级制度建立的信息基础，但很难削弱现实的等级制度和权利分配模式，而这一贡献带来了一种新的等级制度——基于话语权的虚拟空间的等级制度”[1]。所以才会有一批传统体制内没有话语权的人集聚网络，与现实社会拥有话语权的个人和机构争夺话语权，成为来自底层的意见领袖，他们利用时机抢占了虚拟空间权利结构中较高的位置，与此对照的是，与现实世界中的等级制度相比，这种权利没有任何物质基础和保障，结构是松散的，是随着话语权的转移而随时变动的，所以使得意见领袖必须扮演特立独行、惊世骇俗的网络形象来维持高关注度和高人气。

第三节 新新媒介的自由与边界

奥威尔在其著作《一九八四》中担心我们的文化成为受制文化，害怕那些剥夺我们信息的人强行禁书毁掉民主自由，而赫胥黎在其《美丽新世界》中担心人们在汪洋如海的信息中变得被动和自私，我们的文化成为充满感官刺激、

[1] 曾莹:《新媒介对社会行为的影响》，《福建广播电视大学学报》，2011 年第 6 期，第 9–12 页。

欲望和无规则游戏的庸俗文化，简言之，奥威尔担心我们憎恨的东西会毁掉我们，而赫胥黎担心的是，我们将毁于我们热爱的东西。目前，微博正用它的自由、开放、交互、参与、共时等特性吸引世界各国网民共同创造一个虚拟的美丽新世界，而这正是我们所热爱的。最初信息分享与保持联络是社交网站早期文化的一大特色，即使它的用户成指数式增长之后，这种文化依然根深蒂固。如今在中国，新新媒介作为社交媒体的功能已经发生重大转变，从单纯的社交工具已经转身为舆论监督的利器，作为一个强大的舆论场，新新媒介对现实世界的影响已经不仅仅局限于简单的个体事件了，而是全面参与并改变着我们的社会，甚至在可预见的将来，它们或将直接改变我们的社会生态和政治语境，而促成这种改变的原生力量就是你——来自社交空间的网民们。随着新新媒介给予普通民众越来越多的话语权，媒介的双刃剑特征也会越发凸显，莱文森喜欢用“枪械、刀子和枕头”来比喻技术的双刃剑效果，他从不否认媒介所具有的各种形式的滥用、欺凌、攻击、煽动甚至是在恐怖主义事件中对人造成的伤害，但是我们是否就因此而放弃技术，继续回到“茹毛饮血”“刀耕火种”的日子呢？对于技术的问题，莱文森一贯坚持的态度就是，“事实上，就技术的好或坏的可能性来看，一切技术最好是被当作刀子来描绘，刀子可以用来切割食物，这是好，也可以用来捅无辜的人，这是坏。刀子和任何技术是被用于好的宗旨还是被用于坏的目的，起决定因素不是技术，而是人，是使用技术的个人或群体”[1]。萧伯纳说得好，“自由意味着责任”，新新媒介给了我们说话的自由，同时也意味着我们应该承担同等级别的责任。

一、对新新媒介舆论场中言论自由的反思

反思之一：网络用户不具备鲜明的专业组织性，不能为大众提供现实可行的参照框架，导致了面对重大社会问题时“高贵的”业余者妨碍了专业人士对问题的专业解读

网络用户因为在同一时间关注着同一事件而集结成网络群体，有着暂时的心理认同，所以作为传统媒体报道的辅助性自媒体，在涉及公共利益的事件中，

[1] [美] 保罗・莱文森著，何道宽译：《新新媒介》，复旦大学出版社，2011，第170页。

微博、Twitter、Facebook 等媒介能够迅速传递信息，向全社会快速而全面地发出预警，搜集、整理和储存详细信息并部分地引导舆论。这个临时性群体的特点又是非常态的，不是目的明确、稳定的社会组织，不具备鲜明的专业组织性，而“组织中权力的行使就是一个群体得以以自己的旨趣对其他群体的旨趣进行框定。换言之，掌握权力的群体对组织的一切活动提供参照框架”[1]。新新媒介的易操作、不容易受监管的特性使得众多用户面对社会重大问题的时候有机会挑战政府和主流媒体的统治性话语，有更多机会表达和获取替代性信息，但是这些信息和观点更多的是从个人观感方面解读，缺乏深入的专业考量，这就使得某一种契合了社会某阶层的观点在网络的流行并对社会现实构成重大舆论影响，而专业人士对此问题的解读却被淹没在大众无根据的喧嚣中。显然，微博并不能为大众“提供参照框架”，古斯塔夫·勒庞在其名著《乌合之众》中对群体特点做了精辟总结：“群体永远漫游在无意识的领地，会随时听命于一切暗示，表现出对理性的影响无动于衷的生物所特有的激情，它们失去了一切批判能力，除了极端轻信外再无别的可能。”[2]当然主流媒体和专家对重大问题解读的缺位和不深入也是造成网民在网络上众声喧哗的一个重要原因，亚当·斯密在《国富论》中告诉我们，专业化和劳动分工是资本主义取得的最有革命意义的成就。安德鲁·基恩在其著作《网民的狂欢——关于互联网弊端的反思》一书中指出，“在 Web2.0 时代，人们的梦想是成为高贵的业余者”[3]，在新新媒介创造的公共空间中，“高贵的业余者将实现专家统治”[4]，在变平的世界里，人们可以任意编辑和发布信息，独立的视频制作者、论坛主、博主等可以随意发布独创的业余作品，没有人愿意雇人评估这些作品的真实性和技术含量，这些信息有可能来源于此领域的专家，也有可能是一个高中没毕业的孩子，“社会创造

---

[1] [美]丹尼斯·K. 姆贝著，陈德民等译：《组织中的传播和权力：话语、意识形态和统治》，中国社会科学出版社，2000，第 8 页。

[2] [法]古斯塔夫·勒庞著，冯克利译：《乌合之众》，湖南文艺出版社，2011，第 23 页。

[3] [美]安德鲁·基恩著，丁德良译：《网民的狂欢——关于互联网弊端的反思》，南海出版公司，2010，第 38 页。

[4] [美]安德鲁·基恩著，丁德良译：《网民的狂欢——关于互联网弊端的反思》，南海出版公司，2010，第 35 页。

了一种能够生产也分配知识、信息和观点的权威机构。为什么？因为这让我们知道该相信谁，我们之所以相信权威机构和报刊的文章，是因为这些文章从那些对真实性和准确性负责的机构发布出来之前，已经经过许多经验丰富的专业人士的研究、筛选、核实、编辑和校对，如果没有这种筛选机制，我们这些普通民众如何能从浩如烟海的信息中辨明真假？”[1]，当网络信息都由业余者编写时，我们要分辨对错就困难了。一个具有讽刺意味的结果是：媒介的民主化最终会导致我们每一个人同时成为业余评论家和编辑。由于越来越多的网络信息未经编辑、修改和核实，我们不得不对任何信息都持批判态度，免费信息并不意味着我们可以不劳而获，最终，我们将为甄别和使用这些信息付出最昂贵的代价——时间。

反思之二：草根话语权与批判精神的缺失，社会精英依然把持网络的话语权

新新媒介的传播特点容易让人得出一个看似正确其实不然的结论：网络时代人人拥有话语权。这是对话语权的误解，在传播学中有个名词叫作“有效传播”，即你的声音是否被听见、被多少人听见、是否能引起这些人的共鸣，以及产生多大的社会影响。早在2011年舆情分析专家沈阳教授在《微博意见活跃群体分析报告》中称，“公共事件中的微博话语权依然掌握在少数人手中，草根阶层要么自说自话，要么受微博意见活跃群体潜移默化的影响”[2]。《报告》基于2011年上半年国内27件重大网络公共事件的微博数据分析，在微博发言最活跃、影响力最大的175位用户中，从事媒体及其相关行业的超过一半。在整个意见活跃群体中，草根人物很少见，他们的影响力、追随者数量都逊于社会各界名人，例如“粉丝”数量综合排名前三位的是黄健翔、周立波、任志强。2011年“7·23”甬温线特别重大铁路交通事故发生后，新浪微博热门话题排前五位博主是：演艺明星姚晨、知名评论家童大焕、《21世纪经济报道》知名记

---

[1][美]安德鲁·基恩著，丁德良译：《网民的狂欢——关于互联网弊端的反思》，南海出版公司，2010，第50页。

[2]万建辉：《武大博导沈阳发现名人及媒介人士掌握微博话语权》〔EB/OL〕，长江网 http://news.cjn.cn/sywh/201108/t1419119.htm

者“想做薛定谔的猫”、“小崔实话实说”和 CCTV 一套节目部副主任许文广，这些博主在现实社会中都是拥有较大话语权的精英，他们的声音通过“粉丝”的转发和关注得到无限扩大，形成话题中心，搅动社会舆论，聚集公众关注，而草根微博只是收发、消化、评论、转播的中转站而已，他们在网络上依然扮演着墙头上随风而倒的“草”的角色，对社会事件既不具备影响力，也缺乏一定的批判精神和独立性。这在 2013 年《新快报》记者陈永洲事件中体现得尤为明显，陈永洲因报道上市公司中联重科财务作假内幕被长沙警方跨省刑事拘留。《新快报》在 10 月 23 日、24 日连续两日的头版发表评论，“请放人”“再请放人”的黑体大字占据了半个版面，“敝报虽小，穷骨头，还是有那么两根的”掷地有声、铿锵有力，新闻理想、言论自由、权力迫害、绝地抗争，社会情绪被瞬间点燃。在中文社交媒体上，网络舆情呈现一边倒的态势，网友纷纷表达对《新快报》的支持，要求警方释放记者，媒体人的声援也整齐划一。只有少数人如《财经》杂志副主编罗昌平先生对《新快报》头版出现“请放人”版面持保留意见，但是，这一观点迅即遭到网民围攻，进而被媒体人整齐划一的声援所掩没。事情在 26 号随着 CCTV 播放的陈永洲的悔罪画面出现了滑稽的拐点，舆论瞬间就出现了空白，然后又一边倒地挞伐媒体缺乏职业道德，随着广东省新闻出版广电局吊销陈永洲记者证的消息一出舆情再次被点燃，据乐思舆情监测系统对该专题的监测统计显示，至 11 月 1 日 11 时，该话题传播量超过 35000 条，参与话题人数突破 15 万人。从舆论动态走势来看，事件的舆情观点有刚开始的同情陈永洲转向了谴责相关媒体及记者的无职业操守，而对陈永洲的处罚决定报道后，网上支持率超过 7 成。天涯论坛总结陈永洲事件折射出中国式舆论“拉锯战”正式形成。在陈永洲事件中“似乎除了微博与微信在流量上有所斩获，没有谁是赢家……更为糟糕的是，中国大多数事件都是这样进行的，只有破坏性，没有建设性，不能在谈判与妥协中共赢”。[1]

微博等新新媒介作为公开的社交平台，历经十几年发展演化为舆论热点事件的传播源头。在全媒体时代，“话语权的争夺也从线下的公共领域转移到了

[1]《陈永洲事件：中国式舆论“拉锯战”正式形成》〔EB/OL〕，天涯社区舆情分析，2013 年 10 月 28 日第 56 期，http://bbs.tianya.cn/post-free-3767133-1.shtml

线上的社交平台，原有的话语权力结构被打破，精英、政府和传统媒体的话语权被分散，同时公共知识分子和公众群体则呈现话语权的涨势”[1]。中国社科院新闻与传播研究所发布的《中国新媒体发展报告（2020）》显示，新媒体已成为中国网民获取新闻信息的重要渠道，人们倾向于通过微信、微博、抖音等新媒体渠道获取信息，半数以上的中国手机网民装有新闻客户端，传统媒体与互联网巨头纷纷渗入直播领域，积极布局超级 App 生态[2]，网络话语权被传统主流媒体矩阵、互联网巨头、网络大 V 们共同把持着，普通人沉淀到“大数据的池子里”，成为各自观点阵营里的摇旗呐喊者。

反思之三：新新媒介成了群体性社会运动的动员工具，一旦被非理性情绪控制，易造成极高的社会成本

互联网最初的媒介形式已被证明为一种强有力的自我表达工具，Twitter、微博等社会化媒体进一步证明了其具备极强的社会动员能力和集体行动的组织手段，它通过草根性的传播在目标群体之中组织起一场场群体性运动，产生一定的社会影响力。在中国，微博打拐、对弱势群体的救助、新冠肺炎疫情防控、被民族情绪点燃的野性消费等都体现了社交媒体强大的社会动员能力。同时，世界各地的社会冲突中也随处可见社会化媒体的影子：在 2020 年美国黑人骚乱、“占领华尔街”运动、“英国伦敦骚乱”等一系列具有全球影响的社会事件中，民众通过脸书、推特、微博、微信等社交媒体推动集体行动和社会运动，社交媒体的动员能力改变了传统社会运动的组织形态和行动逻辑，成为社会运动的发起人、推动者和参与主力。比如，2020 年 5 月美国“黑人遭白人警察虐杀”事件引发非洲裔美国人的群体性愤怒，他们走上街头示威游行，甚至大量民众聚集在白宫外表达愤慨，打砸抢烧大规模暴乱态势很快蔓延至全美 38 个州 48 座城市，民众焚烧国旗、袭击警车、向警察投掷石块和水瓶，十几个州出动国民警卫队制止暴乱，警察用橡皮弹、闪光弹和催泪瓦斯驱散人群。据美国分

---

[1] 刘红波、高新珉：《负面舆情、政府回应与话语权重构——基于 1711 个社交媒体案例的分析》，《中国行政管理》，2021 年第 5 期，第 130–137 页。

[2] 唐旭军：《中国新媒体发展报告（2020）》，http://xinwen.cssn.cn/sy_50320/zdtj/zxxsgd/202007/t20200727_5160945.shtml

析人士称，这场暴动造成了全美约 200 亿美元损失，给社区经济带来长久的负面影响，受灾地区面临较高的保险费率，较低的财产价值，更少的就业机会。无可否认，“美国黑人骚乱”产生的社会动荡根源在于制度，但 Twitter 等社交媒体与手机这一智能化移动通信工具在骚乱中起到了推波助澜的作用。莱文森分析了 2008 年孟买惨案，称新新媒介扮演了辅助甚至关键的角色，Twitter 被用来传递信息，表达恐怖袭击的情感，对传统媒体危机报道表达不满等，使得 Facebook、Twitter 等新新媒介成了恐怖分子的有效工具。社交媒体既是有益知识的传递者、国家民主制度的最好体现形式，但这些海量信息通过匿名性、免责性强工具传播，往往真伪难辨，其中不乏掺杂谣言和不负责任的煽动，一旦虚拟空间的煽动演变成现实社会的行动，就可能给更多人带来不幸。埃及艾因·夏姆斯大学传媒学教授希夏姆认为，“社交媒体助推社会事件发展，激化固有矛盾甚至制造新矛盾的现象，跟一个国家制度的好坏没有任何关系”[1]。社交媒体是西方国家推动社会变革和普及民主化进程的一个重要工具，在阿拉伯国家发生动荡时，西方国家极力鼓励年轻人使用这一工具，如今这把双刃剑却伤到了他们自己。所以如何规范微博等新媒体，让它们既有利于人们交流信息，又能确保信息的真实性，无疑是值得社会管理者长期思考和探索的课题。

反思之四：用户通过新新媒介展现一场琐碎的生活秀，博主们热衷于向陌生人暴露自己的私人世界，形成网络时代的自恋文化

人们希望看到他人的隐私，是出于窥视欲望，对情感交流的渴望，对陌生人的恐惧，对精英主义的反叛，对信任的需要，压力和焦虑的释放等各种因素都在这个时代借助媒介技术如愿以偿。在当今多元的社会中，人们似乎可以也应该自由决定何时保持沉默，何时自我暴露，如果大出风头能给那些有表现欲望的人以愉悦和一种同虚拟观众的情感联系，从“随时随地分享身边的事儿”的微博到“记录美好生活”的抖音、“记录每一种生活”的快手、“点亮对生活的好奇”的西瓜视频，都是人们获得媒介赋权后的自我呈现与自我表达的体现，这种呈现随着短视频的到来愈发琐碎、猎奇、庸俗化。正如胡泳所说：“自我暴露的随意性实际上表明了，人们对认同存在普遍焦虑，

[1] 李文云等：《英国骚乱再现社交媒体之惑》[N]，人民日报，2011-08-17。

越来越想取悦他人，而不顾这样做所带来的个人和社会代价。”[1]我们生活的社会变成了如福柯所说的一个坦白的社会，大家迷恋于个人隐私的暴露，同时习惯于日益增多的监视。

在移动互联时代，随着智能手机前置摄像头功能的普及，在社交媒体上发布与分享“个人生活”成为了网络社会随处可见的现象。对于个体来说，记录、分享、点亮个人生活进行自我呈现与表达，以期获得他人好评、羡慕与认同；从心理学上来说这是人类自我欣赏与认同的本能。但是，我们也不得不清醒地认识到，这种个体生活的记录与呈现“将生活中的后区推向了自我呈现的前台，场景间的区隔变得扁平甚至消失”[2]，在社交互动变得广泛而频繁的今天，它可能成为一种新的规训力量，建构与解构、个性与去个性的矛盾会体现在人们的日常社会交往中，在社交媒体时代的自我表现、他者审查、自我调整的过程将变得常态化。[3]

纵观社交媒体的演进过程，我们很清晰地看到“群体身份的自我呈现逐步让位于个人身份的自我呈现，但多维度的群体身份呈现仍将长期存在；单维度的群体身份建构也逐步向个人化的多维身份建构发展。此外，社交媒体的演进也为用户的身份展演活动提供了日益灵活、强大的建构方式”[4]，在这纷繁复杂的展演与呈现过程中，既有自恋式的自我凝视，又有基于社会法制、伦理尺度的他者凝视，这给传统的传播伦理带来了一系列的冲击和挑战。

反思之五：微博等新新媒介“围观”极易导致“群体极化”

媒介技术赋权让曾经一度失声的中国平民拥有了空前的话语权，许多人也因此认为这是社会进步的表现，《南方周末》评论员笑蜀曾说“围观改变中国”。确实，从江湖之远到庙堂之高，“围观”已然成为一种有中国特色的风景，从“日

---

[1] 胡泳：《众声喧哗——网络时代的个人表达与公共讨论》，广西师范大学出版社，2008，第 156 页。

[2] 陈琦：《场景消解：女性网络自拍中的后区迷失》，《现代传播（中国传媒大学学报）》，2020 年第 2 期，第 82–85 页。

[3] 彭兰：《自拍：一种纠结的“自我技术”》，《新闻大学》，2018 年第 5 期，第 45–55 页。

[4] 吕宇翔、纪开元：《流动的身份展演——重访社交媒体演进史》，《现代传播（中国传媒大学学报）》，2021 年第 5 期，第 7–13 页。

记门”事件中的广西烟草局局长到“微博开房”的江苏溧阳卫生局局长，从“7·23”甬温线特大铁路交通事故中的网络“人民大会堂”到鲍毓明性侵养女案网络舆情起伏不断，网络围观都秉承和发扬了传统舆论监督所具有的建设性作用，体现了现代社会公共事务参与的广泛性。但是，我们也看到，网络为公众情绪宣泄提供了出口，而公众舆论本身就是一种非理性的力量，一旦偏激的情绪或态度形成规模，很容易导致舆论失控。在微博围观中，伴随理性声音而来的往往是粗话、谩骂和诅咒，更有甚者是对隐私、暴力、审丑的肆意追逐与放纵，体现了网络群体极化与群体盲思，这种状态下的人是不理智的。“群体极化”最早是由 James Stoner 于 1961 年发现群体讨论时的现象而提出，美国学者凯斯·桑斯坦在《网络共和国——网络社会中的民主问题》一书中正式提出“群体极化”的概念，“群体极化的定义极其简单：团体成员一开始即有某些偏向，在商议后，人们朝偏向的方向继续移动，最后形成极端的观点”[1]。社交媒体发展初期，“芙蓉姐姐”“凤姐”和“木子李”等网络人物在骂声中走红，还只是个人在社交媒体时代“出位”的一种方式，虽不值得推崇但也无伤法律。2011 年备受关注的夏俊峰事件、药家鑫案件和徐武事件均凸显了网络围观的作用，网友并非都谙熟法律，他们更多的是凭借自身的经验并受到意见领袖和朋友的影响来对事件做出评价，而这些评价包含着大量的情绪内容，网友情绪化主要是受传统的同情弱者的心态影响，以及对公权力强烈的不信任感。很明显，相对于政府而言，夏俊峰和徐武是弱者，但他们都得到了大众的力挺，这一倾向在夏俊峰案件中表现得尤为明显，在此案当中，受害人应该是两名被刺死的城管和一名被刺伤的城管，但网友却一边倒地支持杀人的夏俊峰，民众对夏俊峰的“偏爱”，更多的是出自对夏俊峰只是一个“卑微的，为谋生存的小民”的同情心态，社会舆论把对弱势群体的同情，对城管阶层的痛恨带进了案件评价，而忽略了对生命的尊重和关怀。所以网络围观只是公共参与的初级阶段，它距离真正影响公共决策，真正付诸集体行动，仍有很远的路要走。

---

[1] 张泽波、杨雯雯：《网民的“群体极化”现象及对策探析》，《法制与社会》，2007 年第 9 期，第 831–832 页。

二、言论自由的边界在哪里

不受监管、自由表达应该是微博最为人称道之处，那么一个人到底是否有权自由表达自己的意见呢？在天赋权利论者看来，表达自由是一种不可侵犯的人权，而以边沁为首的功利主义论者认为“表达自由有利于其他权利与自由的行使”[1]。然而在某种特定情况下，不加限制的表达自由可能导致更大的弊端，所以有必要对这种自由给予必要的限制，“一切意见是应当允许其自由发表的，但条件是方式上须有节制，不要超出公平讨论的界限”[2]，但当下的问题是当人们都在欢呼雀跃终于找到一种媒介可以自由地表达、一个桥梁可以上下沟通、一个出口可以发泄不满的时候，人们是否能够控制自己的情绪不失控，能够让意见表达限制在有节制、公平讨论的界限之内呢？孟德斯鸠认为，自由是做法律许可的事情的权利，各国宪法在宣告言论自由为天赋权利的同时，都清晰地规定了这种自由权利行使的界限，“美国法院曾先后确立了明显而即刻危险原则，恶劣而危险倾向原则，优先适用原则，明白而可能危险之原则”[3]，这些原则主要用来解决言论自由与国家利益、公共秩序的冲突，它明确规定了只有言论在对社会秩序或公共福利已经造成或极有可能造成重大而实质性的危害时，才可予以限制。日本宪法对基本人权的限制也是以是否违反公共福利为要件，该法的第13条规定：“只要不违反公共福利，在立法及其他国政上都必须受到最大的尊重”[4]。分析这些原则不难发现，言论自由的界限跟言论自由与公共福利的冲突密切相关。我国宪法第五十一条规定：中华人民共和国公民在行使自由和权利的时候，不得损害国家的、社会的、集体的利益和其他公民的合法的

---

[1] 吴飞：《换一种思路看表达自由——评托马斯·司堪伦的“自主主体论”》，《当代传播》，2003年第5期，第54-56页。

[2] [英]约翰·密尔著，程崇华译：《论自由》，商务印书馆，1982，第53页。

[3] 林坚逢：《微博时代言论自由权利的冲突与协调》，《法制与社会》，2011年第3期，第179-180页。

[4] 林坚逢：《微博时代言论自由权利的冲突与协调》，《法制与社会》，2011年第3期，第179-180页。

自由和权利。所以，网络言论自由应当以不侵犯公共福利为底线，同时不得侵犯与言论自由平等的公民享有的诸如名誉权、隐私权等。从各国对言论自由的法律规定我们可以看出，无论秉承什么样的法理精神，大家对言论自由的边界做出了一致裁决，即言论自由必须限制在这样一个范围之内：不能对国家、社会及他人造成危害和妨碍。这一原则同样适用于网络监管与网民自律。2005 年 10 月 7 日，新加坡首次对两名在博客中发表种族煽动性言论的年轻男子判刑，旨在警告他人：网上言论自由也要有限度。

结 语

本书以保罗·莱文森媒介演化的人性化趋势理论为核心，用知识社会学的研究路径，剖析媒介环境学的第三代旗手保罗·莱文森的传播思想，并结合当前的媒介环境，尤其是中国的新媒介技术应用，进一步印证了莱文森具有历史关怀和富有洞察力的预见性媒介理论，为我们当前的媒介研究寻求一个参考性的视野和借鉴。本书通过莱文森媒介思想对环境学的超越，技术进化论思想的渊源与借鉴、媒介进化理论以及手机媒介的社会学考察和新新媒介概念的提出和实践，结合我国媒介发展的现状做出分析和论述，得出如下结论：

第一，人是媒介演化的尺度，媒介越来越趋向于人性化。

莱文森在吸收了黑格尔、康德和马克思等人的认识论思想的基础上，提出了技术是人类思想的物质表现，而人在技术关系中具有至上性的观念。他在麦克卢汉“媒介是人体的延伸”这一思想的启发下，进一步提出“技术是人最深刻的认知经验”[1]，媒介技术的变革引起了人感觉世界方式的变迁，进而改变了人的感觉比率和感知模式，这种变化必然引起“人的尺度”的变化，而这些

[1] [美] 保罗·莱文森著，何道宽译：《思想无羁——技术时代的认识论》，南京大学出版社，2003，第 97 页。

变化必然革新着人所创造的媒介。换言之，媒介是“人的尺度”的表征。[1]在这一思想支撑下，他提出了媒介演化的人性化趋势和媒介在优胜劣汰的选择过程中具有补救功能。

本文的第三章分别从媒介演进路径、媒介演进的方向和媒介进化的方式三个方面论述了莱文森的媒介进化的人性化理论。指出媒介要存活必须获得自己的一种人类生态位，满足媒介存活的人性化“小生境”，而且媒介功能大有汇聚之势，“随着媒介的进化，每个设备能做的将会越来越多，直到所有的设备都融合一体，就像人脑一样”[2]。在莱文森的眼里，媒介的进化会向着人类的功能和形态方向发展，互联网和智能手机是媒介将来最终的聚合之处。

纵观媒介变迁历程，莱文森为我们指出，“一切媒介的性能终将越来越人性化”[3]。所谓人性化，也就是加入媒介手段的传播，越来越像人“自然”加工信息的方式，比如彩色照片取代黑白照片，有声电影取代无声电影，电话说话声取代了电报的冰冷、刻板的点线传播使其变得亲切、熟悉，网络的即时交流更像是面对面传播，即时、有声有影，除了不能触摸，其他面对面交流的感知要素都具备了。技术支持下的媒介手段不断超越时空，超越了人自身所备的生物感知手段，当然这过程中我们也不得不牺牲人类交流的某些要素，这是人类要跨越时空的唯一选择，不得不接受的“交易”。莱文森在博士论文《人类历程回放》中一直强调：“媒介延伸有个始终存在的压力：既超越生物屏障又不牺牲语音、色彩以及与自然界的直接接触。”[4]这就形成了媒介演化过程中“以人为尺度”的不变规则：“每一种媒介都像一个生物有机体，其运动功能和生存都由我们进行选择，而不是由自然来选择。我们选择媒介的依据是：它们在多大程度上延伸我们生物有机体传播的能力，在多大程度上维持我们面

---

[1] 王妍、李颖：《媒介形态：“人的尺度”的表征和人类生存的“尺度”》，《文艺评论》，2009 年第 4 期，第 27 页。

[2] 付晓光、田维钢：《未来的媒介产品特性：放进口袋里——美国著名媒介理论家保罗·莱文森谈媒介融合》，《视听界》，2012 年第 1 期，第 83 页。

[3] [美] 保罗·莱文森著，何道宽译：《软利器——信息革命的自然历史与未来》，复旦大学出版社，2011，莱文森前言第 5 页。

[4] [美] 保罗·莱文森著，何道宽译：《软利器——信息革命的自然历史与未来》，复旦大学出版社，2011，莱文森前言第 5 页。

对面交流的能力或前技术传播的能力”[1]，莱文森指出媒介的生死存活关键是看它能否找到适应它存在的“人类”小生境，接近人际传播的某一种前技术的传播模式。新媒介不仅要具有再现现实的能力，还必须具有保存先期媒介跨越时空延伸的能力，使前媒介的有利因素得以继续，并补偿上一届媒介牺牲了的人类生境，比如文字弥补了口语的出口即逝的时间障碍，依赖轻便的介质（比如竹简、帛、纸张）实现空间的流动，得以经世保存，彰显了人的视觉能力，但也牺牲了听觉能力；广播的出现弥补了文字对听觉的忽视，并突破前技术传播的生理局限使得信息在空间上延展，并将文字变为广播的内容。莱文森用媒介演化的小生境理论描绘了媒介演化的“人性化”趋势，这奠定了他媒介理论大师的地位。

第二，技术是人的思想的体现，人对技术的理性选择决定了技术的走向。

“所有研究媒介的人都不能回避技术的问题”，这是尼古拉斯·加汉姆的观点。媒介环境学派根本的关注点就在技术，尤其是关注以技术为核心的媒介环境如何改变人类的思考方式和社会生活方式，因此带来对文化的影响和再塑造，技术的未来不单单是悲观或者乐观所能评价和期许的，它是生态的。莱文森强调技术是人的思想的体现，主张人对技术的理性选择，他说“技术的进化不是自然选择，而是我们人的选择——也可以说是人类的自然选择”[2]，这体现了他技术哲学思想中充满着技术乐观主义的色彩，也是一位坚定的人类中心主义者。

美国《连线》杂志创始主编凯文·凯利说：“人类不是科技轨迹的终点，而是中点，恰好在生命和制造品中间。”[3]人自从变成有理智的动物开始，科技就显示着人的智慧，同时也放大了人的贪婪。“社会改良的回旋加速器不是由伦理或者宗教，而是由技术推动的，通过注射这世上力量最强大的递增药剂，社会得到发展。遍寻历史，社会组织的每一个进展都是由新技术的

---

[1]［美］保罗·莱文森著，何道宽译：《软利器——信息革命的自然历史与未来》，复旦大学出版社，2011，莱文森中文版序第 1 页。

[2]［美］保罗·莱文森著，何道宽译：《手机：挡不住的呼唤》，中国人民大学出版社，2011，第 12 页。

[3]［美］凯文·凯利著，熊祥译：《科技想要什么》，中信出版社，2011，第 358 页。

介入驱动的……如卡尔·马克思所说‘手推磨带来的是封建领主的社会，蒸汽磨带来的则是工业资本家的社会’”[1]。技术带来社会进步的同时还带来毁灭性的一面，尤其是工业社会以来，技术社会的分化、社会道德的困境、人性的自由、核威胁、环境的危机等等，技术显示了对人、自然界和社会的侵蚀。所以，技术发展一直伴随着两种针锋相对的力量：技术悲观主义否定技术的一切进步性和积极性，认为技术在本质上具有非人道的价值取向，现代技术给人类社会及其文化带来灭顶之灾；而技术乐观主义则强调了技术是解决一切人类问题并给人类带来更大幸福的可靠保障。技术决定论的两种思想表现是技术乐观主义和技术悲观主义，都是建立在技术是自主的和技术变迁导致社会变迁的思想基础之上。技术决定论最早由凡伯伦于1929年首次提出，主要观点建立在技术是自主的和技术变迁导致社会变迁这两大原则之上，技术决定论的典型代表埃吕尔认为当代社会是技术自主的社会，技术自主性展开的过程呈现出自我产生、自我决定和自我满足。技术的自主性与人性是对立的，在社会中的技术活动越多，人的自主性就越少，技术的自主性使人类不但不能选择自己的命运，甚至不能选择自己的手段。

“科技尽善尽美、不受玷污的未来是达不到的”[2]。工业革命期间，我们的发明改变了日常生活，新机器和便宜的燃料为我们带来大量食物、朝九晚五的工作日和大烟囱，这个技术阶段是肮脏的、具有破坏性的，人们常以非人道的方式建设和管理社会，工业时代最糟糕的副产品是浓黑的烟尘、黑乎乎的河水和在工厂里劳动的黝黑的暴躁工人，这些距离我们所珍视的自我认知如此遥远，以至于我们想要相信工业化本身就是异化的，甚至更糟。当科技渗入我们古老的生活习性中时，我们认为它是异己之物，像对待传染病一样对待它，我们欢迎它的产品，但心怀罪恶感。但人们又很难否认，技术带来人类文明的发展与进步，生活的舒适与便捷，跨越时空的交流与能量。科技是人类的发明，也是生命的产物，人类与科技同步进化，因此深深依赖于它。难以想象，销毁一切工具的社会，人类如何生存？马歇尔·麦克卢汉认为照相机和望远镜是眼

---

[1] [美]凯文·凯利著，张行舟、余倩译：《技术元素》，电子工业出版社，2012，第12页。
[2] [美]凯文·凯利著，熊祥译：《科技想要什么》，中信出版社，2011，第103页。

睛的延伸，技术是我们肉体的延伸，而莱文森比麦克卢汉的思考更进一步，他认为在技术发展的过程中，技术不仅仅是肉体的延伸，还是人类思想的体现，是人类观念的延伸。在人类与技术的关系中，并非如埃吕尔所言人被技术奴化，科技的真正价值在于提高人造物品的多样性，人类选择权是人性的核心，所以莱文森在 2007 年接受马克·莫拉莫主持的访谈节目时，首次提出新新媒介的概念，并预言将来或许人们会选择在大脑中植入数字芯片直接接收目前新新媒介的内容，而不必靠眼睛和耳朵先加工形象和声音的内容，他说也许目前很多人会担心或反对，但是“新新媒介的实质就是选择”[1]。正如凯文·凯利在《科技想要什么》中所表达的：太多选择也许招致遗憾，但是“没有选择”更加糟糕，文明就是稳步远离“没有选择”。科技产生的问题是选择的多样性使人茫然，需要更好的技术，超级多样性的解决之道将是“帮助选择”技术，这些更好的工具有助于人类在眼花缭乱的选择中做出决定，这就是搜索引擎、商务推荐系统、电子标签和大量社交媒介的全部意义所在。事实上，多样性本身将产生应对多样性的工具，[2]在技术不断加强人类与机器的共生性的过程中，最大限度发挥个人自主性的同时使集体的能力最大化。人类群体开始时仅是共享观念、工具和创造物，接着发展到协作配合，当人们共同为实现一个大的目标而工作时，这样的努力导致集体层面合作的出现。维基百科是合作性共生技术的一个明显例子，网民的分享意愿难以置信地强烈，上传到脸谱网和聚友网的个人照片数量达到天文数字，人们越来越习惯分享彼此的观点（推特）、阅读的书籍、财务状况和一切，这样的习惯正成为技术元素的基础，协同工作不是新鲜事物，不过以前很难在集体层面实现。在陌生人群间实现共享、合作也不是今日才有，但过去想要实现数百万人的共享难以维持，不断加强的共生性从生物领域到技术元素领域的延伸表明，更加深入的社会性和共生性将会出现，比如今天，我们正借助科技的力量，跨越大洲大洋来共同编辑百科全书、创建新媒介和视频库、开发新软件。

莱文森认为技术是人的思想的体现，而作为思想之源的人的心智不是完美

[1]［美］保罗·莱文森著，何道宽译：《新新媒介》，复旦大学出版社，2011，第 192 页。
[2]［美］凯文·凯利著，熊祥译：《科技想要什么》，中信出版社，2011，第 291-292 页。

的，这种心智的不完美一定会渗透到我们的技术之中，正如它渗透到我们的理论中一样，我们心甘情愿地选择具有重大缺陷和明显危害的技术，只因我们潜意识觉得它带来的好处稍多一点，即使不是多很多，换句话说，“我们隐约察觉到新技术的成本，但我们欣然接受了它，并且为此付出代价”[1]。我们不能因为技术演进过程中出现的负面性而否定技术的进步，对于这些弊端，我们一方面可以通过技术手段来补偿，另一方面也可以通过政治或经济制度等社会管理手段加以调节。莱文森喜欢用“窗户与窗帘的关系”描述技术具有补偿性手段，“一种技术及其补偿性措施给人们提供的好处大于过去的好处，只要能够说，一种设施的新旧服务和利弊总体上比过去的设施好，只要它利大于弊，那么我们就能够恰如其分地说，我们取得了进步。”[2]在人类历史和技术发展的过程之中，技术无意产生的结果和补偿性技术之间的拉锯战将贯穿始终，在技术的补救性发展过程中，莱文森所说的技术演化中有一个关键性的选择压力即人类的选择能力和人类的地位被突显出来。

第三，我们通过“后视镜”反观未来，过时的媒介不一定会走向死亡。

麦克卢汉说“我们透过后视镜看现在，我们倒退步入未来”[3]，后视镜把我们向前看的注意力倒过来，引向刚刚过去的东西，是思考现在和未来的一种方式，也是媒介演化及其影响的基本运作原则。麦克卢汉也指出，“人类历史的整体和局部都是技术影响产生的结果，我们几乎完全不能控制技术的影响，而且常常对技术的影响一无所知”[4]，人们往往只是在老环境即将被新环境取代时才会清晰地看清楚自己赖以生存的环境，如同我们常说当你失去时才懂得珍惜一样，我们透过今天新技术的改变来看清楚旧技术和旧环境，麦克卢汉说我们看世界的观点总是落后一步，但也正是这一步才能正确指引我们走向人类

[1] [美] 凯文・凯利著，张行舟、余倩译：《技术元素》，电子工业出版社，2012，第 285 页。
[2] [美] 保罗・莱文森著，何道宽译：《手机：挡不住的呼唤》，中国人民大学出版社，2011，第 142 页。
[3] [美] 保罗・莱文森著，何道宽译：《数字麦克卢汉：信息化新纪元指南》，社会科学文献出版社，2001，第 247 页。
[4] [美] 保罗・莱文森著，何道宽译：《数字麦克卢汉：信息化新纪元指南》，社会科学文献出版社，2001，第 253 页。

真正需要的方向，就像后视镜一样，透过它虽然看到的是以往，但正是看清了后面才能指引我们开向正确的方向，避免撞车走弯路。在麦克卢汉的理论中，“后视镜”成了我们理解媒介影响的一个基本工具，这也是莱文森认定和推崇的理论。但是在这个理论中，麦克卢汉把人放在面对技术时较低的位置，他强调技术，贬低人对技术的控制力，而莱文森要比麦克卢汉乐观得多，他发展了麦克卢汉的“人使媒介受孕”的说法，认定媒介演化的方向和前技术时代的人类传播方式越来越协调一致，人基本上掌握着这个演化过程。

探讨媒介演化，有个问题不可回避，那就是新旧媒介之间的生死存亡是按照什么样的规律来进行？麦克卢汉和莱文森都在自己的论著中探讨过这个问题，而且不止一次。在麦克卢汉论述工作游戏和技术进步之间关系的时候指出，“过时的技术成为艺术”，而莱文森也一再强调，“一种新媒介在某一功能上战胜一种旧媒介时，并不意味着那一旧媒介会凋谢和死亡，而是意味着，那一旧媒介被推进了一个比新媒介运行更好的小生境。在此，他与新媒介到来之前的‘旧我’有所不同，但他活下来了。旧媒介活下来的关键在于，他是否能找到人的一种需求或感知模式”[1]。比如，广播在20世纪三四十年代以其亲近、个性化的声音激发人们的情感纽带占据主导媒介的地位，可是到了50年代电视及其比较疏离的视觉接触方式在很大程度上取代了广播，成为家用的首要娱乐媒介和政治讲演媒介，但是，广播并没有退出历史的舞台，随着大众汽车时代的来临，它从起居室、客厅转移到车上，从一个政治宣传工具转换为最赚钱的商业媒介，尤其是在中国，这个转化尤为明显。

那么，我们透过莱文森的“玩具—镜子—艺术”理论再来看一下另一种曾经在人类传播史上叱咤风云的媒介——书籍的未来。读书期间，常会听到先生们的谆谆教导，强调读书与书卷气的培养，“一个人的书卷气是只有读书才能熏陶出来的，而且一定是纸质书”。这就让那些电子媒介陪伴长大的学生们有点不能接受，我6岁的女儿就不能同意，她说：“电脑上的知识丰富，而且方便查找。书卷气是有知识就有书卷气，怎么能说只有读纸质书才行呢？”她们

[1] [美] 保罗·莱文森著，何道宽译：《软利器：信息革命的自然历史与未来》，复旦大学出版社，2011，第40页。

是数字媒介熏陶下长大的一代，学习中的疑难杂症都可以百度、google 出来相对准确的答案，很难用纸质书来劝服她们完全回到印刷书籍的世界里。现在想来，所谓读纸质书才能熏陶出的书卷气，更多的是一种艺术气质，而非仅仅是知识多少的问题。对于我们成长过程中熟悉的、业已习惯的、突然要被取代的媒介，我们怀着强烈的怀旧情绪。我们之所以欣赏被新技术取代的旧技术，并不是因为他们的产量或者功能，纯粹是由于我们从感受旧技术中得到了乐趣，我们要么对这些一见钟情的媒介感到舒服，要么把它们当作衡量它们的竞争对手的标准，所以才会有苏格拉底用口头语言的标准批评文字的不足，“对文字传播的依赖使记忆力萎缩，文字传播不利于对话，因为它对一切问题的回答千篇一律，就是说，那个回答就是已经写定的语词”[1]。当今，一些学者猛烈抨击电子媒介的时候，这与古人在新传播方式出现时的焦虑如出一辙，只不过焦虑的对象颠倒了过来，文字成了保护的对象而已。我们再反过头来看印刷书籍，随着智能手机、iPad 等电子产品的普及和支付方式的便捷，读者已经慢慢习惯了数字产品，90.6% 的读者表示阅读过电子书后不会再购买纸质版。20 世纪五六十年代的人亲历了传统出版从行业垄断到垂死挣扎的命运转折。从 20 世纪 80 年代的图书销售的巅峰状态到本世纪 10 年，全国各大城市知名实体书店相继亏损、倒闭，其中包括北京的木樨园百荣书城、第三极书局、风入松书店、上海的思考乐书局、季风书园的四家分店、上海万象书店、成都时间简史书坊、杭州的枫林晚书店，三联书店在多省市的分店也相继停业，这似乎预示了纸质书籍末日的来临。

如果将古埃及的纸草书作为最早的书籍的话，书籍已经有五千多年的历史了，它原本是传承知识文化的工具，但随着人类文化的演进，纸质书的阅读会逐渐边缘化，但这并不代表作为一种文化生活现象，纸质书的阅读会消亡。莱文森说媒介一般会经历“玩具—镜子—艺术”的自我功能演变过程，书籍从玩具到镜子的历史无从查起，但是从镜子走到艺术这一阶段，也历时几千年了，或许不远的将来，纸质书会变成奢侈的“艺术品”。这种趋势我们从报纸这种

[1] [美] 保罗·莱文森著，何道宽译：《软利器：信息革命的自然历史与未来》，复旦大学出版社，2011，第 14 页。

媒介的演化历史中可以窥见，将今天报纸头版和一百年前的样子做个比较你就会明白，报纸的外观正在成为人们关注的主要因素，而不仅仅是内容本身，手写的文字在印刷时代已经变成了书法艺术。如今，印刷书籍信息传播的功能隐退，其艺术功能渐显或许是个不错的转换。

第四，莱文森思想的局限性。

莱文森继承了媒介环境学的传统，又超越了麦克卢汉和波斯曼，他用媒介乐观主义、人类沙文主义、人性化趋势理论和补救性媒介理论竖起后麦克卢汉的大旗，正如笔者开篇所追溯的，从媒介环境学中继承了媒介史与媒介哲学相结合的学术路径，莱文森着眼于媒介演化的历史和特性，展开一种对人性的哲学反思，试图将媒介与知识进化论相结合，构建自己的3个“技术一世界”模式，指出人在技术演化过程中的主体地位和媒介演进过程中的人性化趋势及补偿性理论。正如我们所见，任何的思想与理论，都会有其片面性和不足的地方，也都会受到同时代以及后人的批评和修正，莱文森也不例外，他的思想有其所在学派的共性缺陷，也有其自身的问题。

英国著名学者威廉斯对麦克卢汉及其代表的媒介环境学派的批评就非常具有代表性。在威廉斯看来，断言媒介的技术特征决定人们的思考和行为方式以及文明的演进，是英尼斯到麦克卢汉理论的根本要点，但他们都忽视了控制和使用媒介的机构和人，避而不谈社会意图问题。在莱文森的媒介理论中见不到社会的踪影，他只关注了媒介技术在文明发展中的作用和结果，没有将媒介与相应的社会意图和历史文化相关联，这在威廉斯看来以麦克卢汉为首的媒介技术学派的理论缺乏历史感和社会意识，这种断言虽有偏颇，但也不是毫无道理。威廉斯作为英国文化学家，开辟了从社会大视角和多语境角度诠释文化的新领域，他对麦克卢汉及其媒介环境学派的唯技术决定论倾向的批评，虽有偏颇，但也切中要害，而这也是莱文森媒介思想中缺失的一环。他在自己的理论中，有意地屏蔽了社会其他因素对技术的影响，只把技术和人放在一个环境中去考察他们之间的博弈，所以才会得出“任何技术都不会成为一好百好的技术。无论是好是坏，人的指引对一切技术都具有决定性的作用”[1]。持有相同疑问的

---

[1] [美] 保罗·莱文森著，何道宽译：《莱文森精粹》，中国人民大学出版社，2007，第130页。

还有北京大学博士生胡翌霖，他于2013年2月在《国际新闻界》撰文指出：“埃吕尔说人成为主体而不是客体的条件是他必须对技术发展进行控制。所有人大概都会同意，但它事实上完全无效，比问题‘如何’更令人感到棘手的是‘谁’的问题。我们必须具体而实际地自问，到底是谁能对那些为技术辩护的价值进行选择，并对其进行控制？”[1]莱文森回答说是“人”，并非具体的个人，而是大写的“人”或者“理性”，可是胡翌霖进一步追问：“凭什么说‘它’的选择是理性的和人性的，而不是非理性和反人性的？”[2]胡翌霖给莱文森指出思想进一步推进的道路：“从媒介进化论着手，引入生物学的理论去考察人与技术之间的驯化、共生或寄生关系，从有机体的繁衍与生态环境之间的相互决定和相互重塑的关系出发理解技术的演化史与人类思想史之间的关系。”[3]

莱文森受麦克卢汉思想影响尤为深重，他们对西方社会文化及其发展状况毫无批判态度，而且尤其认可这种社会文化状况的内在倾向。威廉斯在批评麦克卢汉思想时指出，“麦氏在阐述讯息瞬时传递这一技术上的可能性时，毫无批判地接受这一‘物理上的事实’，将之说成是‘社会的事实’而毫不思考、注意这些讯息的传递，既是由现有的社会权力当局所筛选的，也是由他们所控制的”[4]。这在莱文森的媒介演化分析中随处可见，他将丘吉尔在德国人入侵欧洲甚嚣尘上时发表广播讲话、罗斯福通过“炉边谈话”展现他有力而决断的一面、希特勒利用广播提高他的威望、斯大林在他和国家岌岌可危之时利用广播来动员苏联人民发动全民保卫战，他们通过广播这一亲近、适合口耳相传的大众化传播工具获得成功，这是他们的成功。莱文森把这也归功为广播的成功，

---

[1] 雅克·埃吕尔著，姚大志译：《技术秩序》，载吴国盛主编《技术哲学经典读本》，上海交通大学出版社，2008，第124页。转引自胡翌霖：《技术的“自然选择”——莱文森媒介进化论批评》，《国际新闻界》，2013年第2期，第77-83页。

[2] 胡翌霖：《技术的“自然选择”——莱文森媒介进化论批评》，《国际新闻界》，2013年第2期，第77-83页。

[3] 胡翌霖：《技术的“自然选择”——莱文森媒介进化论批评》，《国际新闻界》，2013年第2期，第77-83页。

[4] 张咏华：《新形势下对麦克卢汉媒介理论的再认识》，《现代传播（双月刊）》，2000年第1期，第33-39页。

“广播那亲切的家人般的近距离足以使娱乐和政治关系发生革命性变化”[1]，他完全忽视了传媒由谁来控制或使用以及控制者试图插入什么内容，似乎都对传媒效果无关紧要，“人们似乎尽可忘却平时的政治与文化上的辩论，而让技术自行运作”[2]。

迈尔·舍恩伯格在《大数据时代》中说：“大数据并不是一个充斥着运算法则和机器的冰冷世界，其中仍需要人类扮演重要角色。人类独有的弱点、错觉、错误都是十分必要的，因为这些特性的另一头牵着的是人类的创造力、直觉和天赋。偶尔也会带来屈辱或固执的同样混乱的大脑运作，也能带来成功，或在偶然间促成我们的伟大。”[3]我们运用这些工具的时候，应当怀有谦恭之心，铭记人性之本。莱文森作为亲历数字时代的媒介理论家，用他充满乐观和理性的思想，扎根于媒介环境学这一沃土，从芝加哥社会学派获得观察社会的方法，达尔文进化论、坎贝尔知识进化的三阶段论和波普尔的三个世界理论获得哲学思想，受到麦克卢汉媒介环境学思想的启发，纵观媒介的演化史，提炼出自己的媒介演化的人性化趋势和补救性理论。他的思想横跨哲学、社会学、艺术学、传播学和科技等领域，又对当代媒介有着深入的考察和实践，并进一步在手机、新新媒介领域中验证自己的媒介演化理论，有创新也有反思，有回顾也有展望。莱文森的媒介研究跨越口语、文字、印刷、电子媒介、数字媒体和新新媒介各个媒介发展阶段，透过他的文字，在我们面前展现了一幅人类媒介演化的图景，深远而壮阔！

---

[1]［美］保罗·莱文森著，何道宽译：《软利器：信息革命的自然历史与未来》，复旦大学出版社，2011，第73页。

[2]张咏华：《新形势下对麦克卢汉媒介理论的再认识》，《现代传播（双月刊）》，2000年第1期，第33-39页。

[3]［英］维克托·迈尔－舍恩伯格 肯尼斯·库克耶著，盛杨燕、周涛译：《大数据时代》，浙江人民出版社，2013，第245-246页。

主要参考文献

一、书籍篇

1.［美］诺波特·维纳．人有人的用处［M］．陈步译．北京：商务印书馆，1978.

2.［美］威尔伯·施拉姆威廉·波特．传播学概论［M］．陈亮，周立方，李启译．北京：新华出版社，1984.

3.［美］查尔斯·霍顿·库利．人类本性和社会秩序［M］．包凡一等译．北京：华夏出版社，1989.

4.［美］丹尼尔·杰·切特罗姆．传播媒介与美国人的思想［M］．北京：中国广播电视出版社，1991.

5.［美］尼葛洛庞帝．数字化生存［M］．胡泳等译．海口：海南出版社，1996.

6.［德］马克斯·韦伯．经济与社会［M］．林荣译．北京：商务印书馆，1998.

7.［加］马歇尔·麦克卢汉．理解媒介［M］．何道宽译．北京：商务印书馆，2000.

8.［法］阿兰·库隆．芝加哥学派［M］．郑文彬译．北京：商务印书馆，2000.

9.［美］库里．社会过程［M］．包凡一等译．北京：华夏出版社，2000.

10.［英］迈克·费瑟斯通．消费文化与后现代主义［M］．刘精明译．南京：译林出版社，2000.

11.［加］埃里克·麦克卢汉 弗兰克·秦格龙．麦克卢汉精粹［M］．何道宽译．南京：南京大学出版社，2001.

12.［美］保罗·莱文森．数字麦克卢汉［M］．何道宽译．北京：社会科学文献出版社，2001.

13.［美］迈克尔·埃默里 埃德温·埃默里．美国新闻史：大众传播媒介解释史（第八版）［M］．展江 殷文译．北京：新闻出版社，2001.

14.［美］马克·波斯特．第二媒介时代［M］．范静哗译．南京：南京大学出版社，2001.05.

15.［美］约书亚·梅罗维茨．消失的地域：电子媒介对社会行为的影响［M］．肖志军译．清华大学出版社，2002.

16. 张咏华．媒介分析：传播技术神话的解读［M］．上海：复旦大学出版社，2002.

17.［美］彼得斯．交流的无奈：传播思想史［M］．何道宽译．北京：华夏出版社，2003.

18.［美］保罗·莱文森．思想无羁：技术时代的认识论［M］．何道宽译．南京：南京大学出版社，2003.

19.［加］菲力普·马尔尚．麦克卢汉：媒介及信使［M］．何道宽译．中国人民大学出版社，2003.

20.［美］托马斯·库恩．科学革命的结构［M］．金吾伦等译．北京：北京大学出版社，2003.

21.［英］保罗·杜盖伊 斯图尔特·霍尔等．做文化研究：索尼随身听的故事［M］．霍炜译．北京：商务印书馆，2003.

22.［美］帕森斯．社会行动的结构［M］．张明德等译．南京：译林出版社，2003.

23.［德］哈贝马斯．在事实与规范之间［M］．童世骏译．北京：生活·读书·新知三联书店，2003.

24. [德]哈贝马斯．公共领域的结构转型［M］．曹卫东等译．上海：学林出版社，2004.

25. [德]哈贝马斯．哈贝马斯精粹[M]．曹卫东译．南京：南京大学出版社，2004.

26. [美]保罗·莱文森．手机：挡不住的呼唤［M］．何道宽译．北京：中国人民大学出版社，2004.

27. [加]马歇尔·麦克卢汉．机器新娘［M］．何道宽译．北京：中国人民大学出版社，2004.

28. [加]哈罗德·伊尼斯．帝国与传播［M］．何道宽译．北京：中国人民大学出版社，2004.

29. [美]尼尔·波斯曼．娱乐至死[M]．章艳译．桂林：广西师范大学出版社，2004.

30. [美]尼尔·波斯曼．童年的消逝［M］．章艳 吴燕莛译．桂林：广西师范大学出版社，2004.

31. 陈卫星．传播的观念［M］．北京：人民出版社，2004.

32. [美]约翰·费斯克．关键概念：传播与文化研究辞典（第二版）［M］．李彬译．北京：新华出版社，2004.

33. 胡翼青．传播学：学科危机与范式革命［M］．北京：首都师范大学出版社，2004.

34. [美]梅蒂·莫利纳罗．麦克卢汉书简［M］．何道宽译．北京：中国人民大学出版社，2005.

35. [美]詹姆斯·W. 凯瑞．作为文化的传播［M］．丁未译．北京：华夏出版社，2005年．

36. [美]C·赖特·米尔斯．社会学的想象力［M］．陈强 张永强译．上海：三联书店，2005.

37. [英]雷蒙·威廉斯．关键词：文化与社会的词汇[M]．刘建基译，上海：三联书店，2005.

38. [美]杜威．经验与自然［M］．傅统先译．南京：江苏教育出版社，2005.

39. 金冠军 戴元光主编 . 中国传播思想史 [M]. 上海：上海交通大学出版社，2005.

40. 黄旦 . 传者图像：新闻专业主义的建构与消解 [M] . 上海：复旦大学出版社，2005.

41. [美] 斯塔夫里阿诺斯 . 全球通史（第 7 版）[M] . 吴象婴，梁赤民，董书慧 王旭译 . 北京：北京大学出版社，2005.

42. 阿瑟 · 阿萨 · 伯杰 . 媒介分析技巧 [M] . 李德刚，何玉译 . 北京：中国人民大学出版社，2005.

43. [美] 约翰 · V. 帕夫利克 . 新闻业与新媒介 [M] . 张军芳译 . 北京：新华出版社，2005.

44. [英] 阿道夫 · 伦纳德 · 赫胥黎 . 美丽新世界 [M] . 王波译 . 重庆：重庆出版社，2005.

45. [英] 乔治 · 奥威尔 . 一九八四 [M]. 董乐山译 . 上海：上海译文出版社，2006.

46. [美] 戴维 · 斯沃茨 . 文化与权力 [M]. 陶东风译 . 上海：上海译文出版社，2006.

47. 吴飞，王学成 . 传媒 · 文化 · 社会 [M] . 济南：山东人民出版社，2006.

48. [英] 丹尼斯 · 麦奎尔 . 麦奎尔大众传播理论（第四版）[M] . 崔保国，李琨译 . 北京：清华大学出版社，2006.

49. [美] 沃纳 · J. 赛佛林 小詹姆士 · W. 坦卡德 . 传播理论：起源、方法与应用 [M] . 郭镇之译 . 北京：中国传媒大学出版社，2006.

50. [美] 沃尔特 · 李普曼 . 公众舆论 [M] . 阎克文，江红译 . 上海：上海人民出版社，2006.

51. [美] 保罗 · 莱文森 . 真实空间：飞天梦解析 [M] . 何道宽译 . 北京：中国人民大学出版社，2006.

52. [加] 马歇尔 · 麦克卢汉 . 麦克卢汉如是说：理解我 [M] . 何道宽译 . 北京：中国人民大学出版社，2006.

53. [美] 威尔伯 · 施拉姆 威廉 · 波特 . 传播学概论（影印本第 2 版）[M] .

北京：北京大学出版社，2007.

54. 陈力丹 . 传播学是什么［M］. 北京：北京大学出版社，2007.

55.［美］保罗·莱文森 . 莱文森精粹［M］. 何道宽译 . 北京：中国人民大学出版社，2007.

56.［美］尼尔·波斯曼 . 技术垄断［M］. 何道宽译 . 北京：北京大学出版社，2007.

57.［美］林文刚 . 媒介环境学：思想沿革与多维视野［M］. 何道宽译 . 北京：北京大学出版社，2007.

58. 胡翼青 . 再度发言：论社会学芝加哥学派传播思想［M］. 北京：中国大百科全书出版社，2007.

59. 胡翼青 . 传播学科的奠定 1922—1949［M］. 北京：中国大百科全书出版社，2007.

60. 陈力丹 . 世界新闻传播史（第二版）［M］. 上海：上海交通大学出版社，2007.

61. 王佩琼 . 技术异化研究——环境适应中技术功能的考察［M］. 武汉：湖北教育出版社，2007.

62.［美］弗雷德里克·S. 西伯特 西奥多·彼得森 威尔伯·施拉姆 . 传媒的四种理论［M］. 戴鑫译 . 北京：中国人民大学出版社，2008.

63.［美］沃尔特·翁 . 口语文化与书面文化：语词的技术化［M］. 何道宽译 . 北京：北京大学出版社，2008.

64.［美］克利福德·格尔茨 . 文化的解释［M］. 韩莉译 . 南京：译林出版社，2008.

65.［美］约翰·费斯克 . 传播研究导论：过程与符号（第二版）［M］. 许静译 . 北京：北京大学出版社，2008.

66.［美］汉诺·哈特 . 传播学批判研究［M］. 何道宽译 . 北京：北京大学出版社，2008.

67.［美］乔治·H·米德 . 心灵、自我与社会［M］. 赵月瑟译 . 上海：上海译文出版社，2008.

68.［澳］约翰·哈特利 . 文化研究简史［M］. 季广茂译 . 北京：金城出版

社，2008.

69. 戴元光 . 社会转型与传播理论创新［M］. 上海：上海三联书店，2008.

70.［美］欧文·戈夫曼 . 日常生活中的自我呈现［M］. 冯钢译 . 北京：北京大学出版社，2008.

71.［美］彼得·伯格 托马斯·卢克曼 . 现实的社会建构［M］. 汪涌译 . 北京：北京大学出版社，2009.

72. 李洁 . 传播技术建构共同体？——从英尼斯到麦克卢汉［M］. 广州：暨南大学出版社，2009.

73.［英］戴维·莫利 . 传媒、现代性和科技"新"的地理学［M］. 郭大为等译 . 北京：中国传媒大学出版社，2009.

74.［加］哈罗德·伊尼斯 . 传播的偏向［M］. 何道宽译 . 北京：中国人民大学出版社，2009.

75.［美］刘易斯·芒福德 . 技术与文明［M］. 陈允明，王克仁，李华山译 . 北京：中国建筑工业出版社，2009.

76.［法］埃里克·麦格雷 . 传播理论史——一种社会学的视角［M］. 刘芳译 . 北京：中国传媒大学出版社，2009.

77.［美］伊丽莎白·爱森斯坦 . 作为变革动因的印刷机：早期近代欧洲的传播与文化革命［M］. 何道宽译 . 北京：北京大学出版社，2010.

78.［英］安德鲁·查德威克 . 互联网政治学：国家、公民与新闻传播技术［M］. 任孟山译 . 北京：华夏出版社，2010.

79. 王冰 . 北美媒介环境学的理论想象［M］. 北京：光明日报出版社，2010.

80.［美］迈克尔·舒德森 . 新闻社会学［M］. 徐桂权译 . 北京：华夏出版社，2010.

81. 肖峰 . 人文语境中的技术——从技术哲学走向当代技术人学［M］. 北京：中国社会科学出版社，2011.

82. 邱林川，陈韬文 . 新媒体事件研究［M］. 北京：中国人民大学出版社，2011.

83.［美］保罗·莱文森 . 软利器：信息革命的历史与未来［M］. 何道宽译 . 上

海：复旦大学出版社，2011.

84.［美］保罗·莱文森．新新媒介［M］．何道宽译．上海：复旦大学出版社，2011.

85.［加］戴维·克劳利 保罗·海尔．传播的历史：技术、文化和社会（第五版）．董璐，何道宽，王树国译．北京：北京大学出版社，2011.

86.［法］古斯塔夫·勒庞．乌合之众：大众心理研究［M］．宇琦译．长沙：湖南文艺出版社，2011.

87.［美］凯文·凯利．科技想要什么［M］．熊祥译．北京：中信出版社，2011.

88.［美］凯文·凯利．技术元素［M］．张行舟，余倩译．北京：电子工业出版社，2012.

89.［美］E.M. 罗杰斯．传播学史：一种传记式的方法［M］．殷晓蓉译．上海：上海译文出版社，2012.

90.［美］R.E. 帕克，E.N. 伯杰斯，R.D. 麦肯齐．城市社会学：芝加哥学派城市研究［M］．宋俊岭 郑也夫译．北京：商务印书馆，2012.

91.［英］约翰·基恩．全球公民社会？［M］．李勇刚译．北京：中国人民大学出版社，2012.

92.［美］艾伯特·拉斯洛·巴拉巴西．爆发·大数据时代遇见未来的新思维［M］．北京：中国人民大学出版社，2012.

93.［英］维克托·迈尔-舍恩伯格．大数据时代［M］．盛杨燕 周涛译．杭州：浙江人民出版社，2013.

94.［美］赫伯特·马尔库塞．单向度的人：发达工业社会意识形态研究［M］．上海：上海世纪出版集团，2013.

二、论文篇

1. 黄欣荣，王英．埃吕尔的自主技术论［J］．自然辩证法研究，1993，04：41—47.

2. 芮必峰．人类社会与人际传播——试论米德和库利对传播研究的贡献［J］．新闻与传播研究，1995，02：60—65.

3. 何言宏．批判的大众传播理论——法兰克福学派大众传播思想研究［J］．南京师大学报（社会科学版），1997，01：122—128.

4. 芮必峰．人类理解与人际传播——从“情境定义”看托马斯的传播思想［J］．新闻与传播研究，1997，02：74—76.

5. 陈卫星．麦克卢汉的传播思想［J］．新闻与传播研究，1997，04：31—37.

6. 黄旦．[耳目]与[喉舌]的历史性变化：中国百年新闻思想主潮论［J］．新闻记者，1998，10：54—55.

7. 殷晓蓉．麦克卢汉对美国传播学的冲击及其现代文化意义［J］．复旦学报（社会科学版），1999，02：84—91.

8. 郭镇之．关于麦克卢汉的思想——与埃里克麦克卢汉博士的一次访谈［J］．现代传播，1999，08：16—18.

9. 何道宽．麦克卢汉的遗产——超越现代思维定势的后现代思维［J］．深圳大学学报（人文社会科学版），1999，11：75—79.

10. 张咏华．新形势下对麦克卢汉媒介理论的再认识［J］．现代传播，2000，01：33—39.

11. 刘京．评法兰克福学派的技术生态理论［J］．丽水师范专科学校学报，2000，02：9—11.

12. 何道宽．和而不同息纷争——全球化进程中的文化调适［J］．深圳大学学报（人文社会科学版），2000，04：6—10.

13. 黄锫坚．技术决定论的多种面貌与技术概念的多重含义［J］．自然辩证法研究，2000，06：14—18.

14. 何道宽．媒介即文化——麦克卢汉媒介理论批评［J］．现代传播双月刊，2000，06 期：25—31.

15. 何道宽．媒介革命与学习革命——麦克卢汉媒介理论批评［J］．深圳大学学报（人文社会科学版），2000，10：100—106.

16. 何道宽．麦克卢汉在中国［J］．深圳大学学报（人文社会科学版），2000，12：98—102.

17. 邵培仁，李梁．媒介即意识形态——论法兰克福学派的媒介控制思想

［J］. 浙江大学学报（人文社会科学版），2001，01：103—109.

18. 邵培仁 . 论库利在传播研究史上的学术地位［J］. 杭州师范学院学报（人文社会科学版），2001，03：59—62.

19. 布里恩·温斯顿著，来丰编译 . 技术发展的原因及其对传播内容的影响［J］. 新闻大学，2001，04：29—36

20. 邵培仁，米德 . 美国传播学的鼻祖［J］. 徐州师范大学学报（哲学社会科学版），2001，06：99—103.

21. 陈爱华 . 试论法兰克福学派科学伦理思想演进的理论逻辑［J］. 武汉科技大学学报（社会科学版），2001，12：11—14.

22. 任皑 . 技术文明社会的生态危机意识——评法兰克福学派的科技决定论［J］. 现代哲学，2002，02：49—55.

23. 邵培仁 . 更新媒介形态学和媒介地理学的“杰作”［J］. 黔南民族师范学院学报，2002，04：41—46.

24. 邢赉思 . 人是万物的尺度［J］. 学习时报，2002，05.27/ 第 08 版 .

25. 何道宽 . 加拿大传播学派的双星：伊尼斯与麦克卢汉［J］. 深圳大学学报（人文社会科学版），2002，09：94—99.

26. 芮必峰 . 健全的社会与健全的传播——试论弗洛姆的传播思想［J］. 安徽大学学报（哲学社会科学版），2003，01：142—148.

27. 何道宽 . 天书能读——麦克卢汉的当代诠释［J］. 四川外语学院学报，2003，01：123—128.

28. 纪莉 . 论麦克卢汉传播观念的“技术乌托邦主义”——理解麦克卢汉的新视角［J］. 新闻与传播研究，2003，01：38—44.

29. 殷晓蓉 . 网络时代：麦克卢汉何以东山再起？［J］. 新闻大学，2003，04：83—87.

30. 吴晓江，韩连庆 . 芒福德的技术观：破除机器的神话［J］. 世界科学，2004，01：44—46.

31. 徐桂权 . 传播图景中的制度——由英尼斯的媒介理论谈起［J］. 国际新闻界，2004，03：50—54.

32. 邢怀滨，孔明安 . 技术的社会建构与新技术社会学的形成［J］. 河北学刊，2004，03：9—33.

33. 巨乃岐，邢润川．技术思想与技术批判的现代考量［J］．科学技术与辩证法，2004，04：61—66.

34. 黄旦，黄燕虹．文化工业理论及其批判性思考［J］．新闻记者，2004，05：23—26.

35. 芮必峰．人际传播：表演的艺术——欧文．戈夫曼的传播思想［J］．安徽大学学报（哲学社会科学版），2004，07：64—70.

36. 何道宽．对作为媒介的手机的哲学观照［J］．中华读书报，2004，09.22.

37. 何道宽．手机：挡不住的诱惑［J］．经济观察报，2004，10.18/第T00版．

38. 黄旦．美国早期的传播思想及其流变——从芝加哥学派到大众传播研究的确立［J］．新闻与传播研究，2005，01：15—27.

39. 何道宽．1995—2004我们为什么离不开纸媒书和深度阅读［J］．中国图书商报，2005，01.21/第A10版．

40. 毛峰．文明传播的偏向与当代文明的危机——伊尼斯传播哲学中的历史智慧［J］．史学理论研究，2005，02：81—86.

41. 毛峰．娱乐至死的物种：波斯曼的媒介哲学［J］．现代传播，2005，02：120—121.

42. 邵培仁，海阔．宗法颠覆论纲——传媒对中国社会的影响［J］．杭州师范大学学报（社会科学版），2005，03：91—92.

43. 张伟，李明．传媒技术的价值判断及其伦理向度［J］．太原师范学院学报（社会科学版），2005，06：20—22.

44. 黄旦．舆论：悬在虚空的大地？——李普曼《公众舆论》阅读札记［J］．新闻记者，2005，11：68—71.

45. 邵培仁．作为最新研究视野的媒介地理学［J］．广告大观（媒介版），2006，01：55—56.

46. 单波，王冰．西方媒介生态理论的发展及其理论价值与问题［J］．新闻与传播研究，2006，03：2—13.

47. 黄旦，李洁．消失的登陆点——社会心理学视野下的符号互动论与传播研究［J］. 新闻与传播研究，2006，03：14—19.

48. 李艳霞. 科学技术是一种新的意识形态——法兰克福学派的科学技术意识形态观点剖析［J］. 理论界，2006，09：153—154.

49. 芮必峰，陈燕. 你我交往使社会成为可能——齐美尔人际传播思想札记［J］. 西南民族大学学报（人文社科版），2006，11：140—143.

50. 何道宽. 异军突起的第三学派——媒介环境学评论之一［J］. 深圳大学学报（人文社会科学版），2006，11：105—108.

51. 何道宽. 媒介环境学辨析［J］. 国际新闻界，2007，01：46—49.

52. 刘英. 手机短信的传播学分析［J］. 新闻爱好者，2007，02：54—55.

53. 吴飞. 社会传播网络分析——传播学研究的新进路［J］. 中国人民大学学报，2007，04：106—113.

54. 盛国荣. 技术控制主义：技术哲学发展的新阶段［J］. 哲学动态，2007，5：36—42

55. 魏屹东. 科学发展观与技术理性的人化［J］. 郑州大学学报（哲学社会科学版），2007，06：7—9.

56. 何道宽. 游戏、文化和文化史——《游戏的人》给当代学者的启示［J］. 南方文坛，2007，06：15—24.

57. 李明伟. 长幼无间：口头传播与口语社会的社会化［J］. 北京理工大学学报（社会科学版），2007，06：15—17.

58. 樊佩佩. 作为一门新兴交叉学科的媒介生态学［J］. 国外社会科学，2007，06：65—68.

59. 程曼丽. 从历史角度看新媒体对传统社会的解构［J］. 现代传播（双月刊），2007，06：94—97.

60. 李明伟. 印刷传播与印刷时代的社会化［J］. 国际新闻界，2007，07：71—74.

61. Rudolf Stober. 媒介进化是什么——新媒介历史的理论化阐释［J］. 尹良润 译. 国际新闻界，2007，10：53—58.

62.［美］林文刚. 媒介环境学：思想沿革与多维视野［J］. 国际新闻界，2007，11：40.

63. 李明伟．作为一个研究范式的媒介环境学派［J］．国际新闻界，2008，01：52—56.

64. 邵培仁．媒介生态学研究的基本原则［J］．新闻与写作，2008，01：25—26.

65. 王鑫．忧虑、批判以及拯救——读尼尔．波斯曼《技术垄断——文化向技术投降》［J］．文化与诗学，2008，02：372—380.

66. 何道宽．破解史诗和口头传统之谜——《口语文化和书面文化》评析［J］．南方文坛，2008，02：26—29.

67. 邵培仁，廖卫民．思想．理论．趋势：对北美媒介生态学研究的一种历史考察［J］．浙江大学学报（人文社会科学版），2008，05：181—190.

68. 李明伟．媒介环境学派的理论分析框架［J］．北京理工大学学报（社会科学版），2008，06：3—6.

69. 陈燕．媒介生态学的产生与流变［J］．湖南工业大学学报（社会科学版），2008，08：117—120.

70. 曹智频．理解媒介：国内麦克卢汉研究述评［J］．东南传播，2008，10：64—65.

71. 王鑫．尼尔·波斯曼的“技术垄断”批判［J］．中国图书评论，2008，12：111—113.

72. 吴飞．“空间实践”与诗意的抵抗——解读米歇尔．德塞图的日常生活实践理论［J］．社会学研究，2009，02：117—246.

73. 刘建明．媒介环境学理论范式：局限与突破［J］．武汉大学学报（人文科学版），2009，03：376—380.

74. 杨陶玉．媒介进化论——从保罗．莱文森说起［J］．东南传播，2009，3：28—29.

75. 王苦舟．论“媒介生态平衡”理念——对媒介环境学派理论的一点思考［J］．东南传播，2009，04.

76. 王秋．思想真的可以无羁——《思想无羁：技术时代的认识论》读书笔记［J］．东南传播，2009，04：106—107.

77. 王妍，李颖．媒介形态：“人的尺度”的表征和人类生存的“尺度”［J］．

文艺评论，2009，04：26—30.

78. 周海英．从媒介环境学看新媒体对社会的影响［J］．兰州学刊，2009，06：165—169.

79. 秦州．媒介环境学家对“专门化（专家）”问题的警觉性认知［J］．国际新闻界，2009，08：42—46.

80. 李明伟．文学新批评派对麦克卢汉传播研究的影响［J］．深圳大学学报（人文社会科学版），2009，09：125—128.

81. 李明伟．凡勃伦对伊尼斯传播理论的影响研究［J］．北京理工大学学报（社会科学版），2009，10：90—93.

82. 于翠玲．从媒介历史看书籍的文化价值——兼论媒介环境学派对中国书籍史的启示［J］．济南大学学报（社会科学版），2010，01：11—15.

83. 刘中望．媒介新技术：互联网与当代生活方式［J］．湘潭大学学报（哲学社会科学版），2010，01：95—98.

84. 单波，王冰．媒介即控制及其理论想象［J］．新闻与传播研究，2010，02：41—49.

85. 盛国荣．启蒙运动时期卢梭的技术伦理批判及其技术观［J］．理论月刊，2010，02：47—50.

86. 魏先努，周文．媒介生态学研究综述［J］．邵阳学院学报（社会科学版），2010，02：137—140.

87. 潘祥辉．论媒介技术演化和媒介制度变迁的内在关联［J］．北京理工大学学报（社会科学版），2010，02：95—100.

88. 詹莉芳．试论哲学文化视镜中的媒介技术观［J］．文化学刊，2010，03：115—118.

89. 邵培仁，范红霞．传播仪式与中国文化认同的重塑［J］．当代传播，2010，03：15—18.

90. 柳成荫，刘阳．互联网技术视域下的我国媒介环境变革［J］．新闻世界，2010，03：82—83.

91. 戴元光，夏寅．莱文森对麦克卢汉媒介思想的继承与修正——兼论媒介进化论及理论来源［J］．国际新闻界，2010，04：6—12.

92. 李宜蓬，胡辰 . 大众传媒形成机制探要——兼论媒介技术与受众时空属性的互动关系［J］. 甘肃社会科学，2010，04：174—177

93. 袁靖华 . 生态范式：走出中国传播学自主性危机的一条路径［J］. 徐州师范大学学报（哲学社会科学版），2010，05：68—74.

94. 易前良 . 尼尔 . 波斯曼与电视“媒介批评”［J］. 中国电视，2010，05：84—88.

95. 刘识萌 . 论尼尔·波斯曼对麦克卢汉思想的传承——公众话语方式决定话语内容［J］. 东南传播，2010，05：89—91.

96. 邵培仁，夏源 . 媒介尺度论：对传播本土性与全球性的考察［J］. 当代传播，2010，06：9—12.

97. 王颖吉 . 美丽新世界中的文化危机——尼尔 . 波斯曼的媒介［J］. 环境学文艺研究，2010，06：86—95.

98. 刘永谋 . 媒介技术与文化变迁：尼尔 . 波斯曼论技术［J］. 天津社会科学，2010，06：29—34.

99. 贡少辉 . 进化认识论对保罗 . 莱文森媒介理论的影响［J］. 东南传播，2010，07：7—10.

100. 张成岗 . 从意识形态批判到“后技术理性”建构——马尔库塞技术批判理论的现代性诠释［J］. 自然辩证法研究，2010，07：43—48.

101. 曹智频 . 媒介偏向与文化变迁：从伊尼斯到麦克卢汉［J］. 学术研究，2010，08：129—133.

102. 何道宽 . 印刷机引发传播革命［J］. 中国社会科学报，2010，9.28/ 第 012 版 .

103. 赵梦溪 . 微博的统合与偏向——基于媒介环境学的视角［J］. 新闻世界，2010，11：184—185.

104. 王建磊 . 警惕新媒介环境下的技术控制——腾讯与 360 之争的媒介环境学解读［J］. 新闻记者，2010，12：65—67.

105. 何晨 . 互联网、社会隔离与自我构念——基于媒介环境学的一点思考［J］. 新闻爱好者，2011，01（下半月）：10—11.

106. 周丽锦，尹振宁 . 定位抑或追问——评《知媒者生存——媒介环境学纵论》[J].中国社会科学报，2011，02.01/第017版.

107. 黄旦.历史学的想象力——在事与叙之间[J].史学月刊，2011，02.15—19.

108. 杨颖.新媒介时代多伦多传播学派的传承和发展——兼评德克霍夫的媒介思想[J].国际新闻界，2011，02：19—24.

109. 齐昱珲.媒介生态学思想的形成及流变[J].新闻爱好者，2011，04：32—33

110. 大卫·莫利.媒介理论、文化消费与技术变化[J].文艺研究，2011，04：99—106.

111. 张璐.聚合技术发展与阅读革命——以RSS技术为例[J].新闻天地（下半月刊），2011，04：91—92.

112. 熊国荣.媒介环境学视角中的小说《手机》[J].东南传播，2011，04：103—104.

113. 张芳圆.媒介环境学视野下的微博碎片化现象[J].北京邮电大学学报（社会科学版），2011，04：5—8.

114. 刘双红，吴晓杰.从媒介互补演变规律理解文化媒介[J].新乡学院学报（社会科学版），2011，04：161—163.

115. 顾杨丽，吴飞.微博传播力的本质：碎片化即时信息的整合力——以温州“7.23”动车事故为例[J].当代传播，2011，05：49—51.

116. 金萍华，芮必峰.“身体在场”：网络交往研究的新视角[J].新闻与传播研究，2011，05：12—16.

117. 李曦珍，王晓刚.媒介环境学对技术认识论的争论[J].云南社会科学，2011，05：44—48.

118. 李飞跃，刘双红.媒介文化与媒介间性——从麦克卢汉、莱文森等人的相关观点理解媒介文化[J].太原理工大学学报（社会科学版），2011，06：84—85.

119. 李子路.试论北美媒介环境学派的“媒介偏向”理论[J].新闻世界，2011，06：256—257.

120. 王新建，孟晓蕾.“科学技术是生产力”与“媒介决定论”[J].新闻知识，2011，06：42—43.

121. 张志华．解析波斯曼的“娱乐至死观”［J］．当代电视，2011，06：62—64.

122. 何道宽．麦克卢汉的昨天、今天和明天——纪念麦克卢汉百年诞辰［J］．国际新闻界，2011，07：6—12.

123. 何道宽．面向未来的麦克卢汉［J］．社会科学报，2011，08.04/第006版/

124. 陈燕慧．论微博对用户交往行为的影响［J］．东南传播，2011，08：73—75.

125. 邓文华．重审艺术与媒介的关系——从麦克卢汉到保罗．莱文森［J］．宁波广播电视大学学报，2011，09：90—92.

126. 谢金文．麦克卢汉．从世界之村走到世界中心——纪念传播学大师麦克卢汉诞辰100周年［J］．现代传播（中国传媒大学学报），2011，09：129—131.

127. 张滨．媒介向何方延伸——新媒介语境下的媒介发展［J］．新闻传播，2011，10：31.

128. 殷晓蓉．麦克卢汉的传播思想与当今时代——纪念麦克卢汉诞辰100周年［J］．新闻记者，2011，11：34—38.

129. 周驰．麦克卢汉与全球传播——上海交通大学纪念麦克卢汉诞辰100周年学术研讨会综述［J］．新闻记者，2011，11：43—45.

130. 付晓光，田维钢．媒介融合的前世、今生和未来——美国著名媒介理论家保罗．莱文森访谈［J］．现代视听，2011，12：20—23.

131. 董天策．传媒与文化研究的学术路径［J］．学术研究，2012，01：126—129.

132. 王凤栖．世界到底是不是平的——读《技术垄断：文化向技术投降》［J］．新闻世界，2012，01：136—137.

133. 孟君．从技术理性批判、技术至上到技术主导——论技术对传媒权力的影响［J］．当代传播，2012，01：33—35.

134. 李曦珍，楚雪，胡辰．传播之“路”上的媒介技术进化与媒介形态演变［J］．新闻与传播研究，2012，01：23—33.

135. 黄旦.“报纸”的迷思——功能主义路径中的中国报刊史书写之反思［J］.新闻大学，2012，02：29—36.

136. 陈功.保罗·莱文森的媒介演进线路图谱［J］.当代传播，2012，02：27—29.

137. 邵培仁，杨丽萍.媒介距离论：距离作为传播资源的思考与分析［J］.新闻记者，2012，02：3—9.

138. 詹恂，陈文婧.媒介进化理论视野下的LBS网站人性化趋势分析［J］.西南民族大学学报（人文社会科学版），2012，03：160—163.

139. 杨慧琼，程栋梁.现代性的变奏曲——浅析传播学的第四学派媒介环境学派［J］.福建师范大学学报（哲学社会科学版），2012，03：156—161.

140. 张放，尹雯婷.从独白式微博书写看媒介中介化自我传播［J］.当代传播，2012，04：79—81.

141. 张晶.媒体如何实现平衡传播——基于媒介环境学的视角［J］.新闻世界，2012，04：16—217.

142. 吴文汐.网络交往空间形态的演变逻辑及趋势展望［J］.现代传播，2012，05：115—119.

143. 许玲，何道宽.网络行动的发展历程与概念阐释［J］.武汉大学学报（人文科学版），2012，05：122—126.

144. 曹爱民，潘元金.中国媒介生态学的几点思辨［J］.新闻爱好者，2012，05（下半月）：1—2.

145. 李西建，张春娟.消费时代的价值期待——从《娱乐至死》看媒介生态学的人文理论面向及其未来［J］.江西社会科学，2012，06：19—24.

146.［美］兰斯·斯特拉特文，胡菊兰译.媒介生态学与麦克卢汉的遗赠［J］.江西社会科学，2012，06：246—252.

147. 张进.论麦克卢汉的媒介生态学思想［J］.江西社会科学，2012，06：5—13.

148. 刘婷.芒福德的媒介思想及其对媒介环境学派的影响——基于人文主义的视角［J］.东南传播，2012，07：101—103.

149. 王正非.管窥传播研究的第三视野再读媒介即讯息——再读“媒介即

讯息”［J］. 东南传播，2012，08.

150. 盛国荣，葛莉 . 数字时代的技术认知——保罗 · 莱文森技术哲学思想解析［J］. 科学技术哲学研究，2012，08：58—63.

151. 向静 . 媒介环境学派发展史初探［J］. 新闻世界，2012，10：124—125.

152. 杨建娟，吴飞 . 理解生活在别处的“边际人”——兼谈帕克的底层关怀意识［J］. 新闻界，2012，10：14—20.

153. 商娜红，刘婷 . 北美媒介环境学派：范式、理论及反思［J］. 新闻大学，2013，01：69—76.

154. 王华英 . 法兰克福学派技术思想发展理路探究［J］. 自然辩证法研究，2013，01：35—39.

155. 胡翌霖 . 技术的“自然选择”——莱文森媒介进化论批评［J］. 国际新闻界，2013，02：77—84.

156. 陈功 . 保罗·莱文森的媒介进化理论对媒介环境学的超越［J］. 当代传播，2013，02：24—29.

157. 陈朝晖 . 媒介即信息：媒介研究的一种本体视角［J］. 新闻传播，2013，02：26—27.

158. 李中华，姜爱福 . 麦克卢汉技术思想研究——兼及与雅斯贝斯技术思想的比较［J］. 湖南工业大学学报（社会科学版），2013，02：102—105.

159. 梁辰曦 . 从莱文森“人性化趋势”理论看媒介的偏向性［J］. 新闻世界，2013，03：160—161.

160. 王华 . 技术、传播与现代文明：刘易斯 · 芒福德的媒介分析范式［J］. 中国社会科学报，2013，04.03/ 第 A08 版 .

161. 童帅 . 浅析新新媒介的兴起及其对公众话语表达权的影响［J］. 新闻传播，2013，05：158—159.

162. 秦州 . 莱文森修正波普尔 3 个世界理论的得与失［J］. 自然辨证法研究，2013，05.105—110.

163. 梁颐，刘华 . 媒介技术决定论的生态视角——基于媒介进化小生境理论的思考［J］. 新闻界，2013，07.9—13.

164. 彭兰 . 自拍：一种纠结的“自我技术”［J］. 新闻大学，2018，

05.45—55.

165. 陈硕，李昭语．媒介跨界融合的现实瓶颈与“智慧”转型研究［J］．新闻爱好者，2019，7.90—93.

166. 陈琦．场景消解：女性网络自拍中的后区迷失［J］．现代传播（中国传媒大学学报），2020，2.82—85.

167. 彭兰．网络社会的层级化：现实阶层与虚拟层级的交织［J］．现代传播，2020，03.9—15.

168. 刘红波，高新珉．负面舆情、政府回应与话语权重构——基于 1711 个社交媒体案例的分析［J］．中国行政管理，2021，05.130—137.

169. 吕宇翔，纪开元．流动的身份展演——重访社交媒体演进史［J］．现代传播（中国传媒大学学报），2021，05.7—13.

三、硕士、博士学位论文参考文献

1. 周瑞金：互联网精神交往形态分析［D］．博士学位论文．中国社会科学院，2002.

2. 余丽丽：社会转型与媒介的社会控制［D］．博士学位论文．复旦大学，2003.

3. 郭赫男：我国大众传媒建构的拟态环境研究［D］．博士学位论文．四川大学，2006.

4. 杨先起：数字时代的麦克卢汉——保罗·斯文森媒介思想研究．硕士学位论文［D］．兰州大学，2006.

5. 李明伟：媒介形态理论研究［D］．博士学位论文．中国社会科学院，2007.

6. 李晓云：尼尔·波斯曼的媒介生态学研究［D］．博士学位论文．四川大学，2007.

7. 张香萍：传播技术变迁中媒介人性化解读［D］．硕士学位论文．天津师范大学，2007.

8. 沈默：论媒介技术的本质与历史演变特征［D］．硕士学位论文．东北大学，2008.

9. 宋奎波：马歇尔·麦克卢汉媒介技术思想研究［D］. 硕士学位论文 . 东北大学，2008.

10. 刘利利：中国移动信息的传播生态环境研究［D］. 硕士学位论文 . 河北大学，2008.

11. 王君玲：网络表达研究［D］. 博士学位论文 . 武汉大学［D］2009.

12. 曾玉慧：数字时代的欢乐颂——保罗·莱文森媒介理论分析［D］. 硕士学位论文 . 厦门大学，2009.

13. 鲍立泉：数字传播技术发展与媒介融合演进［D］. 博士学位论文 . 华中科技大学，2010.

14. 周鸿雁：仪式华盖下的传播——詹姆斯·W. 凯瑞传播研究［D］. 博士学位论文 . 上海大学，2010.

15. 余秀才：网络舆论传播的行为与动因［D］. 博士学位论文 . 华中科技大学，2010.

16. 杨晓帆：保罗·莱文森媒介环境理论研究［D］. 硕士学位论文 . 河南大学，2010.

17. 曾婷艳：我国网络传播中的话语权迁移研究［D］. 硕士学位论文 . 福建师范大学，2010.

18. 夏德元：电子媒介人的崛起——社会的媒介化及人的媒介关系的嬗变［D］. 博士学位论文 . 复旦大学，2011.

19. 周梦瑶：技术垄断下的媒介生产与传播［D］. 硕士学位论文 . 重庆大学，2011.

20. 王新鑫：论麦克卢汉的媒介杂交理论［D］. 硕士学位论文 . 华东师范大学，2011.

21. 雄楚：尼尔 . 波斯曼媒介环境学思想研究［D］. 硕士学位论文 . 中南大学，2011.

22. 王慜：媒介形态理论视角下的新媒介演变研究——以微博的产生为例［D］. 硕士学位论文 . 郑州大学，2011.

23. 杨瑞丽：保罗·莱文森媒介进化论探析［D］. 硕士学位论文 . 兰州大学，2012.

24. 徐雁华：传播技术学派先驱哈罗德·伊尼斯传播思想研究［D］. 硕士学位论文 . 上海大学，2012.

25. 姚晓鸥：论媒介决定论：对麦克卢汉的释义与辩护［D］. 硕士学位论文 . 兰州大学，2012.

26. 刘婷：媒介环境学派的思想坐标：基于技术 / 媒介为视角的范式［D］. 硕士学位论文 . 广西大学，2012.

27. 陈轶群：媒介融合背景下手机媒介在危机传播中的角色研究［D］. 硕士学位论文 . 江西师范大学，2012.

28. 芦姗：用户习惯与媒介演进的相互关系研究［D］. 硕士学位论文 . 华中科技大学，2012.

29. 张冠文：互联网交往形态的演化——媒介环境学的技术文化史视角［D］. 博士论文 . 山东大学，2013.

四、英文文献

1. Paul Levinson（1976）Hot and cool redefined for interactive media. Media Ecology Review,4,3：9-11.

2. Paul Levinson（1977）Toy mirror and art：The metamorphosis of technological culture. Et cetera journal, June.34（2）：151-167.

3. Paul Levinson（1979）Human Replay：A Theory of the Evolution of Media. The PhD. dissertation, NewYork University,1979.

4. Paul Levinson（1979b）Review of Culture as Polyphony by J. Curtis, Technology and Culture,20,4：835-837.

5. Paul Levinson（1979/1980）Review of Four Arguments for the Elimination of Television by J. Mander, The Structurist,19/20：107-114.

6. Paul Levinson（1981）McLuhan and Rationality.Journal of Communication, 31, 3：179-188.

7. Paul Levinson（1981）McLuhan' s contribution in an evolutionary context, Educational Technology,22,1：39-46.

8. Paul Levinson（1982）In Pursuit of Truth：Essays on the Philosophy

of Karl Popper on the Occasion of His 80th Birthday,Atlantic Highlands,New Jersey：Humanities Press INC,170.

9. Paul Levinson（1986）Marshall McLuhan and computer conferencing, IEEE Transactions of professional Communications, March：9-11.

10. Paul Levinson（1989）Intelligent writing：The electronic liberation of text, Technology in Society,11,3：387-400.

11. Paul Levinson（1990）McLuhan's space, Journal of Communication,40,2：169-173.

12. Paul Levinson（1996）On behalf of humanity：The technological edge, The World and I, March：305-313.

13. Paul Levinson（1997）Learning unbound：Online education and the mind's academy, Analog, March：48-57.v

14. Paul Levinson（1998）The book on the book, Analog Science Fiction and Fact, June：24-31.

15. Harold Innis（2004）.Memoir of Harold Adams Innis Covering the years1894-1922[J]. Canadian Journal of Communication,2004,（2）.

16. Paul Levinson（2005）The Flouting of the Fist Amendment, Keynote Address, Sixth Annual Media Ecology Conferrence, Fordham University, New York City, June23.

五、网络资源

1. Paul Levinson's Infinite Regress. http://www.sff.net/people/paullevinson/

2. Media Ecology Associationhttp://media-ecology.org/

3. 浙江在线：中国新闻传播学新闻评论 http://cjr.zjol.com.cn/

4. 中国互联网信息中心 http://www.cnnic.net.cn/

5. 艾媒网 http://www.iimedia.cn/

6. 第十次全国国民阅读调查成果发布 [EB/OL].[2013-4-18].[2013-4-23]. http://www.chuban.cc/cbsd/201304/t20130418_140009.html

7.《2015 年中国社交媒体核心用户数据分析》http://www.199it.com/

archives/362161.html

8.《2019 微信年度数据报告的分析洞察》，http://www.woshipm.com/evaluating/3310778.html

9.《2019-2020 年中国移动社交行业年度研究报告》https://www.iimedia.cn/c400/70165.html

10.《2020 年中国数字阅读市场现状及发展前景预测分析》https://www.163.com/dy/article/FM3QH5PV0514810F.html

11.《微博月活跃用户达 5.23 亿，2020 中国移动社交行业用户画像及行为分析》，https://www.iimedia.cn/c1020/74841.htm

12.《GWI：2020 社交媒体趋势报告》，http://www.199it.com/archives/1068188.html

13.《微博 2020 用户发展报告：用户群体继续呈现年轻化趋势》，http://finance.sina.com.cn/tech/2021-03-12/doc-ikkntiak9143019.shtml

14. 人民网舆情数据中心：《2020 年互联网舆情形势分析与展望》，http://download.people.com.cn/yuqing/eleven16003359621.pdf

15. 唐旭军：《中国新媒体发展报告（2020）》，http://xinwen.cssn.cn/sy_50320/zdtj/zxxsgd/202007/t20200727_5160945.shtml

16.《Strategy Analytics：2021 年 6 月全球拥有智能手机人口达 39.5 亿 占比超 50%》

17. http://www.199it.com/archives/1270134.html

18.《2021 年中国实体书店行业分析报告 - 市场深度分析与投资前景预测》http://baogao.chinabaogao.com/qikantushu/371962371962.html

19.《第十八次全国国民阅读调查报告权威发布》，https://www.thepaper.cn/newsDetail_forward_12369739

20.《数字阅读市场格局及发展趋势分析（2021 年）》https://max.book118.com/html/2021/0111/7010132023003042.shtm

21.《2021 上半年中国移动社交行业研究报告》https://www.iimedia.cn/c400/79510.html

后 记

当我在这个明媚的夏日午后安坐于电脑前，输入“后记”这两个字的时候，曾是我在困苦的写作过程中冥想了无数次的愉悦之感现在却怎么也找寻不到，反倒有种旧事即将了却而新事未定的颓废之情。读博，是我的选择，辛苦、彷徨、挣扎与困苦都是我应该为此付出的代价，但现在想来，曾经被自己渲染的那么痛的过程如今倒成了一种对学术过程的历练，对所做的事情的一种态度，对人生的一种领悟！所以，我要感谢我在山东大学读书生涯中给予我各种帮助的人们！

能够师从我国著名历史学家和文化产业研究专家王育济先生，是我学术生涯中莫大的荣幸。因为是本、硕、博跨了 3 个不同专业，虽说最终在博士阶段能够将本科时期的旅游和硕士时期的新闻专业都能统领到文化产业领域中，但是毕竟学科之间研究思路和治学方法有较大差异，先生从我入门的那天起，就对我开始了史学研究方法的训练，从快速阅读的训练到学术资料的整理、留存习惯的养成，从如何确定研究选题到如何选取研究资料，先生对我都是手把手地悉心指导，如果说读博初期辛苦训练时我还不能够全部领会先生的殷殷之情，如今，近二十万字的博士论文顺利完成却真的得益于先生的桃李之教。此外，老师儒雅的学者气质、渊博的知识和敏锐的学术洞察力，让我在跟随先生读书的这五年每每除了仰慕之外，更有因学术知识浅薄和洞察力不足的惴惴之感，老师勤勉敬业的工作态度和严谨求实的学术作风让我不敢有丝毫的懈怠，通过五年的辛苦磨炼，让我的知识结构日趋完善，知识积累日渐丰厚，尤其是将史学的治学方法和思维方式运用在传媒研究上，让我获益匪浅。在跟随王老师读博期间，我有幸参与了他主持的《中国文化产业学术年鉴》的编撰工作，对中国文化产业的发展脉络、相关学术文献有了系统的了解，培养了我原不擅长的史学思维和溯源意识，尤其是编纂工作进程中能够经常跟随先生左右，他手不释卷的读书习惯和时时向我们推荐好书的爱好让我大受裨益，最终博士论文的选题就得益于老师推荐的保罗·莱文森的《手机：挡不住的呼唤》一书。如果说先生对我的关心重在学术的话，师母谭鸿鸣女士则更关心我的生活，每次见到师母她总是善意地宽慰我不要着急，做学问就要耐住寂寞，慢慢磨砺。师母是资深的出版人，我从她那里获得很多关于新媒体时代出版和阅读方式变革的案例，启发我在论文写作过程中对此问题的思考。

论文的顺利完成还要感谢我的硕士生导师浙江大学传媒与国际文化学院院长吴飞教授，是吴老师领我进入传播学领域。在先生的指导和引介下，我初读麦克卢汉的著作，尤其是他和邵培仁老师的一番对话开启了我对媒介环境和生态的兴趣，开始大量阅读这个学派的著作并作粗浅的思考。毕业多年，吴老师仍不忘我们这些身在异乡的弟子，他建立的吴门弟子 QQ 群、微信群，让我身在异地也能够获得跟他身边的弟子一样的资源，他提供给我的很多资料不仅充实了我的博士论文，也启发了我对新媒体的很多思考。同门之间通过网络的交流不仅给我提供了研究的资料，同时也开阔了我的视野，在这里一并谢过各位同门师兄弟们！

论文的完成，除了导师之外，还要感谢一位可爱的老人——保罗·莱文森先生，也就是我论文研究的主人翁。莱文森先生是位享誉世界的媒介理论家，我怀着忐忑不安的心情给先生写了邮件，表达了我对他媒介思想的仰慕之情和研究目的，没想到很快先生就给我回了邮件，一并发给我很多自己早期的研究文章，每遇到研究的困惑之处，我向他请教，他都能不吝赐教，给予我拨云见日的点拨，这让我非常感动！但由于自己英文水平有限，难免不能全然领会先生的教义，觉得很是愧对他的一番热情和好意！

我在山东大学历史文化学院读书期间，承蒙各位老师的辛勤教导，尤其是于海广教授、江奔东教授、崔大庸教授及张友臣教授在博士论文开题时，对我论文的选题进行详细论证和指导，提出宝贵的修改意见为我以后的研究指明了方向；胡新生教授、顾銮斋教授、刘玉峰教授在我博士论文预答辩时，提出了非常宝贵的修改建议，在此表示衷心的感谢！我在历史学院读书期间，董雪梅书记、朱伟老师、王长清老师和杨杰老师为我学业的顺利完成付出了诸多心血和辛劳，非常感谢他们默默的付出和深深的情谊！五年来，一直陪伴我走过学业的艰辛和生活困苦的同学们，感谢你们给予我另外一种成长！

感谢我的好友张秋峰、王霞夫妇，秋峰是计算机专家，他帮我搜集大量我不能找到的资料和书籍、整理文献索引、为我提供图表制作的技术支持，在我每每遇到麻烦无暇顾及女儿的时候，王霞替我担负起母亲之职，照顾我女儿的学习和生活。在济南这座不属于我故乡的城市里，是他们夫妇给予我家人般的关照，他们的儿子淼淼给予我女儿哥哥般的疼爱，能够有幸认识他们，是上天赐予的厚爱！

2004 年的春天，我怀揣着对新闻职业的梦想和我 6 个月大还未出世的女儿从浙江大学毕业，从硕士到博士，我走了十年，我的女儿熙然用她花朵般的生命记录了我这十年的历程，她用自己稚嫩的生命承受了我情绪不好时的坏脾气，在我压力大得寝食难安时给我端水送饭，在她的玩耍时间和我的工作冲突时默默放弃自己的玩乐，每每想到此，我的内心愧疚难当；我的先生赵勇在我读书求学的道路上，一路默默地支持与跟随，从南开到浙大，从浙大到山大，没有他的支持与鼓励，我的人生难以想象是什么样子！在我读博士的五年中，他经历了人生中重大的工作变动，期间的挣扎、犹豫、彷徨、无助都让我们历练成长！感谢我的公婆在我读书期间，拖着年迈的身体帮我操持家务，照顾孩子！

走到今天，我终于可以坦然面对父亲了，他在我 6 岁时给我定下了去山东大学读书的愿望，兜兜转转几十年，在博士阶段才最终完成了他给我划定的理想，好在不算太晚，我的父母身体康健，也愿他们能像山东大学一样，历经百年而健康长随！

郑 燕

2014 年 5 月 9 日于济南·舜耕

后记二

博士论文完成7年后才重新修订出版，我也是鼓起了很大的勇气的。记得毕业答辩现场，导师王育济老师曾语重心长地说："今天临时调整你第一个答辩，老师们在你的论文上花的时间最多，审读得最细，成了专门为你组织的一场专家会，论文出版的时候按照老师们的意见好好修改。"我也是郑重承诺认真修改，尽快出版的，谁知道这一拖竟然是7年之久，读博时候的辛苦、彷徨、挣扎与困苦逐渐远去，新的困顿就会接踵而至，我先生常说一句话："人无远虑，必有近忧。"这几年在远虑和近忧之间走走停停，真是辜负了老师们的厚意。

媒介环境学开创了媒介、技术视角的生态学研究范式，关注生存其中的人与社会文化的互动共生关系，在他们看来，媒介发展史也可以看作是技术与身体纠缠的历史，人类先是追求将身体从传播实践中抽离，随着技术的发展、媒介的迭代，技术又召唤"身体"的回归，媒介环境研究从单一媒介分析走向多媒介环境考察。7年前的媒介环境与今天相比有了一些新的变化，大数据、物联网、云计算等技术使得媒介融合向更深处发展，技术迭代打开媒介演化无限想象力，这也是我再次审视自己的博士论文、增加观察媒介、更新数据、修订完善的原因。

终于在这个初夏的夜晚完成了书稿的修订工作，心中也逐渐萌生了写一部新书的冲动，但愿这不仅是冲动而已。人到中年会有各种不期而遇的烦恼，在过去的一年中，历经家人重病、先生工作岗位调整、孩子即将高考的重重压力，个中滋味唯有自知，好在家人都在，没有比“活着”更好的事情了！愿将此书，献给我爱的家人！

郑 燕

2021 年 5 月于济南·仰山

我们的小康时代

OUR WELL-OFF ERA

原著 刘克中

改编 倪晨翡

山东人民出版社·济南

国家一级出版社 全国百佳图书出版单位

图书在版编目（CIP）数据

我们的小康时代/刘克中原著；倪晨翡改编.--济南：山东人民出版社，2021.1（2022.5重印）
ISBN 978-7-209-12830-8

Ⅰ.①我… Ⅱ.①刘… ②倪… Ⅲ.①电视文学剧本-中国-当代 Ⅳ.①I235.2

中国版本图书馆CIP数据核字(2020)第104291号

项目策划 胡长青
项目统筹 王 路

我们的小康时代
WOMEN DE XIAOKANG SHIDAI

刘克中 原著 倪晨翡 改编

主管单位 山东出版传媒股份有限公司
出版发行 山东人民出版社
出 版 人 胡长青
社 址 济南市市中区舜耕路517号
邮 编 250003
电 话 总编室（0531）82098914
市场部（0531）82098027
网 址 http://www.sd-book.com.cn
印 装 山东华立印务有限公司
经 销 新华书店

规 格 16开（170mm×240mm）
印 张 22.75
插 页 2
字 数 400千字
版 次 2021年1月第1版
印 次 2022年5月第2次
ISBN 978-7-209-12830-8
定 价 58.00元

王力可
饰／高云溪
我们的
OUR
WELL-OFF
ERA
小康时代
让我们一起见证美丽家乡的蜕变
编剧 刘克中 导演 王文杰 制片人 杨甲兵
出品｜中共山东省委宣传部 山东省广电局 中共济南市委宣传部 中共章丘区委 章丘区人民政府 山东赤蓝影视文化有限公司 山东卫视传媒有限公司 国家广电总局中国广播影视出版社
山东人民出版社 济南市章丘文旅发展有限公司 承制｜山东赤蓝影视文化有限公司
荣誉出品｜赤蓝影视 山东卫视传媒

开机仪式

剧 照

演职人员合影

目　录
CONTENTS

第一章

飞速疾驰的高铁列车呼啸着穿过山洞，从高楼林立的都市奔向广袤无垠的原野。沿途苍翠的山峦环抱着山谷，河流与湖泊的交错处，可见一片片醒目的金色稻田，以及新旧建筑相间的古街……伴随着车厢内列车员温馨的提示音的响起：百脉站就要到了，下车旅客请注意……一身商务装的高云溪托腮靠在窗口，深情凝望着窗外一望无际的稻田，此行重归故里，她的心中百感交集。如今的高云溪已是区委网信办副科长，坐在她身后的是西装革履、戴着金丝眼镜儿的小马迅达老板马伯如，同时也是她的大学同学。

“云溪，你现在能告诉我为什么你放弃了在上海的一切，而选择回来吗？”

高云溪笑了笑，指向窗外：“伯如，你看，这就是我的家乡。”话语间，自豪而幸福的表情洋溢在高云溪的脸上。

马伯如望向车窗外宛若浩瀚汪洋的金色稻田，由衷地赞叹道：“很漂亮。”

列车到站后，高云溪和马伯如在拥挤的人群中推着行李出了站。此时身穿牛仔服、戴着墨镜的李铭泉已经在出站口等候了。这个李铭泉，是三泉村现任村主任李永福之子，同高云溪一起长大，可谓青梅竹马。现在的他不仅是龙山黑陶馆继承人，同时也是一家旅游公司的老板。李铭泉冲着两人招手，高云溪走近后给了李铭泉一个热情的拥抱，随后便向两人互相介绍了彼此。

李铭泉热情地同马伯如握手：“欢迎你来三泉村考察，马总。我爸原本要亲自来接你们的，可今天村里举行‘乡村振兴战略示范村’的揭牌仪式，他走不开，请你谅解。”

“客气了。”马伯如礼貌地回应道。

高云溪随之问李铭泉：“区里来了谁？”

“郑副区长。高大科长，我们是去村委会还是去古泉稻田？”

“古泉稻田。”

“怎么？不去见区里的领导？

“我在休假，不归他领导。”

李铭泉笑了，说：“有个性。”

李铭泉开着越野车载着高云溪和马伯如沿着一望无际的稻田边行驶着，眼见这青山绿水的怡人景色，马伯如禁不住再次赞叹起来。越野车在稻田古泉口停了下来，千年古泉奔流不息，青黄稻浪随风翻滚，三个人随后下了车。这时，一名身穿碎花长裙的年轻女子骑着一辆彩色的电动车穿过金色的稻田。微风吹起她的乌发和裙裾，俨然一幅风景画。高云溪和马伯如拿出手机拍下了这一美丽的瞬间。

马伯如不由自主地感叹着：“美，太美了。”

高云溪撇嘴一笑：“马总是说人，还是说稻田？”

“都很美。”

女子款款而来，向高云溪打着招呼，高云溪介绍二人：“这位是三泉村贡米合作社的负责人，孙梅梅。这位是电商小马迅达公司的马伯如马总。”

“你好，马总。”孙梅梅双手接过马伯如递上的名片。

“梅梅，我可是把当下电商平台的大神级人物给你请来了，古泉贡米品牌推广的项目怎么合作，你们谈。”高云溪说道。

“欢迎你来考察三泉村百年贡米原产种植区。”孙梅梅满脸笑意。

李铭泉站在稻田边，望着高云溪三人走进一望无际的稻田里，天空的云朵好似一叶叶浮漾的轻舟。高云溪顺手掐下一穗饱满的稻谷递给了马伯如：“最后的灌浆结束，新稻就可以收割了。”

“估计可以向平台提供多少新米？”

孙梅梅向马伯如讲述着产量情况：“去年总产量是一百二十万吨，开辟电商平台销售渠道之后，合作社效益很好，村民的种植积极性很高。今年，土地复耕，增种了五百亩，估计会在一百五十万吨左右。”

马伯如听后不住地点头，高云溪望着稻田问马伯如：“怎么样，马总？”

“百闻不如一见。”

“一株开花满坡芳，一家煮饭四邻香。说的可就是我们的古泉贡米。”

“还这么诗情画意？”

“当然了，马总如果能帮着把贡米品牌通过电商平台推广好，村民就能多一笔收入，功德无量啊。”

当日上午的三泉村委会门口，在噼噼啪啪的鞭炮声中，三泉村委会主任李永福和百脉区常务副区长郑南国正携手把蒙在牌匾上的红绸子抽去，牌匾上金灿灿的“乡村振兴战略示范村”几个字映入人们眼帘，随后人群中掌声雷动。

郑南国握着李永福的手：“李主任，祝贺你，希望你百尺竿头更进一步。”

“感谢，感谢。”

媒体记者纷纷拍照摄像，一派和谐欢腾的景象，而人群中，村副主任张麦圈却一脸落寞。他一边看着前面光鲜亮丽的李永福，一边想到自己，心里越发不是滋味。另一边，穿着马甲，举着自拍杆的网络达人高云琅紧跟在电视台摄像师屁股后面选角度。高云琅由于热衷用镜头拍摄记录时下的热点和新闻，又被人称为“高拍拍”。

胸前挂着长短镜头的孙会计一把拉住了高云琅，呵斥道：“臭小子，你跟着凑什么热闹。”

“孙叔，别瞧不起我，我这也是自媒体。”

“什么自媒体？尽在网上胡说八道。”

高云琅不以为然，嘟囔着：“我这叫发出自己的声音。”

“惹的祸还少啊，赶紧滚一边去。”

高云琅还想说些什么，但没等他开口，孙会计又接着说道：“知道村里人怎么说你吗？防火防盗防拍拍。”

“他们爱怎么说怎么说。”高云琅有些不耐烦。

“信不信，我叫元生抓了你？”

高云琅向远处望去，不远处，警务室的村警张元生正身穿一身警服站在那儿。高云琅摇头，一脸不服气的模样：“哼，警察也不能不讲道理。”

村委会门口聚集了李永福、张麦圈、张元生等人，以及百脉区部分村主任和一些企业界代表。揭牌仪式结束后，郑南国上前讲话：“今天，我们开个经验交流会。这些年，三泉村的变化大家有目共睹，乡镇变社区，乡村起楼群，田园变工厂，农民变工人，全村的人均收入，已经超过了小康社会经济目标的几倍，希望在座的村主任、企业代表仔细听、认真学。李主任，我们开始吧。”

李永福随后上前，开始讲话：“中央说的乡村振兴，我个人理解，那就是农业多打粮食，工业多挣票子，第三产业找准发财的点子，让农民的腰包鼓起来。中央领导说得好啊，说一千道一万，提高农民收入是关键。明年，我们大干快干，争取全村人均收入再提高一万……”

李永福的话还没讲完，突然，一阵剧烈的爆炸声打断了李永福的讲话。邻村的村委会主任高呼“地震了”，众人惊慌失措，不知所以地纷纷趴在了地上，捂着脑袋。而此刻正在稻田里考察的高云溪等人也听到了剧烈的爆炸声，高云溪看向爆炸声传来的方向，只能看见远处浓烟滚滚，听到爆炸声持续不断。

高云溪冲稻田边的李铭泉喊道：“泉子哥，怎么回事？”

“不好，像是化工厂出事了。”

高云溪听后，心一下提到了嗓子眼：“梅梅，你陪着马总接着考察，我得赶紧过去。”

“好，云姐，千万要当心。”

“伯如，失陪了。”高云溪对马伯如歉然说道。

“云溪，千万小心。”

高云溪一边跑一边说道：“我会的。”随后，高云溪便和李铭泉上了车，疾驰而去。

李永福在村委会办公室内来回踱步，他透过窗户，望着远处腾起的浓烟和火光，心中焦虑不定。在得知是化工厂出事后，李永福很快冷静下来，迅速做出了相应的部署：“元生，报火警，赶紧协调消防队，要快。麦圈，通知村里人，火速赶往现场去救火。”李永福紧随两人，也冲出了门。

众人陆续抵达了三泉村梦达化工厂门口，滚滚的浓烟不断地从大门涌出，现场一片嘈杂。厂长正指挥着工人们救火，几个工人拎着灭火器，还有几个工人抱着水管子，纷纷朝化工厂里面跑去。高云溪看着不顾生死的工人们，大喊道：“站住，都给我站住。”几个工人听后愣在原地，手里拎着灭火器和水管子，不知所措。

“还愣在那儿干啥，快点，救火，救火啊。”厂长已经心急如焚，焦急地催促着工人。

“不要命了？还不赶紧撤离。”高云溪对厂长说道。

“货，里面有几千万的货。”

“货要紧还是命要紧？赶紧撤，撤，赶紧都撤出来。”

厂长迫不得已只好带着几个灭火的工人撤到了安全区域。

“里面还有没有人？”高云溪接着问道。

“应该……应该还有吧？”厂长支支吾吾。

“什么叫应该有？！到底有没有？”高云溪急切万分。

“我不知道啊！”

“你……你这厂长怎么当的？”

高云溪指挥着几个村民：“大家不要靠近，赶紧离开，仓库还有易燃易爆物品，很危险。赶紧撤离，一个也不要待在这里。”突然，后院又传来爆炸声，浓烟滚滚而出，淹没了高云溪。

“云溪，危险！”李铭泉大喊着，快步上前拉着高云溪出了厂门。

“当务之急，是了解一下里面到底还有没有人，有没有人员伤亡。”高云溪看了看一旁惊慌不已的厂长。

“事情来得太突然了，大家都慌了，没法搞清楚。”

高云溪见李永福等人走过来，打了声招呼：“福爸，您来了。”

李永福点了点头，将视线移向化工厂处正冒着滚滚浓烟的大火：“云溪、泉子、元生、茂财、你们几个守在外面维持秩序，所有人都要远离现场，要快。”随后，李永福便拎起门口的一桶水照着自己的头淋了下来。

高云溪惊呼：“福爸，这是要干吗？”

“听话，带人赶快撤出去。”

高云溪已经猜到了李永福的想法，她拦住了他的去路：“福爸，里面情况不明，二次爆炸随时产生，你不能进去。”

李铭泉应道：“是啊，爸，还是等消防队来吧，他们专业。”

情形危急，李永福怒喝：“让开，里面要是有人，迟一点儿，人就没了。”

没等高云溪回应，李永福便扒开了高云溪阻拦在前的手，义无反顾地冲进了化工厂。转瞬之间，李永福便被浓烟淹没了。高云溪下意识地一把抓过厂长肩上的毛巾，用水打湿后捂着脸，紧随李永福冲进了火场。

“云溪！”

李铭泉声嘶力竭地喊着，但高云溪去意已决，根本没有丝毫回头的想法。情急之下，李铭泉用水管浇湿了衣服，随李永福和高云溪也进入了火场。

张元生在一旁目睹着此情此景，他作为一名人民警察，心中挽救人民于水火之中的一腔热血已经按捺不住，他跑了过来，用水浇湿了毛巾，捂着鼻子也准备进入火场，却被张麦圈及时地一把拉住了：“张元生，你给我回来，不准去。”

“救人。”张元生坚定地吐出这两个字后，把张麦圈推了个趔趄，冲进了火场。然而张麦圈放心不下儿子，紧随其后也冲了进去。

化工厂的火势已经越烧越大，浓烟里的爆炸声不停传来。郑南国带着众人赶到：“你们李主任呢？”

“李主任进去救人了。”群众中有人回复道。

“胡闹！这不进去送死吗？”

李永福和高云溪正在浓烟火海中奋力寻找伤员，他们尽可能地大声喊着：“还有没有人啊？有没有人啊……”接连不断的爆炸声几乎压过了两人的呼喊，他们的耳朵由于高强度爆炸声的冲击也已经出现了耳鸣。李铭泉在浓烟中总算找到了李永福和高云溪。

另一边，张麦圈在化工厂内艰难地摸索前进，当他看到仓库里堆积成山的化工原料时，顿时吓傻了，他高声呼喊：“元生，元生，没人了，赶紧走吧！这里全是化工品和原料，要是炸了就来不及了。走啊……”然而除了持续不断的爆炸声和轰鸣声，没有人回应。

化工厂内几人仍在搜寻，高云溪朝张元生挥了挥手，近乎是喊出来的：“元生，我们分头找。你们找那边，我们找这边。”

“好。”

高云溪等人继续在火场里搜寻被困者，化工厂内的临时搭建物岌岌可危，随时都有倒塌的危险。就在这时，一根柱子突然倒了下来，李永福躲闪不及，被柱子击中脑袋，随后他便重重地倒在了地上。

李永福倒地后依稀听见高云溪和李铭泉的呼喊声，他剧烈地咳嗽，挣扎着坐了起来：“我没事，接着找。”

此刻，化工厂内的火势越来越大，烟雾越来越浓，情势已刻不容缓。几人继续寻找着被困人员，终于，高云溪在一间仓库里找到了晕倒在地的一名厂工，她喊着：“泉子、福爸，这里有人，这里有人！”

李铭泉走过来，发现是张旭，高云溪拍打着张旭的脸，并呼唤着他的名字，祈求他能醒过来，然而却无济于事。李铭泉背起张旭往外走，奈何张旭太胖太重，李铭泉背了几步就摔倒在地。

"云溪，你去，帮你泉子哥救人。"李永福对高云溪喊道。

"福爸……"高云溪担忧地看着李永福。

"我没事，快去。"

高云溪只好跑过去，帮助李铭泉把张旭背上了肩，冲出了浓浓的烟雾。李永福奋力挣扎着，勉强站了起来，但眼前一阵眩晕，再次倒在了地上，弥漫的浓烟片刻之间便包围了他。

此时的三泉村梦达集团化工厂门口已经聚集了很多媒体记者和围观村民，郑南国站在警戒线外，呼叫着围观的百姓和工人退后："大家不要乱，不要着急，村干部和区干部都在里面救援，场面不要乱，远离爆炸区……"众人望着浓烟滚滚的工厂大门，目光中充满了期待。李永福的老婆张美菊、张旭的父母张老二和老婆，以及张元生的老婆都在人群中，焦急地望着化工厂门口。

终于，张元生和张麦圈剧烈咳嗽着冲了出来，高云溪搀扶着背着张旭的李铭泉也冲出了浓烟滚滚的工厂大门，众人长舒一口气。李铭泉放下了张旭，张旭的父母张老二和老婆哭喊着冲了过来。

高云溪回望浓烟滚滚的厂房，问李铭泉："福爸呢？"

"对，我爸呢？不好，我爸还在里面。"

李铭泉转身要返回去找李永福，被高云溪拦住了："我去……"

然而，话音未落，化工厂里传来一阵惊天动地的爆炸声，整个厂房轰然倒塌……

消防车、警车、救护车正一路呼啸着疾驰而来。另一边，躲在化工厂附近隐蔽处的高云琅正用手机控制着无人机进行拍摄，为广大网友进行现场直播。此时正在百脉区委党校为第一书记培训班上课的区委书记齐东方接到了郑南国的电话。接到电话的一瞬间，齐东方脸上迅速严肃了起来。

"有没有人员伤亡？"

电话那头的郑南国汇报着情况："消防队已经赶到了，目前尚未发现人员伤亡。"

"区里的领导到了没有？"

"我跟区委组织部的高云溪同志正在事故现场参与救援，我建议先成立一个救援领导小组，全力组织救援。"

“高云溪？就是组织部组织科的那位副科长？”

“是，她就是三泉村人，目前正在老家休假。”

“那好，老郑，你们就先成立一个救援小组，你任组长，高云溪同志任副组长。要求消防、医疗、环保部门尽快落实应急预案，把事故的损害降到最低，我随后就到。李主任和伤员的情况怎么样？伤员一定要不惜一切代价抢救，我就要求一条，不能死人。”

万幸的是，李永福躺在担架下，并没有被废墟淹没，再次冲进化工厂的高云溪等人相互帮扶着将昏迷不醒的李永福抬了出来。此时，救护车已经停在了化工厂门口，救护人员给李永福受伤的头部进行了快速包扎后，用担架将他抬上了救护车，众人簇拥着。李永福的老婆张美菊号啕大哭，高云溪先是稳定住张美菊的情绪，随后便让李铭泉与张美菊跟着救护车先去医院，自己则留在现场处理事故。高云溪和郑南国望着救护车远去，心里惴惴不安。当下化工厂的形势仍然十分严峻，两人目送救护车远去后，便紧接着去找消防队李队长，一起商量救火排爆的事。

今天，是化工厂所属的梦达集团距离上市一百天，梦达集团的董事长罗梦达此刻正在宽敞豪华的办公室里与会计们紧张地核算着一摞摞的账目。片刻后，戴着大金链子，俨然一副土豪模样的梦达集团的总经理罗富行色匆匆地走了进来，询问秘书：“我哥呢？”

“董事长正在卫生间。”

卫生间里，西装革履、戴着金丝眼镜儿的罗梦达正对着镜子练着公司上市的讲话稿：“女士们、先生们，兰德斯安得简特们，今天是我们梦达集团在上交所上市的日子，让我们携手敲响金钟……”

罗梦达话还没说完，罗富便闯了进来：“哥，坏事了，炸了。”

“什么炸了？”

“哥，化工一厂炸了。”

罗梦达大吃一惊：“你说什么？厂炸了？死人了吗？”

“还不清楚。”

“损失情况怎么样？”

“还不清楚。”

罗梦达有些不耐烦：“那你什么清楚？”

“我……我问了那个厂长，一问三不知。”

“那个蠢货，除了为自己捞钱，他知道什么？后仓库几千万的货啊，这次损失大了，损失大了呀。”

区委书记齐东方接到消息后便火速赶到了事故现场，高云溪和郑南国等人迎了上来，齐东方关切地询问着现场的情况。

“郑副区长、云溪同志，情况怎么样？”

郑南国回道：“大火已经基本控制，初步断定是设备陈旧、工作时间过长而引起的爆炸。事故造成13个工人受伤，其中3人重伤，已经全部送到医院抢救了。”

“有害气体和液体有没有泄漏？”

高云溪回道：“没有。消防队的李队长一直在实时监测，暂时没有发现有毒气体和液体的泄漏。”

齐东方听后点了点头：“老郑，你是常务副区长，事故的应急处置和调查由你负责。云溪同志，你是这里人，对村里的情况熟悉，你进工作组，配合郑副区长开展善后和事故调查工作。”

“东方书记，我……”高云溪有些犹豫。

“怎么，有困难？”

“没有。”高云溪摇了摇头。

“医院那边你们要重点关注，关键一点，不能死人。另一个问题是要关注舆论。互联网已经出现了不良的苗头，直播平台上已经有人在炒作这件事，竟然说死了许多人。云溪，你告诉媒体，及时报道事故情况，以正视听。”随后，在郑南国的陪同下，齐东方进入了警戒线。

为了降低媒体舆论对这次化工厂爆炸的消极影响，高云溪在手机上搜索着相关的新闻和视频，偶然翻看到了高云琅的直播平台，化工厂爆炸的场面、人员被救出来上了救护车的画面，全都以一种非正常拍摄的角度呈现出来，一边还伴随着高云琅的播音：到底有多少人在这场惊天动地的爆炸事故中身亡，请点击后续上传的视频。

高云溪向四周巡视，一眼看到了鬼鬼祟祟偷拍视频的高云琅和一名染着网游卡通人物发色的年轻女子。

高云溪走了过去，看着高云琅质问道："高云琅，你在干什么？"

"姐，我在直播。"高云琅看了高云溪一眼后继续他的直播。

"网上的视频是你上传的？"

"当然。"

"高云琅，你能不能干点正事？！"

"这就是正事。你弟我是一个有社会责任感的青年，直播社会百态是自媒体人的社会担当。"高云琅不以为意。

高云溪指着手机屏幕上的视频："你还担当，你这不胡说八道吗你。"

"不这么说，能火吗？"

"想火是吧？"

"当然了。"

"我马上就打电话报警，警察抓了你，你明天肯定上热搜。"高云溪说完就拿手机做出准备拨号的架势。

"姐，你可别吓唬我。"

"我吓唬你？你知不知道你是在传播谣言？"

"我没有。"

"你在直播视频上说死人了，你亲眼看见了吗？"

"这么大的爆炸，这么大的火势，用脚丫子猜，都知道肯定会死人，而且不只死一个人。"高云琅嘟囔着。

高云溪被高云琅的话弄得哭笑不得："猜？猜测和新闻事实是一回事吗？混淆视听，以讹传讹，制造恐慌，这个罪可以判刑的，信不信，我这就让元生抓了你，元生……"

"姐，别，别，别，我走，我走。"

"滚回来。"

"姐，你到底是让我滚一边去，还是让我滚回来啊。"

高云溪严肃地说道："赶紧删帖，向民众道歉，不然，我饶不了你。"

"你……你是不是我姐？"

"我不是你姐。"

高云琅虽然满心的不情愿，但眼下也不得不以退为进。见二人悻悻离去后，高云溪转身回到了现场，她哪知，高云琅并没有就此罢休，而是转移了阵地。

此时的百脉区人民医院病房内，李永福已经醒了过来，虽然一直在病床上休养，可他心系村里的伤员，巴不得即刻出院，却力不从心，身体虚弱至极，无论怎么挣扎都起不了身。这时，李永福的手机突然响了起来。

李铭泉看了一眼手机："爸，是罗梦达。"

"这个混蛋，这个时候才打电话来。"

"接不接？"

"电话给我，我看他要放什么屁。"

电话接通了，罗梦达故作关心地问道："哥，你在哪儿？"

李永福怒吼："阎王殿。"

"我的哥，你这个玩笑开不得。"

"谁跟你开玩笑，你个混蛋，你的厂子给我捅出这么大娄子，你还问我在哪儿。你在哪儿？"

"哥，对不起，实在对不起，我在省城谈项目。"

"你还谈什么项目，十几个人都在医院里，两个昏迷不醒，我告诉你罗梦达，这回要是死了人，你就给我等着吧。"

"好，哥，我尽快赶到医院去看你。"

"你看我干什么？赶紧去现场。"

"哥，我听说新任区委书记在事故现场。"

"你捅出这么大的篓子，市长、书记已经骂娘了，他能不到现场去？"

"哥，我听说这个人特别较真，我们还是合计一下，怎么才能让这件事安全着陆。"

"这个时候知道怕了？早干吗去了？让你抓安全生产，抓安全生产，你一心只忙你的上市，根本不把安全放在心上，自己的屁股自己擦，我管不了你的事。"

李永福挂断了罗梦达的电话后，气愤不已，靠着床头紧蹙眉头，闭上了眼睛。

三泉村委会会议室内，齐东方、高云溪、郑南国和化工厂厂长等人正在召开关于此次爆炸事故的紧急会议，齐东方一脸严肃地环顾四周，问道："梦达集团的负责人呢？"

"那个违规生产的化工厂长，已经被控制了。"高云溪回应。

齐东方点了点头："工厂爆炸的原因查清楚没有？"

"初步的结论是设备陈旧、工人工作时间过长。"

这时，张麦圈说话了："齐书记，这次化工厂爆炸绝不是偶然，而是必然。"

"哦？"齐东方看着张麦圈。

"梦达集团是十几年前村主任李永福引进的企业，生产设施落后，高污染低产能，我敢拍着胸脯说，这次化工厂爆炸只是个开始，以后还会发生类似的事故……"

齐东方听后点了点头："我建议，你们村里所有的厂矿企业全部停产整顿。"

"齐书记，这个打击面儿是不是太广了些？"郑南国说道。

"老郑，就这么定了吧，市里已经下发了关于新旧动能转换的文件，我们以此为契机，对产业升级改造情况进行一下摸底。眼下的形势，安全压倒一切。张副主任，李主任不在位，这件事你来负责。"

"是是是，我一定坚决贯彻齐书记的指示。"

"好，工作组要把事故调查情况和整改措施搞清楚，及时上报情况。"

会议结束后，郑南国和高云溪送齐书记上车，齐东方突然想起来还没有看到村里的党支部书记和副书记，便询问郑南国，郑南国回复称，村支部书记王虎病重在省城住院，已经半年多了，副书记去外地跑运输，不在位。

"那社区党委为什么不派人来？"

"派来一个人，干了三个月，调走了。"高云溪回道。

"党校培训那么多第一书记，你们组织部为什么不派一个人过来？"

"派了。"

"人呢？"

郑南国向齐书记解释："他弄砸了村里两个大项目，损失几百万，主动辞职不干了。"

"可我听说，是村委会主任太强势，三泉村铁板一块，油盐不进。"

"东方书记，这个说法不对。"高云溪说道。

"哦，说说你的看法？"

"您来区里时间不长，对三泉村的情况不了解。不是村主任李永福不配合，而是我们派来的人能力不强，很难开展工作。"

齐东方意有所指地一笑："云溪同志，我可听说你跟李永福的关系不一般。"

"我是他养大的。可我坚持实事求是。"

齐东方看了一眼郑南国，郑南国点了点头："这个属实。"

"老郑，你是一位老基层、老党员，村里两委建设不容忽视，不出问题才怪。我们不能因为三泉村经济发展突出，就忽视党的基层组织建设。党领导一切，这是原则。"

马伯如和孙梅梅两人从稻田离开后，去了三泉村中泉村古街花草茶坊一家置有绿萝、吊兰等各种花草的门店，门前一个牌子上写着：梅梅花草茶坊。绿草、陶瓷装点的茶坊古色古香，服务员正在为几名游客包装茶，孙梅梅正熟练地调配着花草茶，夕阳透窗而来，茶香氤氲，映出女子的倩影。马伯如一边品着花草茶，一边听着孙梅梅讲着古泉贡米合作社的事。

"贡米合作社是去年云溪姐建起来的，当年就把贡米的价格从三块五提高到了五块七。稻农的种田积极性可高了。"

马伯如一边品茶一边点头："那很好。"

孙梅梅把一小盅花草茶递给了马伯如："马总，品一下这款茶。"

马伯如啜一小口茶，点头赞叹道："嗯，很香。"

"猜一猜里面的成分？"

"茉莉花，还有……"

"一看您就不常喝花草茶，我告诉您吧，有茉莉花、葛根、黄芪、荷叶，有消暑、养颜、美体的功效。"

"嗯，味道确实很好。你怎么想着经营这些？"

"我从省中医学院毕业后，最初被分在省中医院，从小在乡下待久了，觉得朝九晚五的日子很没意思，就回来开了这个花草茶坊。"

"生意怎么样？"

"还算好。主要是网上经营，每个月挣个万儿八千的，比上班好一些，主要是能待在家跟父母在一起，他们年龄大了，就我一个女儿。"

马伯如点了点头："问你件事。"

孙梅梅的微信突然响了起来："哦，对不起，马总，我回个微信。"孙梅梅看了一下微信，是云溪发来的消息："晚饭，你叫上你爸到我福爸家里来，一起陪着马总吃饭。”孙梅梅回了“明白”两个字后，把手机放在了茶桌上，微笑着抱歉地看着马伯如：“马总，您问。”

“你们村的年轻人是不是都特别迷恋三泉村？”

孙梅梅一笑：“马总是想问，云溪姐辞了上海的白领工作，回到家乡的原因吧？”

马伯如不料被梅梅猜中了心思，淡然一笑。

“这个，我还真不知道。我只听说，云溪姐上大学的时候，是美女学霸；大学实习期，她就进了上市国企做了总裁助理；研究生在读时，还做了国企的企划部主管。她这前途，换我，很难做出这样的选择。”

“是啊，她这人就像一个谜。”

从花草茶坊离开后，孙梅梅骑车载着马伯如如约一起来到了李家院子，张美菊和孙梅梅在院子里忙活着择菜，马伯如和孙会计在屋子里聊天。马伯如西装革履、戴着眼镜，一副儒雅的样子让张美菊禁不住点头：“梅梅，我看这马总跟你泉子哥的年龄差不了多少吧？”

“没有仔细问，应该差不多吧。他是云溪姐大学的同学、过去的同事。”

“哦，这么年轻就当了大公司腰缠万贯的老总了？”

“物联网企业，大部分老总都很年轻。”

“大城市就是机会多啊。”张美菊感叹。

“谁说不是呢。我听说，当初他从国企辞职的时候，职务还没我云溪姐高呢。”

张美菊心情有些许沉重：“这个云溪，可惜了。”

“那还不是因为您和我福叔，她接你们去上海，你们不去，她还不是想着回来离你们能近一些。”

“是啊，云溪是个孝顺孩子啊。”

百脉区人民医院的ICU病房门口，李铭泉和张旭父母正在焦急地等待，几个亲戚也在张望。通过玻璃，能看到张旭躺在急救病床上，吸着氧，仍在昏迷当中。这时，罗梦达等人匆匆赶来，他象征性地询问李铭泉：“泉子，事故……事故没死人吧？”

“还说不准，有一个还没脱离危险。”

说话间，张老二和老婆朝这边疾步走来，张老二二话不说，一把抓住了罗梦达的领子，冲着他就是一拳。

“你……你怎么打人呢，你……”罗梦达捂着脸，难以置信地看着张老二。

“打的就是你这个狠心的奸商啊，我问你，你怎么这么狠心，让我儿子三天三夜不睡觉，为你们加班干活儿？”

张老二老婆也愤愤地上前要打罗梦达：“罗梦达，你给我听着，我儿子要是有个三长两短，我跟你没完。”

她刚伸出手，就被从后面跟过来的罗富给扒拉个趔趄，随后，罗富伸出胳膊勒住了张老二的脖子：“张老二，你松开，听见没，不松我掐断你的脖子。”

张老二的老婆叫嚷起来：“杀人了，奸商要杀人了。”

场面眼见着趋向混乱，这时，一个并不足够有力但仍然充满震慑力的声音从走廊尽头传出来：“都给我住手。”众人纷纷朝声音传来的方向看去，发现站在走廊尽头的是在李铭泉搀扶下的李永福。

第二章

走廊尽头的李永福一声怒喝："闹腾什么，这是医院！"

争执不下的众人这才松开了手，李永福在李铭泉的搀扶下缓缓地走上前，对张老二夫妇说道："张老二，里面还在救你儿呢，你还在外面闹。"

张老二老婆竟嘟囔着："里面是我儿子，又不是你儿子。"

"说什么？你再说一遍？"

张老二老婆看着李永福气愤的模样不敢吱声了。

"有事说事，动手干吗？"

罗梦达在一旁应和着："主任说得对嘛，要不是主任的儿子，你的儿子早就没了。"

"罗梦达，我的儿子要有个好歹，我跟你没完。"张老二老婆扯着嗓子说道。

为了转移话题，罗梦达佯装出一副心情沉重的神情，对李永福喊着："我的哥，你怎么成这样了？"

李永福没好气地打断了罗梦达的话："我不是你哥，你跟我来，我跟你有话说。"

李铭泉搀扶着李永福朝病房走去，罗梦达和罗富紧随其后。几人将李永福扶上了病床，李永福看着罗富，怒从心中来："罗富，你好大的威风啊。你们犯错，还不允许别人说？"

罗富一脸歉意："李主任，是他们先动的手。"

罗梦达借机有意训斥着罗富："混账东西，他们先动手我们也不能动手。他们动手打了就打了嘛，我们做错了事，就应该打。你这个暴脾气，就是改不了。"

"哥，我……"

"你闭嘴，出去！不要惹李主任生气。"罗梦达朝罗富瞪了一眼，罗富嘟嚷着走出了病房。

罗梦达变脸般紧接着又对李永福满怀歉意地赔笑：“主任哥，你别生气了啊。我经常把你的话讲给他听，三泉村就是个大家庭，工厂就是个小家庭，一家人什么矛盾都可以解决的，不能动手。”

李永福看着罗梦达的表演，像在看一场闹剧，他一脸苦笑，看向李铭泉：“泉子，你去ICU病房那边儿盯着，我跟罗总有话说。”

李铭泉意味深长地望了一眼李永福：“医生说，你的伤不能激动。”

“好了，我知道了。”

李铭泉一离开，罗梦达立刻凑近了李永福：“哎呀，我的主任哥啊，让你受苦了啊，你说你为了我们梦达集团吃苦受累不说，还差点没了命啊，你说，你万一有个什么闪失，你兄弟我，那是一辈子不得安生啊。”

“就别再整这虚头巴脑儿的了。说吧，事出大了，打算怎么收场？”

罗梦达一脸苦相：“主任哥呀，集团公司可马上就要上市了啊。上了市，咱们的事业可就越来越大了。梦达集团有了大发展，村民的工资、年底的分红，翻两番我不敢保证，提升个百分之三十，我看是有可能的啊……”

李永福不耐烦地说道：“你别给我画饼了，就说眼前，怎么办。”

“我急着赶过来，不就是找你商量对策的吗？”

“我说过，自己的屎尿自己擦，我帮不了你。”

“主任哥，那可不是我一个人的事，那是三泉村村民的，是不是？”罗梦达辩解着。

“你……”

李永福的脑袋疼了起来：“罗梦达，我算看出来了，我早晚要被你给害死。”

“好，主任哥，您别生气，对脑袋不好。这主意咱先不想，咱啥也不想，咱先养伤，先养伤。他们爱怎么着就怎么着，停产、关厂，抓我去坐牢，大不了梦达集团完蛋。哥，您可得好好养着，留得青山在，不怕没柴烧。我让罗富给你准备了VIP病房，等会儿我们就搬进去。”

“我是穷人，没你那么金贵。”

“哎呀，主任哥，没有您就没有我罗梦达。您跟我就别客气了。”

“好了，废话少说，转入正题。厂子出了事，停产整顿少不了，你得有这个思想准备。眼下，你得做好两件事。第一，赶紧给医院打款，不惜一切代价救那些受伤的村民。他们可都是家里的顶梁柱啊，死一个、残一个，那就是塌了一家的天啊。”

“主任哥，这个你放心，我让罗富去办了。”

“其二，把你那个上市的事缓一缓，配合上级的治理整顿，亲自上手抓一抓厂里的安全生产。梦达呀，这些年你摊子大了，钱挣多了，人也变了，什么事都不在乎了。我可给你提个醒，你钱再多，那也是托党和政府政策的福，你的一切不是我给的，是党和政府给的。”

“主任哥，您批评得对，我低调，一定低调。”

两人的话还没讲完，李铭泉便冲了进来，说是齐书记亲自来看望伤员了，罗梦达听后虽然心又揪了一下，但八面玲珑的他早已为这次爆炸事故准备了好几套说辞，应付过去应该足够了。

李永福、罗梦达和李铭泉陪着齐书记逛完病房后，在病房走廊上院长跟齐书记汇报情况：“送来的十三个轻伤员已经进行了伤口处理，进行全面检查后，如果没有问题，明天一早就可以出院。三个重伤员，一个烧伤，一个外伤，经过处理后已经送进了外科病房，需要一段时间的治疗，还有一个叫张旭的工人，一直昏迷不醒，尚未查出原因，需要远程会诊。”

“我的要求只有一个，不惜一切代价救人。”

罗梦达急忙附和：“对对对，不管花多少钱，都要救人。”

三人把齐书记送到电梯口，李永福忍着胃疼向齐书记做检讨：“东方书记，是我们的工作没做好，给区里抹黑，给书记丢人了。”

“老李同志，三泉村刚被区里评为‘乡村振兴战略示范村’，这个示范不好，发展经济不能忽视安全、环保问题。”

罗梦达随之也主动承认错误：“东方书记，对不起，我的工作没做好，让您费心了。”

“罗总，作为一名知名企业家，可不能只顾经济效益啊。”

“是是是。”罗梦达频频点头。

“这次事故是个教训，为我们敲响了警钟。”

李永福点了点头。

“亡羊补牢，为时未晚。”

李永福忍着疼痛站在电梯口送齐书记离开，齐东方看着李永福的脸色有些不对，问道：“老李同志，你没事吧？”

“我没事。”

齐东方伸出手，关怀地问候道：“要注意身体，辛苦了。”

“书记辛苦。”

齐东方说着进了电梯，罗梦达担忧地望着李永福：“你没事吧？”

“还死不了。”

话没说完，李永福一个踉跄，差点倒地，幸好李铭泉和罗梦达急忙扶住了他。

“赶紧，我要去一趟卫生间。”

两人扶着李永福三步并作两步往卫生间赶去，刚进卫生间，李永福便朝着水池剧烈呕吐起来，他的呕吐物中掺杂着些许鲜红的血迹，李永福慌忙打开水管子想冲去血迹，却还是被李铭泉看到了。李永福再次被推进了急救室，李铭泉和罗梦达在急诊室门口徘徊着。

“你爸不会有事吧？”

李铭泉有些气恼：“有事没事你不清楚吗？”

罗梦达感叹道：“是，我的错。早些年跟你爸一起去谈招商，那时候，人都特别傻，不把我俩喝瘫痪了就不给订单。”

“那些年，我爸为你挡酒挡出来个胃出血。罗叔，我爸老了，你别再让他为你挡事了，他挡不动了。”

“大侄子，你这话就说得过了。这些年我在三泉村办企业，是挣了些钱，可受益最大的是三泉村的老百姓。”

“这个我管不着。罗叔，你是没亲眼看见，你的厂子里那么多易燃易爆品，我爸他头也不回地就钻进去了。为了救你厂里的工人，我爸、我，还有云溪，差点就交代在里面了。”

罗梦达愣住了，这些年来李永福的确为他、为化工厂、为老百姓付出太多了。

李铭泉接着说道：“罗叔，我爸他已经快六十岁了，经不起折腾了，你的那些厂啊、矿啊，自己上点儿心。这次万一……万一……”李铭泉哽咽了，潸然泪下。

罗梦达叹了口气：“唉，都知道现在做企业难，有谁知道，想做个合格村干部，也这么难啊。好了，泉子，叔知道了，叔这就搬回三泉村，配合村里整改厂子。你爸这儿就交给你了，让他好好养病。他可千万不能倒下啊，三泉村没有了他，塌天了。”

此时的高云溪正驾驶着车辆疾驰在公路上，两边是翻滚的金黄稻浪。高云溪塞上了耳机，摁了一下车载视频通话。视频显示屏上出现了李家客厅夜宴的画面。李家客厅里，孙梅梅一边看着画面上开车的高云溪，一边摆放着碗筷，在杯中倒着酒。

“伯如、梅梅、孙叔，我在赶往区里的路上，有几个重伤员还在抢救，我要去一下医院。伯如，对不起了，我可不是放你鸽子，是确实走不开。”高云溪解释道。

“村里出了事，我理解。没事，你忙你的。”

“我让婶子给你蒸了贡米，一株花开满坡芳的季节你错过了，一家煮饭四邻香，你可以品尝一下。”

“好，谢谢。”

“孙叔，我、泉子哥、我福爸不在家。您代表乡亲们好好敬马总一杯。”

“好。”孙会计应道。

“好了，先这样，我开着车呢。”

高云溪切了视频，孙梅梅见画面切出去了，语音还在亮着，就找了个借口，拿着手机出了门。

等孙梅梅出门后，高云溪这才压低了声音，跟孙梅梅说道：“合作社拿下这个大单，三泉村生态农业这个缺口就打开了。”

“明白。”

“机不可失，时不再来。”

孙梅梅偷看了一眼窗内儒雅的马伯如，回了两个字：“拿下。”

饭桌上，几人一边聊着天，一边喝着酒吃着饭菜。孙会计端着黑陶酒碗正要再敬马伯如一杯，忽然电话响了起来。电话接通后，是张麦圈的声音：“茂财，我让你去通知企业、厂矿业主开会，你通知到哪儿去了？怎么一个人没来？”

孙会计迷迷糊糊地说道：“我已经通知了，人家不来，我有什么办法。”

“那你赶紧过来，一大堆事呢。”

“我在这正陪着客人呢！”

“茂财，什么事比企业整改更重要？弄不好是要死人的。”张麦圈语气焦急。

孙会计敷衍地应和着：“好，好，我这就去。”

孙会计挂断了电话，抱怨了一句：“这个张麦圈，拿个鸡毛当令箭。”

“爸，你别理他。”

孙梅梅话音未落，张美菊走了进来：“还是去吧，马总不是外人，我和梅梅陪着就行。”

“是啊孙叔，您去吧。”马伯如朝着孙会计点了点头。

孙会计端起酒杯：“马总，我先敬您一杯。”说着孙会计便把三杯酒都倒在了碗里，一饮而尽，以示歉意，随后便穿上外衣出了家门。

孙会计抵达三泉村委会会议室后，发现偌大的会议室只有张麦圈一人，说是要召集厂矿企业的负责人开会，结果一个人都没来。

张麦圈问道：“人呢？”

“我通知了，都说忙，来不了。”

张麦圈一肚子怒气，摔门而去：“我就不信，地球离了他李永福，还就不转了？”

孙会计摇了摇头：“这事儿没有李主任，还真没戏。”

此时的百脉区人民医院病房内，躺在病床上的李永福脸色惨白。医生一边看着李永福刚才的检查报告，一边说道：“胃出血是止住了。我建议，明天一早再做个胃镜和黏膜取样，排除一下其他病症。”

李永福问道：“需要住院吗？”

“当然要住院了。”

“开点药吧，我回去养着。”

医生摇头：“这个不行。”

“爸，听医生的，必须住院。”

“你觉得我能安安稳稳地检查身体、住院吗？几千人的村子，每天一睁开眼，一百个难题等着你。”

“自己不爱惜自己，神医也没办法，你们看着办吧。”医生说完话便走出了病房。

李铭泉关切地看着病床上的父亲：“老是疼，也不是个事儿啊。”

“我这个胃，饱了疼，饿了疼，累了也疼。人老了全身都是毛病。”

“都是你这个村主任惹的祸。你要早辞了这芝麻官，哪有这事儿。”

“你倒教训起你老子来了？”

“本来就是。”李铭泉嘟囔着。

“这事儿不能告诉云溪和你妈。”

“什么事不能告诉我啊，福爸？”两人正说着，高云溪拎着饭盒和暖水袋推门走了进来。

李铭泉接过暖水袋，疑惑地望着高云溪：“你不是要盯现场吗？怎么过来了？”

“现场已经处理完了，泉子哥，你把暖水袋给福爸，暖暖胃。”

高云溪走到李永福面前，打开了饭盒：“福爸，我买了小米粥，暖胃的。”

“你那么忙，还带饭来。”李永福看着高云溪，眼神都温柔起来了，随后他跟李铭泉说道：“我喝点小米粥就行。泉子，你把这些拿出去，让大家都垫一垫吧。”

李铭泉拿着饭盒出门后，李永福看着高云溪，语气温和地说道：“云溪，听你泉子哥说，你把上海的马总请到村里来了？”

高云溪点了点头：“是。咱们村的古泉贡米在他的电商平台上表现不俗，我想请他把这个百年品牌推出来。”

“这里没什么事了，你回村里去吧。请来的客人，怠慢了人家可不好。”

“没事，我都跟菊妈交代好了，菊妈早就做好接待准备了，这会儿，没准正好吃好喝着呢。”

高云溪端着饭盒，一边给李永福喂饭，一边望着李永福：“福爸，你的两鬓都白了。”

李永福微微一笑，释然道：“老了。生老病死，没什么惋惜的。”

“在我眼里，你永远是个斗士，永远不会老。”

“老了。你都研究生毕业工作好几年了。”

“福爸，我算了一下，六岁我爸去世，八岁我妈改嫁，你供我读完大学，读完研究生，你养我、育我十八年。”

“你算这个干啥？”

“福爸，你这两鬓白发，一半儿是因为我，一半儿因为村里。”

李永福苦笑：“我闺女说话就是耐听。”

高云溪喂完小米粥后，李永福直起腰来：“嗯，舒服多了。”

“福爸，看你冒死冲进火场的样子，我真的很心疼。”

“都说闺女是爹的小棉袄，这话不假，看到你今天出息成这样，我很欣慰。”

“福爸，我先前向你发火，你不会生我的气吧？”

“生什么气。你还别说，你还真把我镇住了。”

李永福说着说着自己竟笑了起来：“云溪啊！我这辈子最骄傲的不是给村里挣了多少钱，干了多少事，而是养了你这么一个好闺女。名牌大学的研究生，区委最年轻的科级干部，我跟你说，在我们那帮村委会主任面前，我走路腰杆儿都是直的。”

“福爸，你还真别夸我，比起你来，我差远了。”

“在福爸面前，不要谦虚。”

“那好，福爸，我就不谦虚了，我再给你提个意见好不？”

“我闺女说的话我哪次敢不听啊？说，福爸我听着。”

“咱不再是二十几岁、三十几岁的人了，遇到事，咱能不能想想有没有危险，能不能干。不要再像年轻人那样逞强了，好不好？”

李永福点点头，感叹道：“是啊，老了。时间过得可真快啊，好多次，我都梦到你站在古街口扯着脖子喊，福爸，吃饭了，福爸，吃饭了。那时候甭管干活儿有多累，只要回家看到你冲着我挥手笑，喊一声福爸，浑身都舒坦。”

“所以福爸，你得好好的，万一你有个好歹，你养我那么多年，我想孝敬你，我找谁去。”高云溪说着，不自觉热泪潸然。

此时的李家饭桌上觥筹交错，已酒过三巡，孙梅梅端着黑陶酒碗正要再敬马伯如一杯，马伯如有些微醺，摆了摆手：“我有些不胜酒力，不能喝了。”

孙梅梅一饮而尽：“我先干为敬。”

张美菊端着一条红烧稻花鱼走了进来：“马总，你是见过大世面的人，喝酒可不能耍赖，人家小姑娘都干了，你个大老爷们可不能磨叽啊。”

马伯如被张美菊说得有些不好意思，硬着头皮也将杯中的酒一饮而尽。

张美菊把盘子放在桌子上，热情地说道：“马总，尝尝婶子给你做的红烧稻花鱼。”

“谢谢婶子。”马伯如此时的意识已经有些模糊了。

“谢我个啥？你是云溪为我们村请来的财神爷。我听云溪说，去年你给我们三泉村卖了三十多吨贡米，那些种稻的农户可高兴了。”

“婶子，你可千万别这么说。云溪是我大学的同学，最好的朋友。”

张美菊接着又倒了满满一碗酒：“马总，按理说呢，今晚应该云溪他福爸、你泉子哥陪你喝酒。可今天不凑巧，你也知道，化工厂爆炸，伤着人了。我们怠慢着你了。来，马总，我代表我们一家敬你一碗。”

“婶子，你说什么呢，我是云溪最好的朋友。”

“婶子先干为敬。”

马伯如迟疑片刻，只好闷着头把酒灌进了喉咙，这杯酒下肚，马伯如的舌头已经捋不直了：“婶……婶子，那个一家煮饭四邻香还没上来啊。”

张美菊起身：“好好好，我这就去给你端米饭上来。梅梅，陪着马总吃鱼。”

马伯如有些结巴地对孙梅梅说道：“孙……孙社长，你就是不灌我酒，我也会拍板，你们合作社的贡米包在我身上，只……只要米好，我们小马迅达一定会给你们最好的资源，把贡米打造成全国，乃至全世界的品牌。”

“我没灌你酒，你看，我喝下去的是你的两倍。”

马伯如竖起了大拇指：“你、高云溪、美菊婶，三泉村的女人，都是巾帼英雄。”

一杯接一杯，马伯如很快便不胜酒力醉倒了，他躺在李铭泉的卧室里，朦胧的视线中，他看见房间内四周是琳琅满目的黑陶器皿。孙梅梅看着醉得昏沉的马伯如，问张美菊：“婶子，马总睡在这里没事吧？”

“你泉子哥今晚回不来，就让他住这儿吧。”

孙梅梅有些不好意思：“要不，我叫我爸，把他送招待所去吧。”

“往招待所送，你们俩也弄不动他呀。”

孙梅梅点了点头。

“住家里吧。酒品见人品，是个实诚孩子。”

“那我就谢谢美菊婶子了。”

张美菊为马伯如盖了个毛毯后，便准备送孙梅梅出门。刚准备告别，张美菊突然叫住了孙梅梅。

“梅梅，你等等。”

“婶子，你有事？”孙梅梅回过身来。

张美菊想了想，压低声音问道：“这个马总是不是对你云溪姐有那个意思？”

“这个我可不清楚，说是大学同学。”

张美菊听后心里一紧：“梅梅，婶子托你一件事呗。”

“你说。”

“从侧面问问，他是不是你云溪姐的男朋友。”

孙梅梅一笑：“哦，美菊婶，你害怕云溪姐被他给拐跑了？”

张美菊嘴硬：“我才不担心这个，云溪要是想走，就不会从上海回来考公务员。”

孙梅梅故意逗她：“要是人家追上门来怎么办？”

“那也不会，我听说这马总在上海的生意做得可大了，他不会丢了亿万家财跑到咱们这山沟里来吧？”

孙梅梅笑着出了门：“那可说不准。”

张美菊识破了是孙梅梅在故意逗她，她冲着孙梅梅温柔地骂了一句：“死丫头。”

李家大院门外，孙会计正拿着电瓶灯来接走路摇摇晃晃的孙梅梅。夜已深，对于有些人来说，眼下似乎只有酒精才能让自己睡个安稳觉了，而对于有些人，为了在网红达人的路上越走越远，掌握第一手的实时消息，是需要与睡眠做斗争的。

深夜的人民医院里，高云琅和茉莉两人正偷偷摸摸地在走廊拐角处调试着拍摄设备。不知过了多久，茉莉揉着惺忪的睡眼，一看表，发现已经是早上七点了：“天都亮了，也不知伤员抢救得怎么样了？”

高云琅左手拎着一个花篮，右手正捣鼓着无线摄像头。

病房里，张旭始终沉睡不醒，张老二及张旭母亲都忐忑不安地在一旁守候着。这时，茉莉拿着早餐，高云琅拎着花篮装模作样地走了进来。高云琅故意把藏有摄像头的花篮直对着张老二。

“云琅来了。”张老二说道。

高云琅笑着：“来看看张旭，带了些水果。叔，阿姨，你们还没吃早饭吧。”

“哎呀，老伴，你饿吗？”

“你要饿你就去，这里有我呢。”张旭母亲忧心忡忡地说道。

“我看你们俩一起去，这里有我照顾，放心哈。”高云琅笑着对两人说道。

张旭母亲有些难为情：“这多不好呀，带着水果来看我们家张旭，还要你们来照顾。”

“行吧，那就麻烦你啦，我们吃完马上就回。”

张老二夫妇走出门后，高云琅装模作样地摆弄着花篮，茉莉将早餐放在茶几旁坐下。一名医生拿着病历走了进来查看病情。高云琅询问医生：“美女医生，伤员情况怎么样？”

“没事了。”

“他还昏迷不醒，怎么可能没事呢？”

“你什么意思？还非得让他有事啊。”

“我……我没这意思。他是不是吸入了什么化学气体，成为植物人了？”

“你可真会想象，他所有的生命体征全部正常。”

“正常？不能啊？”高云琅有些懊丧。

此时，高云溪、罗梦达和李铭泉几人走了进来。高云溪看到高云琅在病房里，虽然惊讶，但心中也早有预想。

李铭泉有些厌烦地看了一眼高云琅：“高拍拍，怎么哪儿都有你？”

高云琅拖着花篮，故作姿态：“张旭是我最好的朋友，我来看看他不行啊？顺便带了他爱吃的鸡腿荷包蛋。”

“哼，你要是有这份心，算你成人了。”高云溪冷笑道。

“姐，你不能门缝里看人吧？”

“他醒过来，只是时间问题，大家别围在这儿了，该干什么干什么吧。”医生对众人说道。

“人没事就好啊。”罗梦达自我安慰着。

此时躺在病床上的张旭闻到了饭菜的香味，他的喉结突然做出了吞咽的动作，这一动作恰好被高云琅给发现了。高云琅心领神会地笑了笑，脑筋一转，拿着鸡腿从张旭的鼻子上方飘过，谁料饥饿难耐的张旭闻着香味竟张开嘴来一口咬住了鸡腿，不顾众人直接大口吃了起来。

“嗯，好吃，这是哪里呀？我怎么就到这里来了？”

众人被张旭的举动搞得哭笑不得。

“这是医院，别跟我装，你到底怎么回事？睡得跟死猪一样。”罗梦达见受伤最严重的张旭醒了过来，长舒了一口气。

张旭一边啃着鸡腿，一边口齿不清地说道：“加了一个星期的班，太困了，我就躲到仓库里睡了一会儿，没想到就睡过去了。”

高云琅在一旁偷偷地摆弄着花篮里的摄像头，这一切全被高云溪看在眼里，罗梦达听着张旭的话又气又急：“唉！那么大的爆炸声，你就没听到？你聋了？”

“我戴着耳机听音乐呢。”

众人都笑了。

“你这臭小子，算你命大。”罗梦达说完后便离开了病房。

高云溪拎着水杯走近病床，嘱咐着张旭：“慢慢吃，别噎着。喝口水，好好休息。”然后便随罗梦达走到门口，回头看了一眼高云琅：“高云琅，还愣着干吗？跟我出来。”

“姐，我兄弟劫后余生，我得陪他说句话。”

高云溪疾言厉色地说道：“出来，我有话和你说。”

“干吗这么凶嘛。”

高云溪有意补充了一句：“带着你的花篮。”

高云琅只好拎着花篮和茉莉知趣地离开了病房。一出病房，高云溪便一把夺过花篮，扯开了花丛，里面正在一闪一闪的摄像头赫然出现在眼前，高云溪拿着摄像头质问高云琅：“高云琅，这个，你怎么说？”

高云琅狡辩着：“为朋友留个纪念。”

高云溪气愤地一下拎起了高云琅的耳朵：“你还不说实话。”

高云琅疼得喊了起来：“打人了，救命呀。”

喊声引来了医护人员的注意，医护人员大声喊了一句：“不准喧哗。”高云溪这才松开高云琅的耳朵，茉莉趁机拉着高云琅就往外跑。高云溪晃着手里的摄像头，看着二人远去，心里默默想着：高云琅，你给我等着。

随后，高云溪便和李铭泉去了李永福所在的病房，高云溪看着躺在病床上憔悴虚弱的李永福很是心疼，她坐到了李永福身旁，为他调整了一下点滴的速度。

“福爸，该出院的伤员已经妥善安排好了，你的问候我也带到了，不幸中的万幸是昏迷的张旭也苏醒了，没有生命危险。”

“那就好，总算没有闹出人命。”李永福的声音还是十分虚弱。

“现在东方书记等着要两个材料去市委王副书记那儿汇报，我得赶紧回去。”

“东方书记是去做检讨吧？”

“猜中了。”高云溪笑了。

“这下我们村怕是要出大名了。你那个弟弟高拍拍，想火想疯了，拿着个手机乱拍一通，然后网上胡说八道。”李铭泉愤愤地埋怨着。

“真的假不了，假的真不了。这个我倒不担心。”

“化工厂事故主要原因是违规操作，设备老化。”高云溪说道。

李铭泉直言不讳：“说来说去，还是罗梦达违规生产造成的。”

“这事儿不怪他，今年的订单增加了三倍。”

“还不是为了钱。”

高云溪有些顾虑：“福爸，这事儿你得有个思想准备。”

李永福一笑：“没事，检讨、问责是少不了的。可齐书记下令让所有企业停产，这会影响企业订单完成，影响企业发展的。”

“爸，你早晚要被那个罗梦达害死。”

李永福训斥李铭泉：“你懂个什么。”

“福爸，你听我的，什么都别想，什么都别干，当务之急是养病看病。”

李永福看了一下表：“伤员都已经出院了。我得回村里去看看。”

“不行。我约了省里的胃病专家。你得老实待着。更何况你头部的伤还要进行观察。”高云溪语气坚决。

“孙会计打电话说，齐书记发话了，村里的厂矿企业全部停产进行安全排查，我不回去，张麦圈搞不定。”

“你的胃病不能再拖了。”

几番争执后，李永福只好暂时妥协。

日上三竿，窗外鸡犬之声相闻，和煦的阳光倾洒在马伯如的脸上，他逐渐从睡梦中醒来。马伯如起床后，被李铭泉窗前书桌上摆着的一个相框吸引了。照片上是高云溪拿着录取通知书跟家里人的合影，高云溪手里复旦大学的录取通知书格外醒目。

马伯如醒了醒神，揉着太阳穴进了客厅。阳光照射在客厅墙上，愈发将满墙的奖状照耀得熠熠生辉。此时，孙梅梅已经在客厅里等候了。

“婶子，感谢您的照顾。”马伯如笑着对一旁的张美菊说道。

“什么话？应该的。怎么，不等云溪了？”

“云溪打电话了，说她进了事故工作组，要在区里开会。今天下午我公司有个紧急会议，必须赶回上海。”

“哦，是这么回事啊，那还真不能留你，别耽误了正事。”

孙梅梅起了身：“马总，接高副科长指令，我今天送您。”

“辛苦你了。”

“马总客气了，您才辛苦。”

马伯如朝着张美菊鞠了一躬，再次道了感谢后便随着孙梅梅出了门。

孙梅梅驾驶着车辆行驶在公路上，两边是一望无际的稻田。

“昨晚睡得怎么样？”

“还好。哦，对了，你抓紧起草合同，尽快传给我，争取早点上董事会。”

孙梅梅想起了美菊婶子的嘱托，有意问道：“马总这次来三泉村，不单是考察贡米项目的吧？”

“哦，你觉得我还有其他目的？”马伯如自然听得出孙梅梅的言下之意。

孙梅梅一笑：“还想找到心中猜测很久也猜不透的答案吧？”

马伯如淡然一笑，付之默许。

“你找到答案了？”马伯如摇了摇头。这时他的微信电话响了起来，是高云溪发来的视频通话。电话接通了，高云溪正坐在办公室内，她愧疚地向马伯如致歉：“伯如，实在对不起，不能送你了。”

孙梅梅在一边插话：“不带这样的啊，如此待客之道，缺乏合作诚意啊。”

“我检讨，我检讨。”

“没事，反正我还会来的。”

“那倒是，我们还有很多可以合作的项目。”

孙梅梅接着插话：“我说云溪姐，咱能不能不这么势利啊？”

“梅梅，这你就不懂了。马总的公司能为我们三泉村插上腾飞的翅膀，我们不能放过他。”

“合作共赢。”马伯如说道。

互道了保重之后，高云溪切断了电话。

“马总，问你个问题？”

“你说。”

“你追过我们云溪姐，对吗？”

马伯如听后沉思了一阵：“算是吧。”

“她选择了逃避？”

马伯如沉默了。

区委办公大楼的办公室里，齐东方和郑南国正在商讨工作，两人就三泉村的不足和未来发展趋势讨论着。

“三泉村暴露出来的问题，在乡村经济发展中很具有普遍性。”

“老郑，以你的意思，他们出现这样的问题就可以原谅？”

“我没这样说。”

“对。大家普遍反映，村主任李永福太强势。”

“东方书记，我对三泉村情况比较了解，李永福清廉、敬业、抓经济能力强，有魄力。我觉得不是李永福很强势，而是我们党支部书记能力太弱。”

齐东方一笑：“老郑，你是我们区里的老人，对我们区的干部情况和三泉村又十分了解，您推荐一个来。”

郑南国也笑了：“东方书记是强人所难，派人该是你们区委组织部的事。”

“先解决组织问题，再解决经济发展问题。当务之急，是要选出一名有基层工作经验的同志去任职，党支部一定要做村民追梦的领跑者。”

“那你可得好好选一选，我听说，你不是去区党校上课了嘛，选一个年富力强的第一书记去帮帮李永福，这几年，他的身体可是越来越差了。”

“我决定从区委年轻干部中选。”

“有合适人选吗？”

齐东方想了想：“人选倒是有一个，就是有点儿舍不得。”

“舍不得也得往下派啊。”

“我还没征求本人意见。”

“是谁？”

“高云溪。”

郑南国一听是高云溪，愣住了：“东方书记，你没开玩笑吧？”

“你看我像开玩笑吗？”

郑南国连续摆手："不行，不行。"

"说说看，怎么不行？"

"高云溪是名牌大学的研究生，还曾当过国有上市集团公司的总裁助理，是我们区重点培养的人才。我向你们区委要了好几次，做招商局长，你都没批，你说这个干部历练一下，可堪重任，现在倒好，你却让她去村里历练。"

"去基层历练一下，有什么不好吗？"

"基层工作，上下千条线，中间一根针，三泉村的情况我清楚，她没有经验。"

"那个李永福，是太有经验了。新时期农村改革，就是要打碎那个旧世界，创造一种新生活。"

齐东方拿着一纸调令递给了郑南国："你看看这个。"

郑南国仔细看着：拟调你区高云溪同志任市国资委主任助理……

"那就更不能派她下去了。"

"为什么？"

"我们这样做，会耽误她进步的。"

"所以，她要面临抉择。老郑，这事儿，你先跟她谈。"

郑南国当天下午便在办公室约了高云溪谈话，他将齐书记的想法跟高云溪讲了，高云溪听后一下怔住了，有些犹豫："郑叔，东方书记这个决定有点突然，我有点蒙。"

"当然了，我只代表他征求你的意见。"

"如果是组织决定，我坚决服从。"

"不，云溪，这不是组织决定，东方书记给你三天的时间考虑。"

"郑叔，您知道，无论是在上海，还是在区里，我一直都在做财政工作，我怕做不好，辜负了组织的信任。"

"按我的意思，派你去，我不同意。这对你也不公平。国资委主任助理这个工作，很有前途……"

"叔，说实话，我还真不在乎这一官半职。"

"糊涂。做了公务员你就不考虑仕途？走上这条路，一步跟不上，步步跟不上。我就是个例子，熬到要退休，也就是个正处级。听我的，去市里。"

"郑叔，你可能也知道，我要是不回来，在上海能有更好的发展，回到区里来，就是想离福爸近一些，他年纪大了，身体也不好……"

"叔知道你是个孝顺孩子，也理解你的一片孝心。可我跟你福爸是半辈子的朋友，最懂他心思。你是他这辈子最大的骄傲。他是个要面子的人，你这样做是适得其反。”

高云溪陷入了矛盾：“可眼下，村里出了事，他又住了院，我真不忍心看到他为村里的发展累到吐血还在拼命。”

郑南国点了点头：“我知道你想帮他。可你更应该知道，你去三泉村，最反对的一个人，就是你福爸。云溪，听人劝，吃饱饭。”

“郑叔，你能不能劝劝我福爸？”

郑南国摆了摆手：“没用的。你亲爸高大泉去世前，把你托付给了他。他在你爸病床前发过誓，要把你培养成才，离开三泉村的山窝窝。”

“这事我听说过。”

“你从上海回来，他满肚子的不满意。后来，你考上公务员，他在区里摆了三桌酒。亲朋好友都请到了，说实话，他满眼都是你做出的成绩。”

高云溪点了点头：“郑叔，求你一件事。”

“你说。”

“无论我做什么样的选择，你先不要告诉他，行吗？”

郑南国点了点头。

“谢谢你，郑叔。”

高云溪出门后，郑南国无奈地摇了摇头，自言自语着：“要真是这样，对他来说，这个打击可就更大了。”

人民医院里，李铭泉交完住院费，拎着水果回到病房后，发现护士正在清理床位，病床上已经空无一人，李永福不知踪影。

“护士，16号病床的人呢？”李铭泉问道。

“嚷着一定要出院，已经走了。”

“疯了，他真是疯了，我这住院费已经交了。”李铭泉又气又急。

李铭泉立刻打电话给高云溪，既无奈又夹杂着抱怨地讲述了李永福偷跑的事。高云溪听后，叹了口气，这几天的事已让她满心的疲惫。高云溪坐在办公桌前，望着桌子上的一个相框沉思。相框上是身穿硕士毕业礼服的自己和李永福的合影，她的内心十分矛盾。

高云溪的耳边不断回响起李永福的声音。

“云溪，其实你回区里工作我是不满意的。”

“为什么？”

“人往高处走，水往低处流。一个名牌大学研究生，你的发展空间应该是在省、市机关。省团委、市委党校有那么好的机会，为什么不去？”

“福爸，你和菊妈一天天老了，我想离你们近些。”

“你这份孝心，我和你菊妈都心领了。闺女，干你想干的，不要担心别人怎么说、怎么想，你的每一次进步，我和你菊妈都为你高兴……”

“我小时候爹死了，娘改嫁了，你们就是我的爹娘，我不能忘了你们的养育之恩。”

“想报恩，很简单，等我跟你菊妈老了，就把我们接到省城去。”

“你就别骗我了，你和我菊妈，这辈子早就跟三泉村连在一块儿了，你能跟我去市里，去省城，去上海？”

高云溪脑海中的自己和李永福进行着对话，其实这番对话反反复复出现在她脑中许多次，每出现一次，她就更为纠结，更放心不下福爸和菊妈，高云溪陷入了沉思。从前的回忆开始在她的眼前闪回。在三泉村山口的山顶上，在自己的父亲高大泉墓碑前，纸钱飞舞，福爸和身穿孝服、当时还是小女孩的自己站在一起，福爸说：“泉哥，闺女我替你养了。”天地苍茫，李永福拉着她走向一片金黄的秋色。

随后便是福爸和高中毕业拿着高校录取通知书的自己站在墓碑前。

“大泉哥，闺女考上名牌大学了。”李永福展示着手里的通知书，“我们哥俩看着她这只金凤凰，飞出我们三泉村……”

她走下山岗，回头望时，福爸正冲着自己挥手，她恍然觉得，站在山顶上目送她离开的福爸，宛如一棵树。

紧接着便是在三泉村梦达集团化工厂事故现场，福爸抢过她手里的毛巾，大喊着：“闪开，这里还轮不到你。”随后便冲进了火海。百脉区人民医院的等待室内，福爸胃痛难忍，两鬓头发斑白的画面又从她眼前闪过……

高云溪醒了醒神，从闪回的记忆中脱离出来。她拉开皮包，把办公桌子上的照片放了进去，回望了一下办公室四周，便离开了。她骑着电动车行驶在三泉村百年贡米稻田公路上，如今已是金色的深秋，一望无际的古泉百年贡米稻田里清风徐来，稻浪翻滚，空中一架翱翔的飞机驶过，留下白色而绵长的航迹。

第三章

三泉村百年贡米稻田的田埂处摆放着一双旧布鞋、一块手表，头部还带有简易包扎绷带的李永福正在远处忙着农活，他弓着腰，卷着裤管，撸着袖子往稻田里引水。李永福忙活着，一起身，看见孙会计正沿着田埂朝这里走过来。

“你怎么找到这儿来了？”

“云溪来电话说，你从医院里逃跑了。我一猜，就知道你惦记着自己的一亩三分地儿。”

“有事儿啊？”李永福直了直身子。

“有事儿，更担心你的身体。你这是不要命的节奏啊。”

李永福一笑：“差得远着呢。”

“你啊，就是不知道爱惜自己的身体，人过六十，身体要走下坡路了。”

“活着干，死了算。”

李永福拄着铁镐，望着一望无际的稻田：“季节不等人啊，再浇最后一遍水，天一凉，就该收割了。”

“我的大哥，就是把整个稻田收了，才值几个钱？命都不要了。”

“不是钱不钱的事儿，咱是农民，不能丢了本分。你误地一阵子，地误你一季子。”

“你别忘了，还有一句话，你误病一阵子，病误你一辈子啊。”

“茂财，你是不是云溪和我家那口子派来的说客啊？别磨蹭，有事儿说事儿。”

“还真有事儿，王支书辞职了。”

“哦，上边批了？”李永福一副若无其事的样子。

“批了。”

“这个老王，终于到站了。”

“主任，您觉得，咱们村里的党员有谁能接得了支委那一摊子？”

李永福微微一笑，不言语。

“估摸着，上级要派人下来吧。”

“甭管派谁来，能提高老百姓收入，大家就拥护他。”

“张代主任全村上蹿下跳地抓整改，这里面有道道儿。”

“他拿了东方书记的鸡毛令，你还不能让人家蹦？”

“几十家企业都停了，这一天损失不少钱，那些厂长、矿长心里慌，村民心里更慌。主任，你得想个办法让厂子尽快恢复生产。”

“解铃还须系铃人，这事得东方书记发话。”

李永福再次直起头，看到高云溪骑着电动车来了：“这闺女，来得好快啊。”

“云溪很生气，我看你够呛。”

李永福摇了摇头，话语中难掩幸福：“没办法，闺女管得严啊。”

“你就得意吧你。”

孙会计骑上电动车走了。高云溪站在不远处，李永福看着云溪很是无奈。高云溪望着拿着铁锹引水的李永福又气又心疼。

“福爸，你这样做对吗？手机也不知道打一个，全家人都急疯了，满世界找你，生怕你出事，万一有个什么闪失，我怎么向家里人交代？”

李永福尴尬地解释着：“我手机没电了。”

高云溪板起脸来：“这都不是理由，你就是躲治疗。我好不容易给你请了个专家，您老人家倒好，招呼不打，自己偷跑了。”

“知道你忙，没敢打搅你。你看我这不好好的。”

“什么就好好的啊，没检查你就知道好好的了，我对你有意见。”

“好，我检讨，回来没有通知你。”

“检讨有什么用？你就是不知道爱惜自己的身体。”

“你让我该怎么办？”

“跟我回医院去，做个彻底检查，治疗彻底了再说。”

“几十家企业要关门整顿。我不在村里，会乱套的，还有这稻子，浇完这遍水就要收割了。”

“那也不能下水。我来吧。”高云溪脱下鞋子，挽起裤子要下水。

“站那儿，别动，我马上就干完了，别下水了。”

“我让专家给开的中药，这次非监督你吃完再说。”

“哎，区里不是很忙吗，怎么回来了？”

“别转移话题。我的假期被占了，还不许我补回来？”

“那好，回家让你菊妈给你做几道好菜尝尝。”

“这还差不多。”两人相视一笑。

高云溪给张美菊和李铭泉打了电话报了平安后，她推着电动车和李永福走在稻田边的乡村路上。

李永福有意问高云溪：“支书辞职了，你们组织部打算从村里选，还是上级委派？”

高云溪明白李永福的心思，故意反问李永福：“你是希望从村里选，还是上级派？”

“村里两委各负其责，这事儿我还真没想过。”

高云溪一笑：“你真的没想过？”

李永福不禁也笑了笑。

“要是上级征求你的意见呢？”

“各有利弊。”

高云溪继续问道：“你说说看，利弊都在哪里？”

“从村里选，人都熟悉，利于工作开展，不利的是作用不大，聋人的耳朵，摆设。从上面派一个，能力强，有思想的，倒是能帮着出出主意，不利的是冷不丁派下来一个人，不了解村里的情况，胡乱折腾，影响经济发展。”

“你的意思是从村里选？”

“我也没想好，总之无论派还是选，都不能影响村民的收入，影响大伙奔小康。”

李永福和高云溪推着自动车走到了三涧古街口，几个小孩正在街道上玩耍，熟悉的村民跟二人打着招呼。

高云溪半开玩笑地问李永福：“福爸，你觉得我回村干这个党支部书记怎么样？”

李永福根本没当回事：“你？”

“啊，不行啊？”

李永福笑了起来：“你要回来，干不了三天，一准哭鼻子。”

“那可不一定。”

李永福摇了摇头："上次区里派下来的那个经济学博士，半年弄坏我两个项目，村里损失七百多万，临走给全村写了满满十页纸的检讨书，哭着鼻子走的。"

"那么悲惨？"

"基层工作不好干，十件事，一件不满意，前面九件白干。"

高云溪点了点头："福爸，你先回去，我去黑陶馆叫泉子哥，回家吃饭。"

"快去快回。"

高云溪来到黑陶馆时，蓄着一头长发、艺术范儿十足的李铭泉正在教几个男女学生拉胚。她没有惊扰李铭泉，而是选择坐在一边悄悄地看着正在教学的李铭泉。黑陶作坊里拉胚的轮子正在转动。李铭泉指导着一名漂亮的女生做着黑陶。

"要想把黑陶做得薄如纸，烧制出来光彩照人，这拉胚时胚胎壁受力一定要均匀……"

李铭泉一眼看到了在后面坐着的高云溪，有些吃惊。高云溪微笑望着，示意李铭泉接着讲下去。

"大家按照老师的要求做吧。"

随后，李铭泉走向了高云溪。

"泉子哥，你这执行力不行啊，让你盯着福爸，转眼的工夫他就回来。回来就回来吧，他还下地干活了。"

"在家里村里，他是王，谁能管得着他？"

"你们两个，我都服气死了。"

"摊上这样一个爹，你有啥办法。"

"是啊，我们得想个办法。不能由着他这样折腾自己的身体了。万一有个好歹，我们做儿女的后悔都来不及。"

"问题的关键是，他根本就不听我的。哎，对了，云溪，你把马总千里迢迢请到村里来，撂下就走了，不怕人家伤心啊。"

"多年的同学、同事，都很了解，没那么矫情。"

"那也不对，你不能让人家觉得我们村没有待客之礼。"

高云溪想了想，觉得李铭泉说得也有道理，她望着架子上的藏品。

"我送他一份礼物吧。"

“这儿可都是我压箱底儿的作品。”李铭泉有点舍不得。

“心疼了？我还真得从你这儿挑。”

高云溪审视着架子上的黑陶，想着马总是个儒雅的人，得挑一件跟他气质相配的藏品。她一眼便看到了架子上的一件精美的黑陶弥勒佛，觉得作为礼物送给马伯如十分合适。高云溪指了指，让李铭泉打好包后，两人便走出了黑陶馆，准备一同回家。

李铭泉上了电动车，用两只脚支着地：“上车，我带着你。”

高云溪有些不好意思：“街上那么多人。”

“那怎么了？中学六年，哪一次不是我带你走。”

高云溪只好上了电动车。

“坐好了，出发了。”

李铭泉加速，电动车疾驰而去，吓得高云溪抱住了李铭泉的腰。她忽然想起中学时代的李铭泉骑着电动车带着自己穿过熙熙攘攘的古街路。她抱着李铭泉的腰，车后面跟着一群孩子在喊：小小子儿，坐门墩，哭着喊着要媳妇儿，要媳妇儿干吗？点灯，做伴儿，早上起来梳小辫儿。想着想着她就不禁笑了起来。

李家院中的桌上摆放着大盘鲤鱼，酒菜都备齐了，两个孩子却迟迟未到，李永福和张美菊坐在桌旁面面相觑。这时，孙会计匆匆地进了院子，李永福从长椅上站了起来。

“茂财，有事？”

“东方书记到村里来了，说是来调研。”

“上边儿怎么没通知啊？”

“可不是吗？”

“人呢？”

“没找到。”

“走，看看去。”李永福准备动身。

“饭好了，不吃饭了。唉，等等，老头子带上两张饼在路上吃。”

李永福听着张美菊的话后又折回去从桌子上拿了张饼出了门。李铭泉骑电动车带着高云溪刚到家门口，恰好碰上李永福和孙会计两人匆匆出门。

“福爸，出什么事了？”

“东方书记来村里了，你不知道？”

“这个，我还真不知道。”

“关键是上面没通知，人也找不到。”

“没去村委会吗？”高云溪问道。

孙会计摇了摇头。

“饭好了，你们先吃饭吧，我跟你孙叔去找一下东方书记。”

“福爸，我们分头去找吧。”

李永福和孙会计两人先去了三泉村委会了解情况，李永福走进办公室，看着张麦圈正悠闲地坐在椅子上跷着二郎腿，一副事不关己的样子，便气不打一处来。

“麦圈，咱做事能不能靠点谱？”

“主任，你这话说得，我怎么就不靠谱了？”

“你干村委也不是一两年了，也接待过不少上级领导，齐书记来搞调研，怎么能身边没人陪呢？”

“人家不让陪。”

“咱们村从省里、市里到区里，来过多少领导，哪个人让陪了？领导不让陪，是领导的低调。我们下面的人不陪，那是我们对工作的不认真。”

“都这个点儿了，不知道领导吃饭了没有。”孙会计说道。

“这都是次要的，关键是工作落实情况。”

“都通知他们了。”

“通知没有用，关键在落实。麦圈，我听说，齐书记给你下了令，要你督促村里厂、矿关停整顿的问题，你落实了没有？”

“那些厂、矿的法人，都说要等你回来再说。”

“我就不信，地球离了我就不转了？”

张麦圈语塞，他看了一眼孙会计，孙会计无奈地摇了摇头。随后两人按张麦圈所说的去了三泉村古街铁锅作坊，此时，天色已近黄昏，铁锅作坊火渐渐熄灭，收了工。李永福和孙会计走了进来，看到铁匠爷一群人不知喝了多少，都醉倒了，昏沉地睡着，而齐书记早已经不知去向。

第二天一早，日照西窗，齐东方在三泉村古街一民宿楼的房间里醒来。

秘书已经坐在房间候着了，齐东方揉了揉脑袋，问道：

“几点了？”

“下午四点。郑副区长正在楼下等着您。”

齐东方到达楼下的茶社包间后，郑南国让服务员上了茶，两人开始谈起来。

“看你的样子有些疲惫。”郑南国关切地问候。

“喝一场大酒，收获还挺大的。眼下，最不靠谱的工作就是看材料。”

“是啊，实践出真知嘛。”

齐东方问道：“事故处理得怎么样了？”

“伤员都伤得不重，都已经回来了。”

“哦？不是说还有个昏迷不醒的吗？”

“那小子太困了，睡过去了，不肯醒。”

齐东方笑了：“还有这样的。村办企业的安全治理整顿情况如何？”

“东方书记，我提个建议，这次停产，可不可以提高针对性，全部停产的话，损失可不小。”

“不行，必须全部停产整顿，”齐东方说着伸手从公文包里拿出了一份题目是“关于建设东南市新旧动能转换示范区的报告”的文件，递给了郑南国，“这份文件你先看看。”

“早有耳闻，现在正式文件下来了。”郑南国接过文件。

“三泉村是‘乡村振兴战略示范村’，所以我们必须对过去粗放式发展的模式说‘不’了。老郑，我们的任务很重啊。”

“这样大规模的关、停、并、转，很大程度上会影响经济发展，对于乡村来说，在全面实现小康社会的道路上会不会开倒车？”

“短时间的影响是会有的。可长远来看，这条路必须要走，就像当初义无反顾地选择了泥沙俱下的发展模式一样。”

“那好吧，我去找他们李主任。”

“哎，对了老郑，你跟李永福比较熟，我想问你一个问题。”

“你说。”

“李永福那么能干，当了十几年村主任，怎么不是党员？”

郑南国回道：“当时县里进行过几次支部书记交流任职，李永福不想离开三泉村，就没提入党的事。”

齐东方点了点头。

“所以，没了这个能干的村主任，会影响村子未来发展。”郑南国笑了。

“这才是问题的关键。我必须站在新的起点上，思考乡村建设发展方向的问题。我决定还是派高云溪来。”

“既然你决定了，我保留我的意见。”

高云溪一路打探着消息，找到了古街民宿的门口，她走进民宿后，一眼先看到了李兰花，两个人一下愣住了。

“二婶，你怎么在这儿？”高云溪问道。

“铭泉让我来帮忙。”

“这民宿是李铭泉的？”

“我不太清楚，说是他跟几个朋友合伙开的，刚装修好半年。”

“这个家伙，嘴巴可真紧。”

“你是来找人吗？”

高云溪把齐书记的事情提了提，没承想，齐书记却恰好住在这间民宿，她在李兰花的指引下，找到了齐东方和郑南国所在的茶社包间，高云溪走进了茶社，看到了齐东方和郑南国三人。

“东方书记，大家都在找您，您却躲在这里。”

“云溪同志，请坐。”齐东方亲自为高云溪斟茶，“你考虑得怎么样了？”

“我以为您在给我开个玩笑，您还当真了。”

“郑副区长已经跟你谈过话了，今天我代表组织跟你谈一次。”

“那么严肃，我有些害怕。”

“你不用害怕，我已经给你打过预防针了。我跟郑区长争论了很久，还是决定派你下来。”

“领导，说句不好听的话，您别生气。”高云溪谨慎地说道。

“你说，我不生气。”

“您这是发动闺女斗她爸。您这一招儿，阴损。”

“云溪，别没大没小的。”郑南国在一旁看了高云溪一眼。

齐东方笑了：“不是斗，是团结。我党最优良的传统就是，团结可以团结的一切力量，打赢三泉村全面建成小康社会的攻坚战。”

“我要是干不好，别怕我丢您的人。”

“三泉村是你的老家，你要干不好，还真丢不了我的人。你丢的是三泉村的人。”

此时的东南市一高档茶社内，罗梦达正和省里的一位富豪朋友在包间内喝着工夫茶。

“老罗，最近有没有听到什么风声？”

“你就直说吧！兄弟我最近有点背，一会儿爆炸，一会儿停产，我都快神经衰弱了。”罗梦达叹了口气。

“国家下了一个红头文件，你知道吧？”

“哦，说说看。”

“新旧动能转换，你知道吧？”

“我知道啊！一直在鼓噪，见风不见雨，心里悬吊吊的。”

“马上就下雨了。”

“真要下雨？”

“省里的文件已经到市里了，我的三个化工厂、两个煤矿，一夜之间都完了，腾笼换鸟，关、停、并、转。”

“啊？有这么严重？”罗梦达有些不相信。

“我可听说，百脉区是市里的重点，三泉村是全面建成小康社会示范村，是区里面市里面的一块招牌，你的化工厂爆炸事件又在网上造成了很大的负面影响，你的黏土矿、煤矿、采石场又都是高污染低效能的企业，当心四个字。”

“哪四个字？”

“杀鸡儆猴。”

罗梦达感慨道：“以前只管挣钱，哪有这么多烦心事啊？”

“时代变了，政策变了，你要跟不上时代和政策，早晚被淘汰。”

“问题是我要想完成新旧动能转化，至少要投几个亿。我的哥，你知道的，现在的市场瞬息万变，竞争又那么激烈，我怕走错一步，满盘皆输。”

“谁说不是。”

罗梦达像是顿悟般地拍了下桌子：“我说，区里又往村里派支部书记了。”

“这就是前兆。”

晚饭后，三泉村委会会议室内，高云溪、李永福等人到齐后，齐东方开始召开村委会议，众人面面相觑，窃窃私语着。齐东方清了一下嗓子，看了一下郑南国。郑南国点头示意，开始讲话：“今天把三泉村的两委召集在一起，是要宣布区委的一项任命。”

众人彼此相望，一脸疑惑。郑南国郑重地宣布道：“任命高云溪同志为三泉村党支部书记。”

此语一出，众人皆一脸惊愕。

第四章

李永福一脸惊讶，张麦圈更感意外，高二泉直接傻了眼。李永福瞪着高云溪的脸看了好大一会儿，像是要在她的脸上寻找答案。高云溪低下了头，不敢与李永福的目光发生接触。李永福的脸一下子变得阴沉起来，他看了一眼郑南国，郑南国只是点了点头，没再多说什么。

李永福的目光从高云溪的面孔上收了回来，他虽然还是难以接受这个决定，但自己当下必须控制好整个场面。

“感谢区委、齐书记对我们三泉村的关心，大家欢迎高书记。”

众人见李永福发话了，纷纷开始鼓掌。

“小高书记大家都认识，在座的各位都是她的长辈、兄长，希望大家好好配合她的工作。下面欢迎我们的小高书记，给大家讲几句话。”齐东方说完后看了看一旁的高云溪，给了她一个鼓励的眼神。

高云溪走上前，诚恳而庄重地说道：“各位长辈、兄长，区委派我来三泉村担任党支部书记，对大家来说，意料之外，可对我来说，意料之中。我是吃村里百家饭长大的孩子，诸位都是我的亲人，以后有什么不到之处，还请大家给予严厉批评。”

李永福愣在了那儿，一脸怒气地望着高云溪。

“李主任，表个态吧。”齐东方看了一眼李永福。

李永福尽力忍着心里的不快，脸上挤出了一丝笑容：“我拥护东方书记的决定，欢迎我们高书记领导我们三泉村的工作。”

高云溪察觉了李永福的情绪，心里有些虚。

“接下来，我们请齐书记给我们作指示。”张麦圈说道。

“我没什么指示，我把三泉村作为我们的联络点。三泉村的两委建设，要领跑全面建成小康社会的各项工作。小高书记，你先跟大家一起熟悉一下工作，明天我区里还有个会，我先走了。”

众人起身送齐书记离开，齐东方摆了摆手："大家留步。有事你们接着议。"

李永福和高云溪送齐东方出了门。在村委会门口，齐东方停下了脚步，转身对李永福和高云溪说道："云溪、李主任，化工厂爆炸事故暴露的问题不容轻视，你们要认真调查事故原因，对村办、民办企业安全隐患进行一次全面排查。"

"书记，这次事故为我们敲响了警钟，东方书记把强化两委建设的联络点放到我们村，是对我们的信任。我一定不会给您丢脸。"

"李主任，我丢不丢脸不重要，重要的是你这个'乡村振兴战略示范村'要名副其实，经得起检验。"

随后，齐东方和郑南国朝着古街走去，李永福在后面跟了上来。

"李主任，还有事？"

"齐书记，我想确认一下，高云溪是任职，还是挂职？"李永福支支吾吾地说道。

"当然是任职。"

李永福愣住了，高云溪也跟了上来。

"李主任，云溪同志没有在基层任过职，作为老村委会主任，你得支持、配合她的工作。云溪同志，你一定要向李主任虚心学习，遇到什么问题可以直接找我或者找郑南国，我们是你坚实的后盾。"

"齐书记，您放心，会的，一定会。"高云溪目光坚定。

齐东方离开后，高云溪看到了李永福脸上的不悦。

"福爸……"

"别，小高书记。从今天起，我就该叫你小高书记了。"

"福爸，你听我解释。"

"解释什么？小高书记，你可是真出息了。"

李永福说着转身离去。高云溪快走几步追了过去："福爸，会议室的人还等着我们呢。"

"你开你的支委会，我开我的村委会。"

"云溪，你忙你的。"郑南国跟高云溪使了个眼神后，自己跟着李永福朝着古街走去。

李永福气呼呼朝前走着，郑南国迈着步子在后面追着。

"老李，你等等。"

“郑副区长，没有你们这么干的。”

“老李，你听我说。”

“你甭跟我解释。我承认，化工厂出了问题，我有责任，应该受到处罚；你们对我李永福有意见，村委会可以组织改选，你们可以换我。杀人不过头点地，你们这不是杀人，你们这是诛心。”

“老李，你误会了。东方书记也是为了帮你，三泉村那么多矿产、企业，你就是浑身都是铁，能打几个钉？更何况，你的身体状况也不允许啊。”

李永福停下了脚步：“那你们就拿我闺女的前途开玩笑？郑副区长，别人不了解我，你还不了解我？”

“你是我的老哥哥，好朋友。所以，这件事的始末我必须告诉你。这次下派云溪来任支部书记，是东方书记经过慎重考虑，云溪经过慎重考虑决定的。”

“老郑，你这不是要毁了她吗？”

“云溪是你闺女，当然也是我闺女。我跟她谈了，也想阻止她，可云溪告诉我，你的胃病又犯了，还有胃出血。老李啊，她是要帮你，孩子的一片苦心，你得理解。”

“我不要她帮我，这些年没人帮，我也把大家带上了富裕路。老郑啊，老郑，村里不是大城市，她那些学历、经历没有用，你睁开眼就得跟斤斤两两、鸡毛蒜皮的事打交道。前面那个，博士毕业，两个项目都给搞砸了，损失了几百万，那可都是村民的血汗钱。”

“我觉得云溪不会。”

“老郑，云溪是个孩子，你也是孩子啊？你是走仕途的人，她正是图发展求进步的时候，你让她回这山窝窝里干什么？她就是能在这里干出花儿来，又能怎么样？”

“我看东方书记的意思像是有意锻炼她。”

“我闺女还用得着锻炼，瞎耽误工夫。”

“现在木已成舟，你看怎么办吧。”

“这么大的事，你为什么不提前打电话告诉我？什么我闺女就是你闺女？从今以后，这句话，你甭在我面前说。”说完后，李永福便怒气冲冲地离开了。

高云溪回到三泉村委会会议室后，继续召开会议。

“眼下我们村最要紧的事就是加紧对村办、民营企业和黏土矿、煤矿进行安全隐患排查，村里两委成员都要动起来，深入下去。”

张麦圈举起手来：“我讲两句。”

“您说。”

“我建议啊，解铃还须系铃人，这事还是交给李主任办。”

“为什么？”

“原因很简单。那些厂、矿的法人，都听李主任的。”

“张副主任，你别忘了，村委会在党支部的领导之下开展工作。”铁匠爷也发了话。

“铁匠爷，知道您是老党员，老支委，我听您的，可这些年来，他李永福在三泉村大搞一言堂，什么时候接受过党支部的领导？哦，你让云溪同志去领导她福爸？您能不说笑吗？”

“这个问题，我会同李主任进行沟通的。”高云溪说道。

铁匠爷也举起了手：“我提个建议啊。”

“您说。”

“我是党员，也是个打铁的，俗话说得好，打铁还得自身硬，我觉得党支部要从治党管党开始做起，治政理政做起。支委、党员、两委成员，混同于一般群众，甚至还不如一般群众的党员，那就该批评处罚。”

铁匠爷有意望了一眼张麦圈，张麦圈有些不好意思。

高云溪点了点头：“铁匠爷提出的这个建议很及时，这个问题，我会在周五民主生活会上以批评和自我批评形式进行。好了，今天的会，就开到这里，大家都先回去吧，李主任那儿，我去跟他沟通。”

钩月西沉，夜风徐徐。三泉村古街街头，李铭泉拿着蓄电池灯一路寻来，恰好遇见孙梅梅骑着电动车载着云溪，孙梅梅停下了电动车，李铭泉走上前与之汇合。两人与孙梅梅道别后，并肩走在古街上。

“我妈要我出来迎迎你。”

高云溪小心翼翼地问道：“福爸的情绪怎么样？”

“应了你的话，炸锅了。什么情况？”

高云溪低头不语。

“上面派下来的党支部书记，不会就是你吧？”

高云溪点了点头。

李铭泉惊愕："哎，我说……我说你到底是怎么想的啊？"

"福爸太难了，我想帮他。"

"你帮他？你这是杀他。你在他眼里就是一只金凤凰，可现在这金凤凰一下子落在地上，你这一棒子，来得也太突然了。"

"泉子哥，你得支持我。"

"云溪，从小到大，我都依着你，你就是要天上的月亮，我也给你摘下来，可这事儿不成。我劝你就此打住吧，我不想看着你们俩成为敌人。"

"不至于吧？"

"不至于？我爸那人你又不是不了解，认准的事，谁都不行。更何况三泉村的问题是长期遗留下来的，像一个囤满炸药的火药桶，随时都可能引爆。那个博士知道吧？村里敲锣打鼓迎来的第一书记，一个五大三粗的大老爷们儿，雄心勃勃，三把火没烧完，就鼻涕一把泪一把地灰溜溜回去了。我不能眼睁睁看着你被炸得粉身碎骨！"

"福爸的身体都那样了，你就眼睁睁看着福爸十几年舍命干下来的事业毁于一旦？眼睁睁看着他苦死、累死？"

"到时候你就知道了，爸这人，很难沟通。"李铭泉无奈地说道。

"事已至此，难沟通，也得沟通。"

高云溪和李铭泉进了院子，听见屋子里两个人像是在争吵。李铭泉压低声音说道："你听，战争还在继续。你就等着吧，暴风骤雨很快就要来临了。"

"该面对的，总得面对。"

李铭泉竖起了大拇指："你够狠。"

两人停在屋外，没急着进去，屋内的争吵仍在继续。

"云溪在名牌大学读完了硕士读博士，你儿子只读了工艺美院的大专。"

"那也没有落到别人好处。你看云溪对你多孝顺，白得一闺女，你得济了。"

张美菊继续嘟囔着："你疼云溪，我没意见。这孩子从小就孝顺、懂事，我也喜欢，可儿子的事你不仅不上心，你还处处打击他压制他。"

"我怎么就打击他、压制他了？"

"那旧账咱就接着翻。儿子要不是有你这倒霉的爹，早干出名堂了。前几年，他在省城搞古建，都干到了公司副总了，是你让他回来了，说是村里企业需要人。人家罗总安排他去做销售总监，你为了避嫌，硬逼儿子给辞了；儿子要开旅游公司，你又说不能占村里的资源。儿子的机会到了你这儿都成了没机会。我生的儿子我知道，他不是傻瓜，要是没你这样的爹，他不比马总差。”

这时门外传来了高云溪的声音：“福爸，菊妈，睡了吗？”

张美菊压低了声音：“云溪回来了，不准发火。”

李永福翻身朝着里面躺下，气愤地说道：“不想看见她。”

高云溪朝着卧室看了看，语气轻和地说道：“福爸，我回来了。”

李永福没理会她。

“先别理他。泉子，你洗洗睡吧。走，去你房间，今晚咱娘俩好好说说话。”张美菊将李铭泉拖回他的房间。

“福爸，事情已经这样了，您先歇着，要打要骂，明儿一早我等着您。”

李永福房门紧闭，没有应答。高云溪看着客厅挂满了自己小时候的照片和奖状，黯然神伤。高云溪来到院中，感觉孤独又无助。乡村沉寂，李永福的卧室里传来一声深沉的叹息。

第二天，天蒙蒙亮，稻田路边停着一辆老牌大众，李永福扛着镬头在田埂上刨土放水。高云溪一身运动装晨跑而来，但李永福视若无睹，赶着自己手里的活。

“福爸，我起晚了，听菊妈说，您扛着镬头出来了，我一猜就知道您会到这儿来。”高云溪冲着李永福笑着说道。

李永福仍然刨着土埂，没理会她。

“福爸，您生我的气了。您的气没地方撒，就跑这里来了。”

李永福仍然没理会高云溪。

“福爸，我错了。”

“错哪儿了？”

“我来村里任职，没征求您的意见。”

“错，你压根就不该有这样的想法。”

“我就怕您不同意嘛，所以就……”

李永福把镬头扔在了地上：“所以你就自作主张？啊？你知道不知道

你有多傻啊？我把你培养到今天这个样子，可不是想你回来跟我一样窝在三泉村这个小地方。我问你，你来村里任职，是你自己的意思，还是组织决定？”

高云溪微微一笑：“既有我个人的意愿，也有组织的考量。”

“糊涂。云溪啊，人往高处走，水往低处流，咱不能越活越抽抽，越干越出溜吧？”

“福爸，您说的道理我都懂。”

“你不懂，懂了你就不办这傻事了。”

“福爸，您养育我成人，培育我成才，我有责任回报家乡，替你分忧。”

“忧，我忧什么忧？三泉村家家有存款，户户有汽车，城里有高楼，村里有股份，人均GDP超过了全面建成小康社会的三成还要多。”

“福爸，三泉村在您的带领下，发展到今天确实不容易。村里的这些厂子，这些矿，都是您跟人家拼酒、求情、招商引资招进来的。小时候看到您喝酒喝得把胆汁吐出来的样子，我都心疼。您不容易，我知道。每次见到您身心疲惫的样子，我这心里很难受。福爸，说实话，您为咱村老百姓操心，白发也多了不少，我没想别的，就是想回来替替您。”

“你要真为我好，你就找齐东方，让他收回成命，回机关上班去。”

“这怎么可能？”

“那我们就没法谈。”李永福继续忙活着手里的活计。

“福爸，说句话您别不高兴，村里的发展眼下遇到了新问题。”

“化工厂是出了点事儿，厂长已经撤了，正在关门整顿。”

“省里下发了新旧动能转换的文件，你都看了吗？”

“上面千条线，下面一根针。基层工作千头万绪，可不都得一件一件抓落实啊，这企业关停并转的事，关系着老百姓的收入，弄不好会出大事，得一步一步地来。”

“福爸，可是……”

“好了，既然组织部门的任命下了，我这小胳膊也拧不过粗大腿，这样，你就在村里来熟悉一下基层情况，学习一些基层工作经验。”

“谢谢福爸，我就知道您会答应我的。”

“不过你得答应我三个条件。”

“您说，只要您不再生我气，我什么都答应您。”

“其一，从明天起，福爸、福爸的就不能再叫了。”

“为什么？福爸，我都叫了二十年了，不让叫，那你让我叫什么？”高云溪不解。

“叫李主任。”

“听您的意思，是不想要我这闺女了？”高云溪很是委屈。

“你做决定的那一刻，就该想到这个。你是村党支部书记，我是村主任，爸爸、闺女地叫着成何体统？我们不能让人家说，三泉村是我李永福家的，这是规矩，你明白吗？”

高云溪沉思了片刻：“那好，公共场合我就不叫。我在家里叫。”

“其二，你得从家里搬出去。”

“这又是为什么？”高云溪越发疑惑了。

“唾沫星子淹死人。你是党支部书记，村里的一把手。你的一言一行，一举一动得自觉接受监督。”

“福爸，不带这样的。你这是铁了心地往外赶我啊。我从八岁就住在家里，我家的房子让我二叔给占了，你让我住哪儿？”

“你在区里有商品房，上次来那个博士，就住在区里。”

“那么远，上班多不方便。不行，我得住村里。”

“村里我也给你看好了。东方书记住的那家民宿就不错。那是泉子的同学开的，装修得不错，也安静，你先临时住着。”

高云溪想了想，犹豫了一下：“那也行，不过这话你得跟我菊妈说明白，不然她会骂我白眼儿狼。”

“其三，镀一年金，赶紧回市里或区里去上班。”

“我啥时候回去，那得组织上定。”

“那我不管，否则，你这闺女，我真不认了。”

李永福的这番话让高云溪心中的愧疚和委屈越发加深了，她多么希望福爸能理解她，她的良好初衷现在却像是成了他们父女之间感情的隔阂。

晚上，李永福为三日后的新旧动能改造会议专门去了一趟梦达集团，在办公室中，他正和罗梦达谈化工集团升级改造的事。

“你是三泉村企业的龙头，企业安全生产，升级改造你必须带头。”

“大哥，你说的事，我啥时候含糊过？”

“你那几个化工分厂，也得抓紧时间整改。”

罗梦达对李永福笑了："我的哥，你是越来越爱惜你的羽毛了。"

"我有什么政治羽毛？市里下发了红头文件，要对高消耗、低效益的企业进行关停并转，你的企业都在里面。我是在提醒你，企业要发展，必须要升级改造，这是大势所趋。"

"那村民的年底分红怎么办？你实现人均收入翻一番的承诺怎么兑现？我的哥，你一句话说出去，我上千万人民币没了。"

李永福陷入了沉思。

"哥，你再顶顶，完成了订单，我立马就转。"

"两委班子换人了，你不知道吧？"

"我知道。支部书记是高云溪。咱的闺女，我未来的侄儿媳妇，这不更好办？"

听着这话，李永福有些恼怒："别胡说八道。"

"我说的是实话。泉子的心思我明白。要不然那么多女孩子围着他转，他看都不看？我可告诉你，你要真没那意思，我可下手了，我闺女要从国外回来了，她对泉子可是念念不忘。"

"梦达，这话也不能乱说。"

"你还甭看不起泉子，他是潜龙在渊，这些年被你压制得太狠，真本事没机会施展，有朝一日出水，定能呼风唤雨，成就一定在你我之上，我这些年看人很准。说实话，我早就想把梦达集团接班人的位置留给他，你硬是拦着。哎，我改主意了啊，明天我就让人力资源部部长去找泉子，聘他来公司任副总经理。"

"你得了吧你。你要是真这样做，黄泥巴弄进裤裆里，不是屎也是屎。我再为你顶半年，订单加紧往前赶。"

三天后，关于新旧动能升级改造的会议在三泉村委会办公楼召开，门口聚集了企业主们的各种豪车。众人寒暄，话题都是企业安全检查升级改造的事。高云溪和孙梅梅两个人一身职业装，胸前佩戴着党旗标志，走到了村委会办公楼门口。两人靓丽的身影立刻引起了众人的注意。

"诸位老板，财神爷，进去吧，外面风大。"

众人并没有理会高云溪的话。孙梅梅觉得这些人太不礼貌，刚要发脾气，被高云溪制止了："大家是在等李主任吧。那好，我先进去泡好茶，等着诸位。”

高云溪和孙梅梅进了办公楼没多久，一辆破旧的大众和一辆奔驰在楼前停了下来。李永福和张麦圈一身西装从车里走下来，张麦圈看着众人站在那儿等，问道：“大家怎么不进去？小高书记已经在上面等着了。”

众人没有理会张麦圈，纷纷望着李永福，张麦圈有些尴尬。

李永福一笑，说道：“大家上去吧。”

众人这才跟着李永福上了楼。

“今天是小高书记上任第一次跟大家开会，我对你们说，谁都不准给我扎刺。”李永福跟众人叮嘱。

众人进屋后，看到高云溪已经坐在了会议主持人的位置上。每个座位上都摆着一份关于建设东方市新旧动能转换示范区的规划文件和一杯茶。

“诸位老板，请坐。”

一位富态的老板坐在了座位上，拿起茶杯喝了一口，随即一口吐了出来：“我的娘啊，什么茶，这么苦。”

“马总，苦就对了。诸位老板，今天开会呢，我为大家准备了这款疏肝理肺茶。它的成分有苦丁、莲芯、决明子、菊花四味花草。这几天企业整顿，大家心烦气躁肝火旺，我给大家疏疏肝，顺顺气。”

李永福看了一眼高云溪，微微一笑。

“这茶乍一喝起来，很苦，第二道开始就甜了，有句话叫苦尽甘来。新旧动能转换，也是这个道理。大家喝着茶，看一下这份文件，对照一下自己的企业，哪些是粗蛮攫取不可再生资源的，哪些是高污染、高效能、低效益产业的，哪些是属于关停的，哪些是属于并转升级改造的，大家在心里用尺子量一量，谈一谈自己的想法……”

众人望着李永福。

“大家不要看我，看红头文件。”

“为了实现让一部分人先富裕起来，然后带动大家共同富裕的目标，我们三泉村选择了粗放的发展的道路，历尽艰辛，实现了共同富裕的目标，可也付出了一定的代价，可下个目标是什么？我想，我们是不能在粗放式发展的道路上一路狂飙了……所以，我们必须在粗放式发展的道路上刹车……”

众人接着都望着李永福。李永福咳嗽了一声：“诸位财神爷，都是我登门三顾茅庐，招商引资请进来的。大家都把这些年三泉村的成就、大家的富有说成是我们的相互成就，要我说，是改革开放，党的富民政策的成就。”

一位企业主发了话：“刚才李主任说了，我们都是他招商引资请来的，李主任怎么说，我们就怎么做。”

“对。”众人应和道。

“不对，不是我说怎么做就怎么做，而是党和政府怎么说就怎么做。时代在发展，人在进步。我们的企业也不能不进行改变。黑猫白猫逮住老鼠就是好猫的办法不是不好，而是要求大家选择更好的抓老鼠的办法。罗老板，你先表个态？”李永福意味深长地看了一眼罗梦达。

罗梦达环视了众人后开始讲话：“刚才在楼下，大家都埋怨，是我的化工厂出了事，连累了大家。我要说的是，我出不出事，大家都得走这一步。新旧动能转换，旧的就得换新的。你比如说，我们的王书记走了，来了小高书记对吧？我坚决拥护小高书记，拥护党和政府的决定，让怎么改我们就怎么改。我相信党和政府，三泉村两委不会亏待我们的，我说诸位……”

第五章

李铭泉从三泉村上泉村一处两进两出、古色古香的四合院里走了出来，这一行，他同铁匠爷签订了四合院的租赁合同用以支持自己的民宿事业。李铭泉在三泉村古街黑陶馆附近时接到了一个陌生电话。

接通后，电话那头传来一个女子的声音："泉子哥，我摊上事儿了，你得救我。"

"你是谁呀？我又不认识你，挂了吧，你打错电话了？"

"别挂电话，我是罗妮娜，我小时候经常跟着你玩的……"

"哦……跟屁虫……"

"对对对，泉子哥你想起来了，我现在就在你家黑陶馆。赶紧来救我。"

罗妮娜挂掉了电话。夕阳下的古街，行人三三两两。保罗寸步不离地跟在罗妮娜屁股后面，罗妮娜跟金发碧眼的保罗引来了众人的目光。罗妮娜走进了黑陶馆，张正在跟十几个拉胚的学员讲述黑陶文化，众人听得如痴如醉。

李铭泉从外面匆匆进来，罗妮娜转身看到李铭泉很是开心，跑上去就是一个熊抱。

"泉子哥……好久不见，想死你了……"

"唉……回来也不和我打个电话，到有事情才会想到我？现在什么情况？"

罗妮娜噘着嘴看着李铭泉："我这不也是向你报到了吗。你看……"

罗妮娜指着远处在张正指导下认真学习的保罗，李铭泉看着保罗，又看了看罗妮娜："你说的是那个外国人？"

罗妮娜点了点头，左右打量了一番后将铭泉拉进了黑陶馆内："就是他，我已经跟他分手了，他却天天追着我死缠烂打，还从意大利追到这里来了，我烦都烦死了。"

"谁让你招惹人家了。"

罗妮娜撒娇："泉子哥，想个办法，得把他弄走。"

“人家千里迢迢来到了我们这里，这可不是中国人的待客之道。”

“泉子哥，那也得让他死心。”

“爱莫能助。”

罗妮娜灵机一动：“你扮演一下我的男朋友，让他死心。”

“不行。”

罗妮娜拉着李铭泉的手使出了撒娇攻势，李铭泉很快便败下阵来，他无奈地摇了摇头，说道：“就这一次啊，下不为例。”

张正正在指导保罗修改泥胎，罗妮娜挽着李铭泉走了出来。

“保罗，我向你隆重介绍一下，这就是我的男朋友，艺术家李铭泉先生。”

李铭泉被赶鸭子上架，只能硬着头皮往下演。两人礼貌性地交流了几句，奈何保罗就是不相信，罗妮娜说着说着突然在李铭泉的脸上吻了一口。这一幕被刚好进门的高云溪看见了，她顿时愣住了。

“李，我们用绅士的方式解决。”保罗隐忍着内心的怒火和震惊。

“怎么解决？”

“决斗。”

“我觉得这个方法不错。”

李铭泉抬头一看高云溪走了过来，他哑巴吃黄连有苦说不出，一脸的窘迫。罗妮娜看见高云溪，觉得有些眼熟，想起曾与她有过一面之缘。

“这个姐姐我认识。”罗妮娜对铭泉说道。

“我找的人不是你，是他，借个地方说话。”

李铭泉挣脱了罗妮娜，追着高云溪出了门。李铭泉追着高云溪来到了黑陶馆。李铭泉一脸着急，口吃地解释：“云……云溪，这一切都是……都是误会。”

高云溪故意逗他：“你跟我解释什么。”

“罗妮娜只是找我帮他演一场戏给保罗看。不是真的。”

高云溪一笑：“你们一个未娶，一个未嫁，很正常。”

“没有，真没有。”

“我们说正事啊。”

“你说。”

高云溪把自己被福爸从家里赶出来的事情跟李铭泉说了后，李铭泉一副早已料到的神情，他从兜里拿出了一把钥匙，递给了高云溪。

“古街的民宿后院一楼，能吃能住，能喝茶能开会，平时我在那儿住。”

“我去了。你住哪儿？”

“三泉村就我住的地方最多，七百三十六间。”

高云溪接过钥匙转身走了：“那倒是。那我先走了，谢谢啦！”

这时，保罗追出了门，李铭泉挡在他面前，拦住了去路：“保罗先生，请留步，你这是要去哪？”

“请你别挡着我，哎……妮娜……”保罗看着远处的妮娜喊着，妮娜没有回头，加急了脚步。

“你是要决斗吗？”

“这地方太窄，打不开，带上东西跟我走。”

保罗一头雾水：“我凭什么跟你走？”

“受人之托，给你安排住处。你到底是去还是不去？”

保罗将信将疑，只好拎着自己的行李跟着李铭泉走。李铭泉把保罗领到自己的古街民宿后，保罗瞬间被民宿内古色古香的装修吸引了。满墙的黑陶陈设，铁艺装饰品，琳琅满目。李兰花上来接住了保罗的行李。

“你先在这里住下。”

“我们还没决斗。”

李铭泉一笑：“还想着决斗，我不会跟你决斗。”

“为什么？”

“中国有句古话，有朋自远方来，不亦乐乎。意思就是说，远方的朋友来了我很高兴，得以礼相待，你是罗妮娜的朋友，自然也就是我的朋友。”

“不，我们是情敌。”保罗一脸正经地说道。

“保罗，你这样就不绅士了。你追求罗妮娜，那是你的自由，可罗妮娜拒绝或者接受你，那也是她的自由。中国有句古话，是你的赶不走，不是你的求不来。所以哥们儿，我劝你一句，你若真爱罗妮娜，就放手去追，做最后努力，要还是不成，赶紧回去。我这里留给你半个月的免费居住权，你可以留下来做最后的努力，超过半个月，对不起，你得付钱。”

保罗摇了摇头：“不，我要去拜见罗妮娜的父亲。”

“中国还有句古话，叫客随主便。你来这里是客人，所以你得听我的，你先住下，去罗妮娜家拜访她父亲的事慢慢来。”

保罗半信半疑：“你不会骗我吧？”

“这是罗妮娜的意思。”

“那好吧。”

保罗拿了房卡上楼后，李兰花走了进来告诉李铭泉：“云溪来了，在后院一楼的101。”

“我知道了。”

李铭泉为高云溪安排的新住处古朴素雅，书卷气十足。高云溪收拾完毕，坐在窗前的灯下。书桌上，厚厚的一摞画稿吸引了她的注意力。高云溪打开画稿，一张张三泉村古村建设的手绘场景呈现在她眼前。李铭泉进来后，看到高云溪在看他的图纸。

“泉子哥，你行啊。上泉村的，还有中泉村、下泉村的，还有古镇的……”

“闲着没事，画着玩。”

“这可不是画着玩。这是你为三泉村构建未来，能做多少，做多少。这些东西，我征用了。”

“你要有用，就拿去用。”

“你做这么多事，怎么不告诉福爸？”

“他总是站在山顶看风景，我从来不是他眼里的物。民宿的事儿，你得保密，要不然，我这事，还是做不成。”

“在三泉村你能瞒得住他？早晚得露馅。”

“瞒住一时是一时，生米做成熟饭，他着急也没用。”

“泉子哥，你变了，脑袋后面长了反骨。”

李铭泉笑了：“彼此彼此吧。你是先斩后奏，我是瞒天过海。”

“咱们这么做，老头儿太可怜了。”

“他可怜？最可怜的人是我，我不能总活在他的影子里。”

“我想听听你的想法。”

“我想把民宿、旅游、休闲、美食、物产、文化串联起来，做成文旅平台。”

“好办法。我支持你。东方书记要来考察乡村振兴产业情况，你一起跟着去吧。”

“我去干什么？你还是先做好你的支部书记吧。”

“你做好这些，就是对我的支持。”

晨曦微露，香烟袅袅，罗梦达正跪在地上上香。罗富的电话打了过来：“哥，不好了，出事了，黏土矿渗水，马上塌了。”

罗梦达一惊，第一句话问道：“死人了吗？”

“不知道啊。”

“罗富，你不把你哥给害死，你不甘心是吗？”

“哥，哥，该咋办？”

“你赶紧了解情况。集合工人清点人数，看有没有失踪的工人。”

“知道了哥，那还要不要报警？”

“矿已经关了，我们属于非法采挖，报警就得抓你。”

“哥，你可千万别吓我。”

“我告诉你罗富，有一条你给我记住，无论谁问你，开工的事你就说我不知道，李永福更不知道，明白吗？”罗梦达虽然见多了大场面，但非法开工的事故问题处理仍旧十分棘手。

“哥，这不是拿我顶雷吗？”

“说得没错，这事儿总得有人顶着，我不会亏了你的。”

罗梦达挂断了电话后靠在沙发上，望着佛龛前袅袅飘起的香烟，自言自语着：“佛祖啊，真是人倒霉，喝凉水都塞牙啊。”他想了片刻，赶紧拨打了李永福的电话。此时的李永福正和高云溪等人陪着齐书记在三泉村上泉村山顶百年古泉景区到访勘察。

“主任，哥，出事了，出大事了……”

“你在哪儿？”李永福皱了皱眉头，李永福听了电话那头的罗梦达将事情简明扼要地说完后，他难掩怒气：“罗梦达，这事想躲是躲不了的，无论你在哪里，都必须给我回来。”

李永福的话引起了大家的注意，李永福只好将此事说了出来。众人惊愕，高云溪更是一脸愤怒。

“李主任，张副主任，村里的厂矿停产整顿，您不是说已经落实到位了吗？什么情况？”

李永福没想到高云溪竟然向他发火。他强忍着火气，满脸歉意地说道：“对不起，小高书记，齐书记，我已经通知，检查到位了。”

“到位了？到位了还能出现这样的事？云溪，抓紧时间救援。”齐东方说道。

高云溪一边拨打救援电话，一边朝着事发地点一路狂奔。齐东方等人也朝着黏土矿的方向奔跑过来。此时的黏土矿矿道里水势凶猛，水位不断上涨。矿工们跌跌撞撞地跑向井口。高云溪和李铭泉来到黏土矿时，看到逃出矿井的矿工们横七竖八地躺在井口附近的矿场上喘着粗气，狼狈不堪。高云溪远远地看见一个矿工正踉踉跄跄地逃出洞口，情急之下，她往矿井口跑去。高云溪扶起摔倒的矿工，问道："里面还有人吗？"

"有，好像还有人。"

"泉子，赶紧把他送出去。"高云溪对一旁的李铭泉说道。

"那你呢？"

"你先把他送出去，我进去看看。"

"绝对不行，这里太危险了。"

高云溪态度坚决："必须尽快找到人，迟疑一秒，就可能死人。"

"云溪，赶紧出去吧，他们受过专业培训，对矿井下面的情况了如指掌，他们要是出不来，你去也是无济于事。"李铭泉想劝服高云溪，奈何高云溪头也不回地接着往井底走去，搜寻被困人员。

李铭泉背着矿工朝高云溪喊道："云溪，你别往前走了，这是下斜井，越往前走越深，云溪你回来。"

李铭泉将矿工放到安全地方后，又迅速折了回去，跟着高云溪进入了矿井。李永福看着两个孩子不顾自己的安危进入矿井，他放心不下也准备进去，被跑来的厂长罗富给拦下了。

"李主任你冷静点。"

李永福一把甩开了罗富："你混蛋，让开。他们两个已经下去了。"

齐东方跑了过来拦住了李永福："李主任，你冷静一下，不能蛮干。高云溪呢？"

"云溪和泉子已经下去了。"

"胡闹，井下渗水，非专业的救援人员下去很容易发生二次事故伤害。救援队多久能到？"齐东方看向罗富。

"救援队已经在路上了，很快就到了，很快就到了。"

"下面到底发生了什么情况，总共有多少人，现在出来了多少人？"李永福急切地问询一边的矿工队长。

"挖到了地下河渗水了。今天总共进去了四十八个人，还有六个。"

齐东方听后脸上一紧："马上启动救援应急预案。"

李铭泉无奈地背起一个受伤的矿工向井口走去。水还在往上升，很快漫过了高云溪的小腿，她继续往矿洞里走去，寻找着遇难的矿工。高云溪在作业机器旁发现了五个矿工，其中一人头部受伤，高云溪取出了包里的手帕帮伤者按着伤口，搀扶着他便朝外跑去。

"里面还有人吗？"高云溪一边跑一边问道。

"没有了，我们是最后一批人了，赶紧出去，矿洞要塌了。"

高云溪和几名矿工刚跑出洞口，身后便传来一阵阵矿洞坍塌的巨大声响……

第六章

三泉村黏土矿矿井口外，电视台女主持人正拿着话筒对救援进行现场直播。镜头下的洞口处出现了李铭泉的身影，浑身湿淋淋的李铭泉把受伤的矿工背出了矿井。李永福上前询问高云溪的情况，李铭泉支支吾吾地回说还在里面继续搜救，李永福听后气急败坏地给了李铭泉一巴掌。

“爸，你打我干什么？”李铭泉怔住了。

“你个怂包软蛋，你不能把她给拽出来？你知道里面有多危险吗？”

“那我再进去。”

“不行不行，绝对不行。”罗富在一旁劝阻。

李铭泉有些着急：“那我们一群人就这么干等着？”

张麦圈趁机奚落道：“泉子，你就别跟着钻牛角尖了，这些矿工，哪个不比你和高云溪更了解矿井？你再进去，就是送死。”

“可是……”

“可是什么？这事要怪就怪你爸。”

“张爸，怎么又扯上我爸了？”

“东方书记指示企业停产整顿，结果，他一头钻到了钱眼里了……东方书记，我不是马后炮，更不是针对谁，这不是天灾，是人祸。”

此时的李永福早已心急如焚，再被张麦圈这番话一刺激更是心神不定：“张麦圈你闭嘴。”

“齐书记，你都看到了，这就是他的霸道，他搞一言堂，从来不听取别人的意见。”张麦圈借机发挥着。

“张副主任，你觉得这个时候争论孰是孰非有意义吗？”郑南国看了一眼张麦圈。

“怎么没有意义？我们的李主任要是能虚心听取别人的意见，三泉村就不会接二连三地出事故。”

“救人要紧，这些事日后再议。”

高二泉、李兰花、张旭父母和矿工家属都纷纷来到了黏土矿，他们坐立不安地围观着，在众人的翘首企盼中，终于，一个熟悉的身影出现在洞口，高云溪竟然带着五个被困的矿工走出了矿井。

随后，在三泉村黏土矿矿井院子里，矿工队长开始清点人数，清点了好几遍，结果还是缺两个人。家属们纷纷前来找自己的家人，高二泉和李兰花焦急地寻找儿子高云琅，张旭的父母也在寻找着自己的儿子。李兰花一个个地询问着矿工，矿工们都纷纷摇头。李兰花听后撕心裂肺地哭喊了起来。

“云溪，看到你弟没？”高二泉问道。

高云溪惊讶：“二叔二婶你们怎么来了？怎么，云琅也进去了？”

“晚饭前，他来民宿找我，说是要学好，要去自己挣钱。我就没往心上去。半夜里他发给我一条微信，说他下井了。”李兰花哭哭啼啼地说道。

“二婶，你糊涂，怎么这个时候才告诉我？”

“这个熊孩子，他不让给别人说。云溪，这事都怪你，你不该给他那么大压力，让他自己去挣钱，你说，他能挣什么钱啊。你这不逼他吗？”李兰花失控的情绪一股脑释放在了高云溪的身上。

“兰花姑，这怎么叫云溪逼他呢？他要不是因驾车违规，撞到人家的车赔钱，能欠下二十万的亏空？”李铭泉听不下去了，上前说道。

突然，李兰花照着高云溪的脸就是一耳光，高云溪一下子被打蒙了。

李铭泉一把推开了丧失理智的李兰花：“李兰花，你干什么你！”

李兰花指着高云溪骂道：“都是你，要不是你逼着他去赚钱，怎么会有这样的事？高云溪，你弟如果有个好歹，你对得起你死去的父亲吗？”

高云溪六神无主，哭诉道：“对不起，我不知道会变成这样……”

齐东方走了过来，李兰花像见到救命稻草般，跑上前哭诉。齐东方安慰着李兰花，他想前去调看一下监控室内的录像，却被罗富告知，那监控设备只是一摆设。李兰花听后当场便晕厥过去。空地一角，高二泉给李兰花掐着人中，高云溪拿着毛巾在站在旁边，李铭泉端着水与高云溪忙着照顾昏迷的李兰花。齐东方看了看手表，在一旁了解情况。张旭父亲拉着张麦圈的手哭诉，张麦圈一脸不耐烦地想要把张旭父亲甩开。此时，救援车辆已陆续抵达了事故现场。

齐东方迅速做出现场部署："李主任，你们村里的事听小高书记安排。马上成立救援指挥部，高云溪协助我一起展开救援工作。李主任、张副主任，你们两个去安抚两个受困人员的家属，做好脱困矿工的心理疏导工作。"

临时指挥所，一张黏土矿的图纸挂在简易黑板上。高云溪、李永福、张麦圈、齐东方、救援队长等人正商议着救援计划。左右两旁站立拿着各种设备及涉水服装的救援官兵。

时间在无声中一点一滴地流逝，李铭泉看了看手表，与高云溪进行眼神的交流，众人守候在临时指挥所等待着救援队的搜救消息，齐东方和李永福拿着对讲机与队友不停地沟通着。另一个休息区域四位家长都在焦躁不安地等待着，高二泉焦急地来回走动，已经苏醒的李兰花与张旭母亲依偎在一起。

这时，疲惫不堪的救援官兵们湿淋淋出了洞口，四位家长看见后率先冲了过去。记者询问着救援队长搜救情况，救援队长神色黯然："我们这边的矿道已经走到头了，没人。而且水势涨得太快，矿道被水堵住了无法通行。矿道已经坍塌，而且仍在塌陷，根本无法救援。生命探测仪显示，矿道里已经没有了生命迹象。我们已经尽力了。"

随后救援队长和指挥部取得联系，宣布搜救任务失败。李兰花听后，一下冲了过去，情绪失控地拉着救援队长的手不断央求着。

救援队长面露难色："我们必须启动救援设备，抽水，挖山，才能救人。"

"等抽完水，我儿子就已经活不了了，求你们回去救救他，救救他吧！"

高二泉、李兰花、张旭父母张开手臂用身体挡着不让救援队出来。李兰花突然拿出一把刀来，跪在地上，威胁着救援队："你们要敢走，我就死给你们看。"

群众一片哗然。高云溪、齐东方、李永福等人走在去往洞口的途中，听到张元生来报李兰花的消息，惊愕不已，加快了脚步，高云溪和李永福两人率先冲在前面。

高云溪和李永福赶到现场后，李兰花冲着他们大喊："你们别过来，过来我就割脖子。"

"兰花婶，你这是干什么？"高云溪喊道。

"他们不救我儿子了，我没法活了。"

“兰花婶，你把刀放下，你听我说，你不要挡着吴队长找他们，救援队要抽水、挖山救人。”

“兰花，你放心，我以村主任的名义担保，只要有一丝希望，我们就会尽百分之百的努力，绝不会放弃的。”李永福尽力稳定李兰花的情绪。

谁料张旭父亲突然指着李永福的鼻子破口大骂：“李永福，你，都是你，你是个罪人，你是我们三泉村的罪人。”

“对，罗梦达就是个奸商，你李永福就是个罪人。”

两个人围着李永福厮打起来，高云溪为保护福爸阻拦两人，却被张旭父亲的拳头打在了头上，张旭母亲的雨伞尖一下子打在了高云溪的额头上。高云溪由于疼痛下意识地护着头蹲下了。李铭泉见此情形后冲了过来，一脚把张旭的父亲踹翻在地，用胳膊挡住了张旭的母亲继续挥打过来的雨伞，随后顺手抓过雨伞，咔嚓一声折成了两截。

李铭泉怒吼：“谁敢再动，我弄死他。”

张旭的父母被李铭泉凶悍的模样吓着了，安分了下来。

“你们的儿子参与非法盗采，你们还打人？要打，你们冲我来。”

李铭泉将高云溪扶起来查看伤情，见高云溪额头已经呈现出紫红色的淤血。

高云溪捂着被打伤的额头企图说服李兰花：“兰花婶，赶紧把刀收起来，里面埋着的，也是我的弟弟，我也想尽快把他救出来，可矿道里满是水，必须先抽水，然后再救人。”

“我们的抽水泵马上就到，请你们让开一条道，不要堵着洞口，我们会想尽一切办法，争取每分每秒寻找失踪者，给家人一个交代。”救援队长跟阻挡着道路的家长们说道。

高云溪直面李兰花慢慢地走来，她泛着泪，用温和的语气想逐渐降低李兰花对自己的戒备：“兰花婶，你看，吴队长都说了，不要在这里添堵了，他们会尽快地给我们一个答复。”

而此刻李兰花眼角泛着泪，瘫倒在地，手中的刀也垂下了。高云溪快步向前，夺下了李兰花手里的刀，抱住了她，两人抱头痛哭起来，高云溪心怀歉疚，连声道着对不起。挡在通道前面的众人自觉让开了路，后续的任务工程在救援队长的安排下才得以开展。

夜幕中的洞口铺满了各种抽水管道，一刻不停地运作，救援人员分发着盒饭，一旁的铭泉拿着鸡蛋敷着云溪额头的伤痕，李永福坐在山坡上目光盯着远处一言不发。李铭泉和高云溪端着一盒饭来给李永福送晚饭。

李永福就近找了块空地席地而坐，匆匆吃了几口饭菜跟高云溪说道："云溪，你们忙你们的去。"

"福爸，我们再陪你坐一会儿。"

李永福一笑："云溪，你福爸我什么大风大浪没见过，这点事压不垮我。你现在是村支书了，要以身作则，别让人家说闲话。"

"那让泉子哥留下来陪着你。"

"陪什么陪，干你们的事去。"

李永福起身拿着手电离开后来到洞口，检查排水设施。李铭泉看着父亲离开的身影，心中百感交集，这么多年，他从未见过父亲这样的孤独而无助，印象中的父亲总是坚强而伟岸，能独当一面，他明白，父亲老了。

高二泉正在矿洞口稍远处蹲着，望着洞口，洞口的抽水机器在一刻不停地运作着。李永福看着，心里无比自责，他走过来给高二泉点了根烟，高二泉心里难受，一把将李永福推开了。

"二泉，你要是打我一顿心里能舒服一点，你就打我一顿。话憋在心里难受。"

高二泉抹着眼泪，站起了身："儿子都没了，我还打你干吗？"

"别说这种丧气话。"

"这地底下埋的，不是你儿子。"

李永福沉默了。

"我就没搞懂，你当年为什么非要把一块好好半山坡茶叶地，搞成现在的黏土矿，我儿子没了，你心里舒坦了？畅快了？"

高二泉越说越激动，声音打破了深邃夜空的寂静，惊动了整个矿场。高云溪和李铭泉闻声走了过来，耐心安抚着高二泉的情绪，高二泉哽咽着诉说着自家这些年的难事，什么话都听不进去。这时，孙会计走了过来，通知高云溪和李永福去指挥部开会。

人都到齐后，众人坐在桌子前，郑南国语气沉重地说道："大家都清楚，虽然我们还在做最后的努力，但根据救援情况显示，两名被困人员已经没有了生还希望。"

齐东方一脸怒气：“这叫禁而不止，利欲熏心。”

“我还是那句话，该负行政责任的，要负行政责任，该负刑事责任的，负刑事责任。”王副书记说道。

“那个矿长罗富已经跑了。”

张麦圈话音刚落，一个声音从屋外传来，正是罗梦达和罗富，两人进来后，罗富上前主动说道：“各位领导，我是这起事故的罪魁祸首。”

“说说吧。”王副书记看着两人。

“化工厂发生爆炸事故后，集团公司根据齐书记的指示，关停了所有企业。可黏土矿跟陶瓷厂、耐火砖厂签订了三十万立方的合同。工厂那边等米下锅，不停来催，我没办法，只好背着集团公司和村里组织人员下井。为了尽快完成订单，我还在村里高价招募了二十名临时工，这些临时工没有进行专业培训就下了井。侥幸心理害了两个年轻的孩子，也害了我，更害了公司和村里。我是黏土矿的法人，我来投案自首，自觉接受惩罚。”

罗富说完后，罗梦达也开始说起：“两位领导，我是梦达集团的董事长，罗梦达，事发昨日，我正在省城谈化工厂二期工程和企业升改造的项目。听到这个消息，心里十分悲痛。黏土矿是梦达集团下属企业，出现这样的情况，我也有责任。我们兄弟待在三泉村，随时等待对我们的处罚。”

“作为村里的党支部书记，我负有不可推卸的责任。”

李永福站起身来，看了一眼高云溪：“这件事跟你八竿子都打不着。”

“冰冻三尺非一日之寒，三泉村现在的困局是十几年时间积攒下来的。”张麦圈说道。

“张副主任说得没错。我做了三泉村八届村委会主任，为村里引进了七十六家企业，这些企业跟我的身体一样，毛病日积月累，是到了该更新换代的时候了，所以今天我引咎辞职，该我承担的责任，我必须承担。”

“要说问责，我们各级政府都有责任，以往的粗放式发展欠下的债务，到了该还的时候了……”

天亮了。在三泉村黏土矿空地上，一辆警车，警灯闪烁。张元生从远处押着戴着手铐的罗富一步步走来，罗富面无表情地看向远处，他或许在懊悔，或许是在自责，没有人清楚他此刻心里究竟在想什么。警车离开后没多久，在黏土矿一角的李铭泉突然叫了起来：“快看，这小子活着，他还活着。”

众人纷纷围了过来，发现李铭泉手机上突然出现了高云琅的抖音视频，视频中的高云琅戴着矿工帽，在矿道里挥着镐头。

“混蛋！高拍拍和张旭还活着，高拍拍和张旭还活着！”李铭泉拿着手机朝着指挥部跑去。

而此时的高云琅和张旭两人正在百脉区城郊酒吧包厢内花天酒地。包厢里到处都是酒瓶子，茉莉衣衫不整地躺在沙发上，张旭抱着茉莉的一只脚正呼呼大睡。一旁的高云琅拿着手机在拍摄，他激动地拍了拍张旭的脸。

“嘿，哥们儿，哥们儿终于上了新闻头条了。”

张旭已经酒醉不醒，高云琅拍醒了茉莉，茉莉扶着座椅起了身，摇晃着身体想要走。

“茉莉，你干什么去？”

醉醺醺的茉莉口齿不清地说道：“你……你我的告别演出到此结束。”

茉莉拎起小包冲他摆了摆手，晃晃悠悠正要出门。此时高云溪等人已经赶到了酒吧，张元生一脚踹开了酒吧包厢。众人被眼前的一幕惊呆了，他们原以为已经遇难的高云琅和张旭现在竟出现在这种消遣之地，高云溪看到了还在拍摄的高云琅，气急败坏。

高云溪怒喝：“混蛋玩意儿，你不作能死啊。”

高二泉一把抓过高云琅的手机砸在了地上，用力地踩着手机：“我让你直播，我让你直播。”

高云琅一把挤开了高二泉，捡起地上的手机，心疼不已：“爸！你干什么呀？这里面有我们拍到的硬货。”

张旭父亲一把揪住还醉酒未醒的张旭进了卫生间，他用花洒对着张旭的头一阵猛浇，昏昏沉沉的张旭才勉强从昏睡中醒来。

“爸，你干什么呀？”

“混蛋东西，全村人为了你们，一天一夜没睡觉，你竟然给我躲在这里喝酒。”

张旭父亲拎着湿淋淋的张旭回到包厢后，高云溪拿了一把椅子坐了下来，质问高云琅和张旭。

“你们去黏土矿里干什么？”

“挣钱啊，一天五百块。”

“你不知道黏土矿塌了吗？”

“刚知道啊。”

高云溪惊愕：“刚知道？你们什么时候出来的？”

“昨天早晨啊！那个工头儿说要扣我们三百块钱，那么累，还扣钱，我跟张旭说不干了，就找个机会先出来了。”

“怎么没有人看到你们从洞口出来？”

“我们找到了后山的出口，出来的时候就没其他人。”

“你们出来了为什么不跟家人报个平安。你知不知道，为了找你们，政府动用了多少人力物力？”

“在矿道里，我俩的手机就没电了，在矿道里干了整整一夜，出来就来这地方了。先睡觉，后喝酒，再睡觉。我刚开机，就看到这爆炸新闻。姐，你说这下子我是不是就一下子火了啊。”

高云溪哭笑不得：“这时候还惦记着出名，你就作死吧。”

三泉村委会议室内，领导们得知失踪的两个人找到了，正在返回的路上，欣慰地点了点头，继续对事故的后续进行协商部署。经过商议，会议决定，百脉区的新旧动能转换，准备从三泉村开始，同时，针对此次的矿洞事故，对高云溪给予警告处分，对李永福暂时停职。

此时的李永福正在罗梦达家中，他一脸阴沉，质问罗梦达。

“说，为什么阳奉阴违？”

“我的哥，我怎敢对你阳奉阴违啊，是罗富顶风作案，暗地里下的井。”

李永福苦笑：“都是千年狐狸，你就别在我面前作妖了。”

罗梦达被拆穿，一脸尴尬：“我也是被订单逼的嘛，没有黏土矿，就烧不成耐火砖，完不成订单要被罚款，我拿什么来养活那么多工人？年底我拿什么给大家分红？我的哥，你可承诺乡亲们，年底人均收入翻一番的。”他为李永福倒了一杯茶水，好声好气地说道：“孙会计姑娘那儿卖的苦丁茶，您清清火气。”

“不喝了，我这心里够苦的了。”

“哥，我知道你难做，我把我亲弟弟都拉出来顶雷了，他现在还在看守所待着呢。判多久还不知道呢。”

“事不过三，已经两次了，再出问题，进去的可就是你我了。”

“哥，你说怎么办我就怎么办。”

李永福直言不讳："把黏土矿炸了，栽树。"

罗梦达很是惊愕："哥，关掉黏土矿，村里一年的分红至少少了一千万。"

"梦达，黏土矿的利润你早就赚够了，你要是再干下去迟早会出事。"

"行行行，既然哥都发话了，那就按哥说的办，厂子复产的事情你也得加紧，你得给我时间。"

"这恐怕，我说了不算了。"

"怎么回事？"

李永福迟疑着："我这个村委会主任要当到头了。"

第二天清早，阳光从窗户照进来，办公室里烟雾缭绕。李永福的办公桌子上，烟灰缸里已经堆积了满满一缸子的烟头。郑南国坐在李永福对面，郑重其事地将会议纪要和最终做出的处罚传达给了李永福。

李永福对此已有预料："老郑，我的工作停不停无所谓，我只有一个请求，云溪的处分不能给，你们这不是坑人吗啊？"

"她是党支部书记，村里领导的核心。市领导对这件事的处理十分重视，东方书记……"

"老郑，我对东方书记有意见。有他这样当领导的吗？这不是拿着年轻干部的政治生命开玩笑吗？云溪要是背着个处分，将来怎么晋升？你们要是这样办事情，我不会让我闺女在村里干。你们这样做不行，柿子不能捡软的捏，你们这不是欺负人吗？老郑，这个事你要是弄不好，咱们二十几年的交情，到此为止。"

"好，云溪的事，我去找东方书记，让他再考虑考虑。你不要背什么包袱。三泉村的情况我清楚，没有你，玩不转。"

李永福摆了摆手，释然道："地球没有谁，照样转。多余的话我就不说了，你该忙什么，忙什么去，我就不留你吃饭了。"

第七章

三泉村委会会议室内，孙梅梅正为大家分发笔记本和笔，铁匠爷拿着那根笔看了看，开着玩笑："开会带耳朵听就行了，这次竟然还发了笔。"

"铁匠爷，好记性不如烂笔头。高书记给我们发了笔了，你得好好记。"

铁匠爷瞅了张麦圈一眼："我不认识字，不知道啊？"

张麦圈被顶了个跟斗，悻悻地坐下。高云溪匆匆进了会议室后，李永福先咳嗽了一声。

"小高书记，在你没有开始开会之前，我想借这个机会向村委提交一个议题，可不可以？"

高云溪望着李永福迟疑了一下："可以。"

"炸毁黏土矿，退矿还林。"

众人惊愕，高云溪听到这句话从李永福口中说出来时有些感动。

"炸毁黏土矿？"高二泉问道。

"那样的话全村每人要少分红小几万呢！"

李永福看着张麦圈："麦圈，你侄子埋里面的时候，你怎么不心疼你的小几万？"

张麦圈语塞，不再说话。

"如果大家没意见，请举手表决。"

李永福说着举起了右手，众人随之纷纷举起了手。

"好，通过！"李永福看着高云溪，"我的事办完了，高书记，该你了。"

高云溪一脸沉重地说道："我代表村党支部宣布一下两个上级决议。一，暂停李永福三泉村村委会主任工作；二，村委会主任一职由副主任张麦圈代理。"

众人惊愕，目光纷纷再次望着李永福，议论纷纷。

高云溪心情沉重，内心的各种情绪交杂在一起，她接着说道："这是上级的决议。我希望我们的两委委员能以身作则，服从上级部门的安排。”

李永福微微一笑：“我拥护党支部和上级政府的决定，化工厂爆炸和黏土矿透水事故我都负有不可推卸的监管责任。”

李永福起了身，对张麦圈说道：“麦圈主任，来，这是你的位置。”

众人望着张麦圈，张麦圈有点无措。

“麦圈主任，赶紧的。”李永福给张麦圈让开了位置。张麦圈迟疑地来到了高云溪身边的位置，坐了下来。

“二十五年前，高大泉高书记临走的时候，我答应过他，要带领大家过上好日子。”李永福看着高云溪说道，“高书记，二十几年了，我带着大家走上富日子，可富日子是不是好日子，我搞不懂了，接下来我交给你们俩了。”

高云溪张嘴想说话，但话瞬间被哽咽堵在了喉咙里。

“我脾气不好，感谢诸位多年来对我的包容和支持，谢谢诸位了。”

李永福向在座众人鞠了一躬后，面带微笑地离开了会议室。众人目送他的背影离开，高云溪走到窗口，听见窗外响起了雷声，雨瞬间下了起来，高云溪拎着雨伞跑了出来。

秋雨潇潇地下了起来，李永福站在村委会门口，回望了一眼身后三泉村的几个牌子，怅然地转身离开了。门口的道路笼罩在绵绵秋雨里，李永福揉了揉眼睛，放眼望去，前面的路上空无一人，只有些许落叶被雨水淋湿黏附在地上，李永福的内心悲凉不已。

这时，高云溪打着雨伞跑了过来：“福爸，给您伞。”

李永福推开了高云溪手里的雨伞：“回去吧，大家还在等着你开会呢。”

“福爸，对不起。”

“是福爸对不起你，回去吧，从今天起，三泉村，交给你了。”

“福爸……”

“回去，我想一个人走走，回去。”

“福爸，你拿着伞。”高云溪再次将雨伞递了过去。

李永福只好接过雨伞：“回去吧，大家都等着你，别让人笑话。”

高云溪眼含热泪，只好转身返回。李永福回望高云溪进了村委会的大门后，他收起了雨伞，任凭雨水冲刷着自己。李永福孤独地走在雨中，内心五味杂陈。雨水顺着脸庞流了下来，雨水和泪水混杂在一起。李永福的眼前水雾茫茫，前面一片迷蒙，他恍然觉得此时的情景正如他此刻的人生。

高云溪回到会议室后，让孙梅梅将投影仪打开，她拿着电子笔指着屏幕，向大家讲解道："大家来看，这是我们三泉村的地理环境、人文环境、资源环境、产业分布情况，经济发展情况。未来的三泉村要实现产业兴旺、生态宜居、乡风文明，治理有效，生活富裕的总目标，最重要的是抓住新旧动能转换的机遇，借助互联网、大数据、人工智能、提振一、二、三产业，重塑城乡关系，走融合发展之路……我初步理出了一条我们的乡村发展思路，等一会儿会用微信发给各位村委委员和全体党员，大家可以对此发表意见。"

"高书记，我可以不可以说说我的想法？"张麦圈看着高云溪。

"哦，张主任，您说。"

"百脉县撤县划区，我们要抓住政策机遇。"

"哦，您说。"

"我是搞地产的啊，就从我的角度来思考问题。刚才高书记讲了，重塑城乡关系，我们的优势在哪里？地理位置，我们是城市后花园。所以，一定要解决产业发展不平衡的关系。我们可以把流转出去的土地拿回来，建成商业区和住宅楼，不仅环境美观、生活便利，还解决了赔偿款的问题，新旧动能转换的问题也能迎刃而解。"

"你把地都卖了，将来我们靠什么生活？"孙会计问道。

"我们有楼盘，有地产，有拆迁费，有商业圈。"

"还商业圈，没有一定的人口基数和流动人口数量，你圈不住人，东西卖给谁？张代主任，商业圈，这里面有道道儿。"

"我围绕古街建设商业圈，我们可以拿这些钱去做游客生意嘛。"

"大家都去卖我的铁锅，那我得多少人去打锅啊，还不把我累死。"众人被铁匠爷的话逗笑了。

"铁匠爷，我们建成商业圈以后，百业入驻，怎么就单单卖你的铁锅？"张麦圈看着铁匠爷问道。

"老百姓过日子，讲究细水长流，你这叫杀鸡取卵，饮鸩止渴。"

高二泉说道："是啊，我放着村里每年几万的分红和每天有钱赚的日子不过，拿着拆迁费去做生意，我有病啊。"

"二泉，你是怕你儿子把钱拿去挥霍吧？"

众人哈哈大笑起来，高云溪微微一笑："张代主任的想法算是一个方案，大家还是要为三泉村的未来发展谋篇布局。大家既然没有成熟的方案，我们都回去思考一下，我们两委研究一下发到微信群里，征求大家的意见。今天的会就先开到这里，散会。”

众人散去后，高云溪拿着文件出了会议室的门，朝着自己的办公室走去。孙会计跟了过来，他跟在高云溪身后进了门。

“孙叔，您有事？”高云溪看见了忧心忡忡的孙会计问道。

“云溪啊，你伤着你福爸了。”

“我的心又何尝不是在滴血，但工作就是工作。”

“这个决定，怎么也不该由你来宣布。”

“可我是村里的支部书记。”

“你福爸是个要强的人，让自己引以为傲的闺女结束了他村主任的生涯，这事传出去，你福爸没法抬头做人。”

高云溪自责地说道：“想想这事，我还真是对不起他。”

“云溪，村里的工作不比机关的工作。机关工作以事立业，村里工作以事立人。这些年，你福爸就是咱们三泉村的一棵树，你停了他的职，就等于砍了大家的树，大家还不都恨你？”

高云溪望着窗外的秋雨，长叹一口气。

“知道你福爸在你开会前，为什么要做出炸矿的决定？”

高云溪有些动情：“叔，我懂。”

“那是要为你开局。”

“我明白。”

夕阳向晚，秋雨绵绵，烟雾迷蒙。群山之巅，一座墓碑静静伫立山岚之上。李永福来到了高大泉的墓碑前面，在墓碑前摆放好酒菜和各种祭奠品。李永福倒上一杯白酒，双手端起，洒在了墓碑前。

“老哥哥，我来看你来了。算起来，咱们分开二十四年了吧。当年你英俊洒脱，脸上每天都带着笑容，心里像是从来没有发愁的事，咱们家云溪，性格随你。”

李永福给自己也倒了一杯酒：“长时间不喝酒了，胃出了毛病，可今天，我得敬你。”

李永福端起酒杯一饮而尽，他的声音有些哽咽了：“哥，我想你了……”李永福回想起了多年前在采石场的那场意外，当日高大泉正带领村民们采矿，一声惊雷般的巨响后，一块巨大的石块朝着自己滚来，如若不是高大泉迅速扑倒了自己，躺在这片黄土地之下的恐怕就是自己了。

李永福慢慢地坐了下来，他点上一支烟，轻轻地诉说着自己内心的苦闷：“哥，您走的当年，我带着大家把村里的账还完了。”

李永福被烟给呛着了，剧烈咳嗽着。

“也就是那一年，嫂子嫁人了，留下了云溪。那天也是在这儿，我给嫂子跪下了，我对嫂子说，你嫁的那家人，家里也不富裕，你就把云溪留给我吧。嫂子就一个人哭着走了，留下云溪也在哭。”

说着，李永福的眼泪潸然滑落：“从那天起，我就立下誓言，让咱们三泉村，家家都富起来。现在，这个愿望实现了。咱们村的人均收入率先实现了全面建成小康社会的指标，家家有存款，户户城里住高楼，人人村里有班上。”

李永福倒上一杯酒，对着墓碑碰了一下：“来，哥哥，咱俩走一个。”

随后，李永福自己也喝了一杯酒：“兄弟我又遇上坎儿了。我不知道村子该往哪儿走了。化工厂炸了，黏土矿塌了，传闻满天飞呀。三泉村的贡米，也出了问题，说是含有什么重金属，哎，这么一大堆的事儿，烦……”

李永福没发现高云溪就站在他身后，他摸着墓碑，苦闷地自语道：“这会儿啊，村里就像一个大泥潭，可这个时候，上面把云溪派下来了，成了咱们村的党支部书记。”

李永福有些醉了：“闺女是当爹的小棉袄，说实话，我从心眼儿里想把她留在身边。这闺女，特别孝顺，当初我给嫂子那一跪没白跪，我得利了。咱们云溪啊，出息了，比我当初跟你说的还好。上了名牌大学，读了研究生，当上了区里的科级干部，就是当初咱们的镇长。听说啊，还有可能去市里，去省里，可这丫头偏偏不听，自毁前程，回到了咱们村，我生气啊。”

此时李永福的脸上已经泪痕斑驳了：“哥啊，你说，这不是我把她给毁了吗？你说我该怎么办啊？”

李永福说完站了起来，向着高大泉的墓碑鞠了个躬：“好了，哥，我就上来跟你聊聊天，我知道你也帮不了我，可跟你说说话，我心里畅快了很多。好了，走了。”

一把雨伞出现在李永福的头顶，李永福回头看到了泪流满面的高云溪。高云溪哽咽着叫了一声：“福爸。”

李永福收起眼泪，恢复了长者面孔："你怎么来了？"醉酒的李永福晃晃悠悠朝着远处走去。秋雨苍茫，野草没膝。

高云溪跟在李永福身后："福爸。"

"别跟着我，我不是你爸，你爸在那里。"

秋风秋雨中的古街两旁红灯朦胧，空荡荡的大街上没有人影。李永福孤独地走在大街上，恍若流落他乡的伶仃异客。

高云溪紧跟在李永福身后："福爸，你慢点儿。"

"你别跟着我，烦死了。"

"我就跟着你，你烦，我也跟着你。"

远处，铁锅作坊传来了叮叮当当的敲打声。李永福突然放开喉咙大喊："卖铁锅嘞。"

"福爸，你要不怕丢人，我跟你一起喊。"

"我现在一介平民，我怕什么。"

"真的不怕？"

"我真不怕。"

高云溪也扯开嗓子大喊："卖铁锅嘞。"

"你叫啥？"

"我怎么就不能叫了？"

"你是党支部书记，成何体统！"

"你还村委会主任呢，我三岁就在村委会主任的屁股后面跟他一起吆喝，我怕啥？"

"你个臭丫头。"

高云溪继续大声喊着："卖铁锅嘞。"

"别叫。"

"你不跟我回家，我就叫。"

李永福只好跟在高云溪身后朝家里走去。

李家客厅的堂屋门灯明亮，小院里一片辉煌，饭桌上的四菜一汤盖着防蝇罩。这时，高云溪搀着李永福回来了。张美菊和李铭泉望着被淋得狼狈不堪的两个人愣住了。

“泉子哥，赶紧把福爸扶到里屋去换衣服，全都湿了。”

李铭泉上前接过来李永福，搀扶着他进了里屋：“爸，你去哪儿了这是，淋成这样。哎，你怎么又喝酒了？”

“怎么了这是？医生不是说不能喝酒吗？”张美菊问道。

“他去西山顶看我亲爸了。”

“不是初一，不是十五，更不是清明祭日，下那么大的雨，你去西山顶干什么？”

高云溪突然哭了起来。

“怎么了，云溪，怎么了？”

“菊妈，今天，我把福爸村主任的职给停了。”

“啊？”张美菊惊愕地看着高云溪。

“菊妈，我福爸说，他不认我这个女儿了。”

“他说不认就不认啊？”

张美菊冲着里屋喊道：“泉子，赶紧帮你爸把湿衣服给换了。”

高云溪打了个喷嚏。

“看，淋感冒了吧，赶紧去你屋里，把湿衣服换了。”

李永福的卧室内地上散落着换下的湿衣服，醉醺醺的李永福躺在床上。

李铭泉替他盖了盖被子：“停了就停了，有什么大不了的。”

“你给我闭嘴，你懂什么？”李永福发了火。

李铭泉拎起了地上的湿衣服：“我就知道会有这么一天，劝你主动请辞，你不听啊。现在被人开了，尴尬了吧？”

“滚出去，老子还轮不到你来教训。”

张美菊帮着高云溪换好了衣服，两个人被隔壁传来的怒吼给惊着了。张美菊冲着里屋喊：“你冲儿子发什么疯啊！”

“菊妈，这都是我的错。福爸这脾气，应该冲我发。”

“你甭理他，最近老是冲着家里人抽风，这个家没人欠他的，都是他欠别人的，惹恼了我，不跟他过了。”

高云溪笑了。

“傻闺女，你笑什么？”

“您啊，也就说说。”

李永福的酒逐渐醒了，张美菊把湿毛巾递给李永福，李永福擦了一把脸。

“你今天的话太狠了，伤着云溪了吧？”

李永福揉着脑袋：“我说的话是实情。”

“什么实情？二十几年父女情，还顶不上一个破村主任的职位？”

“我不留恋那个职位。”

“得了吧你，你一天不当官，不管事，你就会疯。”

“你不懂，我停职了，倒没什么，我怕她把大好的前程毁在这儿。”

张美菊不明就里地看着李永福：“有这么严重？”

“比你想的还严重。村里几十家企业升级改造，关停并转见效益，那至少得四五年。云溪现在还是年轻干部，五年不调职，年龄没优势，仕途就没有了。这个傻丫头，他怎么就不理解我的苦心呢。”

张美菊叹了口气：“你们这父女两个啊，都想帮着对方，帮来帮去倒帮成了仇，听你这么一说，也真是为难了孩子。”

“这次因为黏土矿的事，她还背了一个处分。”

“上面这不是冤枉人吗？”

“所以，云溪她年轻，不懂啊。机关下来任职，宁无功莫有过，身上背个处分，提升会大受影响。”

“云溪啊，云溪啊，你说老爷们儿都弄不好的事儿，你掺和它干什么呀，你这不给自己找罪受嘛。”

窗外月光如洗，高云溪告别了福爸和菊妈后回到了民宿住处，她躺在床上辗转反侧，今日在亲爸墓碑前的情形一遍一遍地从她的脑海穿过，而李永福的那句“我不是你爸，你爸在那里”更是深深地刺伤了她，高云溪把头埋在枕头上，泪水簌簌地滚落下来。

几日后，三泉村黏土矿爆破现场一道写有“三泉村新旧动能转换开启仪式”的横幅格外醒目，矿道口彩旗飘扬，很多人在洞口拍照留念。记者斯佳正对着镜头向广大网友进行现场直播，戴着安全头盔的高云溪走到齐东方面前郑重地报告道：“指挥长同志，黏土矿爆破装置已准备就绪，是否启动炸毁，请您指示。三泉村党支部书记高云溪。”

“起爆！”齐东方下了指示。

“是！起爆！”

专业爆破人员摁下了起爆装置后，伴随几声惊天动地的爆炸声，腾起的烟雾直上云霄。黏土矿的所有洞口被炸，洞口被永久性封闭。

“罗总，据我所知，黏土矿是您耐火砖工厂的原材料，没有了黏土矿，就意味着下游工厂的停产，面对这样大的损失，您还是选择了把它炸毁，请问您是怎么想的？”斯佳采访着罗梦达。

“饮水思源，当初我们开矿建厂，得益于党的富民政策。今天党和国家有了新的政策，我们必须无条件支持。”

“罗总，我看到这片矿区很大，请问炸毁了矿区，这里会如何打算？”

罗梦达介绍高云溪和张麦圈：“这是我们村的党支部书记高云溪女士，这是我们的村主任。村委会已经为我们三泉村勾画了未来的宏伟蓝图。”

“请问高书记，这片矿区您将如何打算？”

“我们准备退矿返林木，种茶树，打造观光茶园。我们村已经订下了九十万株的茶苗，开春就种上。”

张麦圈随之应和道：“绿水青山就是金山银山。我相信，两年之后这里将是山水庄园，一片碧绿……”

第八章

三泉村百年贡米稻田内金色的稻浪正随风翻滚。戴着草帽的李永福在稻田里放水，他听到了远处的爆炸声，怅然地向远处望去，腾腾的烟雾正向上升腾。李永福看了一会儿远方，低下头去，挥着镢头刨着土。

罗梦达站在田坎上跟李永福说话：“我的哥，我可按照你说的，把矿给炸了。”

李永福不说话，也不理会他。

“我知道你心里难受，不愿意出面，要不是给咱闺女撑门面，我真是不忍心看着它毁，那矿，可是咱俩豁出命干出来的，心疼啊。”

“已经炸了，就别再说了。”

“说句心里话，我的心在滴血。”罗梦达假惺惺地说道。

“你要哭找别人哭去，别在我面前装可怜。黏土矿给你赚了多少利润，别人不知道，我还不知道？”

“这是两码事。不是因为钱，是割舍不下那份感情。”

“你不偷挖乱采，能出透水事故？”

“可黏土矿的利润我没一个人独吞，都给村民分了红的。”

“黏土矿是不是国家的资源，村里的资源？梦达啊，你知足吧。”

“是，是，我知足。可是我的哥，化工厂可不能再停工停下去了，否则，梦达集团可真的要倒下去了。”

“化工厂是不是还有其他问题？”李永福看了一眼罗梦达。

“没有没有，绝对没有。不信你可以去检查。”

“那你慌什么？没做亏心事，不怕鬼敲门。”

“我是真着急啊。客户的订单天天在催，合同违约，分文不赚还要赔偿高额的违约金，还会把客户丢了，集团公司正在融资上市，两个厂子已停产，你不会眼睁睁看着我倒下吧，啊？”罗梦达期待地望着李永福。

“我不是村主任了，村主任是张麦圈。”

“张麦圈？他恨不得我明天就卷铺盖走人。我跟你说，我的哥，如果不是咱俩有过命的交情，我还真不想在三泉村做了。”

“你做不做，跟我没关系了。”

罗梦达苦笑：“我的哥，要真没关系，我可真撤了。我这一撤，咱们村两千多人就得失业，这些人没土地，没活儿干，不翻天，我不姓罗。我就不信，你会让咱闺女整天坐在炸药包上上班。”

“你威胁我？”

罗梦达急了：“威胁你？我的亲哥，你这样说，可真太让我伤心了。”

“你急什么。”

“你说我能不急吗？我的亲哥，你不会眼睁睁看着梦达集团倒吧？”

李永福长出一口气：“只要你合理合法，谁敢不让你复产？”

“我的亲哥啊，我要的就是你这句话。”

“话又说回来，你再欺上瞒下，就算你复工生产，也得停下来。”

“我向你保证，这种事情绝不会发生。”罗梦达一副信誓旦旦的模样。

“梦达，天作孽犹可恕，自作孽不可活啊。”

三泉村新修的集体农庄一家一户，两层小楼，整齐划一，十分漂亮。农庄的墙面刷着黄白相间的油漆，在阳光的映照下显得温暖和煦。此时，集体农庄的门口，村里的老人们正在搬家，装着家具的三轮车一辆接着一辆，络绎不绝。

“这是怎么着，过去动员都不搬，现在搬家的扎堆儿。”高云溪说道。

“说是泉子哥的民宿要装修，装修完再搬回去。云溪姐，你说这泉子哥不显山不露水的，一出手就是大手笔。”孙梅梅回应。

“回头我得好好问问他。”

“你先回去吧，这儿我看着。”

“这些人大部分都是留守老人，这样不安全，这样，你去联系一下搬家公司，帮着他们安置妥当。”

李永福干完活扛着镢头回家，看到老人们用三轮车驮着家具搬家，他拦住了一位白发苍苍的老人询问情况。

“二娘，这是要干吗？”

“哦，永福啊，你还不知道啊！”

“我知道什么？”李永福一脸茫然。

“你家泉子把上泉村的老房子都给租了，说要开什么民宿。”

李永福愣住了：“听谁说的？”

“大家都知道。”

“反了……”

李永福沿着上泉村山路急匆匆地走去。一处民居门口，孙梅梅正指挥着搬家公司的员工搬东西，孙梅梅看见李永福气呼呼地走来，问候了一声。李永福没理会孙梅梅，气呼呼朝着古宅走去。高云溪从屋子里出来，嘱咐着抬着老家具的搬家公司员工。

“云溪姐，我看到你福爸气呼呼朝着古宅去了。”

高云溪望着李永福的身影：“不好，泉子哥怕是要有麻烦。梅梅，你跟车帮他们搬过去。”

“要不，我跟你一起去吧。”

“不用了，他们家人都在外地，屋里就留下一个老太太，你们卸车的时候一定要轻卸轻放，别磕碰着东西。”

孙梅梅上车后，搬家公司的厢车开走了。高云溪一边给李铭泉打着电话，一边朝着古宅跑过来。李铭泉刚接着电话出门，李永福就出现在了古宅门口。李铭泉心里一颤，鼓足了勇气来到了李永福跟前。

“爸。”

“跟我说，怎么回事？”李永福质问道。

“我开民宿怎么了？”

“我同意了吗？”

“我又不是你的提线木偶，我有我的梦想。”

李永福被呛了个跟斗：“你还跟我谈梦想？你扒拉着你的手指头好好数一下，你有哪件事拿得出手的？”

“那还不是因为你吗？你当个村主任，好名声比命都重要。你就怕别人拿我说事，戳你的背脊骨。村主任的儿子就不是人吗？”

“反了，敢跟我顶嘴了！”李永福气愤不已。

“我没跟你顶嘴，我在跟你说理。这些年我一事无成，就因为你是我爸，你是村主任，我怕坏了你公道正派、清正廉洁的好名声。现在，你不是村主任了。”

李永福怒不可遏：“可我还是你老子！”

“老子也得讲理。”

谁料，李永福挥手就是一耳光，愤怒地吼道：“老子就是理！”

李铭泉躲也不躲，这一耳光结结实实地打在了他的脸上：“来吧，接着来，反正我这命是你给的，你拿回去。”

“你这是要成心跟我作对。”李永福接着想要再打。

“福爸，你别打他，这是我的主意。”

李永福看到高云溪站在了他面前，他一下子愣住了，挥起的手停在了半空。

“云溪，这事儿跟你没关系，你别拦着，你让他打。”

李永福脱下鞋子挥舞着：“嘿，你还跟我叫起板了，云溪，你让开。”

“福爸，你别打他，这事儿从头到尾都是我的主意。”高云溪挡在两人之间。

“你的主意，云溪，你的主意可真多啊，你们这是联起手来要造反哪。”

“福爸，你听我说。”

“你什么都别说。我原本还以为你是头脑一热，回村里来任职的，原来，你们早盘算好了，一起欺瞒我。”

众人听到动静后都跑了出来，李铭泉稳了稳情绪说道：“爸，您常教导我，做事论是非，走路辨曲直。第一，我办民宿，是在您停职之后，没有沾您村主任的光；第二，我租房、装修用的是我卖黑陶、做导游挣下的血汗钱，没花您一个大子儿。”

“你能耐了。”

“我没靠您，我靠的是我自己。”

“我告诉你李铭泉，豆芽长到天高，也只能做一碟小菜儿。”

“对，我在您眼里，就是这么一点点儿的豆芽菜。可在您的五指山下、盐碱地里，能长出我这豆芽菜就不错了。”

“你他妈做我的儿子，还委屈你了？”

“我不委屈？我委屈什么？我有一个抬手就打，张嘴就骂，看不起我，也什么都不让干的爸爸，我能有什么委屈？”

“李铭泉，你有种……有种就别做我的儿子。”

“你以为我愿意做你儿子？”

“不愿意做，滚蛋。”李永福骂道。

“我不用你赶，从今天起，上泉村就是我家。”

“你……你个孽子……”李永福被气到说不出话。

高云溪扶着李永福，看着李铭泉说道：“泉子哥，你别说了，你先走吧。”

“你以为我愿意做你的儿子，谁愿意做，你找谁去！”

李铭泉撂下这句话后便直直地朝车子走去，罗妮娜追上来跟着李铭泉一同上了汽车，两人驱车离去。李永福望着，把手里的鞋子扔向了汽车，伴随着啪嗒一响，鞋子落在了地上，而一块沉重的石头似乎也落在了李永福的心上。

高云溪看着围观的众人：“大家散了吧，该干什么干什么去吧。”

“干什么干，都给我停下！”

工人们面面相觑，高云溪只好跟玉竹经理说让大家先歇几天，装修的事缓缓再说。众人悻悻散去后，高云溪耐心地跟李永福说道：“福爸，有话好好说，当着那么多人的面，动手打人就是你不对。”

“从小我打他，你就护着他。”

“他是我哥，我不护着他护着谁。”

“你还别骗我，这事儿不是你的主意。这个逆子，从小就蔫儿有主意，他不会听你的。”

“行了福爸，您就别生气了，走吧，咱们回家。”

“集体农庄在搬家呢，综合检查组正在检查，你忙你的去吧。”

“福爸……”高云溪站在原地。

“你去吧，你让我一个人静静。”

“那好，我先走了啊。晚上我回家，你要还是不解气，你骂我。”

高云溪离开后，李永福自己坐在古宅的门口生着闷气。回到家后，他憋了一肚子的气没处撒，跟张美菊语气生硬地叙说着他这个“逆子”李铭泉的所作所为。

张美菊哭诉：“你疯了啊？你丢官了心里不痛快，你去找上头闹去啊！你拿泉子出气，你算什么本事。你去找齐东方，你去找郑南国啊！”

“你哭什么哭，当面教子，背后教妻，我没什么不对。”

“你对，你都对。你刚把儿子打跑了，你来打我，打我。”张美菊拉着李永福的手要她打自己。

“你干什么？他租下那么一片房子，花那么多钱去装修，跟我说了吗？我还是他老子吗？”

“这话你得拍着胸口问你自己！别人家的父亲，都盼着自己的孩子成龙成凤，使劲地给孩子创造作条件。可你呢？你掰着指头数一数，你为他做过啥？你不但不帮他，还限制他，打压他。你当村主任的时候，怕影响，可现在，你已经不是村主任了，你还去干涉他，多好的儿子啊，怎么就摊上你这么个亲爹？”

“你还真别袒护他，那民宿的生意就是那么好做的？几年前张麦圈就做了，花了几百万，现在上泉村的十几户人家的房子都塌了。论做生意发财，他李铭泉差远了，那就是一条死路。”李永福像是突然想起了什么，“跟我说实话，泉子的钱是不是你瞒着我给的？”

张美菊从抽屉里翻出几张存折，啪的一声拍在桌子上：“你看好了，家里的钱都在这儿，就是这六十万，还是云溪这些年孝敬我的，加上我自己积攒的。你以为你有多少钱？这个村里，是个人都比你有钱。你的钱都请这个，请那个，喝酒喝光了。”

“他投资的那么多钱哪儿来的？”

“哪儿来的，那是泉子没白没黑在黑陶馆跟着他舅舅干出来的。我算看明白了，这辈子，谁是你的亲人谁倒霉！”随后张美菊把四张存款单分开来，“今天我做主了，我们家四口一人十五万，从今天起，这个家散伙。”

三泉村梦达集团化工厂内，安全生产部门和环保部门正联合检查。高云溪、张麦圈、孙会计等人戴着安全帽陪同着。梦达化工厂的工人们，三五成群地蹲在一起，或是站在一起聊着天玩着手机。高云溪察觉到了这些人的眼里仇视的目光。

张麦圈问道：“罗富，他想干吗？示威吗？”

“示威？张代主任可不能随便扣帽子，我们这是欢迎检查组。”

“就这样欢迎？”

“这不，工厂停工没活儿干，没活干就没收入，没收入心情就不好，心情不好可不就这样吗？来，兄弟们，打起精神来，欢迎检查组莅临我厂检查指导。”

“罗富，你少给我耍滑头，自觉接受政府部门的督导是你们应尽的义务，阻碍政府部门执法检查，你知道事情的后果。”

罗富笑着对高云溪说：“小高书记，你们的张代主任好大的官威啊，我好害怕呀。”

高云溪没理会罗富，走向工人：“乡亲们，我知道工厂停产耽误了大家挣钱，可检查组也是为了大家的安全着想。”

“停工还要停多久？”一个工人问道。

“那要看检查和评估的情况如何。”

“你们会不会像关了一厂那样关掉了二厂和三厂？”

“我说过了，要以检查和评估的情况而定。”

“我可把话撂前面，谁砸我的碗，我砸谁家的锅。”

张麦圈瞪着这个恶言相向的工人：“还威胁？就凭你这句话，派出所就可以抓了你。”

罗富趁机呵斥着这个工人：“听见没，张代主任的儿子是警察，随时可以抓了你。”

“罗富，少废话，开门，接受检查。”

罗富像变脸似的，又嬉皮笑脸地对着高云溪谄媚地说道：“美女书记发话，自然没问题。全力支持小高书记的工作，开门。小高书记，我哥说了，原本他要亲自陪同检查组，可企业筹备上市，他忙不过来，不能恭迎诸位莅临指导，让我和杜副总全程陪同高书记和诸位检查工作，请。”

视察结束后，次日上午，高云溪等人在村委会会议室内召开了会议，工作组汇总了检查情况，向在座众人汇报。

“诸位领导，我有个建议，希望村里的厂子尽快评估复产，村民都等着上班挣钱，养家糊口。”孙会计发言道。

工作组徐组长听后点了点头：“通过环评和安全生产隐患排查的企业可以恢复生产。”

“那我代他们谢谢诸位了。”高云溪诚挚地说道。

“梦达集团三家化工厂的问题比较棘手。”

“梦达集团化工一厂发生了爆炸事故，关掉是一定的。”高云溪点了点头。

“我们说的是另外两个厂子。”

高云溪一脸疑惑：“另外两个厂子？”

“小吴，你把我们检查的情况跟高书记说一下。”

工作组成员小吴说道：“表面上看，这两个厂子环评基本合格，但我们检查发现他们的生产设备和排污设备相对老化，存在安全隐患和污染物泄露的风险。”

高云溪看了一眼徐组长：“徐组长，工作组的意见呢？”

“我们建议等企业污水处理设备和生产设备升级改造之后，再恢复生产，避免生产事故和环境污染的发生。”

孙会计担心地望着工作组和高云溪：“长期停产，会影响到梦达集团的上市和一千多村民的就业问题，我还是建议诸位领导慎重考虑。”

“这个情况你们可以向区里汇报。”

“罗梦达表过态，支持新旧动能转换要有壮士断腕的气魄。”张麦圈说道。

“上千人生计没有着落，村里年底每户几万的分红，张代主任有没有好的解决办法？”孙会计问道。

“上泉村上百人都在我那儿，我消化不了。”

高云溪思考了片刻：“这样吧，徐组长向上级汇报停产名单的时候，重点把梦达化工厂的情况跟领导们汇报一下，我也结合村里实际情况向齐书记专门汇报。”

“那好，小高书记，我们尊重村里的意见。”

三泉村古街黑陶作坊内，张正拿着放大镜清理古陶碎片。李铭泉从外面进来，穿过黑陶作坊，朝着黑陶馆走去，他的后面跟着罗妮娜和保罗。张正看着外甥进了黑陶馆后，继续埋头进行他的工作。随后，铁匠爷拎着一大布袋茶走了进来。

“稀客。”张正乐呵呵地说道。

铁匠爷在桌子上对面坐下：“无事不登三宝殿。”

张正为铁匠爷的茶里续水：“您说。”

铁匠爷拉开了手里的大布袋，布袋里露出了一捆捆人民币，张正有些茫然：“您这是什么意思？”

铁匠爷指着黑陶馆的里屋：“泉子办民宿，遇到坎儿了。”

“你干吗不给他？”

“他连房租都给了我，怎么还能要我的钱？你是他舅，你给多少，他都接着。”

张正翻看着布袋，倒吸一口气：“那么多，这个不行。”

“我年纪大了，死了带不走。”

“那泉子也担不起。”

“权当借给他。”

“打了水漂儿怎么办？”

“我这双眼睛看人，十拿九稳。泉子这事儿能成，何况他后面，还有云溪给撑着。”

张正犹豫着：“那我给你打个借条，这房子能抵这个数。”

“谁要你这破房子。这件事你办好了，我让你见一见我的宝贝。”

“真的？”

“那还有假，走了。”铁匠爷撂下了布袋后健步而去。

李铭泉随后从黑陶馆走了出来，张正喊住了他：“泉子，你来一下。”

“怎么了舅舅？”

张正把布袋里的钱推给李铭泉，李铭泉看到那么多钱有些吃惊：“舅，这是怎么回事？哪来那么多钱。”

“你别管了，算舅舅借你的，到时候，你得连本带息还给我。”

李铭泉凑近张正，继续打探：“你得说钱哪儿来的。”

“不偷不抢，来路光明，你用不用吧，不用我存银行。”

“您是不是把香港富商惦记多年的那件古陶给出手了？”

“我不能眼看着我外甥活人让尿给憋死。”

李铭泉紧张起来：“舅舅，那可是咱们龙山黑陶的镇馆之宝，不能卖。”

“那个我不会卖。”

“真的？”

“我卖我自己，也不能把它给卖了。拿钱赶紧走，免得我后悔。”

李铭泉还是半信半疑：“那就多谢舅舅了。我给您写个条儿。”

“这话不能向外说。”

李铭泉递上纸条：“明白，我舅舅人疯不露富，黄金有八斗。”

“滚。”

李铭泉冲张正笑了笑，拎着钱袋子离开了黑陶馆。

张美菊迟迟没有回家，李永福肚子饿得难受，只好在厨房里下方便面。煮面的锅突然翻了起来，李永福面带惊愕，惊慌失措地伸手去碰锅，一不小心被烫了手，锅也翻了，一锅面全扣在了地上。高云溪忙完村委会的事后回了家，恰好听见厨房里的声音，她急忙进来，看见了厨房内的一地狼藉和一旁不知所措的李永福。

“福爸，怎么了？”高云溪关切地问道。

“没事，手滑了。”李永福佯装成安然无事的样子。

“没烫着吧？”

“没有。你怎么回来了？”

“我回来看看你吃饭没有。福爸，你怎么吃这个，有胃病的人不能吃这个，添加剂太多。”

“填饱肚子就行啊。”

“您去客厅等着，我来收拾，给你做饭。”

李永福点了点头，走出了厨房。随之，高云溪开始动手收拾地上的东西。不到半个小时，两菜一汤，热气腾腾的米饭就被端上了饭桌，一边还配着煎饼、大葱和面酱。

高云溪盛了碗饭递给李永福：“福爸，吃饭了。”

李永福关掉了电视，坐到饭桌前，开始吃饭。

“福爸，泉子哥就是想做点事情，给你老人家长长脸。”

“不丢人现眼就算我烧高香了，我还哪敢指望他给我长脸。要说给我长脸，还得是丫头你。”

“爸，其实，泉子哥很优秀的。”

“不要再提他了，说你的事情。矿也炸了，厂也停了，你什么时候走？”

“那么急着撵我？”高云溪故意打趣道。

“我知道你这次回来，揣了一肚子的想法。你的那个宏伟构想，我也在手机上看了。想法归想法，做起来却是两回事。”

“所以，福爸，你得帮我。”

“我帮不了你。听我一句劝，村里的事差不多就行了，你终究是要走的，晚走不如早走。你不好说，我去找人说。”

“别，您可别，我要是不干出点成绩就灰溜溜地走，这个村我以后可没脸回来。要不您跟我去市里，回上海？”

“你这是反将一军。”

“那还是啊，您跟菊妈不愿意跟我走，所以我只好回来了。”

李永福摇了摇头：“闺女，你怎么就不明白，村子里七十多家企业，按照你们的标准，淘汰率在一半以上。企业一停产，就砸了两千多人的饭碗，三泉村就是火药桶，随时都能炸。”

“当初您就能杀出一条血路来，我们也能。”

“我是过来人，其中辛酸比你更清楚。听话，赶紧回去，我不会害你。这辈子我指望不上你哥了，就指望你给我长脸了。”

“我把村里的产业升级搞完我就走。”

“你真不走？”

“这个时候我走了，乡亲们咋想？哦，你闺女回村，就把她老子的村主任给撸了，然后拍屁股走人了。福爸，你说我这是成啥了？”

李永福长叹了一口气：“你我都一样，为名所累啊。云溪啊，你可千万别把我说的话当成耳边风。我过的桥比你走的路都多，你要是不听我的，会跌大跟斗。”

高云溪从李家出来到达三泉村委会门口时，几百个工人已经把村委会里里外外围了一圈，他们坐在墙角下三五成群地玩手机聊天。工作组的车围在人群里，车头、车尾、车轮子上都坐着人。孙会计、张麦圈、孙梅梅等人陆续来到高云溪跟前。村民看到高云溪走了过来，表情漠然，没人理会她。张旭正在一旁拿着手机拍摄视频。徐组长见高云溪过来，望着坐满了村委会院子的村民一脸苦笑：“你们村里的乡亲们真热情，这是不想让我们走啊。”

“对不起徐组长，实在对不起，我去问问情况。”

高云溪问张麦圈：“什么情况这是？”

“他们堵着工作组不让走。”

高云溪对坐在门口的几个人问道：“你们怎么回事？”

“等着领工资。”张旭回答道。

“混账东西，村委会又不是工厂，来这儿领什么工资？”

“二叔，工厂停产，基本工资都不发了，我们不找你们找谁去？”

村民们随之也开始叫嚷起来：“对，不能让工作组走，必须让我们厂复工。”

“我正在向上级申请，大家散了吧。”高云溪好声好气地说道，然而没人理会她。

张元生从远处骑着摩托赶了过来，询问高云溪情况，张麦圈插话：“肯定是罗梦达在搞鬼。元生，你来得正好，你赶紧把他们抓起来。”

“人家坐在街上又没犯事，我抓谁啊？”

张麦圈叫喊起来：“谁带头就抓谁。”

“爸，你能不能不说话？”

“我也是想帮着解决问题。”

“你这是解决问题吗？你这是煽风点火，这么多人，要是闹出了群体事件，你负责？”

张麦圈不说话了，张旭接着鼓动众人的情绪：“工作组管事的，赶紧给我出来，今天我们必须得到最后的答复，否则，我们就去县里、市里、省里。”

“对！”工人们响应道。

“张旭，我就奇了怪了，怎么哪儿都有你？”

“哎，高书记，你这话说得就不对了。我是三泉村的村民，遇事来说事，奇怪吗？”

高云溪给罗梦达打电话，对方电话却占线，一直打不通。而此时三泉村委会附近楼顶上，罗富和杜副总正拿着望远镜观察着村委会门口的发生的情况，工人们的争执和抱怨，高云溪等人的束手无策全都被罗富尽收眼底。

“嗯，不错，很好。”罗富点了点头。

“要不要再加点儿人？”杜副总问道。

罗富拿出厚厚一叠钞票分给了身边的村民：“去，你们几个接着去找人，人越多越好，每人每天三百块，表现好的还会有奖金。”

“罗总，怎么才叫表现好？”村民问道。

“笨蛋。不能让工作组走，逼着他们表态，尽快复工。”

第九章

电话一直打不通，工人们始终堵在村委会门口也不是办法，高云溪站到了高处，对工人们说道：“各位兄弟姐妹们，你们有什么诉求和想法可以说出来。我们能解决的一定解决。你们这样堵着门不让工作组回区里，也不是办法啊。”

围观的工人们议论纷纷，你一嘴我一句地发表意见。

“不能让他们把梦达化工集团给搞垮了，不然，不仅我们的工作没了，年底的分红也一分钱都拿不到。”

“对，必须尽快解禁，开工。”

“上午厂里通知，说是要全部辞退。”

“这不是逼着我们背井离乡，出去打工吗？”

“高云溪，你说你来村里都干了些什么？炸了矿，停了厂，还撵走了老主任，现在还要砸我们的铁饭碗，你说，你到底是怎么想的？”

“老主任把你养大，培养你成才，你回来就是恩将仇报的吗？”

“忘恩负义的东西，让老主任复职。”

“工厂尽快复工。”

工人们七嘴八舌，令高云溪很是头疼：“各位乡亲，我说过，化工厂还存在着环保和安全隐患，是不是恢复生产，工作组的专家和领导需要研究，会尽快给大家一个答复。”

“你把罗梦达赶跑了，我们的工作怎么解决？我们的分红怎么解决？耽误一天，我们就少拿一天的钱，你不要站着说话不腰疼。”

“乡亲们，化工厂、黏土矿出了多少事了，命重要还是钱重要？”

“你是一个人吃饱全家不饿。我们拖家带口的。”

“困难只是暂时的，我们马上就会引进更高效、更环保的高新企业。”

“你说得倒轻巧，你引进的高新企业在哪里，让大家伙先看看。”

“我们正在引进的过程中。”

“说了等于白说。”

高云溪语气诚恳地同工人们承诺道：“请大家给我一点时间，我一定给大家一个满意的答复。”

“人家梦达化工厂合理合法，你凭什么不让人家复产？”

“对，你凭什么不让人家复产？”

村民们情绪激动，推搡着高云溪，张元生在一旁尽力维持着现场的秩序。

三泉村古宅院内石榴树下，李铭泉正拿着图纸跟工人合计室内装修的事。高二泉骑着电动车焦急地赶来，将村委会门口工人们聚众闹事的情况告知了李铭泉，李铭泉借过高二泉的电动车，疾驰而去。他清楚，如今自己和李永福的紧张关系，自己不可以直接出面，于是便来到了古街铁锅作坊，作坊内铁匠爷正叮叮当当敲着铁锅。

“泉子，什么事慌慌张张的？”

“铁匠爷，你得去一趟我家找我爸，村里进厂那些人，把云溪和工作组给围了。这事儿，怕是得他才能摆平。”

“他是你亲老子，你怎么不去？”

“我不想理他。”

铁匠爷放下锤子：“好，我去找他。”

李永福正在院子里，躺在摇椅上，嘴里咬着茶壶嘴，闭着眼，悠闲地听着MP4匣子里的山东快书。铁匠爷端着黑陶茶壶急匆匆地走了进来。李永福睁开眼，看见是铁匠爷：“哟，铁匠叔，你怎么来了？”

“嘿，我说永福，你怎么还能躺得住，村委会那边炸开锅了。”

李永福一副事不关己的样子：“他就是火上房，跟我也没关系了。”

“你这话说得就不对，你不能把闺女放在火上烤。”

“市里、区里的办公室她不坐，非要进火坑，我能有什么办法？”

“你给罗梦达打电话，让那些混账东西们撤了。”

“我已经不是村委会主任了。”

“那他也听你的。快点儿，赶紧打电话。”

李永福仍然没有动：“这事儿解决不了，他们会接着去区里，区里解决不了，怕是要去市里。村民端碗要吃饭，他们却要砸人家饭碗，这事儿，不好办。”

“不好办也得办，先让他们散了。”

“村里你是爷，你去不就得了。”

“那帮小兔崽子，钱是爷，不听我的。”

李永福犹豫了一下，起了身。

“大家听我说，要做新时期的农民，就得加强学习，中央的一号文件发布了乡村振兴战略，三泉村的村民，不一定就进厂做工一条路。我们的地理位置特殊，物产丰富，我向大家保证，三年之后，大家的收入一定每年都翻番。”高云溪仍旧对工人们苦口婆心地劝说着，奈何工人们对这些好话油盐不进，继续嚷嚷着。

“空中画饼，我们吃不着。”

“对，来点儿实在的。”

“一句话，谁砸我的碗，我打谁的脸。”

现场眼见着越发混乱，不受控制。这时，人群背后传来了一声洪亮有力的声音：“谁这么大胆。”

李永福背着手走进了院子，众人一看是李永福，立刻哑了火。

“你们堵着村委会不让工作组离开，他们怎么回区里去汇报，领导们怎么拍板？散了，回家等着。”

“老主任，您已经不是村主任了，我劝您，这事儿您别管。”张旭说道。

“小子，就你这个作死家伙，我不管你，你早已经死在爆炸事故里了，赶紧带着人走。”

三泉村委会附近楼顶上，罗富透过望远镜看见了李永福发飙的样子：“李主任怎么又出来了？”

“他已经不是村主任了，我们别管他。”

“你懂什么，他早晚还会回来的，这个面子不能不给。”

“那怎么办？”

“告诉他们，逼高云溪和李永福，给个恢复生产的期限。”

“怎么，我的话不好使了吗？”李永福看着底下的工人们。

“老主任出面，我们不能不给面子。但老主任，您得让高书记给个期限，我们不能就这么闲下去。”

“你们先让开，让工作组的车走。”高云溪说道。

工人们总算是让开了一条路，高云溪对工作组的人员致歉后，目送工作组乘车离开了。然而，工人们仍旧没有散去的意思，高云溪望着李永福，又看向工人们：“我这就去找区领导，尽快给大家一个答复。”

工人们也望着李永福，李永福环视了一下：“高书记已经答应你们了，你们还想怎么着啊？别都给我闲着没事儿干，地里的谷子，田里的稻子，山坡上的草药、地瓜、果子都熟了，该收的快点儿收。记住我的一句话，别进了工厂就忘了自己是谁，你就是腰缠万贯，也还是农民，三泉村的农民。”李永福背着手出了院子。

工人们陆陆续续地散去，留下高云溪、张麦圈、张元生、孙梅梅、孙会计等人，张麦圈摇了摇头，鼻子里哼了一声：“他才是这场戏的主角。”

“张主任，你想说什么？”

“没说什么。你自己想。”张麦圈愤然离场。

百脉区委齐东方办公室内，郑南国和齐东方正在就化工厂的关停问题激烈地争执，郑南国说道：“东方书记，我认为彻底关掉梦达集团两个大型化工企业不现实，关键是区里拿不出这么一大笔资金。”

“我看了高云溪报上来的意见，她认为这一片厂区，必须关掉，”齐东方把高云溪写的报告递给了郑南国，“你看，她提出来的调整产业结构、产业动能转换的‘三驾马车计划’很有创新性，也很有针对性。”

“年轻人有想法是好的，可问题是，两千多村民的就业问题很难解决。而且，罗梦达的企业正在筹备上市，这个打击是致命的，它可是我们区里支柱产业之一，每年贡献的税收，占到了百分之三。”

齐东方点了点头：“关键是就业。三泉村大部分农民流转了土地，那么多农民没有了营生，会出问题。”

“问题已经出来了。几百名村民把检查组围堵在了村委会，矛盾激化，那就是群体事件。现在社交媒体这么发达，一旦爆发了群体事件，事情就麻烦了。”

“他们真要是因为这个上访，让他们来，我敞开大门接待。”

这时，李永福从村委会现场离开后怒气冲冲地走进了办公室：“东方书记，我对你有意见。”

“哦，老李同志，你坐，我给你倒水。”

“水就不倒了，我们开门见山说正事。”

“为梦达化工厂恢复生产的事来的吧？”齐东方一语挑明。

“没错。我是以一名村民的身份来找你反映问题。”

“老李同志，你是暂时停职，村里没有进行村委改选，你还是村主任嘛，有什么事情，我们慢慢说。”

“安全部门和环保部门经过检测，梦达集团化工二厂、三厂还是达标的，你们这样一关就是这么久，厂里停了村民的工资，还取消了年底分红，村子人心乱了，早晚会出大事的。”

“你们的意见都是让化工厂复产？”齐东方看了看李永福又看了看郑南国。

“梦达化工厂合理合法，环评也过了，政府凭什么不让人家复产？我不反对政府搞产业升级，但这种一刀切的搞法我坚决反对。”

“我回头找高云溪交流一下。”

“你甭找她谈话了。她还不如上次派来的那个博士。三泉村十年没有上群体事件，她一来，村民把村委会给围了。这个事，还没算完。”

齐东方点了点头：“抽个时间，我跟她谈谈。”

第二天，齐东方将高云溪叫到了办公室，两人对坐着，齐东方开门见山，问高云溪：“你看看，还需要区委、区政府为你做什么？”

高云溪简明扼要地说道：“时间和信任。”

“哦，这个可以给。不过，云溪，作为一个老村支书，我再给你提个小小的建议。知道田忌赛马的故事吗？”

“知道。”

“田忌为什么能反败为胜？说白了就是调换了出场顺序。村民有村民的思维，好事说出一千个，不如做成一件事，他们讲的是实惠，这就是基层。”

“齐书记的意思是说，我可以先把项目引进来，搞起来，等村民们认可了我们的项目，再去改造升级村里的现有企业。”

“对。你刚下来的时候，我就想跟你谈谈这个问题，但想到你没有在基层任职的经验，应该让你先了解一下基础的情况，所以，我就推迟了，希望现在为时不晚。”

“现在正当时。”

“基层工作，是要讲政策，讲原则，但也要根据实际情况灵活运用。”

高云溪点了点头：“是，齐书记。”

“产能升级的问题虽然很棘手，支部的堡垒作用要加强。李永福为什么可以一呼百应，原因很简单，那就是有群众基础，我们党最大的生命力就在于广泛的调查研究和同人民群众的血肉联系。”

“齐书记，我想在村里建一个村民议事厅，跟村民代表议一议，然后再召开两委会，集中一下意见再定决策。”

“嗯，这是个好办法。”

三泉村梦达集团罗梦达办公室内，罗富正气咻咻地向罗梦达汇报关于化工厂停产的最新事宜，罗梦达还没听完就气愤地打断了罗富：“重新更新设备和上污水处理系统，不可能，绝对不可能。两个化工厂，大几千万呢，想什么呢他们。”

“哥，我打听清楚了，问题出在高云溪的身上，停产的事，上边原本没那么坚决，是她紧咬住这一块儿不放松。”

“这个高云溪，跟李永福一样，一脖子牛板筋。”

罗富用iPad滑动着PPT给罗梦达看：“哥，你来看，她对三泉村未来的规划，更可恨。你看，在她的未来规划里，根本就没有我们化工集团的一席之地。”

罗梦达叹了口气：“她的规划里没我们，意料之中的事。”

罗富一惊：“啊，那我们公司上市的事不完了吗？”

“可她那个规划什么时候能实现？五年？十年？”

“你是说我们先不理她？”

“如果不是李永福，她在三泉村，根本待不住。”

“大哥，你的意思是……？”

“村民们不喜欢她画的饼，他们要的是实惠。”

罗富点了点头，听出了罗梦达的言外之意：“我明白了。让他们去斗地主。”

这时，秘书走了进来，称高云溪来了。罗富一听到高云溪这个名字就怒从中来，罗梦达佯装出一脸笑容迎接了高云溪。

“高书记，什么风把你吹到你罗叔叔这里来了？”

高云溪微微一笑在沙发上坐了下来，向罗梦达递上来一份资料：“罗叔叔，村里要举办第一届农民丰收节，您是村里的大功臣，我亲自来送邀请函来了。”

罗梦达接过红红的邀请函，装模作样地说道：“嗯，好，好。到底是高才生，有视野，有气魄，哦……三泉村中国农民丰收节，好，很好。”

“丰收节上，省里、市里、区里的领导都要来村里，你厂里的工人要上访，不用跑那么远，有什么问题，您直接问他们就行。”

罗梦达脸色一变，继而笑起来：“你这丫头，面子不小，省里、市里的领导都请来了。”

“我还请了省城、上海一帮商业大咖，您跟他们也交流交流。”

“嗯，好，好。”

“罗叔叔，那我就先走了，到时候，您可一定要参加。”

“一定，一定。”

高云溪离开后，罗梦达笑着摇着头，兀自说道：“这小丫头片子，反手将我一军。”

几日后，高云溪和孙梅梅如约赶赴了上海，商界酒会结束后，高云溪和马伯如两人沿着江边行走着。

两人倚靠着江边栏杆，夜凉如水，伴随着翻涌的江水声，高云溪和马伯如望着远处明亮的灯火，互诉衷肠。

“云溪，想没想过，重新回来？”

高云溪摇了摇头。

“上大学的时候我就知道，你一旦有了主意，就不会轻易改变，我想知道，你心里到底怎样想的？”

在酒精的作用下，高云溪逐渐说出了心里话：“说实话，小时候我特别痛恨三泉村，我爸为了给村里治穷，被炸死了；我妈，因为家里太穷改嫁了；我的叔叔，因为我婶子贪财，占了我家的屋子……那时候我就觉得，那个地方令我生无可恋。可一旦离开家，就又觉得那地方难以割舍，福爸、菊妈、泉子哥、铁匠爷、那么多乡亲，都一个个在我眼前晃。我是吃百家饭长大的，这份情感，你不了解。”

马伯如点了点头，若有所悟：“可据我上次了解，三泉村很富裕，村民都过上了好日子。”

“好日子？什么叫好日子？伯如，我一直在思考一个问题，交通的便捷和网络的便通，让城乡的界线日渐模糊了，城市文明、城市资源和乡村文明、乡村资源的界限也应该贯通。我就觉得，乡亲们应该过得更好。我说的这种好，不是每个家庭多少钱，开什么样的车，而是大家生活富足，亲邻和睦，老有所养，不用担心厂炸了、矿塌了，空气、水被污染了。”

“云溪，你看问题的视角，总跟别人不一样。”

“也没什么不一样，国家在发展，一切都在变化。”

“我只是觉得，上海的条件还是更好一些，能接触到大数据、人工智能、金融、商贸等更多的资源，所以，我觉得更能体现你的价值。”

“现在交通便捷、网络通达，只要你有梦想，待在上海，跟待在三泉村没有什么区别。我待在上市公司，最成功的发展是能做个企业高管、职业经理人，我觉得，村里的舞台会更大。”

“听你这么一说，好像也有道理。可我觉得，村里人的思想太僵化了，你的梦想实现起来，太难了。”

高云溪迎着夜风坚定地说道：“有梦想，有追求，努力了就会实现。”

几人道别后，高云溪和孙梅梅回到了民宿住处，高云溪酒劲泛了上来，倒头便昏睡过去。她在凌晨时醒来，脸庞已经被泪水浸湿。高云溪翻出了手机，想了想，拨通了李铭泉的电话。

李铭泉接通电话后，听见了电话那端传来了高云溪啜泣的声音。

“泉子哥……”高云溪躺在床上耳朵贴着电话，眼泪顺着眼角流下来。

李铭泉担心地问道：“云溪，你怎么了，怎么了？受人欺负了？”

“我没有。”

“那你……你怎么哭了？”

“我也不知道，我就觉得自己突然间就想哭。”

李铭泉长叹一口气：“说实话，我也想哭，想哭你就哭吧，我听着。”

“泉子哥，你说，想做成个事，怎么就这么难呢？”

“现在招商，找钱就是难，找不到就算了，你赶紧回来，我们一起想办法。”

“不是招商找钱的事。”

“那是什么事？”

电话那头沉默了片刻，李铭泉一直等待着，直到高云溪哽咽着说出那个梦境：“我……我做了一个梦，我梦见福爸不认我了。”

第十章

高云溪和孙梅梅从上海回来后，村民议事厅的牌子也已经做好了，张麦圈看着，意有所指地说道：“村民议事厅，嗯，这个主意不错，高书记上任新人新风气，咱们三泉村再也不搞一言堂了。”

李铭泉听着这话有些刺耳：“麦圈叔，您这话好像针对谁啊？”

“我有吗？我张麦圈从来有一说一，绝对不会针对谁。”

李铭泉想说些什么，被高云溪拦着了：“泉子哥，今天的会，我是靶子，欢迎大家向我开炮。”

“乡亲们，从今天开始，三泉村议事厅正式挂牌，三泉村的村民，无论你在哪里，都能对全村的建设发出自己的声音。”高云溪看着众人。

众人热烈地鼓着掌，最后在孙梅梅的引领下，大家陆陆续续地有序走进了议事厅。议事厅的大屏幕上显示着村民微信在线。会议室里坐满了村干部和一些村民代表，张二泉看见最前面一排张麦圈旁边空着一个座位，是李永福的。

“这李主任怎么没来？”

“二泉，你怎么明知故问。”铁匠爷看了一眼高二泉。

“李主任不来，我们讲了也白讲。”群众里一个村民说道。

高云溪拿起手机看了眼时间，又塞进兜里往外张望：“通知老主任了吗？”

“通知了。”孙会计回道。

高云溪又忍不住朝外观望。

“要不不等了，反正他现在也不是村干部了，来了无非就是出出主意，也做不了主，依我看，咱们开始吧。”

李铭泉看了眼张麦圈，张麦圈见没人回应，自觉尴尬，他蹭了蹭旁边的孙会计：“老孙，要不咱们先开始？等他到了加入进来就行？”

孙会计看了他一眼：“这事我决定不了。”

“你……一遇到这事你就甩锅，什么时候能有点担当。”
“你有担当，怎么没人听你的啊？”
“大家稍等片刻，我去去就来。”高云溪说着便出了门。

此时李家院子里，李永福正坐在藤椅上，眯着眼，悠然自得地听着《关公战秦琼》的快书。高云溪把电瓶车停在门口，匆忙进门，她走过来，拿起李永福的手机就把听书给关掉了。
“你这是干什么？”
高云溪拉着李永福：“所有人都在等着你呢。”
李永福赖着不起：“等我干什么？”
“开会啊。”
“我不是村主任了，开什么会？”
“今天不开两委会，开的是村民代表会。”
“我脑袋疼。”李永福捂了捂脑袋。
“脑袋疼？那咱会不开了，咱去医院好不好？”
“不去医院。”
“不去医院，那就去开会。”
李永福拿开高云溪的手，盯着高云溪手里的手机：“你让我先听完这个。”
“这《关公战秦琼》，您从我读小学就开始听，还没听够呢？”
“哟，你还记得这叫《关公战秦琼》呢？”
“我都快能给背下来了。”

在村民议事厅门口，张麦圈、高二泉、孙会计等人一边说着话，一边等待着，然而路口处却迟迟没有高云溪和李永福的身影出现。
“凭我的经验，他是不会来的。”张麦圈一副胸有成竹的模样。
“何以见得？”高二泉问道。
“用脚丫子也能想得到。”
这时，高云溪骑着电动车一个人急匆匆地到了。
“看，没来吧，他这个人，我太了解了。”
说话间，李永福骑着旧电动车慢慢悠悠地过来，张麦圈虽被打了脸，却仍旧嘲讽着李永福：“老李，嚯，今天这又是玩哪出？都把家里的老古董骑出来了。”

李永福哼了一声，停了自行车：“开豪车、骑破驴，也就几步路，我不能跟你比，你是村主任，大富豪，我是穷老百姓，不摆这个谱。”

李永福进了屋，他看了一眼第一排正中间的空位，又看了看最后一排的空位，径直走向了后排。

“这里给您留着呢。”

“我旁听，你们聊。”

高云溪了解李永福的倔脾气，索性也不强求了，会议开始后，她站了起来，同众人说道：“各位父老乡亲，我把村里的大会议室，改成了村民议事厅。这个议事厅就是大家发扬民主的地方。我知道最近大家都有怨气。今天党支部、村委会两委委员都在。大家有什么怨气、意见、建议都可以向我们提。”

众人看看高云溪，再看看张麦圈，最后所有人的目光聚焦在了李永福身上。

“大家不要看我，我脑袋不好使，说话多了缺氧。大家说，我听。”

“大家心里怎么想的，就怎么说。”高云溪说道。

一个村民首先发了言：“我就是觉得村里人心乱了，乌七八糟的事层出不穷。我认为，这就是因为换了村里的当家人，关了厂，停了工。”

接着另一个村民也开始发表意见：“上次来了个博士支书，弄垮了一个项目，损失了几百万，这次来了你高云溪，是要弄毁一个村子。”

“你说的什么话？”李铭泉瞪着这个村民。

“实话。她不来，什么事没有，她来了，什么都乱了。我认为她就该走。”

众人纷纷应和：“对，让老主任回来。”

孙会计在一旁偷偷观察着高云溪的表情。

“你们这是提意见吗？这是怄气。”李铭泉情绪激动地说道。

“不是说畅所欲言吗，怎么又不让说实话了？”

“大家都说云溪回来，把三泉村给弄乱了。可大家想过没有，她不来，化工厂就不炸了？黏土矿就不塌了？上级就不停工整顿了？该发生的都会发生，大家讨论，就得想法子解决问题，不能上来就扣帽子。”

“村民上不了班，挣不到钱，村里每户年底分不到红，谁来负责？”

高云溪发了话：“这个责任我担起来。这是短期利益和长期利益的问题，想要长远大计，就得忍痛割断短期利益带来的伤害。”

“什么长期短期的，没有收入就是错！”

高云溪刚想争，张麦圈大手一挥，发话了：“谁也没有千里眼，看不到十万八千里外的事，你要问我怎么解决，照葫芦画瓢，整体规划，房产先行，土地增值，腰包坚挺。大城市发展那么好，都给了样板了，咱们为什么要走弯路？”

张麦圈看了一眼张老二，张老二随之附和：“我看了高书记发给村民代表的未来规划。我认为，政策怎么说的，咱就怎么干。比如修路、建设商业街、高科技产业园啊，都很好。我们建议关了村里的化工厂。三泉村三个村子是一个整体，中泉村，烟囱遍地，尘埃漫天，一声爆炸，震碎了集体农庄的所有玻璃，矿井坍塌，差点要了我儿子的命，难道这就是我们想要的小康生活吗？”

之前发言的村民一声冷笑：“你们说得好听，你们上泉村的人大部分都在张主任的地产公司打工，请问张总，眼下化工厂爆炸、黏土矿坍塌，工厂关停的关停，村民失业的失业，外出的外出，整个村子人心惶惶，请问张主任，关了工厂，你能保证一千多人都跟你一样有活儿干，有钱赚，有分红吗？”

张麦圈一时语塞，高云溪心平气和、诚诚恳恳地说道：“父老乡亲们，新旧动能必须转换，我请大家相信我，给我一段时间，我会让大家看到三泉村的新发展，凭着我们的地理位置、人文景观、非物质文化遗产项目、丰富的可再生资源，乡村企业的基础，我们一定会有一个更好的明天。”

“你这个梦想什么时候才能实现，三年、五年，还是十年？这期间我们就不吃不喝等着你的梦想实现？年轻人，我们是看着你父亲高大泉和老主任的面子不跟你一般见识，搁别人，早就撵你走了。”

会议室里已经吵得不可开交。

“行啦行啦别吵啦！李主任还没发话呢，你们吵个什么劲。”张老二喊了一声。

众人这才息了声，一齐看向最后面。只见李永福竟歪着头打起了呼噜，睡着了。高云溪忍不住皱起了眉头。张麦圈和孙会计都试探着喊，然而李永福丝毫没反应。

这时，张麦圈说了一句：“算啦，散会吧，等他哪天睡足了觉有精神了再来开吧！”

突然李永福一骨碌醒了过来，他半梦半醒地说道：“开完啦？哦，那回家吃饭去。”

说着李永福起身出了门，众人紧跟着也三三两两地散去，只留下张麦圈和上泉村的一部分人。高云溪愣愣地站在那儿，她细细思索着，眉头紧蹙，片刻，舒缓了，她仿佛明白了李永福的一番用意。

第二天，李家客厅的堂屋饭桌，张美菊端来一大碗热气腾腾的鲫鱼汤，四菜一汤上齐后，张美菊刚坐下，李铭泉端着白米饭起了身，进了自己的房间。

“怎么了这是？”张美菊一头雾水地看着李铭泉离去的身影。

李永福没好气地说道：“你吃你的，别管他。”

“今天这汤我熬了整整两个小时，他们都不吃，不是白熬了吗？”

“这是什么话，他们不吃我吃。”

高云溪也端起碗，扒拉了些菜，跟着去了李铭泉房间。张美菊更纳闷了：“你们又吵架了啊？”

“谁跟她吵架了？”

“是不是在会上又乱放炮了？”

“会上我一句话没说。”

张美菊纳闷：“那不该呀？”

“这回，闺女让我干啥，我就干啥。她回来叫我去开会，我去了，我到会上睡了一觉，就回来了。”

“开会你睡觉干吗？”

“我睡着了，别人好发言。”

“我跟你说李永福，你就没憋什么好屁。”

“你这话说得，合着我怎么做都不对。”

高云溪把碗里的菜朝李铭泉碗里扒着，问道：“什么情况？我今天专门叫菊妈回来，把福爸和你叫在一起，就是吃个父子和好饭，你这是闹的哪一出？”

“说好了去解决问题，慢慢悠悠让人等那么久不说，到了倒头就睡，他这是要干吗？”

“你知道关公战秦琼吗？”

李铭泉疑惑：“怎么突然问起这个？”

“福爸能去，给足我面子了。他不发言，那是不想朝我挥大刀。”

李铭泉一笑，恍然大悟：“他是那关公，你就是秦琼？”

“有点这么个意思。”

“梦达集团的两个厂，你还真打算给他关了？”

高云溪点了点头：“刻不容缓。”

“那你可得想好了，这是一条绝户路。惹下众怒，你在村里可待不住。”

“我想他们慢慢会理解的。”

李铭泉朝着门外望了一眼：“这一关你就过不了。”

客厅里，张美菊围着一大桌子菜越吃越不对味：“我专门烧这几道菜给孩子俩吃的，怎么成我们自己吃了？”

张美菊摇着头：“不行不行。”说着便起身端起盘子扒拉了几筷子进李永福碗里。

“这么大人了，别惯着他们。来就吃，不来就算。”

“不向着自家人，没你这么当爹的。”张美菊端起两盘菜往高云溪房间走去。

“我不要吃啦？”

张美菊端着两盘菜，头也不回：“一把老骨头了，吃了也不长肉。”

张美菊敲了敲李铭泉房间的门，进门后把菜放在了书桌上：“麻婆豆腐，干豆角烧肉，专门给你们俩烧的，从小你们就爱吃。”

高云溪一脸诧异：“那福爸呢？”

“他喝凉水就行，你们先吃，我去把那两盘也端来。”

“这够我们吃了，你给他留着吧。”

“别管他，我看着你们俩吃。”

此时，罗富不请自来，他挺着胸脯大摇大摆地走进了屋，看见李永福正就着一盆汤吃馒头。罗富打趣道：“李主任，你减肥啊？”

李永福抬头看了眼罗富，又看了眼罗富手里的礼盒，知晓了罗富前来的用意：“我不喜欢吃菜。”

罗富把礼盒放到了桌上，意欲拆开其中一盒北京烤鸭：“我一朋友昨天从北京回来，专门给我带来这烤鸭，正好，您尝尝。”

李永福喝住："别拆！"

罗富停下了手里的动作："怎么的，不能只喝汤不吃菜。"

"怎么拿进来怎么拿回去。"

"我来看看老大哥，不行啊？"

"你别往嘴上抹蜜。"

罗富一副笑呵呵的样子："我真没别的意思，就是看您这段时间明里暗里地帮了我们梦达化工不少忙，您平时两袖清风分文不收，那我拎两盒吃的来看看总没错吧。"

"这话可得说明白，我从没有明里暗里帮过梦达化工。你来找我干吗，直接说。"李永福一脸不耐烦的样子。

"一点点小事，"罗富冲着李永福挤眉弄眼，"之前你跟我哥说留给他的村后那块地皮，李主任还记得吧？"

"不是我给他留，是他想要，我还没答应。那块地事关三泉古村的水生态，张麦囤也惦记着呢。"

"高书记不是要进行新旧动能改造嘛，公司准备盖新厂，上新设备，那块地要是您能给梦达尽快建厂，那大家不就有工作做了嘛，问题不就解决了嘛。"

"罗梦达自己怎么不来找我？"

罗富闪烁其词："他正好有急事，没在村里。"

"既然他来不了，那你可听仔细了，回头一字不落地转告他。"

"哎，您说。"

"一，我不是村主任了，我说了不算，说了算，那块地也不能给你们建化工厂；二，家里你跟你哥别来了，有事去找高云溪，她现在是三泉村的头儿；三，有事说事，明着来，我不喜欢你哥背后搞事情，我再发现你们找高云溪的麻烦，我跟他一刀两断。"

罗富摆出一脸讨好的笑："高书记不是您女儿嘛，跟她说和跟您说，不都一样嘛。"

李永福一笑："罗梦达是你亲哥，他上市的事你能拍板吗？"

罗富语塞，讪笑道："这怎么能比。"

"怎么不能比，各有各的规矩。"

"东西我留下，给不给，您看着办。"

"东西拿走。"

“李主任，不能看着三泉村的老百姓腰包终于鼓起来现在又瘪下去吧。”

“我说过，我不是村主任了，我管不了，”李永福故意抬高了嗓门朝高云溪房间喊话，“谁主事谁负责，管事的不着急，你们急什么啊！”

罗富听出了个中门道，悻悻退身：“得嘞，我听明白了，谁搅黄的事谁管。那我下次再来看您。”

罗富拎着烤鸭出门后，张美菊从客厅的一角慌忙溜进了李铭泉的屋子。

“菊妈，您什么时候也学会听墙根了。”高云溪看着慌忙的张美菊打趣道。

张美菊嗔怪：“去，有这么说你菊妈的吗？这个罗富，一点儿都不像他哥，高调、招摇。我听说光媳妇都娶了好几个，请客吃饭一万一万的现金往外扔，把村里那些年轻孩子都给带坏了。”

“有钱人嘛，任性。菊妈，我听说你的大厨的手艺在民宿餐厅被那帮孩子给直播了？点击率一天可就涨到了好几万？”

“一帮孩子瞎捣鼓。”

“妈，弄不好你要成为一名网红妈。”

“去，贫嘴。”

高云溪吃完饭，顺手把李铭泉的碗筷收了，准备出门。

罗富拎着烤鸭盒子从李家院子出来后，在古街上找到了张旭和几个混子，他一副鬼鬼祟祟的样子问道：“准备好了吗？”

“万事俱备只欠东风。”

罗富把烤鸭递给了张旭：“给你们了，北京烤鸭两只。”

张旭兴奋地召集来了几个年轻村民：“哥儿几个，富哥给大家发福利了啊，烤鸭，走，找个地方喝几口？”

罗富抬脚踢了一下张旭的屁股：“活儿还没干就想到吃，过来。”

罗富凑到张旭耳边嘀咕一阵，张旭不怀好意地笑了笑：“放心吧富哥，我不会让你失望的。”

此时，高云溪骑着电动车从古街走过，朝着村委会方向而去。高云溪将电瓶车停在村委会院子里，走到办公室门口，刚掏出钥匙，发现门被人上了U型锁。高云溪正费解，四处看了看，她忽然注意到一群人蹲在廊檐下，正冲她乐呵呵地笑，其中有几个她熟悉的面孔。

高云溪走了过去：“谁干的？”

没人回应，他们仍然一脸坏笑。

“再不说，我报警了！”

“报就报呗。”张旭一副死猪不怕开水烫的架势。

“又是你，你能不能找点正事干？”

“我倒是想找，但是厂子生产线停了，田也不好种了，都怪谁啊？”

“那你就天天这样游手好闲？”

“那还不是拜你所赐？”

“就是。”众人应和道。

张旭摆出一副无赖相：“反正你得把捅的窟窿补上，不然谁也没好日子过。”

“现在就把锁给我打开！”高云溪急了。

张旭乐呵一声，挥了挥手：“给她吧。”

身后一瘦子扔出一个不大不小的盒子，看了看高云溪：“钥匙在里面，自己去开。”

高云溪捡起盒子，掀起扣，刚打开，一条逼真的花斑蛇仿真玩具张开血盆大口窜了出来。高云溪吓得发出尖叫，猛地把盒子扔出老远。张旭等人大笑着撒丫子就跑，高云溪踉跄着差点晕倒在地，幸好骑电动车路过村委会的李铭泉及时一把扶住了高云溪。

李铭泉搀扶着高云溪来到了附近孙梅梅的花草茶坊，高云溪仍然惊魂未定，孙梅梅给她端来了一杯花草茶：“张旭这个害群之马，必须得让他付出代价。”

此时，张元生拿着竹篮走了进来，看到李铭泉和高云溪，有些尴尬：“哦，高书记和泉子哥都在啊。”

李铭泉看到张元生拿着的竹篮，讽刺道：“哦，元生抓坏人不行，编筐窝篓倒是行家里手。”

“泉子哥这是话里有话啊。”

李铭泉把那条玩具蛇递给了张元生，张元生吓了一跳：“哪儿来的蛇？”

“问你的宝贝堂弟，把村委会的门给锁了，还弄这个东西来吓云溪姐。”孙梅梅愤愤地说道。

“这个家伙，还真坏。好了，这事儿交给我了，”张元生把竹篮递给孙梅梅，“我看你门口的吊篮坏了，这个栽培花木，更美观一些。”

“我不要。”

张元生一脸尴尬。

高云溪一笑，打着圆场：“难得元生这么细心，收下吧，以后他喝茶免费就行。”

张元生放下了竹篮后，羞涩地离开了。

黄昏时分，夕阳向晚，三泉村委会附近巷子里，张旭和几个痞子青年从一处民居里走了出来，远远看见李铭泉穿着背心，手里拎着衬衣朝着他们走来。李铭泉冲着几个小子喊了一声，几个小子看到李铭泉撒腿就跑。张旭体型肥胖，跑得慢，落在了后面。李铭泉一路追过去，把张旭堵在了死胡同里。

“跑，你接着跑。”

“泉子哥……”

“谁是你哥，你个蟑螂。”

“泉子哥，我也就是跟云溪姐开个玩笑，一个小小的玩笑。”张旭摆出一副可怜兮兮的样子。

“开玩笑？真的是开玩笑？”

“对，就是开玩笑。”

“开玩笑是吧，你过来……”

“我……我不……”

“我不打你，我也给你开个玩笑。”

“开玩笑，你给我开玩笑。”张旭怯生生地靠近。

李铭泉把手里的衬衣拿开，一条花蛇出现在李铭泉的手里，张旭嘻嘻笑着：“泉子哥，你也开这个玩笑。”

张旭没想到的是，这条花蛇是一条活生生的真蛇，李铭泉把真蛇放在了张旭的脸上。真蛇吐出蛇信子在张旭眼前晃动，张旭大声叫起来：“啊，真蛇……”

李铭泉一把摁住了张旭的嘴：“别怕，这就是一个小玩笑……”

张旭靠着墙险些一下子晕厥过去，蛇在张旭的胳膊上游走，张旭被吓得浑身瑟瑟发抖：“救命啊，杀……杀人了……”

“你怕什么，也就是一条五步蛇，只那么一小口，走出五步人就倒了。”

张旭哭着央求道："泉子哥，我求求你，你饶了我吧。"

"谁让你来的？"李铭泉质问。

"是……"张旭犹豫着。

"你说不说。"

张旭看了一眼那条还在他胳膊上的蛇，吓得说了出来："是，是罗富，工厂停产了，他每天给我发工资，他……"

"你告诉罗富和罗梦达，政策是上面定的，他们有本事他去找上面去，再给我用下三烂的招数，我直接打上门去。"

"是，是。"

"我告诉你张旭，你这一招儿，都是几年前我玩腻的，玩儿假的算什么能耐？你得玩儿真的。"

"真的我不敢。"

"这么怂包，还出来混什么混？"

此时，正在办公室洽谈着第一届农民丰收节安保事宜的高云溪和张元生闻声赶到了巷子。高云溪见势想上前制止，却被张元生拦住了。

"那就别玩儿。我告诉你张旭，高云溪是我妹，从她到我们家那天起我就发过誓，谁惹她，我跟谁玩儿命。你算个什么东西，就是一人见人踩的蟑螂，你还吓唬她？你找死。"李铭泉威胁着已经胆战心惊的张旭。

"泉子哥，是是是，我就是蟑螂。"

"以后你再敢骚扰她，见一次，我打一次。"

这时，张元生鼓掌而来。张旭像是见到了救星一般，央求着："元生哥，救我，赶紧救我。"

高云溪看着李铭泉说道："泉子哥，你赶紧把那东西拿走。"

李铭泉这才收了蛇，顺手放进了自己的口袋里。胳膊上的蛇被拿走后，张旭才敢活动，他跑到了张元生的身后，指着李铭泉："元生哥，李铭泉要杀我，你抓他，快抓他。"

"你给我闭嘴，该抓的是你，还不赶紧滚。"

张旭跑出几步后，又转身对着张元生说道："张元生，你包庇罪犯，我要去你们所里告你。"

"好，你去，明天我在所里等着你，去了你就别回来了。"

听见这话，张旭头也不回，踉踉跄跄地跑了。

张元生看着高云溪和李铭泉说道："好了，泉子哥以其人之道，还治其人之身。我走了，泉子哥的话我没听见，这事儿我没看见。"

张元生离开后，高云溪担心地看着李铭泉："泉子哥，你干什么？弄一条真蛇，多危险啊。"

李铭泉笑着掏出了那条蛇："这个蠢货，我的也是假的，只不过比他的更仿真，用那样低端的假东西，只能吓你们女孩子。"

高云溪笑了，她不知道的是，几日后的农民丰收节，有人为她准备了一份更大的礼物。

深秋时节，天高气爽。在三泉村稻田原野丰收节会场上，第一届农民丰收节即将开始，村民们陆续朝着主会场走去，然而偌大的会场上却稀稀拉拉没有多少人。李铭泉调试着话筒，只见摆放整齐的塑料凳子到处都是空位他望着孤零零的高云溪，心里充满了担忧。

"张主任，你不是说村里能来三千人吗？这才多少人啊。"孙梅梅说道。

"我都通知到了啊。"

"光通知到怎么能行呢？省里、市里的领导，上海、省城的嘉宾眼看就要到了，就这些人怎么办丰收节啊。"

"你看上泉村的百十人，除了在工地值班的，都来了。"

"古街上展位都设置好了，我们请了那么多嘉宾来过农民节，结果弄了个农民节上没农民，传出去，成什么了？这都什么人啊，这不坑人吗？"

李铭泉看着高云溪面色凝重地坐在那片空空的凳子群里，对孙梅梅说道："梅梅，你别说了，她心里很难受。"

孙会计走到了高云溪身旁，意味深长地说道："云溪啊，这里面有道道。"

"茂财啊，你就别装着了，有什么道道赶紧说啊。"张麦圈说道。

"按道理，丰收节是咱农民的节日，省里、市里、区里的领导都要来，三泉村的乡亲们不可能这点荣誉感都没有。"

"爸，你是说有人在捣鬼？"孙梅梅忽然警觉起来。

孙会计点了点头。高云溪一言不发坐在塑料凳子上，内心极其失落。

百脉区公路上，行驶着一辆考斯特车，车里坐了农业厅长、王副书记等一车嘉宾，大家胸前都戴着丰收节嘉宾的挂牌。路程将近，郑南国掏出电话拨给了高云溪："小高书记，我们在前往三泉村的路上，你们的会场准备得怎么样了？"

电话那头的高云溪默默无语。

"小高书记，你在听吗？"

高云溪擦了擦眼泪："哦，郑副区长，我在听。"

"云溪，你没事吧？"

"我没事，我把各种展区放在了古街上，主会场放在了贡米稻田，主会场的村民都陆续到位，我会加紧准备的。"

"嗯，好，我们大概四十分钟后到三泉村。王副书记有指示，不准备午饭，不准备土特产。"

"我们准备了工作餐。"

"那好，我向王副书记汇报一下。"郑南国挂了电话。

高云溪无助地望着李铭泉，泪水不由自主地又落了下来。

"爸，你快想辙呀？"孙梅梅焦急地说道。

孙会计犹豫了片刻，对李铭泉说道："泉子啊，这事还得去找你爸。"

这个节骨眼上，李铭泉也管不了那么多了，他匆忙跑到会场一边，骑上了电动车，一路疾驰而去。

此时的李永福正躺在院子里的摇椅上，脑袋上放着一块毛巾，听着手机里的京剧。张美菊拎着自己用的厨具准备出门。李永福斜视了张美菊一眼："你又去哪儿？"

"我去上班，今天省里、市里的领导要吃工作餐，虽说是工作餐，我也不能含糊啊。我走了。"

"都走吧，这个家越来越不是家了。村将不村，家将不家了。"

"那要怪谁？云溪他们都在丰收节会场忙活，泉子的民宿展位也缺人手，你跟个没事儿人似的，还一肚子的怪话。"

"我是个病人。"

"病人不待在医院里？"

"谁说病人就得待在医院里了，我在家里等死不行？"

"好好好，你等死。"张美菊欲出门，恰好碰到李铭泉推着电动车气呼呼地进门，张美菊诧异地看着李铭泉："你不是帮着云溪布置会场，布置你的展位吗，怎么回来了？”

“太气人。”

李永福在躺椅上翻了个身朝着里面：“还没开场就杀戏了吧？”

“怎么回事？”张美菊问道。

“你说村里人怎么能这样，丰收节眼看就要开始了，昨天都还说得好好的，今天嘉宾、领导要到了，突然间不来了。整个会场就稀稀拉拉那么些个人，这不让人看笑话吗？他们还是不是三泉村的村民了？”

张美菊听后一把拉起了李永福：“你说，这到底是怎么回事？”

“我怎么知道怎么回事，腿长在人家身上。”

“哦，我说你怎么躺在这儿听戏呢，你是想看风景呢。”

李永福翻身起来：“张美菊，你不懂别胡说，这事儿跟我一点儿关系都没有。那个傻闺女，她不是能耐吗？民心不可违，这个道理就不懂。”

“可是爸，眼看着火烧眉毛了，你不能眼睁睁看着云溪丢人吧？”

“这个时候想起来我了，为什么不把这些问题提前考虑清楚。”

“举办农民丰收节，是文化搭台，经济唱戏，云溪在为他们找出路，这帮人，连做个农民都不配。”

“你懂什么。”

“你什么都懂，为什么不提醒她，你也想看她笑话是吧。好，你就看吧，过了今天，三泉村就更出名，农民丰收节上没农民，三泉村祖祖辈辈的农耕文化到此绝种了。”

“好，你们能耐，你们弄去。”李永福说着便朝客厅走去。

这时，李铭泉扑通一声跪在了地上：“爸，你就帮帮云溪吧，她在会场都快急死了。”

第十一章

李永福回过头，望着跪在地上的李铭泉，一下子愣住了。片刻之后，李永福转过头来，径直出了门。

“死老头儿，你这是去哪儿？”张美菊喊着。

李永福置若罔闻，一句话没说，出门走了。张美菊心疼地看着愣愣跪在那儿的李铭泉：“儿子，咱们不求他，妈给你们找人。”

此时的丰收节会场上，高云溪坐在凳子上望着空荡荡的会场一筹莫展。秧歌队和锣鼓队长跑过来询问大会是否还要如常进行，张麦圈在一旁气咻咻地骂人。高云溪起了身朝着会场那一边走去。孙梅梅跟了过来，她的手机在不停地响。

“云溪姐，马总他们也快到了，我们得想办法啊。”

“我去我爸工地上，把那些施工的村民叫过来。”张元生说道。

“那有什么用，那能有几个人。”

高云溪看了看孙梅梅：“古街上的展位都弄好了？”

“准备妥当。云溪姐，要不我们改一下丰收节的程序，我先带着马总和领导们参观黑陶馆、民俗馆、铁锅、芦编、大葱的展位？”

高云溪沉思了片刻：“再等等吧。”

“再等，人可就到了，云溪姐，赶紧下决心吧。”张元生焦急地说道。

张麦圈看了看众人，试探性地说道：“要不，我们向区领导汇报情况，找个原因，把会场的活动取消了算了，我们带着领导们视察一下古街上的展位，看看稻田的丰收景象？”

孙梅梅摇着头：“那怎么行呢，这里是主会场，丰收节没有会场算什么？”

“那你说，我们该怎么办？”

高云溪神情黯然：“这是冲我来的。”高云溪说着骑上了电动车。

“云溪姐，你去哪儿？”

“我们分头去请。”

高云溪和孙梅梅从街道两头领着十几个村民在村口汇合，孙梅梅满脸愁容地看着高云溪：“云溪姐，求爷爷告奶奶，就这些人。”

张麦圈给高云溪出主意：“云溪，解铃还须系铃人，这事儿啊，你得亲自去找你福爸。泉子在他爸那儿不好使。”

这时，李兰花跑了过来悄悄在高云溪耳边耳语着：“梦达集团在给村里工人发补助，去会场的人不发钱。”

高云溪听后，脸色一下子变了，暗自骂了声“混蛋”，她对张麦圈说道：“张主任，梅梅，你带着这些乡亲们去会场。”

“云溪姐，你去哪儿？”孙梅梅问道。

“去梦达集团。”

高云溪急匆匆赶到梦达集团化工二厂门前，恰好遇上了正在给村民发钱的张旭，张旭看见了阴着脸的高云溪想躲开，但被高云溪喊住了。

“高……高书记，我……我这次没惹你。”

“你确认你没干坏事？”

“我真没干坏事。”张旭装出一副无辜的样子。

“那好，你现在就回家拿上镰刀，去丰收节现场。”

“我……”张旭无话可说了。

“人不作不死，你就作吧。罗富呢？”

这时，罗富晃荡着从化工厂内走了出来，装腔作势道：“哟，高书记，丰收节那么紧张，您怎么来了？”

“罗富，你甭跟我装糊涂，说，你到底想干什么？”

“我没干什么，稳定压倒一切，您不是要举办丰收节嘛，我得发钱安抚这帮工人。”

高云溪冷笑：“谢谢你的好心。”随后她堵住了从工厂里走出来的村民：“诸位哥哥姐姐，大叔大婶儿们，今天是党中央、国务院专为我们农民特意建立的节日，作为三泉村的村民，我们都应该高高兴兴到会场庆祝我们自己的节日……”

众人议论纷纷。

“土地流转了，工厂停产了，我们失业了，我们高兴不起来。”

“云溪，我们参加丰收节，公家给发钱吗？”

“你要答应工厂复产，我们有钱挣，这就高兴，就去参加你的会。”

“辛辛苦苦十几年，一下子回到了改革前，云溪，党支部是村里的火车头，你这是带着大家开倒车……”

这些话像是刺一样，一下一下地扎着高云溪的心：“你们怎么能这样？”

罗富摊开手：“你看高书记，跟我没关系吧？村民们不高兴，我总不能拿着枪逼着他们去参加你的丰收节吧。”

就在这时，远处村委会方向传来了大喇叭的声响，大喇叭里是李永福的声音。高云溪驻足倾听着，古街铁锅展厅里的铁匠爷和高二泉、黑陶馆展厅里的疯子张、三泉村稻田原野丰收节会场里的村民们听到后都停了下来，认真听着大喇叭里李永福讲的话。

“三泉村的村民们，大家有了短信、有了微信，村委会的这个大喇叭，我已经二十年不用了。我今天之所以用它，是因为村子里出了大事。村里要举办农民丰收节，这是党中央、国务院号召的活动，可会场上只去了百十个人。乡亲们，我今天要问，难道我们三泉村的人心，已经散到这种地步了吗？”

“乡亲们啊，我知道，三泉村现在遇到了难题，厂子关了，黏土矿炸了，大家没有了收入，心里不痛快，这我都可以理解，可今天这么大的事，大家这样做，不应该啊。你们让上级领导、商界朋友，对我们三泉村怎么想啊，我们的集体荣誉感哪里去了啊？你们把村里两委干部晾在了会场上，你们的脸上就有光？我告诉你们，只要你们还是三泉村的村民，还是这片土地上的子孙，都给我一个不落地到会场去……”

三泉村委会广播室外，李铭泉站在门口，看着拿着喇叭在广播的李永福，心中思绪万千,一时不知该说些什么，只是吐出了一声：“爸……”

“人心齐，泰山移，无论出现什么事情，我们三泉村不能当着上级领导的面，自己打自己的脸。大家都给我听好了，二十分钟，家里有稻子的，拿上镰刀，没有稻子的都到会场上去，大家热热闹闹地过好这个节……”李永福仍在进行广播。

广播结束后，李永福这才发现李铭泉正在门口站着：“我这就到现场去坐着，我要看看，这会场上缺了谁。戳那儿干什么？上级领导眼看就到了，还不赶紧到会场去。”

“哎，哎，哎。”李铭泉一路狂奔下了楼。

三泉村稻田原野丰收节的主会场设在一望无际的金色原野上，《希望的原野》歌声悠扬，三泉村大批村民陆陆续续地朝着会场走来。锣鼓队伍开始奏响，大秧歌歌舞队也开始起舞，会场格外热闹起来。高云溪望着陆续赶来的村民逐渐将会场坐满，感慨万分。李永福坐在了第一排，眼含热泪望着高云溪走来。高云溪同样热泪盈眶，对着李永福鞠了一躬。

“福爸，谢谢你。”

“行了，赶紧忙吧。”

村民们开始纷纷落座。远处，两辆考斯特停了下来。齐东方、郑南国陪王副书记和蒋厅长，孙梅梅、高云溪陪着马伯如和众商业大咖朝着会场走来，众人热烈地鼓掌表示欢迎。齐东方微笑着走向舞台，宣讲第一届农民丰收节的开幕词：“各位领导、各位嘉宾，女士们、先生们，三泉村的老少爷们儿，大家好。丰收时节，五谷丰登，瓜果飘香，三泉村举办了第一届中国农民丰收节。设立农民丰收节，这是党中央对农业、农村、农民三农工作的关心和重视的具体体现，也是我们农村改革四十年来丰硕成果的展现……”

一望无际的稻田里，远处的收割机在收获着稻谷。高云溪、齐东方、郑南国陪着领导和客商体验稻米收割。几名领导和商界大咖在稻田里感受着收获的喜悦。从主会场离开后，高云溪和孙梅梅引领着各位领导和村民们首先来到了三泉村古街铁锅作坊的黑陶展位。

古街上热闹非凡，人群熙攘。古街两边，三泉村和百脉区的各种农产品、非物质文化遗产项目、旅游品牌的展位，各类农产品琳琅满目，嘉宾摩肩接踵地观摩着一个个展位。铁匠爷在铁锅展位前面，现场展示着他的铁锅技艺，众人不停拍手叫好。高云琅则抱着摄像机拍着视频。

铁匠爷一边挥舞着锤子一边说着快书：“好生铁，融好钢，大小铁锤响叮当，一锅三万五千六百锤，淬火打磨亮堂堂，闯关东，下南洋，铁锅中外美名扬，烹国宴，进民厨，煎炒烹炸饭菜香……”

“嚯，老人家，还一套儿一套儿的。”王副书记赞叹不已。

高云溪介绍着："这位是百年手工铁锅工艺的省级非物质文化遗产的传承人。"

齐东方补充道："老人家已经七十有三了。"

"哦，老人家，你这宝贝手艺可要后继有人啊。"

随之众人跟着高云溪进入了黑陶馆，众人参观着黑陶馆内展览的黑陶作品，交口称誉。高云溪带着众人穿过黑陶馆，来到了黑陶作坊。张疯子正在指导着保罗以及几个学生在制作黑陶。高云溪向众人介绍着张疯子："这位是龙山黑陶的非物质文化传承人。"

这时，古街上传来了噼噼啪啪的鞭炮声，人们追随着声响来到了古街上。众人陪着王副书记沿着古街朝前走着，高云溪和齐东方走在后面。

"小高书记，工作做得不错，比我预想的要好，没人拦路喊冤。"齐东方赞许道。

"那可说不准。"

"那么没信心？"

"化工厂的事，我把意见和建议都给发给您了。"

齐东方一笑："我知道你想说什么。"

"对，要钱。"

"你的期望值不要太高，今年省里、市里正在集中财力、物力进行扶贫攻坚战，你们村是远近闻名的富裕村，要想争取到大笔资金，恐怕困难。"

"要彻底让村里那片烟囱消失，凭借三泉村一个村的力量是不够的，您也不愿意看到我们三泉村在经济发展上开倒车吧？"

"你的意思我明白了，回到区里，我向他们汇报。"

"我看这三位省、市领导，兴致颇高，此时不提更待何时？"

"你倒是能见缝插针。"

王副书记转身看到两人嘀咕，上前问道："两位书记嘀咕什么呢？"

"哦，我是说，小高书记的这个办法不错，文化搭台，经济唱戏，希望省、市两级领导能给予支持。"齐东方回应。

"哦，小高书记，这次的丰收节搞得不错，让我看到了乡村振兴新的经济增长点，另外，你的那份乡村振兴的三年规划我也看了，互联网+田园综合体；互联网+文旅项目，两个轮子走路，率先盘活第一、第三产业，带动第二产业升级，我想听听你的具体想法。"

“王副书记，我是这样想的，我想利用第一、第三产业的升级改造，解决就业问题，然后再集中财力、物力，改造制造、矿产企业。”

“这条路子很不错，好好做，真正蹚出一条乡村振兴的路子来。”

随后，众人在高云溪的引领下来到了古街民宿“泉上人家”。三泉村古街门口摆放生态田园综合体、古宅民宿、古泉生态旅游的易拉宝。“泉上人家文化旅游发展有限公司”的招牌格外醒目。李铭泉、保罗、罗妮娜、玉竹已经站在门口迎接了。

众人走进了李铭泉的民宿后，装修以黑陶装饰为主，厚重质朴的民宿风貌呈现在人们面前。民宿大厅里的电子屏幕上正播放着龙泉山生态田园旅游综合体的实景3D动画介绍。整个动画介绍了从建设思路、服务宗旨、旅游线路，到综合体内容，一应俱全。省农业厅、旅游业文体厅的领导观看后不住地赞赏。马伯如朝高云溪望过去，两人对视后，高云溪冲着李铭泉偷偷竖起了大拇指。

由民宿大厅往里走，便来到了后院餐厅“妈妈味道”的门口。餐厅包厢、卡座一应俱全。木质包厢分两排摆开，共二十四个，每个包厢都以二十四节气命名。

孙梅梅在高云溪耳边嘀咕一句：“美菊婶儿说，午饭准备好了，问领导和老板们在不在这里吃饭。”

高云溪走向齐东方，压低声音说道：“东方书记，这里准备了简单的工作餐，村里的粗茶淡饭，我想问一下，是不是就在这里就餐，我征求一下您的意见。”

厨房里一股清香飘来，齐东方对大家说道：“各位领导，各位老板，择日不如撞日，今天是泉上人家文化旅游公司开业，我请大家吃顿民宿的农家饭，也算是我这个区委书记入乡随俗，为乡村青年自主创业捧场。”

王副书记望着农业农村厅和文化和旅游厅长，几人相互交流了一下眼神后，农村农业厅厅长说道：“那好，我们也入乡随俗，AA制，也算为我们李总凑个份子。”

“谢谢各位领导，各位老总。”李铭泉推开了秋分包厢的门。

包厢内，墙壁上贴着五谷丰登的壁纸，桌上瓜果摆放整齐，一旁配有清一色的黑陶餐具。

“诸位领导请坐。”孙梅梅招呼众人落座。

“梅梅，快给大家泡茶，我去后厨看看。”高云溪看着孙梅梅说道。

高云溪和李铭泉出门后，孙梅梅拉开抽屉，拿出了几只精美的黑陶罐子和黑陶茶具，开始调制花草茶：“秋分至，宜饮养生茶。大叶种晒青毛茶、滇橄榄、绞股蓝、杭菊……生津止渴、健脾胃、降血脂，强筋骨……”

高云溪和李铭泉走进了后厨，看见张美菊正娴熟地做着她的拿手好菜红烧稻花鱼，一旁的高云琅拿着摄像机在拍着视频。

“嚯，菊妈做大厨了。”高云溪笑着说道。

“是厨师长。”李铭泉纠正道。

“泉子哥，你可真会用人，累着了菊妈我可找你算账。”

张美菊将稻花鱼装盘：“累不着。哎，你们不陪领导，怎么跑这儿来了？”

“我看看你都准备了哪些菜。”

张美菊一一介绍道：“都是咱们的家常菜，六热四凉一个汤，热菜有稻花鱼、龙泉鸡、山蘑菇、地衣皮、龙泉豆花、炸河虾；凉菜有凉拌藕带、凉拌木耳、凉拌鲍芹、凉拌香椿。一个汤就是全羊汤，羊肉、羊血、羊杂碎。”

高云琅听后竖起了大拇指：“菊花婶，你这是我们舌尖上的三泉村。”

这时，孙会计风风火火地闯了进来，高云溪看着慌张的孙会计问道：“茂财叔，出什么事了？”

“不好了云溪，在梦达化工厂打工的村民找到民宿来了，说是要找领导反映问题。”

众人都大吃一惊，高云溪镇定地看着李铭泉：“泉子哥，你照顾好客人，茂财叔，走，我们去看看。”

“云溪，我就知道，这帮人不会让你消停的。”

张美菊劝阻着：“云溪，这帮人好赖不分，我劝你还是别去了。”

“菊妈，我不去怎么能行呢？走吧。”高云溪说着带着孙会计出了门。

李铭泉实在不放心高云溪，那帮混账可不是什么善茬，他跟在两人身后也出了门。

三泉村古街民宿门口，张麦圈正全力阻拦着上访的群众：“你们又要干什么？”

“我们要向省、市领导反映问题。”

“什么问题？”

“当然是复工、干活、挣钱。我们就想问问省、市领导，什么时候可以复工？”

“小高书记说了，村里之所以暂时没答应化工厂复产，那是因为梦达化工厂离我们居民区太近，产生剧毒气体和液体，处理不善发生事故，后果不堪设想。小高书记说了，钱很重要，但亲人们的生命更重要……”

“小高书记，小高书记，我们凭什么都听她的？”

“她是党支部书记，党领导一切，我们当然都得听她的。”

“化工一厂出了事，你们关了。二厂、三厂没出事，她也给关了。高速公路出车祸，她是不是把所有的路都给关了啊？不把村子全毁了，你和高云溪不甘心啊？”

张麦圈解释道：“你们这话说得。我们也是为了村子的未来。”

“为了你大圈地产的未来吧？让开，没时间跟你扯闲篇儿。”

“反映问题可以，你也得等领导们吃完饭才行啊。”

“吃饭，吃什么饭，我们都没饭吃了，他们还吃什么饭？”

“小高书记说了，产业升级改造，是国家政策，不怕你们上访告状，小高书记说了……”

“小高书记，小高书记，你这么快就跟小高书记穿一条裤子了？”

突然，啪的一记耳光落在这个始终喋喋不休的村民的脸上。李铭泉怒不可遏地站了村民的面前。

“李铭泉，你敢打我！”

“我就打你了，我打烂你这臭嘴。”

村民冲了上来，跟李铭泉厮打在了一起。高云溪怒喝：“住手，都给我住手。”

“是他先动的手。”村民指着李铭泉的鼻子。

“我就动手了怎么了？你这臭嘴就该打。”

村民和工人围着李铭泉开始动起手来。高云溪上前劝阻众人，身上也被打了几下。

马伯如和高云琅赶到后，马伯如上前保护着高云溪，不料却被打了几下，眼镜儿掉在了地上。此时，张元生骑着摩托迅速赶到，他站在人群中间，高举着手铐怒喝："谁再动手，我拘了他。"众人这才停下。

李铭泉擦着嘴角的血，指着那群闹事的人："我想，大家又不是眼瞎。云溪来到村里的所作所为大家也都看到了。化工厂爆炸，为了救人她差点被炸死，粘土矿塌陷，为了救人她差点被掩埋，她为了村里工厂的升级改造，去上海，去省城，为村里争取资金，请来了马总他们一大群投资商，她这样做到底图的什么？"

"图什么？她是要为升官捞取资本。"

"你放屁。"

"看，他还骂人。"

"我就骂人了。你们说，你们是不是男人？村子发展遇到了难题，你们不去想辙，却处处为了私利为难一个女人。你们眼里只有钱，只有自私自利，现在，竟然还厚颜无耻地说，是为了村里，为大家，要不要脸？"

众人觉得有些不好意思，但仍然没有收拢叫嚣的气焰，马伯如实在看不下去了，站了出来："我马伯如是个外人，按理说，我不该多嘴，可今天看到这样的事，我为高云溪所做出的一切感到不值。"

"伯如，村子里的情况你不清楚，你就别说了。"高云溪看着戴着被打得歪歪斜斜的眼镜的马伯如说道。

"不，我必须说。云溪在上海读书、工作的时候时常对我说，三泉村的村民，个个大善大义，是他们用善良和亲情养育了她，她高云溪要用一生来回报这里的父老乡亲，可是今天我看到的却是这样的丑陋的一幕，你们今天的表现，我会替云溪因你们而感到羞愧……说实话，我这次带着一帮投资的朋友来村里，就是要帮着云溪解决产业升级，解决大家的就业问题的，可你们现在这样对她，我很失望。"

"伯如，你别说了。"高云溪说道。

"你是谁啊？"一个村民问道。

"我叫马伯如，从上海来。"

高云琅在一旁插着话："他可是我们小马迅达的CEO，马总。"

"我呸。什么小马迅达，什么CEO，三泉村，就数你高拍拍不靠谱。跟你在一伙的人，能有什么好东西。"

"不跟他们啰唆，我们去找说话算数的人。"

"对，我们找他们去。"

村民们又开始吵吵嚷嚷起来，此时，一个厚重有力的声音在高云溪等人的身后传来：“有什么问题，可以跟我说。”

村民们看到王副书记和齐东方出现在了众人面前，村民们先是一惊，继而稳定下来。

“我是市委副书记王洪涛，你们有什么诉求，可以跟我说。”

“我要求撤了她的村支部书记。”

“哦，为什么呀？”

“高云溪关了工厂，断了我们的活路，我们不欢迎她做我们的领路人。党支部村子是发展的火车头，我们不欢迎一个开倒车的人。”

村民们纷纷声援应和，齐东方一直微笑的脸立刻严肃了起来：“诸位乡亲，化工厂停产整顿，大家想不开，有怨气，我完全可以理解，但是，大家对高云溪的评价，我却不赞同。”

众人的目光一下子落在了高云溪的脸上，齐东方随之说道：“全面建成小康社会和乡村振兴战略，是国策。我认为高云溪同志对三泉村未来的谋划是正确的。我也是支持的，她所做的一切，是执行的我的决断，大家如果有意见，可以针对我。”

齐东方的高调支持，让高云溪十分感动。混合着委屈、感动和激动的泪水瞬间从她脸上滚落下来。

“别在这里跟我啰里吧嗦的，你就说，我们厂子什么时间可以复工？我希望我们可以尽快上班。”

齐东方看着情绪偏激的村民们，心平气和地说道：“这个问题，我可以十分严肃地回答你。梦达化工是开，是停，还是最终彻底拆除，我们会尽快给出一个结论。可无论结果怎样，我们都会考虑到大家的利益，我请大家相信我们区委、区政府，相信三泉村党支部和高云溪书记。我们有信心处理好这个问题。”

三泉村罗梦达家豪华别墅内，罗富将今日在“泉上人家”民宿门口村民们聚众闹事的经过跟罗梦达汇报后，罗梦达一脸的不相信：“齐东方真是这么说的？”

“千真万确，市委王副书记也在。这个齐东方是个少壮派，手腕很硬。万一他强硬起来，我们怎么办？”

“什么派也得尊重法律。当年，我跟李永福签订的土地转让期限是30年，现在才过了18年，还有12年的土地使用权。如果真要撕破脸，我们就走法律程序。”

“姜还是老的辣。”罗富笑道。

“你再给村民们加把火，就说化工厂复产在即，上个季度的分红发给他们，告诉他们，这是最后一批分红款。”

“那我去了哥。”

这时，罗梦达的电话响了起来，电话那端是齐东方。

“罗总，我就在你公司的办公室里等你，我希望跟你谈谈。”

罗梦达进入办公室后，看到齐东方和高云溪正站在办公室里等他。罗梦达故作热情地寒暄：“哎呀呀，实在对不起，公司上市忙得我是焦头烂额，让二位父母官久等了，得罪，得罪啊。”

“哎，罗总，现在党和政府倡导服务职能，我和云溪书记都是你的店小二、服务员。百脉区，您是上帝。”

“岂敢岂敢啊，来，二位，请坐，上茶。”

“罗总，省、市领导可还都在民宿餐厅等着呢，我们就开门见山。”

“齐书记，您请说。”

“我想听听您对梦达化工集团在三泉村未来可持续发展中的打算。”

罗梦达没想到，齐东方开门见山，把皮球踢给了他：“哦，那我就直说。不当之处，还请二位书记批评。”

“罗总，您请说。”

“我是个生意人，企业要生存，无非两个字，挣钱。企业要发展，村里要挣钱，村民要挣钱。这就是我的打算。我这样说，可以吧？”

“当然。”

“可高书记的那份未来发展规划我看了，三泉村未来发展的盛宴里，根本就没下我们梦达集团的米。”

“罗总，三泉村未来发展规划，是根据区里山、泉、河、湖、城的规划蓝图制定的，对于每一个企业来说都是机遇。”高云溪解释道。

“可对于梦达集团说，是毁灭性的打击。”

“罗总的想法有些悲观了。”

“不是悲观，是悲剧。”

高云溪一脸疑惑："悲剧？怎么可能是悲剧？"

"梦达化工曾经为村里、为区里二十年的经济发展做出了巨大贡献，兔死狗烹鸟尽弓藏，你们还说不是悲剧？"

"罗总，换位思考，我理解您的心情。可是近期发生的事故，不得不引起我们的重视，它会影响村民的安全。"

"我们已经根据上级的指示进行了整改。"

"可梦达化工整改措施我看了，不解决设备陈旧、污水处理系统老化的问题，事故隐患还会存在，我们不能让三泉村的村民冒着生命危险迎接小康社会的到来吧？"

罗梦达拉开抽屉，拿出了一份合同复印件："那我管不了那么多。我跟村里是有合同的，三十年的土地使用合同，上面有你们村委会和土地管理部门的公章，合同没到期，违约一方要承担法律责任，我想你不会不明白。"

罗梦达把合同复印件丢给了高云溪："这里有你们村李主任的亲笔签名，你们看着办吧。"

"新旧动能转换，事关国计民生，我还是希望你能考虑。"齐东方诚恳地说道。

"什么叫民生，三泉村一半儿以上村民的收入都是我给的，这就是民生。你们要考虑民生，就不会有那么多老百姓反对你们。"

"你们已经关了我一个厂，炸了我一个矿，一定要赶尽杀绝吗？"罗梦达语气逐渐激动起来。

"您觉得，那样的厂，那样的矿，不该停，不该炸吗？三泉村的地理环境特殊，三山、四水，三分田，村子因泉水、稻米闻名几百年，水一旦出问题，泉就会出问题，稻米也会出问题，这是一条断子绝孙的路。"

"云溪，你有些危言耸听了吧？这么多年了，泉水出问题了吗？米出问题了吗？"

"问题是，你的厂已经出现了问题。"

"我们已经针对问题进行了整改。你们也知道，梦达集团公司正在上市的关键节点上，梦达化工作为公司上市盈利的优质资产，必须尽快复产，否则，我损失惨重。我必须得为集团股东和上万名职工负责。"

"那谁为三泉村民未来的生活负责？梦达化工要发展，必须走升级改造，腾笼换鸟的道路，退一步说，如果您要想继续生产，就必须更新设备，更换污水处理系统，确保生产和环境安全。”

罗梦达看了一眼齐东方，又看着高云溪：“云溪，这算是最后通牒吗？”

“您这么理解也可以。”

罗梦达的脸色一下难看起来：“要是我说不呢。”

“罗总，罗叔叔，您也在三泉村生活了快二十年，算是半个三泉村的村民，您也不想三泉村再出现水质污染、生产事故吧？”

“你们这是逼着我离开三泉村吗？”

“罗总，没有人逼你，我只是希望你能慎重考虑。”

“我没法考虑。”罗梦达阴沉着脸。

齐东方一脸严肃：“罗总，我觉得你还是要好好想一下，想清楚了，跟小高书记合计一下，下一步该怎么办。”

“你们真要逼我关厂，我也没办法，那咱们只有走法律程序。”

“没人逼你。是这个飞速发展的在时代倒逼我们，你必须改变理念，选择一条新的发展道路。”

“道不同，不相为谋。”

“罗总，那我就跟你说一下我的意见。如果整改不成，那就彻底拆除，如何赔偿，你做个方案，我们研究。当然了，如果你实在想不明白，可以以正常的手段去找市里、省里领导反映问题。”

“领导这是话里有话啊。”罗梦达意味深长地看着齐东方。

“罗总，明人不做暗事，有问题摆在桌面上。”

“你们这样做，是不得民心的。”

“民心可敬，但不可欺。”

高云溪和齐东方出了梦达集团后，满脸愁容地走在古街上，高云溪摊开手，无奈地说道：“他这个态度，谈下去，不会有什么结果。”

“看样子，三泉村的问题，比想象的要复杂得多。”

高云溪苦笑：“是啊，我能想象得到上一任支部书记灰溜溜离开村子的样子。”

“如果你觉得吃不消，也可以选择回区里去。”

“那我的下场一定比他更惨。”

齐东方一笑：“接下来有什么打算？”

“关键是村民的就业问题。”

“是啊，这个问题亟待解决。”

“书记您还有什么良策？”

“看来，你的乡村振兴战略三驾马车，很难并驾齐驱，电商农业、民宿文旅项目建设，必须尽快提速，让村民有稳定的收入，是展开工业改造的前提。”

“您的意思是，化工厂的问题先缓一缓？”

“我可没这么说，全面建成小康社会已经开始了倒计时，乡村振兴战略全面展开，必须只争朝夕。”

“我相信事在人为。”高云溪笃定地说道。

第十二章

三泉村民宿街口，高云溪、齐东方、郑南国和王副书记送省里的两名厅长上了车。临行前，农村和农业厅厅长摇下了车玻璃，看着高云溪说道：“小高书记，三泉村所面临的问题，在广大农村全面建成小康社会和乡村振兴过程中很具普遍性，农村在经历了包产到户、土地流转到今天的精准、精致农业合作社的形成，又面临着一个划时代的变革，只要充满信心，抓住机遇，农业也能大有作为，你们跟小马迅达合作这个项目我十分支持，回去之后我们会研究一个方案出来，该扶持的一定要扶持。”

“谢谢厅长。”

“你妈的厨艺不错，味道让人难忘，这家民宿餐厅，看样子要火啊。”

高云溪笑道：“那我替我妈妈谢谢您的吉言。”

旅游和文化厅厅长随后说道：“小高书记，你们村能立足非物质文化遗产、民宿文化、农耕文化，从群体民宿到打造聚合文化旅游、乡味餐饮、生态农业、田园综合体的文旅项目很好，好好干，弄得好会成为乡村振兴的样板。”

“受资金的局限，目前还很不成熟。”

旅游和文化厅厅长笑了：“知道你要张嘴要钱了。这样的项目，我们会扶持的，但仅靠村民集资和政府投资是不行的，我看你弄来了那么多金融专家，你让他们也想想办法。慢慢来，别着急。”

“领导啊，不着急不行啊。想必您也知道了，新旧动能转换，村里经济要发展，村民要提高收入，生活质量不能下降啊。”

“是啊，说一千道一万，提高农民收入是关键啊。”

高云溪、齐东方、郑南国和王副书记目送省里领导上车离开了，王副书记的车停在街口，王副书记上车前看着高云溪嘱咐道：“小高书记，知道你受了不少委屈，但有一条我还是要强调，我们都是共产党员，百姓事，无小事，事事都关系到党的形象。”

“是，王副书记。”

“当然，人一过百，形形色色。我们的事业难免会有人不理解，会提意见，会骂娘，但我相信，只要把党的方针政策领会好，执行好，就一定能赢得群众的支持和理解。”

随后，高云溪和张麦圈目送齐东方和郑南国两人上了车，车辆走远后，张麦圈长出一口气：“终于送走了。”

“是啊，走了。”

“你跟东方书记去找罗梦达，结果怎么样？”

高云溪蹙着眉，摇了摇头：“进展不大。”

“罗梦达这人我了解，粘上毛儿比猴儿都精。新旧动能转换，全省已经关了几百家化工厂，同类化工产品紧俏，工厂一开工，日进斗金。”

“张主任，梦达化工厂复工，还是关停，我建议村里两委分头召开会议，形成一个决议。复工如何办，关停怎么办，村两委必须拿出一个决议。”

“云溪，作为村主任，我坚决拥护你的决定，彻底关掉化工厂，党领导一切，这是规定。”

“我觉得，还是要尊重一下村里的民主吧？”

“云溪，基层工作没有硬手腕，工作根本没法推进。你别看我跟你福爸吵架吵了半辈子，有一点儿我佩服他，杀伐果断，从不拖泥带水。”

高云溪苦恼道：“我也想快，可这事儿快不了。”

“云溪，我的设想你考虑一下。我觉得建商业街是个好办法，商业街建成之后，转农为商，这个问题就解决了。”

“麦圈叔，您那个方案我不是没考虑过。传统商业在物联网高度发达的今天举步维艰，筹建商业街，你得想办法解决常住人口问题。我评估过，即便是把附近几个村子都算进来，周边居民也达不到建商业圈的标准。”

“云溪，地产这行你还真外行。你看，高铁站很快就要修建，距离我们这里不过几十千米，我们这里寸土寸金。”

“麦圈叔，高铁站是要修建，但也是为了缓解城市压力，但不代表就能带来常驻居民，我知道你在打村里那六百亩地的主意。眼下，大规模上高档住宅项目，很盲目。”

“这个，我心里有数。”

第二天上午，在三泉村村委会会议室内，高云溪拿着电子笔在大屏幕上为商界大咖们介绍三泉村未来发展规划：“未来三泉村的发展会是这样的，山、泉、河、水、城一体化发展，以中泉村、古街为中心，发展商业、文旅、观光休闲的田园综合体，逐步转换这一大片高耗能、低效益，环保……”

蒋总直言坦荡：“云溪，你的未来规划，我们已经看到了，你就说，大家该怎么帮你？”

何总接着发了言：“我看了你们村的现有情况，说实话，三驾马车，制造业是个短板，基础薄弱，很难实现跟数据时代的接轨。我看了一家仪表厂，倒是有些灵感。”

高云溪一脸惊喜：“哦，您说说看。”

何总拿出了一个电表、一个水表：“这家仪表厂的生产设备和生产能力还是不错的，但研发水准太低，随着大数据、人工智能的飞速发展，智能家居产业的发展必须跟产业紧密挂钩，我们云海数据和钱总的飞达科技最近联合开发了一款智能仪表项目，看能不能实现跟这家工厂的对接。”

“何总，能详细讲一下您的想法吗？”

“我们如果在这些仪表里加入智能芯片，跟水网、电网实现数据对接，那么就解决了电业、水务部门抄表、缴费、安全等诸多方面的问题。”

“仪表连接千家万户，市场就不会有问题。”

何总坦言道：“我们能帮你的就是拿科研项目入股，尽快实现投产。”

“那太好了。如果可以，我们尽快签约。”

“如果商榷妥当，我们这次就可以签约。”

吴总随之附言道：“考虑到三泉村的地理位置特殊，交通发达。我跟马总商量了一下，他在三泉村成立电商平台，我依托他的互联网农业，开发一个物流中心，如果可以，也可以近期签约。”

蒋总半开玩笑说道：“云溪在融创集团工作了三年，我算是半个娘家人。李总的文旅项目我很看好。李总，你给我一个预算，投你们个百分之二十还是没问题的。”

马伯如抱拳致谢，蒋总故意打趣道：“小马儿，我们帮的是云溪，你谢个什么劲儿啊。”

“我代云溪谢谢大家。”

高云溪看了一眼李铭泉，发现李铭泉有些发愣，她忙拉着李铭泉朝着众人鞠躬："我们代表三泉村的父老乡亲，感谢大家对三泉村的支持。"

"在商言商，发财的机会来了，我们合作共赢。"

"那好，事不宜迟，我们抓紧时间回上海准备，尽快把合作事项落实了。"

高云溪笑着说道："蒋总，事情虽然很急，但也不急这一会儿，知道大家中午这顿饭没吃好，今晚我设宴招待大家，我们一醉方休。"

"云溪，这杯酒啊，等着我们签约成功的那一天再喝吧。"

"那好，我就多谢诸位了。"

此时的民宿大堂内，李兰花正愤愤不平地和张美菊讲述着丰收节突发状况的缘由："嫂子，我早打听清楚了，就是那个罗富在捣鬼。鼓动人在丰收节上捣乱，来街上找领导闹事，都是他给村民发的钱，让村民起的哄。"

"姓罗的这两兄弟，可真不是东西，我们家老李对他们是有恩的啊，他们怎么能这样？没有我们家老李，哪有他们的万贯家财？"

"说的就是啊。要我说，李主任就是太清廉了，当初要不是他挡着泉子，你们家的钱早超过张麦圈了。不过现在也好，泉子的生意越做越大了。我可听说，省里和上海客商都要给他的项目投资。"

张美菊叹了口气："唉，别提了。就为这，父子两个人脑子打成了狗脑子，还不知道这事儿以后啥样呢。"

说话间，高云溪和马伯如送走了各位商界大咖后，说着话进了门。张美菊迎了上来，关切地问道："云溪，你没事吧？"

"菊妈，我没事。"

马伯如对着二人礼貌地打了招呼，随后高云溪和马伯如穿过大堂、餐饮部，进入了民宿的后院住处。马伯如饶有兴致地打量着高云溪的民宿闺房，高云溪给马伯如倒了一杯水后，打开了微型投影仪。白色的墙上出现了一大片稻田，镜头转向山泉、溪流，稻田边的溪水清澈见底，沉甸甸的稻穗、金灿灿的谷子、白花花的稻米都一一呈现出来。高云溪看着屏幕上的短片，环抱手臂若有所思。

"我觉得，要是更简洁，更能体现贡米文化底蕴就好了。"

高云溪突然兴奋起来："这样，伯如，你看这样好不好，就用那首诗。一株花开满坡芳，一家煮饭四邻香。"

"好，这句广告语好。我们这就回去落实。"

“我看，我们就先这样定下来。说说你那个投资计划。”

马伯如拿着电子笔，在墙壁上一边指着一边讲解道：“我的初步考虑是这样的，立足三泉村的生态农业资源、食品和黑陶、铁锅、芦编等非遗文化产品建立一个电商平台，孵化直播销售平台，拓展销售渠道，进一步扩大产品的知名度；另外，泉子的民宿和文旅，也要建一个平台，文化产品，重要的是传播。”

“那好，等泉子哥回来，我们好好合计一下。”

马伯如突然担忧地想说些什么却欲言又止，高云溪皱眉头：“你怎么了？吞吞吐吐的。”

“不知当讲不当讲。”

“你只管讲就是了。”

“云溪，你觉得你的宏伟蓝图能实现吗？”

“怎么，没信心？”

“对你，我有一百个信心。可对你村里的这些人，我不敢恭维。”

“我倒觉得没什么，村里人直率，有什么事都直接表达。”

“这表达的方式也太直接了吧，直接抡巴掌打人。我就我看不惯他们这样欺负你。”

高云溪一笑：“都是亲戚四邻，打断骨头连着筋，上嘴唇哪有不碰下嘴唇的。”

“云溪，要不你回上海吧，只要你松口，钱总、蒋总、吴总那儿都有一个能体现你价值的位置……”

张美菊端着两碗面糊，站在高云溪房门口听到了两人的谈话。她想了想，还是走进了房间。长廊尽头，李兰花看着张美菊进了屋子后一笑：“这娘们儿，到底还是绷不住了。”

张美菊端着托盘进门后，马伯如起身问好。张美菊将碗放到了桌上：“午饭街上闹腾一阵子，你们没吃什么饭，我用鸡汤给你们两个下了干菜面片儿。先垫吧垫吧。”

高云溪看到了桌子上的面和腌香椿：“哇，腌香椿，手工干菜面片儿，我的最爱。”

“晚上阿姨请你回家吃晚饭。”张美菊看着马伯如热情地说道。

“阿姨，你千万别客气。”

“趁热吃，菊妈的鸡汤干菜面片儿、腌香椿，人间美味。”

马伯如拿起筷子嗅了一下，赞叹道：“哇，可真香。”

张美菊爱怜地望着两个人吃着面片儿，表情有些复杂。这时，马伯如的手机短信来了，他掏出餐巾纸擦了一下嘴，对高云溪和张美菊说道：“云溪，阿姨，我有事先出去一下。”

“哦，你去吧。”

“明天，阿姨请你到家里吃饭。”

“好的阿姨。”

马伯如出门后，高云溪碗底即将见空，她看着张美菊问道：“菊妈，还有吗？再来一碗。这美味，一辈子都吃不够。”

张美菊叹了口气：“怕是吃不了多长时间了。”

“为什么？”高云溪一脸疑惑。

“你都多大了，快三十了，早晚要嫁人了。”

“谁说我要嫁人了？”

“傻丫头，哪有姑娘不嫁人的？”

“我就赖在家里，怎么了？”

“好好好，你赖在家里。菊妈养着你。”

张美菊暗喜，但嘴上还是探着高云溪的口风。张美菊小心地问着高云溪：“云溪，你跟菊妈说实话，你跟那个马总发展到什么阶段了？”

“什么呀菊妈，这事儿千万别胡乱猜。”

“傻子都能看出，马总是追着你来的。”

“什么呀。我跟马总是老同学，老朋友，好闺蜜，人家马总也是看准了商机，来跟我们合作的。”

“菊妈还是不信，菊妈是过来人，知道这里面的道道，你要是真不喜欢，就跟人家说明白。”

“放心吧，菊妈，我心里有数。”高云溪说着用纸巾擦了擦嘴，也出了门。

高云溪没想到的是，她再次因为化工厂的事情跟福爸发生了激烈的争吵。李永福沉着脸坐在沙发上，他始终坚持着化工厂不能完全关停：“知道这两个厂是什么吗？那是村民的摇钱树，树倒人心散。这个秋天发生了多少事啊，你怎么还不吸取教训呢。”

“福爸，人心是怎么乱的，您心里还不清楚吗？人心乱在只追求眼前利益，不顾子孙后代上。三泉村最大的资源就在泉水上，化工企业，最大的隐患就是泉水上游。我们的下游就是小清河，再往下，那就是月雅湖，化工厂一旦出事，怎么样的后果，您自己考虑过吗？”

“我们做事不能草木皆兵。”

“那你也不能有侥幸心理。”

“全面建成小康社会正在进行全面攻坚，你关了厂，停了工，村民收入就要下降，经济发展就会开倒车，别人都在向前跑，你却在向后退。”

“要真是再出了事故，您那个小康社会，还是小康社会吗？这样的小康社会，我宁愿不要。”

“两年时间，你就再给村里两年时间。算我求你，我代表三泉村的父老乡亲求你，好不好？”

“福爸……”

张美菊听着两人争执不休，走了出来想劝和：“他爸，你就不要再为难孩子了。”

“没你的事，回里屋去。”李永福朝着张美菊怒吼道。

“你就知道朝着我吼，朝着闺女、儿子吼，别人欺负云溪的时候你上哪儿去了，那个姓罗的两兄弟，不是什么好鸟。”

“你懂什么，回里屋去。”

张美菊只好地气咻咻缩了回去。

“福爸，我就不知道，您为什么这样一直护着梦达集团。”

“你想说什么，说我跟他们有勾结？有不清不白？”

“我可没这么说。”

“你就是这个意思。”

“我真没这个意思，可别人不得不想。”

“我行得正，坐得直，他们爱怎么想就怎么想。村里那帮人一直都在化工厂做工，文化水平低，干不了你引进的高科技，没了营生，你让他们干什么？”

“福爸……”

“我不是你爸，现在，我以三泉村一个普通农民的身份向你请求，不要赶尽杀绝，给村民一条活路。否则，我李永福，第一个站出来，带头反对你。”

“福爸……”

“你走吧，我就这个意思。”

李永福说完进了里屋，他咣当一声关上了门。高云溪愣愣地站在了那里，喋喋不休的争执似乎还回荡在凝滞的空气中。李永福进卧室后气咻咻地坐在了沙发上，屋外传来高云溪的声音：“福爸，你听我说。”

“滚，只当我没养你，三泉村没养你。”

话音刚落，突然，“啪”的一声，张美菊一个耳光打在了李永福的脸上。

李永福怔了一会儿，挥起巴掌：“你个臭婆娘，你敢打我。”

张美菊冲向李永福：“你打，你打，打死我算了。为了化工厂，你真想把这个家给搅散了啊。”

李永福巴掌停在半空，他叹了一口气，还是放下了巴掌：“毁掉这个家，毁掉这个村的不是我，是她。”

高云溪站在卧室门口，流着眼泪，她哽咽着叫着“福爸……”，屋内李永福仍旧骂骂咧咧的，高云溪哭着跑出了家门，张美菊喊着“云溪”在后面追了出来。

高云溪在村路上跑出了很远。夜色如墨，秋风萧瑟，地上的落叶被吹得四处翻滚。高云溪孤单地走着，她回想着李永福的话，内心一片凄凉。张美菊一路追了上来：“云溪，云溪，你等等菊妈。”

高云溪回头，此时的她已是泪眼斑驳，她一头扑在了张美菊的怀里：“菊妈，都怪我，是我把这个家给搅散了。”

张美菊拍着高云溪抽搐的肩膀，安慰道：“好孩子，这日子，咱不跟他过了，咱们娘儿仨过。”

是夜，对于高云溪来说又是难眠的一夜，李永福的话一次一次地重现在她的脑海，她从未感到如此的无助，一个本应最信任、最支持她的人，却是如此不理解她。即便如此，高云溪仍旧需要为第二天的合作仪式调整心情，她反复查看着仪式流程和事项，生怕出现什么纰漏。

三涧溪的秋晨，天高气爽，贡米合作社门口停了一支福田皮卡厢车车队。车头上系着红绸布花，上面刷着小马迅达的标志。一条写有“一株花开满坡芳，一家煮饭四邻香”的横幅拉在了门口。高云溪和众人朝小口袋里兴致勃勃地装着贡米。西装革履的张麦圈整理了一下领带走到大家面前。

“我宣布，三泉村贡米合作社跟小马迅达线上销售合作仪式现在开始，下面，请小马迅达公司总经理马伯如和三泉村党支部书记高云溪，为第一批线上销售的米车剪彩。”

马伯如、高云溪随后走到了贡米小皮卡边。略显憔悴的高云溪，脸上依旧露出了灿烂的笑容。两个人剪开了两辆皮卡厢车之间红绸布，马伯如字正腔圆地说道：“小马迅达助力乡村振兴，百年贡米香飘四海，我宣布，百年贡米销售平台正式开启，第一批贡米向着千家万户，出发。”

众人一阵掌声中，马伯如跟高云溪握了手，而李铭泉正站在人群里，神情略显落寞。

仪式结束后，一辆辆装满贡米的皮卡逐渐开出村子，李永福站在稻田边上注视着，一脸落寞。旭日从收割后的稻田上空缓缓升起，几个稻草人正在风中孤立。

第十三章

合作仪式圆满结束后，高云溪便夜以继日制定出了一套新的化工厂处理方案，她带着方案来到了百脉区区委齐东方办公室。齐东方看完了高云溪的方案后点了点头："这个方案基本可以。"

郑南国补充道："暂时不关不代表日后不关，我们也是考虑到梦达集团正在上市关头，村里尚未解决好村民就业问题。"

"督促罗梦达，尽快完成工厂设备改造和污水处理系统更换，不通过省级评估，不能复工生产。"

"我尽快找罗梦达去谈。"高云溪说道。

"我看了你们村贡米线上销售的大数据，很不错，明年的米好像已经预定得差不多了吧？"齐东方问。

"已经预售过半。"

"你们村那个文旅方案，上面也很重视，省里、市里的部分资金会相继到位。钱不多，资金还是主要靠你们去筹措。"

"融创集团的资金很快也会到位。"

齐东方笑着点了点头："很好，经历了这个多事之秋，我们的小高书记总算有了云开日出的好消息。"

冬日的阳光隔着窗户照在办公桌前，高云溪抱着臂膀坐在办公室里，望着外面院子里把公示栏围得水泄不通的村民。此刻孙梅梅正在给村民们分发选民证和表格。公示栏旁，村民们正议论纷纷。

孙梅梅进来后，高云溪才把目光从楼下收回来："选民证发完了？"

"差不多了。"

"这两天，电子选民证也发出去，这届换届选举，只要是三泉村的村民，无论他在哪里，都要发出自己的声音。"

三泉村李家院子里，李永福正躺在屋门前晒着太阳。孙会计匆匆地走了过来："我的老哥，换届选举眼看要开始了，你怎么还跟没事儿人似的？"

李永福一脸事不关己的样子："我不想参选了。"

"啊？"

"你看，就因为当个村主任，家散了，就差人亡了。"

"可全村人都眼巴巴等着你呢。"

"未必吧？"

"当然，有人也在上蹿下跳地活动。"

"他想干，就让他干去吧。"

李永福不想参加换届选举的消息很快便在村子里传开了。张麦圈在家中躺在沙发上，从张老二嘴里得知了这个消息。张麦圈听后直起身来，一脸惊愕，十分质疑地盯着张老二问道："你听谁说的？"

"李兰花。"

"那是个碎嘴货，她的话你也信？"

"你的意思说，是她李兰花放的烟幕弹？"

"幼稚。一个掌控三泉村快二十年的人，舍得大权落到别人手里？别人信，我不信。"

张老二若有所悟："你是说，李永福要跟我们玩儿计谋？"

"不管是不是，不能掉以轻心。"

"你想怎么做？接着给村民送皮鞋？"

张麦圈装得一本正经："这事儿我可不知道啊。"

"你是候选人，你当然不知道了。还是老规矩，皮鞋只送一只，选票有效后，再给一只。"

"我不说了嘛，这事儿我不知道。"

"嗯嗯嗯好，你不知道。"

张麦圈在张老二耳边鬼鬼祟祟地嘀咕了片刻，张老二点了点头应道："嗯，好，我这就去办。"

三泉村古街民宿里，张美菊因为李永福选举村主任一事向其示威，已经从家里搬出来三天了，高云溪正劝说着张美菊："菊妈，你可不能这么干，福爸是村民心中最称职的村主任，您这么一干，会影响换届选举的。”

“哦，再把他选上去，跟你对着干？”

“我跟福爸的矛盾，也都是发展理念的冲突，没什么大不了的。”

“不行，他这人太霸道，不能让他得势。”

“参加村民选举，那是他的权利，你不能剥夺他的被选举权。”

“反正我拿定主意了，他要选上村主任，我就跟他离婚。”

“您啊，就是刀子嘴豆腐心。这几天回家去住吧，福爸身体不好，你不回去我就得回去给他做饭、洗衣服。他心里对我有气，我想等一阵再回去。再说了，你看我忙得四脚朝天，你就当心疼我。”

张美菊叹了口气：“那好，我可是因为你才回去的。”

几日后，齐东方把高云溪叫到了办公室，将一封举报信递给了高云溪，高云溪看着那封信，难以置信：“说我福爸贪污？天方夜谭。”

齐东方一笑：“村委会换届敏感时期，我也觉得有些奇怪。”

“这个时候举报，动机不纯。”郑南国说道。

“村委会换届，奇怪的事层出不穷。”

“如何处理？”郑南国问道。

“利用换届交账的机会，派个纪检组，查查吧。”

“会不会影响村里换届？”

“清者自清，浊者自浊嘛。”

“好，不管情况如何，一定好好配合。”高云溪点了点头。

“过去，也有人向我反映，李永福跟梦达集团的关系不一般，这个还是要好好查查，毕竟李主任还是候选人嘛。”

高云溪迟疑地说道：“我福爸拒绝参选了。”

齐东方和郑南国听后很是吃惊。

“不参选也好啊，他的身体太差了，我之所以回村，就是想让他好好养养病，没想到出了那么多事，惹他生了那么多气。”

“三泉村的情况我清楚，这个村主任很难选。”

齐东方看着高云溪试探性地问道：“云溪同志，考虑没考虑书记主任一肩挑？”

“新旧动能转换箭在弦上，我很难抽出时间处理村务。”

“年轻人中间有没有人？”

“也就李永福的儿子李铭泉了。”郑南国回道。

高云溪摇了摇头：“李铭泉这个时候参选，怕不大合适。”

“怎么个不合适法？”

“他的精力主要在文旅项目上，再就是，他对福爸做村主任这事深恶痛绝，我想他也不愿意参选。”

“那就叫村民选吧。”

高云溪和郑南国出了办公楼，一路上职员不停跟二人打着招呼，郑南国语重心长地说道：“云溪啊，这是不白之冤，查账这事儿，你福爸可能会接受不了，你一定要做好工作。”

“是啊，太让他心凉了。”

“这倒不会，你福爸这人我知道，光明磊落。关键这封信来得不是时候，你福爸会很恼火。”

高云溪点了点头：“找个合适时候，我先跟他沟通。”

几日后，迎来了李永福的生日，高云溪觉得这是个难得的契机，可以跟福爸好好地沟通。这天，她早早地在厨房里忙活起来，张美菊刚走到厨房门口，吃惊地停了下来。厨房里，高云溪系着围裙，把葱花糊上菜刀，用锅铲推进锅里。葱花遇油，溅起油花，香气随之扑鼻。高云溪抓起锅把，摇了摇铁锅，随之把搅拌好的鸡蛋倒了下去。张美菊看着，不禁露出满意的笑容。

“今天是我福爸的生日，我得向他道个歉。”

“化工厂那件事，你不依了他了嘛。他还想怎样。”

“只有晚辈的不孝，没有长辈的不是，菊妈，我福爸他更不容易。”

“好闺女，眼下咱们家你最不容易。”

“不当家不知道当家难，一个家也是，一个村子更是。”

“做饭更是，众口难调啊。这个菜完了，你也来吧。”

“还有个汤和长寿面。”

“我来吧，泉子买了蛋糕，吃完蛋糕再煮面吧。”

“好。”

高云溪端着葱花鸡蛋走出了厨房，刚进客厅，一家人只顾用异样的眼光盯着她。李铭泉用筷子夹起一小块葱花鸡蛋放进嘴里，一边咂咂嘴，一边目不转睛地注视着高云溪，他赞叹道：“香……”

高云溪在杯中倒了满满一杯酒，看着李永福说道：“福爸，做闺女的不对，惹您老生气了。今天是您的生日，云溪借着这杯酒向您道歉，福爸，对不起。”高云溪一饮而尽。

“我说话也过了，你也别往心里去。”

对于两人的和解，张美菊很满意，她给高云溪夹了一大块红烧肉。高云溪却把红烧肉夹到了李永福碗里，李永福接受了高云溪的求和，咬了一口红烧肉，向张美菊点了点头：“当了大厨，手艺见长啊。”

“嘴变得那么刁了，这都能吃出来。不过啊，你猜错了，这一桌子菜我可没动手，都是闺女做的。怎么样，够诚心，够孝顺吧？”

高云溪谦虚道：“打鸡蛋的时候，我看里面的蛋黄比小时候吃的颜色浅了不少。”

李永福吃着红烧肉，听出了话中有话，然而张美菊没听出来高云溪的意思：“现在哪能跟你小时候比，你小时候村里的鸡都是散养的不说，吃的都是虫子和草，那全都没污染没化肥，现在比不了。”

“福爸，咱得想办法把那时候的生活找回来。”

李永福嘬了口小酒，夹了一块鸡蛋放嘴里，嚼了一下：“你的火大，鸡蛋炒老了。”

“真的吗？我尝尝。”李铭泉赶紧吃了一块：“感觉还行啊，家里长时间不做饭，蛋都快搁坏了，大火能去腥。”

张美菊在桌底下踢了一脚李铭泉，给他使了个眼色。李铭泉会了意，说道：“晚饭我请，民宿咱们定一桌。”

“你的大厨是你妈，我都吃一辈子了，没什么新鲜的。”

“那是，你都吃一辈子了，还新鲜才怪呢。”

饭后，高云溪刷着碗，想起来他们一家已经很久没有像今晚这样坐在一起和和气气地吃一顿饭了，她的心中慨叹不已。与此同时，那封举报信里她始终没有搞清楚的问题还一直困扰着她，这时，李铭泉走了过来，帮忙收拾。

“泉子哥，你觉得梦达化工和福爸的关系到底有多深？”

李铭泉警觉：“什么意思？”

“有人检举福爸两个问题：一，村委账目不清；二，跟梦达集团有利益挂钩，以权谋私。”

“放他娘的臭屁。”

高云溪一笑：“泉子哥也文雅不起来了。”

“梦达集团是他引进来的，一路靠政策支持才有的今天。要说他跟梦达集团关系密切不假，但说他以权谋私，纯属放屁。”

“你想想，罗梦达送给福爸什么东西没有？”

“哦，十年前，罗梦达给村委会送了一辆车，但是那车都是爸开的，你可以理解成就是送给他的，只是所有权属于村子而已。”

“没了？”

“你还以为有什么？为了避嫌，他连我开民宿都不让，他干他的村主任，我开我的民宿，八竿子打不着的事，他就是不让我干，你说有意思不？”

“他有他的苦衷。”

“什么苦衷？就是为了他的名声。”

“我看不仅仅是名声，这是他为官做人的准则。”

李铭泉点点头：“他的准则就是穷了自己，富了别人；坑了自己，乐了别人。我倒真想这次纪检组能查出点儿问题，断了他的念想，也免得跟你作对。”

“你怎么能这样想？”

“你揽下这么一个烂摊子，不就是为了替他，让他能安心治病吗？”

“这个倒是。你说，这件事我什么时间告诉他好？”

“纪检组一到，早晚他都得知道。”

“突然来这么一下子，我怕他接受不了。”高云溪颇为忧虑。

“要不这事儿我去跟他说？”

“还是我去说好，这是正规渠道。”

“哦，我差点忘了，你是领导。”

高云溪笑了：“讨厌你。”

客厅里，李永福喝着茶，张美菊在看着电视。张美菊被电视里的剧情逗乐了，哈哈大笑着。高云溪和李铭泉走了进来，李铭泉对张美菊说道：“妈，民宿有点事儿，咱们去合计一下。”

“噢，好。”

张美菊跟着李铭泉出了门。出门前，李铭泉有意看了一眼坐在沙发上的高云溪，高云溪点了点头。此时，屋内只剩下了高云溪和李永福。

“有事儿你说吧，挤眉弄眼的。”李永福直言道。

“福爸，有件东西我得给您看一下。”

“哦，好。”

“前提是，您不能生气。”

“我不生气。”

高云溪犹豫着，把那封打印的检举信递给了李永福。李永福看着信，手有些颤抖。高云溪看到李永福的脸色变得铁青，担忧道：“福爸，说好了不生气。”

李永福苦笑：“兔死狗烹，鸟尽弓藏，这还不算，还要秋后算总账。你们什么看法？”

“当然是不信了。”

“你们不信不行，得让村民不信，让写信的人不信。”

“纪检组已经到了。”

“查，那就让他们查。云溪，你通知张会计，让他把从我接手你爸到我当村主任二十年的账目都翻出来，一笔一笔地查。然后全部公示。”

高云溪愣住了。

三泉村村委会会议室内，两个查账的纪检组成员正在翻看着在桌子上堆得像小山一样的账本，账本上的账目被记得工工整整。张麦圈带着助理走了进来，助理怀里抱着水果、饮料和香烟。

“嚯，那么多账本，茂财，你太能干了。”

“有人要翻旧账，我要是没账可翻，李主任可真就跳进黄河也洗不清了。你说是不是啊，云溪？”

高云溪一笑，张麦圈顿感尴尬：“诸位，大家辛苦，喝点水，吃点水果，接着再干。”

“不用了，我们得抓紧干，否则会耽误你们的换届选举的。”纪检组长一边翻阅账目一边说道。

“不差这一会儿。”

“张代主任，这边是前十年的，我们查完了，你在这上面签个字。”

“不会有问题吧？”

“目前还没有，后面的还没查，不知道。”

张麦圈翻看着账本，高云溪有意说道：“你可得看清楚了，免得以后有人再翻旧账。”

张麦圈哈哈一笑：“诸位办事我放心，我放心。”

几日后，三泉村村委会会议室内，高云溪组织召开了支委会：“今天郑副区长带着工作组参加我们三泉村的村委换届选举，特意列席我们的支委会。今天的支委会只有一个议题，那就是换届选举村委会主任、副主任。三个村民小组已经把参选的候选人名单报上来了，参选下一届村委会主任的候选人有三个。上泉村张麦圈、中泉村李永福、下泉村孙茂财。”

各个支委纷纷发表想法。

“我听说李永福拒绝参选下一任村主任。”

“李永福如果不参选，这两位候选人的选票肯定超不过半数。”

“那这次选举就会无效。”

“所以啊，必须动员李永福参选。”

高云溪点了点头：“这个情况我们也考虑过。鉴于李永福正在接受纪检部门调查，即便他本人参选，也得等纪检小组做出结论再定。”

铁匠爷笃定地说道：“我用党性担保，永福不会出问题。”

“那不行，我们的村主任不能带病上岗。”高云溪说道。

“那你说，该怎么办？”

“我建议如期举行。”

孙梅梅诧异：“那不白选吗？”

“我们总得迈出这一步。”高云溪望了一眼郑南国。

“我们尊重你们党支部的意见。”

“那好，同意换届选举如期举行的请举手。”

众人纷纷举了手，只有铁匠爷没有举手：“我保留我的意见。因为这对李永福不公平。”

“好，少数服从多数，通过。”

三泉村村民议事厅外，罗富正与一位村民同伙站在三泉村村民议事厅外的墙边，罗富鬼鬼祟祟地看着陆续进入议事厅的村民，问着身旁的同伙：“话都记住了吗？”

“记住了。”

“刚开始就呼应我。要是张麦圈说话，你就起来反驳他。”

“怎么反驳呀？”

“到时候坐我旁边，听我的。我说什么，你说什么。”

村民同伙摸了摸下巴：“这个张麦圈有点难搞呀。”

罗富看出了村民同伙的想法，拿出了一个鞋盒，塞到了村民同伙的怀里：“有这个不难搞了吧。”

村民同伙打开了鞋盒，看见鞋盒里只有一只崭新的皮鞋：“这怎么穿呀？”

“另一只事成了再给你。”

“这也行？”

“我先进去，别一起走。”随后，罗富离开了墙边，走进了议事厅。

村委会前小广场里挤满了村民，议事厅内高云溪、张麦圈、孙梅梅和张元生坐在第一排。高云溪旁边空了一个座位，贴着李永福的名字。在郑南国的宣布下，三泉村的换届选举正式开始了。

孙梅梅打开了电子屏幕，屏幕上是外地参选村民的微信群。众人看向李永福的空座位，纷纷嚷着，称他们只认李主任，别人谁都没有资格，这群人中有一个看起来有些突兀，那人便是罗富。

张麦圈看了一眼罗富：“罗富，你根本就不是本村的人。哪里轮到你说话。”

“就算我不是本村的人，我看看不行吗？我在这里关心一下三泉村的发展，不行吗？”

“那你就闭嘴。安安静静地看着，别说话。”

罗富瞪了瞪眼，坐了下来，拉了拉身边的村民，低声说道：“你说。把我教你的话全说出来。”

罗富身边的村民刚仰头，正准备起身，发现孙梅梅起身了，便又坐正身子，听孙梅梅说道：“乡亲们，大家静一静。”

“这次的三泉村换届选举，我们已经张贴公告很久了，而且也向各家各户逐一通知了。没有漏下过谁。我们也没有剥夺任何人的参选权利。”高云溪说道。

郑南国随之说道："原主任的事情，我们会在以后做出说明。现在先让选举正常进行。"

台下的人员，相互看了一眼，没有说话。罗富拽了一下身边的村民，嘀咕着："皮鞋不想要啦？"

"领导都发话了。还是一会儿再说吧。"

罗富瞪了一眼身边的村民，没有说话。

"接下来就先请上泉村村民组推荐候选人，张麦圈发表竞选宣言。"

张麦圈今天穿了一身大红衣服，起来转身后朝着村民们随意鞠了一躬，便走上台去。张麦圈摘下话筒，抬手指天，气贯长虹。助理用电子笔指了一下，屏幕上顿时出现了三泉村金碧辉煌的住宅、商圈、别墅群的3D动画规划。

张麦圈声音响亮却略显夸张："只要大家选我当村主任，大圈地产公司，将拿出三成的股份，用于给村里分红，将来公司在三泉村开发的所有房产项目，在座的各位，都持有股权分红。七十年产权的，卖出去一套，你们就赚一笔。卖出去两套，你们就赚两笔。那些商务大厦，能让你们在家躺着收租金……"

张麦圈一番慷慨陈词后，底下没有一个人应和，助理匆忙从座位上站了起来使劲拍手叫好，场面一度很是尴尬。助理转身示意村民们一起拍，村民们这才纷纷鼓起掌来。张麦圈这才放心，大摇大摆地走下台。

"这啥玩意？尴不尴尬啊？"罗富低声嘀咕着。

张麦圈没有理会罗富，回到了自己的座位上："下一步应该是唱票了吧。"

村民们议论纷纷，罗富又推了一把身边的村民，抬起了脚，看着脚上的皮鞋。村民这才连忙站了起来，对其他村民说道："李主任还没有上场呢。你们就不给个说法了吗？"

台下顿时议论纷纷，高云溪解释道："中泉村村民组推荐的候选人李永福，因个人问题不能参选。"

罗富低声冲身旁的村民嘀咕："什么个人问题？这二十多年，李主任是怎么带领村子的，大家都有目共睹。能有什么问题？"

村民大声地重述了罗富的话，张麦圈看了一眼罗富身边的村民，又看了一眼罗富，走到了罗富身边："你这是拖延时间，延误选举。居心叵测。"

罗富站了起来："我能有什么居心，还不是想让三泉村更好？"

台下的议论声愈加热烈，张麦圈瞪着罗富，望了一眼远处的张元生，罗富知悉张麦圈的意思："行！不劳烦你。我自己走。"

张麦圈看着罗富走开后说道："赶紧唱票吧。前主任的个人问题，领导也知道。他就是不能参选。"

众人纷纷低下了头，等待着，就在这时，一个声音从大厅入口处传来："他可以参选。"

众人循着声音回过头去，看见两名纪检人员用托盘托着四十八本账本正一步步走来。纪检组长走到人群前面，郑重地说道："乡亲们，我们对三泉村原主任李永福同志进行了查账、调查，二十年来，他只向村里借过一次款，一共一百四十八块六毛钱，这笔钱的用途，是为前任村主任，党支部书记高大泉打了一口棺材。这笔钱第二年还清，还支付了十三块的利息。"

此话一说，会场内鸦雀无声。高云溪眼中含泪，张麦圈心虚地低下头来，而一旁的罗富脸露得意。纪检组长接着说道："不得不说，李永福同志确实是一位清廉敬业的村主任。这样的村主任没理由被取消参选资格。"

众人掌声雷动中，村主任换届选举重新开始举行。

第十四章

大屏幕上，李永福的“正”字独占一半的版面，排在第二的张麦圈只有李永福的三分之一。台上每读出李永福的名字，台下的张麦圈便仿佛被扎了一针，哆嗦一下。台下村民们交头接耳，小声议论着。

票数统计完毕后，郑南国激动地宣布：“我宣布，李永福当选新一届三泉村村主任。”

众人掌声雷动，人群中的张麦圈愤怒地咬牙切齿，而一旁的高云溪和李铭泉却一副心事重重的模样。

从议事厅出来后，高云溪、孙梅梅和李铭泉来到了三泉村村委会高云溪办公室内，李铭泉一屁股坐在了沙发上：“没想到会是这样的结果，我这老爸从不按规矩出牌。”

高云溪摇了摇头：“不，这是民意。”

“这样一来，你们两个又要面对面了。”

“从来没有不可改变的未来，只有不能改变的过去。”

“你这话有点儿绕。”李铭泉说道。

“一切皆有可能，明白了吧。”

“说这个多简单。”李铭泉抬起手腕看看表：“我得赶快回泉上人家，今天上客人了，三十多个呢。”

“泉子哥，不错呀。”孙梅梅说道。

“不错吧，会越来越好的。”

“革命尚未成功，同志仍需努力。”

李铭泉打了个敬礼：“是，领导。”

“快去吧，讨厌——你等等。”

李铭泉刚准备走，回过身来看着高云溪：“领导，还有什么吩咐？”

“我估计菊妈已经知道换届选举的结果了，你负责菊妈，我负责福爸，赶紧灭火，免得殃及池鱼。”

李铭泉离开没多久，孙梅梅望着窗外，忽然看见李永福一身西装革履，以一副王者归来的架势走进了村委会大厅。罗富、孙会计跟在他后面，群众不停向李永福问候，李永福也跟大家打着招呼。

“看，王者归来的样子。”

高云溪微微一笑：“是有点胸有成竹的样子。”

“你看吧，过不了多大一会儿，他就会来找你说化工厂复工的事。”

“你说，我该怎么回他？”

“我看你不复工很难过得去，罗富跟在后面呢，你不答应，你们两个肯定会吵起来。”

“我不会跟他吵了。”

孙梅梅很诧异：“啊？”

“这段时间以来，村民对我意见很大，罗梦达又视我为眼中钉肉中刺，只是无奈于我是村支部书记，又碍于我福爸的面子。我很清楚，梦达集团关乎三泉村很多村民的就业和收入，村民们得不到实惠，甚至生活水平受影响，又会间接影响到三泉村的改革稳定，目前能兼顾到三者之间关系的，也只有他了。”

“怎么，你选择妥协了？”

高云溪一笑：“面对他一个总比面对一群人强。”

“你这叫擒贼先擒王。”

高云溪轻轻地打了一下孙梅梅：“什么话，那是我福爸。”

“你这是斗争策略，迂回进攻，然后拔点。”

“我们一定要想办法影响他，改变他。我也想明白了。我最初回村里，目的只有一个，就是想替他分担，好让他回到家里来养病，可我越干，我越觉得事儿不是这样。他好像根本没有停下来的意思。”

孙梅梅无奈地说道：“他们这代人就这样。我妈他们一样，固执得像一头老牛，不到倒下的那一天，他们不会罢休的。”

“看来，我这份孝心要变成他的糟心了。”

李永福和罗富、孙会计进了会计室后，李永福对罗富说道：“罗富，你们复产进了新设备和污水处理系统，村里支援你们一点儿，市里、省里再支持你们一点儿，钱不多，算是个补偿，你们合计一下。”

“谢谢李主任，谢谢李主任。”

“这事儿怕是要跟云溪商量一下吧。”孙会计说道。

罗富望着李永福，李永福点了点头：“哦，当然要商量，最终还得云溪和党支部拍板。”

“要是高书记不同意怎么办？”

“不同意不办。”李永福出了门。

张麦圈正端着一个纸箱子，纸箱子里装着自己的东西。他回望了一下被绿色植物装点得春意盎然的办公室，有些不舍。他的目光落在办公室那把他坐过的椅子上。冬日阳光从窗户中投射下来，正好罩住了那把椅子。李永福从走廊尽头走来，在办公室门口，正好跟张麦圈碰上。两个人互相打量了片刻。

张麦圈指着里面那把椅子说道：“你来了正好，算是交接了。”

“别急着走，我们谈谈。”

“改日吧，我今天公司还有个会。”

“哎，有会，也不在这一会儿吧？”

张麦圈只好抱着纸箱子缩了回来。李永福进了屋子，在那把椅子上坐了下来，指着办公桌对面的椅子对张麦圈说道：“你坐。”

张麦圈想坐下来，又感觉尴尬，站在那儿。

“是不是觉得，很意外啊。”

“众望所归。”

“麦圈，你我虽然共事多年，却从未在一起细谈。今天我们好好谈谈。”

张麦圈苦笑：“是胜利者的炫耀？”

李永福皱着眉：“麦圈，我可从来没把你当作我的敌人。你说，二十年来村里多少次改选，我哪次做过手脚？你一心为村民办事，他才会选你。”

李永福指着身下的位置：“说实话，坐上这个位置，是个苦差事。坐上去，每天都是如履薄冰。村务处理不好群众不满意；政策执行不到位，上面不满意。说句实话，我身体不太好，一直想把这一摊子交给你，可没办法，他们不选你。当初我们两个在云溪他爸病床前发过誓的，要带头让村民过上好日子，我不信那些话你都忘了。”

“我没忘，只是我们选的路不同。”

“好，你没忘就好。那我交给你一件事。”

“什么事？”

“解决村里的厕所问题。”

“厕所问题？”

“为了实现乡村文明治理，批转款要改善乡村公厕。”

“有这事儿？”

“你这不搞建筑嘛，这件事就交给你了。”

“我这盖大楼的，你让我盖厕所。”张麦圈轻蔑地笑了笑。

“一看你就不学习文件，盖好这个厕所也不容易。”

“你还是找别人吧。”张麦圈怒气冲冲地出了门。

李永福紧随其后，追出了门：“你看，不怪别人不选你，因为你从来不把别人放在心上。”

张麦圈头也不回：“我用不着你跟我上课。”

李永福无奈，出门来到了走廊上，朝着高云溪办公室走去。高云溪和孙梅梅两人隔着门侧耳倾听，听到了走廊上传来了脚步声。

“来了，稳住，我先走啊。”

高云溪整理了一下头发，孙梅梅开门，李永福刚好出现在门口，李永福进了门，孙梅梅恭敬地问候道：“福叔好。”

“你这丫头，还是叫主任，叫李叔，什么服输服输的，你叔我要是天天服输，还不被人踩在脚底下啊。”

“好，那就叫李主任，主任好。”

“干活去吧。”

“李主任……”高云溪说道。

“哎，你可以叫福爸，福爸不会输。”

高云溪笑了，她坐在自己位置上，李永福坐在了高云溪对面。

“怎么样福爸？重返岗位，有什么要我服务的？”

“哎，你是拍板，不是服务。”

“党的宗旨就是为人民服务，拍板也是服务。”

“云溪……”李永福吞吞吐吐地说。

高云溪直言道：“我知道，你来谈复工的事，复工的事我同意。”

李永福很是意外，高云溪接着说道：“前提是，先上设备和污水处理系统，升级改造完毕，通过国家环评和安全监测，可以复工。”

“那还得好长时间呢。”

“这是我的底线。”

“没有通融？”

“没有通融。”

“那我去找区里。”

“找区里，我也不同意，谁同意，谁负责。”

“那好，有你这句话就行。”

梦达化工厂罗梦达办公室内，罗梦达坐在办公桌旁，低头看着法人变更的文件。罗富站在一旁，看着罗梦达说道：“哥，这个法人可不能就这样随便变更呀。要是变了，我们的产业就归别人了。”

“目光短浅。”

“这个化工厂可是你辛辛苦苦经营下来的，怎么说变就变呢？”

“这个法人只是名义上的，不代表什么。现在最重要的是让化工厂复工。这厂子一旦停工，一天天的，流走的可是我们的钱。”

罗富没有说话。就在这时，李永福走进了罗梦达的办公室。罗梦达站了起来，笑着迎了上去：“我的哥，你来啦。”

“我来看一下你们的复产准备。一会儿，我要去跟郑区长汇报你们的情况。”

“我的哥，你先坐。”罗梦达将法人变更的文件递给了李永福。

“法人变更，你这使的是哪一出？”李永福看着文件一脸诧异。

“我这是焦心呀。现在，我们已经安装了全新的污水处理设备，国家环评和考核也通过了，但是上面却迟迟不肯让我们复工。这停一天，工人们就慌一天。虽然我也能继续给工人们发工资，但是，就怕再耽误下去，我也支撑不住。”

“我能理解。所以才过来考核你们，准备跟上头汇报。”

“就怕上头过不了。”

“如果符合相关规定，怎么会过不了呢？”

“就怕……”罗梦达犹豫着。

“怕什么？”

“村里可不是一个官说了算。”罗梦达别有用意地说道。

“只要符合规定，谁也拦不住。”

“我的哥，话虽这样说，但是……”

“行了，别装模作样了。有什么话直说。”

“要是能请您，我的老大哥做法人的话，是不是更有说服力呢？一方面，你可以以你的信誉为梦达化工厂向上面担保；另一方面，作为法人，你可以直接监督梦达化工厂，监督我们。”

李永福扭头，盯着法人变更文件，没有说话。罗梦达递来了笔，看着李永福，李永福思索再三还是在上面签下了名字。

当天下午，两人来到了百脉区郑南国办公室，郑南国翻看着李永福和罗梦达带来的化工厂升级改造的方案，问道：“德国设备？”

“为了提高安全系数和污水的循环使用率，纯净排放，梦达化工厂已经花了三千六百多万引进了四套设备。”李永福回应。

“省级环评和安全生产考核通过了吗？”

“这是他们拿到的国家环评和考核证书。”

“看来这次罗梦达改造企业的决心很大，不过，我希望他们能从人才引进培训上多下功夫。”

“郑区长，眼下最重要的是复工啊。”

“工厂改造的情况怎么样？”

“欢迎郑区长到我厂进行视察。我觉得完全可以复工，梦达集团完不成订单，损失太大了。”

“你们村党支部的意见呢？”

“知道，她正带着村党支部成员和安全、环保部门对工厂进行复检。”

“这样还是稳妥些。”

“我看过了他们的新设备和污水处理系统，是合格的。”

“齐书记已经将这件事交由我全程跟踪了，三泉村不能再出事了。”

李永福随后递上了一份稿子，一脸认真地说道：“郑区长，这是我的军令状，我会对工厂改造负全责。”

“李主任，真出了事，谁负责都晚了。”

“我以梦达化工厂的法人身份担保，这次要是出事了，我负全责。”李永福拿出了法人变更书。

“老李呀，你这是？”

“放心吧，有我这个法人全程监督，不会出岔子。”

此时，高云溪正带着一帮人头戴安全帽在梦达集团化工厂对车间进行复查。工厂内，已经焕然一新，工人们正在紧张地进行设备调试。污水处理系统前，高云溪顺手捞了一下水池里的水嗅了嗅，刚要放进嘴里，孙梅梅慌忙阻止。

“污水循环处理是合格的，这水，喝下去没任何问题。”环评专家说道。

“高书记，我没骗你吧？”罗富看着高云溪。

高云溪点了点头。

“高书记，这下你放心了吧？”

“我觉得还是对周边的地下水情况进行一下监测之后再做决定吧。”

“我们对地下两百米的地方进行了监测，也没问题。”环评专家说道。

高云溪思索着：“有没有这里的地质结构和水文资料？”

“地下两百米是硬石结构，下不去。”

“您能把那些资料给我看一下吗？”

“可以。”

罗富紧张地望着高云溪：“高书记，您这也太细致了，连科学都不相信了。”

“不是不相信，这种事情还是谨慎点儿好。”

仍在郑南国办公室内的罗梦达接到罗富从化工厂打来的电话，听闻了高云溪挑刺般的谨慎行为，很是恼火：“这个云溪，怎么这么轴呢她？”

“怎么了？”郑南国问道。

“高云溪带着专家要挖地三百米，监测地下水质。”

“这也太离谱了。”

李永福的脸上露出了不满，但还是微微一笑：“谨慎点儿好。”

夜里，高云溪在民宿房间内研究着电脑屏幕上梦达化工厂周围的地质结构图。这时，高云溪手机响了起来，打来的是个陌生号码，高云溪没多想，接通了。

“喂，你好！”

“请问是高书记吗？”电话那头的人问道。

“是我，请问你是哪位？”

“你先不要问我是谁。你说话方便吗？”

“现在说话方便。请问你有什么事情跟我反映？”

“我手里有一些黑资料想提供给你。”

“什么黑资料？”

“对你有用的黑资料。电话里说不清楚，你到后山来，我当面把资料交给你。记住，我这么做的风险很大，所以我不想让第三人知道。你自己一个人来，也不要告诉任何人，否则我只能把资料销毁。”神秘人直接挂了电话。

“喂……”

高云溪犹豫要不要去，最终，还是高度的好奇心引诱着她走出了民宿。李兰花看见后不放心地追了出来：“云溪，这么晚了，你去哪儿？”

“我有点儿事儿。”

深夜的古街上空无一人，萧萧凉风吹动树叶，街灯下光影婆娑。高云溪拿着电话，想了想，有些犹豫地向外走去。她给李铭泉打了电话，但却无法接通。索性，她自己往后山走去。后山脚下，夜风浮动，层林摇摆，越往深处走去，越加幽闭。

高云溪心里有些害怕，她再次打电话给李铭泉，脚步怯怯地向树林走去。这次，李铭泉的电话接通了。

“怎么了云溪？”

“你在忙什么？”

“我在跟罗妮娜说网上销售的事。”

“那你先忙吧。”

“打电话有事吗？”

高云溪犹豫着：“没什么事，你忙吧。”

“你在哪儿？”

电话那头的罗妮娜继续捣乱：“李总，我觉得这个方案还需要进一步完善。”

高云溪把电话挂了，李铭泉再次拨通了电话：“云溪，你有事吗？”

“泉子哥，我来后山……”

电话那边一声闷响，随后是一些杂音，断了线。

李铭泉急匆匆赶回民宿，李兰花正在大堂里守夜，李铭泉上前焦急地问道："姑，云溪呢？"

"云溪出去了。"

"她去哪里了？我给她打电话也不接，微信也不回。"

"她只是说出去了，没说去哪里。是手机没电了，你等一会再给她打。"

李铭泉打电话给张美菊，一旁的李永福越听越觉得事情不对劲儿，李永福把电话递给张美菊："快，给云溪打电话。"

张美菊给高云溪打电话，电话却始终打不通。李永福陷入沉思："这事儿不对。"

李永福穿起大衣，一边打电话给张元生，让他带几个人去后山，一边急匆匆地出了门。李永福和张麦圈、张元生等人来到了三泉村古街治安监控室，却被告知后山没有监控，李永福心里的担忧又加剧了。

李永福迅速召集了一些村民沿着后山四下寻找着，此时的后山林间半坡，寒风呼啸，黑影幢幢，煞是阴森恐怖。李铭泉、李永福、张元生、孙会计等人拿着手电筒各带了一路人来到高云溪失踪的地方四下里寻找。

社区的村民们虽然对高云溪有些看法，但得知高云溪失踪的消息后，也纷纷起床加入寻找高云溪的队伍。已经沉寂的三泉村又沸腾起来，众人乌泱泱地朝着后山走去。村民在后山拉网式地寻找着高云溪，一个多小时过去了，李铭泉、李永福、孙会计带着众人会合，众人都摇了摇头。李永福心急如焚，他想了想，拨通了罗梦达的电话。

梦乡里的罗梦达被电话惊醒，他打开灯，看到是李永福的电话："哥，什么事？"

"云溪失踪了。"

罗梦达一惊，顺势起了床："什么，在哪儿？"

"少给我装蒜，这到底是不是你干的？我告诉你，云溪要是有什么三长两短，我跟你拼命。"

"哥，有什么事你总得把事情说清楚吧。上来就劈头盖脸地骂我一顿，我也被你搞糊涂了。"

"云溪被人下黑手了，至今下落不明。我告诉你罗梦达，其他事都好说，但云溪是我的底线，你要是动了我的底线，我非跟你拼命不可。"

"哥，我也是有闺女的人，我怎么可能做这种事情？你李永福是我罗梦达的恩人，我就是再混蛋，也不可能对云溪下黑手。哥，要不这样，我马上赶回村里来，我们当面把话说清楚。免得遭人挑拨离间。”

“装，你就装吧。”李永福挂了电话。

罗梦达扔掉了手机：“这不莫名其妙吗？神经病。”

罗梦达细心想了想，拿起手机，拨通了罗富的电话：“高云溪在后山出事了，我们得赶紧去看看。”

张元生和张麦圈带着几个村民仍在寻找，罗富、罗梦达、罗妮娜开车赶到，罗梦达下了车，跑上前问张麦圈：“哥，怎么样，人找到没有？”

“张元生，把他们两个抓起来。”张麦圈愤怒地看着罗梦达和罗富。

“张麦圈你什么意思？派出所是你家开的，你想抓谁就抓谁？”罗富瞪了一眼张麦圈。

“高书记要你们停产，你们怀恨在心，便对高书记下黑手。这种事不是你们干的又是谁干的？”

“我现在更怀疑你是在贼喊捉贼。”

“案子会破的，你们就等着吧。”

“张麦圈主任，如你所说，高书记一出事，我们梦达集团就成了第一嫌疑人。你这个逻辑有些荒唐。”

罗富附和道：“有的人唯恐天下不乱，把我们梦达集团和高书记、李主任都搞走了，他才可以一手遮天，为所欲为。”

“你血口喷人，胡说八道。”

“你跳得最凶，不就是想洗掉自己的嫌疑吗？你玩什么福尔摩斯啊。再说了，高书记是动了我们梦达化工厂的利益，但我们梦达化工厂搬出去重新找个地皮照样生产，照样赚钱，但你们村里面每年损失的利益却是上亿元，我们谁的嫌疑最大，你们心里更清楚。”

“你们争论这个有意思吗？先找人要紧。等人找到了，一切就水落石出了。”罗妮娜指着正在打电话的张元生：“嘿，那个警察，你过来。”

“你想说什么？”

“找人是你们警察应尽的职责，还不赶紧通知你们警队，全员出动找人？”

“你给我闭嘴。哦对，所长，你赶紧派人来吧，嗯，对。”

村民们接着寻找高云溪，这时，在后山小溪旁的高二泉突然大声喊道：

“在这里，这里……”

所有人循着喊声匆忙跑了过去，发现高云溪正躺在河边的灌木丛里，昏迷不醒。李铭泉看到手机应急灯光下的高云溪紧闭着眼睛，血顺着脸流下来，对身旁的罗妮娜说道：“妮娜，叫救护车，赶紧打电话，叫救护车。”

罗妮娜拿出手机：“哦，好好。泉子哥，坐我的车，坐我的车。”

“好，那赶紧的。”

李铭泉抱起昏迷的高云溪向车子跑去，李铭泉一边跑一边嘀咕着：“云溪，你可千万不能有事，千万不能有事啊。”

李铭泉的泪水滴落在了高云溪的脸上，高云溪微微睁开了眼，声息微弱地嗫嚅着：“泉子哥……”

高云溪说完搂住了李铭泉的脖子，李铭泉的眼泪盈满了眼眶：“云溪，你坚持住，没事儿的，哥在，哥在啊。”

李永福、李铭泉等人焦急地等在百脉区医院急救室门外。这时，急救室的灯灭了，高云溪被医生从急救室推了出来。众人一下围了上来，李铭泉帮着医生推着床。

李铭泉、李永福和张美菊守在高云溪病床前。终于，高云溪从昏睡中醒了过来，张美菊含泪握住了高云溪的手：“闺女，刚才把娘都吓死了。”

“没事了，好多了。”高云溪虚弱地说道。

“谁干的？到底怎么回事？”

高云溪努力回想着，当晚，她来到神秘人约定的地点，她感觉背后有些发凉。这时，李铭泉打来的电话响起，她刚说了两句，突然一道黑影闪过，紧接着头部被重击，随后便晕厥了过去。

“谁干的？”李铭泉问道。

“天太黑了，没看见。”

“谁让你去的后山？”

高云溪陷入了沉默。

“你再仔细想想，谁让你去的后山，谁闷的黑棍？让我知道了，我非打断他们的狗腿不可。”

“我一时间也想不起来。”

李永福打断了话题：“好了，此事到此为止，以后不要再提了。”

“爸，云溪被闷了黑棍，怎么可以不了了之？”

“云溪一回来就要断人家财路，人家不拿她说事拿谁说事？化工厂的事情你别管了，我来处理，你管不了。”

“爸。”

“闭嘴。”

李铭泉不再说话，憋了一肚子的火。

“爸，你要让化工厂复产？”高云溪问道。

“你不让化工厂复产又能怎么样？”

“我已经在招商引资了，很快就会有结果，我不想半途而废。”

“你的招商引资多少天能到位？十天，一个月，还是一年？你给个准信。我干了二十几年的招商引资，招商引资的道道有多深我比你清楚。不是三五年搞得成的。远水难解近渴，等把资本引进来，村民们早就渴死了。”

李铭泉看着李永福说道：“当年改革开放的时候，所有人都反对你发展经济，可你还是成功了。三泉村现在的发展又遇到了瓶颈，只有再次改变思维才能更上一步。”

“当年一穷二白，大家是光脚的，但现在的三泉村不一样了，家家有存款，户户有轿车，事实证明，是它让村民过上了好日子。”

“可这个不是衡量好日子的标准了。”高云溪说道。

“那也不能损害大家的利益。以前村民们把你当亲人，当孩子，百般呵护；现在你是三泉村的当家人，你损害了村民的利益，今天的事，是给你警告，下次就难说了。”

“爸，云溪坚持自然有云溪坚持的道理。”

“什么道理，我觉得只有一件事才能解决眼下的问题。”

“怎么解决？”高云溪问道。

“要么复工，要么你走。”

高云溪愣住了。

“让你走也不是我一个人的想法，是所有村民的想法。你动了所有人的蛋糕，所有人都容不下你。”

“上级没让我走，谁都赶不走我。”

“你就犟吧！有你的好果子吃。”

“行了，孩子都这样了你还跟她争。你出去，赶紧出去。”张美菊劝说着即将争执起来的两人。

“哦。好，好，好，你好好养伤，等你回来，我们再说。”随后，李永福便出了门。

高云溪闭上了眼睛，漫长而难熬的一夜，她在睡梦中梦见了很多情景，她梦见了当晚在后山的可怕遭遇，梦见了与福爸的争执与和解，梦见了自己的亲生父母以及过去的种种……

天亮了，李永福这一夜几乎没有合眼，一早便来到了百脉区委郑南国办公室，将昨晚高云溪的遭遇告知了郑南国。

“谁干的？”郑南国一脸震惊地问道。

“具体是谁不知道，但肯定是村民们干的。”

“有没有叫派出所查一下？”

“查出来又能怎么样？现在这风口浪尖上要顾全大局。老郑，你赶紧想办法把云溪调走。云溪从读书、考研到从政都是顺风顺水，没吃过苦头，机关的工作和村里的工作又完全是两码事，她根本不知道村里头的水有多深，再这样搞下去，她非把自己毁了不可。”

“她自己什么想法？”

“死活不走。云溪一直是个乖乖女，可不知道为什么，在这件事情上，她就是死磕不走。我也不知道她为什么会突然变得这么固执。你说会不会是东方书记给了她压力？”

“基层干部谁都有压力。”

“老郑，这件事于公于私你都得帮忙。把云溪留在村里，村子毁了，她自己也毁了。”

“我怎么帮？”

“工厂复工。”

郑南国无奈地摇了摇头：“可云溪不吐口，很难办啊。”

“她的个人意见代表不了党支部的意见，现在她受伤在医院，村里的事不能不办啊。罗梦达又投资了几千万，村民等着上班挣钱，这都是大问题。”

郑南国沉思了片刻：“那好吧。你们开会研究上报，我来批这个字。”

从郑南国办公室离开后，李永福便马不停蹄地准备着下午的村委会事宜。会议上，李永福说道：“今天我们召开村委会，讨论两个问题，一是顺应民意，化工厂复工；二是村里的公共厕所问题。”

张麦圈首先发言：“化工厂复工，没有什么可讨论的，村委会在党支部的领导下工作，我们建议，他们决定，这事儿没有商量。”

“那要我们村委会干什么？你们放心，化工厂我看了很多遍，新设备，新污水处理系统，不会有问题。我向上级交了军令状，出了事杀头坐牢我顶着。现在开始表决，同意化工厂复工的请举手。”

众人纷纷举手，唯有张麦圈没有举手。

“那好，少数服从多数，通过。”李永福说道。

“你们坚持要干，我保留个人意见。”

“现在说说村里公共厕所的问题，厕所地方不大，却是村里的门面。文明生活从如厕做起，这也是小康社会的体现。三个村民组，公厕要升级，我不要求五星级，怎么也得弄个四星级。冬天温度低，要把暖气通上，否则粪便冲不下去，冻上了更难清理；还有那个洗手池，也得有温水，文明建村，从吃喝拉撒抓起。”

“上面拨下来了经费，我们决定招标。”孙会计说道。

“这是利村利民的事，招什么标，我免费干了。”

孙会计意味深长地望着李永福，李永福宣布道：“那好，麦圈不嫌盖个厕所屈才，就交给他干吧。好，今天的会就到这儿。茂财，你把我们的决议报给党支部，云溪不在，副书记可以带着他们议一议，要他们快点形成决议。”

“我觉得，这事儿得跟云溪通个气。她反对复工，很快就被人背后打了闷棍，这里面一定有事儿。”

“这事儿交给警察去办，抓住谁就办谁。”

三泉村警务室内，张元生正一脸严肃地质问着张旭，张旭一脸苦相，哀求道：“哥……”

“谁是你哥？张旭，我问你，十二月三日晚上九点半，你在哪儿？”

张旭故意装糊涂：“在家睡觉？古街喝酒？哦，可能是在梅梅的花草茶坊喝茶把妹。哎，你还真别说啊，最近梅梅的花草茶坊来了不少城里人在那儿喝茶，小妞一个比一个漂亮，你们说是不是啊，哥儿几个？”

两个挂着金链子、古怪打扮的愣头青在一旁偷偷看了一眼张元生，没敢吱声。

“你给我闭嘴，放老实一点儿。”

“哥，我没不老实，我听说，高云溪被人打闷棍了，这事儿跟我没关系，我可不敢再惹她了，上次，李铭泉差点儿把我给弄死。”张旭一副憋屈的模样。

“你少给我往外扯。没有证据，我叫你来干吗？我再问一遍，最后一遍，十二月三日晚上九点半，你在哪儿？”

张元生指着另外两个人：“还有你、你。”

“哥，我真没干啥。”张旭装出一副真诚的样子。

“那我再提醒你，古街酒馆后面的小院。”

“张警官，我们就聚在一起，玩儿了会儿牌。”一旁的青年说道。

张元生看着张旭问道：“张旭，你说，玩儿多大的？”

张旭低着头：“底儿，五百。”

张元生一拍桌子，怒骂道：“张旭，一晚上把你爹妈一年的收入给输光了，我告诉你张旭，早晚我会把你送进去。”

“哥，我改，我改还不行吗？”

“你们四个人，中途一个人离开了，干什么去了？”

“他接了个电话，就走了。”

“这个人是谁？”

“市里的。”

“联系他。”

张旭拿出手机拨打了那个人的电话，但语音提示那人的电话已经关机。

百脉区医院病房内，高云溪头上贴了一块胶布，靠在病床上。李铭泉坐在病床旁为她削着苹果。这时，高云溪的手机响了，高云溪一看，是孙梅梅发来的消息，消息中写道，村委会已经讨论了通过了化工厂复工。高云溪挣扎着要起床。

“你要干什么去？”李铭泉问道。

“村委会讨论通过了化工厂复工。”

“云溪，复工，你就让他们复工呗。”张美菊说道。

“我还是觉得不牢靠。”

“你这时候回村里，能解决什么问题？你已经查到地下两百米了，水好好的，工厂新设备也已经上了，你再坚持，那就是故意跟梦达化工厂和全村的老百姓作对了。”

“不行，我得回去。”

张美菊苦口婆心地劝着高云溪：“云溪，你怎么就这么倔呢？你头上伤着，回去接着跟你福爸吵架，让村民把你赶出村？听话啊，咱不回去，让你福爸他们折腾去。”

“福爸这样做，万一出事，是会出大事的。”

“出什么大事啊？”

高云溪下床，执意要往外走。此时，郑南国提着水果篮走了进来。

“什么事啊？这么热闹。”

“老郑，你看他，犟着要回去。”

“郑副区长，你怎么来了？”高云溪问道。

“听说你被人打伤了，我看看你。”

“郑副区长，我觉得化工厂复工，叫人心里不踏实。”

“这事儿我知道，厂里的情况我去看了，梦达集团投资了几千万，整改还是很彻底的。我和东方书记基本同意这个意见。村民的意见很大，眼下这是解决问题的最好办法。”

听见这些话，高云溪无奈地回到了病床前。当天下午，村委会会议上，党支部副书记主持着化工集团复工的投票仪式。最终，经过协商和投票，以满票通过了化工厂复工的决议。

两日后，梦达集团复工仪式正式开始。发布会大厅内，长枪短炮塞满了屋子。李永福、郑南国两人西装革履，参加了仪式，张麦圈在人群后面默默观察着。

罗梦达发言道：“十几年来，是三泉村成就了梦达集团，梦达集团也用自己的努力回报三泉村。可以说，我们梦达集团和三泉村命运休戚与共、不可分割。今天，全省的新旧动能转换已然吹响了号角，作为三泉村最大的企业集团，梦达集团自然要做出表率，当排头兵。为了当好这个排头兵，梦达集团特意在今天请各位媒体前来，见证我们的决心！”

“对梦达集团来说，新旧动能转换一旦实施，意味着企业可能将面临巨大的资金压力，请问梦达集团做好准备了吗？”底下的媒体记者问道。

罗梦达笑了笑：“说做好了准备，那是给自己打气、壮胆用的。新旧动能转换看似是淘汰旧设备、旧产能、旧生产力，换成新设备、新产能、新生产力，可是新产品能不能持续稳定地量产，市场怎么样，管理人物员和工人物的思维和技术能否跟得上，很多很多，都是远比资金压力更大的挑战和风险。”

第十五章

梦达集团化工厂顺利复工，罗梦达也算是了却了一桩心事。这天，三泉村梦达集团罗梦达办公室内，罗梦达正在跟李永福吹牛：“我的哥，今年年初的时候我给自己先定了个小目标，年产值比去年增加20%，这眨眼到年底了，今年年底分红每家每户都比去年多个小几万，让家家户户都能欢欢喜喜过个年了。我的哥呀，你可以带着嫂子一块去国外旅旅游，见识见识外面的世界。”

“是挺好，大家都有分红，那可不是能过个欢喜年嘛。说一千道一万，增加农民收入是关键。小康不小康，关键看老乡，咱老百姓手里有钱比什么都强。”

“哥哥说得是，我今年想再定个小目标，过了年我接着上新设备，提高产能，梦达化工厂，以后迈向全国、全世界，以后不管谁听到梦达集团都竖大拇指，知道是咱们三泉村出来的化工厂。明年的海外订单也要创收一个亿。”

“你别瞎嘚瑟，说你胖还喘上了。”

罗梦达嘿嘿一笑：“咱这业绩可是实打实的，现在都讲数据化时代，我们也有数据监测。”

“化工厂复工的事，我是趁着云溪在医院治伤，强拧着干的。”

“那就谢谢老哥了。唉对了，云溪伤得重不重？”

李永福哼了一声：“还要谢谢那个混蛋手下留情，没有大碍。”

“那就好，那就好。”

李永福望着罗梦达：“这件事我不能容忍，打人的这个混蛋必须为此付出代价。”

“就是，查出来，法办他。”

“真跟你们没什么关系？”

“我的哥，我什么时候干过违法乱纪的事了？更何况，你闺女就是我闺女，她就是把我的化工厂拆了，我也不会说半个不字。”

百脉区医院高云溪病房内，张美菊拎着空饭盒出了门，孙梅梅走了进来，向高云溪汇报贡米合作社的事。

“云溪姐，咱们这季的贡米销量噌噌往上涨呢，我看了后台数据，每天增加的订单量都超过10%，而且好评如潮。”

“太好了，伯如前几天还说咱们的贡米供不应求，咱们村这山泉水养出的贡米可是乾隆皇帝都称赞过的龙米金汤，不光吃起来香，还营养丰富。客户评价好，咱们跟小马迅达的合作就成功了。”

“是啊是啊，马总那边肯定也很高兴。我再看看今天的数据监测。”

孙梅梅打开手机，脸色突变：“啊呀，云溪姐，大事不好了。”

“怎么了？”高云溪高度紧张起来。

“贡米出事了。”孙梅梅把手机递给高云溪看，只见网页上“百年贡米再也吃不出当年的味道”的标题非常显眼。

“云溪姐，这个……今天突然出现这么一篇帖子。”

高云溪迅速浏览网文，眉头紧锁：“今天突然出现的吗？”

“是啊，你看这里不断有人在顶帖，成了全网热度最高的帖子。”

高云溪赶紧拿出手机拨打了马伯如的电话：“伯如，我们三泉村的贡米是不是出问题了？”

电话那头的马伯如犹豫着，说道：“既然你已经知道了，那我也就不瞒你了。贡米的确出问题了。这段时间你压力又大，所以我就没有告诉你。我正在调查，你不要着急……”

“我怎么能不着急呢？我马上飞上海一趟。”

高云溪挂断电话后，匆匆忙忙地准备走：“马上去上海。”

“现在吗？”孙梅梅问道。

“这事儿不能等，我必须去查清楚发生了什么事。”

“那我跟你一块去。”

高云溪正要出门，李铭泉突然推门而入。李铭泉看高云溪神色匆忙，一把拉住了高云溪：“云溪，你的伤还没好，你干什么去？”

“泉子哥，贡米出事了。我得赶紧去一趟上海。”高云溪焦急不已。

“你伤成这样，能行吗？要不我跟你一起去吧？”

“有梅梅跟着呢，我没事。你去缴费处把账先结了，我没时间了。梅梅，赶紧订两张去上海的高铁票。”

“你……”

“哎呀，泉子哥，你就别啰唆了，去吧。”

李铭泉迟疑了片刻：“那好，你等着我，等着我啊。”

李铭泉出门后，高云溪拉上了帘子，换好了衣服，二人匆匆地出了门。

没多久，张美菊拎着饭盒回到了病房，却发现床上已经不见高云溪的踪影，她问一旁正在换被单的护士：“我们家高云溪呢？”

“已经出院了。”

张美菊惊愕：“怎么会呢？她伤着呢，多久的事了？”

“刚走。”

张美菊一拍大腿：“这个傻孩子啊，还伤着呢。”

张美菊正要出门，李铭泉走了进来：“妈，云溪呢？”

“你问我，我问谁去？”

“她让我去办出院手续，转眼的工夫，人就没了。”

张美菊打着李铭泉：“你个傻货，你怎么能让她出院呢，你个傻货。”

“妈，咱们村的贡米出事了，她急着要去上海，我能拦得住她吗？”

“你赶紧买票，去上海。”

上海小马迅达公司股东会议室内，马伯如正跟董事会解释着：“贡米我们已经在着手调查原因，让人取样送去农科站，而且不排除有人恶意差评。”

“马总，我们一直以平台不售假、不欺骗消费者，来做我们平台的口碑。这也是你一直坚持的理念，现在怎么三泉村贡米出了问题，马总就有意在模糊概念，破坏原则？”一个董事说道。

“我们平台所遭受的质疑和品牌的损失，应该由三泉村来负责。贡米品质出了问题，应该是原产地来负责。”

“如果贡米真的出了问题，我为此事负责，我会主动请辞。”

马伯如话音刚落，额头上还包着纱布的高云溪推门而入：“我来为此事负责。”

马伯如一愣："云溪？！"

"各位老总，我是三泉村的党支部书记高云溪，是贡米事件的负责人。我紧急赶来上海，就是为了解决贡米事件。"

"我们之前主推三泉村的贡米，把三泉村的贡米捧上了天，结果呢？啪啪打脸，对公司的负面影响非常大。贡米带来的品牌损失就像多米诺骨牌效应，现在已经有客户在怀疑我们平台制假售假了。"

"我们要保护客户的利益，但也要保障商家的利益，这点都做不到，我们还做什么国际品牌。"马伯如据理力争。

气氛立刻变得剑拔弩张起来，董事长见此情形，发言打破了这一尴尬气氛："诸位，都冷静一下，我来说两句。伯如自担任小马迅达的总经理以来，我认为他工作上是勤奋的，态度是积极的，思维是敏锐的，工作中有失误，也是难以避免的。既然高书记亲自前来，已经表明了诚意。贡米的事就交给伯如去处理。"

众人见此，不再多说什么。散会后，众人出了会议室，高云溪叫住了董事长。此时的会议室只剩下高云溪和董事长两人，高云溪向董事长深深地鞠了一躬。

"董事长，我再次向您致歉，如果确实是我们贡米出了问题，给贵公司的平台带来名誉损失，我们会负责的。贡米的事和伯如的事是两件事，一码归一码。您跟伯如共事多年，相信很了解伯如的为人。"

"高书记，我终于明白为什么伯如会选择跟您合作，患难见真情大概就是如此了。公司不会因为贡米事件就而否定伯如之前为公司所做的一切。"

董事们不满地出了会议室，三三两两地走在走廊上，口中还诋毁着高云溪和马伯如。

"事情变得这么严重，已经不是他个人的事情了。"

"大上海有这么多漂亮姑娘，竟然看上了一个柴火妞。"

"小娘们真有手段，用的什么法子把马伯如拿下的？"

众人哄笑，马伯如冷着脸，严肃地说道："你可以对我不满，但是不许你说高云溪。"

"哟，马总，我说什么了？这么气急败坏的，不就是男女那点事吗，我们都懂。"

马伯如攥紧了拳头。

“真是春宵一刻值千金啊。”

“你给我闭嘴！”此时，匆匆赶来的李铭泉愤怒地挥着拳头冲向了那个胡乱说话的董事。

高拍拍和孙梅梅赶紧拉着架，董事们越发肆无忌惮。

“你，还有你，对你们说出的话道歉。”李铭泉怒气难遏。

“看来拜在高云溪石榴裙下的还不止一个人。”

“混蛋！”李铭泉和马伯如冲了上去，众人乱成一团。

会议室内的高云溪和董事长正在说话，听到了外面的嘈杂声，赶紧走了出去。看到走廊上混乱不堪的场面，董事长生气不已：“干什么呢？一个个都是公司高层，这成何体统？”

高云溪走到李铭泉身边，硬拉着李铭泉给在场的人鞠躬道歉：“泉子哥，赶紧向诸位董事们道歉。”

“我凭什么向他们道歉？”

“切，农民。流氓、无赖，卖了假米，还想动手打人。”

“我就想打你怎么着？你们才是流氓，你们才是无赖。”

高云溪的脸一下子严肃了起来：“泉子哥！”高云溪转头对众人诚恳地说道：“各位董事，是我们不对，我代他向您道歉。”随后高云溪一脸严厉地看了一眼李铭泉：“泉子哥，给这位先生道歉。”

李铭泉硬挺着不愿意鞠躬，对众人说道：“我是农民，但我不是无赖，更不是流氓，我们卖给你们的是百年贡米，不是假货。农民，农民怎么了？你回去问问你的父母，上数三代，你们家都是农民。”

李铭泉怒气冲冲地跑出了门，孙梅梅和高拍拍追了出去，众人这才散去。

高云溪和马伯如回到了办公室，马伯如给高云溪倒了一杯咖啡。高云溪接过咖啡又放在桌子上，内疚地看着马伯如：“伯如，对不起，给你带来这么大的麻烦。”

“没你的事，跟这帮没情怀、没眼光的人合作，糟糕透了。”

“伯如，我们要打开互联网的市场，肯定要以产品质量过硬来赢得市场。我们的贡米遭到了投诉，我当然应该向你道歉，我有愧于你的信任。”

“云溪，当初我要把你们的贡米推向市场的时候，公司里的各位董事也都举双手赞成，现在还没搞清楚是怎么回事，一点儿风吹草动，就一窝蜂只想着下架，没想着解决问题。商人是没有情怀可言的。”

“伯如，你是小马迅达的创始人之一，我知道你为了公司能开拓出更大的市场付出了很多。无论如何，都不要为了三泉村、为了我这么做，那我真的成了罪人了。”

“云溪，这是我自己的决定，真的和你没关系，就算辞职，我也有更好的打算。”

“我们跟你们平台合作，不是为了让你们损失利益，而是为了双赢。而且我不想因为我们村里的事情欠你更多。”

“云溪，即便我在公司也是束手束脚，做得好被人嫉妒，一旦做得不好就被围攻，无论做得好或不好，都会成为众矢之的。我想要实现的是更大的梦想，是物联网更广阔的未来版图，不是在这里受人指摘。”

“伯如，作为相识多年的老朋友，我希望你考虑清楚，事关你的前途，不要因为其他的因素影响你的判断。”

马伯如把高云溪送到楼下后，高云溪仍然不放心，叮嘱道：“伯如，千万不要一时冲动放弃你辛苦打拼来的一切。”

“云溪，你放心回去吧。我心里有数。”

夜晚的黄浦江边，一阵阵吹来的晚风格外清爽，高云溪沿着江边走着，身边不时有行人走过，高云溪望着江上闪烁的灯光，怅然若失。高云溪拿出了手机想找人诉说心事，然而她不断在翻看手机通讯录，脸色焦虑，不知道究竟该打给谁。

第二天上午，上海小马迅达公司股东会议室内，众目睽睽之下，一把贡米被于蓓蓓洒在了会议桌上，接着检验单据也被扔在桌子上。

“事实证明确实是贡米出了问题。”于蓓蓓一副得理不饶人的样子。

“马总现在还有什么话说？”

“这事儿，我会负责。”

高云溪拿起检验单据看了看，皱着眉头。

“多亏贡米的重金属含量超标不高，用户短期食用，不会造成什么健康问题，否则，公司的信誉就毁了。”

“贡米必须下架，我们平台不能售卖有质量问题的产品。”一个董事会成员说道。

“铁证如山，贡米是不是全线下架，我们表决吧。”于蓓蓓率先举起了手。

其他董事纷纷举手表决，只有一两个董事没有举手。董事长秘书把一个合约和一支笔放到了高云溪面前，上面“退货合约”几个大字非常醒目。

“高书记是个说话算话的人，那现在就签吧。”于蓓蓓看着高云溪说道。

“现在贡米的事出了，我是把贡米引进公司的负责人，我来承担。”马伯如说道。

“伯如。”

高云溪看到巨额的款项皱着眉头，孙梅梅看着高云溪说道：“云溪姐，这件事非同小可，起码要经过村委会商议再决定。”

“云溪，梅梅说得对，这毕竟不是小事。”

高云溪看向小马迅达的董事们：“我签字。”

高云溪仔细看完合约后签了字，把合同递给了董事长：“董事长，我想跟你单独聊聊。”

在董事长办公室内，高云溪说道：“董事长，我只有一个要求。”

“你说。”

“贡米事件的责任在我们，请不要责怪马总。”

“不会的。”

“我们一定会按照合同的约定，在网上公开发布致歉信，赔付违约金。”

“我们也会根据原有合约，承担我们的责任的。”

“对不起，我对我们给公司带来的负面影响，深表歉意，对不起了。”

高云溪再次向董事长鞠了一躬，说完后便出了门。马伯如和孙梅梅站在楼下等来了高云溪。寒风呼啸，高云溪却健步而来，丝毫没有失败的沮丧。一辆公务车停在门口，马伯如为高云溪拉开了车门，高云溪和孙梅梅上了车。

“云溪，一路顺风。”

高云溪摇下了车窗：“伯如，谢谢你，还是那句话，不要……”

没等高云溪说完，马伯如便打断了：“不要冲动做出决定。我知道。你放心吧。”

高云溪和孙梅梅跟马伯如挥了挥手，关上玻璃走了。马伯如站在原地，一直望着，直到车辆消失在拐角处。高云溪失落和内疚的表情一次又一次出现在马伯如的眼前，他自责不已，却又不清楚自己能为她做些什么，这种无力感驱使着他做出了这个决定。

马伯如敲响了董事长办公室的门，进去后，他走到了董事长面前，递上了辞呈。

董事长看了一眼很是吃惊："伯如，你这是干什么？"

"我决定引咎辞职。这里还有我的股权质押申请，对客户的赔偿，直接从我的股权质押套现中扣除，就不要为难三泉村了。"

董事长把辞呈推给了马伯如："伯如，高云溪临走之前再三向我请求，不要因为贡米的事迁怒于你，她会全盘承担责任。我答应了她。"

"我的辞职，跟她无关。即便没有三泉村这件事，我也在考虑离开了。"

"哦？你是公司创始人、股东，公司投资、金融、地产项目如日中天，你怎么会有这样的想法？"一旁的于蓓蓓说道。

马伯如苦笑着："资本为王的今天，很多创始人已经背离自己的初心和梦想。我心目中未来的小马迅达，不是这样的。"

董事长叹了口气："我是真心想挽留你。"

马伯如苦笑着把辞呈又推还给了董事长："如果我继续留下的话，您对其他董事也无法交代。"

"不会的。"

"董事长，天下没有不散的宴席，我希望小马迅达的明天会更美好。"

"伯如，既然你决心已定，我尊重你的选择。"

"哦，对了，我希望公司董事会尽快研究我的套现请求，我很需要钱。"

"好，我答应你。"

"谢谢。"

马伯如欲走，董事长叫住了他。

"董事长还有什么吩咐？"

"你在公司的股份，只要你不想撤出，始终会为你保留，公司的大门随时向你敞开。"

"谢谢您的信任，我的股权全部套现。明天我会派我的个人法务来跟公司接洽。"

马伯如向董事长鞠了一躬后，走出了董事长办公室。

高云溪从上海回来后，一直把自己关在房间内，她用被子蒙住头，独自消受着心中的苦闷，眼泪氤氲在眼眶中，她始终没有让它流下来。门口，张美菊喊高云溪吃饭，高云溪扯下被子后回了一句：“菊妈，你们吃吧，我不饿。”随之接着又蒙上头，独自低声啜泣。

李铭泉走了过来，张美菊看着李铭泉说道：“泉子，云溪这是怎么了？你去劝劝。”

李铭泉冲着屋子喊着：“不能干就别干了，那个博士书记不也赔了几百万，拍拍屁股走人了嘛。上海多好啊，大都市，灯火辉煌，还有帅哥，回这个山窝窝干什么？挨打、受气，还被人骂。”

“滚滚滚滚，有你这么劝人的吗？”张美菊拍了李铭泉一下。

“理想很丰满，现实很骨感。饿着吧，饿成个骨感美人，有人更喜欢。”

屋内，高云溪扒开被子坐了起来，蓬头乱发的她，已是满脸斑驳的泪痕，高云溪对着门外说道：“菊妈，给我蒸新米饭，我饿了。”

高云溪和李铭泉面对面坐着，看着小饭桌上四菜一汤，几个馒头。李铭泉咬着馒头，看着高云溪：“蒙着被子哭了吧？再哭就靠着哥哭。在哥这儿哭，不丢人。”

“我倒是想靠着哭来着，人跑了。”

“我不跑，等着挨骂？”

“哥，对不起，在上海，我不该对你发脾气，我向你道歉。”

“算了。”

张美菊端着热腾腾的米饭上了桌，李铭泉看了一眼：“米饭还是不吃了吧？”

“云溪，新米我吃了，味道还真是不对。”

高云溪尝了一口米饭：“区别不大。”

“我做了一辈子的饭，舌头特别灵，味儿还真是不对。”

“泉子哥，我找到了最先发帖的那个人。”

“这人看来不简单啊。”

“是一位新加坡华人，八十多岁了。”

“你还别说，这人跟我们三泉村有渊源啊。”

“泉子哥，抽时间你去问问铁匠爷，看看这个人到底是谁。”

第十六章

冬日清晨，薄雾缭绕着村庄，高云溪推着电动车出了门，同迎面而来的罗妮娜和玉竹亲切地打着招呼，随后便骑着电动车风一般地离去。李铭泉和张美菊站在门口心怀担忧地目送着高云溪走远。

村委会办公室里，李永福看完了合同气得把合同往桌子上一拍。一旁的高云溪有些心虚，但还是直起腰板，面带微笑："李主任，你这是怎么了，有话慢慢说。"

"慢慢说，亏你还坐得住，我问你，你去上海一趟，就给我带了这么一张退货合约来？"

"贡米经过质量检测，确实出现了问题。"

"我种了半辈子米，吃了半辈子米，没见出问题，怎么一到了马总那边就有问题了？"

高云溪从抽屉里拿出一个文件递给了李永福："李主任，这个是农科院做出的贡米质检报告，你看一下。"

李永福翻看着文件："好了，这事儿你别管了，赶紧回到医院去。"

"那不行，福爸，这事儿因我而起，我不能撒手。"

"你就别跟我犟了，你管，会更麻烦。"

"我是党支部书记，此事事关百年贡米品牌的生死存亡，我不能不管。"

李永福把那份合同拍给了高云溪："好，你管。贡米几百万款子已经分红进了村民的口袋，你再从他们口袋里掏出来，比登天还难。给你两条路：一，继续留在村里瞎胡闹；二，村里替你还钱，你卷铺盖卷儿，赶紧走人。"

"我是党的干部，我的去留，你无权决定。"

"可我还是你福爸。"

"这是村委会，你回家里说。"

"你……"李永福气恼不已地出了门。

在高云溪办公室门口，李永福刚好碰上了正拿着账本夹子的孙会计，孙会计看着李永福蹙着眉头，生着闷气，安慰着：“主任，你消消气。气顶脑门不好。”孙会计指了指脑袋。

李永福进了自己办公室，孙会计紧随其后跟了进去。

“还不服气，你说，她来村里，都干成什么了？”李永福气恼地说道。

“哎，话不能这么说。云溪来了以后成绩还是可观的。”

“什么成绩可观。招商引资的钱一分没拿回来，贡米塌了个大窟窿。”

“你不能光看这一点。”

孙会计掰着指头细数着丰收节的举办、仪表厂的升级改造、物流中心的项目、生态农业合作社项目、文旅项目的推进，“这么短的时间，干出这么多事情来，不错了。这事，不能怪她。出事的是米，又不是她。”

“粮食安全，这是大事，网上这么一传播，咱们的百年贡米就完了。”

“这事儿你可不能怪她，这个事儿早晚得出。”

“这事儿你做当家人出，我做当家人出，都出得起，她出不起。上次已经弄了个处分了，这次再给一个，她……”

“你想怎么办？借着这个事儿，让她走？”

“早就让她走，她偏不走，恐怕这个时候让走，也没那么容易呢，村里几百万贡米款，她不处置完，怎么走？”

“这事儿好办，改革嘛，哪能不交点儿学费？前面来的那个博士书记，亏了村里几百万，不照样回去干他的公务员了？前面有车，后面有辙，村里开个会，钱从村里出，就算花钱买个教训。”

李永福摇着头：“博士书记走可以，她不行。”

“为什么不行？”

“她是我养大的闺女。”

“那该怎么办？”

“她本事大，她自己去办。”

三泉村支部党员学习室内，高云溪一脸严肃地坐在众人前面，她的身后是一面鲜艳的党旗。

“我认为，贡米出现问题，作为党支部书记，我负有不可推卸的责任。”

众人一下子愣住了。

“不，我不这么认为。实事求是地讲，出了问题的大米，无论在哪儿销售，它都是问题大米。”孙梅梅说道。

支委和村民随后纷纷发表自己的意见。

“说贡米问题是领导决策问题，纯属胡扯。”

“找不出原因，就不该追究责任。”

“好在电商平台有后台数据，我们知道米卖给了谁，精准召回，避免了更大的危害。”孙梅梅说道。

高二泉点了点头：“但无论如何，这件事不能让村民买单。”

“我同意。村民谷雨插秧，秋分割稻，泥里、水里，汗珠子甩八瓣儿种粮，只为换钱，这些钱是血汗钱，不能要他们退。”铁匠爷说道。

“我的意见是，村里出资，贡米全部召回。”

“我也同意，可村里要用钱，得过村民委员会。”支部副书记说道。

“这就是村里的政务，村委会没有理由反对。”一个支委说道。

高云溪欣慰地看着大家说道：“刚才大家都发表了处理贡米问题的意见。我都同意，可以形成决议，通告村民。米有问题，当然要全部召回，照价赔偿，这一点三泉村必须做到诚信守法，兑现承诺。”

“好，我会把支委会的决议上报上级党委，通报村委会。”

“我说的是我要负的责任，不是贡米销售的问题。”

众人疑惑地望着高云溪，高云溪一脸严肃：“我要说的是，我对三泉村原稻生产地情况的估计不足，犯了主观意识的错误。我一直认为，三泉村千年古泉滋养出来的稻米，不会有质量问题，可是，我忽视了它周围生产环境的变化。百年古泉贡米品牌坍塌，三泉村声誉扫地，它暴露了作为党支部书记，对乡村环境治理存在的盲目乐观思想。”

“这个不能怪你。”

“这就是我们决策失误的问题。”

此时的三泉村委会会议室内，村委会众人唇枪舌剑，孙会计和张麦圈几人正因为贡米问题而争执不休。

“贡米问题不是决策问题，更不是运营问题。”孙会计说道。

张麦圈摆了摆手：“茂财，你的这个说法我不敢苟同。”

“哦，你家的臭鸡蛋，拿到商店里卖跟在古街上卖有区别吗？在哪儿卖，它都是臭鸡蛋。”

“你家才卖臭鸡蛋。”

众人都笑了。

“理儿就是这个理儿，话糙理不糙。”

“那你说是谁的问题？”

“高书记做这件事的时候，没人反对。去年，每户村民多分三万块，人人嘴上抹蜜，怎么现在贡米出了事，就成了领导决策问题？我们有些人不能人嘴两张皮，咋说咋有理，有些人跳出来说事儿，那就是虚伪。”

“孙茂财，你说谁虚伪？”

“谁虚伪谁知道。”

李永福打断了两人的争执：“别吵了，吵什么吵，我们是来讨论怎么解决问题，不是讨论谁负责任。说到责任，老少爷们选我们做村委员，我们大家都有责任。”

“钱款怎么办？”张麦圈问道。

“还能怎么办？让我们家梅梅出？让高书记出？如果这样的话，以后谁还愿为村里做事？我建议，这笔钱，村里拿出来。”

“村里的钱也是村民的，领导决策，不能让村里和村民买单。”

“别争了，钱村里出一半，村民退一半儿，贡米拉回来，谁家的米谁拉回去，自行处理，就这么定了。”李永福说道。

“我不同意。”

“不同意，那就表决，同意我的意见，请举手。”

孙会计率先举起了手，众人看了看李永福和孙会计，也纷纷举起了手。

“就这么定了。”

“不能这么定。”

李永福话音刚落，高云溪进了会议室。众人望着一脸憔悴的高云溪，愕然。

“不是让你回去住院吗？你又跑来干什么？”李永福一脸阴沉。

“是啊云溪，去医院吧。”

“贡米村民不能拉回去。”高云溪严肃地说道。

“那你说，该怎么处理？”

“经党支部研究决定，退还贡米全部销毁。”

会议室内正在激烈争论着，张麦圈挑了个空溜了出来。走廊里慢慢聚集满了人，大部分都是张麦圈的人。

“销毁？那村民们一分钱都不退？”

“说得对，我们不退钱。”

“不能一季子都白干了。”

“好事不出门，坏事传千里。我们的贡米以后谁还敢来买啊。”

“这么把我们百年贡米的品牌给搞臭了，我们还得找他们赔钱呢。”

“那网上的差评能信吗？”

“他们这是以讹传讹，黑的说白的，白的说黑的，万一是故意黑我们的，那你还签字赔款，我们就活该被宰啊。”

“不退钱，一分不退。”

村民们嚷嚷着，张麦圈笑了笑，一副胜券在握的模样，重新又走回了会议室。

会议室内已经安静下来，高云溪宣布道：“村民的钱可以不退，刚才经党支部讨论研究，退货款项从村里备用金里支出，米必须集中销毁。”

张麦圈反对道：“村里的钱也是村民的钱，你不能就这样做出决定。”

“刚才说到追究责任，我是村党支部书记，这笔账记在我的头上。我代表党支部，给村里立下字据，一年为限，到期本息返还。”

听见这番话张麦圈便不再多说什么，带头鼓起了掌，随之，其他村委也开始鼓掌。一旁的李永福却脸色铁青，他一拍桌子，怒吼着：“好，你能耐，到时候还不了款，自己打脸。”

说完后，李永福便怒气冲冲地出了门，众人面面相觑，不知所措。

高云溪一脸威严：“我在这里重申一个规矩，无论是村委还是支委，委员们不要只打自己的小九九，要传播正能量。”

三泉村贡米合作社门口，李永福等人面前堆满了包装好的贡米。一辆装满贡米的卡车开了过来，大家的脸色更难看了。孙会计拿着账本，在记账，孙会计问道：“现在已经运回来两万斤了，咱们合作社的仓库肯定放不下，李主任，运回来的贡米怎么办？”

李永福没回答。

“高书记，高书记呢？”张麦圈四处望着。

“在仓库里面呢。”

“李主任，这些贡米怎么处理？”

“这还不简单，换个经销商不就行了。”

“我们的贡米从来不缺市场。”

“全部销毁。”

众人惊愕，高云溪从贡米仓库了走了出来：“这批贡米有质量问题，绝对不可以再次流入市场。”

“那怎么处理？”张麦圈问道。

“必须无公害销毁。”

“高书记，我提个建议。”

高云溪看着张麦圈，等着他说下去。

“我建议把贡米还给农户，是销毁还是怎么弄，让村民们自己决定。”

张老二附和道：“就是啊，让我们自己处理。这么多大米凝聚了多少人的心血和汗水啊，谷雨插秧，寒露谷子才入仓，从春天到秋天，那得多少工夫啊。”

“坚决不行。”高云溪的态度很是坚决。

“为什么不行？”

“贡米被退回来，你们再拿去卖掉。买米的吃出了毛病，那是要出大事的。最后，损毁的还是我们的贡米品牌。乡亲们，如果我们不想让百年贡米这个牌子彻底倒下，就必须处理这些贡米。”

“那你怎么处理这些贡米？”

“我想好了，全部粉碎成米粉，拉到苗木基地，用作肥料。”

“啊？”众人震惊。

李永福打开贡米袋子，抓了一把贡米，不舍地看了看，又小心翼翼地放回袋子里。

高二泉捧着米说道：“云溪，你真的要把贡米都撒地里啊？”

在场的村民们，看着那一袋袋的贡米，眼神中全都流露出了不舍之情。李永福背过身去，眼泪已经流出来了。好几个上了岁数的村民，也都背过了身去，不忍再看。

“云溪啊，你怎么这么犟啊。你这样暴殄天物，会遭上天惩罚的。”高二泉说道。

“要惩罚就让它惩罚我吧。”高云溪眼含泪水。

李家客厅内，张美菊正坐在沙发上生气，一旁的李永福和李铭泉父子二人一直沉默不语。

“云溪这孩子，读书读傻了吗？立什么军令状啊，真是傻孩子啊。”

“她是三泉村的当家人，她应该负起这个责任。”李永福说道。

“她负什么责任？贡米出了问题，又不是她的问题，这天底下还讲不讲道理啊，不行，我得去区里，找那个东方书记。”张美菊说着要起身。

李永福怒吼道：“回来，你找他干什么啊？”

“他把我闺女放在火上烤，不能自己躲起来，做没事人。”

“你还要把脸丢到区里去啊？”

“我不管，我闺女就自己关在屋子里，不吃不喝，也不理人。万一逼出个什么毛病来，我可怎么办啊？”张美菊突然间哭起来了。

李铭泉坐在那儿一言不发。

“你们两个男人，关键时刻一个顶事的都没有。”

“你就别嚎了，嚎，能解决问题？”

“你说，你们父女俩，一个个当的什么苦命的村干部。”

李铭泉起了身：“妈，你就别哭了，哭能解决问题吗？”

“几百万啊，怎么办啊？你们说话啊。你去哪儿？”

“我去民宿，一大堆事儿呢。”

“傻小子，你去看看云溪，别出了什么事。”

“知道了。”

李永福也起身出门，张美菊问道：“你干什么去？”

“你嚎得我脑袋疼，缺氧，我出去透透气。”

“云溪的事儿你不管了？”

“路是她选的，事儿是她做的，你啰唆那么多有什么用。”

张美菊接着号啕：“云溪啊，这么大笔钱你怎么办啊？我闺女太可怜了，这书记当得太憋屈了。”

高云溪盘腿坐在床上，头发蓬乱，满脸憔悴。地上和床上散乱扔着书籍、资料和图纸。投影仪上正播放着梦达化工集团周围航拍的环境、污水处理系统、地质图、水质监测报告的画面。高云溪对贡米被污染的事百思不得其解。

李铭泉和高云溪两人来到了贡米稻田，冬日黄昏的稻田里一片苍凉，只留下一捆捆稻谷秸秆在风中伫立。高云溪站在稻田边上，寒风吹起她飘逸的长发。几缕长发散落在脸上，她也没有理会。不知不觉中，李铭泉出现在她的身后，将一件军大衣给她披在了肩上。

“想什么呢？”

“我在想，或许从明年开始，我们就看不到家乡最美的风景了。”

“是啊，可能稻花飘香、稻浪翻滚的场面，我们很难再见了。”

高云溪望着远处化工厂的烟囱：“我不相信，千年泉水滋养的土地，竟然长出了有毒的稻谷。”

“你的意思我明白了。”

“这里面一定有问题。”

“云溪，化工厂复工合情合理合法，顺应民意，你就别老盯着梦达化工厂瞎琢磨了。”

“我想来想去，还是它有问题。”

“你关在屋里不吃不喝好几天，证据呢？好了，走了，赶紧回家。你要真觉得它有问题，那可得收集到足够的证据。”

李永福带着一瓶酒，四个苹果，两盘菜，去了高山顶高大泉墓碑前，他将祭品摆放停当，用手巾擦着高大泉的墓碑，兀自说道：“哥哥，我又来看你来了。哥哥，也不知道是怎么了，村里的事是一件连着一件，厂炸了，矿塌了，米毁了，接下来还真不知道发生什么事呢。当了那么多年村委会主任，前面的路我越来越看不清了。”

李永福的目光望着远方：“云溪这孩子又惹祸了。贡米毁了，塌下了几百万的亏空，按理说，我强压着麦圈他们，压着云溪，从公家把这钱出了，也就出了。可我不能。为啥，她是咱闺女，我要是真这么做了，她还会跟我吵，你也不同意。谁实话，有些事，我也觉得她对，可做起来真是难啊，所以，拦也不是，不拦也不是。”

李永福说完，望了一眼山下荒凉的稻田：“昨个，我下了决心了。我来就是想跟你说一声，我得对她下狠手，把她给逼走，不然这辈子，她就毁这儿了。”

李永福清理着高大泉坟山的杂草，此时，孙会计急匆匆地赶来了，他喘着粗气说道："主任，打你电话，你一直不接，到处找你找不到，我一想，你一准儿在这儿，就找过来了。"

"什么事？着急忙慌的？"

孙会计缓了口气："那边的会计说，马伯如用股权质押，已经向客户赔付了钱款。"

"啊，这可不是一笔小数目啊。"

"看来，这个马伯如对你们家云溪是动真感情了。"

李永福摇了摇头："这事儿不妥。"

"怎么不妥？"

"张麦圈拿一千万要娶你家闺女，你不也给撅回去了。"

"那不一样。"

"怎么不一样？这婚姻啊，不能欠账。"

"那该怎么办？"

"这事儿，我不便问，你去问云溪。"

从山顶回来，李永福一个人走在回家的路上。华灯初上，整个村子家家户户的灯都亮着。李永福的身影在路灯的照射下显得更加形单影只。

第二天傍晚，三泉村古街泉上人家李铭泉办公室内，李铭泉正坐在桌子边看新的报表。罗妮娜搓着手进了李铭泉的办公室，悄悄地把双手顺着李铭泉的脖子伸了下去，整个人眼看都要趴在李铭泉的背上了。

"暖暖手，暖暖手。"

李铭泉直接一把把罗妮娜的手拿了下来："别闹了，罗大小姐，我忙着呢，你有事说事，没事儿门在那儿，哪来的回哪去。"

"我还真有事儿。"

"有事儿说。"

"你看啊，因为贡米的原因，泉上人家民宿和妈妈味道增收下降，我是这么想的，民宿要想留住人，你得上项目啊。"

"上什么项目？"

"滑雪场啊。"

"真敢想，一个滑雪场那得多少钱往里面投啊，钱呢？"

罗妮娜从钱包里拿出了一张卡："滑雪场，我全投。"

"全投，你就投呗，找我来干吗？"

"要建滑道、买造雪机、盖房子，买滑雪设备、招工作人员、请教练，那不得有人干呢，本小姐可不喜欢干这些个小事。"

"你看我有时间吗？"

"要是，这算成我们公司项目呢？"

听着这话，李铭泉思索着："是个好主意，有了这个项目，我们的民宿、餐饮经营就会有新的增长点。"

"聪明。"

"要不咱就建一个？"

罗妮娜把银行卡塞给了李铭泉："那还等什么呀？"

李铭泉又把银行还给了罗妮娜："亲兄弟，明算账，等我拟好合同，我们就开干。"

"那就干吧兄弟，来，抱一个。"

罗妮娜夸张地抱着李铭泉，这时，一身运动服装的高云溪走了进来。李铭泉想推开罗妮娜，罗妮娜看到高云溪却抱得更紧了。

高云溪一个趔趄："我，对不起，对不起。"

李铭泉强行推开了罗妮娜，罗妮娜张开双臂对高云溪语气怪异地说道："来，我亲爱的高书记，我们也抱一个。"

高云溪摆手："别，我没这习惯。"

"云溪，什么事？"李铭泉问道。

"没事，你们忙。"

高云溪出了门，李铭泉瞪了罗妮娜一眼，紧随高云溪追了上来。一辆电动车停在民宿门口，高云溪戴着安全头盔，把其中的一个头盔递给了李铭泉。

"什么意思？"

"戴上头盔，上车再跟你说。"

高云溪骑着电动车，带着李铭泉行驶在开往化工厂的道路上，李铭泉打趣道："我说高大书记，你哪来的闲情逸致啊？大中午的带我出来兜风。"

"少臭美！有正事。"

"高书记的事都是正事。"

"你要是不想去，我马上就送你回去。"

“别啊！高书记的事就是我的事。”

“这句话还差不多。”

“高书记，到底啥事啊？神神秘秘的。”

“想来想去，问题还是出在化工厂上。”

夜深了，浓浓夜色笼罩下的化工厂像是一座藏着秘密的宝库，正等着高云溪和李铭泉去发掘。两人溜到围墙边上，高云溪看着围墙有些发愁。

“得了，你就别进去了，我进去，你在这望风。”李铭泉打量着围墙。

“你刚才不是还不干呢？”

“来都来了，哪能让你干这事，等着吧。”

高云溪笑着抿了抿嘴：“成，那我在这给你看着。”

李铭泉找来了几块砖头在脚下垫着，爬上了围墙，高云溪在下面护着李铭泉：“泉子哥，小心点，发现不对赶紧出来。”

李铭泉爬上了围墙，晃了晃手里的水瓶：“等着吧，我取了样就出来。”

随后，李铭泉便跳了下去。李铭泉偷偷摸摸地来到了污水处理池旁，弯腰用塑料瓶打了一瓶水。李铭泉正准备转身离开，电话铃声忽然响了起来，吓得李铭泉心一下子提了起来。一阵狗叫声从不远处传了过来，李铭泉撒丫子跑了起来。

此刻，化工厂办公室的罗梦达、罗富和杜副总三人听到狗叫立刻警觉起来。

罗富用对讲机问着值班室的保安：“值班室吗？什么情况？”

“罗总，有人翻墙进厂。”

“抓住他。”

“我们有狗，他跑不了。”

李铭泉慌张地飞奔到围墙边，压低声音呼唤着墙外的高云溪。高云溪在围墙另一侧听见了李铭泉的呼唤，同样压着声音回应道：“泉子哥，我在这呢。”

“接住，我从这边扔了。”李铭泉把水瓶扔了出去。

“泉子哥，你那边啥情况，咋有狗叫？”

几只狗率先跑了过来，冲着李铭泉汪汪直叫。李铭泉挥舞着手，驱赶着狗，准备爬墙，见到远处保安已经过来了，李铭泉对高云溪说道：“云溪，你先回去，这边我处理，放心吧。”

“泉子哥，泉子……”

保安拿着电筒照着：“谁？”

高云溪捂着嘴不敢再出声。这时，李铭泉的电话又响了起来，李铭泉接着电话，说道：“罗妮娜你骗我，这儿黑灯瞎火的哪有你要找的东西啊？”随后，李铭泉关上了手机。

“是泉子啊。”保安认识李铭泉，他对叫嚷的狗唤了一声，狗消停了，坐在李铭泉面前伸着舌头。

“泉子，你这黑灯瞎火的骑在墙上干吗呢？”

“我在跟你们老板家闺女一起玩儿游戏呢。”李铭泉编了个借口，拿着手机假装在打电话，“罗妮娜，你个死丫头，你敢把我骗过来，让你们家狗咬我，你自己却跑了，看明天我不收拾你。”

李铭泉大摇大摆地走进了办公室：“罗叔，你家的狗可真厉害啊！再跑慢点，我屁股开花了。”

罗梦达笑着：“泉子，三更半夜的什么情况？”

“妮娜跟我打赌，说我不敢翻你们厂的院墙。我不服，就翻一次让她瞧瞧，没想到这边儿狗一叫，她跑了。”

罗梦达笑了：“这臭丫头。伤着没有？”

“还好我跑得快，要是跑慢点，我的屁股就真的开花了。”

“你们这些人怎么回事，连泉子都不认识，还不赶紧道歉。”

“没事没事，我跟妮娜闹着玩儿，跟他们没关系。”

罗梦达挥手示意保安离开，保安走出办公室后，罗梦达问李铭泉：“妮娜呢？”

“这死丫头，把我骗过来，她就跑了。”

罗梦达哈哈大笑起来：“好，既然来了，我们喝一杯。杜副总，倒酒。”

“罗叔，我这人你知道，酒量有限，酒我就不喝了，我先走了。妮娜还在等着我呢。”

“那好，你去吧。”

李铭泉向众人道别后走出了办公室，罗梦达望着李铭泉离开的背影，意味深长地笑了。

第十七章

李铭泉刚迈出化工厂的大门，撒腿就跑。高云溪正在化工厂外一隐蔽处焦急地等待着，高云溪一脸嗔怪地看着慌忙跑来的李铭泉担忧地问道：“你怎么才来？”

李铭泉喘着粗气：“差点儿被狗吃了。”

“怎么蒙混过关的？”

“靠演技呗。”

“吹牛。”

“我得赶紧给罗妮娜打个电话。别穿帮了。”

打完电话后，李铭泉把电话顺进了自己的口袋里，他看见高云溪一瘸一拐走向电动车，问道：“你怎么了？”

“跳墙的时候崴脚了。”

“瞧你出息的，我进攻都没问题，你撤退也能把脚给崴了。”李铭泉搓了搓手：“我骑吧。”

李铭泉上了电动车，高云溪随后跨了上去，嗔怪道：“不是因为你，手机不关机。”

“哎呀，要怪你就怪孙梅梅，早不打电话，晚不打电话。差点把我给害死。”

三泉村的夜路上，阒无一人，两旁的梧桐树在轻轻地摇着。两个人一路都没说话，高云溪先打破了沉默。

“泉子哥。”

“啊？”

“你说，我真要不干这党支部书记了，我能干点儿啥？”

“真的假的。”

“当然是真的了。”

“我不信。”

“我要跟菊妈学厨艺，然后嫁一个能够懂点小浪漫，能够呵护我的老公，在上泉村的山里找个面水背山的地方，开一片菜地，去过采菊东篱下，悠然见南山的生活。”

李铭泉打趣道：“那你老公该多寂寞啊。”

高云溪脱口而出两个字：“傻子。”

“你说什么？”

“我说，跟我在一起，觉得寂寞才是傻子呢。”

“我倒看看，那个傻子是谁。”

“骑你的车吧。”

寒风开始呼啸起来，车灯明亮，照着前行的路。高云溪抱着李铭泉的腰，李铭泉一下子觉得自己很不自在。高云溪从后面把手插进了李铭泉的衣服里。

“你干什么？”

“我暖暖手。哇，好暖和。”

“我骑着车呢。”

“哦，罗妮娜可以暖，我就不能暖？”

“能，当然能，从小就在我这儿暖手。”

高云溪把头靠在了李铭泉背上：“谢谢你泉子哥。”

“谢我什么？”

“刚才你替我挡狗的样子，一下让我想起了小时候。记得那一次，大黄狗把你的棉裤都给撕碎了。”

“我也没让它好过，狗毛都快让我给它拽秃了。”

高云溪哈哈笑了：“从小你就替我打狗。”

“我是打狗专业户。”

高云溪和李铭泉回到了三泉村古街民宿。高云溪坐在床上，李铭泉用点燃的黑陶瓷碗里的白酒为她拍脚。黑陶瓷碗里的蓝色火焰在燃烧，李铭泉把手伸进了酒碗，片刻后轻轻地拍着高云溪的脚。

“哎哟，你慢点，疼。”高云溪咧了咧嘴。

李铭泉放缓了动作，拍完脚后，拿出了一块膏药敷在了高云溪的脚上：“没有大碍，消肿了就好了。”

“这个办法还真好用。”

“小时候，老爸总是给我弄，我也是现学现卖。”

“泉子哥，你明天开车，把水样品送到省环保局检验中心去。”

“云溪，我怎么觉得，我们像是在做无用功。”

“我觉得，我的判断是准确的，只要朝着一个方向去努力，就一定会有结果。泉子哥，时间不早了，你也回去休息吧？”

“那好，我就先走了。”李铭泉把高云溪扶上床，正要离开。

高云溪的电话响了起来，高云溪接通了电话，李铭泉悄声问高云溪：“谁啊？”

高云溪避开手机，小声说道：“茂财叔。”

“有件事我必须跟你说一声啊，上海小马迅达公司的那笔款马总已经先替我们垫付了。”孙会计在电话那头说道。

“啊？什么情况。”

“那这事我就不清楚了，你得问马总。”

高云溪沉思着：“哦，好，我知道了。”

“哦，对了，梅梅说她去找你商量点事儿？商量完了没有？”

“梅梅没来啊？”

“什么？她没去找你啊？”孙会计挂上了电话。

此时的孙梅梅正在泉上人家民宿房间内和马伯如相谈甚欢，她兴奋地说道：“马总，你讲的这一切，想想我都热血沸腾，这哪是一个平台啊，整个就是集原产地、物流交流中心、互联网平台为一体的物流信息集成模块。马总，如果这个中心能够形成，就一定能引领整个乡村振兴的发展。”

“引领还谈不上，只是，我不想复制一个小马迅达，希望这次能做出点儿新东西。眼下，我只做了个顶层设计，具体还得有人落实。”

“马总如果不嫌弃，你看我可以吗？”

“可以，太可以了。”

“马总，谢谢你为我们三泉村所做的一切。”

“话不能这么说。我们都要感谢这个时代，感谢乡村振兴的大好商机。”

“我能为你做点什么？”

“你看一下，能不能替为我租一层办公楼。”

孙梅梅惊愕："一层？"

"一层不一定能够。"

"啊？那得多少啊。"

"两千平左右吧，我要布置陈列厅、数据中心、网络直播厅、孵化基地、培训室、办公室。最好能在一起。"

"这么大的地方可不好找。"

"可时间不等人，我希望在运达集团吴总的物流中心建成之前就开业。"

"马总，这下，你可帮了云溪姐的大忙了。"

"我也是在帮我自己。哦，对了，这些事暂时不能让云溪知道。顶层设计我已经完成了，我发你邮箱，你顺便给云溪看一下，毕竟下一步资源的对接，离不开政府的支持，要她早有个准备。"

"好，你来运筹帷幄，我来'暗度陈仓'，不过她是三泉村的当家人，这是她的辖区，躲过她的法眼，很难。"

"能瞒一时算一时吧。"

"那好，我明天就给你找房子。哦，对了，贡米那笔款，云溪姐以军令状担保，从村里备用金把赔付款借出来了，放在贡米合作社的账上，凭着我对她的了解，一定会转给你。"

马伯如长叹了一口气："我了解她的性格，如果转过来，就用来租房吧。"

孙梅梅看了一下手表："哦，都快十二点了，你休息吧，我该回了。"

第二天清早的三泉村古街上，高云溪和孙梅梅相约会面后，开始了晨跑。初冬的清晨，已有寒意，两个人一边跑着，一边说着话。

"说实话，昨天晚上哪儿去了。"高云溪问道。

"我哪儿也没去啊。"

"你告诉我，是不是跟张元生约会去了？"高云溪笑了笑。

"我你又不是不知道。"

"你爸满世界找了你半夜。"

"他这个人就是瞎操心。"

"你有秘密。"

"别胡猜。"

"好，我不猜。说正事。马伯如把村里贡米的赔付款给垫付了，我打他电话却总是不接，又不好意思打电话向他公司细问，你觉得，他什么意思啊？”

“他辞职了。”

“哦，我告诉过他不要辞职，不要辞职，到底还是辞了。”

“可能他有难言之隐吧。”

“什么难言之隐？辞了就辞了，凭他的才华，可以再造个小马迅达。”

“那倒是。”

“看起来，你对马总已经很了解了。”

孙梅梅脸一红：“哪有？”

两个人跑到了村外的高处，身上的衣服已经被汗水浸湿了一大块，两人擦着汗，放慢了速度继续跑着。

“我还是决定把他的垫付款打给他。”

孙梅梅点了点头：“对个人来说，毕竟不是小数目，他又要面临创业。”

“尽管马伯如不在，我还是想把电商平台和物流交汇中心建起来。”

“英雄所见略同。”孙梅梅脱口而出。

高云溪看着孙梅梅：“哦，士别三日当刮目相待啊，说说看。”

“三泉村处于三省省会、四个地级市的交汇处，我们以电商平台为依托，建一个物流交汇中心。”

“梅梅，可以啊。我想把这事交给你负责，你想怎么做？”

“顶层设计，我好好想想。关键问题，还是人才。”

“是啊，我们要是能把村里、家乡的人才吸引回来，那就好了。”

“外面的也可以引进来嘛。”

高云溪一笑：“有目标了？”

孙梅梅有些不好意思：“哪有。”

晨跑结束，两人回到民宿稍做休整后，来到了村委会，高云溪翻看着孙梅梅转交的马伯如的物联网综合平台顶层设计不住地点头，感叹道：“我的天，梅梅，厉害啊。我真是有眼无珠啊，身边有这么一个帅才，我当成小兵用了啊。”

“云溪姐，你先别急着赞美我，说说下一步该怎么办？”

“办啊。”

“钱，钱呢。”

高云溪一下子愣住了。

“您看是不是先这样，贡米合作社账上呢，有一笔要打给马总的钱，我跟马总的个人财务联系了。我们算是借，出利息。”

“嗯，这个主意好，这个主意好。我们先把办公地点弄起来。我再从区里、市里和省里化点斋。”

“那可真是太好了。”

“只是马总我联系不上他。我是真想邀请他来呀。他可是这方面的专家，战略、资源、渠道那是没得说。”

“马总辞职不久，想必在外地放空自己，晚些日子，我想他一定会联系你的。我们先把事情做起来，到时候，让他指导一下不就行了。”

“好，就这么办。我这就去区里汇报项目，时不我待，时不我待啊。”

“哦，对了，上海运达集团的吴总明天下午就到，对接物流交汇中心用地的问题，您看……”

“你和张副主任去，我准备把新旧动能转化后的炼钢厂交给他们。”

孙梅梅吞吞吐吐着：“我……”

“哦，差点忘了，你不想见他，那好，你跟泉子哥一起去接待吧。”

“你呢？”

“下午我去区里，我还有事。”

“怎么了？”

“福爸代表村委到市里把我告了。”

孙梅梅震惊：“福叔到底是怎么了？”

“我向区委写了贡米事件的报告，重提关闭化工厂的事。我觉得，贡米事件不是天灾，而是人祸。”

“你们这父女俩，怎么还在死掐。”

“症结，就在梦达化工厂。”

百脉区委齐东方办公室里，罗梦达情绪激愤地对齐东方诉说着梦达集团的难处：“齐书记，地方政府一定要给企业宽松的发展环境，而不是处处卡脖子。我们梦达集团上市已经推迟三次了，资本严重缩水，这样下去，我们没法干。你想想啊，我的厂给村里带来多少分红，给政府带来多少税收？”

“罗总，你不要激动。”

“我没法不激动。这是三泉村七家企业联名写给您的报告，您看着办。高云溪抓住一个贡米问题死死不放，又关了六家企业，这不是把人往死路上逼吗？”

齐东方看了一眼李永福：“李主任，你怎么看？”

“三泉村的发展已经陷入困境，厂子关了，稻米停了。上面说了，新旧动能转换是腾笼换鸟，现在笼子腾出来，不仅没见到新鸟，旧鸟也被饿死了。我敢断言，三泉村这样三年，经济发展倒退十几年。”

齐东方一笑：“李主任危言耸听了吧？”

“这是事实。”

“以你的意思应该怎么办？”

“火车跑得快，全靠车头带。我建议把高云溪换了。”

“换哪儿去？”

“那是你们组织的事。”

“我听说高云溪有个军令状，一年之内，还掉贡米赔付款。这会儿她要离开，几百万又打了水漂了吧？”

“那你也不能给她撑腰，让她在村里为所欲为。”

“你的意思我明白了。罢免一个村党支书记，你得有组织程序，更何况，云溪书记也不是像你们说的那样不讲组织原则，不干事，专卡脖子的人。你们跟她好好沟通一下。”

“关键是她独断专行，没人能劝得住她。村里两委，矛盾很大。”

“李主任，你们父女两个掐什么劲啊？”郑南国在一旁笑了笑。

李永福苦笑着：“你以为我愿意跟她掐，是村民跟她掐。”

“李主任、罗总，我会找她谈，该批评的批评，该表扬的还要表扬，她下去那么短的时间，能做出这么多事，惹出这么多麻烦，在村支部书记里面还真是不多。哈哈……”

罗梦达跟李永福对视了一下，无可奈何。

离开齐东方办公室后，罗富开车行驶在百脉区公路上，罗梦达和李永福坐在后面，罗梦达想着齐东方的话，无奈地摇着头：“我的哥，你养大的这个闺女啊，得了你的真传了。”

“什么意思？”

“她那个军令状，是在为她的宏图大业争取时间。”

“不要有小人之心。她也是为了村里的未来。”李永福为高云溪解释道。

“可我没惹她啊，你说她干什么死盯着我不放啊？白天让区里的环评小组日日查，夜里还跟泉子一起到我厂子里取水样。”

“有这回事吗？”

罗梦达一笑：“还是翻院墙进的院子。”

“你说云溪翻院墙，打死我都不信。”

“我骗你干什么。不做亏心事，不怕鬼敲门，别说她日日查，就是她夜夜查，我的企业也经得起查。”

“经得起查，你担心什么？”

“我怕她影响军心啊。你想想啊，我的公司正在上市，一个即将上市的企业，总被人盯着找事，传出去，融资会受影响的。”

“东方书记不是正要解决这个问题嘛。”

“我看齐东方跟她是一个鼻孔里出气。”

“他们都是党的干部，当然一个鼻孔出气。”李永福不以为意。

“我的哥，问你个问题。你当了这么多年的村主任了，怎么不想着也成为党的干部。”

罗富随之附和道：“我也不是吹，你要是做三泉村的党支部书记，绝对是全国的典型。别的不说，就廉洁这一点，就让人佩服。”

“我要是党的干部，这会儿就不会坐在你的车上。”

罗家兄弟不说话了。

“有些时候，我能干的，党的干部不能干。组织决策，那是民主才能集中。梦达，当初你的厂，你的矿，你的地，不是我手段硬，办不成。”

民宿内，高云溪身穿一套公务装正准备出门。李铭泉拿着水样品监测单据走了进来，他将单据递给了高云溪：“省环保局的监测报告，水是合格的，我们白忙活了。”

“起码我们验证了一点，他们的这套设备和排污渠道没有猫腻。”高云溪翻看着单据，一脸疑惑。

“你还是坚持梦达化工集团是有问题的。”

高云溪点了点头：“对。”

“凭什么？”

“直觉。”

“直觉可靠吗？可它存在已经二十年了，要出事，早就出事了。我家跟罗家二十年的关系，罗梦达我还算了解，我觉得他还算是有良知的企业家。”

“泉子哥，人都会变的。梦达化工厂没有问题则罢，有了问题那就是大问题。三泉村以泉水闻名，泉水一旦被污染了，那我们可真要成为千古罪人了。”

“你是不是太紧张了。”

“不是紧张，而是心悬一线。化工厂存在一天，我的心就落不了地，每一天如履薄冰，如临深渊。”

“我就想不明白，老爸他是怎么了，一直就这么护着罗梦达集团。”

高云溪苦笑：“那是他的神坛。”

“神坛？”

“作为村主任，那是别人不可逾越的巅峰。”

“云溪，说实话，我真不愿意看到你跟他水火不容，原本是相亲相爱的一家人，这会儿却弄得剑拔弩张。”

“泉子哥，我也很难受。我当初回来，是为了帮他，让他退下来，好好养病，可是随着时间的推移，我越发觉得，事情越来越偏离了我的初衷。好了，不说了，我该走了。”

“你去哪儿？”

“区里。”

“这会儿去区里干什么？”

“福爸和罗梦达把我告了。”

百脉区委齐东方办公室内，高云溪坐在沙发上喝着水，神情自若。齐东方一边看着高云溪的报告一边问道：“又被告状了，有什么感想？”

“书记的茶不错，走的时候你得给点儿。”

“少给我扯闲篇。”

高云溪微笑着说道：“很简单，我不干了，就没人再告状。”

齐东方笑了：“将我的军？”

“不敢。”高云溪喝了一口茶。

“军令状都敢立，什么你不敢？”

“那个不值得一提，我只是不想让村民利益受损失。”

“就这么简单？”

“就这么简单。”

“缓兵之计吧。”齐东方像是看穿了高云溪一样，笑了笑。

“你觉得这个缓兵之计用得值还是不值？”

“嗯，这个顶层设计写得不错，项目也很好，能在春节前落地吗？”

“只要书记支持，很快就能落地。”

“你的这个方案跟区委的发展战略不谋而合。”

高云溪伸出了手：“那就给钱、给人、给政策。”

“钱没有，人没有，政策国家给。”

高云溪叹了口气：“等于白说。”

“这可不白说。”齐东方翻看着项目，“你可真敢要，旧钢厂那块地，大圈地产可盯了很久了。”

“那就得区委权衡了。卖地区里热钱来得是快，可如果常住人口达不到，那里将会成为新的鬼城。”

“你是不是吃准了我会给你。”

“数据时代，可以避免更多的盲目。”

“天时地利人和，你天时不济、地利尚可，人和糟糕，你一到三泉村，就壁垒重重。所以，有个问题必须提醒你。”

“您说。”

“你去三泉村抓了党建工作，可起色不大。”

“口号喊出一千遍，不如干出样子看。”

“道理是这个道理，可经济建设必须党建引领。”

高云溪点了点头。

“当然了，村民眼里的党组织，是带领他们致富，让村民过好日子的党组织。你一去就赶上了新旧动能转换，砸碎的太多，村民收入受到了影响。这是客观存在，可是主观上，是你没能充分发挥党组织和党员的模范作用，你一个人就是浑身都是铁，能打几颗钉？另外，你们村的职位成员，年轻党员的比例太低，党员队伍缺乏活力，难跟上时代的步伐。”

“农村党员老龄化的问题十分严重，在村里待着的大部分都是留守老人，部分年轻人思想又很活跃，党的基层组织建设面临问题。”

“我们的党是不是充满活力，党的方针政策是不是接地气深入民心，需要你去思考，去实践。”

“谢谢东方书记的指导。”

此时，百脉区大商圈地产公司内，张麦圈坐在办公桌后，正激愤地对着两位副总训话：“到嘴的肉没了，煮熟的鸭子飞了，你说你们能干什么？”

“我们也没办法，区里压缩商业用地。”

张麦圈怒火中烧：“你别跟我提这个，旧钢厂拆迁已经上会了。”

“区常委会研究后没批。说是新旧动能转换尽可能腾笼换鸟不换笼。”

“那么多旧厂子不是说拆就拆了，怎么到了我们这儿就不行了。”

“高云溪提交了个方案，旧钢厂已经有项目入驻了。”

张麦圈一惊：“是谁？”

“上海运达公司的钱总。”

“又是高云溪。”

第十八章

张麦圈怒气冲冲地走进了村委会高云溪的办公室，他看着坐在办公桌后的高云溪，问道："高书记，你什么意思？"

高云溪微笑着，不明所以："怎么了麦圈叔？"

"我不是你叔。"

"那好，我就叫你张副主任。什么事让你生那么大的气？"

"我问你，旧钢厂那块地，我已经报给了区里，你怎么半路杀出来个什么物流公司。你这不是撬活，截和吗？"

高云溪一笑："我不会打麻将，不知道什么叫截和。"

"硬抢，这个知道吧？"

"张副主任，你这可就冤枉我了，上海运达公司的项目，也只是个意向。至于你说旧钢厂是块地，你的说法也不对，那么多厂房、车间、楼房，拆掉了，确实可惜。新旧动能转换是腾笼换鸟，不是另起炉灶。"

"你说的那些我不想听，总之有一条，旧钢厂那块地，你不能跟我争，这块地我跟区里已经谈了一年多了。"

"那恐怕不行。村里的项目，必须经过村民议事厅，大家投票之后经村党支部研究决定。"

"高云溪，你别欺人太甚。"

高云溪仍旧微笑着："麦圈叔，我曾经给过你忠告，大圈地产公司该去库存了。"

"我的事不用你操心，大圈地产的房子卖得好着呢。"

"好不好，您自己心里明白。"

三泉村村委会李永福办公室里，李永福正和孙会计合计年底分红的事，孙会计向李永福汇报道："主任，按照你的要求，我做了个预算，如果要兑现你年初分红的承诺，每人增收一万元，咱们村这点钱，村里那些家底可就贴补差不多了。”

“梦达集团的款什么时候能到账？”

“罗梦达说，今年的钱到不了账了。”

李永福沉思着：“今年的情况，虽然跟往年情况不一样，可瘦死的骆驼比马大，你告诉他，年前必须到账一半儿，我们再补一半儿。”

“恐怕有些难。”

“你去找他了吗？”

“这会儿，人难找，钱难要。我好不容易找到他，他要么说集团公司在上市，没时间，要么就干脆躲着。”

“躲着可不行。为了他的厂子能开工，我们费了多大劲头啊。”

“要不，我们把增收的金额往下降一降？”

李永福摆着手：“不行。全国上下都在奔小康，我们不能在小康路上开倒车。我得亲自去找他。”

“可今年分了红，明年怎么办？”

“明年叫村民去找高书记。”

“村里的新旧动能转换和招商引资，势头儿很猛，我看能行。”

“茂财，我看你是被洗脑了吧？”

“不信你去看看，智能仪表厂，已经投产了，销路不错，原厂的工人不仅没裁员，还招收了一百人，接下来是物流中心、电商平台，还要建设工业园区，很有当年你发展村办企业的劲儿啊。”

李永福摇了摇头：“你看着吧，麻烦事很快就来。”

话音未落，张麦圈便气冲冲地走了进来。

“麦圈，你这是怎么了？”

“李主任，我问你，旧钢厂那块地批给谁了？”

“谁也没有批啊？厂房、车间都还在啊。”

“高书记要把那块地租给上海运达集团做物流中心。”

李永福把项目书递给了张麦圈：“这是人家运达集团向村委会递交的项目书，村里以旧厂房、工业用地作股份投资运达集团，村民参与利润分红，不好吗？”

“这块儿地当初你是知道的，我有打算。”

“麦圈啊，村里的事不能光为自己打算。”

“我为自己打算？这件事要是弄成了，除了上缴国家，我们村里每人能分到几万的土地转让款。”

“可你想过没有，土地没了，这笔款子，村民花完了怎么办？”

“李主任，我算看出来了，你们父女俩，联手来挤对我。”张麦圈气呼呼地离开了。

上泉村民宿内，马伯如正在跟技术人员开会，会议结束后，众人相继离去，罗妮娜鼓掌走了进来：“百闻不如一见，传说中的马总果然与众不同。”

“你是？”

罗妮娜自我介绍道：“我是泉上人家副总裁罗妮娜。”

“哦，你好。”

“你好。马总，如果我没猜错的话，您是来帮高书记渡过难关的。”

“也不完全是。乡村振兴战略，也给我们创业提供了空间。”

“少来。创业哪儿不行啊，干吗非来三泉村。还偷偷摸摸的，欲盖弥彰，就是为了爱情，一个大男人，连这个都不敢说出来。”

“你懂什么？”

“我懂什么？我太懂了。这就是你们这些霸道总裁的求爱方式，一掷千金，就为一个突然惊喜，让女人感动不已，然后投怀送抱。你这一招，在高云溪那儿不好使。”

马伯如一笑：“哦，年龄不大，还挺内行。”

“给你出个主意，要想获得高云溪的芳心，一个人很关键。”罗妮娜悄声说道。

“谁？”

“李铭泉。”

高云溪在民宿住处正用毛笔写着大字，几个红纸书写的民宿名字放在桌子上。李铭泉盯着，念出声来：“姥姥家，奶奶家，大姨家、二姑家……”

“什么意思？”李铭泉费解。

“民宿竞争激烈，我给你指一条发财之路。”

李铭泉更加疑惑了：“没弄明白。”

“住民宿，体验的就是亲人味儿。”

李铭泉豁然开朗。

“咱们得打起亲情牌。”

“我怎么就没想到。”李铭泉挠着头。

“你去找一下梅梅，她的电商平台这几天就开始运营了，网上独推这款旅游项目。”

“项目总该有个名字吧？”

“就叫亲人的味道吧。”

“嗯好，妈妈的味道，姥姥的味道，大姨的味道，二姑的味道，我们都可以把它开起来。”

“看，你这脑子不是很灵光嘛。”

这时候，李铭泉的电话响了起来，电话那头的罗妮娜故意装出一副事关重大的语气：“泉子哥，你快点到古宅这边来，我有大事找你……”

李铭泉的脸色有些惊讶，继而点了点头：“哦，知道了。”

“这事儿，一定得保密。”罗妮娜补充道。

“什么事？”高云溪问道。

“哦，古宅民宿那边有事。”李铭泉拿着高云溪写好的字，出门离开了。

凛凛冬日，鲜红的夕阳坠落西天，古村民宿笼罩在美丽的灯火之中。李铭泉走进马伯如住处，看见桌上小菜、烧鸡和白酒，有些吃惊。

“怎么？不敢和我喝？”马伯如故意说道。

“说这话？我就从来没怕过。”

李铭泉说着坐了下来，端起桌上的酒，两个人一碰杯，一饮而尽。

“马总，你可真不够意思，来三泉村那么久了，竟然一直隐居在我的民宿里。云溪知道吗？”

“你觉得以云溪的性格，她要是知道我辞职来了三泉村，还能够接受我的帮助吗？”

“所以，你就跟孙梅梅一起来了个瞒天过海？”

“看来，也瞒不住了。好在明天，云端购物网络科技股份有限公司就要落成了。”

“你这个惊喜给得太大了。你为云溪所做的一切，我万分感激。”

“应该的。”

民宿农家小院笼罩在夜色中。灯光中，两个人推杯换盏，剪影模糊朦胧。

李铭泉离开高云溪房间没多久，孙梅梅便来了，她坐在高云溪一旁，看着高云溪用毛笔写下了四个字——小马迅达。孙梅梅一惊，高云溪转过头微笑着望着孙梅梅。孙梅梅读懂了高云溪眼神中的含义，她有些忐忑：“云溪姐，你干吗这么看着我。”

“告诉马总，公司开业用这个名字吧。”

“云溪姐，你都知道了。”

高云溪微微一笑：“从你第一次把顶层设计方案交给我，我就知道它出自马伯如之手。”

“那你为什么……”

“我想，他不愿意告诉我，自然有不愿意告诉我的理由。另外，我也不想打搅他。我确认，这是他未来的梦想。”

“云溪姐，你应该知道马总的心思。”

“其实几年前，我就明白地告诉了他，我们不可能。”

“为什么？”

“感情这东西，很多时候没有那么多理由，喜欢、欣赏，未必就是爱情。我跟他应该彼此欣赏，可以成为理想的朋友，却不能成为生活的伴侣。”

“那怎么办？”

“他知道，贡米事件之后，我会拒绝他不顾一切的帮助。所以，他就用这样的办法来帮我。”

孙梅梅感叹：“唉，那他心里该有多苦啊。”

此时的李铭泉和马伯如二人已有些微醺，李铭泉又给马伯如添了一杯酒：“你是害怕云溪拒绝你，所以就用这样的办法来帮她。”

马伯如点了点头：“你可以告诉我，用什么办法，才能打动她，让她答应我。说实话，从大学时候起，我就喜欢她。我喜欢他的微笑，就像冬天里的阳光一样，这么暖暖、暖暖地沐浴着你，吸引着你……”

“你怎么想的，就应该怎么对她说。”

“可是，面对她阳光一样的微笑，我就觉得，我的任何私心都显得是那么的龌龊。我害怕她的微笑突然消失了，那样会让我手足无措。”

“这说明，你还没真正了解她。”

“所以，你得帮我，我想知道，云溪一次次拒绝我的原因。”

李铭泉沉默了：“现在她心里，根本就没心思考虑男女之间的事。”

“我……我明白。可是……可是我等她已经六……六年了。”

“六年算什么？还有等……等二十年的呢。”

“谁……谁呀？”

李铭泉一碗酒喝下去，头一歪，倒在了桌子上。

“泉……泉子，这回，这回你不行了，我……我把你喝趴下了。”马伯如口齿不清地说完，也一头倒在了桌子上。

几日后，迎来了小马迅达的揭牌仪式，三泉村小马迅达办公楼大数据中心大厅内，一侧摆满了三泉村的黑陶、白陶、彩陶、红陶、铁锅、小米、米酒等农副产品，一侧的大屏幕上播放着三泉村文旅项目，民宿群。热烈的掌声中，高云溪、马伯如、钱总、孙梅梅走上了前台。

孙梅梅主持着：“各位领导、各位来宾，朋友们，上海小马迅达网络股份有限公司现正式成立了，下面，就请区委齐书记和马伯如先生，为公司揭牌。”

齐东方和马伯如携手拉开了蒙在大屏幕上的红布，屏幕上的各种曲线的大数据显示了全国各地的销售情况。

揭幕仪式结束后，高云溪、马伯如陪同齐东方视察着小马迅达。高云琅和茉莉跑前跑后地拍摄视频。小马迅达数据大厅里，大屏幕实时直播着观光农业、物流中心、旅游景点的视频。数据显示区域，手工铁锅、黑陶、有机蔬菜的销售实时数据也在不断上升。

“现在城市化以后，乡村和城市就处于割裂状态。我们的互联网+，文旅产业+和物流中心就是要把城市跟乡村重新连接起来。”马伯如说道。

“通过大数据和销售平台。”

“对，通过大数据和销售平台，客户可以和农民实施精准对接。客户可以在App上直接向农户下单，购买生态果蔬、奶油蛋禽等产品，这种交易方便快捷，而且少了中间商，农户和客户的利益都能得到最大保障。经过我们的统计，同样一块地，观光农业的收入是纯农业收入的5倍以上。”

众人目光落在大屏幕实时直播区域，李铭泉和罗妮娜带着一群体验农活的游客在地里干活。

高云溪引领着齐东方来到了三泉村观光农业区，高云溪、齐东方、马伯如和孙梅梅四人在田埂上边走边聊。

高云溪给齐书记介绍道："我们村给游客提供吃喝玩乐住一条龙服务，吃住在上泉村古街民宿，这里是观光农业区，有滑雪场、密室逃脱、真人CS，还有军事训练营。现在正在规划和筹建。"

"什么时候修完？"齐东方问道。

"滑雪场已经投入使用，其他项目预计在明年。"

"小高，三泉村现在是旧貌换新颜，这说明我们年轻人还是充满正能量，能把事情做好、做漂亮的。"

"谢谢齐书记的关心和支持。"

"没有给你们村拨一分钱，我的关心和支持都是干鼓劲，三泉村能慢慢地转换过来，全靠你们这些年轻人有干劲。我看了你们两委班子的成员，结构有些老化，你可以多挖掘一些年轻力量，新老结合。"

"我们正在积极开办活动，吸收年轻党团员参与村务活动。"

"我看李铭泉就不错。他是不是党员？"

"现在还不是。"

"那我就得批评你，这么优秀的人才，还是你的身边人，不发展成党员岂不是可惜了。动员一下，说不定就成了第二个李永福。"

三泉村废弃稻田里，李永福面对荒草丛生的稻田百感交集。孙会计急匆匆地找来："主任，云溪拿了废钢铁厂的那块地做物流中心，张麦圈就开始打这块地的主意了。"

"这是基本农田，国家的红线，他不懂吗？"

"张麦圈说，反正不能耕种了，不如拿它开发搞房地产，搞商业区，搞度假村。"

"甭搭理他，他被钱冲昏了脑子，就没一天清醒过。"

"这次不同以往，他已经把申请土地使用权的申请书交到区土地管理局了。管理局没有答应他，也没有驳回。"

“这是我们祖宗留下来的最后一块土地了，这是百年贡米稻田，如果连这个也保不住，那我们就是死了，也没脸去见列祖列宗。”

“这会儿他可能正在村委会找云溪软磨硬泡。看他的架势势在必得。”

如孙会计预料，此时的张麦圈正在高云溪办公室内，劝说着高云溪：“高书记，李主任可以把地划去搞工业，村里几十个厂矿企业的土地都是他批出去的。你一回来就和李铭泉一起搞观光农业，也是村里的土地，我用村里的地搞开发怎么就不可以了？这事不公平。”

“张叔，你的提案在村民大会上投票表决，两次都被村民们否决。”

张麦圈软硬兼施，笑着说道：“高书记，我有个酝酿已久的想法想和你谈谈。”

“你说。”

“你们不是在搞观光农业和文创产业吗。好啊！我们可以强强联合嘛！我在这里修商住区，这里修别墅和度假村，我再投资5000万在这里修个湿地公园，以及整改村容村貌。这样一来，岂不是两全其美。”张麦圈给高云溪看了他的规划图。

“张叔，给你看一组数据。这是近两年全国商品房的最新数据统计和走势图。已经饱和了，你这个时候再大修大建很有可能会马失前蹄。”

张麦圈对高云溪递过来数据表嗤之以鼻：“云溪，叔搞房地产已经不是一两年了，这个数据不能说明什么。云溪，只要我们能强势联合，我保证咱们的梦想都能实现。我们都是追梦人。”

“张叔，你的提案我会在下次村民大会上让村民们投票表决。”

张麦圈抱着他的规划，气得红眉毛绿眼睛地走出了高云溪的办公室，他回到村委会自己的办公室里兀自生着闷气。

罗梦达坐在化工厂办公室的大班椅上，焦急不安地等着回函的消息，一旁的罗富坐在沙发上若无其事地打着游戏。

“上交所的回函怎么还不到？”罗梦达问道。

罗富回道：“给秘书说了，回函一到马上就送过来。你放心吧！我们的资料做得这么扎实，肯定能批准上市。”

这时，秘书敲门后走了进来：“董事长，上交所的回函到了。”

秘书把回函递给了罗梦达，罗梦达接过回函后，信心满满地看着，然而，罗梦达看了几眼后脸色唰地变了。

“怎么了哥？”罗富拿过罗梦达手里的回函看着。

“上交所说，我们的化工厂属于夕阳产业，在新旧动能转换的范畴内，财务数据的漏洞也被他们发现了，能否上市要重新派人评估。”

“怎么办？我们投资省城的项目被套牢好几个亿，要是公司不能上市，拿股民的资金解套，那我们就被套死了。几个亿白搭了。”

“他们还要派人来重新评估。”

“设备和财务数据怎么弄？”

“你马上去把机器设备重新翻新一下，贴个新的牌牌，然后把厂房搞得漂漂亮亮的，让人眼前一亮，这就是一家高新企业。然后加大生产，提高产能，不管用什么办法，一定要把体量搞起来。”

李永福回家途中，路过小马迅达物流中心，看着物流车进进出出，络绎不绝。装货卸货的工人干得热火朝天，铁匠爷和高二泉正在打包铁锅，还有很多村民在打包果蔬油米，以及鲜活鸡鸭。李永福好奇，往里面走去，村民们跟李永福打着招呼。

“你的菜寄给谁啊？一把菜才几块钱，劳心费神地邮寄，还不如直接到菜市场买去。”

村民回应道：“我这是有机蔬菜，空运到新加坡的。”

“还空运新加坡？我吃多了撑得慌吧？”

村民们嘲笑李永福：“那活鸡活鸭发到上海的，那水果通过中欧班列发到欧洲的，老高的铁锅发到新加坡的。你要不信再看看单子，上面都有收货地址的。”

李永福看了看发货单：“还真是呢！能收到货款吗？”

“在平台上先付款后发货。”

“你们先忙吧！我还有点事先走了。”李永福感到诧异，不敢相信自己的眼睛，他像是落荒而逃般离开了小马迅达物流中心。

第十九章

自从上次离开小马迅达的物流中心，李永福心里的好奇和疑惑日益膨胀。这天，李永福没有告知任何人，只身来到了小马迅达的办公区，他从电梯里出来后，探着个脑袋往里面张望，有人来的时候，他就假装路过。

小马迅达数据大厅里，高云溪、马伯如和孙梅梅站在窗户前发现了举止怪异的李永福。

“福叔在干吗？”马伯如问道。

“经历了这么多，福爸的思想开始转变了，想进来看看我们的大数据平台到底是什么，但又放不下面子。”高云溪笑了笑。

“我去把他请进来。”

“你让他看，他就想看看我们平时到底在干什么。你们过来……”

高云溪对马伯如和孙梅梅密语道，随后马伯如来到数据大厅，孙梅梅对大厅里的其他人说道：“所有人到物流中心去开会。赶紧的，所有人都去。”

高云溪、马伯如、孙梅梅和平台工作人员说说笑笑，走进了办公室。李永福看见后赶紧找了个隐蔽地方躲了起来。等到高云溪等人走过以后，李永福偷偷摸摸地溜进了小马迅达的数据大厅。李永福在数据大厅里来回端详着，他盯着数据大厅里实时直播画面和实时数据出了神，自言自语地说道：“铁锅，黑陶，贡米……法国，澳门，马来西亚……”

高云溪等人没过一会儿又回到了数据大厅里办公。李永福避之不及，慌不择路地进了厕所。他在厕所里竖着耳朵听大厅里的工作人员的交谈，不时还眯着眼从缝隙里往外看。

高云溪三人边走边说，高云溪瞄了一眼厕所方向，故意大声说道：“伯如，我们需要去看看物流中心，再来确定以后的计划。”

马伯如大声附和：“好，这边走。”

李永福以为高云溪他们已经离开了，才从厕所里出来，结果不料，迎面看到了正在等着他的高云溪，吓了一跳。

“福爸，想来看，跟我说一声，我陪着您来，顺便呢，还能为您做个讲解员。”

“我不稀罕。”李永福说着便朝外走。

高云溪一笑：“还嘴硬。”

“我看你们就这样神神道道的，能把东西卖出去？”

“当然，要不要我给你讲解一遍？”

“我没工夫听。”

高云溪望着李永福的背影摇着头，无奈地笑了。

黄昏向晚，一抹抹余晖洒落在古街上，李永福扶着腰走着，他老远就听见铁锅作坊叮叮当当的声音。李永福来到铁锅作坊，铁匠爷和高二泉正带着一批铁匠在加班加点地打铁锅。

“嚯，那么多人打啊。”李永福感叹。

“没办法，订单太多了，都快累死了。”高二泉回道。

“问你点事，你的铁锅在马伯如平台上一个月能卖多少口。”

“说出来你都不相信，现在一天卖的，有时候比以前一个月卖的都多。”

“真的？”

“我们现在哪天不是加班加点地干。以前你见过我们晚上加班吗？哪天不是天还没黑就收工了。”

“就是因为有了马伯如的电商平台？”

“是啊。以前我们的铁锅就在本地卖，一年都卖不了几百口，现在我们的铁锅卖到了上海、北京、广州，还有香港、澳门甚至还出口到新加坡，别说全国了，全世界你都能卖过去了。”

“哦！那挺好的。”李永福若有所思。

“李主任啊，不是我们不明白，而是世界变化快。”

“铁匠爷，我请你喝一壶？”

“永福啊，这句话我等了好久了。”

“那好，村口小酒馆，我好酒好菜等着您？”

“好，我打完这口锅就去。”

三泉村古街村口小酒馆的饭桌上，摆着四盘小菜，一瓶好酒。李永福和铁匠爷喝酒正酣，李永福给铁匠爷添了一杯酒："铁匠爷，人这一辈子，活着到底为了啥？"

"活着看，死了算，胡思乱想没法干。"

"村里人说，我活着为名，麦圈活着为利，我觉得，这话都对，也都不对。人活一张脸，树活一张皮。说实话，我就佩服大泉哥，人虽然走了，石碑往那儿一插，千秋万代都活着。"

"永福啊，这个村里我没有佩服过谁，你是这个。"铁匠爷竖起了大拇指。

"铁匠爷过奖了。"

"我话还没说完，我佩服你的是，你替我们三泉村养大了一个好闺女。"

李永福苦笑道："我还以为你要夸我呢。"

"说的是真心话。这闺女跟他爸有一拼。"

"除了比她爸倔，我看还真像。"

"人要是能做到不为名，不为利，只为了大家的好日子，那就活得比别人值。可这事儿只有党员能做得到。"

李永福沉默了。

"永福啊，你不入党，是怕四个字。"

"哪四个字？"

"约束，监督。"

"我还真不怕这个。"

"嘴硬。当初你为引进这些工厂、企业，酒没少喝吧？礼没少送吧？那些个拿不上桌面的事儿，没少做吧？"

"那时候，不这么办，办不成事儿。"

"可你要是党员，你还真不能这么办。"

李永福点了点头。

"这些事啊，无论你是出于公心，还是出于私心，要按党章给你算，你的那些事都得处理你。"

李永福笑了："还真是这个理儿。"

"你有个心病。你跟云溪他爸没经村民同意，就贷款跟人家做生意，白白被别人坑了三千块。党支部召开党员大会，全村三十六个的党员，批了大泉一天一夜，这还不算，上级党委还给了他一个记过处分，你们这就是不应该嘛。"

“当时的生意是我谈的，贷款是麦圈贷的。我们俩的事儿，凭什么处理大泉哥？弄得大泉哥临走，还背着一个处分，你想想，我心里有多难受。”

“可他是党员，是党支部书记。这就是党员和一般群众的区别。”

两人这顿酒喝了近三个小时，很是尽兴，李永福一身酒气，晃晃悠悠地进了院子。张美菊喂完猪回来，看到了李永福，嗅到了他身上浓烈的酒味：“你不想活了，还去喝酒？”

“我就跟铁匠爷聊聊天，没怎么喝。”

“没怎么喝，这么大酒气。”

李永福看到李铭泉的屋子亮着灯，问道：“真稀罕，他怎么回来了？”

“回来老半天了，像是在写什么东西。”

“哪儿写不了东西，回家来写。”

“他说，家里安静一些。”

“写个东西还挑地儿。”

李永福朝着李铭泉的屋子看了一眼，往前走了几步，走到门口，停驻了一会儿，转身进了屋。

灯光下的李铭泉，正聚精会神地用笔书写着。书桌上放着高云溪的一张工作照片，李铭泉看了看照片中高云溪胸前格外显眼的党徽，思索了片刻，继续写着。

李永福回了屋，躺在床上辗转反侧，张美菊瞅了他一眼：“你还睡不睡？明天一大早我还得早起到民宿弄早餐。”

“你儿子的事业比我，比这个家还重要？”

“这话我得问你，是不是你的事，比我、比你儿子比这个家还重要？”

李永福长长叹了一口气。

“你叹什么气？”

“或许，这次村委改选，我就不应该再参与。”

“终于说了句人话。”

“要不，我把这村委会主任辞了？”

“口是心非。”

“我说的是心里话，或许云溪是对的？”

“什么或许，本来就是。”

李永福不说话了。

第二天清早，李永福被张美菊的闹铃声给弄醒了。张美菊起床，李永福也跟着起来了。李永福来到院子里，他朝着李铭泉的屋子看了看，发现屋子里的台灯还亮着。

“泉子，走了。”张美菊吆喝了一声。

屋内没有应答。李永福敲了敲门，屋内仍然没有应答。

“这孩子，灯也没关就走了。”

张美菊说完出了门，而李永福走进了李铭泉的房间。

进屋后，李永福将桌上的台灯关闭了，他将倒扣在桌上的照片扶正了，照片中的高云溪一身工作装，笑容灿烂；李永福注意到了桌上的一份草稿，他翻到了首页，用正楷写成的五个字“入党申请书”出现在他眼前。

“党员，儿时的记忆里，经常听高大泉伯伯和我的父亲谈起这个词，他是党员，那时候，我什么都不懂，可在他的身上看到了无私、奉献和牺牲……小时候，我也一直很崇拜我的父亲，他对三泉村的奉献精神让我打心眼里尊敬他，他不是党员，却也能像党员那样为了村民的利益和生命安全不顾一切……那一刻，我把党员和群众的品格混淆了，一个真正的共产党员，除了具备公而忘私、奋不顾身的品格之外，还必须坚守传播党的思想、遵守党的纪律，为党的事业坚韧不拔，献出一切……一个共产党员，要经得起批评，不断进行自我批评，始终保持不断的创新精神。我的父亲为村里做出了很多贡献，可是他所做的一切没能贯彻新时期党的方针政策，引领我们走向新的胜利，这就是党员和群众的区别。我志愿加入中国共产党，自觉接受党的教育，贯彻落实党的路线、方针和政策，为实现‘两个一百年’奋斗目标、实现中华民族伟大复兴的中国梦而奋斗。”

李永福读着李铭泉的入党申请书，陷入了深深的沉思。

上泉村古宅里，铁匠爷躺在椅子上休息，李铭泉给铁匠爷捏着肩膀，高云溪在一旁给铁匠爷捏着腿。铁匠爷自然明白这两人无事献殷勤的用意，他看了看两人，说道：“看着你们这么卖力的份上，有事就说吧。”

高云溪从手机里滑出了一张照片，放到了铁匠爷的眼前：“铁匠爷，这个人您认识吗？”

铁匠爷眯着眼："有点眼熟。泉子，老花镜。"

李铭泉把老花镜递了过去，铁匠爷戴上了眼镜："哦，是他呀。"

"铁匠爷，你认识？"

"你找他干吗？"

"他在网络和平台上发了很多帖子，说的都是咱们村的事。"

"哦。"

"铁匠爷，您快说，他是谁？"高云溪焦急地问道。

"嗯，没错，就是他，70年了，没想到他还活着。"铁匠爷反复看了看，确认了。

"谁啊？搞得跟生离死别一样。"

"我四叔，古宅真正的主人，新中国成立前跟着他父母去了南洋。"

"你确定？"

"错不了，他的眼神，神形，还有这颗黑痣，错不了。"

高云溪若有所思："这就解释得通了，为什么他会盯着我们的贡米和生态果蔬不放了，他这是难以割舍的乡情。"

从铁匠爷那儿弄清楚了事情的原委后，高云溪和李铭泉整理了资料，在小马迅达数据大厅内的大屏幕上贴出了那张照片，李铭泉对马伯如和孙梅梅说道："我找到了那个写帖子毁掉贡米的人。"

"天涯倦客，山中归路，望断故园心，这位孙老，10岁就离开了故乡，一走就是70年，老人家对我们吹毛求疵，其实是对故乡的眷恋。这点果蔬和贡米，就算是我们对他的一点心意。"

马伯如用商业思维思考着问题："乡愁，对家乡味道的眷恋。"

高云溪点了点头。

"云溪，我觉得这是一个很好故事素材，我们可以拿这些素材做宣发。"

"马总这是商业灵感。"孙梅梅说道。

"嗯，的确是个好素材！感人泪下，有情有味。"

"我把上泉村产的贡米给他邮寄一些过去。"李铭泉提议。

"把古宅的照片、铁锅作坊和三泉村现在的照片一起寄出去。"高云溪补充道。

李铭泉点了点头："好，解铃还得系铃人。"

此时的下泉村泉水河，阳光明媚，清水河波光粼粼。高云琅操纵着无人机在拍摄，茉莉跟在后面。

“好不容易出来一趟，你怎么只玩儿你的。”茉莉抱怨道。

“我在工作。”

“借口，小马迅达是电商平台，又不是旅游平台。”

“我们的文旅平台已经上线了。”

在河中，一女一男两个半大孩子，正划着小船在河水中心捞鱼。小船的周围向上冒着黑色水花，高云琅的无人机恰好拍到了这一场景。

“那么好的水面，这不大煞风景吗？”

高云琅划着平板电脑，他拍了下脑袋，像是突然想起了什么：“村里一直把治理污染当作大事，泉水河里不可能会出现污水，不好，我得跟云溪姐打个电话。”

高云溪还在小马迅达大厅里同马伯如几人谈着后续事宜，接到了高云琅打来的电话，电话那头的高云琅慌忙地说道：“云溪姐，泉水河出事了。”

“你慢点说。”

“泉水河里突然冒出来大批黑水，鱼死了一大片，乌泱乌泱的。”

敏感的高云溪像是领会到了什么：“你发个定位给我，我尽快赶到。”

“云溪，怎么了？”

“泉子哥，泉水河出事了，我觉得跟我们要找的污染源有关系。”

高云溪说着冲出了门，李铭泉、马伯如、孙梅梅也随之冲出了门。

高云溪下了车就一路狂奔上了河堤，马伯如和孙梅梅紧随其后。李铭泉停好车后，看到高云溪像一只麋鹿一样一路奔跑。孙梅梅穿着高跟鞋，一个趔趄，脚崴了一下，她只好停了下来，望着马伯如追着高云溪跑下了河堤。

茉莉突然间发现河中的小船翻了，掉落在河里的女孩用手扒着着船，茉莉焦急地喊着：“高拍拍，你快来看，你看，刚才还两个，怎么现在就剩一个了。”

船上仅剩下的一个小女孩大声哭了起来，高云溪望着小船上呼喊的孩子喊道：“不好，孩子掉河里了。”

高云溪心急如焚，三步并作两步跑到了河边，一头扎了进去，高云琅和茉莉在岸边看着，手足无措。马伯如试着想下水，不识水性的他畏畏缩缩地在河边踟蹰着，还是退了回来。

高云溪下水后便遭遇了不测，她的腿抽筋了，高云溪奋力地在水里挣扎着，很快沉进了水底。

“云溪，云溪……”马伯如在岸边慌了神，大喊着。

李铭泉跑过来，看到水面上只剩下了高云溪的上衣。李铭泉望了一眼畏缩的马伯如后，纵身跳进了河里。泉水河底，李铭泉伸出手想去抓高云溪，然而高云溪却继续向河底沉去。

高云溪的耳边瞬间响起了幼年时李铭泉稚嫩的声音，她想起在三泉村悬崖边的一棵树上，是李铭泉紧紧抓着她的手，跟她说：云溪，抓住哥的手，抓住哥的手，千万别放开。

高云溪使了使劲，伸手抓住了李铭泉的手，李铭泉把高云溪抱在了怀里，两个人奋力向上游去。

马伯如束手无策之时，李铭泉抱着高云溪上了岸边。高云溪咳嗽着，吐出一口水：“快，快救孩子。”

李铭泉游泳回到了船边，把瑟瑟发抖的小女孩送上了岸：“伯如，云琅，快，快把孩子送医院，快。”

“哎，哎，哎。”高云琅抱着孩子走了。

“还有，还有一个。”茉莉对李铭泉说道。

“泉子哥，还有一个，还有一个。”

李铭泉一头又扎进了水里，众人焦急地在岸边等待着。李铭泉下水后便不见了人影，马伯如看着手表，时间一分一秒地流逝，李铭泉还迟迟没有露出水面。高云溪一下子焦急了起来，她冲着河面大喊，然而李铭泉却杳无音讯。

高云溪一边哭喊着，一边焦急地顺着泉水河的水流方向追着跑。此时，张元生带着警察跑来了，张元生刚下了命令，话音未落，李铭泉抱着一个半大孩子出了水面。

伴随着众人的一阵欢呼声，李铭泉抱着孩子上了岸，上岸后的李铭泉瞬间倒在了地上。医护人员上前把孩子抱走了，高云溪抱着体力耗尽到虚脱的李铭泉，呼唤着。李铭泉缓缓地睁开了眼睛，他看着面前哭得像个孩子一样的高云溪，抬起手摸了摸她的头发。

几人赶到医院时，孩子已经在抢救室内抢救了，李铭泉和高云溪头发仍然有些湿漉，两人在抢救室外来回踱着步。此时，李永福闻讯匆匆赶来：“孩子怎么样？”

“梅梅他们带着女孩在那边检查，问题应该不大，男孩这边情况有些严重，不知道能不能挺过来。”高云溪回复道。

“两孩子是怎么下的水？”

“河里有死鱼，孩子不懂事，想去捞，唉……”

高云琅领着孩子的奶奶过来了，奶奶哭嚷着问询道：“磊子，晓琪……我的孙子孙女……他们在哪？”

“大娘，孩子正在里面抢救。”

“这是造的什么孽啊。”

孙梅梅和马伯如推着小女孩走了过来，孙梅梅说道：“云溪，小姑娘醒来非要找哥哥，我们就给她推来了。”

奶奶上前抱住了小女孩：“晓琪，你可吓死奶奶了。”

“奶奶，哥哥呢……”

这时，医生和护士从抢救室走了出来，众人围了上去，李永福焦急地问道：“医生，孩子怎么样？”

医生摇了摇头，遗憾地说道：“李主任，我们尽力了，溺水时间过长，救不回来了。”

奶奶听后，一下瘫倒在地：“这可让我怎么活啊，儿啊，是我没照顾好孩子，我对不起你啊。”

“大姐，孩子的父母呢？”李永福问道。

“他爹妈没了啊，出去打工把孩子托付给我了，去年就出车祸走了，我没敢给孩子说，结果没想到，还是找他爹妈去了，我对不起他们三口啊。”

小女孩抱着奶奶一边哭着，一边问道：“奶奶，哥哥回不来了吗？”

奶奶张开手揽过了小女孩：“现在就剩晓琪，就剩我们祖孙俩，我们这是什么命啊。”

这一幕让高云溪想起了小时候的自己，她感同身受，禁不住眼含泪水：“大娘，您先去区里的养老院养着，以后，她就交给我吧。”

奶奶疑惑地望着高云溪，高云溪拉起了李铭泉的手对奶奶说道：“交给我们。”

奶奶沉默了。

“我看到她，我就想起了当年的自己。这种无依无靠的感觉我最有体会。福爸菊妈给了我一个完整的家，我也愿意给她一个完整的家，我会把她当作自己的孩子养。”

高云溪看了看李铭泉，两人情愫顿生，李铭泉看着奶奶，眼神中充满了一股温柔的力量：“大娘，你就放心地把孩子交给我们吧，你把身子养好了，我带晓琪去看你。”

“我给你们磕头了。”奶奶说着，激动不已，跪下来要给高云溪和李铭泉磕头。

“使不得，使不得。”高云溪上前搀扶着奶奶。

从医院离开后，高云溪带着从泉水河采集的污水样本去到了村委会，而李永福则直奔去了罗梦达的别墅。

此时，罗梦达在家里如坐针毡，罗富匆匆而来，慌张失措：“哥，出事了，出大事了。”

“你急什么？”

“污水从泉水河里一冒，他们就会想到我们。”

“地下三百米也能冒出来，你的专家是从哪儿找的？”

“专家绝对没错，是我们排得太多了。”

罗梦达思索了片刻：“你，抓紧时间去银行，资金尽快提现。”

“哥，公司正在上市，财务审查，账都给封了。”

“上市，上市，早晚我要被这上市给弄死。”

“哥，该怎么办？”

“找财务，抓紧时间弄现金，能弄一点儿算一点儿。眼下，他们还找不到我们这儿来，工厂加班干。”

“哥，我们还是早点走吧。”

“不急。”

“那妮娜怎么办？”

“我来找她说。”

“哥，该断不断，反受其乱。”

罗梦达和罗富还在密谋，门外突然响起了门铃声。罗梦达一脸自信的表情：“不用猜，一定是李永福。”

门自动打开来，李永福一脸阴沉地走了进来，他其实心里早已对罗梦达产生了怀疑之心，而这次黑水事件让他就此确认了，贡米一事与罗梦达必然脱不了干系。

“哥，这么晚了还劳驾你跑一趟，有什么事通知一声，我来找你就好。”罗梦达上前献着殷勤。

李永福上来就是一耳光，罗梦达没想到李永福会打他，顿时蒙了。罗富上前拎着李永福的衣领：“李永福，你疯了，干吗打我哥。”

“松开。”李永福瞪着罗富。

罗富的气势被李永福眼中的怒火给压制了，他虽然还抓着李永福的衣领，心里却很胆怯。

“罗富，干什么你？一边儿去，你怎么敢跟哥动手呢？”

罗梦达发了话，罗富这才松开了手。

“哥，你这是什么意思，上来就打人。”罗梦达装作一副茫然无知的样子。

“废话少扯，泉水河的事跟你是不是有关？”

“哥，你不相信我？”

“你说，你们还有多少事瞒着我。”

“哥，你我之间二十年了，我浑身上下有几根毛你都清楚。”

“那黏土矿偷挖乱采的事呢，要不是出了事故，我到现在都蒙在鼓里。”

“化工厂的污水处理设备是你亲自选的，也是你带着大家安的，高云溪派出的环评小组日日察，她还夜里偷着去查。你还想怎么着？”罗富怼着李永福。

“没你说话的份。”罗梦达瞪了罗富一眼。

“罗梦达，今天是我来问你，你说实话，泉水河的事跟你有没有关系？”

“真没有。”

李永福怒吼：“这是最后一遍，泉水河的事跟你有没有关系？”

“真没有。”

“你还真别嘴硬。”李永福说着出了门。

三泉村村委会会议室内，李教授拿着泉水河污水的成分和原有的对比后，对高云溪说道：“小高书记，对上了，这里面的重金属成分跟稻田土壤里的成分一模一样。”

高云溪听后，脸色一下子严肃了起来：“我曾经调查了三泉村的地质资料，地下两百米是岩石层，污水到底是从哪儿排出来的呢。”

“我们带来了地质专家。”

地质专家打开了投影仪，荧幕上出现了地质结构图，地质专家解说道：“三泉村的地质结构很复杂，你们看，二百米是岩石层，岩石层下面一百米是地下河。”

“您是说，污水是从地下河排出去的？”高云溪问道。

“可能性很大。可是，我们必须得找到排污口。”

“是啊，这排污口到底在哪儿呢？”高云溪眉头紧蹙。

第二天一早，高云溪、李永福带人来到了化工厂污水处理区突击检查。罗富说道：“这里就是我们的污水处理区，这些设备也是李主任亲自把关引进的，大家两只眼睛要是看不清楚，就用四只眼睛看，千万别睁着眼睛说瞎话。”

高云溪和李铭泉拿来空瓶子准备把净化以后的排放水送去检验。

“罗富，给我拿只水杯来。我口渴了想喝水。”罗梦达在这时说道。

罗富取来一只早已准备好的玻璃杯，罗梦达舀起一杯排放水对着大家说道：“这是我们经过净化后的排放水，干净解渴。”

随后，罗梦达将排放水一饮而尽。众人面面相觑，无话可说。

“高书记、李主任，我还有事，恕不奉陪了。”罗梦达转身上了楼。

上楼后，罗梦达箭步冲向了办公室的卫生间，朝着洗手台，逼迫自己呕吐。

罗富给罗梦达捶着背，罗富嫌脏，就给美女秘书打了个手势，让秘书给罗梦达捶背。

“那水能不能喝？”罗梦达吐完了。

“我见李永福喝过，应该问题不大。你还是去医院洗个胃吧，臭水沟里的水，虽然经过净化，但还是……”

“董事长，还是去医院看看吧。”

“走吧。你在厂里守着，聪明点。”

“知道了。”

罗梦达和秘书坐车离去。

在化工厂门口，李永福和高云溪把专家组送上车后，李永福对于罗梦达喝排放水，心中有愧，他看着高云溪说道：“高云溪，我本来已经对你们改变了些许看法，可这件事你们做得真的太过分。村里的泉水被污染了，你们着急我们理解，但你们这样盯着梦达化工厂不放，就是在针对我李永福。”

“福爸。”

“你别叫我福爸，我不是你福爸。梦达化工厂是我一手参与建起来的，梦达化工厂的污水处理设备也是我一手参与引进的，你们这样一而再，再而三地针对罗梦达，不就是在针对我吗？”

“爸，你晚上还好好的，怎么突然说出这种话？”

第二十章

“这些话我早就想说了。”

高云溪和李铭泉对李永福的狠话感到震惊，高云溪想要解释：“福爸，不是你想象的这样。”

李永福打断了高云溪的话：“那又是哪样的？村里的事你不要管了。污染事件我来处理。”

“那怎么行？”

“我种下的因，就该我来处理这个恶果。”

“三泉村的千年古泉一旦成了污水泉，那么三泉村祖祖辈辈守护的资源在我们的手里彻底毁了，这样的千古罪人会被写进史册的。”

“你们去化工厂折腾了多少次？折腾了多少次？发现问题没有？有问题没有？你说啊，说啊。”

“爸，你冷静点。现在不是在针对谁的问题，是三泉村的泉水的确被污染了，而且污染范围还在继续扩大。这样下去，三泉村就彻底毁了。”李铭泉说道。

“福爸，能把泉水河污染得这么严重的，只有梦达化工厂。”

“证据呢？证据呢？不要联想，要真凭实据。”

“证据会有的，已经接近真相了。”

“高云溪，我告诉你，少自作聪明啊。我告诉你，要不是大家看在你爸高大泉的面子上，一直包容你，容忍你，你早就被赶走了。村里70多个厂矿企业，你一回来就要拆掉50多个，闹鸡飞狗跳，怨声载道，你想干吗？你想毁了三泉村。”

李永福的这番话像刀子一样刺进了高云溪的心里，她委屈得哭了出来。

“爸，你太过分了。”李铭泉说道。

“你就是想毁了三泉村，因为你埋怨三泉村，恨三泉村，你要毁了三泉村。高云溪，你走吧！三泉村容不下你了。”李永福转身而去。

“福爸。”

“我不是你爸，你爸是高大泉。”

“福爸，你怎么能这样？”高云溪在原地，脸上已经落了两行热泪。

李铭泉安抚着高云溪的情绪，两人从奶奶那里接来了李晓琪，将李晓琪带回到了民宿，李晓琪跟在李铭泉后面，怯怯地望着张美菊和李兰花，张美菊对着孩子招了招手：“晓琪，来，到奶奶这儿来，兰花，把孩子领走。”

李兰花领着李晓琪去了里面，张美菊看着李铭泉问道：“泉子，你怎么把孩子抱回来了？”

“我和云溪想收养她。”

张美菊有些生气：“抚养一个孩子要费很多心血的，不是一件简单的事情。”

“妈，我们已经决定了。”

“她奶奶呢？”

“准备送到养老院去。”

“你们把她接回来，就意味责任，要把她照顾好，培养好，这不是一件小事情。千万不要脑子一时热。”

“我和云溪都想好了。”

“云溪，云溪，你就能确定云溪嫁给你了？赶紧送回去。你们连婚都没结就收养个孩子，那就是个累赘。”

“泉子，养个孩子不容易，你是年少不知事。”

“你不是说人老了就想带孩子嘛。”

“我想带我亲孙子，云溪和你的孩子。”

“妈，云溪不是你们亲孩子，不也亲吗？这孩子多可怜的，父母出车祸双亡，奶奶也70多了，堂叔堂伯们都嫌她累赘不想收养。”

“那凭什么我们家就要收养她？你和云溪正在走上坡路，哪有时间带。”

李铭泉笑道：“妈，这不有您的嘛。”

“那也得等你们成家。”

“妈，你这不是为难我吗？”

李永福从化工厂离开后，便联系了孙会计、高二泉、铁匠爷和张麦圈，李永福在古街铁锅作坊院子里矗立良久，几人才纷纷如约而来。

“老李，大冷天儿，你把我们叫地里来干吗？不冷啊。”张麦圈冻得瑟瑟发抖。

“铁匠爷，老哥几个，泉水是我们三泉村的村魂。这两年，先是稻田断断续续的出现污染问题，现在泉水又被污染成这样。污染范围还在持续扩大。我估摸着，村里可能要出大事了。我今天把你们请过来，就是商量着把高云溪弄走，她是无辜。”

张麦圈怼着李永福：“她是无辜的，那谁是活该的？”

“我，出了事我一个人承担。”

“主任。事情没这么悲观。”孙会计说道。

“我有预感，我从来没有过这种忐忑不安的感觉。村里亏欠大泉哥的太多了，于公于私，我们都该保护好云溪，把云溪弄走。”

“你想怎么做？”铁匠爷问道。

“去找齐东方，不惜一切代价把云溪调走。”

“我跟你去。”

铁匠爷首先发话后，众人纷纷表示跟随李永福的脚步，除了张麦圈。李永福看了一眼张麦圈：“张麦圈，你去不去？大泉哥还在的时候没少照顾你。”

张麦圈虽然不情愿，但话已经说到这番地步，他也只好硬着头皮一同前往了。

三泉村古街旧养老院里，高云溪和孙梅梅扶着李晓琪奶奶缓缓地穿过养老院走廊，走廊两旁安置了各种绿色盆栽，几个老人正在石椅上坐着。

“大娘，孩子你就放心交给我吧。”高云溪说道。

李晓琪奶奶哽咽了：“我这把老骨头，连自己的孙女儿都照顾不好，我对不起晓琪啊。”

“奶奶。”李晓琪抱住了奶奶。

“晓琪啊，奶奶老了，你以后跟着云溪阿姨，奶奶也能放心了。”

“大娘，您什么时候想见晓琪，我就把她带来看您。”

“是啊是啊，这养老院离云溪姐家不远，想来就来了，您也可以随时回去看孩子，都方便。”孙梅梅点了点头。

“奶奶，我不想走。”李晓琪眼里含着泪花，不舍地牵着奶奶的手。

“乖，你要跟着云溪阿姨好好学，别惹她生气，有时间了再来看看奶奶。”

李晓琪仍然抱着奶奶不放，高云溪抱过了李晓琪，温柔地说道：“晓琪，你听阿姨说，奶奶岁数大了，需要人照顾，奶奶留在这里，有人照顾她。”

“我也可以照顾奶奶。”

“晓琪当然可以照顾奶奶，但是不是现在，晓琪还需要上学，好好学习，等晓琪长大了，有能力了，那时候才能把奶奶照顾好，你说呢？晓琪？”

李晓琪哭着看着奶奶，李晓琪奶奶眼里噙着泪向高云溪深深地鞠了一躬。

高云溪赶紧扶住了李晓琪奶奶：“大娘，您这是干什么，您赶紧起来。”

“高书记，我替晓琪的爸爸妈妈谢谢你！”

李晓琪奶奶起身后，眼泪流了出来，在她布满皱纹的脸上留下了两道泪痕。高云溪拉着李晓琪的手和孙梅梅把李晓琪奶奶搀扶着走进了养老院房间内，养老院走廊两边的植物在风中摇曳。

高云溪和孙梅梅从养老院出来后，到了门口李晓琪拉着高云溪的手不走了，高云溪看着李晓琪温柔地问道：“晓琪？怎么了？”

“云溪阿姨，奶奶在这里会不开心的。”

“晓琪啊，这里的工作人员都是专业的，他们会把奶奶照顾好的。”孙梅梅笑着说道。

“可是我看这里的爷爷奶奶都不开心啊。”

高云溪回头看着养老院内的情景，皱了皱眉头，叹了口气。养老院内气氛沉闷，护理人员推着老年人缓慢前行，没有交流。虽然有互相结伴的老年人，但也只是一起坐着，没有说话。

“梅梅，你觉得你老之后想来这里吗？”

孙梅梅看了看养老院里的情景，耸了耸肩。

“晓琪说的对啊，这也是很多养老院的问题。”

孙梅梅也无奈地叹了口气：“没错，大多养老院只负责把老年人的身体照顾好，却忽视了老年人的心理。”

高云溪抱起了李晓琪：“晓琪，云溪阿姨向你保证，阿姨会让这里的爷爷奶奶都开心起来的。”

李晓琪噘着小嘴点了点头。

“以后，阿姨每周带你来看一次奶奶好不好？”

李晓琪顿时两眼发亮：“好。”

“但是你在学校要好好学习，每次来都要带上成绩单的哦。”

“好！”

高云溪和孙梅梅带着李晓琪刚回到民宿，便得知了李永福去到区里要求罢免高云溪的消息，高云溪担心福爸会闹出什么乱子，便马不停蹄地往区政府赶去。

区政府会议室，李永福把村民签字的请愿书递给了齐东方：“齐书记，这是我们的请愿书，上面有村民的签字和手印。”

郑南国和齐东方看着请愿书都愣住了。

“高云溪回三泉村一年多了，村民通过观察，一致认为她能力和经验不足，导致村民收入下降，群众联名，希望区委区政府能听取民意，调走高云溪。”

齐东方看了看请愿书：“三泉村在物联网企业引进、电商平台筹建，企业智能化升级改造和文旅项目建设方面还是不错的。”

“齐书记，这是村里近两年的各项数据统计表。高云溪回来两年，关停了18家厂矿企业，经济总量减少两成，村里的分红减少一半儿。按她的设想，还要继续关停38家厂矿企业，这对三泉村而言简直就是灾难。”

“李主任，人无远虑必有近忧。我们不能仅仅只看眼前。”

“当下都做不好，还说什么未来？”

“你们是村里的老党员，老村委，也是村里的老人，你们也觉得高云溪的工作不合格？”

铁匠爷等人纷纷委婉地表示，高云溪并不适合这个岗位。此时，高云溪走进了齐东方的办公室。众人看到高云溪，都愣一下。

“齐书记，村里的泉水河被污染了，而且污染面积还在持续扩大。”高云溪开门见山。

“泉水河被污染了？什么方面的原因？”齐东方问道。

“具体问题还在调查中。”

“走，我们去三泉村。”

齐东方起身出了门，高云溪和李永福等人紧随其后，跟着出了门。

几人来到三泉村泉水河边后，齐东方注视着河中仍旧不停地往外冒出的黑水，看了看高云溪："污染成这样，竟然查不出原因？"

"我们正在努力寻找污染源。"

"云溪同志，百脉区以泉水闻名天下，泉水要是毁了，我们都将是历史的罪人。郑副区长，立刻组织生态环境部门对全区的十大名泉进行水质监测，停止市民到泉口取水。"

"这是我的责任。"高云溪说道。

"这是历史遗留原因，还轮不到你来承担。"李永福看了高云溪一眼。

"谁的责任先把问题调查清楚再追究。"

"齐书记，现在村里面临的问题越来越严峻，我们一致觉得高云溪治理不好三泉村，希望区委区政府能顺应民意调走高云溪。"

"民意？"

"是，三泉村容不下高云溪了。如果她继续留在村里，那么村里的事情只会越搞越砸。"

"李主任代表不了民意。我们可以召开一个民主和政务测评会，如果超过一半儿的村民不认可我的工作，我马上离开。"高云溪说道。

李永福信心满满："好，我让你走得心服口服。"

齐东方看了看高云溪，高云溪眼中满是坚毅。齐东方又看了看郑南国，郑南国领会了齐东方的意思，说道："云溪同志回三泉村时间不短了，可以搞个民主测评。"

第二天上午，三泉村村民议事厅三泉村议政厅内，三泉村第一次网络民主政务测评正式召开。村民一一落座，不能来现场参加会议的村民，在政务测评App上参与议政论政。村民们三三两两地聚在一起聊天说话，孙梅梅在忙着调试设备，张麦圈和他的支持者们聚在一起闲聊。

高云溪环视了村里的群众，望了一眼郑南国和齐东方，齐东方点了点头。

"开始吧。"

孙梅梅主持着："这次测评和以前的测评不一样，采用线上和线下匿名测评。也就是说各位发表的意见和建议都是匿名的方式呈现出来，所以各位可以抛弃顾虑，畅所欲言。"

村民们议论纷纷，高云溪看了看齐东方："齐书记。"

“开始吧。”

“三泉村第一次政务测评现在开始，请大家畅所欲言。”

村民们开始在手机程序上发表政论，很快，第一条政论就投放在会议室的大屏幕上。

1.李永福公正清廉，我拥护他。

2.李永福是致富带头人，如今，这个头他带不动了，应该放权给年轻人。

3.李永福压制民主，独断专行，三泉村迟早要毁在他的手里。

4.张麦圈以个人富裕带动全村富裕，在建设美丽乡村中贡献突出。

5.张麦圈就是个暴发户，开发的小区成了鬼城，别墅成了鬼楼，反对三泉村土地资源浪费。

6.张麦圈没为村里办一件好事，还想当村主任，以权谋私，继续搞房地产。

7.高云溪抓互联网经济，抓文旅项目很有成效，村子开始变得更美了。

8.我们拥护高云溪的乡村振兴蓝图，青年人应该返乡创业，建设美丽家乡。

9.高云溪作为我们的带头人，才我们能实现乡村振兴，追求真正的小康生活……

李永福和张麦圈看着议论坐卧不安，数据统计下的高云溪的支持率正在不断上升……遵从民意，李永福只好接受这个结果，赶走高云溪的事情只能暂时搁置。

三泉村黏土矿附近，李教授正带领他的团队在地里检测土壤水质，寻找着污染源。罗富派出的眼线，正在暗中密切监视着高云溪等人的一举一动，高云琅遥控着无人机进行拍摄。

地质专家指着山坡上植被不太茂盛的地方对高云溪说道：“小高书记，那地方的植被怎么跟周围的不同。”

高云溪顺着地质专家所指的方向看了过去：“哦，这里曾经是村里和梦达集团合开的村黏土矿，用来做耐火砖的，后来出了冒顶事故，我们把它给炸了。”

“有多深？”

“地下，三百到四百米吧。”

地质专家思索起来：“哦？”

“您是怀疑，污染源跟地下矿道有关？”

地质专家摇了摇头：“目前还不敢判定。”

高云琅遥控着无人机查看着远方。听到谈话，他一下子想到了当初他跟张旭走出矿洞的情景。高云琅惊呼：“我想起了，我想起来。”

“你想起来什么了？”

“黏土矿里有管道，铁管道。”

随后，挖掘机开到了黏土矿洞口，李永福、张麦圈、孙会计闻讯也匆匆赶来。李永福看了看矿洞口的挖掘机，问道：“高书记，你这是要干什么？”

“福爸，我怀疑他们通过埋设的黏土矿里的排污管，把未尽处理的污水直接排到了300米以下的地下河。”

“你可太能想象了。李教授，有这种可能吗？”

“很有可能，以前污染不够严重，所以未出现迹象，随着时间的推移，污染越来越严重，地下河道受到堵塞，压力所致，就会从缝隙喷涌而出。”

张麦圈望了一眼高云溪：“云溪啊，事关重大，结果一出，有人要负法律责任的。”

“泉水是三泉村上千年来赖以生存的命根子，一刻也拖延不得。”

众人都看着高云溪，高云溪下了决断，一声命令后，挖掘机开始深挖矿洞。

罗梦达和罗富此时正在家中商量着对策，罗富接到了在矿洞现场的眼线打来的电话，罗富听后一阵惊愕：“嗯，明白了，继续给我盯紧了他们。”

罗梦达坐在沙发上闭着眼睛，愁闷地问道：“又怎么了？”

“高云溪盯黏土矿了。”

“啊？”罗梦达猛然起了身。

罗梦达和罗富即刻便动身前往梦达集团，两人在办公室里收着文件，生怕遗漏任何可能暴露行径的东西。

“哥，你先走吧，这儿的事儿交给我。”

“不，你走吧，这事儿你铲不平。”

“哥，只要你没事，我就没事。”

“不，这回跟上次不同。”

这时，张元生带着辅警进了门，罗梦达和罗富正收拾着文件，看到警察的突然到访，有些吃惊。

“元生，什么风把你给刮来了？”罗梦达装作若无其事。

“罗富，跟我走一趟吧？”

“张元生，什么意思？”

“你涉嫌雇凶伤人，跟我到派出所。”

“雇凶伤人，不会吧？”罗梦达一脸质疑。

“张元生，你别血口喷人。”

“走吧，到了派出所，见了一个人，你就不嘴硬了。”张元生使了个眼色，两名辅警走了过来，用铐子铐上了罗富。

“元生，去派出所问个话，不用这样吧？”罗梦达看了看手铐。

“这是依法拘捕，不是普通传唤。”

随后张元生和两个辅警带着罗富离开了梦达集团。

此时的挖掘机已经挖到了埋在矿道里的管子，管子顺着矿道伸向了矿道深处。管子一侧的走向，对着远处的梦达化工厂。管子的连接处有点漏水，黑褐色的污渍已经锈住了接头。高云溪在接头处取了污染液体递给了李教授，液体滴进试液玻璃管内立刻产生了化学反应。

高云溪望着李教授，李教授点了点头：“没错，这种污染物的成分是吻合的。”

“真是利欲熏心啊。”高云溪咬牙切齿。

“怎么能这样？”孙会计难以置信地问道。

“地下三百米，这是要让我们断子绝孙的招数啊。”张麦圈说道。

李永福的脸色一下子变得严肃了起来，他气冲冲朝着停车场跑去。

“福爸，你干什么去？”高云溪喊道。

李永福怒吼着：“罗梦达，我要杀了他。”

众人追着李永福，高云溪没有拦住他，她冲着汽车大喊：“福爸，你千万不要乱来。”

李永福上了自己那辆破旧的大众，一路朝罗梦达的别墅疾驰而去。

百脉区南郊派出所，张元生站在罗富面前，瞪着罗富，然而无论张元生如何质问，罗富始终矢口否认。

“你不承认，也没关系，法院也可以根据黄毛的口供定你的罪。”

“反正打人的事，我没干，你爱怎么定就怎么定。”

张元生的电话铃声响了起来，电话那头的张麦圈将矿洞的事情告知了张元生：“元生，污染源找到了，他们把污水排在放弃的黏土矿里，罗梦达这个坏蛋，是想让我们三泉村千秋万代都喝脏水啊。抓他，赶紧去抓他。”

挂断电话后，张元生对一个警察吩咐道：“接着审，审他跟罗梦达非法排污的事。你跟我走，我们去抓罗梦达。”

听见这番话，罗富顿时像放了气的皮球，蔫了。

罗梦达回到家中收拾完护照和钱物，正准备离开。罗妮娜堵在了门口，女儿的出现让罗梦达原本惶恐的心稍有安慰，但罗妮娜的一句话使得他的心又变得坚硬起来。

“爸，你还是去自首吧。”

“我又没犯什么法，我自什么首。”

“没犯法你躲什么吗？更何况，你又能躲到哪里去？”

“天大地大，总有我容身的地方。”

“你以为你到了国外就有自由了吗？”

“我只是出去几天。”

“你就别骗我了。我叔已经被抓走了。”

“妮娜，赶紧就收拾东西，拿上护照跟我走，不然真的来不及了。”

“我在国外待了这么多年，明白那些在国外犯了罪的人是怎么活着的，哪怕你再有钱，照样会遭人歧视，遭人唾弃的，我可不想过没尊严又苟且的生活。”

“说破天，我不会去坐牢的。”

“你逃到国外，比坐牢还痛苦。你语言不通，遭到通缉，被抓回来还是照样得去坐牢。”

“妮娜，要走你就跟爸一起走，你要不走，就赶紧让开。”

罗妮娜仍旧堵在门口，不让半步：“不，我不。”

“妮娜，听话，我要是被抓，一切都完了，让开。”罗梦达一把拉开了罗妮娜。

罗妮娜被拉了一个趔趄，倒在了屋内。罗梦达出门后，咣当一声关了门，顺手摁了一下数控门。

罗梦达打开车门启动汽车，出了大门口。罗妮娜喊着追出了门，罗梦达回头望了一眼冲下楼的罗妮娜，正要踩油门离开，李永福开着他的那辆破旧的大众停在了不远处。李永福下车一个箭步挡在了罗梦达的车前面：“罗梦达你给我下来。”

罗梦达假装若无其事地笑着：“哥，你这是怎么了？谁惹你生气了？”

“罗梦达，你这狼心狗肺的东西。这么多年了，我给你批地，我帮你跑业务发展企业，我哪点对不起你？”

“哥，你说什么呢？”

“装，你还跟我装。三泉村的父老乡亲，用心血和汗水养大了你的企业，养肥了你，你怎么能昧着良心把污水排到地底下河里，做出这样断子绝孙，遗臭万年的缺德事啊。”

“哥，你怎么越说我越糊涂了。”

“你接着装，你接着装。你毁了三泉村的百年贡米，你毁了三泉村的泉，你毁了整个三泉村。你良心被狗吃了啊？”

“哥，你赶紧闪开，没时间跟你磨牙。”

“我真是眼瞎，二十几年没看清，你是这样一个十恶不赦的混蛋。”

“我没时间跟你啰唆，让开。”

“有我在，你哪里都甭想去。”李永福说着绕到罗梦达玻璃一侧。

李永福隔着玻璃窗，一把抓住了罗梦达：“走，跟我到派出自首去。”

罗梦达露出可怕的一面，面目狰狞，恶狠狠地瞪着李永福：“李永福，放手。”

“今天只要有我在，你甭想离开三泉村半步。”李永福寸步不让。

“放手……”

“不放。”

罗梦达一踩油门，车开动起来。罗梦达加速，李永福仍旧抓着车门不放，巨大的牵引力使得李永福不得不跟着汽车奔跑，车速越来越快，李永福被汽车拽倒在了地上，滚了几下，晕倒了。

罗梦达把车倒了回来，李永福挣扎着爬了起来，指着罗梦达：“你……”

“李永福，我忍了你二十年了。说我毁了三泉村，没有我罗梦达，你们三泉村一穷二白。我罗梦达是你们三泉村的恩人。你年年要求分红翻翻，为了实现你的目标，我不得不节省开支，我是个商人，不是你们村的提款机。毁掉三泉村的不是我，你才是罪魁祸首。”

说完后，罗梦达便开车一路绝尘而去。

李永福捂着胸口：“罗梦达，你不得好死……”随后便吐出了一大口鲜血。

高云溪等人匆匆赶来后，跑上前扶起了倒在地上的李永福，将李永福扶上了车后座后，李铭泉驾驶着汽车赶往医院。后排座上，高云溪把李永福的头靠在自己的腿上，抱着李永福的头。

“云溪，泉子，我不去医院。”

“福爸，你都吐血了，不能不去医院。”

“你们要让我去医院，我……我一准，一准儿死给你们看。”

“爸，我求你了，你去医院吧。”

李永福看着高云溪：“云溪，好闺女，我不去医院。”

高云溪哽咽着：“福爸，我不能答应你，我们一定得去医院。”

“云溪，福爸求你了，不去医院。”

高云溪流着眼泪：“福爸，我们不去医院，我们去哪儿。”

“闺女，儿子，我求求你们。”

“爸，你说。”

“我想回家。”

高云溪抱着李永福的头，把脸紧紧贴着李永福的脸：“好，我们回家，我们回家……”

“云溪，你不能听他的。”

“泉子哥，听爸的，我们回家。”

李永福回到家后，躺在床上，心中满是愤懑，他既痛恨罗梦达，同时又对自己的愚蠢懊悔不已，积攒在心的情绪无从释放，李永福歇斯底里地喊着：“我要杀了他，杀了他。”

张美菊给李永福倒了一杯水：“你就是一刀一刀活剐了他又有什么用？”

“是啊福爸，事情已经这样了，咱们得去医院。”

“我不去医院。”李永福执拗地说道。

“好，好，我们不去医院，我们把医生请到家里来给您看看，好不好？”

“不，云溪，让我死吧。米毁了，泉毁了，这个罪，我百死难赎啊。”

“爸，我早说过，总有一天，你会被他给害死。”

高云溪看了一眼李铭泉：“泉子哥，你就别说了。”

“他爸呀，你就别再倔了，大不了，这个村主任咱不干了。”

“这不是不干的事儿啊。”

“福爸，咱们不想了，不想了啊。”

“让我去死，让我去死吧。”

这时，李晓琪端着一碗中药走了进来：“爷爷，您喝药吧，云溪阿姨说，您要死了，她这辈子就再也没爸了。我奶奶说，好人好报，您是好人，我云溪姨也是好人，好人就要长命百岁……”

张美菊抱着李晓琪：“他爸呀，你看，孩子说得多好。”

李永福长叹了一口气。

“琪琪，来，云溪姨跟你一起，看着爷爷喝药好不好？”

“好。”

高云溪扶起了李永福：“福爸，你放心，我会把事情处理好的，来，喝药。”

喂李永福喝完药后，高云溪和李铭泉走了出去，两个人望着李铭泉房间墙上的全家福照片，一筹莫展。

“这起恶性偷排事件，我有领导责任，福爸怕是也难辞其咎。”

李铭泉很是懊恼：“这是罗梦达的罪行，与你们有什么关系。”

“我是党支部书记，福爸是村委会主任，你说有没有关系。”

“你是坚决反对复工的，当时你受伤在医院，他们开支委会，你根本不在场。云溪，我告诉你，千万别什么事都往自己头上揽。这种事情如果要追究渎职罪，会判刑的。”

“你想让他带着病重之躯，饱受牢狱之灾吗？”

李铭泉沉默不语了。

高云溪起了身：“我去趟区里，你照顾好福爸。”

李铭泉从背后一下子抱住了高云溪：“云溪，你不能去。”

“我先去村委会，写一份书面报告，听候组织处理。”

百脉区委常委会议室内，连夜召开了关于此次环境污染事件的会议。众人听副区长说完污染问题的原委后，心情沉重。

“罗梦达抓到了吗？”齐东方问道。

公安局局长回应：“正在布控抓捕。”

“一定要尽快把他绳之以法。”

“是。”

“杨副区长，通知全区各个环境监测站，及时监测水质情况，发现问题及时处理。立刻跟市、省、国家环保部门取得联系，让他们派出专家，不惜一切代价，进行污水治理。”

“是。”

“接下来是问责问题。”

郑南国站了起来：“同志们，三泉村出了这样的问题，作为主抓化工业的副区长，我难辞其咎，如果污染扩大到区里来，我将是区里的千古罪人。”

“三泉村的党支部书记高云溪同志曾经两次向我提出要关掉化工厂，我考虑的是村里的将近一千人的工作没有着落，是我意志不够坚决，我也应该肩负领导责任。我已经向上级做了检讨，听从组织处理。”

“不，这件事，我跟三泉村村主任李永福是写了责任书的，该谁承担的责任就由谁承担。”

雪落三泉村，高云溪一个人走在白蒙蒙的古街上。山村格外寂静，村里大喇叭突然再次响了起来，李永福的声音传了出来：“三泉村的父老乡亲们，我李永福有罪。我是我们三泉村千年以来最大的一个罪人。因为我的过错，导致百年贡米稻田被毁，千年古泉遭殃。我的罪，百死难赎。因为我不听云溪的劝告，就信了罗梦达这个混蛋的话。大家选我当村主任，都想着我带领大家奔小康，过好日子，我辜负了大家对我的期望。我李永福，愧对父老乡亲的期望，愧对上级对我的厚望，愧对我们的子孙后代。我更对不住三泉村的年轻人们，是我把村子搞糟了，留给你们一个烂摊子。我的过错，我来承担，如果我还有机会，我将用我的有生之年，来挽救我的过错，如果我死了，我在九泉之下，也会为此救赎。”

广播室内，李永福泪流两行对着话筒，高云溪站在路上听着，泪如雨下。

月光皎洁，映地天如白昼，万籁寂静。高云溪和李铭泉一同来到村委会门口，正碰上从村委会走出来的李永福。高云溪哭着上前握住李永福的手：“福爸，你这是干什么呀？”

“我的过错我来承担，泉子，云溪，正好，你们送爸去自首。”

高云溪哭着拥抱了李永福：“福爸。”

“云溪啊，该哭的应该是福爸，可是福爸想哭，却哭不出来，有眼无珠，欲哭无泪。”

“福爸，我们相信党和政府，到哪儿，云溪都陪着你。”

李永福推开了高云溪，笑道：“傻孩子，你能陪福爸一辈子？”

李铭泉上前搂着高云溪：“爸，我们……”

“福爸知道你们是孝顺孩子，这事儿你们还真不能陪着福爸，三泉村这会儿离不开你们，特别是云溪。”

“福爸，我的心你应该明白，当初我回三泉村，没想着要跟您作对，我是想替替您，让您去养病。”

李永福摆了摆手：“云溪啊，别说了，现在想起来，福爸这个悔，福爸悔就悔在不服老上，处处跟你作对，处处给你使绊。”

“福爸，我知道，你也都是为我好。”

“云溪，福爸从来不求人，今天求你一件事。”

“您说。”

“这事别往自己身上揽。”

“我是党支部书记，我不揽也逃不掉。”

“你揽也没用，我跟区里签了责任书。更何况，罗梦达从两年前就开始偷排了。”

“福爸，我还是相信组织吧。”

“好，就相信组织。”

李永福要走，李铭泉挡在了李永福的身前：“这不是你的错。你的初衷也是为了村里的发展，被人蒙蔽，被人利用了而已。”

“是我把罗梦达引进来的，是我错信了他的话，最终酿成大祸，我是三泉村的千古罪人，我是罪有应得，应该接受惩罚。”

李铭泉有些恼怒：“爸，你一辈子都在村里为这个操心，为那个操心，你能不能为我们家里想想，为你自己想想。没有人说你有罪，你干吗非要受这个罪。”

“我说了，这是我应负的责任。”

李铭泉无言。

“泉子，爸也求你一件事。”

李铭泉有些惊讶：“爸，你说。”

“父债子还，你一定要想办法把村里的泉水洗干净。否则，我就是死了，也无颜面对你大泉伯父和三泉村的前辈祖宗。”

“爸你放心，就算你不说，我也会想办法的。我也是三泉村的一员。”

李永福点了点头：“照顾好家。”说完后李永福便转身走上古街，向村外走去。

古街上，听了广播后的村民们相继涌来。一个个村民汇集成了一大片，他们无声地跟在李永福后面。

“他爸……”张美菊冲了过来：“他爸，咱回家，这件事跟咱们没关系……”

高云溪和李铭泉拉开了张美菊，张美菊冲着李永福的背影喊道：“李永福，你混蛋……”

张美菊挣脱了高云溪和李铭泉，去追李永福，却摔了个趔趄。高云溪和李铭泉追上去扶着张美菊，张美菊一把推开了高云溪。李铭泉一把将张美菊揽入怀里，母子俩抱着哭在一起。

高云溪一个人坐在雪地里默默流泪，她从未感到如此的无助。

“我陪你去。”铁匠爷走到李永福身旁。

李永福笑了笑：“老哥哥，你陪我去就不是我自首了。”

铁匠爷听后，缓缓后退：“打铁还需自身硬。”

“大树底下好乘凉，这大树砍了，以后可咋办啊。”疯子张叹息了一声。

高云溪看着李永福离去，喃喃地说道：“福爸。”

李永福扯着脖子喊了一声：“卖铁锅咪！”

高云溪跟着李永福一起喊着，就像是小时候那样，福爸一声，自己一声。两人的声音响彻古街，久久回荡不绝。众人跟在李永福身后行走着，铁匠爷等人已然老泪纵横。

第二十一章

几天后，郑南国正在办公室内办公，有人敲门。高云溪推门走了进来：“郑区长，打扰您了。”

“小高书记，请坐，这几天你也辛苦了。”

“郑区长，我今天来是有一个情况想向你反映一下。”

“你说吧。”

“关于梦达化工厂的污染问题，我认为我作为三泉村的书记，负有不可推卸的责任，李永福同志只是协助我的工作……”

郑南国没等高云溪说完便摆了摆手：“小高书记，不用说了，如果你是说这个，请回吧。”

“郑区长。”高云溪恳切地看着郑南国。

“我知道你想说什么，但是小高书记，我必须提醒你，你是一名党员，更应该带头遵守法律。”

高云溪低下了头：“郑区长，您说的对，我只是觉得福爸为村子付出太多了，这样对他不公平。”

郑南国走到桌前，一声叹息：“我和永福同志共事多年，他对三泉村的付出，每一分我都看在眼里，我也不想看他这样，可是，咱们作为一名党员，更应该尊重我们国家的法律。”

高云溪看着窗外，点了点头：“郑区长，是我错了。”

李永福在看守所的房间内，躺在床上辗转反侧。狱警给李永福来送饭，看到原来的饭李永福又是一口没吃，他摇了摇头，默默地把原来的冷饭拿走。

李铭泉在律师事务所和律师谈案情，却得知李永福不接受辩护，李铭泉一脸愁闷：“那怎么办？”

“根据我们掌握的材料，到时候可以争取缓刑，或者保外就医。”

“好的，麻烦你了，谢谢。”

“客气了。按照法律程序，我申请去见一下当事人。”

“好，那我跟你一起去行吗？”

“不行，放心吧，我会尽力的。”

百脉区看守所会客室内，李永福一脸坚决地看着律师：“我不需辩护，我有罪，罪不可恕。”

“李先生，你现在的心情我理解，但从法律的角度分析，你具备无罪辩护和缓刑的条件，原因有二：一，你既不是主犯也不属于从犯；二，你的责任属于蒙蔽状态下的连带责任，算是渎职。”

“渎职也是罪，我懂，我有罪，应该受到惩罚，你走吧，以后也不要再来了。”

李永福离开后，狱警把罗梦达带到会客室，眼前的这个律师已然成了罗梦达认定的最后一根稻草，他以近乎央求的语气说道：“黄律师，我要做无罪辩护。”

“证据确凿，很难做无罪辩护。”

“那就想办法让我缓刑。我是民事责任不是刑事责任，只要想办法，我就可以不用进去。黄律师你放心，只要我不进去，钱不是问题。”

“你要相信法律是公平的。”

高云溪和张麦圈带着上级政府工作人员查封了梦达集团和化工厂。梦达集团的员工们一起围着政府工作人员和高云溪讨要说法，场面一度混乱。

高云溪朝着吵吵嚷嚷的员工们挥了挥手：“各位安静一下，大家都是村里的村民。村里会成立专门的工作组处理梦达集团的善后工作。请大家相信我们村党支部，相信村委和政府。”

“什么时候能把供货款给我们，我们关心的是这个。”供货商问道。

“我们会尽快，不会让大家失望。”

“这可不行呀！还有几天就过年了！大家过年都指望着这笔钱呢！”

“我们会尽快的。”

从化工厂离开后，高云溪心里不放心张美菊，赶回了家。张美菊仍躺在床上愁闷得一声不吭，她看见高云溪端着一碗面进来，把头扭了去。

“菊妈，你先吃点面。”

张美菊摇了摇头：“你福爸一辈子都在替别人操劳，没做过什么亏心事，不应该受这种罪。云溪啊，菊妈求你了。赶紧想办法去救你福爸。”

“菊妈，养育之恩大于天，我要是能救，我早就救了。”

“云溪，坏事都是罗梦达干的，跟你爸没关系，你爸也被人害了。云溪，你去找齐东方好好说，好好说说，说不定你福爸就出来了。”

“菊妈，我就算去了，东方书记也会把我撵出来的。”

“你是党支部书记，三泉村的当家人，张嘴求人，人还能撵你？”

“不是别人撵你，法律就是这样定的，求情能有用吗？”

“法律之外还有人情，怎么就不能通融？”

高云溪沉默了。

“云溪，你跟菊妈说句实话，你是不是顾及你村委书记这个位置？”

“菊妈，这是两码事。”

“你要是觉得不好说，就带我去，我去说。”

“菊妈，我带您去，那东方书记是说公还是说私？我是村支书，不能在村里带这个头。”

“别跟我唱高调，说什么你回来就是为了你福爸的身体，你回来就是为了镀金，为了升官。”

“菊妈，您怎么能这样想？”

“哦，我明白了。你是三泉村的支部书记，三泉村出了事，你没事，你福爸倒进去了。”

“菊妈，不管您信，还是不信，养恩大于生恩，可法不容情。”

“什么法不容情，你就是欺负他心善，拿他当替罪羊。”

高云溪摇着头：“菊妈……”

“我不是你妈，你妈已经改嫁到天边儿去了，我跟李永福就是一对傻瓜，养了你这个白眼儿狼。你现在赶紧离开这里，我不想看到你！”张美菊冲高云溪喊着，有气无力地瘫坐在了椅子上。

高云溪连忙将面递到张美菊眼前：“菊妈，您已经几天不吃饭了。我知道您心里不好受，要不，您骂我一顿，打我一顿，千万别憋着，福爸不在家，您万一有个好歹，我该怎么办啊？来，菊妈。”

张美菊挥手打翻了高云溪手里的碗。碗掉在地上，碎了。

“出去，我不想看到你，出去。”

高云溪没有说话，默默拾起地上的碎碗后，离开了。

张美菊从空荡荡的正屋走了出来。外面已经天黑了，远处传来了炮仗声，张美菊望着空中绽放出的绚丽的烟花，兀自神伤。院子里也空荡荡的，凉亭里的长椅还在，只不过已经物是人非。后院里传来了猪叫声，张美菊进了后院，她站在猪圈边望着那头黑猪，耳边响起李永福的声音。

“今年咱们杀猪，好好过个年。”

张美菊哽咽着，自言自语道：“老头子，我还等着你回来杀猪过年呢。”

张美菊怅然若失地回到院子里，李晓琪端着一碗饺子从厨房里走了出来：“奶奶……”

张美菊一下子愣住了，高云溪和李铭泉也端着饺子从厨房里出来，高云溪叫了声：“菊妈……”

张美菊转过身去，没理会高云溪：“今天三十，我谁也不想见。铭泉，你让他们走，离开李家。”

“奶奶，云溪妈妈来给你包饺子呢，你和我一起吃好不好？”

高云溪夹起了一个饺子递给张美菊，张美菊没有理会，转身后，准备往屋内走。这时，张美菊听见身后一个声音响起：“花无百日红，人无百日红，人走千里路有坎儿，马走千里也失蹄。”

张美菊转过身来，看见了疯子张从门口走了进来：“大哥，你这是？”

“大过年的，一家人就要团聚到一起。”

一旁的铁匠爷拎着一块肉，一并走了进来：“美菊啊，今儿，大伙儿都带着年货到你这儿过年了，你可得好好给大伙做顿好吃的啊。”

李兰花和高二泉随后端着菜走了过来，进了李家院子。高云溪热情地招呼着：“菜我跟泉子哥做好带来了，饺子也下好了，大家屋里请吧。”

“走吧，嫂子。”李兰花拉着张美菊，张美菊虽然不情愿，但出于情谊，还是进了屋。

众人进屋后，发现屋内的桌子上，排满了一桌丰盛的菜肴。张美菊回头看了高云溪一眼，她心里的芥蒂逐渐消解了。

“菊妈！你肯定饿了！”高云溪夹了一个饺子递到了张美菊的嘴边。

张美菊看了看那个饺子，张开了嘴，咬下了饺子，热泪从眼眶中涌了出来。

狱警经过李永福的房间，发现半个小时前放在门边的那碗饺子依旧还在，一动未动。狱警叹了口气："唉，李永福，你这是何苦啊，大过年的，吃顿饺子就算是团圆了！"

就在这时，窗外响起了炮仗声，李永福冲着狱警歇斯底里地大喊着："审判我，快点审判我吧。"

三日后，在三泉村广场搭建起临时法庭，主席台上挂着东南市百脉区人民法院临时法庭几个大字，正中间挂着国徽。司法人员肃穆而坐，法庭下坐着高云溪、李铭泉、罗妮娜、张美菊以及许多村民。

"审判长，准备工作就绪，可以开庭。"书记员说道。

"传被告人罗梦达、李永福，到庭。"

法官一声令下，法警把李永福和罗梦达押上了被告席。张美菊看着憔悴不已的李永福被押上了法庭，她腿一软，有些站不住，幸好身旁的李铭泉和高云溪及时搀扶了她一下。

法官拿法槌在桌上一敲，宣布道："现在开庭，为宣传普及法律知识，警示教育后人，百脉区人民法院依法设立本临时法庭，今天公开开庭审理三泉村地下河污染一案。下面由公诉人宣读起诉书。"

投影仪上播出罗梦达往地下河偷排偷放的视频证据，检方公诉人开始宣读："经环境、水务、司法部门调查，梦达化工厂通过黏土矿，向地下河偷排偷放未经处理的污水长达三年之久，造成三泉村地下河道严重污染，导致千年古泉受损、三泉村贡米被毁，梦达化工厂董事长、实际控制人罗梦达为逐暴利，欺上瞒下，恶意偷排主观故意明显，构成污染环境罪，三泉村村主任、梦达化工厂法定代表人李永福监管失察，应承担相应的刑事责任……"

公诉人话音未落众人愕然，孙会计不敢相信："法人，李主任怎么会是法人？你们弄错了吧？"

张美菊附和道："对，你们弄错了，厂子的法人是罗梦达，我们家李永福怎么会是厂子的法人？"

村民们跟着呐喊："李永福无罪，重判罗梦达……"

张美菊也在喊着，高云溪要拉张美菊，被张美菊一下给甩开了。

"旁听人员请保持安静！"法官拍了拍案。

张美菊哭着说道："法官同志啊，我们家李永福不是法人，他无罪啊……"

"肃静。由被告人罗梦达律师发表辩护意见。"

罗梦达的律师拿出了一份文件："审判长，我现在手里有一份重要证据，能够证明梦达化工厂的法定代表人是李永福，并非被告人罗梦达，现在将该证据提交法庭。"

罗梦达律师将证据提交给法警转交法官后，罗梦达装作一脸无辜："我梦达集团，有三十六家公司，我哪知道化工厂会出这样的事啊？我恳请法庭判我无罪。我冤啊！"

张美菊愤怒地站了起来："罗梦达，你的良心让狗吃了，坑我们家李永福当替罪羊！"

"肃静。"

法官看完后将证据交给了检方公诉人，公诉人说道："检方已掌握该证据，但罗梦达才是梦达化工厂的实际控制人，我们申请证人罗富到庭。"

"传罗富到庭。"

法官令下，法警带着罗富走了上来。罗富看了看一旁的罗梦达："哥，我撂了。"

原以为可以就此脱罪的罗梦达听后双腿一软。

"被告人罗梦达，你还有什么要向法庭陈述的吗？"

罗梦达看了看律师，律师摇了摇头。

"现在由被告人李永福辩护律师发表辩护意见。"

"尊敬的审判长、审判员，李永福虽然是梦达化工厂的法定代表人，但其对梦达化工厂偷排污水的行为毫不知情，不具备主观故意，不应当承担刑事责任。审判长，被告人李永福在签署梦达化工厂法人变更文件时，梦达化工厂已经开始偷排污水两年之久，在此之后罗梦达以公司上市便于化工厂复工为由，欺瞒哄骗我的当事人签署了这份文件。"

"被告人是否还有其他证据需要提交？"

"现在向法庭呈交一份证据，这是村民们的请愿书，上面有2013个村民的签名，大家一致认为李永福自当村主任以来，一直把三泉村的泉水和贡米当作自己的命，他如果知情，是绝对不会这样做的。"

法官接过律师递过来的请愿书后，李永福的辩护律师说道："我现在恳请法庭，依法判决李永福无罪。"

村民们随之呐喊着："李永福无罪……"

现场陷入一片混乱，这时，被告席的李永福突然大喊了一声："不！我有罪。”

众人瞬间安静了，他们目瞪口呆地看着一脸肃穆的李永福，不明所以。

“请被告人李永福做最后陈述。”

李永福先向法庭鞠了一躬，随后转身向村民们又深鞠了一躬：“三泉村的父老乡亲们，大家别乱。大家朝着上面看看，那是什么，那是国徽。国徽下面不能乱。尊敬的法官同志，我郑重向法庭提出，我有罪，我认罪。”

李永福的律师跟李铭泉和高云溪对了一眼，无奈地摇着头。众人哗然，现场再次混乱起来。

“李永福，你是为了大伙儿，你有什么罪？”

“对，没罪。”众人应和道。

“不，我是梦达化工厂的法人，我有罪。”

“老头子，你疯了？”张美菊不敢相信眼前发生的一切。

高云溪和李铭泉痛苦地闭上了眼睛。

“我是三泉村的罪人，第一大罪人。这些年，只想着把经济搞上去，让大家的腰包鼓起来。可是因为我刚愎自用，引进了污染企业，新旧动能转换，上级和村里三令五申要求关停化工厂，是我顽固不化，刚愎自用，让化工厂继续复产，祸害了千年古泉，是我亲手毁了三泉村。所以今天，我特意申请法庭到村里来审判我，我就是给三泉村的村民一个交代……”

高云溪已是泪眼模糊，李永福说完后向村民们三鞠躬。

“李永福，你有错，但没罪，有罪的是罗梦达。”人群中的铁匠爷说道。

“李永福无罪，重判罗梦达……”村民们又开始喊道。

“他爸呀，你傻呀？我们回家吧，我们家不能没有你。”

李永福转身又向法官鞠了一躬：“希望法庭能重判我，以儆效尤。”

几位法官交流了片刻后，主法官宣布道：“现在宣判！”

“全体起立！”书记员说道。

“三泉村地下河污染一案事实清楚，证据确凿，根据《中华人民共和国刑法》第三百三十八条规定，综合考虑各被告人在犯罪过程中的地位作用及具体情节，本法庭判决如下：被告单位梦达化工厂犯污染环境罪判处罚金人民币2000万元；被告人罗梦达犯污染环境罪判处有期徒刑七年，被告人李永福犯污染环境罪判处有期徒刑一年零八个月……”

张美菊惊呼一声：“他爸……”接着瘫倒在地。

三泉村村民议事厅内，正在召开党员教育警示大会。高云溪、铁匠爷、孙会计等党员和积极分子表情沉重地来到了村民议事厅。高云溪主持会议，人都到齐后，高云溪对齐东方和街道吴书记说道："齐书记，吴书记，开始吧。"

泉水街道党工委吴书记咳嗽了一声，开始讲话："今天，我和区委书记齐东方同志列席你们的支部党员大会，主要是宣布一下对你们三泉村化工厂出现严重污染问题的党内处理。经泉水街道党工委研究，对泉水污染事件负有一定领导责任的高云溪同志，给予党内警告处分，对于负有直接领导责任的支部副书记张顺同志，给予留党察看处分，希望所有的党员同志引以为戒。"

高云溪一脸严肃："我接受党组织给予的任何处分。"

副书记苦笑着："首先我接受上级组织对我的处分。但我有话要说，梦达集团化工厂污染问题，是在高云溪同志未到三泉村就已经存在了，她来到三泉村，率先提出要治理整顿。在化工厂复工的问题上，高云溪同志的立场是坚决的，当时她受伤在医院，是我没有顶住压力，召开了支委会，这样的处理对她来说，是不公平的。"

"我们考虑到了这个情况，但作为支部书记，她还是负有一定的领导责任。下面，我们请区委齐书记讲话。"街道工委书记说道。

齐东方开始讲话："今天来旁听这次审判大会，我心情很复杂，我亲眼见到了一个深受村民拥戴，二十年如一日为村民服务的好主任，被送进去了。我很痛心，也很震撼。为什么这么好的村主任会被送进去了呢？归根结底，还是党的组织建设问题。实事求是地说，云溪同志到三泉村以后，抓组织建设是得力的，党员队伍建设和支部堡垒作用发挥也是明显的，可冰冻三尺非一日之寒，村里长期形成的壁垒仍然没有完全被打破，顽疾仍然没有完全去治理，我们的党员在执行党的政策方面意志还不够坚强。党的支部委员会在领导村民委员会依法自治的能力还有待加强，所以，云溪同志，给这个处分，不算委屈。"

散会后，大家走出议事厅。高云溪陪着齐东方和街道工委书记出了门，齐东方语重心长地看着高云溪："云溪同志，为了三泉村的未来，我希望你坚持住。"

"我竭尽所能。"

郑南国对齐东方说道："东方书记，你们先走，我跟云溪聊聊。"

"好。"

齐东方上车后，郑南国望着天空，对高云溪说道："组织上这次对我算是宽容，没有批准我的引咎辞职，也没给我处分，但我是非常内疚的。"

高云溪惊愕："郑叔，对不起，是我们三泉村连累了您。"

"不，不，不，说实话，我真是没脸面对三泉村，没脸面对你。"

"郑叔，您千万别这么说，您在当工委副书记的时候，就开始支持我福爸，支持三泉村，如果没有您的努力，三泉村就没有今天的成就。"

郑南国摆了摆手："更不会有今天的污染事件。"

"郑叔，事已至此，您也千万别太自责了。"

"我对不住你福爸啊。"

东南市第一监狱监狱探视处，李铭泉坐在李永福的对面，现在的李永福看起来憔悴不已，苍老了很多。李铭泉看着父亲这副模样，心里很不是滋味。

"家里还顺利吧！"李永福问道。

李铭泉点了点头。

"这段时间，你妈应该是最难受的。"

"一开始，她确实有点接受不了。"

"她没对云溪怎样吧？"

李铭泉没有说话。

"好儿子。我想问问你，你跟云溪的关系发展到哪一地步了？"

李铭泉沉默不语，他尽量掩藏住自己难过的表情，怕被李永福察觉。

"你不说，我也知道。我不傻，这几年你不娶，她不嫁，想的就是最终能在一起。说实话，云溪是我养大的，我也喜欢，可是越是这样，你就越应该让她过得更好。你看我现在是罪犯。云溪是党的干部，虽然眼下仕途会受些影响，但以后还有一大把好前程，为了她今后的生活，你们还断了吧。"

李铭泉犹豫了一会："知道了。"

"你心里是怎么想的？是不是也跟你妈一样，对云溪有看法？"

"我现在一心只想着怎么将泉水洗干净。至于她，我还没有想好该怎么面对。"

"这样也好，这个时候，断了也适合。"

李铭泉沉默着出了门，李永福看着李铭泉的背影，兀自说道："好儿子，这辈子，我只能对不住你了。"

高云溪拿着新买的内衣和日常用品来到了东南市第一监狱探望李永福。高云溪对着李永福深深地鞠了一躬，内疚地道着歉：“福爸，对不起。”

李永福起身，也向高云溪深深地鞠了一躬。高云溪一脸惊愕地看着李永福：“福爸，您这是干什么？”

“该说对不起的，是我。”

“福爸，您怎么越说我越糊涂了。”

“云溪你听我说。当年，我们三泉村一穷二白，穷得连饭都吃不起，你爸就带着我和张麦圈几个有干劲的年轻人准备大干一场，一定要干出个模样来。我跟你麦圈叔年少轻狂，做事激进，又不听人劝，就捅了大娄子，让村里亏了三千多块钱。那时候的三千块钱，比现在的30万都值钱，你爸为了帮我补这个窟窿，才带着我们打石头挣钱，最后才出了意外去世的……要不是我冒失激进，你爸不会死，所以云溪，你千万不要因为我养大了你，就要报我一辈子的恩。我养你，是为了救赎我的罪过。”

“不，福爸，你骗人，我不信。”

李永福苦笑着：“我没骗你。”

“不，福爸，不是这样的。”

“云溪，要不是我你爸不会死，当初我赶你走，你应该理解我是为你好，我不能眼睁睁看着你蹚了我造下的浑水，不能因为我影响了你的前途。”

“福爸，我都知道。”

“所以，你不欠我什么了。”李永福说着离开了探视窗。

“福爸……”

“从今天起，不要再来看我了，我不是的福爸了。”

李永福坐在监狱工作间的一排排缝纫机前，做着分配的缝纫工作。没过多久，几个狱警打开铁门，把罗梦达带进了工作间，将他安排到了离李永福不远的位置。

李永福看到罗梦达后，放下了手里的工作，冲了过去，拎着罗梦达的衣领问道：“罗梦达，你为什么要骗我？你什么要骗我？”

罗梦达一脸痴呆，扣着李永福的手，直到狱警前来阻止，两个人才放开了对方。

“都老实待着，都那么大年纪了，打什么打？都跟我带办公室里去。”狱警怒吼。

狱警坐在办公桌后面，看着站着的两人，说道：“你们有什么要说的，现在就当面说个清楚。不要闹情绪，打架。”

两人没有说话。

“刚刚不是也说了吗？再说说，把想说的再说一遍！两个人好好沟通清楚！”

李永福先开了口：“三泉村哪里对不起你，你非要干这种断子绝孙的坏事。”

罗梦达不搭理李永福，一脸沮丧地坐在木板床上，沉默着。

“你说话啊。你有种干就没种承认吗？你是孬种，畜生。”

终于，罗梦达转过头，瞪着李永福：“我忍了你二十几年，受够了。李永福，要不是你处处压制，处处掣肘，我的公司早上市了，我就飞黄腾达了，更不会落到今天这般田地。”

“你个丧尽天良的畜生。我把你当朋友，当最信赖的兄弟，你却把整个三泉村都害了。我要杀了你。”

李永福越骂越激动，冲过去一把抓住了罗梦达，两个人又扭打在一起。狱警及时赶来，将两人拉开来。

入了夜，李铭泉苦闷难消，联系了马伯如，两人在一家小酒馆里点了几个小菜，喝着酒。马伯如看着已经面红耳赤的李铭泉劝道：“泉子，你不要再喝了，你醉了。”

李铭泉推开了马伯如的手，端起酒杯一饮而尽：“我现在就想大醉一场，一觉醒来，发现这原来就是一场梦，现在梦醒了，爸妈云溪还有我都好好地生活在一起。”

“泉子，福叔不在家里，你就是家里的顶梁柱，你都不振作，菊婶和云溪会更难过的，振作起来，咱们还有很多的事情要做呢。”

“别给我灌心灵鸡汤，我就想大醉一场。走一个。”

“泉子。”

“你喝不喝？你不喝我自己喝。”李铭泉端起一杯酒，再次一饮而尽。

“老头子很强势，很霸道，我从小就跟他对着干，他不让干的我偏要干，他要我干的我偏不干，我觉得这样做心里很痛快，所以这些年，我没少给他找麻烦，没少气他。现在回想起来，我心里感到愧疚。”

“泉子，你甭说了，我陪你喝。咱们大醉一场，明天起来，就又是新的开始。走。”

“走。”

李铭泉喝得醉醺醺的，开始说酒话：“你打心眼里喜欢云溪我知道。”

“你醉了。”

“酒后吐真言。”

“我喜欢云溪这又不是什么秘密，大家都知道啊！泉哥，有时候我真的很嫉妒你，不管我做什么，都无法取代你在云溪心里的地位。说实话，你这个时候不应该跑来找我喝酒，你应该去找云溪，云溪现在的日子也不好过。”

“她好不好过和我还有关系吗？”

“你这是什么屁话，你得去找她。”

“我告诉她什么？”

“你得告诉她，天塌下来了有你在，你就是她最坚强的臂膀。”

“马伯如，以后照顾好云溪。”

“你把我马伯如当什么人？”

“你不很喜欢她吗？”

“当你一头扎进水里的那一瞬间，我就已经退出了。你可以为她去死，为什么要选择逃避？”

“我不是逃避。”

“你就是逃避。这个时候，你别像个孬种，让人瞧不起。”

李铭泉故意撇开话题，继续往胃里灌酒。很快，两人便再也喝不动了，两人醉醺醺的，相互搀着，摇摇晃晃地回到了民宿。

高云溪给李晓琪洗完脚，正照顾李晓琪睡觉，她看到李铭泉和马伯如两人喝得烂醉便迎了上来。高云溪和马伯如一起把李铭泉扶回了房间，李铭泉昏昏沉沉地躺在床上。

张美菊正准备收拾东西回家，遇上醉酒的李铭泉被扶进屋内，她赶忙过来照顾李铭泉。张美菊横眉冷眼地把高云溪扶着李铭泉的手分开，随后给李铭泉脱鞋子衣服，照顾李铭泉睡下。

高云溪赶紧端来两杯热水，一杯递给马伯如，一杯给李铭泉，李铭泉指了指高云溪：“高书记，我希望你好自为之，你走，我不想看见你。”

“对，我儿子不想见你，你走。”

高云溪委屈地看着李铭泉和张美菊，站在原地，不知道该说些什么。马伯如拉了拉高云溪，示意高云溪出来。张美菊看着两人出了门，心中很是不满。

第二天一大清早，张美菊就起来给李铭泉熬小米粥，煮鸡蛋。张美菊敲着李铭泉的房门，然而却没听到应答声，她打开房门一看，发现房间里空无一人。

张美菊有些着急地喊着“泉子”，来到房间外找李铭泉。高云溪听见喊声后，来到了李铭泉房间看了看，她给李铭泉打电话，电话通了，但却一直没人接。随后，高云溪又打给了玉竹。

“玉竹，你看见泉哥没有，泉哥一早起来就不见了。”

玉竹刚起床正在洗漱：“不知道啊。你们没有在一起？”

“没有。昨晚他和马伯如一起喝醉了，回到家里就睡了，结果一早起来人就不见了。”

“他可能是最近的压力太大了，想找个清静的地儿猫起来清静清静。你也不要着急，他这么大的人自己做事有分寸。”

“谢谢你玉竹。”

马伯如喝了酒还躺在床上睡觉，被突然的手机铃声给吵醒了，马伯如接起电话便听见了高云溪焦急的声音：“伯如，泉子哥不见了。手机和微信都联系不上。”

马伯如想起昨晚喝酒时李铭泉说的那句话“以后照顾好云溪”，随口一说：“不会是跑路了吧？”

“不可能。我知道公司最近的财务压力很大，但泉子哥绝对不是这种不负责任的人。”

“那应该就没事。女人遇到事情，可以大哭大闹，搞得满世界都知道，但男人遇到事情，只会压在心里，最后实在憋不住了，就想找个清静的地方躲起来，等他自己调节好情绪以后就会回来的。”

李兰花陪着张美菊四处寻找李铭泉，两人来到了铁锅作坊，张美菊带着哭腔，跟高二泉说道：“泉子，泉子不见了。”

“啊，不会吧？”高二泉放下了手中的活计走上前。

“一大早就不见了，电话不接微信不回，你们说，他到底会去哪儿呀？”

“哇，你们说泉子会不会想不开，去寻找短见啊？”

听了李兰花的话，张美菊感到一阵眩晕，差点倒了下去，还好高二泉及时扶住了张美菊。

“滚，你放臭屁，泉子没那么娇气。”高二泉看了一眼李兰花。

“那他为什么就不见了？”张美菊哭着问道。

铁匠爷安慰着张美菊：“泉子妈，别着急，泉子这孩子跟在我屁股后面长大的，这孩子我了解，不会有事的。”

“是啊，嫂子，没事的，兴许是他有事情要去处理，很快就回来了。”

作坊里的人议论纷纷，张美菊听着这些议论愈发绝望，此时，高云溪赶到了作坊。

“菊妈，泉哥不会有事的。走，我们回家吧。”高云溪伸手去扶张美菊。

张美菊一下推开了高云溪：“走开。你个扫把星，白眼狼。害了他爸还不够，现在又害了我儿子。我们李家什么地方对不起你了。你说啊。我李家什么地方对不起你了。你非要害我们李家。”

“菊妈，不是这样的。”

高云溪一个人苦闷地走在回民宿的路上，她感觉浑身发冷，头脑昏沉，一回到民宿房间后，便躺在床上病倒了，李晓琪将湿润的毛巾轻轻地盖在了高云溪滚烫的额头上。

马伯如接到了李晓琪打来的电话后，急匆匆地从公司买了药赶到了民宿。马伯如拿着药，端着水，要喂高云溪吃药。

“我自己来。你真的不知道泉子哥去哪了吗？”

“我真的不知道。”

高云溪浑身无力，抬起手都要费很大的力气。马伯如扶着她起身，吃了药。

这一幕正好被从外面回来的张美菊看见，张美菊顿时暴跳如雷，她看着两人，用力地将门一推，将门“啪”的一声关上了。马伯如和高云溪被关门声惊了一下，连忙往外看去，高云溪扭头透过窗，看见张美菊气呼呼地大步朝门外走去了。

第二十二章

深夜，云遮半月，星辰点缀。高云溪靠在窗边看着外面发呆，她一只手里拿着手机，手机上是刚刚拨打过的李铭泉的电话。李晓琪揉了揉眼睛从床上坐了起来：“云溪姨，你不睡觉吗？”

高云溪抹了一把湿润的眼眶，对李晓琪微笑着，走到床边抱着她：“云溪姨这就睡，晓琪怎么醒啦？”

“我害怕。”

“是不是在这有点不适应？”

李晓琪点了点头。

“晓琪不怕，云溪姨抱着你睡。”

李晓琪用胳膊抱住了高云溪的脖子，高云溪将李晓琪抱紧，看着窗外，自言自语着：“泉子哥，你在哪啊？”

此时，意大利埃斯特庄园乡村酒庄内，李铭泉在欧派风格鲜明的酒庄会客厅里摇着红酒，桌子上手机的界面通知在跳动着，李铭泉望着震动的手机发呆。

“嘿，李，你到底有没有在听我说话？你这么着急过来就是来发呆的吗？”

保罗拍了拍李铭泉，李铭泉才反应过来：“怎么？”

保罗看着李铭泉手机上高云溪的名字，会意一笑：“看来你来这里的原因不仅仅是寻找污水治理的方法。”

李铭泉将手机翻面盖在了桌子上：“我还能因为什么，保罗，你说的专家来了吗？”

保罗翻了个白眼，搂过了身边的女人：“看来刚才你一句话都没有听。”

李铭泉看了看保罗身边的女子，问道：“新女友？”

“你好，我是岳紫琪，我是保罗的女友，同时我也是欧盟环保协会杰瑞博士的助手。”那名女子开口说话，大方得体。

李铭泉一脸惊讶，随即把保罗拉到一旁，悄声说道：“兄弟，没必要这么下本吧，我就是找个专家帮忙，你没必要把自己也搭进去。”

“李，你误会了，我们的恋情在你来之前就开始了。”

“你们在嘀咕什么？”岳紫琪问道。

李铭泉转过脸，带着微笑，向岳紫琪伸出了手：“失礼失礼，你好，我叫李铭泉。”

岳紫琪轻轻与李铭泉握了手，礼貌性的问候之后，李铭泉向岳紫琪请教污水处理的方法。岳紫琪晃着手里的酒杯，说道：“我们在内毕罗联合国环境计划署就有一个重要课题，就是治理地下水污染的。杰瑞博士抽不开身，把事情委托给了我，什么时间动身，你让保罗通知我。就这样。”

岳紫琪一饮而尽。

“好，谢谢您。”

岳紫琪拿起自己的风衣冲保罗用英语说了几句后便风一般地转身离开了酒庄。

李铭泉有些质疑地问保罗：“这事儿靠不靠谱啊，而且她看着很年轻啊。”

“别看她年纪小，她是意大利最年轻的华人女博士。”

“我怎么感觉你夹带私货啊。”

保罗一笑：“师哥，小人之心。”

三泉村村委会会议室内，高云溪将梦达集团员工的安置方案分发给了众人：“梦达集团旗下的所有厂房都已停止了所有工作，几个厂子加起来有五百多员工，这些员工的安置问题我这里有一个初步方案，大家看一下。”

“高书记，安置的问题我没有异议，你看这次梦达集团空出来的土地，村里是不是还是要再利用起来？”张麦圈问道。

高云溪点了点头：“嗯，这也是我要和大家说的，这个厂子不久政府就会进行对外拍卖，我会尽量去争取让厂子的使用权仍然归咱们村。”

“我举双手赞成，高书记明智，我这有个现成的计划，厂房那块地可以扒掉做小区……”

铁匠爷翻看着方案，说道：“高书记，这个安置工作据我所知并不好做，体量大不说，现在这些工人的情绪都很不稳定，有些人对你有抵触情绪，我看这次你就不要出面了，我这边带部分党员去做工作，老规矩，麦圈走上面，茂财走下，各自安抚好，这才是现在村子的头等大事。”

高云溪点了点头，张麦圈翻了个白眼：“高书记，我刚才说的……”

“麦圈叔，您先别着急，厂子最后是不是真的会落在咱们村里，还不一定。”

散会后，高云溪和孙梅梅两人去到了罗梦达的别墅前，孙梅梅看了看紧闭的大门，说道：“云溪姐，我都说了，她指定跑路了。”

“跑路了倒还好找，就怕是想不开。”

“这闹的，按那丫头的脾气，厂子不会给村子的。”

“我看不一定，她跟她爸不是一路人。”

就在这时，张元生驱车到达了罗梦达家门口，罗妮娜自已打开后门，一歪一扭地走了下来，张元生赶紧下了车上前扶住了罗妮娜。

“呀，罗大小姐可算现身了，这是怎么了？”

高云溪给孙梅梅使了个眼神，示意不要对罗妮娜发难。

“在往区里路上碰上的，喝了不少。”张元生对高云溪和孙梅梅说道。

“张元生，谁要你管，放开我，放开我。”还没醒酒的罗妮娜想要挣脱开张元生的手，她发现了高云溪，阴沉着脸：“高云溪？你怎么在这？这是我家门口，我家不欢迎你。”

“妮娜没事就好，你今天喝多了，我下次再来。”

“别在这假慈悲！”

“罗妮娜，你说话注意点。”孙梅梅说道。

“孙梅梅，你就是高云溪的跟屁虫，总有一天她会像克她爹一样把你们都克死。”

“你说什么？”孙梅梅要冲上去打罗妮娜，被高云溪制止了。

“云溪，你听她说什么。”

“咱们改天再来。”

张元生抱住罗妮娜就往屋里走，张元生扛着罗妮娜进屋后，罗妮娜捶打着张元生，张元生将罗妮娜扔到了沙发上。

“你拦着我干吗？”

“你刚才的话太过分了。”张元生扭头要走。

“你去哪？”

“回派出所。”

“走吧，都走吧，你们都不要我，我就应该听我爸的，拿钱走人。”

“你要离开这？”

“现在这里没人欢迎我，我还留着干吗？”

“哦，那你要去哪？”

罗妮娜简直要被张元生气得七窍出血：“我说你是榆木脑袋吗？哄人会不会？”

“会。”张元生木讷地回道。

“那说两句好听的来。”

“别生气了。”

罗妮娜等着张元生继续说，然而张元生却已经说完了，两人对视许久，气氛既尴尬又萌生了一股可爱的趣意。

意大利埃斯特庄园乡村酒庄内，保罗睡眼惺忪，酒庄会客厅里飘着欧洲的民谣。保罗和李铭泉坐在摆满红酒的酒架下，保罗看了看一旁的李铭泉：“你亲爱的高，给我打了电话，问你的情况。”

“你告诉她了？”

“不，她应该已经察觉了。”

“啊？”

“你还不打算告诉她吗？”

“我还没想好怎么面对她。”

“李，这件事，瞒不住的。”

李铭泉点了点头，四处观望：“你说的就是这种风格是吧？”

“没错，看看怎么样？我这可是家庭式的酒吧，非常适合三泉村。周末还有乐队演出，是比较私密小众的玩法。”

“村里现在发展得不错，也该有一家休闲的酒吧了。”

就在这时，门铃响了。李铭泉来到门口，开门后，一名披着假发的中国姑娘抱着吉他，走进了会客厅，坐到了桌子旁。

保罗打了声招呼：“这么早就来排练了。”

“当然，要为晚上做准备。”姑娘摇着头唱着乡村摇滚。

姑娘开嗓的一瞬间，李铭泉被眼前的女孩给惊住了。这女子竟然是那天文质彬彬的女子岳紫琪。保罗拎着吉他，朝着岳紫琪走过去，坐了下来，用吉他为岳紫琪伴奏。

“好，我给你们伴奏。”李铭泉拿过身边的手鼓，轻轻地拍了起来。

弹奏结束后，岳紫琪还有事便离开了，保罗领着李铭泉在酒庄里闲逛，李铭泉望着酒庄里琳琅满目的酒，感叹道：“没想到你们家有这么多好酒。”

“我们家有三百年酿酒历史了。”

“那生意一定不错了。”

“不大行，欧洲红酒市场饱和，我们家的酒主要销往亚洲国家，尤其是中国，现在竞争太激烈，利润不好。”

“是啊，中国红酒市场经历一阵火爆之后，是有些低迷。”

“没想到，马伯如的小马迅达发展很快？”

李铭泉点了点头：“是啊，互联网时代，中国大地无中生有、点石成金的事每天都在发生。小马迅达物联网联动仓储中心的成立，三泉村成为三省最大的物流交汇中心，是早晚的事。”

“保罗，什么意思。”李铭泉顿悟。

“我想搭上马伯如的这艘物联网航母，你觉得怎么样？”

“不错是不错，但你凭什么让我帮助你呢？”

保罗从包里拿出了一张门票在李铭泉面前晃了晃。李铭泉拿过门票，看到了门票上清晰的几个字：制革污染治理技术讲座。

一摞摞书籍摆在高云溪办公桌上，像一座山。高云溪埋头翻看着污染治理的书，寻找着办法。这时，高云溪手机响了起来，高云溪在书堆中好不容易翻出手机。

“你好。”

“你好，我是水务局的工作人员，之前是您留在我们这里有关三泉村古泉污染资料的吗？”

“没错，是我。”

“我们的专家已经回来了，您看您那边什么时候方便？”

“随时，随时。”

“那好，我们的曹博士会带着专家小组赶过去，稍后我会把联系方式发给您。”

“太好了，谢谢，谢谢。”

“这是我们的义务。”

高云溪挂掉电话后，高兴万分，这时，马伯如推门而入，激动地说道：“云溪，古泉有救了，专家来了。”

高云溪傻了：“这也太快了吧！国家办事效率就是高啊。”

“啊？你知道专家要来？”

“我刚刚才接到水务局的电话。”

“哦，我说的这个专家是我的朋友，原来你已经找好专家了。”

“你朋友？只要是专业人士，我们都欢迎。”

时尚靓丽的岳紫琪走进了办公室，她向高云溪伸出手，介绍着自己：“你好，我是欧盟环保协会杰瑞博士的助手岳紫琪。”

“你好，高云溪，三泉村村党支部书记，欧盟环保协会的，可以啊伯如，够专业。”高云溪对马伯如会意一笑。

“杰瑞博士看到了你们村被污染的材料，十分痛心，也十分重视。他一直把治理全球水污染作为己任，当他听说你们村在治理污染方面遇到难题，就特意派我来实地勘察，尽快拿出治理方案。”

“那就谢谢杰瑞博士了和岳女士了。请坐。”

“不用客气。”

“你们先聊。”

马伯如出门后，高云溪为岳紫琪倒了一杯水，礼貌性的交谈后，逐渐切入正题，高云溪为岳紫琪介绍了三泉村的水污染情况。

岳紫琪指着一幅三泉村古泉的切面图讲得头头是道：“因为古泉历史悠久，梦达工厂距离古泉有一定距离，根据现在的污染程度，说明古泉受污染的时间不短，我建议马上开始实施方案，这就是我所了解的所有信息，不知是否还有遗漏的。”

“岳女士对三泉古泉的了解非常全面。”

岳紫琪想起了小时候的事，看向了窗外：“现在三泉村上泉村经济富饶，中泉村治理有方，互相照应，互相影响，使得三泉村发展迅速，倒是曾经最有实力的下泉村没落了。”

“您还知道我们村的这些事？”

“从小常听妈妈念叨，她多想回来看看。”

“您的母亲？她是……”

“这是她的故乡，她在很小的时候就离开这里了。”

“太不可思议了，这么说来咱们还是同乡，你一定要告诉你妈妈村里的改变，我邀请她来。”

“她已经不在了。”

高云溪愣了愣：“对不起。”

“我对三泉村的印象仅仅停留在妈妈的描述中，她不在了，我和三泉村唯一的联系仿佛也没有了。”

“你就是三泉村的人，不需要任何联系，这是你妈妈的故乡，也是你的。”

岳紫琪笑了笑：“不说这些了，我很荣幸能帮到你们，今天就先到这吧，明天我希望可以去现场看一下。”

“再次感谢，今晚我请你吃饭。”

“听说你们这里有一个叫妈妈味道的饭馆，我想尝尝。”

“妈妈味道可是新开的，这是伯如告诉你的吧？”

“伯如？不，是保罗，他很喜欢吃。”

“保罗？不是伯如请你来的吗？”

岳紫琪摇了摇头：“是保罗告诉我你们这儿的泉水需要治理。”

“保罗之前离开的时候古泉还没出事，他怎么知道的？”

“他确实不知道，是你们这里的一个朋友去找他帮忙的。”

“朋友？是谁？”高云溪隐隐有所察觉。

“具体名字我记不起来了，只记得他姓李。”

高云溪愣住了，自从上次与保罗通话时，她心中其实便有此料想，而这次，通过岳紫琪的所述，她越发察觉自己在接近某个事实。

为了进一步弄清这件事，晚上，高云溪约了马伯如，两人在三泉古街花草茶坊的卡座里聊着岳紫琪的治污方案，孙梅梅端着一壶调制好的花草茶走了进来。

“云溪姐，你觉岳紫琪的方案怎么样？”马伯如问道。

高云溪喝着茶在思索着。

“不满意？”

“这个岳紫琪你是从哪儿找来的？”

“这个你别管了，你就说，方案怎么样吧？”马伯如故意含糊。

“比我预想的要好得多。看来，她对我们这里的地质、水文以及污染情况十分了解。她的方案里合理采用里U型中心原理，以泉水治泉，以水治水，这个案例在意大利百泉古镇用过。”

“那就好。”

“我想知道，泉子哥离开的前一天晚上，都跟你说了什么？”

马伯如支支吾吾：“他，没说什么。”

“请你说实话。”

无奈，马伯如将那晚喝酒时李铭泉所说的对高云溪说了，马伯如看着怔住的高云溪，补充道：“云溪，泉子不是有意躲着你，只是他不知道该怎么面对你，怎么面对泉村的父老乡亲。或许他是在，来弥补他父亲的过失，来帮你解决问题，他从来没有想逃避。”

离开花草茶坊后，高云溪去到了三泉村黑陶馆，根据马伯如所说，李铭泉在这里留了一个礼物，等到合适的时机，再告诉高云溪。灯光下黑陶散发着黝黑的亮光。高云溪擦拭着黑陶，陷入沉思。疯子张从黑陶作坊走了进来，问道：“云溪，这么晚了，还回去睡？”

“哦，舅舅，您说，泉子哥到底躲到哪儿去了？”

疯子张摇摇头。疯子张望一眼郁郁寡欢的高云溪。疯子张：“云溪，泉子这孩子我最清楚，他不是一个遇到问题躲避的人，也或许，他是去找办法去了。”

“可他总该跟我说一声吧？”

“或许，他有他的苦衷，行了，别想了回去睡吧。”

“舅舅，您先走吧，我想在这儿多待一会儿。”

“那你走的时候别忘记锁门。”

高云溪接着擦拭着黑陶，她打开了一个靠里面的柜子。柜子用蓝布蒙着，高云溪拉开了蓝布，顿时被眼前的景象惊呆了。只见柜子里摆放着高低不等的白陶，陶器上烧制着高云溪不同年龄阶段照片，上面刻着：云溪十八岁生日作；祝贺云溪考入上海复旦大学；祝贺云溪获得学士学位；祝贺云溪获得硕士学位；祝贺云溪二十五岁生日……

高云溪的目光落在了一个最为精美的白陶作品上，陶器上的凤凰展翅，精美绝伦。高云溪的目光下移，看到了下面的落款是：我欲和你比翼双飞。高云溪的眼泪一下落了下来了。

高云溪在民宿房间外的台阶上坐着，盯着手机上发给李铭泉的微信：泉子哥，我都知道了，能告诉我你到底在哪吗？高云溪的泪水缓缓滑过脸颊。

李铭泉在意大利埃斯特庄园葡萄酒庄房间内，靠着墙坐在地上，手机里放着高云溪的语音短信。

“泉子哥，我不知道你是怎么了，一个从来都不愿意逃避现实的人，这个时候却成了逃兵，成了懦夫，从小你就是我的依靠，我的主心骨，每当我遇到困难，受到磨难，挡在前面的永远都是你。为了我你可以付出一切，付出生命，可是这次，你却选择了离开我。福爸入狱了，菊妈病倒了，泉水被毁了，民宿眼看也要倒闭了，我眼里从不退缩的泉子哥在哪儿呢？李铭泉，我看到了你每年送给我的礼物。我就把一句话给你撂这儿，如果你还是我高云溪心中那个敢于担当的男人，你就放空自己，赶紧回家，如果真的愿意成为一个懦夫，一个逃兵，我高云溪不需要这样的男人。”

语音播完了，此时的李铭泉抱着头，已经泣不成声。他的心中满是懊悔，他懊悔自己的不辞而别，将高云溪和自己的父母置于水深火热之中，他知道，自己必须弥补这一切，这是他必须也是唯一能做的。

高云溪和孙梅梅陪着岳紫琪和曹博士去到了千年古泉进行现场勘察，高云溪把手上之前千年古泉地图递给了曹博士，说道：“这是我们三泉村的地理位置图。”

曹博士接过，看了看，指了指上面古泉的位置：“根据这个古泉的地理位置，只有通过洗泉才能达到目的，利用上游的泉水，以及高地泉水来清洗被污染的古泉。整个计划需要周密布局，下游的地方还需要建立污水处理站，用作洗泉的废水处理。”

“这里和我来之前所了解的情况一模一样，可以直接使用欧盟的洗泉方案。”岳紫琪说道。

曹博士剑眉一挑：“岳小姐，可否让我看一看你们的方案。”

岳紫琪拿出了方案，曹博士看罢后又交还给了岳紫琪。

“怎么样，博士？”高云溪问道。

“意大利的污水处理在前几年在你们那是非常先进的，现在我们拿到了你们的方案，我们已经掌握了，但经过我们的再开发，现在我国有一套自己的方案，是更符合国内乃至全世界的。”

岳紫琪一脸不屑。

“这套方案我已经带来了，咱们可以回去细说。”

众人离去后，高云溪看了看泉水，若有所思，正准备转身离开，身后一个熟悉的声音传来。

“云溪。”

高云溪的双唇有些颤抖，仍然没回头，那声音真实，似乎可以触碰。

“我回来了。”

高云溪猛然转过头，看到李铭泉赫然站在自己的面前。两人相视良久，眼中都饱含热泪。

“你不是不想见到我吗？”

“我想。”

高云溪笑了，眼泪夺眶而出。

“对不起。”

高云溪再也忍不住，冲上前抱住了李铭泉。

“云溪，我不走了。”

高云溪在李铭泉的脖子上狠狠咬了一口，李铭泉虽然很痛，却仍然紧紧抱着高云溪。高云溪放开了李铭泉，笑着看着李铭泉，说道：“你还是那个泉子哥。”

回村委会的路上，高云溪时不时便看向李铭泉，她生怕他再会一声不吭地消失。村委会会议室里，岳紫琪听了曹博士讲解完她带来的方案后，一脸的惊讶：“曹博士，你们这个方案能不能卖给我们？”

“不能，这套方案不是用来卖的，解决污染问题是我们的义务，如果你们需要，这套方案我们可以直接送给你们。”

“真的？”

“这不是我一个人的意思，而是国家的意思，这套方案是我们研究出来的不假，为的就是解决大自然的污染问题，这个问题没有国界之分。”

张麦圈凑到了高云溪面前，小声说道：“云溪啊，这洗泉最重要的是钱，没钱一切都免谈！”

“建立污水处理厂站，粗略算下来，至少也要几千万。”

“云溪姐，这可不是小数目啊。”孙梅梅说道。

“但洗泉势在必行。”高云溪态度很是坚决。

李铭泉走到了高云溪面前：“洗泉需要的费用说是天文数字也不过分，都需要从长计议。”

高云溪突然想起了罗梦达化工厂的污水处理设备，她走向曹博士，说道：“梦达化工厂之前有一批新买的德国污水处理设备，不知道是否可以用于这次的洗泉？”

“我需要先看看设备。”

“那等我安排好时间，就带您一块去看。”

“OK！”

“排污设备和污水处理站需要一大笔钱，高书记，我看村里应该拍不下梦达工厂了吧？”

“麦圈叔，这个我们之前已经聊过了，要等上面的消息。”

张麦圈脸色很是难看，他觊觎这片地已久，任何一个可能的机会他都不想放过。众人从会议室逐渐散去了，张麦圈在椅子上一屁股坐了下来，愁闷地叹了口气。

第二十三章

高云溪拉着李铭泉走到了古街的黑陶馆，开了门走了进去。李铭泉一脸懵，被高云溪拽进了馆内。两人在一个盖着蓝布的柜子站定了。李铭泉神色僵硬，他隐隐中感觉到自己的秘密要被揭开了。高云溪一下掀开了蓝布，只见柜子里摆放着高低不等的白陶，陶器上烧制着高云溪不同年龄阶段的照片，高云溪摸着一件件陶器，目光落在一个最精美的白陶作品上。陶器上凤凰展翅，下面的落款是：我欲和你比翼双飞。

李铭泉转过身去，想关上那个柜子。高云溪突然从身后抱住李铭泉的腰，脸贴在李铭泉的后背上。

“你真的想跟我一起比翼双飞吗？”

李铭泉僵硬在那儿，任凭高云溪紧紧地环抱着自己。

罗妮娜听闻了李铭泉回来的消息，兴冲冲地跑到黑陶馆，欣喜地喊着：“泉子哥！”

罗妮娜一进馆内，就看到高云溪搂抱着李铭泉，罗妮娜顿时愣住了，她站在原地，愣愣地看着李铭泉和高云溪。高云溪看到罗妮娜后，缓缓放开了李铭泉。

“妮娜……”

罗妮娜紧紧地攥着拳头，喊着：“李铭泉！我恨你。”

随后便怒气冲冲地出了门，高云溪想去追，被李铭泉一把拉住了：“让她冷静一下吧。”

高云溪点了点头：“也好。这时候我去只是火上浇油吧。”

李铭泉轻轻拍了拍高云溪的肩膀以示安慰：“云溪，是我的错，罗妮娜是冲我。”

“泉子哥，回家看看菊妈吧，你离开的这段时间，她担心得吃不下睡不着。”

高云溪和李铭泉随后离开了黑陶馆，两人来到了李家院子外，高云溪到了门口，便停住了脚步，看了看李铭泉了，犹豫道：“泉子哥，你进去吧，我不进去了。”

“怎么了？”

“我还是不进去惹她生气了。”

这时，张美菊从院门内踉踉跄跄地跑了出来，差点摔倒，玉竹赶紧扶着她。张美菊看见背着背包的李铭泉站在门口，便一下挣脱开玉竹的搀扶，上前走去。李铭泉赶紧三两步走到张美菊身边。

“妈……”

张美菊抬手就是一巴掌，结实地打在了李铭泉脸上，然后开始捶打李铭泉，倒在李铭泉怀里边骂边哭。

“你个混账东西，你跑哪去了，你不要你妈了，你还回来干什么？你没有良心，你爸刚出事，你就跑了你……”

李铭泉把张美菊揽在怀里，任由她打骂。玉竹在旁边眼眶湿润了，门口的高云溪，眼泪也已经在眼眶中打转。张美菊一抬眼看见了高云溪，她放开了李铭泉，擦了擦眼泪，问着高云溪：“你来干什么？我家这怕脏了高大书记的脚。”

张美菊拿起旁边的笤帚就作势扫地，专门往高云溪脚下扫，高云溪被逼无奈，只能往后退：“菊妈，菊妈……”

张美菊疯狂地往高云溪的脚边扫着，李铭泉和玉竹赶紧去拉住了张美菊。

“妈，妈，你干什么呀？你冷静一点。”

谁料，张美菊直接把笤帚扔向了高云溪，高云溪也不闪不避，李铭泉一个箭步上前，护在高云溪身前，笤帚打在了李铭泉身上。

“云溪，你先走。”李铭泉看了看高云溪。

“我……泉子哥……”高云溪看向张美菊，“菊妈，等您冷静下来，我会再来看您的。”

“你永远别回来！”

第二天上午，高云溪跟孙梅梅、孙会计和张麦圈等人在村委会会议室内开会，商量着洗泉资金的事。大屏幕上显示着洗泉各个环节需要的费用，高云溪向众人说道：“按照岳女士与曹博士的意见建立污水处理站、污水处理设备，想要彻底洗泉，我跟孙会计算了一下，差不多需要3300万的费用。”

在场的人都对这个数字感到惊讶。

“这么多？！云溪姐，千年古泉是整个三泉村的事，这么大一笔钱，咱们应该动员全村来拯救千年古泉。”孙梅梅提议。

“贡米事件，村民们已经遭受了损失，这次不能让村民们出这个钱了。”

这时，门外马伯如的声音突然传来。

“洗泉的钱我来出一部分。”

众人惊愕地看着马伯如走进了会议室。

“伯如，你已经帮了三泉村很多了，洗泉的事无论如何也不能再用你的钱了。”

“云溪，我在三泉村开了物联网公司，也是希望通过三泉村的产品打开公司的局面，而且贡米事件是促使我离开小马迅达，开启新的事业的一大诱因，贡米是因为千年古泉遭到污染才出了问题，我现在依然看好贡米的市场前景，只要千年古泉治理好，我相信贡米这块招牌会重新树起来的。”

“我也是为了贡米，为了三泉村的未来一定要洗泉。洗泉关系着三泉村未来发展的大计，所以必须全力以赴！”

“既然这样，那我们就着手准备洗泉的费用问题，一边筹措费用，一边开始规划污水处理站的位置，两手都抓，等钱到位，就可以着手洗泉了。一件事儿也不耽误。”孙会计说道。

回到民宿后，高云溪开始为一个人的生日做着蛋糕，她将刚刚做好的小牌子安在蛋糕上后，小心翼翼地把蛋糕放进了包装盒里，仔细地包装好。李晓琪正在旁边翻看做蛋糕的书，好奇地问道：“云姨，你这是给谁做的啊？”

“秘密。”

“是给泉叔叔做的吗？”

高云溪笑了笑：“晓琪，你会唱生日快乐歌吗？”

李晓琪点了点头：“会。”

“那等会你来唱歌好不好。”

墙上的钟表滴滴答答地响着，指针指向10:30。外面突然狂风大作，大雨滂沱而下。

罗妮娜正在一个人坐在窗前发呆，盯着窗外的大雨。这时，门铃突然响起，罗妮娜满心疑惑，心想这么晚了，谁会来我家？罗妮娜起身开了门，惊讶地看见一个巨大的蛋糕出现在了眼前，蛋糕后出现了高云溪的脸，随后李铭泉、马伯如和张元生等人都聚集在了高云溪身后。

“你们……”

“妮娜阿姨，这么大的雨，我们可以先进去吗？”李晓琪问道。

“是啊，先让我们进去吧。”

众人都进了房间后，罗妮娜问道：“你们在搞什么鬼？”

高云溪把蛋糕放在了桌子上：“妮娜，我们知道今天是你的生日，今天，我们就是你的朋友、家人，我们陪你过这个生日。”

罗妮娜不敢置信地看着每一个人。

“妮娜阿姨，这个蛋糕是云姨为你做的，祝你生日快乐！”

“祝你生日快乐！”众人齐声说道。

“你们……我不需要别人给我过生日！”

“要的要的，不光要过生日还要许生日愿望！妮娜阿姨，你许个愿望吧。”

张元生点燃了蜡烛：“妮娜，许个愿望吧。”

温暖的烛火映照在罗妮娜的脸上，她的脸色缓和了，有些感动：“谁让你们自作多情了。”

“妮娜，许愿吧。”

保罗去关掉了灯，罗妮娜吹灭了蜡烛，闭着眼睛许了个愿。罗妮娜睁开眼睛后，保罗带头弹起了吉他，岳紫琪打起了手鼓，众人开始唱着生日快乐歌。罗妮娜看着大家真诚的祝福，强忍着即将夺眶而出的眼泪。大家开始载歌载舞，一片热闹。

高云溪走向罗妮娜，拉起了罗妮娜的手：“妮娜，这段时间以来你辛苦了，其实你爸爸出事后，我一直想跟你谈一谈。我们都一样，遭遇了家庭巨变，所以我能理解你，但我相信，勇敢面对，继续好好生活下去，才是你爸爸，还有我福爸对我们的期待。”

罗妮娜感动不已，擦着眼泪，但却仍然嘴硬：“我爸才不会想那么多，他只喜欢钱。他不会对我有期待。”

高云溪给自己倒了一杯水，也给罗妮娜倒了一杯酒：“今天是你的生日，我们不说不开心的事，我以茶代酒，祝你生日快乐！”

高云溪跟罗妮娜碰了杯，一饮而尽，罗妮娜也跟着一饮而尽。大家都喝着酒，唱歌跳舞，很是热闹。张元生时不时从人群中看一眼罗妮娜。马伯如和孙梅梅，李铭泉和高云溪两两跳着舞，张元生突然走到了罗妮娜的面前。

“不知道有没有荣幸请寿星跳支舞呢？”

罗妮娜一眼看到张元生的手上那个白天被自己咬的齿痕，她摸了摸张元生的伤口，歉意地问道：“疼吗？”

张元生缩回手，摇了摇头：“这都是小意思……”

张元生看向正在跳舞的人，这时，罗妮娜突然抓住了张元生的手，昏黄的灯光下，张元生的脸红被很好地掩饰起来了，两人开始跳起舞来，客厅里一派温馨美好的场景。

第二天上午，玉竹正在泉上人家办公室内拿着计算机算账，李铭泉在一边看着账本，玉竹摇着头看着李铭泉：“就算把之前所有的收入算上，现在账上的钱，对洗泉来说也是九牛一毛。”

“现在一切以洗泉为重。玉竹……”

玉竹预感到李铭泉要说什么，眉头紧皱起来。

“我想把之前投资民宿的本金撤出来。”

“现在民宿已经入不敷出了，现在账上根本没有流动资金。”

此时的三泉村古街街道上，铁匠爷面前放着一个募捐箱，他拿出一个破锅，一边用锤子敲打着，一边吆喝着：“各位老少爷们，紧急把大家召集起来呢，是因为现在咱们三泉村要洗那千年古泉，相信你们都听说了，洗泉也是为了咱们三泉村的子孙后代，大家有钱的出钱，有力的出力。”

铁匠爷看着一旁的孙会计：“孙会计，你说两句？”

“我这……行吧，我说两句。大家伙，铁匠爷说的对，洗泉关系着整个三泉村的未来，只有千年古泉保住了，咱大家的好日子才能保住，但大家都知道洗泉需要一大笔费用，咱们高书记在到处想办法，高书记不想让大家破费，她说了大家都不容易，上次贡米的事让大家有不少损失，所以这回不想再动咱村子里的钱。作为三泉村的一分子，每个人都该出一份力。这钱呢，咱们村的党员先捐，大家伙愿意出多少出多少，全靠自愿！”

铁匠爷率先把自己的一沓钱放进了募捐箱，孙会计和高二泉也把一大笔钱放进了募捐箱，其他人都自动排好了队，纷纷募捐。

三泉村村委会高云溪办公室内，高云溪正在算自己的银行卡里的钱，一副愁眉不展的样子。李铭泉和马伯如两人在办公室门口相遇了，俩人都一愣，随后又会心一笑，敲了敲门，一同走进了办公室。

高云溪抬头看着两人：“你们怎么来了？”

李铭泉和马伯如把自己的卡放在了高云溪的桌子上。

“这是民宿的全部家当。”

“我拿不出全部家当，只有把大部分流动资金贡献出来了。”

“伯如，你不用这样的，我跟泉子哥是理所应当的。”高云溪看着马伯如说道。

“我知道你们的想法，始终没把我当自己人啊。”

“伯如，你知道我不是这个意思。”

“不是这个意思，就收下。”

这时，孙梅梅扶着铁匠爷到了村委会，同行的还有孙会计和高二泉，高云溪看见是铁匠爷，赶紧站了起来：“铁匠爷，您怎么来了？”

铁匠爷把一个铁制的盒子交给了高云溪：“云溪啊，这是咱们三泉村的村民全体募捐，用来洗泉的钱，虽然没多少，蚂蚱虽小，腿也是肉，你看看还差多少。”

“云溪，大家都知道你不容易，也都想救泉，你收下这些钱来洗泉，也算全村都为了千年古泉出了一份力了。”高二泉说道。

高云溪接过了铁盒子，感动不已，给铁匠爷等人鞠了一躬。高云溪握着铁匠爷的手，眼眶氤氲出了泪花：“铁匠爷，二叔，我一定会尽全力洗泉的！在这里谢谢所有三泉村的村民了！”

送走了铁匠爷等人后，高云溪算着所有的钱，大屏幕上显示出一连串的数字累加，一旁的孙梅梅和李铭泉正在算着铁盒子里村民们募捐的钱。

这时，罗妮娜突然敲门走了进来。

“你怎么来了？”李铭泉问道。

“我来找高书记。”

罗妮娜瞟了一眼桌子上的铁盒子，撇了撇嘴：“你们在数钱？打算用这些钱去洗泉？”

孙梅梅看着罗妮娜的表情，非常生气：“没错，我们就是要用这些筹集来的钱洗泉，你觉得很好笑吗？专门来嘲笑我们？云溪姐为了洗泉拿出了全部身家，你来看笑话？真是枉费云溪姐对你那么好！现在非常时期，你不帮忙就算了，还来火上浇油。”

罗妮娜被噎得说不出话，高云溪给孙梅梅使了个眼神，阻止了孙梅梅继续说下去，孙梅梅低下头，继续算着钱。

“妮娜，你是有什么事吗？”

“没有，我能有什么事。”

罗妮娜转身走了，孙梅梅气得站起了身：“这人怎么这样，良心让狗吃了！”

“这也不怪她。”

高云溪看了李铭泉一眼，李铭泉立刻闭了嘴。

罗妮娜回到家后，床上堆满了包包、衣服、鞋子，全都是高档奢侈品。罗妮娜的电脑开着，打开的淘宝页面总是不断有消息弹出。罗妮娜看了看电脑屏幕，自语道：“又有人下单了。”

罗妮娜很不舍得地抚摸自己的包包：“小宝贝，你陪着我走遍了法国的各个角落，姐姐真的很不舍得卖掉你啊……”

罗妮娜一边抽泣着，一边把包包包好，小心翼翼地放进了纸箱子里，打包。这时，罗妮娜手机响了起来。

“是我，哦哦，您到了是吗？我马上来。”

罗妮娜飞速地跑向门口，门口站着一个帅气的男人，男人戴着墨镜，是一个买家。交易完成后，罗妮娜不舍地看着自己的兰博基尼被开走了。

这时，张元生开着警车停到了别墅门口，他从车内下来，指了指远处已经走远的那辆兰博基尼：“怎么回事？那男的谁啊？怎么开了你的车？”

“不是我的车了，是他的车了，我卖给他了。”

罗妮娜边说边往家里走去，张元生跟进了罗妮娜家里，看到满地的衣服、鞋子、包包和打包盒。

“你这是……”

“我准备把所有东西都卖了，然后离开这个伤心地。你们不是都说我应该开始新生活吗？我准备开始新生活了。”

张元生突然不舍，担忧地看着罗妮娜：“你真的打算离开三泉村吗？”

罗妮娜察觉出了张元生的神色，故意逗他："是啊，反正这里也没什么值得留恋的。不是吗？"

"那……那你什么时候走？"

"张警官迫不及待地想让我离开吗？"

"不是，不是。我……我是说你什么时候走，我去送你一程……"

"那还是想让我走啊。很快，很快，我就会走的。"

"有什么需要帮忙的，尽管开口。"

第二天上午，罗妮娜再次来到了村委会高云溪的办公室，进门后，她把几张银行卡放在了桌子上："这是1300万。"

高云溪看了看桌上的银行卡，惊讶地看着罗妮娜。

"不用惊讶，这些钱是我应该出的，古泉被污染是因为我爸爸，我要为我爸赎罪，我不想被村民们戳着脊梁骨骂，我救泉也是为了我自己。"

"妮娜，其实你不用这么做的，你把所有的钱都拿出来救泉，那你以后有什么打算？"

"这个云溪姐你就不用操心了，我还是泉上人家的股东。"罗妮娜看了一眼李铭泉："你说对吧泉子哥。"

李铭泉一笑。

"泉子哥，对不起。泉上人家关门这么久，也跟泉水受污染有直接关系。我还跟你闹着撤资，真是对不起。"罗妮娜朝着李铭泉鞠了一躬。

李铭泉也朝罗妮娜鞠了一躬："谢谢你，罗总。"

大家都笑了起来，张元生站在门口，看着罗妮娜，心里很是感动。罗妮娜转身要走，张元生在身后追上了罗妮娜："我还以为你真的要离开三泉村呢，原来是为了救泉子。"

"傻子。"

两日后，千年古泉周围放满了水泵，水泵从不同方位插入地下，泉内的泉水泛着水花不断从泉眼喷涌而出。李铭泉、马伯如、孙梅梅、孙会计、高二泉等人分别站在不同的水泵前，就等着高云溪举旗。高云溪站在最高处，岳紫琪手里拿着测量仪，朝着高云溪点了点头。高云溪挥了挥手中的旗子，李铭泉等人会意后，告知了身边的工作人员。伴随着此起彼伏的"开始"的声音，水泵开始运转。泉水开始不断被抽出，顺着管道，排入污水处理站。

环保局长将此景拍了下来："曹博士还在邻市做调查，我已把这里的情况告知他了，他祝你们洗泉成功，同时他对自己没能来现场说一声抱歉。"

高云溪笑道："曹博士言重了，是我们应该感谢他。"

大家正在忙忙碌碌的时候，高云琅突然开着车从远处过来，他下了车就跑向高云溪，慌张失措地喊道："姐，姐，不好了，出大事了！"

"你气喘匀了再说。"

"铁……铁匠爷，他往省城去了，还带着老李家的传家至宝'铁牡丹'！"

远处李铭泉听着，慌忙赶了过来。

"铁匠爷带着铁牡丹去省城干吗？"

"拍卖！"

李铭泉已经赶到了高云溪身边："拍卖？！为什么？"

"还能为了什么？为了钱啊。"

"你少胡说八道，这'铁牡丹'是铁匠爷的传家宝，他怎么会卖？"

"我亲眼看见铁匠爷坐着罗妮娜的车走了，还带着铁牡丹，反正你们自己看着办，我信带到了。你们爱信不信。"

"不能让铁匠爷把铁牡丹卖了，不管出于什么原因。"高云溪和李铭泉相互对视了一下。

"没错，赶紧追还来得及。"

"你们去吧，洗泉的事我跟梅梅还有孙会计他们看着，没事的。"马伯如说道。

高云溪点了点头："伯如，那这里交给你们了。"

"快去吧。"

高云溪和李铭泉赶紧上了车，李铭泉开着车离开了。

此时百泉酒店富丽堂皇的拍卖厅内，台上灯光明亮，台下坐着各路大咖。罗妮娜和铁匠爷坐在最后一排的角落里。

主持人走上了舞台："各位领导，各位来宾，欢迎来到百年百泉文化传承主题拍卖会的现场，我是主持人沙洋。正如今天的主题，我们今天的竞品都是具有人文历史背景的，每一个都不会让大家失望……"

台下的罗妮娜看着周围，又看了看铁匠爷，一旁的铁匠爷目光如炬，直视台上，端坐于位。

罗妮娜看到手机亮起，是高云溪打来的电话，接通后，高云溪焦急地问道：“妮娜，你在哪？”

“我在省城呢。”

“你在省城干什么？”

“我陪着铁匠爷在拍卖会现场呢。”

“哪家拍卖会？”

“百泉酒店拍卖会……”

没等罗妮娜说完，高云溪便挂掉了电话，在乡路上，李铭泉加足了马力，奔往百泉酒店。

百泉酒店拍卖会现场内，拍卖正如火如荼地进行着，很快便接近了尾声。台上的主持人说道：“今天大家的热情非常高涨，那么我们最后的一件藏品，相信本地的来宾应该听说过，但是却很少有人见过的，铁牡丹。”

台下出现了纷纷的议论声。

“看来知道铁牡丹的人不少，这是出自乾隆年间，本地的一名铁艺传人之手，如今在其后代手上保存，今日不知什么原因拿出来拍卖，起拍价600万人民币。”

台下马上有人举手，积极地竞拍着。

“32号，800万，啊？35号，1000万，又是35号。”

众人一片哗然。罗妮娜向前探着脖子想看是谁如此阔气。一旁的铁匠爷目光始终不移地看着台上的铁牡丹，仍然面无表情。

此时的高云溪和李铭泉冲进了大堂，来到电梯前。李铭泉疯狂拍了几下按钮，直接转头冲向了楼梯口，等到李铭泉冲进拍卖会场时，刚好听见了主持人喊着“成交”。

李铭泉在会场最后面大喊着：“不能，铁牡丹，不能拍卖！”

锤落声响，铁匠爷闭上了双眼，两行热泪流了下来。所有在场的人都盯着李铭泉，会场煞是安静，罗妮娜张大了嘴，看着门口的李铭泉。

李铭泉一手扶着门，喘着粗气，摇着头：“不，不能……”

铁匠爷起了身，默默地走出了会场。

高云溪和李铭泉跟在铁匠爷两边，罗妮娜也从会场中走了出来。

“铁匠爷，这是铁牡丹，您怎么能给拍了呢？”

铁匠爷驻足，舒了口气，会场中还陆陆续续有人走出来。

“泉子哥，你们来得挺快……”罗妮娜看到铁匠爷沉着脸，话没说完便咽了回去。

高云溪突然反应过来：“泉子哥，快，快去找买主，看看是谁买的，说不定……”

不待高云溪说完，李铭泉已经转身冲进了会场。人流不断地向外走，李铭泉向里面艰难地行进着，一通寻找，快到台边时被安保人员给拦住了。

“对不起先生，拍卖会结束，您不能进去。”

“我要找刚才买走铁牡丹的那个人。”李铭泉张望着。

“您可以与我们的工作人员联系。”

“他应该就在后面，让我过去。”

“对不起，您不能去。”

李铭泉想要硬闯，却被安保人员拦住，无奈，李铭泉只好转身，走出了会场。

“怎么样了？”高云溪看着衣衫不整的李铭泉，问道。

李铭泉摇了摇头：“人已经走了。”

“别找了。”铁匠爷掏出了一张银行卡交给了高云溪。

“铁匠爷，这我不能要……”

“就当是我这个三泉村的老党员，为村子做的一点贡献吧。”说完后，铁匠爷便离开了。

第二天上午，三泉村高云溪办公室内，孙梅梅正在向高云溪汇报梦达化工厂的事宜：“区里有关部门的意思，梦达化工厂的要合理利用起来，用于新旧动能转换。区里问我们有没有什么新的想法。”

高云溪点了点头：“你有什么想法？”

两人正在聊着，突然有人敲门，两人看向门口，马伯如探头进来问道：“你们在忙吗？”

“伯如，进来坐。”

马伯如坐下后，似乎有话要说，孙梅梅问道：“马总坐吧，想喝什么？”

“不用了，我是有事，特意来找你们商量。”

“什么事？你但说无妨。”

“你看啊，我们小马迅达的订单越来越多，物流中心货物中转频繁，急需建立新的仓储物流中心，同时把平台、物流设施配套完善。我想请村里帮忙申请一块地来建仓储物流中心。”

“可是这么大的地要好好选一选，而且现在批地也来不及。”

孙梅梅眼前一亮：“梦达化工厂！”

“化工厂？”

“你看，马总，是这样，建立仓储物流中心需要耗费巨大的人力和财力，可是如果改造梦达化工厂作为仓储物流中心的话，一切都会迎刃而解。那块地的地理位置和面积也都适合做仓储物流中心。”

“这也符合区里边新旧动能转换的政策。”高云溪说道。

马伯如看了一眼孙梅梅，点了点头。

“伯如，你写一个方案给我，我报到区里去。”

时间飞逝，六个月之后，古泉的水源净化已完全达到了可以饮用的标准，高云溪和齐东方在千年古泉前合影，记者们咔咔地拍照，齐书记激动地说道：“云溪同志，这千年古泉的水源是三泉村的宝藏啊，你保住了千年古泉，保住了三泉村的根基和未来啊。”

“没错，云溪，你这一步洗泉的决策是走对了。春季稻马上就插秧了，正是用泉水的时候，这是个好时机啊。”郑南国在一旁附和道。

李铭泉从古泉中提了一桶泉水上来，齐东方弯腰捧了一捧泉水直接喝了：“好，是千年古泉的甘甜！”

高云溪也捧起了一捧泉水，喝了下去，记者们的相机咔咔地拍个不停。

“老李看到这泉水被洗净恢复了，心里得多高兴啊。”郑南国拍了拍李铭泉的肩膀。

“是啊，我爸要是看到这个场景，肯定高兴坏了。”

次日上午，高云溪和李铭泉来到了东南市第一监狱，会客室内，高云溪和李铭泉坐在李永福对面，李永福听了古泉的消息后神色激动：“这么说，千年古泉真的洗净了？”

“福爸，是真的，古泉保住了，洗泉完毕的当天，东方书记和郑区长都来了。”

“我差点成了三泉村的千古罪人，云溪啊，要是你们没能洗泉的话，我真的是要钉在三泉村耻辱柱上的罪人，你们帮我赎了罪。你们是我的恩人啊。”

李永福说着就对着高云溪和李铭泉跪了下去，高云溪和李铭泉慌忙地去扶住了李永福。

“福爸，福爸，您别这样，这都是我应该做的。我跟泉子哥都知道您有多重视三泉村，您在拿命建设三泉村，不管是为了您还是为了我的工作，我都有责任这么做啊。”

“是啊，爸，您快起来。您别这样，这都是我们应该做的。”

李永福在地上跪着不起，高云溪和李铭泉只好也跪在李永福面前，李永福号啕大哭着。狱警进来后看到这个场面，愣住了，好半天才说话。

“犯人和家属不能有身体接触。”

高云溪、李铭泉和李永福这才从地上起来，分别坐好。李永福擦着眼泪，而高云溪已经哽咽，李铭泉尽量让自己平静下来。

等李永福平静下来后，李铭泉才跟李永福说了铁牡丹的事：“爸，我跟您说件事，您先答应我不生气啊。”

“你个死小子，又闯什么祸了？”

李铭泉和高云溪相视一笑。

“这样才对嘛，这才像您，刚才您那样，真的吓坏我跟云溪。”

“别卖关子，快说。”

“还是我来说吧，铁匠爷……他把李家家传的铁牡丹给卖了。”

李永福一脸讶异：“为……为什么？”

“本来是打算为了洗泉筹钱，后来妮娜变卖家当洗泉，铁匠爷把拍卖铁牡丹的钱给了我，让我重振民宿。”

“铁匠爷一直把铁牡丹看得比命还重，打算一代代传下去，没想到……说到底还是因为古泉被污染。”

李永福抬头看着高云溪和李铭泉，郑重而恳切地说道：“云溪，泉子，你们俩无论如何都要帮铁匠爷把铁牡丹给追回来啊。”

“福爸，我跟泉子哥都在打听铁牡丹的下落，您放心吧，我们一定会找到铁牡丹，把它完完好好地送还给铁匠爷。”

“是的，爸，我们会全力以赴找回铁牡丹。”

“也不要辜负铁匠爷的厚望，必须把民宿给我好好地红红火火地开起来！”

李铭泉笑了，郑重地点了点头。

高云溪和李铭泉走后，李永福回到牢房，不远处的罗梦达看着他欲言又止。李永福满脸愉悦地上了自己的铺子。罗梦达走到了李永福的床前，李永福背过身去不搭理罗梦达。

“老哥，老哥。”

李永福仍不搭理他，罗梦达拍了拍李永福的肩膀，李永福不耐烦地回应：“有事就说。”

“是不是村里的古泉治理好了？”

李永福转过身去：“太阳打西边出来了，这跟你有关系吗？”

罗梦达不再说话了，转身离开了，回到了自己的床铺。

“得亏你有个好姑娘，给你还了半辈子的孽。”

罗梦达看了看铁窗外，喃喃道：“妮娜，你咋不来看看爹呢。”

夕阳渐渐落下，余晖掠过泉水水面。水面上波光粼粼，异常美丽。高云溪一个人站在泉边，李铭泉拿着报告跑了过来。

“结果？”

“曹博士来电话说，和省里专家组抽样鉴定与意大利专家组综合鉴定，我们寄过去的最新的泉水样品显示，我们的古泉水已经恢复到了原来的标准。基本达标，我们的努力没有白费。”

“泉子哥，谢谢你。”

两人看着对方，目光相接，眼神炙热。温暾的斜阳轻柔地包裹着两人，河中的古泉在汩汩作响，高云溪心中怀揣着太多无以言表的情绪，她看着眼前的李铭泉，多么想现在就全部告诉他。

第二十四章

第二天一早，金黄的阳光铺散在村中小路上，高云溪和李铭泉边走边讨论着关于民宿重整旗鼓的新想法。

“现在村里的地下泉总算洗干净了，但我们也付出了巨大的代价，以后村里所有产业的发展都得平衡好经济收入和可持续发展之间的关系，真的不能再出现这样的情况了。”高云溪说道。

“是啊，为了民宿，铁匠爷连宝贝铁梨花都给拿去卖了，我们没有理由不统筹发展。”

“民宿有新主意了吗？”

“能用的招以前也用了不少，还没有想出新的。”

这时，前面不远处有广场舞音响的声音传来，两人循着声音走到了三泉村村民广场。

广场上，震天的音响里传出《希望的田野上》。李兰花在第一排，领着一大群妇女，跟着节奏，动作整齐划一地跳着广场舞。人群最前面，疯子张和保罗、岳紫琪并排，也跳得很带劲。高云溪和李铭泉在一边看着疯子张跳舞别扭的样子不禁笑了出来。

“村里经历了那么多事，生活终于越来越好了，大家也学会放松了。”高云溪转头看向李铭泉：“要不要来一段？”

李铭泉连忙摇头：“不，不，我来不了……你行你上，我给你当啦啦队。”

高云溪一把把李铭泉拽进了广场舞群：“你师傅都能跳，你这个做徒弟的怎么就不能了？”

逐渐地，李铭泉丢掉了之前的羞涩，完全放开了，他一边跳一边和高云溪配合着，两人时而环绕，时而牵手，尽情地舞动着。一旁的疯子张反而跟不上节奏，动作生硬又有趣。跟着跳的大妈们也两两一对，互相配合。

时间不早了，疯子张收拾音响，打包装箱。围观的人群渐渐散去。李铭泉和高云溪看见十几米外，李兰花和张美菊等几个老头老太坐在石凳子上，闷闷不乐的样子，便走了过去。看见两人过来，李兰花扭过头去。

“婶，刚刚还跳得好好的，这才停下来几分钟，咋啦？”张美菊问道。

“没咋，不想回去。回去除了吃饭看电视刷快手刷抖音，还能干什么？”

高云溪和李铭泉对视一眼，高云溪看着李兰花他们问道：“现在家家都住在楼房里，要网有网，要舒服的环境有舒服的环境，能做的事情很多啊，怎么能叫没事干呢？”

“有网就行了？那是你们年轻人，不是我们这些老年人。”

“您不老，音乐一起，翩翩起舞的，谁说您老我跟谁急。”李铭泉打趣道。

“你别嘴贫。你们这些年轻人可以靠网络在家窝三五天不出门，我们呢？自从住进了楼房，各家各户天天关着门，根本没法和以前在村里那样走家串户了。以前家前屋后院子里还能养养花种种菜，养鸡养鸭每天有热乎的鸡蛋鸭蛋吃，现在呢，困在屋里像个笼子一样，什么也干不了。”

“您是觉得生活太无趣了吗？”

“无趣我可以自己去找趣，那些没了的东西，我们找得回来吗？”

一旁的村民附和道：“现在每天最期待的就是下来跳广场舞，一跳完回到家里，就无所事事，什么也做不了，憋屈得很。你们这些年轻人，以为住进楼房就开心了。你说了他们也不懂，更体会不到我们这些年纪大的感受。”

高云溪忧虑地看着百无聊赖的村民，诚恳地向众人承诺道：“大家放心，三泉村做的所有的努力都是为了幸福的生活。如果大家没有幸福感，那一切努力就都是白费，都是无用功。我一定会把这个问题解决好。”

高云溪和李铭泉两人从村民广场走在去往村委会的路上，高云溪思索着该如何提升村民的幸福感，她看了看身旁的李铭泉，问道：“这事你怎么看？”

“我们本以为，把村民们从瓦房、平房搬到楼房，大家就会更快乐，看来不是。大家伙都过惯了乡里乡亲、鸡犬相闻的生活，突然一下子像城里人一样，真的适应不了。”

“目标我们算实现了，可是其他方面我们却没有顾及。”

“是啊。物质条件好了，幸福感却没了。”

“所以我在想，既然大部分的老房子还在，咱们是否可以根据村民们的意愿，往老房子的民宿里回流，让他们作为亲情扮演者，与来这里的游客一起生活。”

“这倒是个不错的思路，不光能解决他们孤独的问题，还能变成经济收入，体现他们的价值感和获得感。”

“真正实现老有所得，老有所获，老有所乐。”

“村民们想体验田园之乐，就来体验田园之乐。想居住在干净方便的楼房里，就住进楼房里。想跳广场舞时就去跳广场舞。想悠然自在归隐南山，就在老房中挥毫泼墨，宁静致远。可以过自己想要的生活，才是真正的幸福。”

“说得我都羡慕了。”李铭泉脸上露出了向往的神情。

“如果这能成功，那可真解决我们村的大矛盾了。”

“你说的是新旧动能转换期间的人员安置问题？”

“正是。新旧转换，老一批的员工面临技术落后等问题，被新人替换是必然会发生的，这是一个严峻的问题，不能让村民变成无业游民。”

“你这么一说，压力还不小呢。”

“所以我说，你要把民宿变成发挥老旧劳动力光和热的好地方。”

“你考虑得很周全，新旧动能转换，转换的不光是产能，也是技术和人。新人得到重用，老人也得有地方安置。”

“产业分配和产业协同，要齐头并进，逐个开花，不能顾此失彼。”

“的确，那我们说干就干。”

两人走近办公室，听到了马伯如的声音。高云溪拐进来后，看见马伯如正给孙会计兴高采烈地比画着。

“什么喜事啊，要强强联合？”

马伯如抬头，看见了高云溪和李铭泉：“你来啦，我正好要找你呢。”

“嗯哼？”

“方便不，移步小马迅达物联网中心？”

两人走进三泉村小马迅达数据大厅后，马伯如在大屏幕上给高云溪展示着一组数据和图表：“刚刚就是小马迅达在平台、销量、增长势头上取得的巨大进步，基于这个前提，我想把小马迅达做大，能真正助力三泉村的产业升级，成为推动三泉村发展的更大的平台。”

“直接说吧，什么计划？”高云溪开门见山。

“把小马迅达物流中心进行大规模智能化升级改造，采用人工智能算法，使用机器人分拣配送，彻底摆脱人力劳动的局限性。同时，利用大数据合理安排物流运输，降低运输车辆的空车率，提高运转效率，成为真正的现代化智能化仓储物流配送中心。”

“我有一个问题，投入这么多技术和钱，做成这么大的规模，到时候有那么多的产品可销售和周转吗？”

“我们不光卖三泉村的特产，还把周边的特产都吸引过来，实现集聚效应，将这个仓储物流中心建设成供应省城、辐射周边多省的重要智能分拨中心，只有这样，连接产品、服务、平台的全产业链才算彻底成型，也才算是真正意义上的新旧动能转换。”

高云溪听后，有些兴奋，点了点头：“这是一个大胆的设想。”

“但是现在面临一个问题，升级大型仓储物流配送中心，除了解决货源的问题，另一个重要的条件就是交通了。我们村离高速入口有三十多公里，距离太远，但以我目前的能力，能把仓储物流中心升级好，却没法为此专门造一条路来。”

高云溪听后，脸上漾出了笑容：“真是应了那句俗语，努力的人，运气都不会太差。”

“此话怎讲？”

“上个星期，东方书记刚刚告诉我一个好消息，区里帮我们争取到了一个在三泉村开高速公路出入口的机会。”

“真的？”马伯如一脸惊讶的神情。

“上级领导已经把后顾之忧都给解决了，能不能利用好这个契机，实现党组织的期待，就要看我们的本事了。交通一旦方便起来，不仅仅是你们这里，连同古街、民宿、乡村度假旅游，全都能跟着受益。”

“这可太好了，多谢你们的支持。”

两人往外走去，走了几步后马伯如突然叫住了高云溪，犹犹豫豫着说：“云溪，还有一件事……”

“说，咋了？还扭捏起来了。”

“我在想，村民们生产的产品通过小马迅达物联网销售平台卖掉后直接通过物流配送中心运送出去，能省下很多中间环节。”

“直接说你的目的。”

“能不能把村民合作社也一起并到我们这个智能仓储物流中心来？”

高云溪笑道：“倒不是不可以，但是也得听孙会计和梅梅的想法。”

“孙会计已经同意了。”

“那梅梅呢？”

“我还没去找她说。”

“那你先去找她沟通啊。”

“我这不是忙嘛，又得联络上海智能升级的投标方，又得安排整个中心的升级改造工作。”

“我说你啊，就知道忙工作。你和梅梅的进展，也太慢了。正好趁这次合并的机会，跟人家表白。”

“不是聊工作嘛，怎么突然聊到感情上了。”马伯如稍微有些羞涩。

高云溪在旁边扮了一下鬼脸：“一个大老爷们，你不能总让人家女孩子主动。”

“放心，我心里有数。”

从小马迅达物流中心出来后，高云溪只身来到了三泉村高二泉家。铁匠爷和高二泉正坐在院子里喝茶，在一旁择菜的李兰花抬头看见高云溪迈进了家门，笑着招呼道：“哟，云溪来了。”

“婶。”

“正好，中午饺子，留家里吃。”李兰花说完，走进了厨房。

“是不是高拍拍那小子又惹事了？”高二泉问道。

“他现在可出息了，怎么会惹事呢。”

“云溪啊，你可不是经常来这的人啊，说吧，什么事？”铁匠爷直截了当地问道。

高云溪笑了笑：“铁匠爷，您这话我就不爱听了，铺子我不常来，您家里和二泉叔家里我可没有不去啊。”

“云溪啊，你应该是想动村里的地吧？”

“您都听说了。”

“这修路是为全村造福，好事啊。”

“要动的是坟地，上面规划的这条路，经过坟地。”

铁匠爷正要拿起水杯喝茶，听见高云溪这番话后，停了下来，若有所想。

一旁的高二泉傻了，半天说不出话来。

“叔，我今天来就是想先告诉你们……”

“你爸的坟也要动吗？”

高云溪点了点头：“我知道这样大逆不道，但是。”

“这件事如果真的对村里有利，那就这样做吧。”

高云溪愣住了：“叔……”

“哟，二泉，你这我可真没想到，觉悟上来了。”铁匠爷看了看身旁的高二泉。

高二泉摇了摇头：“师父，您就别开我玩笑了，自从云溪回来后，为村子做了那么多，我之前不理解，但看着村子现在的变化，我才知道云溪的用心，特别是我家云宝，他这个扶不上墙的也出息了。转头看看，我没为村子做过什么，愧对于党员这个身份啊。”

“嘿，难得，云溪啊，你做吧，我们都支持你。”

“谢谢叔，谢谢铁匠爷。”

“谢我什么。”

“我们是党员，是应该的。就是村里那边还是需要协调啊。”

三泉村村委议事厅内，高云溪坐在最前面，人员到齐后，高云溪走上前面对着众人说道：“省里、市里、区里关于在三泉村开辟高速公路新出入口的通知已经通过村民电子议事厅公布了，由于这几天比较忙，具体位置我还没去现场查看，可能会经过我们村子的一小片坟地。因此，等开完会，请各生产队队长跟铭泉一起去现场确认，经过了哪些家的，提早跟村民打好招呼。”

“迁坟不是小事，迁去哪里？地方选好了吗？风水怎么样？有没有什么忌讳？日子选得吉不吉利？都是祖祖辈辈在那，不敢乱来。”张麦圈先发了言。

“地点已经选好了，就在南山南麓，背山面水，是块好地方。”

“好不好你说了不算，得大家觉得好才行。”

“修高速公路口是造福整个三泉村的好事，希望大家积极配合，不要搞那些封建迷信。”

一村民问道：“那边除了坟头，还有一些用来种山楂的小块田地呢，补贴的细则有了吗？”

“这个要过去测量后才知道会不会被工程占用，如果有，一切补贴都按照标准来，占多少补多少，补地还是补钱，由大家选。”

众人都不再说话了。

“那没有问题的话，就请各组长带着人去现场测量一下。村内的党员高二泉早已到达现场协助这次的测量工作。”

河流滩涂上，越野车一下子冲进了河流里，快速往前奔跑着。罗妮娜坐在副驾上，抬头看着拍打在挡风玻璃上激起的水花，激动地叫了起来。张元生扭头看了一眼罗妮娜，偷偷笑了。

“你不是说来游山玩水吗？怎么到这里来了？”

“这辆是什么车？”

“越野车。”

“那就对了。越野车当然要做些越野车该做的事。”

张元生猛打了一下方向盘，将车开上了盘山公路，越野车一路往山上跑去。到了山顶后，两人从车上下来，站在山顶上，俯瞰着乡村和河流。罗妮娜握住了张元生伸过来的手，在张元生的牵引下，她走上了一块大石头，视野变得更为开阔。

“这里看，整个村落是不是很美？”

罗妮娜静静地看着山村河流，沉醉其中，一时之间竟说不出话来。张元生扭头看着罗妮娜的侧脸，发现她的脸上露出了笑容，不禁满意地笑了起来。

“元生，问你一个问题。”

“说。”

“你觉得我应该把洗泉成功的消息告诉我爸吗？”

“当然，为什么不？”

“他不支持我做这件事，更别说我拿出了所有他留给我的钱。”

“你是怕他不开心？”

罗妮娜点了点头。

“可你在做一件对的事。他会有理解你的那一天的。”

罗妮娜遥望着远方缥缈的云彩，山间中的河水汩汩而下，山村上飘起了袅袅炊烟，她忽然觉得，躲避并不是办法，她应该信任父亲，信任他会理解自己的做法。从山上下来后，罗妮娜和张元生驱车来到了东南市第一监狱。

探视室内，罗梦达来到玻璃窗前，迫不及待地拿起电话，眼含泪花地看着罗妮娜：“闺女，你终于来看爸了。”

罗妮娜怔怔地看着罗梦达：“爸，我是来告诉你，洗泉成功了。”

“爸知道，爸知道啊。”

罗妮娜低下头犹豫了片刻，重新抬起头，看着罗梦达说道：“我把你留给我的钱都捐了出去。”

罗梦达沉默了。

“爸，你别怪我，这是咱罗家应该做的。爸，我知道你一时间接受不了，但是你还记得吗？小时候是你教会我什么是责任的。”

罗梦达摇了摇头，抬头看着罗妮娜，眼中泛出了泪花。

“爸，你如果还接受不了……”

“闺女，你做得对，是爸错了，爸对不起三泉村，更对不起你啊，能看到你今天这样，爸高兴。”

父女俩对视着，罗妮娜惊讶于父亲的转变，她没想到父亲不仅会接受并且承认了自己的过错，一时间，罗妮娜的泪水涌出了眼眶。

探视结束后，狱警将罗梦达带回了牢房。一旁的李永福正在看书，罗梦达朝李永福走来。李永福抬眼看了看罗梦达，没有说话。罗梦达向着李永福鞠了一躬，诚挚地说道：“老哥哥，是我错了。”

李永福合上书，抬头看着罗梦达，点了点头。沉默着，两人达成了心灵的共识，罗梦达理解了李永福的愤恨所在，李永福也逐渐体会到了罗梦达此时的心境。

三泉村靠近高速公路坟地处，高二泉正领着测量队的人员站在坟地旁，准备进行测量工作，几位老人站在他的身前，挡住了他。

“这是现阶段村里发展规划所需，请你们谅解一下。”

“到底是什么规划，要动祖上的土？老祖宗的坟都要刨，你们还是不是人？”

“王叔，这不是你们想的那样，这是上面的规划，是为村子好。”高二泉解释道。

“别骗我们了。就是想悄悄动手。你们就是为了发财，连老祖宗都不要了。都是忘本的畜生！”

此时，高云溪骑着电动车颠簸着向高二泉这里赶来，高云溪下了车，一脸笑容地迎上前来：“各位大爷，有什么难处，跟我说就行。”

高云溪和高二泉向村民们解释着此次迁坟的缘由和益处，一番思想工作之后，一部分村民已经接受并且同意了迁坟，但仍然有一些村民固执己见，丝毫不愿退让。高云溪和高二泉两人往回走着，迎面遇上了铁匠爷急匆匆地走来。

“铁匠爷？”

铁匠爷打量了一下高云溪：“没伤着吧？我听说村里那帮老伙计去闹事了，他们可不好说话啊。”

“没事，铁匠爷，您多虑了，村里的叔婶没那么不讲道理。”

“咋？说通了？”

“带他们去迁坟的地址看了看，不少人已经松了口。”

铁匠爷叹了口气：“剩下的应该是都不会答应了。”

“那就这样，咱党员要起带头作用，党员联动，一户带四邻。”

“就是有些人因为是党员的身份，他们不反对，但是让他们去劝说别人同意，这恐怕很难，而且这一时半会的，也很难让人转变观念。”高二泉说道。

“就这么办吧，现在就去。”

“云溪啊，你就别去了。二泉，咱俩分头行动。”铁匠爷看了看高二泉。

“嗯，云溪，这种时候你不宜出面。”

“村里都认为这事是我发起的，我都不出面怎么行？”

“正因如此，你出面才不好办，放心吧，交给我们吧。”

铁匠爷说完后，和高二泉离去了。月朗星稀，两人分头在三泉村各个农家，与老村民们聊着天，耐心解释着此次迁坟的因果和带给村民们的实际好处。

三泉村靠近高速公路旁的高大泉墓碑前，高云溪坐在高大泉的坟前，往两个小酒杯里倒满了酒。高云溪左右手各举起一杯，看着墓碑说道：“爸，我知道您喜欢喝酒。可是那会儿我小，还不能赚钱买酒给您喝。现在我赚到钱了，给您买来酒了。”

不远处，李铭泉正注视着高云溪，高云溪眼中盈满了泪花：“让您等了这么久，您别怪女儿啊。”

高云溪说着，呜咽了起来："您千万别怪女儿，好吗？"

高云溪把右手酒杯中的酒洒在了墓碑前，又把左手的酒一饮而尽。几米开外，李铭泉看着眼前的一切，难过不已。明亮的夜空，广阔的天地下，汽车移动的灯光把高速公路照成一条白练。

一轮朝阳，缓缓冲破天幕，照亮了整个三泉村。叮咚的泉水，炊烟袅袅的村庄，以及耸立的高楼，连成了一幅三泉村的图景。在三泉村靠近高速公路的坟地处聚集了大量的村民，三位老人索性带来了小板凳，排成一排坐在了那里。

老人气势汹汹地说道："我看今天谁敢跨过去半步！你们看看，高云溪挑的事，她自己都不敢露面，她知道她理亏。"

高二泉和几个组长在不远处看着，不敢朝前半步。

"张三爷，是您找我啊？"高云溪带着几个人走了过来。

"高书记，你就体谅体谅我们，年纪大了，给我们留几天安生日子吧，老坟迁不得啊。"

张麦圈在人群最后头，观望着。高云溪看了看众人，又看了看被三位老人拦着的前方不远处父亲的坟和昨晚的白酒瓶。

"我知道这样很难为大家，我也知道这样对先人不敬，可是咱们人活着，总是要向前看！上面给了咱更好的地，这块地拿来也是为村里好，咋就不行呢？"

"这和地好不好有关系吗？这是祖宗的地，你动，你就是大逆不道，各位说说，这样一个大逆不道的人做咱们的村支书，还说要把咱村往好了带，谁信？你们不要被她嘴里的什么经济发展给骗了，这是祖宗，拿钱能给你换祖宗吗？"

不少人开始附议，高二泉走到高云溪身边悄声说道："云溪，要不咱们去跟领导商量商量，看能不能换个位置开口子，活人还能被憋死了不成？"

"叔，你看看这附近，都是低洼地，只有这一块能接上，去那边开就要填路，那种路是很不安全的，这高速公路开口更不是儿戏，是政府的慎重规划，不是我们想要在哪里开就在哪里开。"

"你们年轻人懂什么？满脑子就知道赚钱，把祖宗都丢了，把中华民族的传统都丢了！"

“我可没丢。”这时，铁匠爷赶到了现场，“老张，你就是个老顽固！”

“你说啥？”

“时代在进步，我这老头都知道，再说人家还给你找了个更好的地方，前人已故去，后人当自强，挡着干啥？”

铁匠爷仿佛在心中下了一个很大的决心，拿过铁锹就要铲，众人纷纷上前拦住了铁匠爷：“铁匠爷，不能啊，你这是欺师灭祖啊。铁匠爷，您是村里的长辈，可不能开这个头啊。铁匠爷，您这一铲子下去，可把您的名头都铲没了。”

高云溪拿过了铁匠爷手里的铲子，一句话也没说，来到高大泉坟前，跪下磕了个头，随即便铲了下去。

“高云溪！那可是你爸啊！”

身后的村民们突然涌上来，一起拦着高云溪：“高书记，不能动啊！”

张麦圈进入人群，趁机大声喊道：“你放肆！连你爸的坟头都敢铲，你知道大泉哥对村子来说意味着什么？没有你爸，就没有咱们村的今天，他是咱们村的魂！”

“我只知道，如果我爸他活着，一定也会同意这么做，因为他是党员。”

张麦圈瞪着高云溪的眼睛，拳头攥得紧紧的。

“老张，你就放手吧。”高二泉看着张麦圈说道。

“二泉，你说的什么话？刨祖坟可是忘恩负义的事！”

“谢谢大家。可越是这样，我更得以身作则了，因为给三泉村幸福生活的，不是任何人，是党的政策。”

“就算你迁，我们老人也不迁！”老人说道。

“我迁。”铁匠爷说着来到一个坟前：“祖上，你可不能怪我，为了咱们村的发展，为了大家能过上更好的日子，我必须得这样做，谁让我是党员呢。”

说罢，铁匠爷抡起镐头挥了下去。这时，不远处警笛声响起，众人顺着声音看去，一辆警车在旁边停了下来。张元生一身警服从车上走了下来。张麦圈看是张元生，连忙上前拉他，张元生没理张麦圈，走上前去。

“干吗呢都？建桥铺路是国家工程，别说村里的坟头了，就算是村子，该迁得迁该搬得搬。都回去吧，听从组织安排。”

“元生，虽然说你是警察，但毕竟你还小，能不能搬，合不合适，该说什么话，做什么事，最好提前请示一遍你爸。”老人说道。

张麦圈转过身去，不接茬：“您说得没错，我是人民警察，人民警察为人民，造桥铺路都是为了人民，谁也别想拦，谁也拦不了。开工吧，有事我顶着。”

高云溪拿起铁锹，朝着坟头迈开大步走去。各队长们也越过了几位老人，向坟地走去。张麦圈溜了过来，看着张元生气愤不已：“谁让你过来掺和的！”

张元生也有点生气：“我掺和还是你掺和？省里好不容易给我们批复这路，你想没事找事是不是？”

“我找什么事，跟我有什么关系！”

“跟你没关系，你昨晚请他们喝酒？当我瞎啊？”

高云溪等人挥舞着铁锹，一下一下地向坟头铲去。高大泉的坟很快被铲平了，高云溪面色凝重，此刻，她恍惚看到了父亲站在她面前，朝着她微笑，她看见父亲张了张嘴，像是说了些什么，可是她听不清。不知不觉，高云溪落了泪。

三泉村花草茶坊内，马伯如和李铭泉两人坐在卡座里，马伯如把于蓓蓓来三泉村竞标的事跟李铭泉说了，他一脸诚恳地看着李铭泉：“帮帮我，遇到坎儿了。”

“那我不好帮，前任都找过来了。”李铭泉耸了耸肩。

“不是前任，是同事，她一直对我有好感，我没什么感觉没接受而已。”

“那她这回来投标，没那么简单吧？”

“这还用问，不然还找你来商量？”

“话说，你对人家梅梅到底是什么想法？”

“当然是喜欢了，这还用问。”

“既然喜欢，也没见你有什么动作。”

马伯如反问道：“你喜欢云溪，不也没什么动作嘛？还说我？”

“之前我没有，但昨天晚上看她在坟前时，我已经想好要怎么做了。”

“先不说你的啊，先说我的事。于蓓蓓肯定是要来了，我绝对不能因为她的出现影响了我和梅梅的关系。”

“铭泉，这事简单，于蓓蓓来，你觉得最有危机感的应该是谁？”

“我啊！”

“还有呢？”

“还有？”马伯如一脸疑惑。

“梅梅啊。”

马伯如这才顿悟。

当日下午，三泉村小马迅达马伯如办公室的桌子上放着一张计划表，马伯如将计划表推到了孙梅梅的面前：“这次竞标对公司来说很重要，你还是要严谨一些。”

孙梅梅认真地看着计划表：“这几块我还需要再去核实一下。”

这时，于蓓蓓高高兴兴地从外面走了进来，手里还拿着礼物。马伯如瞟到于蓓蓓冲这边走来，想找地方躲。孙梅梅看着马伯如心不在焉的样子，拉着马伯如说：“麻烦你认真点，你是老板。”

马伯如无措，突然在孙梅梅脸上亲了一口。孙梅梅傻了，于蓓蓓也傻了。于蓓蓓跺了下脚，气恼地离开了。孙梅梅看到了离开的于蓓蓓，又看了看马伯如，心里又羞又气，情急之下，给了马伯如一耳光，也离开了办公室。

第二十五章

高云溪来到了三泉村物流园，恰好看见于蓓蓓气呼呼地拎着一个精致的包裹从办公室走了出来，连忙迎了上去：“于总，你怎么啦？跟马总聊得怎样了？”

“别问我，你问他们吧！”

于蓓蓓没有看高云溪，径直离去了。高云溪叫了一声，于蓓蓓也没有回应。

高云溪一脸疑惑地走进了办公室。马伯如正坐在办公室内暗自得意，猛一抬头发现高云溪来到了面前。

“我就奇怪了。怎么两个女的都气呼呼地走了，到底怎么回事？”

“有一点点小误会，不过解决了。”

“伯如，我可告诉你，于蓓蓓可是我从上海请来的客人。她的能力你是知道的。她带领的团队是我们物流仓储升级最需要的团队。你这可不是赶客吗？”

“算了吧！于蓓蓓这个人，我清楚。以前做公司的时候，她就特别地霸道，蛮不讲理。现在，我看也没改变多少。升级物流园的事情，还是交给别人吧！”

“这事情，先不要急着下定论。这次的升级项目，是竞标制。多一家优秀的公司加入，对我们的选择越有利。”

“就她刚刚那姿态，我看她不像是来竞标的，而是要把我绑走的！”

“你们感情的事情，我管不着。但是，我调查过，于蓓蓓能在那么短的时间内，将智能科技带入物流产业，确实是有实力的。不能因为个人感情而不顾大局。”

“可是，这个于蓓蓓，我确实没有好感。”

“这些不仅是你个人企业的事情，也是关乎整个三泉村未来发展的事情，这次不能由你决定。另外，在商言商，事情还是先竞标再做定论。”

“那好吧！我带你去看看电商销售情况。”

马伯如带领高云溪来到了数据大厅，大厅里的大屏幕上的大数据正显示着全国各地的货物销售情况。马伯如看了看销售屏幕，正想给高云溪说明一下最近的销售情况，高云溪突然想起了一件事情。

“哦，我知道了！你会不会觉得于蓓蓓的到来，让孙梅梅不舒服？”

“跟梅梅没有关系。考虑到我们过去的关系，可能不大舒服。”

“梅梅，你放心，她是个顾全大局的人。如果你们两人真有意思，我相信以梅梅的心胸，再有十个于蓓蓓都不会对你们产生什么影响。”

“咱们说正事。咱们说正事。”

“我今天说的就是正事。如果是真喜欢就追呗！”

马伯如回头看着高云溪，似乎想要从高云溪的脸上得到答案。高云溪看着马伯如有点窘迫，有些得意地笑了：“都点拨了你那么多次了。这事让我再帮你，就有点离谱了。”

夜幕下，岳紫琪和保罗有些微醺地来到了黑陶馆门口。岳紫琪看着黑陶馆门口的牌子，若有所思，保罗看着岳紫琪问道：“亲爱的岳，你为什么今天非要来这里？”

“这就是你学艺的地方？进去看看。”

“太晚了，张舅舅已经睡了。”

“就进去看一眼，看一眼。”

话音未落，黑陶馆的门打开了。疯子张披着个大衣探出头来：“三更天，吵吵嚷嚷的。”

保罗向疯子张毕恭毕敬地施礼：“张老师。”

“我们能进去看一眼吗？”岳紫琪问道。

疯子张看了看一脸期待的岳紫琪，点了点头。保罗陪着岳紫琪走进了黑陶馆，一边走着，一边看着陈列在馆内的各式各样的黑陶，疯子张跟在一旁。岳紫琪想用手摸，被保罗拦住了。

“我小的时候，家里也有几个这物件，都是母亲亲手做的，她说，这是她唯一的爱好。”岳紫琪一件一件地看，走到一个用布遮住的玻璃柜前，“这是什么？能掀开看看吗？”

“这个是这里的镇馆之宝，张老师，我们能否……”

不待保罗说完，岳紫琪已经把遮布掀开了，双凤瓶映入眼帘。岳紫琪看到双凤瓶，突然异常兴奋：“呀，我们家也有一个一模一样的！”

“怎么可能，这可是镇馆之宝，世界上独一个。”

“嗯，仔细看确实有些不同，我们家的那个，这个凤凰头上没有冠，尾巴也只有两个，这个有冠并且三个尾巴。”

疯子张突然抓住了岳紫琪的手，岳紫琪被吓了一跳。

“张老师，您这是干什么？”说着保罗就要上去拉开两人。

“凤有冠有胆尾有三，凰无冠无胆尾有二，双凤瓶本就是一对，你家当真有一个无冠双尾的瓶子？”

岳紫琪点了点头。

“孩子，你母亲叫什么？”

“杨，杨若含。”岳紫琪不明所以地说道。

“那你姥姥呢？”

岳紫琪思考了一下：“好像是姓张，叫张雪……”

“张雪阳。”

“对，对，你怎么知道？”

疯子张松开了岳紫琪的手，两眼看着双凤瓶，难以置信地摇了摇头：“几年离索，几年离索……”

岳紫琪好像明白过来了：“您也姓张，您是……”

“我是你姥爷啊。”

岳紫琪怔怔地看着疯子张，一时间不知作何言语。

“当年你姥姥离开的时候，你妈妈还很小，你还没出生，本以为在这世上我只剩下菊妹和泉子两个亲人，不想今天又让我见到隔代亲了，你妈妈他们都还好吗？”

“他们都去世了，我以为我在这世上已经没有亲人了……”

疯子张和岳紫琪的眼中都泛出了泪花，两人相拥着。

“闺女，你还有亲人，还有亲人啊。”

“你们这些爷爷姥姥妈妈的，把我都绕晕了，但是好像是件好事，亲爱的，你找到了亲人，我为你高兴。”保罗说道。

“保罗，你和紫琪是什么关系？”

岳紫琪回道："他是我的男朋友。"

"好，你不是想学黑陶陶艺吗？现在起，你不再是黑陶馆的学员，而是我的徒弟，我要让你把黑陶带出国门，传下去。"

第二天一早，在黑陶馆内，保罗穿着一身大马褂站在屋子中间，疯子张坐在椅子上，李铭泉和岳紫琪站在一旁。保罗向着疯子张施礼，然后甩开下衣跪了下去。

三叩首罢，保罗起了身，李铭泉将一个黑陶雕塑交给了保罗。保罗将雕塑呈给了疯子张，疯子张拿过来后仔细地查看着，李铭泉三人屏息注视着。疯子张一边看一边点了点头，随即将雕塑收入了盒中，李铭泉三人这才松了一口气。

"好。"疯子张拿出了一本黑陶技法的册子，交到了保罗手上。

"师父。"保罗向疯子张再拜。

当日下午，高云溪、李铭泉和张美菊一起来到了东南市第一监狱探视李永福。几人一到探视处，张美菊便抢先在椅子上坐了下来。

"妈，咱先出去。云溪有重要的事要跟爸爸说。"李铭泉看着张美菊说道。

"你有什么重要的事。你做的重要的事，就是把你爸送进去了。"

张美菊看了看李铭泉，不情愿地起了身，李铭泉带着张美菊离开了探监处。随后，高云溪在探视处坐了下来，她看着消瘦的李永福，心疼不已。

"福爸，你在里面一定没有休息好吧！又瘦了。"

"别提我了，一把年纪就这样。"

"我听监狱长说你经常不舒服。要不要检查一下身体呀？"高云溪关切地问道。

"人上了年纪了，不是这里痛，就是那里痛，你别听他们乱说。跟我说说村里的事吧！工作开展得怎样，有没有不顺利的地方？"

"最近主要是对仓储中心进行深化改造。跟小马迅达最终融合成一个仓储、运输信息传递、智能装卸配送、现代物流信息服务为一体的现代智能物流中心。"

"年轻人的想法就是不一样，一听就是非常有前景的构思。"

李永福还没有说完话，就开始咳嗽了起来。他一边捂住嘴，一边咳嗽着。

“福爸！你怎么啦？”

“不用担心，都是小事情。”

“福爸，我们还是去检查身体吧。”

李永福摇了摇头：“别把这种事情放在心上，云溪，你应该继续关注村子的建设。我已经年老了，过去那一套也不适合了，未来是属于你们年轻人的。”

“对了，福爸！你这种情况可以申请保外就医。我这次跟泉子哥来，就是想问问需要什么手续。”

“我犯的错，坐一辈子牢都抵消不了。”

“福爸。”

“别说了。”

“什么事还没有聊完，啰啰唆唆！”张美菊不耐烦地从探视处外走了进来，高云溪站了起来，把位置让给了张美菊。

高云溪走出了探视处，看见李铭泉跟狱警正在门外等待着。狱警领着高云溪和李铭泉两人来到了监狱长的办公室。

“李永福的情况，我大概也有所了解。最近，他的身体不太好，本人也比较固执。我建议你们可以申请保外就医。”监狱长看着两人说道。

高云溪拿出了一叠材料，推到了监狱长的面前：“你看还需要哪些材料？这些材料够吗？”

“这个没有时效性，需要我们为他做个全面检查，才能作为保外就医的依据。但是，他的性格你们也清楚。他拒绝了做检查。我遇到过这么多的囚犯，从没有遇到这样的。”

李铭泉忧心忡忡地望着高云溪，高云溪摇了摇头：“他一心想要救赎自己。这个时候，恐怕我的话也不管用了。”

两日后，高云溪和孙梅梅在三泉村花草茶坊内谈论着竞标以及物流园的升级事宜，这时，孙梅梅的手机响了起来。孙梅梅看了一眼，显示是马伯如的来电，有些惊讶地转过身去，接起了电话。

“喂？”

“喂！梅梅吗？”

“伯如？”

“梅梅！梅梅？梅梅！梅梅？”

“你到底想叫我的名字多少遍？”

“一万遍。”

“那我把电话放下，你爱怎么叫，就怎么叫。”

“先别！”

“你是不是喝醉了？”

三泉村乡村音乐酒吧内，马伯如拿着电话，向正在一旁紧张地看着他的李铭泉投来了求助的目光。李铭泉点了点头，笑着鼓励马伯如。马伯如捏了捏手机，举起了一杯酒，一饮而尽。李铭泉拍了一下大腿，拿过一张纸，低头在纸上写着东西。

“你先别挂电话。”马伯如对孙梅梅说道。

“伯如，我没有那么多时间听你说一些无意义的话。”

“今天，真的不好意思。你生气了吗？”

“哪有人这样问女孩子？”

“梅梅，那件事真的有点对不起。那个人真的很烦。那时候，我真的想摆脱她，对她一点感觉都没有。”

“所以，我成了你摆脱另一个女人的工具？”

“我不是这个意思！我不是这个意思！”

马伯如抬头，看见了李铭泉举起的纸条，上面写着“我喜欢你，我想和你在一起”的字。马伯如一把拿过那张纸，将它捏住了。

“如果，你打电话就是为了这个，再见！”

“不是，我想说的是……”

李铭泉指了指马伯如手中的纸，满眼期待地点了点头，马伯如鼓了鼓勇气，说出了口：“我真的很在意你的感受。说实话，高云溪算是我的一个知己。你算是我的……”

李铭泉翻了一个白眼，拍了一下马伯如的肩膀：“你现在提云溪干吗！说你们的事！”

“梅梅，你听我说。”

“你最好清醒了再跟我说，我不想听到任何我不想听的话。”孙梅梅有些生气，一把挂了电话。

马伯如继续捏着手机：“之后发生的事情，你也知道。但是不一样了。梅梅，你还在听吗？”

李铭泉一把拿过了马伯如的手机，看了看：“人家都挂电话了。”

马伯如一把抢过手机，看了看，手一滑，将手机扔到了装有冰块的酒桶里。

“你的手机应该早点掉进去。现在说一大通让孙梅梅莫名其妙的话，反倒影响以后。”

酒保从酒桶内掏出手机，擦了擦，递给马伯如。马伯如有些醉，晃了晃手：“不要了。”

“早知道你这么磨磨叽叽，我就该将你的手机早点扔掉！”

“我想明明白白说清楚是怎么回事。我不想她误会我只是需要一个女的，就找她。我是真的只想要她。”马伯如说着说着就低下了头，似乎已经很醉了。

“你就这样说不是很好吗？至于那些长篇大论，就等你俩好了，再慢慢跟她讲嘛！”

李铭泉推了推马伯如，发现马伯如已经醉倒了。李铭泉举起酒杯，又喝了一杯。

花草茶坊内的孙梅梅捏了捏手机，放下了手机，举起了桌上的花茶，一饮而尽。

“这可是茶，不是酒！”高云溪惊讶地看着孙梅梅。

孙梅梅转身后，从柜子上，拿出了一瓶桂花酒：“我终于明白你为什么不选他了。就他这个样子，一辈子都应该没有女朋友！”

高云溪看着孙梅梅仰头喝了一口桂花酒，瞪了瞪眼，从孙梅梅手中一把拿过那瓶酒。就在这时，孙梅梅的手机响了起来，然而孙梅梅并没有去拿手机，而是又拿过高云溪手中的酒。高云溪拿过了孙梅梅的手机，接了起来。孙梅梅一边喝着酒，一边瞟着高云溪接电话。

“伯如？”

“他俩都醉倒啦！你们来接走他们吧！我们要收摊啦！”酒吧的酒保说道。

“这么严重！”

孙梅梅放下了酒瓶，看着一脸担忧的高云溪：“发生什么事了？”

“马伯如喝醉了，一边叫唤着你的名字，一边冲出马路，被撞了。”

等到孙梅梅连忙跑出了茶坊，慌张地赶到乡村音乐酒吧时，在吧台前的座位上醉意昏沉的马伯如和李铭泉，回头朝高云溪翻了一个白眼。

高云溪笑了："赶紧的。各领各的。别耽误店家关店。"

孙梅梅走到了马伯如的身边，拉了拉马伯如的手臂。马伯如醉得很厉害，扬了扬头，看着孙梅梅。

"该走了！你这个家伙打电话给我，就是为了让我来捡你吧！"

"梅梅！你怎么在这里？我在做梦吗？"

"赶紧起来，跟我走。"

"好，你说做什么，我就做什么。"马伯如站了起来，晃了晃，又倒在了桌子上。

高云溪和孙梅梅两人各自扶着李铭泉和马伯如回到了民宿，分手后，高云溪扶着醉酒的李铭泉，走进了房间。张美菊刚好经过房间，看见两人便跟了过去。高云溪将李铭泉扶上了床，帮他脱了鞋，盖上了被子。

高云溪看着李铭泉迷迷糊糊的眼，笑了笑："你这个样子真的好像小时候。"

"你知道我小时候最害怕什么吗？"

高云溪摇了摇头。

"害怕你离开我。你到区里上小学，上中学，每一次你离开，我都以为你不会回来了。你比我优秀，能走到更高更远的地方，去实现你的价值。但是我又是自私的，多么希望你能在我身边。这种矛盾的感情，一直埋藏在我的心里。现在，我就想自私一把，希望能留你在身边。"

"泉子哥，我不会再离开你。"

站在门外的张美菊似乎有些触动，晃了晃脑袋。就在这时，李兰花领着李晓琪从外面走来，正要走进房间里。

"琪琪，就交给我吧！"张美菊说道。

"可是，云溪，她……"

"云溪，我会跟她说的！"

张美菊冲李晓琪招了招手："来吧，琪琪，跟奶奶走。"

李晓琪伸手拉着张美菊的手，跟随着张美菊往民宿外走去。此时，房间内的高云溪伏倒在李铭泉的身上，默默地牵着他的手。是夜温柔如水，高云溪从李铭泉醉酒后略有些发热的身体，体味到一种久违的力量，她知道，她再也离不开这个男人了。

第二天一早，马伯如在床上醒来，发现正在自己的房间内。他连忙掀开被单，看见自己还穿着昨天的衣服，不禁有些迷惑。马伯如拍了一下脑袋，低头看着摆放在床头柜上的那张纸条，纸条上写“醒酒汤跟早餐在饭桌上，记得按时吃。”

马伯如拿起那张纸条心想着：这不是梅梅的字吗？难道昨晚是她领我回来的？又在她面前丢脸了。

马伯如低头看着纸条，先是用温和的语气念了出来，随后摇了摇头，又换了一种生气的语气，接着，他又用平淡的语气说了一遍。

马伯如放下了纸条，叹了一口气，自语道：“哎呀，我要疯了。她到底是什么意思呀！”

马伯如从口袋里掏出了手机，发现手机开不了机，郁闷地离开了房间。

几日后，小马迅达大数据中心办公室内，马伯如坐在自己的位置上，扭头看着办公室外的走廊，等待着。孙梅梅身穿一身职业套装，走进了办公室，马伯如连忙站了起来。

“你来啦！”

“我按时上班，不应该吗？”

“没有，没有。应该，应该。”

孙梅梅坐了下来，马伯如连忙端过来了一杯热水，放在了孙梅梅的面前：“你没事吧！”

“我没事，我能有什么事？现在是上班时间，你能不能专业一点，不要总聊私人问题。”

“是是是！对对对！”

这时，秘书走进了办公室：“马总，时间差不多了。北京和新加坡的公司团队早就到了，正在准备呢！上海那家公司还没到。那还要不要等？”

马伯如低头，看了一眼手表：“让那两家公司这样等也不好。我们先进行吧！”

马伯如和孙梅梅一同走出了办公室。就在此时，高云溪领着于蓓蓓出现在了走廊尽头。

小马迅达大数据中心会议室内，三位评委坐在第一排正仰头看着大屏幕，高云溪和李铭泉等人坐在后面。宏越智能老总、金博科技公司老总以及于蓓蓓依次上台展示各自的规划，坐在台下的与会人员纷纷点头，表示赞许。

高云溪看着孙梅梅往外会议室走去，便起身追上了孙梅梅："都还没有竞标完呢，你怎么就走了？"

"这还用竞吗？"

"另外的两支团队也很厉害的。"

"你回去吧！不能没有你。"

"为了公平公正，我不参与评委。"

孙梅梅没有说话，回头透过玻璃窗，看着台上刚刚宣讲完的另外一支团队走下讲台。

"村里的人不能有小心眼，应该有大胸怀。"

孙梅梅笑了笑，没有说话。就在这时，评委走上台，宣布最终竞标成功的团队。孙梅梅和高云溪站在会议室外，看着于蓓蓓一脸惊讶地站了起来，上台接受评委的任命。

"看情况，她也不清楚自己能中标。"

孙梅梅咬了咬牙，看着纷纷从会议室出来的与会人员。马伯如首先走了出来，他来到了孙梅梅的身边，似乎有话要讲。就在这时，满面春风的于蓓蓓也从会议室走了出来，看着孙梅梅和马伯如，似乎有一丝不悦。

"既然竞标结果出来了，接下来，就要商讨升级的事宜。"高云溪说道。

于蓓蓓看了一眼孙梅梅和马伯如："这次我参加竞标是因为受云溪打动了。我是个公私分明的人。应该做的事情，我们都会按规矩办！"

孙梅梅笑了笑，向于蓓蓓伸出了手："那首先恭喜于总。"

于蓓蓓也大方地伸出了手，与孙梅梅握了手。

"以后相关对接工作，就多多包涵了。"

马伯如看着孙梅梅和于蓓蓓握手，有些尴尬地笑了。一旁的李铭泉拍了拍马伯如的肩膀，看着众人说道："那这样吧！今天大家算是正式合作了。我做东，大家来民宿吃顿便饭吧！"

"公司还有事情，我要赶回上海，下次吧！后续的签约事宜，我会让专门的团队负责。"于蓓蓓看了一眼手表，匆匆往外走去。

李铭泉回头看着高云溪、孙梅梅和马伯如三人，瞪着眼。

"我的茶坊还有事，我先走了。"孙梅梅扭头，转身向门外走去。

“伯如，搞半天，你还没有收服孙梅梅？”

马伯如没有说话，转身也要走。

见此，李铭泉连忙追上了马伯如，拍着马伯如的肩膀。

“干啥呢？”马伯如看了看李铭泉。

“老地方。”

李铭泉和马伯如坐在乡村音乐酒吧内，看着在台上表演的保罗，李铭泉碰了碰马伯如的肩膀：“别一脸愁容啦！”

“事情怎么就这样了呢？”

“也许，我能帮到你。”

“怎么帮？”

“我最近琢磨了一个新项目。我们附近有很多天然的旅游资源，为什么不把它们打包，组建成具有特色的浪漫旅游项目？”

“有点意思。”马伯如饶有兴趣地看着李铭泉。

李铭泉接着说道：“我看中了一些地方，薰衣草基地、红叶谷等。但是需要人帮忙做一下调研。”

“搞半天，你想让我做你的小白鼠呀！”

“真是木脑袋。这次调研的地方都是浪漫景点。我是给你跟梅梅制造机会。”

“梅梅也去？”

“当然，你俩就当是帮我去看看薰衣草园好了。”

“梅梅知道我去薰衣草园，她会愿意去吗？”

“名义上是我给你们制造机会。其实，你们自己也想要个机会！”

三月风清，春回大地。打扮靓丽的孙梅梅走在薰衣草田中，回头看了一眼跟在后面的马伯如：“我可是为了调研，才跟你来这里游玩的！”

马伯如拿着摄像机，跟随着孙梅梅：“我也是为了调研呀！你看这里这么美。你今天也打扮得不错，要不拍几张照片做官方宣传吧！”

孙梅梅回头，摆了个姿势。马伯如连忙举起相机，拍了几张。孙梅梅走到了马伯如的身边，低头看着相机里的自己。

“怎样？拍得不错吧！”

孙梅梅回头看着身后那一片薰衣草地，若有所思：“总觉得在镜头前，这一片薰衣草很小。”

“那边还有个小坡，应该会好看。”

于是，孙梅梅和马伯如沿着小道往坡上走去。孙梅梅走在前面，马伯如跟在后面。一阵风吹过，吹起了孙梅梅围在脖子上的围巾。孙梅梅伸手想要抓回围巾，不经意间与马伯如伸来的手相碰了。孙梅梅连忙收回了手，马伯如则转身，去追散落在不远处的围巾。

孙梅梅看着马伯如儒雅而又缓慢的动作，觉得有一些可笑，便扭过头来，往坡道走去。孙梅梅绕过了几棵树，来到了铺满了紫色薰衣草的坡上。微风吹来，孙梅梅的身前泛起了一片紫色的波浪，波浪由近向远处逐渐散去。

眼见此情此景，孙梅梅兴奋地冲着山下大声喊着：“真是漂亮呀！”

山下涌来一阵风，鼓动着紫色的浪花，将孙梅梅的刘海悬了起来。孙梅梅感到神清气爽，冲山下大喊：“孙梅梅，你是最漂亮的！”

就在这时，款款而来的马伯如听到了孙梅梅这么自恋的话，不禁笑了起来。马伯如随着微风带出的波浪，来到了孙梅梅的身边。

“你太可爱了！”

孙梅梅回头，被风吹得有些站不稳。马伯如连忙伸手，扶住了孙梅梅。孙梅梅扭头看着马伯如，有些兴奋地冲马伯如笑了笑，然后迎了上来，在马伯如的唇上吻了一下。马伯如有点蒙，睁开眼看着山坡上随风起浪的薰衣草。两人在那片紫色的花海中亲吻着，成了紫色浪花中的一个小点。许久，孙梅梅似乎意识到了自己的失态，一把推开了马伯如，向山坡下跑去。

马伯如看着孙梅梅没入薰衣草丛的身影，大声喊着。孙梅梅没有回应，反而越跑越快。站在原地的马伯如连忙撒开了腿，往下追去。他有些笨拙，跑到一半，便摔倒在了花田处，叫了一声。孙梅梅回头看了看马伯如，发现他没事之后，便继续往山坡下跑去。马伯如从花田处爬了起来，看着孙梅梅消失在那片泛紫的天边，不禁负气地往地上打了一拳。

此时的李铭泉正开着敞篷车，带着高云溪进入了红叶谷中。李铭泉回头，瞟了一眼正在欣赏红叶的高云溪，发现她十分陶醉，便不禁笑了。

“你看什么？”高云溪回头看着正一脸笑意的李铭泉问道。

“这个地方确实很适合年轻人游玩。”

李铭泉将车停在了山腰上，两人下了车，看着如火般燃烧着的山谷。高云溪走到了李铭泉的身边，靠在车上，看着山下那片红叶。

“家附近还有这么一个地方，确实很值得开发。铭泉，你的眼光不错呀！”

“老早就想带你来这里了。现在终于名正言顺带你来了。”

李铭泉伸手，牵着高云溪的手，两人漫步在红叶丛中。

“现在年轻人游玩的地方有了。老年人怎么办？”高云溪问道。

“我倒觉得可以建造康养中心，卫生医疗、健身、舞蹈、瑜伽等等。”

“对了，民宿建造得怎样了？”

“差不多了！明天，我准备让大家搬回去。老人家们住不惯楼房，早就跟我抱怨了！”

“时间不早了，我们回去吧！不知道梅梅跟伯如怎样了？”

“这就要看伯如的造化了。”

“待会，我去找梅梅，探探口风。”

天色向晚，马伯如一路追出了薰衣草田，然而却并没有发现孙梅梅的身影。就在这时，天上乌云密布，电闪雷鸣，下起了瓢泼大雨。马伯如伸手顶在头上，冒雨往外跑去。

此时的孙梅梅正在三泉村家中自己的房间内，她站在窗台前，看着瓢泼大雨，心里懊悔又自责。

“你怎么可以把马伯如一个人留在野外呢？”高云溪问道。

孙梅梅心里为马伯如担忧，但却嘴硬：“他是个大男人，留在野外又怎样？”

“他怎么也是城市长大的。现在还下着大雨呢！”

“最好就是被狼叼走了！没出息的家伙。”

“你非礼人家，还说人家没有出息！”

“什么非礼！这是礼尚往来。他前几天亲了我。我今天亲回去不是很正常吗？”

高云溪拿出梳子，帮孙梅梅梳理长长的头发。一串串水珠，滴落在玻璃窗上。

高云溪哼起歌来：“就是开不了口，让他知道，就是那么简单几句，我办不到！”

“好了，别唱了！”

“男女之间的事情就像下棋，你走一步，我走一步。你试探一下，我试探一下。”

“可是马伯如这个木脑袋，一步都不想走！”

“那你就飞过去呗！不过呀！有意思的地方都是相互试探阶段。这个阶段一旦过去，一切都会变得顺理成章！”

高云溪将孙梅梅的头发扎了起来，又放下。就在这时，马伯如出现在窗下，正淋着雨。孙梅梅看了一眼窗外的雨，没有看见马伯如，一把将窗帘拉了起来。

“怎么？”

“这家伙！我不能再往前走了。”

“对呀！再走，你就走进人家怀里了！”

“我要矜持一点！先不理他！看谁沉不住气！”

“我看你沉不住！”

傍晚，三泉村村民活动广场上，李兰花、张美菊以及若干妇女在广场前，整齐有序地排开了队形。随之音乐响了起来，李兰花带头，妇女们跟随着音乐的节奏跳起了舞蹈，一群老大爷在一旁看着。就在这时，广场上突然刮起了大风，大妈们纷纷放慢了动作，裹紧了衣服，聚到了一起。

“这可不行，天气这么冷，怎么受得了。”

“就是。可不能跳了。再跳可得冻感冒了。”

春寒料峭，又一阵冷风刮来，大妈们赶紧又围得更紧了。李兰花打了个喷嚏，其他大妈也冻得哆嗦了起来。

“我看，今天就先回家吧！”

大妈们纷纷点头，都散开了各自回家。这时，高云溪和孙梅梅姗姗来迟，看见大妈们离去的身影，感到奇怪。

“菊妈，这是怎么回事？今天怎么这么早就散了？”高云溪走到张美菊身边。

“天气冷了，大家都有点扛不住了。”

“是呀！天气确实是冷起来了。”

张美菊提起音响，哆嗦了几下，走开了。

高云溪和孙梅梅从广场回到了三泉村居委会办公室，高云溪扭头，透过玻璃窗看着冷冷清清的三泉村广场："现在天气也冷了。老年人就不能像往常那样跳舞了。"

"可不是吗？大妈们不跳舞能做什么呢？"

"依我看还是得解决老年人的健身问题。特别是冬天，是老年人常见慢性病高发的时期，更加需要锻炼。"

"得改变思路，将这个室外健身，转变一下。"

"干脆就建立我们村的康养中心。由党支部研究，投资一个康养中心，为老年人提供一个集悠闲、娱乐、健身于一体的康养中心，力求让老年人过上优雅、舒适的退休生活。"

"这个确实是一个非常有实际意义的项目。让老人真正实现了老有所居、老有所养、老有所乐、老有所为。"孙会计说道。

"整个康养中心也将搭建成老年人交流、休闲、娱乐、智慧康养的幸福快乐平台。"

"可是，我们现在缺一个适合的场地。如果投标再建的话，又需要一段时间。"孙梅梅说道。

"那得消耗不少的时间呀！"

孙会计突然想到一件事："张麦圈的那片别墅不都空着吗？"

"哪里？"

"雅乐泉呀！大圈地产的重点项目。你们都忘了吗？空了好多年都没有卖出去。"

高云溪点了点头："那个位置确实不错。我们可以将那些独栋别墅改为康养中心。可以先租来，适合的再买。"

"这个主意不错，也算是资源重组。"

大圈地产张麦圈办公室内，张麦圈正站在独栋别墅的模型前，低头看着那一排排别墅，若有所思。高云溪和孙梅梅坐在椅子上，看着张麦圈。

"张总，这事你就不要犹豫了。怎么说也是一件一举两得的好事。既可以将你闲置的别墅处理掉，又可以解决老年人康养问题。"

"我这可是上千万的高档独栋别墅呀！拿来做康养中心未免太浪费了吧！"

孙梅梅想站起来，被镇定的高云溪拉住了："张总，你想想，这事要是成了。你又能挣到钱，又能挣到面子。”

张麦圈拿起了一个独栋别墅的小模型，吹了吹气：“这些独栋别墅都是高端大气上档次的住宅。我当时可是请了国外的设计师设计！雅乐泉、雅悦泉、雅乐轩每一个区域都根据不同的风水而建。要是变康养中心的话，可惜呀！可惜！”

就在这时，一个员工跑了进来，冲到张麦圈的身边，低声说着话。张麦圈听完了员工的讲述之后，脸色变得难看：“怎么都是老鼠呢？不是叫你们好好打理的吗？”

员工咬了咬牙，没有说话。

“我看这些独栋别墅都卖不出去，在养老鼠吧！”高云溪戏谑道。

张麦圈脸色有点难看，挥了挥手，让员工离开了办公室。

“再好的房子，卖不出去也没有用。国外设计师的作品也只能闲置呀！还不如改造一下，将它的作用发挥到极致呢！”孙梅梅说道。

张麦圈回到办公桌前，坐下后，低头看着高云溪递上来的康养中心项目书。

“项目书都将细则列得比较详细。有疑惑的地方，可以跟我们沟通。”

张麦圈低头盯着项目书，咳了一声：“嗯！”

高云溪和孙梅梅互相对视了一眼，笑了起来。

当日下午，张麦圈带着水果和保健品来到了三泉村古街旧养老院看望李晓琪奶奶。护理人员带着张麦圈和孙会计来到了李晓琪奶奶的房间，只见老人家正在给桌上的盆栽浇水。

“老人家最近情况怎么样？”孙会计走上前扶着李晓琪奶奶坐下。

“大娘最近和养老院的几个老年人聊得来，心情不错。”

“衣食住行呢？”

“吃的没问题，你们和高书记总来，拿的东西都吃不完也用不完，有些都散给别的老人了。”

“应该的，应该的。”

张麦圈环望着旧养老院里老旧的环境，心中有些不忍：“你们这设施该换了吧，这老人房间里也不能就放一个电视。”

“张总，你说得简单，我们不是不想换，没那个条件啊，这里地理位置也不好，听说高书记在计划重修一个康养中心，如果能成功，就再好不过了。”

孙会计看了看张麦圈，张麦圈思忖着。

“诺，这就是李晓琪奶奶的房间，不过老人家在休息，要我叫她起来吗？”

“让老人家睡吧，东西放这，我们回去了。”

张麦圈说着离开了，孙会计摇了摇头跟了上去。

第二十六章

三泉村村民议事厅内，高云溪、高云琅、孙会计和一众村民聚在了三泉村村民议事厅内。孙会计和高云溪等人坐在了议事厅的最前排。孙会计随后走上台，对议事厅内的众人宣布道："今天，最美乡村书记的评选结果出来了。我们的高云溪高书记被省政府官网评为了最美乡村书记。"

在众村民热烈掌声中高云溪走上台，发言道："谢谢乡亲们对我工作的支持。接下来，我会再接再厉，继续为大家服务。"

"现在也到了要选村委会主任的时候了。"孙会计说道。

底下的村民们一起呼喊着高云溪的名字。高云琅拿出了自拍杆，对着议事厅拍了起来："各位老铁们。我是三泉村首席新闻执行官，高拍拍。这次我来为大家直播这次的村委会主任评选活动。"

高云琅转了一下自拍杆，对准了坐在后面的张麦圈："这是我们的村委会副主任张麦圈。张副主任，你对这次村委会主任选举有什么看法？"

张麦圈看了一眼正在呼喊着高云溪名字的村民们，有些失落，他推开了高云琅的自拍杆，走出了议事厅。

李铭泉正在办公室内处理着文件，铁匠爷走进了李铭泉的办公室。李铭泉见铁匠爷来临，连忙起身为铁匠爷倒茶看座。

"铁匠爷，今天怎么有空来我这里？"

"你小子这次算是走运了！"铁匠爷笑道。

"我？走运？"

"对呀！"

铁匠爷吹了吹热腾腾的茶，喝了一口。

"是有什么好事情吗？"李铭泉问道。

"我这次呀，是受到了党组织委托，单独找你谈话。"

“找我谈话？”

“我这次要郑重地告诉你，你作为党员苗子经过了一年的组织考察，已经具备一名预备党员的资格。”

“那是什么意思？”

“意思就是你可以正式入党啦！我的傻孩子！”

“可是，我觉得自己跟党员的标准还有距离。希望组织可以延长培养考核期。希望组织继续考核我！”

“你真的是这么想的吗？这样的机会可不是人人都能有的！”

李铭泉点了点头，笃定地说道：“我确实需要组织能够继续考核我！”

“好吧！我会把你的意思报告给党支部！”

高云溪等人坐在村委会会议室内，正在召开会议。高云溪看着在座众人说道：“近年来，城市粉尘和雾霾越来越严重，三泉村有大面积湿地，能改变生态环境，吸收碳排放，提供新鲜的空气。村里准备选择滨湖湿地建一个湿地公园和一所大型康养中心，为老年人提供一个医疗、运动、康复的场所。”

“我们又租了麦圈地产的部分独栋别墅，准备将它们改造成康养中心。”孙梅梅补充道。

“这样三泉村的老人们成为全世界最幸福的老人。老人们在三泉村能享受到康养中心的设施带来的便捷、便利，也让谋求发展的年轻人留在父母身边，随时都可以看望老人，真正实现让三泉村的老人们达到老有所养、老有所依。”

“康养中心应该跟大城市重点医疗机构，甚至国外医疗机构实现远程医疗共享，把健康养老服务辐射到周边城市居民，为城市老年居民提供一个天然氧吧，探索出一条资源共享、城乡融合的养老模式。”

就在这时，张麦圈悄悄走进了会议室，走到了最后一排坐了下来。

“现在，康养中心正在有条不紊地建设着。预计下个月能投入使用。下一步，我们需要商讨的是泉水古城的规划事宜。”

李铭泉接着说道：“泉水古城有三百年历史，整个古城沿泉流而建，古城为梯形聚落，上下盘道，高低参差，错落有致。虽经三百年的风吹雨打，但泉水古城仍较完整地保存了原来的祠庙、楼阁、石桥、故道和古泉。所以，泉水古城的规划需要慎重，要自觉融入古城文化，建造古城不能以牺牲老建筑为代价，要进行古建修复。”

“这是个不错的建议。这样可以在有效保护中激活古城，让古城焕发新的活力。”

孙会计点了点头：“我也认为这个建议不错。需要找有古宅修复经验的承包商来做。”

张麦圈在后面听着，眨了眨眼，思索着。

“正好，铭泉的民宿就是从古宅修复过来的。这次的泉水古城可以交给铭泉的团队。”

孙梅梅话音刚落，张麦圈突然站了起来，大声喊道：“我反对！”

众人抬起头来，纷纷看向最后一排的张麦圈。

“这么大的一个项目，怎么可以说要交给谁就交给谁呢？”

村民们似乎也认同张麦圈的说法，纷纷点了点头。孙梅梅扭头看着高云溪，高云溪思索了片刻后对众人说道：“确实是。那这次的泉水古城项目，我们就采取竞标制吧！任何一家建造公司都可以参与竞标。”

张麦圈满意地点了点头，坐了下来。

“各公司根据古城的现状，做出相应的古城规划项目书、预算，以及规划图。一周后，我们就进行竞标。”

傍晚，张麦圈站在办公室内，低头看着几位设计师，传达关于泉水古城修建的构想：“我们要将这个泉水古城建成一个适应现代化审美的地方。另外还要筹建一条商业街，主打酒店、商铺建设。”

几位设计师听后，连忙低头伏案，在电脑前面做着立体草图。

张麦圈走到台前，挥动着双手：“在泉水古城的广场，建立一个巨大的罗马式的喷水池，三泉村许愿池。到时候，来自世界各地的善男信女，就可以在这个许愿池前许愿。”

“张总，这个许愿池真的要做成罗马式的吗？这好像跟整体的风格不符。”

“什么整体设计？这个是东西方文明的融合。到时候，整个古城会成为全国性地标建筑。另外，我觉得围绕泉水，我们可以增加风车。一个大风车在古城旁边转着，会成为当今最时尚的网红拍照点！赶紧记录下来，这会是我们竞标的法宝。”

“这个太杂乱了吧，什么风格都有。”

“什么杂乱？我提供了这些建议，是要你们将它们有机结合在一起的。不然，请你们这些设计师干吗？”

设计师没有说话，低头在电脑前，继续做着图。

“这样一来，我们的设计绝对是独一无二，传统与现代结合得非常完美。绝对万无一失。”

“这次竞标还有其他团队呢？”

“李铭泉不是也要参加竞标吗？以他和高云溪的关系，估计这次竞标，我们就悬了。”

“对呀。还有这层关系在。”

张麦圈听着设计师们的讨论，没有说话。

第二天高云溪一来到村委会，就发现村委会已经被大批的村民围攻了。高云溪有些迷惑，走到村民中，立刻就被围住了。

“乡亲们，到底是怎么一回事？”

村民看着高云溪，突然说不出话来。

“大家可以跟我反映，到底是怎么回事？”

“跟你说有用吗？”

“只要大家说出来，我都会尽量给大家解决。”

“我们反对李铭泉参加竞标。”

“反对李铭泉参加竞标？”

此时，张麦圈从人群中走了出来：“大家都明白你跟李铭泉的关系。如果你将泉水古城交给了李铭泉这二流团队建造，那就是肥水都流入李家田。”

“对，不能让李铭泉参加竞标。”村民们应和着。

“这次的竞标都是公平公正的。到时候，招标公司会邀请乡亲们，亲临竞标会，参与公开竞标。另外，东南山公证处也会派公证人员亲临竞标会，确保整个过程公开、公正。另外，还会有一家新的公司加入。那家公司实力很强，是省文化厅推荐的。那家公司曾经参与了国家级古镇修复。到时候，结果是怎样，我也无法预测！”

“说是这样说，到底是怎样的，谁知道呢？”张麦圈说道。

“张麦圈，你也太过分了。”孙梅梅想上前跟张麦圈理论，被高云溪一把拦住了。

就在这时，李铭泉带着保罗、疯子张和铁匠爷来到了村委会。

“这不就来了吗？还说没关系？”张麦圈故意煽动村民们的情绪。

李铭泉看着高云溪窘迫的脸，有些迷惑：“云溪，发生什么事了？”

“发生什么事？你们李家不会就关起门来，自己决定村中大事吧！”张麦圈说道。

“对呀！不能这样！坚决反对李铭泉参加泉水古城竞标！”村民们纷纷响应。

“这就是民意！难道村支书要无视吗？”

高云溪看了李铭泉一眼，咽了一口气：“大家听着，为求公平公正，我会让区文旅部门来组织这次竞标。我全程只做协助工作。”

听到这话，村民们才停下了呐喊。话毕，高云溪转身走进了居委会。张麦圈看着高云溪，暗暗发笑，随之也走进了居委会。

高云溪回到办公室后，回头看见张麦圈走了进来，不耐烦地说道：“你跟上来干吗！有事吗？”

“我现在不是副主任，就不能进来了？”

“有事说事！”

张麦圈将一叠资料放在了高云溪的桌子上：“人总是有缺点的！想不到你这么维护你的男人！”

“我没有维护任何人。只要有资格都可以参加竞标，这才是真正的公平公正！”

“就那样的二流团队，有何资格！”

“张麦圈！”

“竞标会上好好见识一下，什么是一流的建造团队！”张麦圈笑了笑，转身离开了办公室。

傍晚，高云溪来到了东南市第一监狱看望李永福，她坐在探视处，李永福看着高云溪一副心事重重的样子，问道：“工作上还顺利吗？我看你的脸色好像不太对。”

“真的是什么都藏不住！”

“你是我看着长大的，怎么瞒得了我呢？”

“福爸果然就是福爸。”

“说吧！是不是工作上遇到什么不顺的事了？也许我可以给你参谋参谋。”

“工作上倒没有遇到太大的坎，就是我今天突然明白了您过去的心情。”

“我过去？”

“对呀！明白了您的难处。有些事情，除了是从声名上考虑以外，还得兼顾别的。我能理解您为什么有时候会那样对泉子哥。如果不是那样的话，您的工作也不好开展。”

“很多选择都是权衡再三，才做出的决定！”

“福爸，别人不理解你。我算是能理解你了。”高云溪透过坐在对面李永福的眼睛，似乎看见了现在的自己。

“有时候回想，我确实挺对不起家里人的。你们做出的牺牲跟妥协，我都看在了眼里。我确实打压泉子，打压得太厉害了。我就是太把自己的名声放在眼里了，苦了这个孩子。”

“福爸！”

“你们都是，本来都有自己的路要走。还是怪我！确实耽误了泉子。”李永福愧疚地低下头来。

“我相信泉子哥没有怪过福爸！”

就在这时，早已来到探视处的李铭泉趴倒在探视处的窗口上，看着李永福：“爸！我没有怪过你。”

“儿子！是我对不起你！”

高云溪看着父子两人，不禁也热泪盈眶。

“这些年真的是苦了你呀！无论做什么事情，都被我牵制着。我这个爸爸真的没有出息，真的是自私，就为了自己，处处为难你！”李永福连忙往自己脸上甩了几个巴掌。

“爸！不要这样！现在不是挺好的吗？我就没有怪过你！”

一直站在不远处提着保温瓶的张美菊眼见此情此景，不禁也流下了热泪。张美菊擦掉了眼泪，来到了三人的身边。

“你们都在这哭什么哭！李家人就是这样轻易掉眼泪的吗？”

高云溪听到自己被张美菊称为李家人，感到高兴，连忙抹掉了眼泪。李永福低着头，也将眼泪抹去了：“云溪，你菊妈在。有什么话，你就跟她直说吧！”

“菊妈！我对不起。”

“对不起什么！都是一家人说什么对不起！”

几人相视，彼此心理上的围墙已经悄然瓦解。张美菊走上前为高云溪擦掉了眼泪，脸上露出了宽慰的神色。

两日后，三泉村泉水古城项目竞标会现场内，由招标人代表、百脉泉国土规划局领导、百脉泉住房建设局领导、古城修复专家、审计人员等专家组成的评标委员会，拿着竞标资料走进了竞标会场，坐到了第一排。随之，东南山公证处的三位公证员，区文旅集团老总和高云溪也走入了会场。

主持人站在台上看着人流陆续地进入泉水古城的竞标会，等到所有人都在位置上坐了下来，主持人开始宣讲开场白：“各位领导、各位来宾，大家下午好。今天非常荣幸为三泉村泉水古城修复招标仪式担任主持人。首先有请达利建筑公司总裁上台。”

达利建筑公司总裁上台后，展示了规划图：“我们会在现有的基础上，结合现代的建筑风格，建造一片兼具现代化特色的古城区。在我们的传统建筑区，引进各式网红店铺，奶茶店、宠物店、服装店以及电竞场馆，带动区域经济。”

台下的人认真地听着，纷纷点头，鼓掌。

“下面，邀请大圈地产的老总，张总上台。”

台下掌声雷动，张麦圈上了台，展示着规划图：“要保持村里的经济发展势头，必须抓好商业这个龙头。必须要在泉水古镇边上，筹建一条商业街，主打酒店、商铺建设。要建商铺势必要拆除泉水古城周边的老建筑。另外，为了吸引更多的游客。我还会在中心建造一个古典喷泉，让年轻人来这里进行许愿。”

“不中不洋！”铁匠爷在台下说道。

人群中，有人细声笑了起来。张麦圈咳了一声，略有些尴尬地下了台。

随后，李铭泉走上台，展示着规划图：“古建筑拆一件就少一件，这里很多都是住户们的祖宅，祖宅拆完家就没有了，根儿就没有了。新建古城不能另外选址，要自觉融入古城文化，建造古城不能以牺牲老建筑为代价，要进行古建修复，争取保留古城的原汁原味。”

李铭泉打开了自己的PPT视频，将未来泉水古城的构思生动地呈现在了人们眼前，台下的村民们一边看着视频，一边纷纷点头，表示赞许。最终，李铭泉以不小的票数优势成了本次泉水古城项目竞标的赢家。

当日下午，黄昏向晚，一辆房车开过香草园，停住了。李铭泉、罗妮娜和高云溪等人下了房车，看着一望无际的香草园，如海的薰衣草被风一吹，翻涌起舞，与金色的夕阳交相辉映，融为一幅风景画。

“怎么突然就约我们出去玩了？也不提前打个招呼！”高云溪说道。

“就是，我刚还在办公室坐着呢，一下子就被他们架上车了。”李铭泉一脸无辜。

“没想到，香草园这么美！”

“看来，浪漫之旅这条路子还是走对了。”罗妮娜看了看高云溪。

“这个文旅项目，你们不仅走了传统文化的土路子，还走了洋路子。”

高云琅举起了自拍杆，将众人的欢声笑语定格在照片之中，罗妮娜、茉莉和孙梅梅围了上来，看着照片。

这时，李铭泉和高云溪正走在前面，肩并着肩地走在美丽的花田中。后面的高云琅、茉莉、孙梅梅和罗妮娜也走了上来，他们看着走在前坡的李铭泉和高云溪，听到了他俩的悄悄话。

“我们去看看他们在干什么！”

于是，一众人等冲了上来，男生抱住了李铭泉，女生抱着了高云溪，高云溪被吓了一跳，尖叫了一声。

“你俩走得那么快！想干什么？甩掉我们？”

“对呀！你要拐我姐去哪？”

李铭泉拍了一下高云琅的头：“你这小子！话从你嘴出来，怎么变得这么难听？”

孙梅梅伸手抱住了高云溪的肩膀问李铭泉：“话说，你跟云溪表白了吗？要是已经表白了、确定关系了，你爱拐到哪里就拐到哪里！谁也不会多说闲话！”

“就是！”

“表白！表白！表白！”

高云溪有些窘迫，李铭泉看着众人说道：“听着！表白可以！但是！”

“没有但是！一定要表白！”

“我一定会表白！立刻表白都没有关系！但是你们敢不敢来玩一个游戏！

只要我表白，你们也表白！”

众人没有说话，各自望着别处。

“没问题！简直是小菜一碟呀！”高云琅突然一把搂住了茉莉的腰，亲了茉莉的脸一口：“亲爱的！我爱你！”

茉莉一把推开了高云琅：“滚一边去！”

保罗也抱着岳紫琪大声说道：“I love you！”

岳紫琪开心地抱住了保罗的胳膊，挨在了保罗的肩膀上。众人看着两人，乐呵呵地笑了起来。

“怎么待遇不一样呀！”高云琅说道。

“拍拍，茉莉从你一无所有的时候就跟了你！不拿大钻戒出来，可说不过去呀！”

“下次补上，下次补上，别说我了，还有没有人表白呢？”

众人看向马伯如和孙梅梅，马伯如和孙梅梅对视着，马伯如支支吾吾地说：“梅梅，我……”

“哎，你，你什么你，哎，谁打我电话，喂喂。”孙梅梅羞得装作打电话，跑到了一边去。

“想啥呢伯如，追啊。”李铭泉拍了一下马伯如的肩膀。

马伯如愣愣地追了上去，高云琅看着马伯如的背影摇了摇头：“他们怎么回事啊，真扫兴。”

“这也太不爷们了。”

“哎，这里还有一对。”高云琅把手机镜头对向了罗妮娜和张元生。

“妮娜……”张元生有些不知所措。

“哎，我跟你可没那事啊，我说泉子哥，你到底还表不表白了，你不表我表了。”罗妮娜说着就要往李铭泉身上凑，被高云琅和茉莉拦了下来。

此时，所有人都平气凝神盯着李铭泉和高云溪，喧闹的气氛突然安静了下来。李铭泉和高云溪对视了一眼，突然，李铭泉拉起高云溪的手跑向了花丛深处。斜阳打碎了两人的身影与锦簇的花团交织在一起，在这一刻，所有人心里都有了各自的答案，他们牵着身边恋人的手，望着高云溪和李铭泉渐远的影子，以及晕染成水墨画的天边。

第二十七章

马伯如坐在办公室内，盯着大屏幕上显示的上个季度的铁锅、黑陶和农产品的销量，以及货运、物流、仓储中心每天的货运量、物流量、仓储量等数据，屏幕上的数字增长正在实时更新。

等到所有人落座后，马伯如向众人汇报着：“这是上个季度我们小马迅达的销售额，数字在持续增长。尤其铁锅、黑陶、花茶的销量在持续飙升，其他大中产品、农产品销售额也稳步增长，形势一片大好。泉上人家民宿火起来之后，也带动了生态农业、观光农业，现在游客数量已经从最初的一个月五千人次增长到五万人次。当然这也得力高云琅和茉莉在线直播的功劳，将整个三泉村好吃的、好玩的、好看的都通过网络传达给了网民，让他们愿意为此消费。”

“这也都是马总的营销策略和宣传推广策略到位。”

孙梅梅看了于蓓蓓一眼，又看看马伯如，马伯如有些不知所措。

“额，这都……都有赖于各位的共同努力。还有……还有云溪的……三泉村的政策支持。下面，欢迎高书记讲两句吧。”

看着马伯如窘迫的样子，李铭泉和高云琅忍不住一直笑。孙梅梅瞪了李铭泉和高云琅一样，两人才赶紧收住笑，但还是忍不住偷笑。高云溪看了看两人，两人赶紧正襟危坐，一副不苟言笑的样子。

“刚才马总的意思是，再有两个月就到双十一了，为了迎接双十一，需要加紧备战，订单还会持续增长，需要制订详细的战略，满足消费者的需求，这次实行‘饥饿营销’的策略。”

高云溪对孙梅梅点了点头，孙梅梅站了起来：“饥饿就是让客户有饥饿感，人们喜欢上什么东西又犹豫的时候往往会觉得买了费钱不买又怕一旦被别人买走，自己就没得买了。这种失去感和心理落差感会让人不爽。这些人就是潜在消费人群，饥饿营销意在把这些潜在消费者也吸引过来。要吸引他们首先要限制供货量，造成供不应求的假象，同时提高产品质量，提高价格，维护产品形象，再辅以各种优惠活动，增加产品销量和利润率。”

“那这意思是我们黑陶可以降低产量，那敢情好，慢工出细活。”疯子张说道。

马伯如一下急了：“张老师，可不是这个意思，我们的优惠活动和广告一打出去，那订单数量肯定会暴涨，黑陶已经收到了国外订单，您这边辛苦，还要加紧出黑陶。”

“我也以为要降低产量，还想着让二泉给大家放个假休息几天。”铁匠爷说道。

高云溪看着铁匠爷和疯子张：“铁匠爷、舅舅，咱们的产品吸引更多潜在客户的话，加上老顾客，必然是会推动咱们村的产品需求量增长，所以要动员大家备战双十一。”

“那不就是把黑陶随便往外卖吗？你们一个个眼里只有钱，要是增加产量，你们能保证做出来的是好黑陶吗？吸引客户，增加产量？我看你们是张口就来！不行，我不同意。”疯子张摆了摆手。

“张老师，这产量增加是好事啊，黑陶现在销往世界各地，铁锅也成了网红锅，以后小马迅达越做越大，可以扩大电商平台，吸引更多外地青年和返乡青年……”马伯如解释道。

“我看你们一个个是掉钱眼里了，为了钱都疯了，要做你们自己做，别跟我说，我不做，也不让我的匠人们做。扩大平台，说白了都是为了钱，一点没把艺术放在眼里，去做你们的春秋大梦去吧。”疯子张生气地站起身来，把椅子往身后一踢，起身就走。

铁匠爷也站起了身，跟着走出去，走到门口时，又回头看了看高二泉：“你愣着干啥呢？还不走？”

高二泉赶紧站起身，跟着铁匠爷往门外走去。李铭泉赶紧上前去拦疯子张，高云溪也扶住了铁匠爷的手臂。疯子张甩开了李铭泉，气哼哼地走了。铁匠爷也拿开了高云溪的手，高二泉赶紧扶着铁匠爷走了。

“铁匠爷……”

铁匠爷又转回头看了高云溪：“云溪啊，你们年轻人的事我不懂，不过这一口锅，三万六千锤，一锤都不能少。”

高云溪等人在办公室内相互看着，谁都不说话。高云琅忍不住了，看看高云溪、李铭泉和马伯如说道："你们倒是说话呀，姐，姐夫，马总？"

"你瞎叫什么？"

"这不是早晚的事吗？就时间的问题。"

"这话我爱听。"

高云溪瞪了偷笑的李铭泉一眼："你也跟着瞎胡闹，现在正事没解决呢。"

"事儿得一件一件解决啊，大家一块想想办法吧。不过，就我舅舅那驴脾气，真的是八头牛都拉不回来。"

"现在的情况就算拉不回来也要硬拉。"

"我们都了解张叔的性格，要是能拉回来他不至于就这么走了。"

于蓓蓓看看孙梅梅，皱了皱眉。高云溪看着一直一言不发的马伯如："伯如……"

"这样，拍拍和茉莉的直播还是照做，活动的优惠折扣按照商量好的方案执行。为了到时候能按时发货，我会想一个Plan B。"

"Plan B？"

马伯如点了点头，高云琅和茉莉对视了一眼，不理解其中含义。

"马总，这么说，你已经胸有成竹啦？"

马伯如不置可否。

几日后的晚上，三泉村小马迅达公司数据大厅内，马伯如胸有成竹地看着大屏幕上在不断跳动、增长的数字。于蓓蓓和孙梅梅分别坐在两边，马伯如脸上露出高兴的笑容，兴奋地拍着桌子。

"今天双十一折扣消息刚放出去，订单就增加了20%。"

"恭喜马总，这次营销试水成功。"

于蓓蓓想和马伯如击掌，然而马伯如直接略过了于蓓蓓，抱起孙梅梅原地转了两圈："梅梅，我们的计划成功了，这么下去，到双十一那天，我们的订单增加200%不是问题。"

孙梅梅被马伯如这一突如其来的举动吓了一跳，拍打着马伯如的肩膀，挣扎着要下来。于蓓蓓在一旁看着马伯如欣喜若狂的样子，默默地拿起包退出了办公室。

第二天一早，黑陶作坊内的黑陶炉正在烧制一批新陶，疯子张带着黑陶工匠们在拜窑。疯子张双手合十，双眼微闭，口中念念有词，对着烧陶炉鞠躬，其他工匠也跟着鞠躬。他们身后站着十几个物流搬运工人，于蓓蓓也在一旁。

“于总，这要拜到什么时候啊？咱们等着出货呢。”工人问道。

“不急，再等等。”

“于总，这黑陶都被封存在仓库里，十二点前要是不能赶到物流中心，那就只能明天出货了，就赶不上给客户承诺的今天的发货时间。”

“老爷子要是不给，我们也没法硬抢啊。”

工人说着就要往仓库走，被站在后面的匠人给拦着了：“你干吗？”

“兄弟，老师这拜窑什么时候能结束啊？我们赶着出货。”

“该结束的时候就结束了，你急什么？”

这时，疯子张的咳嗽声传来，他睁开了眼睛，但身体仍旧保持着原来的姿势，一动未动：“吵什么？我拜窑的时候不喜欢听到任何声音。”

于蓓蓓见状赶紧阻止了工人。疯子张此时转身看向于蓓蓓，于蓓蓓赶紧朝着疯子张赔着笑脸。

“张大师，我们在等您这边的黑陶出货。”

“你回去告诉那个姓马的，他那么多单，我出不来。”

“张大师，可能那天马总没跟您说清楚，这边有一大部分订单订的都是实用器，也就是碗和盘子，这应该不费事吧？”

疯子张听了更急眼了：“碗？盘子？实用器？”

“对啊，就是吃饭的碗……”

疯子张提高了音量说道：“我这手艺做的是艺术，不是那些随处可见的玩意。我当是什么情况，你回去告诉那个姓马的，用黑陶做锅碗瓢盆，想都别想！”

于蓓蓓被疯子张的高声吓了一跳，不再多说什么，和工人们耐心地候在一旁。

下午，马伯如和李铭泉、高云琅来到了黑陶馆门口，李铭泉正要进门，马伯如伸手挡住了李铭泉：“要是你舅舅还是不肯出货怎么办？”

“是啊，你舅舅软硬不吃，油盐不进。”高云溪应和道。

“这话我来说。”

“我看悬，你舅舅那疯脾气，搞不好会打人。”

李铭泉一笑，和马伯如进了门。一个匠人看着李铭泉二人正凑近疯子张，跟疯子张耳语道：“师父，他们又来取货了。”

疯子张一边拉胚一边发着牢骚：“取什么货？我这儿又不是自来水管，龙头一拧说来就来。”

看见两个人进来，疯子张起身就要进门。李铭泉上前拦住了疯子张，一脸笑意：“舅舅，咱们商量商量？”

“东风不与周郎便，铜雀春深锁二乔。”疯子张说着拿着锁，咔嚓一声把仓库的门锁了。

“舅舅，咱能不能不闹，先完成双十一的订单，以后的事咱慢慢商量好不好？”

“是啊，张大师，网上订单已经发出去了，您要不出货，人家会投诉我们的。”

“搞臭了大米，还想搞我的黑陶，门儿都没有。”疯子张说完，拎着钥匙出了门。

马伯如上前要拦着疯子张，继续劝说。李铭泉跟马伯如使个眼色，故意说道：“行了马总，咱不求人，三泉村烧黑陶的，多了去了，少了张屠夫，不吃带毛猪。”

“爱找谁找谁去，别来找我。”

天色近黄昏，三泉村铁匠铺内，高云溪在做着铁匠爷的思想工作：“铁匠爷您看啊，手工铁锅工艺几百年的历史了，是非物质文化遗产，品牌必须保护，技艺必须传承。可是，您看啊，现在手工铁锅的价格一路飙升，这就忽视普通消费人群。您看啊，咱们百脉区是铁艺之乡，三泉村是这个行业的领头羊，想当年您背着铁锤闯关东，硬是带着大家打出了一条能吃饱饭的温饱路。我是这么想的，我们可以把全区的铁艺工匠集合起来，成立铁艺合作社，由您挂帅，形成铁锅品牌，铁锅产业。咱们的网红铁锅啊，也能进入寻常百姓家。这样既可以结束产业一盘散沙的局面，也可以扭转以次充优的局面。”

铁匠爷的脸色逐渐舒展开来：“你让我想想。”

“那好，铁匠爷，您想想。您可是老党员了，铁艺行业振兴，就靠您这个领头羊了。”

高云溪出门不一会儿，疯子便拎着酒菜走了进来，高二泉招呼了一声：“嚯，张大师，交货。”

“交，我交他个头，一帮败家的玩意。”

铁匠爷把两个菜放在了桌子上，疯子张坐下来，两个人开始喝酒。

酒过三巡，疯子张一脸鄙夷地看着铁匠爷：“怎么，你这么快就妥协了？”

“云溪是村里的党支部书记，我觉得这事问题不大。”

“好了伤疤忘了疼了吧，贡米出事，弄得咱村倾家荡产。”

“这事儿啊不一样，贡米那事不因为化工厂嘛。老张啊，咱们得相信云溪和泉子他们。”

疯子张突然一拍大腿，兀自说道：“坏了。”紧接着一路跑了出去。

此时的李铭泉和高云琅带着工人来到了黑陶作坊的院子里。李铭泉三两下弄开了仓库的门，高云琅站在门外犹豫着：“泉子哥，咱们这样做不好吧。”

“有什么不好，搬，进去搬，这事你熟练。”

工人陆续地进到了仓库里，把黑陶一点一点地搬到了院子里，不到半个小时，院子里便堆满了陶器。

高云琅抱着一个陶器忧心忡忡地看着李铭泉：“泉子哥，要是被你舅舅发现了，不会出啥事吧？”

“过去黑陶销售的事都是我经手的，有啥事，没事。”

就在这时，咔嗒一声，灯突然亮了。

“都给我放下。”疯子张气喘吁吁地跑了过来，质问着李铭泉等人：“干吗呢，你们这是干吗呢？”

李铭泉赔着笑：“舅舅，我是来跟您商量关于双十一订单的解决办法。”

“这就是你们的解决办法？你们的方法是偷，是抢！”

“你说什么就什么吧，今天这批货我必须得拿走。”

“你拿一个试试？”

“拿走。”李铭泉对着工人说道。

“我让你拿。”疯子张抢过高云琅手里的一个黑陶直接摔在了地上，“黑陶是艺术，你懂吗，艺术是不能用金钱来衡量的。”

“艺术也是用来传播的，锁在仓库里，也不会给你生儿子。”

“你……我就是把这些东西都砸光，也不会让你们拿出去糟蹋的。”

疯子张举起一个大件陶器，眼看着就要往地上砸去。高云溪和马伯如急匆匆赶到后，看到碎了一地的陶器，马伯如和高云琅箭步冲上前抱住了疯子张。

“今天我就让你们见识见识什么是疯子张，你们不是要订单吗？我就是让你们卖不成，一群掉到钱眼里的疯子，我呸。”

马伯如和高云琅小心翼翼地取下了疯子张手里的大件陶器。李铭泉想要说些什么，高云溪给李铭泉使了个眼色：“泉子，你先别说了，舅舅你也消消气。”

“滚，都给我滚。”疯子张气呼呼地进了门，咣当一声把大门给关上了。

高云溪敲了敲疯子张的门，里面传出疯子张的怒气声：“不是让你们滚吗？”

“舅舅，是我，云溪，我想跟您谈一谈。”

“谈什么谈？”

“舅舅，我理解您的用意，是担心我们把黑陶艺术给毁了，这点请您放心。我们把黑陶放到了电商平台，钱不是最终的目的，我们就是想让更多的人了解黑陶文化和它的价值。”高云溪平心静气地说道。

“骗鬼去吧，你们就是为了钱，就是想着钱。”

“我十分敬重您对黑陶艺术的执着和痴狂，所以，有很多想法一直想和您沟通，您开门，我想和您好好谈谈。”

“张大师，您的这些黑陶，即将搭上中欧列车，销往欧洲的十几个国家。这也是黑陶走出三泉村的最佳机会。”

“姓马的，你少给我说这些，我还是那句话，你那个皮包公司，我看不上。”

此时，铁匠爷从外面走了进来，敲了敲门：“疯子张，开门。”

半刻后，疯子张这才打开了门。高云溪和铁匠爷走了进去，李铭泉和马伯如也紧跟着进去了。

“疯子张，你说你酒没喝多，疯什么疯？”铁匠爷看了看坐在椅子上怄气的疯子张。

“他们这就是糟蹋艺术。”疯子张别过头去。

“舅舅，艺术品如果不能成为日常的使用品，它的传播路径会越来越窄，我们的黑陶文化会被替代，然后逐渐遗失，没人再记得这个传统文化艺术是吗？”

马伯如随之说道：“是啊，张大师，我们在网上调查过，通过后台数据分析，发现大部分的家庭买黑陶是为了实用性，他们更追求经济实惠，作为艺术品的手工黑陶价格更高，他们通常会选择普通的器皿替代。”

“舅舅您的陶艺在业界的名望，不是这个，也是这个。”李铭泉依次竖起了两个大拇指：“可是，更多的人买不起您这些昂贵的作品，今天我明着告诉您，我一直在研究黑陶的实用器的烧制，目的只有一个，让更多的人能接触到黑陶这样的中华文化瑰宝。”

“舅舅，我们已经计划好了，以后咱们采取两条腿走路的方案，分实用器与艺术品，让所有的消费者按照自己的需要各取所需，这个重点是让黑陶走进更多普通的人家，您好好想想，这样能让黑陶为更多人所知，这才是真的把您这个手艺传出去了。”

疯子张沉默了。李铭泉向铁匠爷使了个眼色，铁匠爷故意说道：“疯子张，你看看，这帮孩子就是偏心，我咋就一条腿走路呢。”

疯子张一巴掌打在李铭泉后脑勺上：“你小子不早说，害我砸了一个黑陶，可惜了。”

李铭泉被疯子张气笑了：“您还赖我，您让我说了吗？您听吗？恨不得一锤子砸我脑袋上，您那不是砸的黑陶，就是冲着我砸呢。”

几个人笑了，高云溪和马伯如感觉如释重负。从黑陶作坊离开后，李铭泉牵着高云溪的手，马伯如牵着孙梅梅的手，两对恋人并肩走在三泉村的街道上。路灯将几人的影子来回变幻着，由短及长，由长及短。

第二天一早，李铭泉来到了黑陶作坊，他推着疯子张的后背，将他推出了屋子，来到了院子外。

“舅舅，我给你准备了惊喜。”

疯子张发现院子内的桌子上摆满了一桌好菜和好酒。疯子张连忙走到桌前，低头看着那桌菜。李铭泉端起酒壶，拿过黑陶酒杯，想要倒酒。疯子张拿过了黑陶酒杯，看了一眼，放了下来，又拿起了黑陶碗打量着。

“这就是准备推向市场的黑陶实用器？”

“怎样？舅舅，跟您做的黑陶相比，不相伯仲吧。”

“你这小子。”

“来来来，先坐下来。我们先用一下。先过了您这关，我们再推向市场。”李铭泉将疯子张按在了椅子上，为疯子张倒了一杯酒，“舅舅，之前的事情，真是不好意思，我太急了，这杯酒算是赔礼道歉。”

就在这时，保罗走进来了，李铭泉看了看保罗打趣道：“你这保罗早不来晚不来，偏偏这个时候来，是来蹭酒喝的吧。”

“我带来了好消息。”

“什么好消息？”

“黑陶的国外订单爆满了，订的全部都是实用器，就是这些碗碗碟碟。很快，我们欧洲人就能用上黑陶餐具吃饭了。”

“其实，也不是我执意坚持要做艺术品，实在是怕世人以为黑陶不过是实用器，没有艺术品。”疯子张说道。

“这个不用担心。先让实用品普及了，我们再推广艺术品。有我这个推广小能手在，一定没有问题。”

“那我就放心了。”疯子张拿起了那杯酒，一饮而尽。

双十一前夜，三泉村小马迅达公司数据大厅内，大屏幕上的数字仍在不断变化。所有人都屏住呼吸，盯着大屏幕，时间很快来到了最后一分钟的节点。所有人跟着一起倒数时间，零点，大屏幕的数字定格了，民宿、观光农业、农副产品订单都超过三万件，铁锅、黑陶的数字都超过一万件，营业额显示9000万。

马伯如开心地振臂高呼：“我们的小目标达成！”

众人欢呼着，击掌相庆。马伯如去冰箱里拿出香槟，随着从瓶口喷涌而出的白色酒沫，大家都陷入了疯狂的喜悦中。李铭泉抱着高云溪兴奋地转圈，于蓓蓓也长舒一口气。马伯如给所有的杯子里都倒了香槟，伴随着音乐，大家开始载歌载舞。在这一夜，人们心中的一直挂托着的梦终于得以实现。与这一刻相比，从前所有的委屈、隐忍以及眼泪都变得值得，变得足以被铭记。

第二天，三泉村大圈地产三泉名苑内，张麦圈正坐在办公室里紧张地注视着手机App里的订单数据，助理欣喜地走了进来：“张总，咱们这次双十一的订单您看了吗？比之前上涨了20%。所有用户都交付了定金，等着拿咱们的学区房呢。”

“你看咱们这学区房的配套设施了吗？”

助理没懂张麦圈的意思。

“我刚接到消息，咱们这学区房的配套学校、医院、商业街、交通设施短期内都没法到位，这怎么跟业主交代？”

“啊？这之前不是承诺所有配套设施齐全吗？下单的业主们就是冲着这些来的。”

“这要是业主发现闹起来，咱们大圈地产就成诈骗公司了，我可不想成为第二个罗梦达。你赶紧想办法，看怎么搞定这个事。这事必须先瞒着，不能让业主们知道。知道吗？”

助理慌忙点着头：“是，是，知道。”

第二十八章

下午，张麦圈的办公室外已经聚集了一群人，他们“退房、还钱”的骂声不断地冲击着张麦圈的心理防线，张麦圈看了看一旁的张旭：“你出去帮我挡着，我从窗户走。”

“叔，我现在出去他们不把我活剥了。”

“听我的，他们是冲我来的，你出去他们不会把你怎么样，帮叔挡住他们，叔回来给你发奖金。”张麦圈说着就打开了窗户，二层楼的高度，张麦圈看着心中有些胆怯。

张旭无奈地开门正准备出去，张麦圈喊住了他：“等等，这边走不了，旭子，委屈你了。”

村民拥堵在办公室门口叫嚷，这时，办公室的门被打开了，张麦圈躲在门口压着嗓子叫道：“你们看，大老板还有心思喝茶，必须给我们一个说法！”

张旭身穿张麦圈的西服坐在转椅上，背对着村民。村民鱼贯而入，张麦圈差点被蜂拥而入的村民们给挤扁，趁着混乱张麦圈挤了出去。

张麦圈狼狈地在街道上走着，一步三回头，咬牙切齿地自语道：“高拍拍，别让老子抓到你。”

张麦圈话音刚落，就见高云琅和茉莉从前面走来。高云琅正举着手机，进行直播。茉莉“呀”地叫了一声，高云琅被吓了一跳，刚要发作，就听见了张麦圈的声音。

“高拍拍，你给我站住。”

“拍拍，真是冤家路窄……”茉莉一回头，高云琅已经跑出去好远了。

茉莉转身往高云琅身边跑去，三人追逐着，很快，张麦圈便被债主给认出来了，一行人在街道上飞奔着。

张麦圈看着在身后追着自己的债主，一个激灵，躲进了自己修建的公共卫生间。张麦圈向外看了看，见众人没向这边来，喘了口气，拿出手机打给了张元生。

“元生啊，你快来救救你爹，这帮人都不要命了，你爹也要没命了。”

“您在哪呢？我和高书记正要去找你。”

“就在售楼处附近那个公共卫生间。”

张麦圈刚挂掉电话，突然卫生间内传来了冲水声。

“哎，对，就旁边这个新修的公共卫生间，找着了，就在这呢。”

债主从隔间内出来后，和张麦圈面对面，张麦圈傻了。

“老张，挺巧啊。”

张麦圈苦笑着：“我就上个卫生间，就走，就走，不耽误您时间了。”

张麦圈说罢就往外走，债主一个箭步上来抓住了张麦圈：“老张，你这厕所盖得挺好，但是今天你还得还钱。”

债主抓着张麦圈从卫生间里走了出来，其他债主纷纷跑了过来。情急之下，张麦圈看到了远处张元生的车，焦急地大喊着。

“这时候了还嘴硬。”

此时张麦圈已被众人围住，高云溪和张元生下了车，两人从人群中分开了一条路来到了张麦圈面前。

“高书记，你可来了，救我。”张麦圈躲在两人身后。

“诸位，今天有事好好说，这样是解决不了问题的。”高云溪看着众人说道。

“她是我们村高书记，说话一言九鼎。”张麦圈不敢露脸。

“高书记，这事和你没关系。”

“这位大哥，张麦圈的地都是我批的，我有这个责任，您有什么事可以跟我说。”

“张麦圈当初拉我们跟他盖楼，圈了我们几百万，说稳赚不赔，今天我才知道，他在网上发布虚假信息，闹得业主们要告他欺诈，那些楼都没人买，他这不是坑人吗？我们不能眼睁睁看着自己的钱打水漂。”

高云溪看了一眼张麦圈，张麦圈辩解道：“我那不是骗人，是建得慢了，等个一年周边跟上来了，自然不愁卖。”

“这位大哥，可否宽限些时间？”

“我们已经宽限几个月了，现在我们也不要什么利息分红了，就让他把本钱还给我们，以后各走一边。”

高云溪又看了一眼张麦圈，张麦圈一脸苦相：“高书记，你别看我啊，我要是能还早还了，这房子卖不出去，我哪来的钱啊。”

“看你这样子，你这房子一辈子卖不出去，那我们怎么办？”

高云溪思索了片刻，说道：“这位大哥，您看可否这样，我以三泉村村委会书记的名义担保，三个月的时间，张麦圈会把你们的钱连本带利还上，我们村委会会干涉此事，协助大圈地产完善周边设施。”

“高书记，三个月……”张麦圈犹豫着。

“如果三个月时间没还咋办？”

“那我们村子出这笔钱。”

听到高云溪做出了这样的承诺，债主们也不好再咄咄逼人，等到债主和围观的群众散去后，高云溪、张麦圈和张元生走在三泉村的街道上，张麦圈看着高云溪说道：“看来高书记是有计划了，我听说新区开了有新公司进来，高书记是不是和我做一个联合？让他们都来我这。”

“麦圈叔，新进公司太少，治标不治本。”

“合着你也没办法，那三个月时间我可卖不出去那么多房子。”

“爸，高书记都给人家保证了。”张元生说道。

“那我就不管了，是她保证的，和我没关系。”

“高书记都说了，到时候还不了村里帮着还，你还要咋？”

“说得轻巧，村里有多少钱我不知道？没钱又要找村里筹，找上面借，到时候所有骂名都落到我头上。高云溪，你就是想看我笑话。”

“麦圈叔，村里会协助你的，我希望你能把你那边的所有情况都告诉我，以便……”

没等高云溪说完，张麦圈便语气强硬地说道：“我明白了，村里出力，将来这大圈地产就不姓张了。”

“您误会了。”

“得，你别说了，古街你给了李铭泉，就别再惦记我这，我还是自己想办法去，不沾村里的。”

“爸，你咋能这么说。”

不待高云溪解释，张麦圈便已扬长而去。

黄昏时分，马伯如和李铭泉正在三泉村乡村酒吧内喝酒，马伯如喝了一口酒说道："还得说你们家高书记厉害，就好像没有她解决不了的事。"

"只可惜现在卖出去的大多是商品，啥时候这工艺品也能有这么好的销量，我就笑了。"

"这可急不来，我做了这么多年电商算是明白了，大众的口味一点规律都没有，今天喜欢这个，明天那个火了，没地方说理去。"

"大众的口味也是可以引导的。"高云溪说着向两人走来。

"那边事处理完了？"李铭泉问道。

"恐怕一时半会完不了，明天去了解清楚了再说。"

"看来事不小，麦圈叔的牛皮总算是吹爆了。"

"云溪，你说的引导是什么意思？"马伯如问道。

"大众的口味看起来多变，实则是和市场引导有关。"

"市场引导？"

"就是市场信息会有一些导向性，来影响大众的选择，就比如近期热播剧中的一个东西火了，转脸各大电商平台上这个东西的销量会马上爆掉。"

李铭泉打趣道："你的意思，想把黑陶铁艺做大，还得拍个电视剧呗。"

"引导的形式多种多样，咱们可以选择一个适合的。"

"你是不是心里已经有打算了？"

"大众之所以都把黑陶和铁艺当作商品，是因为他们对这些的概念仅存在于日用品，谁会觉得一个牙刷是工艺品呢，更别说收藏了，但如果他们看到这些东西陈列在博物馆中，他们会怎么感觉？"

马伯如和李铭泉忽然眼前一亮。

"或者说，让他们亲手做一次，体验一下手工艺的魅力，又会怎样？"

"你是说为陶艺和铁艺修建一个博物馆？"

高云溪点了点头："以及让游客们自己体验制作过程。"

李铭泉激动地抱起了高云溪："是体验馆，云溪，你这个点子太好了。"

高云溪笑着拍了拍李铭泉的肩膀："这个还得去跟两位前辈打声招呼，看看他们的意见。"

从酒吧离开后，李铭泉便前往三泉村铁锅作坊。疯子张听了李铭泉讲述完构想，爽快地说道："同意，当然同意，一百个同意。"

“铁匠爷的意思呢？”

铁匠爷点了点头。

“太好了，泉子，还是你们年轻人脑子活，展览加上教学体验，这我又能多不少学生了。”

“这是云溪告诉我的，她是想着咱村的传统得保存下来。”

“高书记好啊，为咱着想呢。”

李铭泉凑近了铁匠爷，问道：“铁匠爷，你咋不作声呢？不高兴？您要有啥意见就说，云溪说了，充分尊重你们二老的意见。”

“他能有啥不乐意，能给咱一辈子的手艺立个台面，高兴还来不及。泉子，那藏品的问题你不用管了，我那作坊里的我都给摆上去，记得我那个双凤瓶要放最显眼的地方，你说是不，老李。”

“不错，恭喜你疯子张这手艺也能摆上去了。”

“你那铁葫芦铁扇都齐活上啊，哎，就是可惜了铁牡丹不在，你那主位上摆个啥呢。”

铁匠爷起身便往里走：“我摆你个头。”

第二天一早，三泉村大圈地产三泉名苑售楼处大厅，又聚集着许多来闹事的业主，张旭头上缠着纱布拼命挡着业主。张旭指着自己脑袋对众人说道：“你们别过来，昨天这我都没报警，今天我们老板不在，你们也别闹了。”

“他不来，我们就在这等着，你们一套房子也别想卖，别想继续坑人。”

“我的妈呀，叔，你在哪啊，可把侄儿给坑惨咯。”

这时，高云溪从外面进来，业主们纷纷迎上前来。

“高书记来了，书记，你可得给我们做主啊。”

“大娘，您别着急，我今天来就是了解情况的，村里会帮助大家的。”

高云溪径直走到张旭面前，张旭装出一副可怜兮兮的样子：“书记啊，你也得给我做主啊，我是无辜的。”

高云溪看了眼张旭头上的纱布：“卖啥可怜呢，还不拆了。”

张旭不好意思地扯下了头上的纱布。

“张旭，你跟我说实话，三泉名苑到底怎么回事？”

张旭支支吾吾着，一个业主推了一下张旭，上前跟高云溪说道：“高书记，他们发布虚假信息，说小区里有花园，周边有什么商业街、健身房，其实一个都没有，小区里都是些土山包，连草都懒得种，张麦圈的房子根本没法住，坑了我们的养老钱啊。”

“张旭？”

高云溪看着张旭，然而张旭却低头不语。

“我们来买房的时候这热火朝天，其实都是他们找的托，根本没那么多人买，整个小区就我们这几户买了，让我们怎么敢住，晚上小区路都是黑的。”另一个业主说道。

“张旭，到底怎么回事？”

“我也不是很清楚，我叔当时说咱村子发展快，等房子盖好了周围该有的也都有了，可能是房子盖得太快了，这周围的都没跟上，就没多少人来这看房。”

“合着你是说村子发展慢呗，高书记来了，咱们村已经够快了。”

“这是麦圈叔对市场判断不足，可为什么小区内的建设都没跟上？”高云溪问道。

“本来钱就不够，是想着前期能卖出去一部分，用那些钱来做绿化，可谁曾想前面就没卖出去多少。”

高云溪左右思忖了片刻后，对众业主们承诺道：“乡亲们，我很理解大家的心情，可在这围着也不是个办法，今天大家先回去吧，这件事村委会会管到底，给大家一个满意的答复。”

中午，妈妈印象餐厅内坐满了食客，十分热闹。高云溪和李铭泉两人面对面坐在一起，面对着满桌丰盛的菜肴，高云溪却低着头愁眉不展。

“好不容易一起吃顿饭，你就先别想工作上的事情了。”

“也不是工作上的事情，只是真是没想到，前几天麦圈叔还跟你争古街的标呢，这边就垮了。”

“这和大环境也有关，全国的三线以下城市房价都已经到了瓶颈，更别说咱们这是村子，大家还是在观望。”

“泉子哥，这件事有可能需要你帮忙。”

“你有办法了？”

“还在计划中，只是不管怎样，总要有些资金来周转，麦圈叔那边是一分钱都拿不出来了。”

“我这边没问题，大圈地产可能需要的资金巨大，泉上人家很难匹配上。”

高云溪皱起了眉头："不想了，你那边怎么样？铁匠爷和疯子张应该是支持的吧？"

"支持是支持，疯子张恨不得跳起来了，就是铁匠爷看着不是那么开心。"

"铁匠爷还是念旧呀。"

"你知道为什么？"

"怎么说你好，有时候聪明，有时候又呆得要命，铁匠爷是想，这博物馆要是建成了，他没宝贝做镇馆之宝。"

"你是说铁牡丹？"

高云溪笑着点了点头。

"这可难办了，铁牡丹的买主到现在都不知道是谁。"

"刚叫我不要发愁，现在怎么轮到你发愁了？"高云溪为李铭泉夹了一块肉，放到了李铭泉的碟子上："难得来这么别致的地方用餐，我们就要开开心心地吃一顿。"

次日，三泉村大圈地产三泉名苑售楼处大厅内，业主们围坐了一圈，纷纷瞪着张麦圈。张麦圈坐在高云溪身后，因为有了挡箭牌，所以他一派轻松的样子。

"麦圈叔，你说吧，各位都是讲道理的，不会对你怎么样。"高云溪看了看张麦圈。

张麦圈整理了一下仪容，站起身来："那我就说两句……"

"别说没用的，啥时候还钱。"其他业主纷纷跟着起哄。

"诸位，安静。"

"这都成何体统，高书记，你看看，他们这个样子让我怎么做生意，我前天还卖得好好的，让他们这么一闹，没人敢来买了，没人买我哪来的钱还。"

"得了吧，张麦圈，前几天这热闹都是你自己找的托，别以为我们不知道。"

"少在这胡扯，谁说我找托了？你让他来跟我对峙。"

"我就是，这是你们这给我开的条子，拿这个条子每天领一百块钱，就是来陪你们演戏。"

张麦圈顿时语塞。

"麦圈叔，这是真的吗？"

"你别在这血口喷人，你一边说你是业主，一边说是我的托，谁信？"张麦圈继续狡辩着。

“是你们公司自己搞糊涂了，张旭亲自找托找到我头上来的，我就是要让大家都知道你们这里面是怎么回事，还大家一个公道。”

张麦圈刚要发作，高云溪看着张麦圈说道：“麦圈叔，这些事情我可以当作过去了，现在只要你表态接下来怎么办就行，给大家一个交代。”

“高云溪，你好狠毒，你就是拉我来看我笑话的。”

“麦圈叔，现在不是争强的时候，这样只会激化矛盾。”

张麦圈羞恼地满脸通红：“好，我承诺，半年内完善周边设施，完不成我随你们处置。”

“各位，既然张主任表态了，那我也说一句，村里会尽全力协助张主任建设三泉名苑周围的设施，大家不妨再等等看，这块地未来一定是咱们村最繁华的地方，当然，如果大家不愿意等，现在也可以退款。”

“咋退？我没钱。”

“这笔钱先由村里出。”

众人沉默了，在座的业主们面面相觑，也不再争吵着要张麦圈还钱了，一旁的张麦圈则低垂着头，若有所思。

几日后，在三泉村村委会会议室，高云溪召集村委开会，张麦圈缺席，高云溪看着众人说道：“三泉村的科技产业园已经被列为省重点，这说明我们的新区初见成效，这些日子越来越多的外来人口、公司入驻，这对于三泉村来说又是一次向前发展的机会，各个部门一定要配合好，旧人接好新人。”

“团委的同志主要负责外出人口回家，老家住房不够的，可以先统一安排住进泉上人家，这一块由孙梅梅带头负责。”

“外来的公司和集体可以到我这里来登记，我会转到区派出所进行办理。”张元生说道。

“每一个村委会委员都要动起来，这段时间不要懈怠了。”

保罗坐在末尾，举起了手：“嘿，高书记，你还没给我分配任务。”

“保罗，你不需要做什么。”

“高书记，你说过咱们是一家人，可为什么他们都可以为三泉村做事，而我就没事做？我强烈要求外国人入驻的事交给我。”

高云溪笑了笑：“没问题，如果有国际友人来，就交给你。”

“保罗，你也太看得起咱这里了，说到底是个村子，哪来的国际友人。”

“不不不，你们或许不知道，我有几个朋友，对三泉村非常感兴趣，他们说这个村子和他们之前所认识的中国村庄不一样，他们很愿意来这里度假和创作。”

“回头看看，咱们这个村子确实和大多数中国农村不一样。”李铭泉说道。

“你错了，咱们只是第一批建成的中国新农村，以后会有越来越多的村子发展起来的。”

三泉村村委会会议室内，高云溪的背后挂着一张巨大的三泉名苑的小区地图，地图上做了很多标记和规划，高云溪指着地图讲解着：“现在看来这一片区域的建成需要三到五年的时间，但三泉名苑的问题我们不能忽视，这里的地理位置决定了以后会成为繁华地带。”

“银行的相关材料已经准备好了。”银行经理说道。

“如果高书记决定了，现在就可以去找张麦圈。”

突然这时，张麦圈推门而入，指着高云溪怒骂道：“高云溪，你这个骗子。”

在场的所有人都愣住了，高云溪朝张麦圈招了招手：“麦圈叔，你来得正好。您看看这份合同有没有问题。”

张麦圈将合同直接扔了出去，将众人吓了一跳。

“麦圈叔，您这是干什么？”

“好哇，高云溪，口口声声说帮我，却在这里背着我卖我的房子。”

“高书记，看来你们还没有协调好，那我们的这笔贷款是不能拨的了。”银行经理说道。

高云溪歉意地说道：“这是我的失误，我确实还没有和张总说，我以为他一定会答应。”

“啥意思？刚才你说啥？拨贷款？”张麦圈一脸疑惑。

“张总，高书记已经为你的大圈地产又申请到一笔贷款，由于大圈地产已经没有资本可以贷，她使用了泉上人家做的抵押。”

张麦圈听后怔住了，一时间不知作何言语。

“麦圈叔，我是想着拉一个两个解决不了问题，同时间的大量涌入会带动其他个人消费，所以前一段也没往您这边介绍，再加上这一段忙活新区的事，没来得及和您商量，实在是不好意思。”

“张总，我这里还有份合同，我们公司决定租下三泉名苑所有的商业用房，不知道您是否同意？”一位公司的领导看着张麦圈说道。

高云溪补充道：“还有一些集体和个人来入驻的，我已经和他们谈好了，他们不久应该就会来找你。”

“叔，叔，你还等啥呢。”

张元生碰了碰张麦圈的手，张麦圈才终于反应过来，慌忙接过合同看也没看就签了。

“张总也是个爽快人，头款今天就能到账。”

“看来张总是答应了，那么咱们就先散会，需要找张总签合同的留下来。”

银行和法院的人陆续离开了，几位公司的领导纷纷递来了合同书，张麦圈感到有些头晕。几份合同签下来，张麦圈才发现这一切都是真的。

张旭捏着一份合同看了又看：“叔，这是真的，咱这是熬过来了。”

“是真的，真的，高书记没有骗咱，没骗咱啊。”

叔侄二人痛哭着抱在一起庆祝，这时才发现会议室已经只剩下他们两人。

大圈地产三泉名苑售楼处又变得热闹起来，轮盘摇号又转了起来。而三泉村古街黑陶体验馆门口，工人们正在施工，修建新的院墙。高云溪靠在李铭泉的身上，看着三泉村街道上忙碌的村民们：“好事一件接一件，好像村子里的一切都开始走上正轨了。”

李铭泉抱紧了高云溪：“我们以后的生活会更美好的。”

“这一切，应该让福爸看到。”

下午，高云溪和李铭泉来到了东南市第一监狱探视处，李永福泪眼婆娑地面对着高云溪和李铭泉，听着高云溪讲述着村子的近况。

“好好好好，好哇。”李永福已然泣不成声。

“爸，村里的事您不用担心了，您看到了，云溪做得很好，现在村里人都服她。”

“您在里面保重身体，最近天凉了，给您拿了点厚褥子，我们都等您出来。”

李永福含着泪点了点头：“云溪啊，福爸感谢你，是你帮福爸还了债。”

“福爸，您别这么说，没有您前面打的基础，村子无论如何也到不了今天这一步的。”

“啥都不说了，高兴，爸高兴。”

“福爸，今天还有个人也来看您了，麦圈叔，来吧。”

李永福有些诧异，张麦圈走进了探视处，坐了下来：“李主任，在里面受苦了。”

“老张，我倒是真没想到你能来。”

“早该来的，是我小气了，老哥哥，三泉村有今天多亏了你啊，你给三泉村培养出来了一个好书记。”

“是云溪自己的造化。”

“跟你斗了这么多年，到最后我才明白，还是老哥哥你的觉悟高，你一辈子都为了村子，而我只是天天想着自己那点面子。”

“没那回事，三泉村有今天，一定有你张麦圈的一份功劳。”

两位老人相视而笑，突然，李永福剧烈地咳嗽起来，高云溪担忧地问道：“爸，您身体不舒服了？”

“小事，小事，没什么事你们就回去吧。”

“爸，这次还有个事，这边和我说您现在符合减刑条件了，但您好像没有申请。”

李永福摆了摆手：“这事我知道，你别管了，回去吧。”

“福爸……爸……”

“刑期也快到了，别费那事了，回吧回吧。”

李永福说完后，自己站起身来向里走去。李铭泉等人无奈地看着李永福瘦削了不少的背影，他们深谙李永福的脾气，凡是决定的事，就绝不会轻易更改。李永福走出探视室后，背靠着墙，用手捂着嘴剧烈地咳嗽着，稍稍缓和后，李永福直起了腰，他看见自己的手上沾染了一大片鲜红的血迹。

第二十九章

黑陶体验馆的开馆暨剪彩仪式正在黑陶体验馆门口搭建的舞台上如火如荼地举行，写着红底白字的“非物质文化遗产龙山黑陶体验馆开馆暨剪彩仪式”横幅格外醒目。高云溪、马伯如和孙梅梅等人坐在观众席第一排，一个白发老者来到了黑陶馆开馆仪式的现场。

齐东方正在台上致辞：“龙山黑陶是龙山文化的活化石，既体现了古人的智慧，也彰显了伟大民族的内涵。建立龙山黑陶体验馆既是致敬我们的祖先，也是响应党中央文化兴邦的伟大号召，把我们的优秀文化传承下去，传播出去。祝愿我们的黑陶文化越来越兴盛，也预祝我们的黑陶产品能走出国门，走向全世界……”

疯子张坐在一旁喜笑颜开，保罗和李铭泉则老老实实地站在后面。

同日，铁艺体验馆的开馆仪式也正在举行，舞台的正上方挂着印有红底白字“非物质文化遗产手工铁艺体验馆开馆暨剪彩仪式”的横幅。白发老者从不远处的黑陶馆来到了铁艺馆开馆仪式现场。

黑陶体验馆的舞台中央摆着一张圆圈椅，李铭泉、保罗等十几个身着传统服饰的徒弟依次排列在椅子两旁。主持人罗妮娜说道：“下面激动人心的时刻到了。让我们以热烈的掌声有请龙山黑陶的十二代掌门人，也是我们的非物质文化遗产传承人张老先生。”

伴随着掌声，疯子张身着中华立领来到了舞台中央落座。

“师父请落座。来，徒儿们各就各位。”

李铭泉和保罗等人依次站好，准备向疯子张行跪拜礼。罗妮娜使坏捣鼓保罗：“来来来，我们现在来采访一下这个洋徒弟。保罗，作为一个外人，你为什么要学黑陶？”

“我喜欢黑陶，我喜欢中国的文化。我想把黑陶技艺带回欧洲去。”

“那你待会得磕响头，你不磕响头这个技术不会教你。你可是要学师父的看家本领，不拿出诚意，肯定不会教你嘛！大家说是不是？”

“是。”众人响应道。

“听到没？广大群众的声音。”

“好嘛！我就入乡随俗嘛！你们说了算。”

“好，我来当监督员。各位先生女士，各位黑陶爱好者，大家好！拜师礼现在开始，徒儿们，向师父一叩首。”

众人跪下行礼，罗妮娜故意把话筒放在保罗跟前，保罗磕头的声音通过音响传递了出去。

“再叩首。三叩首。礼成了。师父，你来说说，保罗的头磕得响不响，要是磕得不响，我们让他重新磕。”

“响了响了。”疯子张笑道。

“看见没有，这就是师父，刚收的徒弟胳膊肘就往内拐了。好。下面请我们的师父把传承人牌匾和代表黑陶技艺的古黑陶传承给我们的第十三代掌门人，也就是我们的大师兄李铭泉先生。”

热烈的鼓掌声中，疯子张把传承人牌匾和一块古黑陶片交给了李铭泉：“希望你不要辜负一门4000多年的古老技法，也希望你能明白，一门技法传承了4000多年都没有断，就更不能在你的手里失去了传承。”

“请师父放心，我必将以毕生精力去传承和发扬黑陶技艺。”

此时三泉村铁艺体验馆的舞台上，传承仪式也正在举行，主持人说道：“现在有请手工铁艺技法第七代传承人，将代表技艺传承的祖传铁锤和非物质文化遗产传承人牌匾传给第八代铁艺传承人高二泉先生。”

高二泉身着传统服饰，向身着中华立领的铁匠爷行跪拜礼。

“一日为师终身为父，我们传承的不仅是技艺，还有我们中华礼仪，这一跪，不仅是对老一辈铁艺匠人的心怀感激之情，也是铁艺技艺和匠人精神在新时代的一个崭新的开始……”

铁匠爷将非物质文化遗产传承人牌匾和祖传铁锤交给了高二泉。

“下面以热烈的掌声有请百脉区郑南国副区长和铁匠爷一起给铁艺体验馆揭牌。”

郑南国和铁匠爷一齐给“非物质文化遗产手工铁艺体验馆”揭牌后，铁艺体验馆的大门徐徐打开了。游客们有序地进入到体验馆内，那位白发老者也戴着墨镜随同游客们一起进入了体验馆参观。

白发老者给每一件展品拍照，但在展厅最中央的展位上放的却是一张铁牡丹的照片，白发老者对着空展位陷入了沉思。

高云溪来到了铁艺馆，铁匠爷正给游客们介绍铁艺，一名游客好奇地问道：“老师傅，我想问一下，这个主展位上为什么没有展品，只有一张照片？”

铁匠爷的痛楚被击中了，瞬间不开心了：“这个问题，你们可以去问高二泉。二泉。”

“师父。”高二泉走了过来。

“你们问他吧。”

铁匠爷悻悻而去，而这一幕正好被高云溪看到。

慕名来吃“妈妈印象”的游客络绎不绝，挤满了整个餐厅。马伯如和孙梅梅在餐厅吃完工作餐后便去接替李铭泉和高云溪。白发老者用手机导航来到了妈妈印象餐厅里，找了个空位坐下来，开始看着菜单。

“老人家，你想吃点什么？”张美菊走了过来，笑着问道。

“你们老板姓李？”

“对啊！怎么了？你找他有事？”

“没事，我就随便问问。我在平台上看了这家餐厅的推介，所以知道你们老板姓李，还是龙山黑陶技艺的传承人。”

张美菊骄傲地说道：“他是我儿子。”

“那你就是那个‘妈妈印象’的掌勺人了？”

“也算是吧。”

“你儿子什么时候回来？”

“今天有点忙，不过一会就要回来吃饭。老人家，你看看想吃点什么，我亲自下厨给你做。”

“好。你们‘妈妈印象’就是三泉村的传统做法对吧？”

“都是传统做法，你要我变着花样做，我还不会做呢。”

“泉水豆腐，炒鸡，稻花鱼，这个这个，还要这个，都给我来一份。还有，给我上一碗正宗的三泉村贡米米饭。不是正宗的三泉村贡米我不吃。”

“好。你一个人吃不了这么多菜。你最多点三个菜就够了。真的老人家，我不骗你。”

“你只管上菜，待会自然有人陪我吃。”

“那行，我这就给你做菜去。”

十几分钟后，张美菊和服务员端着热气腾腾的饭菜放到了老者的桌上：“老人家，你的菜上齐了，这是正宗的三泉村百年贡米。”

张美菊给老者盛了一碗米饭，老者细嚼慢咽地品尝着贡米饭，继而兴奋不已，随口念道：“一株开花满坡香，一家煮饭四邻香，久违的百年贡米又回来了。”

老者说罢泪流满面。隔壁桌的茉莉碰了碰高云琅的胳膊，好奇地问道：“他在干吗？”

“老人家，这菜有这么难吃吗？都难吃得哭了。”

“哎哟，这位老哥，咋还流泪了。”

“喜极而泣，喜极而泣。阔别了几十年的乡味又回来了。”老者激动不已。

“原来是老乡回家，那我再去烧几个菜。”张美菊说着走进了后厨。

“多少年？”高云琅问道。

“70年。”

老者含着眼泪吃着米饭和菜，越吃越香。高云琅突然意识到什么了，拿出手机，翻出照片一比较，惊呼：“是他。”

“哪个？”茉莉问道。

“糟老头子坏得很。”

高云琅远远地看见高云溪和李铭泉向民宿走来，他起身来到了民宿门口拦住高云溪和李铭泉：“姐，泉子哥，那个家伙阴魂不散，找上门来了。”

“哪个家伙？”

“就是那个发帖子说我们贡米有问题，迫使我们贡米下线的那个家伙。”

“你确定是他？”

“你看他的照片，就是他。刚才他吃饭吃着吃着就哭了，我问他哭啥，他说阔别了70年的乡味又回来了，不是他是谁？”高云琅把照片拿给李铭泉和高云溪看，“我们怎么办？这个糟老头子坏得很，来找我们肯定没好事。”

“爱之深责之切，这是一个老华侨对家乡的热爱和眷恋。”

“妈妈式的关爱，打我一顿，还说是为了我好，鬼大爷才相信。”

“没有他的砥砺，也许我们的贡米就真的毁了。”

“我才不相信他有什么好心眼。茉莉，把机器架起来，我们开直播，让网友们都看看这个糟老头子有多坏。”

高云琅和茉莉架好镜头开始视频直播，高云溪和李铭泉没有搭理高云琅径直回到了餐厅，两人走到老者的桌前，亲切地问候道。

“老人家您好！我是三泉村村支书高云溪，欢迎您回家。”

“我是李铭泉。虽然我们未曾谋面，但您对我们的砥砺，我们受益匪浅。”

“李老板客气了，我无非就是个刺头，没少给你们找麻烦。要不是我这个老头子多事，你们的贡米照样还卖得好好的。”

“宝剑锋利也需要磨刀石的砥砺。要不是老人家您的砥砺，百年贡米的品牌就真的砸在了我们的手里。”

“您在村里还有亲人吗？”高云溪问道。

老者回忆着：“我走的时候，我记得只有二哥一家还在村子打铁锅，他有个儿子，现在应该也有八十了，如果他还在应该叫我四叔。”

“您说的这个人没准还真在，老人家，这杯酒我代表三泉村的村民们给您接风洗尘，不管您身处何地，不管你们走了多久，三泉村永远是您的家。”高云溪给老者的杯中倒满了酒。

“谢谢！”

“老人家，感谢砥砺之情。这杯酒我先干为敬。”李铭泉端起酒杯一饮而尽。

老者端着酒杯，但却没喝，他看着高云溪和李铭泉问道：“你们不恨我？”

“恨过，埋怨过也抱怨过，但现在只剩感激之情。有时候我也在想，你到底是想保护贡米，还是想毁掉我们的贡米。后来我才明白，你是爱之深责之切，用这种的方式逼迫我们去改正错误。”

“后生可畏，这杯酒我干了。”

饭后，高云溪和李铭泉陪着老者行走在田间地头，风一吹，金黄色的麦浪翻滚着。老者站在田坎上抚摸着金色的谷穗，感慨道：“我当年离开的时候，也是在这个季节，金色的谷穗，金色的谷浪，无边无际地伸向远方。在异国他乡，什么都可以改变，但你的味蕾永远烙着家乡的味道。想吃一口家乡的米，想疯了。后来我听说泉水被污染，我就以为我再也吃不到家乡的味道了，没想到我不仅吃到久违的乡味，还看到阔别已久的风景。”

“三泉村的今天，首功当属云溪。如果没有她的坚持，这些稻田可能已经变成了厂房，如果没有云溪坚持，村里的泉水也许不会恢复得这么快。”

“小高，谢谢你！虽然我不是三泉村的人了，但我的根永远在这里，我的胃永远在这里。”

“做好本职工作是我的使命。老人家，其实我也是三泉村人，我和你一样，也深深地热爱着这片土地。我容不得任何人来玷污她，破坏她。”

“好，这句话说到了我的心坎里。我们都爱自己的家乡。走，陪我去走走。我要好好看看我的家乡。这里的一山一水，一草一木。”

高云溪和李铭泉陪着老者从田间地头，走到了农业综合体附近，高云溪指着不远处说道：“那边是康养中心，里面吃住娱乐全套配齐，还有专职的医生跟护士。那边是滑雪场，那边是湿地公园，那边就是泉水河。”

“说到泉水河，我又想起了一件趣事。我和铁匠爷小时候，没少溜到里面去洗澡，我父母揍得也不少。”老者说着来到泉水边上，弯下腰捧起一捧泉水喝了起来。

“老人家你小心点。”

“没事，这里的一水一草我看着都亲切，还是以前那样甘甜。”

月色如洗，高云溪和李铭泉陪着老者来到了铁匠爷家，这里，也是老者的祖宅。铁匠爷正心情郁闷地躺在院子的躺椅上听着评书，听见了门外传来李铭泉的声音，从躺椅上起了身。

“来了来了。什么事啊？大晚上的还来找我。”

“你赶紧开门，有惊喜啊！”

铁匠爷打开门后，李铭泉给铁匠爷使了个眼神：“你看这是谁？”

铁匠爷和老者四目相对，铁匠爷思索着：“眼熟。”

高云溪点开手机，找出了照片，铁匠爷一看照片想起来了：“四叔？！”

“你是……大侄子？你咋也老成这样了？”

“你不也老成这样了吗？”

“四叔，你怎么才回来啊！我等了你几十年了，你要是再不回来，我就怕见不到你了。”

“我也想你们啊。我也无数次想回来啊。可有时候又没勇气，怕一回来，什么都物是人非了，然后一个人孤苦伶仃地陷入各种回忆，我不想回忆，回忆太痛苦了。”

“那你现在回来干吗？你还不如不回来，回来几天又要走。”

“回来有事。”

“你走了70年了，你能有什么事？”

“进屋再说吧！”高云溪提醒道。

“对对对，赶紧进屋，赶紧进屋。”铁匠爷拉着老者的手参观着老宅忆旧：“四叔，回家了，这是你的家。70年了，很多地方都残破不堪了，差点就被拆了盖楼房了，是泉子和云溪他们年轻人拦着不让拆，还重新给修缮了，你看看，和当年的样子差不多。”

“来来来，我带你看看。这里是你当年的房间，还是原来的老炕。你坐坐，老炕，上百年的老炕。”铁匠爷扶着老者坐到了炕上。

“我70年没睡过炕了。”

“好好好，今晚我们叔侄两人还像小时候一样一起睡这张炕。你还尿床不？你小时候可爱尿床了。”

高云溪和李铭泉给铁匠爷和老者端茶倒水，两人在一旁看着铁匠爷像个孩子一样，忍俊不禁。

“你们两个该干吗干吗去，这里没你们的事了。走吧走吧。我们自己会弄。”铁匠爷看了看高云溪和李铭泉。

“那我们就先走了，有事给我们打电话。”

“走吧走吧！该干吗干吗去。”

半夜，铁匠爷和老者躺在炕上，铁匠爷翻来覆去地睡不着，老者问道：“你有心事？有心事就说出来吧！”

“四叔，这房子我给你守住了，现在你回来了我就算交差了。但有件事我必须给你坦诚。我们祖上传下来的铁牡丹被我卖了。”

“卖了？”

“卖了，卖了300万。”

“钱呢？”

“给云溪和泉子洗泉去了。”

“也算是做了正经事。”

“我不后悔卖了铁牡丹，可是我心里难受，我心里愧疚。铁牡丹是我们祖辈传下来的传家宝，是我们铁艺匠人的历史根源，是我们的灵魂。张疯子的黑陶馆还有挖出来的古黑陶坐镇，只要他把古黑陶往那里一放，那就是他们黑陶的魂，黑陶的历史根源。我们的铁牡丹不在了，我们的历史，我们的魂没了，根断了。”

第二天一早，铁匠爷起床后，看见老者正坐在电脑前写些什么，铁匠爷说道：“四叔，你这么早就起来了？”

“我写篇帖子。为了保泉水，为了拯救我们的百年贡米，我们付出的代价太大了，是时候让它凤凰涅槃，浴火重生了。”

“那你接着写，我去给你做早饭。”

铁匠爷在厨房做着早饭，一边蒸馒头，一边煮着小米粥，配有一叠花生米，还有一些泡菜。

“四叔，吃早饭了。”铁匠爷喊道。

“等一下，我把帖子发上去就来。”

老者敲下回车键，把刚写的帖子发到了论坛上，起了身，来到了饭桌前，两人一起吃着早饭。

“四叔，你别嫌弃啊，我就这个水平了，你凑合着吃。”

“就这个味道，家乡的味道，日思夜想的味道。待会吃完饭，你再陪我去转转。我在新加坡住了几十年，都感觉陌生，在这里虽然70年没回来了，我都感到亲切。”

早饭过后，铁匠爷陪着老者在村里转悠。高云溪、李铭泉、马伯如和孙梅梅在网站上看到了老者发布的那篇题为《三泉村百年贡米凤凰涅槃终得新生》的帖子后，心怀感激。几人从酒吧出来后，在村路上正好碰上了老者和铁匠爷。

“老人家，谢谢你！”高云溪走上前激动地说道。

“解铃还须系铃人。是我把贡米的品质问题公之于众，也是我亲自把贡米打到低谷，现在贡米的品质得到了保障，我就应该站出来把真相重新告诉消费者。”

看着铁匠爷和老者走向田野，几人就此便分头了。高云溪挽着李铭泉向李家走去：“泉子哥，村子开始走上正轨，不仅年轻人回来了，也有老人落叶归根了，现在就等咱爸出来了。”

“等爸出来，咱一家人团聚。”

两人相视一笑，走向李家。这时，李铭泉电话响起，接起电话后，李铭泉脸色一下变得沉重，挂掉电话后，李铭泉眉头紧蹙，跟高云溪说道：“爸那边出事了。”

高云溪和李铭泉心急如焚地赶到了监狱医院，医生向两人简述着病人的情况：“胃癌，我们这边建议保外就医，到市里的医院进行进一步检查，来确定具体状况。”

高云溪有些恍惚，差点摔倒在地。李铭泉扶住了高云溪，问道：“医生，会不会是误诊？这不可能。”

医生摇了摇头。

“医生，病人自己知道吗？”高云溪问道，这目前是她十分在意的事情。

“我们没有给他透露病情，但他心里肯定是知道的。”

高云溪掩面痛哭，李铭泉抱着高云溪，对医生说道：“医生，谢谢，我们现在就办理保外就医，至于他的病情，请你先不要告诉别人。”

医生点了点头，拿出了一张保外就医的申请单。李铭泉在上面签了字后，医生拿着申请单便出了门。此时，高云溪的情绪再也绷不住了，她的眼泪如豆大般涌出：“爸的刑期就要满了，怎么会这样。”

监狱长拿着一张保外就医的申请来到了李永福的病房内，他看着躺在病床上的李永福问道：“永福同志，你完全符合保外就医的条件，为什么不同意呢？”

李永福说道：“我只坐了一年零八个月，这对我已经很照顾了。”

“上一次给你减刑你不同意，这次保外就医你也拒绝，像你这样的，我们还真没见过。”

“这是我应得的惩罚。”

“永福同志，我也必须告诉你，你的身体并不乐观，最好立刻接受治疗。”

“谢谢你，医生，但是我必须坐满我的刑期。”

李永福身体状况缓和些后，他便急着重新回到了监狱。高云溪和李铭泉坐在探视室内，看着对面憔悴的李永福，心痛不已。

“爸，您这是为什么啊，之前给您减刑都不同意，这次保外就医您也拒绝了。”

“还有三天就刑满了，不差这几天，等出去了再看也行。”

“三天，这有区别吗？您现在最要紧的是去确定病情到了哪一步，不要错过治疗的最佳时机。”

“我自己的身体自己知道，你们回去吧。”

高云溪在一旁抹着眼泪，李永福说罢又咳嗽了起来。

“福爸，你知道你是……”高云溪不忍心再继续说下去。

“我答应你们看病了，你们是不是也得答应我一件事？”

“您说。”

“你们俩的事要我等到什么时候？”

“福爸，我们知道了。”

三日后，李永福刑满释放。李永福在狱警的帮扶下走到了监狱门口，高云溪和李铭泉两人跑了过来，一人扶着李永福一边。李永福点了点头，随即抬头看了看万里无云的天空，两只手紧紧地抓着高云溪和李铭泉。

“福爸，咱说好的，您出来了，咱就上医院。”

“云溪，你福爸刚出来，上什么医院去？他爸，咱回新家，家里做了面。”张美菊推着李永福往前走去。

“妈，我爸这身体，得先上医院检查，走，爸，咱说好的。”

李永福摇了摇头：“你们答应我的事还没办呢，我哪也不去。”

“爸，您这身体，再不上医院……”

“他爸，他们办事的新房都准备好了，就在新家里呢，咱回去吧。”

“妈，我爸他……”

李永福摆了摆手，刹住了轮椅：“他们结婚，他们住新房，我不去那。”

“你这老头，这也不去，那也不去，你要去哪？”

“回老宅，泉子、云溪，明天，你们带我在村子里逛逛，我想再看看，见过的，没见过的，都看看。”

李铭泉还想说什么，高云溪拉了拉李铭泉：“好，福爸咋说咱就咋做。”

第二天旭日初升，高云溪、李铭泉和张美菊推着轮椅上的李永福走在一望无际的稻田里，李永福望着金色的稻田百感交集，过往种种在他的脑海中翻涌着。

“福爸你看，我们家的稻田、谷子就要收获了。”

“看来，我们以泉救泉，以泉救稻的路子是对的，今年的贡米质量我已经全部通过了检测，首批赠送的稻米也已经通过平台送出去了，我们的百年贡米终于可以重见天日了。”

李永福激动地用手指着稻田，磕巴着说道："以泉救泉，以泉救稻，好。"

张美菊似乎明白了他的意思："泉子，去，你爸要看咱们家稻子的成色。"

李铭泉跳下稻田，用手掐下几根稻穗，把稻穗交给了李永福。李永福用手抚摸着稻穗，摘下几颗饱满的稻粒，放在嘴里缓缓咀嚼着。李永福点了点头，泪眼有些蒙眬，这时，淤积在李永福内心里的愧疚爆发出来，他突然间号啕大哭起来。

高云溪伸出双臂从后面抱着李永福，把脸贴在他的耳边："福爸，您看，这不已经解决了吗？您心里千万别再憋着这件事了，您一定要好好养病，好好活着，好好地分享我们小康时代美好幸福的日子。"

夜里，李铭泉独自坐在李家院子里抬头望着月亮发呆。高云溪走来，坐到了李铭泉身边，挽着李铭泉的手臂。

"爸睡了？"李铭泉问道。

高云溪点了点头："能看得出来，这几天爸很开心。"

"就差一件事了。"

两人对视了一眼，李铭泉搂过高云溪，两人笑着，天上的一轮月亮向院子，向三泉村洒下了温柔的光，包裹着每个人甜蜜的睡梦。

大雁飞过，秋意已浓。今日的李家院子里热闹非凡，前院后院各摆了几张圆桌，桌旁已经坐满了人。侧面长廊几个孩子正在嬉闹，罗妮娜、张元生、保罗和岳紫琪等人在前后忙活，端菜送茶，高云琅拿着摄像机在一旁拍摄。李永福、疯子张、铁匠爷和张麦圈一辈坐在厅前主桌上，铁匠爷喜笑颜开，和疯子张碰杯喝酒。

"老郑啊，多谢您这次来给两个孩子证婚。"李永福看着郑南国说道。

"应该的，应该的，就是可惜老齐没来，区里事太多了。"

"多谢你们对云溪的支持，村子今天的样子，离不开你们的帮助啊。"

"主要是你这闺女云溪太能干，当初顶着压力给她派下来，派对了。"

李永福叹了口气。此时，高云溪和李铭泉从后院走了过来，马伯如和孙梅梅跟在后面。

高云溪四人走到李永福等人桌前，李铭泉举起了一杯酒："各位长辈，我和云溪给你们敬酒了。"

铁匠爷等人都举杯站了起来，李永福以茶代酒，众人碰了杯，一饮而尽。马伯如和孙梅梅分别又给李铭泉和高云溪的杯中倒上了酒。

“郑叔，我要单独敬您一杯，感谢您对我工作上的帮助，没有您和东方书记，三泉村也走不到今天。”高云溪举起杯对郑南国说道。

“云溪啊，三泉村能走到今天是靠着群众自己的力量以及你这个带头人带得好啊。”

“您太抬举我了，我先干为敬了。”

“李主任，云溪，各位，能看到你们成家立业以及三泉村如今的样子，我高兴啊，正好我现在退休了，回村子来养老了。”

“郑叔，你这岁数还没到吧。”

郑南国笑了笑：“差不多了差不多了。”

郑南国看了看李永福的神情似乎有话要说，他给李永福使了个眼色，李永福把想说的话又咽了回去。

“云溪啊，今天你俩是主角，可不能忘了主角该做的事啊。”

李铭泉会意，拉住云溪话锋一转：“云溪，咱该敬爸和妈一杯。爸，妈，我和云溪再敬您二老一杯，感谢你们的养育之恩。”

高云溪迅速收拾好情绪，看着李永福和张美菊说道：“菊妈，福爸，我和泉子哥……”

“哎哎哎，啥情况，这亲都拜了，还没改口呢。”

“就是，云溪，该改口了。”

众人跟着起哄，高云溪不好意思地笑了。

“别吵吵别吵吵，孩子叫了二十来年了，一时间没改过来正常。”

“妈。”

张美菊话没说完，听到高云溪的一声妈，愣住了，转而大喜。

“哎！”张美菊应道。

高云溪转过来对着李永福，李永福看着高云溪，情绪有些激动，突然剧烈地咳嗽起来。高云溪和李铭泉赶忙拍着李永福的后背。

“他爸，人孩子要叫你呢，咋关键时刻掉链子呢。”

李永福摆着手说“没事”，咳嗽却没有停。

“我去屋里把药拿来。”

高云溪走进卧室后，拉开抽屉仔细翻找着，找到药后正准备出门，高云溪发现了抽屉内侧的药盒子里有一张化验单。高云溪打开了化验单，化验单上显示着李永福胃癌的确诊信息，然而日期却是2016年10月20日。高云溪不敢相信自己的眼睛，她回想起那天在百脉区医院病房里的情形，捂住嘴，几乎要哭了出来。

“云溪，咋还没找到啊。”张美菊说着走进了卧室，看到高云溪拿着一张纸哭了：“云溪，这是咋了？”

高云溪慌忙将化验单收了起来，张美菊的表情突然平静了下来：“不用藏了，我知道。”

“妈……”

“我也是昨天收拾东西的时候才看到的，本想着过了今天告诉你们的，哎，你说说，这个死老头，连我也瞒着。”

高云溪已经泣不成声。

“云溪啊，你也得理解，他是不想让家里人操心啊。”

“妈，云溪，你们……”

李铭泉进来后，看到此情形一脸莫名，他朝两人走来，拿过了高云溪手里的化验单，看了看：“爸他……”

“泉子哥。”高云溪尽力调整好状态，“今天是咱大喜的日子，咱啥都不说。”

李铭泉有些难忍，拿着化验单颤抖着，高云溪将李铭泉手里的化验单放回了抽屉里，拉着李铭泉的手走到了院子里。

李铭泉拿着药给李永福吃下后，张美菊坐在李永福旁边，高云溪倒了两杯茶，郑重地站在两人面前，鞠着躬将茶呈在李永福和张美菊面前。

“妈。”

“哎。”张美菊答道。

高云溪转向李永福，李永福看着眼前已经出落成大姑娘的高云溪，想起了十几年前，也是在这个院子里，幼小的高云溪眨着大眼睛问道：“福叔，以后我可以不叫你福叔吗？”李永福温柔地说：“那你想叫什么呀？”“福爸，你像爸爸一样对我好，所以，你是我的福爸。”

此时，李永福已眼含热泪，嘴唇颤抖着。高云溪端着茶，呈在李永福面前。

“爸。”

“哎。”李永福的声音颤抖，泪水夺眶而出。

第三十章

第二天上午，高云溪、李铭泉和孙梅梅等人坐在会议室内，探讨着接下来的丰收节的筹备事宜。李铭泉首先提议道："我建议将丰收节扩大来做，以丰收为名义，全面推广三泉村的特色文旅项目。以丰收节为引子，引出我们的泉水古城、薰衣草园等休闲度假去处。与此同时也可以将三泉村推介出去，吸引人才进驻。"

高云溪点了点头："这确实是个不错的提议。"

"往年，丰收节一过，村子里就没有什么游客了。"孙会计说道。

"这次可不一样！现在，我们有古街民宿、保罗的乡村酒吧、红叶谷、薰衣草园，还有黑陶体验馆、铁艺馆。这个丰收节完全可以做成丰收季。"

孙梅梅表示赞同："这个建议不错。另外，我们还可以安排相应的文艺表演，吸引游客。餐饮方面，我们就主推妈妈的味道。"

"这确实是个值得好好规划的活动，汇聚了三泉村所有的文娱资源。"

散会后，李铭泉和高云溪正在会议室内整理资料，张麦圈突然走了进来。

"麦圈叔怎么来了？发生什么事了？"李铭泉问道。

"我这不是为你爸来的吗？我托了一下关系，打听到北京那边有个胃癌专家。现在赶紧，回家接你爸上北京。"

"我爸不会愿意离开三泉村，离开家。"高云溪无奈地摇了摇头。

"这个倔老头。病情可不能耽搁。"

"没有用。三泉村就是他的根。他是不会离开的。"

"难道就这样了吗？"张麦圈连连叹气，摇着头，转身往外走去。

"不过，谢谢麦圈叔，这个时候还给我爸张罗。"

此时的张美菊正推着李永福，在三泉村的街道内闲逛。一些游客在街道内举着小风车，四处拍照。张美菊的脚酸了，停了下来，问道："今天都逛了一天了。你还没看够？”

“现在村子变化这么大，我当然没看够。”

张美菊推着李永福继续往前走着，经过黑陶作坊时，李永福抬了抬手：“唉！你就在这里放下我吧。”

张美菊将李永福推进了黑陶作坊，疯子张和铁匠爷正在作坊内喝着茶，见李永福进来，不禁站了起来。

“你们在那等着我就好了。”

“他现在是大爷，去哪都要我推。”张美菊瞥了李永福一眼。

“活了一辈子，终于做了一回大爷了。”

疯子张和铁匠爷笑了，为李永福倒了杯茶。

“你可以回去了，老太婆，去跳你的广场舞。”

“我才懒得跟你们这群老头子待在一起。”张美菊看了一眼那杯茶，转身走出了黑陶馆。

“闹了一辈子，现在倒是听话了。”铁匠爷说道。

“可不是吗？这次，我算是看到村里的变化了，跟过去大不一样了。”李永福感叹道。

“那可是多亏了云溪跟铭泉。他俩做了很多事情，给村里带来了不小的变化。”

“都是大家的努力。这两个孩子还小，以后，你们要多提点提点他们。”

“那可轮不到我们提醒。”

“不行，得盯着。还是小孩子呢。”

“你说这话。真的打算就这样去了？”

“是呀！”

“怎么看，你这身板也都比我们两个老家伙硬朗呀！”

李永福笑了笑：“有没有酒？今天跟你们喝两杯。”

“你能喝酒吗？”

“今儿开心，就喝两杯。别骗我了。你这里能没酒？”

疯子张起身，拿出了一瓶酒。铁匠爷拿出了三个酒杯，李永福坐在轮椅上看着铁匠爷倒酒：“在医院的时候，就馋这么一口。”

“好，我们喝一杯。”

三个人举起酒杯，准备一饮而尽。就在这时，张美菊回到了黑陶作坊，她站在门口默默地看着三人，没有作声。

天色向晚，三泉村泉水古城新广场灯火辉煌，人流不断涌入。保罗与李兰花站在广场中央，盯着对方。一群跳广场舞的大妈站在一边，岳紫琪带着乐队的人站在另一边，双方对峙着。

“这里一直以来都是我们的地盘。我们在这跳广场舞，跳了很多年了。”

“广场这么大。你们总不能全部霸占了吧。”

就在这时，高云溪拿着规划图，来到了广场，发现保罗、李兰花等人围在了一起，高云溪走上前去问道：“发生什么事了？你们怎么在这里。”

“云溪来得正好。有个事，你来评评理。”

“什么事？”

“这里一直以来都是我们跳广场舞的地方。现在他们怎么跑过来占地方，要我们让位？”

“紫琪，怎么回事？”高云溪看着岳紫琪问道。

“保罗想将乐队搬到广场上表演，吸引人流。以前，她们不都在康养中心健身房吗？现在怎么又跑出来了？”

“这段时间天气好，我们想离开健身房，到户外跳跳舞！”

高云溪思索了片刻：“我看这样吧。大家也不用争了。这个广场这么大。其实是可以放开的。兰花婶，我觉得西面挺适合大家跳广场舞的。那片空间较大。至于保罗的乐队呢，我建议你们到东面。那边面临购物街，可以吸引年轻人。”

“那中央这个地方呢？”李兰花问道。

“这里得留给丰收节做摊位，谁都不能占用。”

“既然是这样的话。我们就到西面去。”

“兰花婶，还有个事情得跟你们商量。丰收节当天，会来很多游客！我想请兰花婶和各位婶婶们为我们的丰收节表演节目。”

“表演节目？可我们也不懂呀。”

“你们就表演你们的舞蹈就好了。”

“那我们也可以表演。”保罗也不甘示弱。

“当然。到时候，也请你们的乐队给我们助助兴。”

保罗的乐队在广场前一字排开，孩子们好奇地围了过来。保罗调了调电吉他，兴奋地唱了起来。就在这时，张元生领着罗妮娜来到了广场上，罗妮娜扭头看着保罗：“这首歌，我留学的时候经常听。”

罗妮娜牵起了张元生的手：“你会跳舞吗？”

张元生摇了摇头。

“没有关系，跟着我们的节奏就好了。”

罗妮娜牵着张元生的手，领着他缓慢地跳了起来。一旁的孩子们看到了，跑了过来。

“Hello, Miss luo.”

“Hello, kids! ”

“Is this your boyfriend? ”

张元生在孩子们的围绕下，有些害羞，一不小心踩到了罗妮娜的脚。罗妮娜叫了一声，孩子们看着手忙脚乱的张元生，纷纷指着他笑了起来。张元生蹲了下来，心疼地看着罗妮娜的脚。罗妮娜低头看着张元生说道：“我没事。你不用担心。”

就在这时，张元生仰头看着罗妮娜，从口袋里掏出了早已准备好的戒指。孩子们惊讶地尖叫着，保罗也停止了歌唱，静静地看着他们。

“妮娜，我会尽我最大的努力给你幸福！”

罗妮娜惊喜地看着张元生，笑着点了点头，张元生激动地站了起来，抱起了罗妮娜，转着圈。孩子们随之欢呼起来，保罗也唱起了欢快的歌。

广场上亮起了星星灯，四处被映衬得一闪一闪的，十分浪漫。保罗的乐队依旧在广场上演奏着，罗妮娜仍然在教张元生跳舞，张元生十分笨拙，频频踩到罗妮娜的脚，一旁嬉闹的孩子们看着滑稽的两人哈哈大笑。此时，高云溪和李铭泉一同来到了广场。

“真漂亮！泉子哥，没想到你们竟然将广场修复得这么漂亮。以后这里一定会成为年轻人的游览胜地。”高云溪回头，发现李铭泉冲她伸手，摆出了邀请的架势：“泉子哥？”

“你看张元生都跳得不错。”

高云溪笑着握住了李铭泉的手，跟随他跳起了舞。

就在这时，李永福被张美菊推到了广场外沿，看着广场的盛况，李永福感慨万分："时间过得真快呀。一眨眼，孩子们都长大了。"

张美菊看着孩子们，没有说话。正站在不远处的张麦圈看着广场的这幅景象，走到了李永福身边。张麦圈伸手放在了李永福的肩膀上，欲言又止地拍了拍李永福的肩头，李永福抬头，看了张麦圈一眼。

"这个古城修复得真好。"

李永福点了点头："我们都老了。还是年轻人能干。"

此时的百脉区时尚酒吧内，马伯如与孙梅梅、高云琅以及若干员工正一起举杯庆祝着公司又签下了一个大单。

"马总，你也太牛了，阿蓝公司都能谈下来，那以后小马迅达岂不是国内一线平台了。"高云琅激动地说道。

"一线太夸张了，不过确实很了不起。"孙梅梅真心为马伯如高兴。

"各取所需，拍拍，你和茉莉的网红运营帮了大忙了，我得敬你们俩一杯。"

"马总，太客气，太客气了。可惜我姐没法来陪咱庆祝，她和泉子哥还要张罗丰收节。"

"主要是慰劳一下你们，特别是梅梅，这段时间团委和公司两头跑，辛苦了。"

马伯如搂了一下孙梅梅，孙梅梅害羞地笑了。

"马总，你别光说啊，有没有什么实质性的补偿。"茉莉说道。

"当然有了……"

马伯如瞪了一眼高云琅，高云琅赶紧闭了嘴巴。

"有什么？"茉莉问道。

"啊？啊！我和马总新发现了一个游戏，大家想不想玩？"

"什么游戏啊？"

"这个游戏叫，心有灵犀！"

"这怎么玩的啊？"

"就是我闭上眼，伯如可以先选定一个东西，然后我睁开眼，我就知道他选的是什么。"

"什么啊？这不可能。"

马伯如笑了："我们玩一次你们看看。"

高云琅闭上了眼，马伯如指了指桌子上的盘子：“我选这个，好了，睁眼。”

高云琅睁开眼后，马伯如问道：“那我开始了，是这个吗？”

马伯如指向一个酒杯，高云琅摇了摇头：“不是。”

“是这个吗？”马伯如指了指自己的头发。

“不是。”

然后，马伯如指向盘子，高云琅点了点头：“是。”

“什么啊？你们肯定有暗号吧！”

马伯如得意地摇了摇头。

“我知道，一定是手上有动作。”孙梅梅猜测着。

“都不是，不信我们再来一次。”

高云琅说着闭上了眼睛，马伯如指了指孙梅梅：“这次我选这个，为了防止你们说我们有暗号，我这次用叉子指，并且不说话。”

“什么啊，这怎么可能。”

高云琅睁开眼后，马伯如分别指了桌子、瓶子、打火机和一个黑色的手机，高云琅纷纷摇头。最后，马伯如又指向了孙梅梅，高云琅点了点头。

“这怎么做到的，伯如，告诉我。”孙梅梅好奇地问道。

“这个没诀窍啊，就是我和云琅心灵相通，他之前跟我干了这么久，这点默契还是有的。”

“不可能，一定有窍门。”

“真的，就是心灵相通，咱俩也有，不信咱来试试？”

“对，梅梅姐，你和马总肯定也行。”高云琅故意附和道。

“真的没有窍门？”

“没有，你只要凭自己感觉说就行了，闭眼吧。”

孙梅梅将信将疑地闭上了眼，片刻后，马伯如说道：“选好了，睁眼吧。”

孙梅梅睁开眼后，马伯如乱指一个东西：“是这个吗？”

“不是吧？”

马伯如又指了一个。

“是？”孙梅梅以一个近乎疑问的语气说道。

“答对了！”

“哇，梅梅姐，我就说，你们心灵相通。”高云琅佯装激动地鼓着掌。

“我瞎说的啊。”孙梅梅一头雾水。

“这个就是凭感觉的啊，你就是能感觉到！”

“不对，我再试一次。”孙梅梅再次闭上了眼。

“哎，你可不能耍赖啊，心里想着是，嘴上说不是。”

孙梅梅闭着眼撇了撇嘴。

“那开始吧，我选好了。”

马伯如说完后，孙梅梅睁开了眼。突然之间，整个酒吧的灯都关了，周遭陷入一片黑暗之中。

“哎？怎么关灯了？”孙梅梅问道。

“是这个吗？”

此时，一盏明灯亮起，照向了马伯如，马伯如单膝跪地，手上拿着一枚戒指，深情地看着孙梅梅。孙梅梅被吓了一跳，捂着嘴站了起来。酒吧内的音乐响起，屏幕上开始播放马伯如为孙梅梅录制的MV。

“梅梅，从三年前认识你，到与你一起合作，从我辞职，到你为我煲汤，我们从相遇到相知，一起走过了太多。你陪伴了我的低谷，见证了我的成功，我忙碌了太久，有时候你可能会觉得我无暇顾及你，搁置了咱们的感情，但是我想说的是，我没有。可能我是一个不那么懂你心思，不怎么浪漫的人，但是我一定是最关心你，最想呵护你的人。这件事一直在我心里，我想了好久，认为现在是最好的时机。我想说，嫁给我吧，梅梅，嫁给马伯如。”

孙梅梅捂着嘴，眼泪已经激动地流了出来。

高云琅带头叫道：“嫁给他，嫁给他，嫁给他！”

孙梅梅激动地有些不知所措，拼命地点了点头，并伸出了手，回答道：“我愿意。”

马伯如为孙梅梅戴上了戒指后站了起来，两人深情地拥吻着。随之，浪漫的音乐响起，灯光重新照亮了酒吧，在众人的欢呼声中，孙梅梅和马伯如相视，从彼此的眼神中读出了对方传达的爱意。

几日后，三泉村贡米稻田里，高云琅和茉莉举着手里的航拍遥控器，遥控着一架航拍直升机在一望无际的金色稻田上飞翔。稻田里，青年们正挥动着镰刀收割着稻子，体验着农耕文化带来的劳动快乐。孙总、铁匠爷和养老院的老人们带着观光旅游的游客和小草学堂的孩子们参加秋收，悠扬的儿歌从稻田远处传来。

“清明谷雨好插秧，秋分寒露谷满仓。一株花开满坡芳，一家煮饭四邻香。”

孙梅梅和马伯如带着小草学堂里的孩子们姗姗赶来，每个孩子的手里都有一个小镰刀。

“孩子们，我们跟老爷爷、老奶奶们一起收割稻谷可以吗？”

“好。”

孩子们兴奋地进入了田野中，跟老人们一起收割成熟饱满的稻子。孙总和铁匠爷两个白发老人拿着镰刀也在割着稻谷，白发苍苍的孙总对孩子们说道：“孩子们，有一首古诗《悯农》，大家知道不知道啊？”

“锄禾日当午，汗滴禾下土。谁知盘中餐，粒粒皆辛苦。”孩子们齐声答道。

“对，背得好。谁知盘中餐，粒粒皆辛苦。无论将来你们走到哪里，我们的盘中餐，就是这么来的。”

“四叔，我小时候啊，你就是这么教我的。”铁匠爷说道。

“我教你的那些个诗啊，早就被你砸的那些铁锅给炖着吃了。”

众人哈哈大笑着，这时，高云溪和李铭泉陪着齐东方和区里的领导正朝这儿走来。

“嚯，男女老少齐上阵啊。”齐东方笑道。

“这才是真正的丰收节啊。体验农耕劳作，分享丰收快乐，这才是农耕文化传承的本质。”

“说得不错，虽然城市化进程发展迅速，但我们国家，农民还是重要群体，无论我们未来经济如何发展，农村、农民、农业这三个词，不仅不会消失，不会成为卑微的代名词，而且会成为光荣、荣耀和自豪的代名词。”

高云琅和茉莉收回了无人机，高云琅看着金灿灿的稻田，心中的自豪之感油然而起，他振臂高呼道：“我骄傲，我是中国农民。”

“说得好。”齐东方望着远处高楼林立的都市，感慨道，“是啊，我们有着五千年农耕文化的璀璨历史，虽然城市化进程飞速发展，可我们仍然有着七亿农民生活在广袤的国土上，他们肩负着农耕文明和城市文明交融的重任，所以我们骄傲，我们是中国农民。”

随后，高云溪领着大伙来到了田野丰收节的舞台前，高云溪邀请齐东方等人走上了舞台，她走到了讲台前，看着守在台前的村民和来自各地的人们，兴奋地说道："三泉村今天欢迎社会各界人士的光临。今日，我们除了有精彩的表演外，还有美景，薰衣草园、红叶谷、金色的田野；有艺术，黑陶展馆、铁艺馆、泉水古城的古老建筑；有美食，妈妈的味道。大家期待吗？"

众人欢呼了起来。

"下面有请齐书记为我们放飞丰收节的气球。预祝丰收节举办成功。"

齐东方等领导放出了手中的气球，彩色的气球飞上天空，伴随着台下众人热烈的掌声，四周响起了礼炮，空中飘散着如细絮一般的彩条。观众们仰望着绚丽的天空，鼓着掌，欢呼着。高云溪领着齐东方等人走下了台，保罗带领着乐队，走上了舞台，拿起了乐器弹起了《在希望的田野上》。李兰花连忙领着一众姐妹，跑上了舞台，在音乐声中排开了阵型，跳了起来。台下的观众看着他们，也欢快得手舞足蹈。

齐东方看了舞台一眼，转了身，领着高云溪走在田埂上。他们穿过拥挤的人流，身后不断传来喧闹的声音。齐东方和高云溪来到了人流较少的地方，站在田埂上，看着那片田野。

"云溪，你这次做得不错，一下子就把三泉村打响了。"

"还是因为有领导的支持。"

齐东方笑了笑："现在这一片确实是希望的田野。"

"未来，我们要走的路还很长呢！"

"又有计划了。你总是走在最前面。"

高云溪笑了笑，回头看着那片田野。他们的身后再度响起了礼炮声，天空中的彩条不断下落。齐东方与高云溪站在田埂上，岿然不动。

此时，坐在轮椅上的李永福独自一人在山坡上，看着夕阳映照下的三泉村。远处的礼炮声不断，欢声笑语也不绝于耳。李永福看着这番景象，笑了笑，仰头看着天，思绪似乎回到了从前。

三十年前，还是年轻模样的李永福和高大泉站在山坡上，看着山下落后的小山村，思索着这个村子的未来之路。

李永福仰头看着天空，似乎看到了高大泉的样子，激动地自语道："大泉呀！你看到三泉村的变化了吗？村子我们守住了。贡米出去了，铁锅出去了，黑陶也出去了。整个村庄都活起来了。你看到了吗？”

夕阳下的天空泛起了一丝艳红。

“这些都是孩子们的功劳，是年轻一代干起来的。你该安心了。”

李永福伸手，摸了摸眼角的泪说道：“这次，我有脸下去见你了。”

李永福心满意足地看着天空中的那一道余晖，闭上了眼。

黑陶展览馆内排放着各式的黑陶艺术品，三三两两的游客在黑陶馆内，游览参观着，拍摄着各自喜欢的黑陶工艺品。疯子张站在一旁看着众人欣赏黑陶时的表情，得意地笑了起来。两个小女生走到了疯子张的身边，举了举手中的摄像机。疯子张有模有样地整理起了衣服，板板正正地站在了自己的黑陶前供游客们拍照。

此时，铁艺馆内也聚满了游客。这些游客都聚到了铁艺馆的正中央，仰头看着一件非常珍贵的展品。铁匠爷与孙总走进了铁艺馆，发现正中央的展位围满了人，便走了过来。怎知游客们将那个展柜围得水泄不通，铁匠爷挤了挤，终于挤了进去。展柜里展览着的正是铁匠爷所心心念念的铁牡丹，看到铁牡丹归位了，铁匠爷高兴地拍起掌来。

孙总站在一旁，看着铁匠爷：“我有守承诺吧。”

高云溪和李铭泉按李永福的遗书中所说，将他葬在了高大泉的坟旁，众人手臂上绑着黑纱，站在坟前，神色伤感地看着李永福的墓。

“老头子，你满意了吧。终于找到可以说话的人了。不用听我唠叨了。”张美菊抹了抹眼泪。

高云溪扶了扶张美菊的手臂：“妈。”

高云溪和李铭泉扶起蹲在墓前的张美菊，高云溪看向众人：“大家都回去吧。爸也不想看到大家这样子。”

“那你好好待着吧。明年清明来看你。”

高云溪回头看着大家，领着大家走出了墓地，往三泉村走去。

人群散去后，张麦圈独自一人拿着酒，来到李永福和高大泉的墓地之间。张麦圈在李永福的墓地前，坐了下来，为李永福和高大泉都倒了一杯酒。

“我们都好多年没有一起喝过酒了。三十年了。”张麦圈将那两杯酒放到了两人的墓前。

“大泉，你跑得快。早早就扔下我跟他。”

张麦圈喝掉了自己的杯中酒，看着坟墓慨叹着：“这三十年来，你在下面看着我们斗来斗去，很过瘾吧！现在我们都老了。这个村子都是年轻人的。”

随后又在杯中倒了酒，冲他俩的酒杯碰了碰：“不得不承认，云溪、铭泉是真的很优秀，一步步地领着村子往上走。我们这些人是真的老了。不甘心呀。要是我能年轻个几十岁，也能继续大干一场。”

张麦圈喝掉了杯中酒：“不过，没有你们在，没有对手，怎么干也是寂寞的。你俩一定在下面说我坏话，说我不认老，不服老，尤其是永福。”

张麦圈笑了笑，又倒了一杯酒：“你们就等着，等我下去，再跟你们斗。”

张麦圈举起酒杯，一饮而尽。残阳如血，上一代人的过往流淌在岁月长河中，历经了风雨的涤荡，已经探得生命的真谛，下一代三泉村人的故事仍在继续，他们的羽翼不断丰盈，身躯逐渐壮大，正追溯着历史一步步走来。

半个月后，三泉村康养中心的门口张灯结彩，一片喜气洋洋的景象。老人们陆续往康养中心走，高云溪、孙梅梅和马伯如一路人随之走来。高云溪跟众人打着招呼，康养中心的孙主任带着几个志愿者走出门迎接。

“云溪，你这么早就来了。”

“百事孝为先。初一、十五这两顿老人聚餐，可是咱们村的大事，村里七十以上的老人们都到了吗？”

“到了，到了。”

张麦圈、高二泉、高云琅、茉莉和志愿者们推着三轮车走了过来。车上装着整羊、整猪、牛肉、鸡鸭鱼、土豆、豆腐等各种新鲜食材。高云琅和茉莉一遍拍着视频一遍做着直播。

高云琅唱道：“猪啊，羊啊，送到哪里去啊，送给老人表孝心……”

“行了，别拍了，赶紧找人卸东西。”

高云琅把自拍杆交给了茉莉：“茉莉，接着拍，一定要拍下小康村的小康生活。”

“放心吧。”

张麦圈叫着几个志愿者前去搬东西，张元生停好车后也过来帮忙。

“二叔、麦圈叔，辛苦你们了。”高云溪说道。

“不辛苦，不辛苦。”张麦圈拿着一个小本子递给了孙会计，“这是今天采买的账请孙主任过目。”

“你别孙主任、孙主任的叫，还以为我是村主任，我是康养中心的主任，高书记才是村主任。”

“茂财叔，你这个主任可为村里办了大事，康养中心和全村的老人都为你的康养配餐点赞。”高云溪竖起了大拇指。

“那也是你这个支部书记兼村委会主任抓得好。”

高云溪和孙梅梅并肩走进了康养中心，刚进门就听到院子里充斥着欢声笑语。两人进入院内，看到青年志愿者们正在为老人服务，康养中心一片其乐融融的景象。

“青年志愿者是越来越多了。”

“是，康养中心入住率越来越高，省城、大城市的老人都进来了。我发动了自贸区里的党团组织，志愿者双休日三组轮换。”孙梅梅说道。

高云溪点了点头。院子里疯子张和铁匠爷正在下象棋，孙老跟太极拳教练打着太极拳，健身教练正在指导李兰花和几位老年妇女练瑜伽，而李晓琪奶奶正跟为她梳头的志愿者开心地聊着天。众人看着高云溪和孙梅梅走来纷纷热情地打着招呼。

青年志愿者也都过来跟高云溪打招呼：“高书记好。”

“大家好，大家在康养中心做志愿工作，辛苦了。谢谢你们！”

“不辛苦，陪着老人家，我们也学了不少知识。”

“这话说得好。家有一老，如有一宝，老人们可都是我们的宝贵财富，你们可以学技术、学做人、传家风，这叫互助互学。”

老人们脸上露出了自豪的表情。孙梅梅看着大家说道：“大家都去忙自己的吧。”

青年志愿者带着老人家走开了。高云溪坐在李晓琪奶奶旁，握着她的手：“您的脸色看起来好多了。”

“托高书记的福，我们在康养中心安享晚年，还有年轻人来陪着我们说话，教我们跳舞，教我们学习。这些，我以前可是想都不敢想。”

“怎么不敢想？小康社会的好日子您可得可着劲儿想。”

“是啊，你看啊，咱们有康养食堂、医疗中心、活动中心、健身房，未来的日子会更好。”铁匠爷在一旁举着棋说道。

“要不咱俩也搬进来。”疯子张笑道。

“我搬进来是陪我四叔。”

“我可不要你陪。你那砸铁锅的活儿可不能耽误。”

“耽误不了，我这是康养干活两不误，老有所养，老有所获。”

众人笑着，李晓琪奶奶点了点头，回头看着怀中的李晓琪。高云溪看着院子里大家欢声笑语的模样，自豪的笑容洋溢在她的脸上。突然，高云琅举着自拍杆从餐厅跑了出来，站在门口喊道：“开饭喽！”

众人扭头往餐厅看去，笑了起来。

“今天是十五，我们一起去吃团圆饭。”

随后，在高云溪的带领下，众人纷纷走进了餐厅。

康养中心餐厅的小舞台的背景墙上挂着一个大大的“家”字，餐厅里摆着十几张桌子，每张桌子都摆了十几道菜，有荤有素，十分丰盛。老人们围坐在桌子前，看着满桌的菜，有说有笑。

张麦圈朝着铁匠爷、疯子张和李晓琪奶奶等老人这桌走了过来，正准备坐下，疯子张拦住了他：“这桌都是老人家，你不够资格。”

“过两年，我也准备来这。我这是提前感受一下这里的氛围。”

“就是，早晚啊，我们都得到这儿来。”张美菊走了过来。

铁匠爷点了点头：“美菊这话说得没错。现在可都是年轻人的天下。”

疯子张、铁匠爷和张美菊等人望向舞台，舞台上装点着气球、鲜花和彩带，音响里播放着温馨的音乐。高云溪、孙梅梅等人和志愿者站在舞台的旁边。

马伯如看了一下手表：“差不多了，人也到齐了，该开始了。”

“泉子哥还没有来呢。”

“泉子哥去欧洲谈生意了，回不来。”孙梅梅说道。

“那就不等他了。我们开始吧。”

高云琅拿着麦克风走上了舞台，晃了晃麦克风：“喂喂？喂喂？”

“这不是高拍拍吗？这小子穿起正装来还像那么回事！”坐在底下的铁匠爷笑道。

“我儿子随我，帅气。儿子，不怕，加油！”高二泉冲台上西装革履的高云琅挥了挥手。

“尊敬的各位爷爷奶奶、叔叔阿姨、舅舅婶婶，大家中午好。今天，村里设宴为老人家们集体过寿。下面，有请高云溪高书记为大家讲话。”

在众人的一片掌声中，高云溪走上了舞台，面带微笑地对众人说道：“谢谢大家。今天是十五家宴，我们三泉村欢聚一堂，为我们这个月的老寿星过寿，在此，我祝在座的老寿星和老人们福如东海，寿比南山。刚才，李奶奶说，未来小康时代的好日子她想都不敢想。我说，要敢想，每个人都应该有梦想，有梦想就能成真。我们的老人老有所养，老有所乐；我们的年轻人劳有所获，事业成功；我们的孩子快乐成长，学业有成；我们的家生活富足，我们的村和谐发展，我们国富强文明，实现这一切，是我们党的目标。”

高云溪、孙梅梅和青年志愿者们搀扶着老人们走向康复中心门口的村民广场。广场中间，孩子们手里拿着气球，排成合唱团的队伍，李晓琪站在最前面。保罗和岳紫琪的乐队拿着乐器站在一旁，等待着演出开始，罗妮娜在后面演奏着悦耳的钢琴曲。

高云溪走向站在最前面的李铭泉，她扭头看着精神饱满的孩子们，每张可爱的脸庞上都洋溢着幸福的微笑，高云溪的心中顿时充满了对未来的憧憬。全村的村民相继走来，观看着舞台上可爱的孩子们神采飞扬的表演。

此时，马伯如和孙梅梅牵着手向高云溪走来，马伯如看着高云溪，真诚地说道：“云溪，感谢你带我来到这个村庄，让我收获了事业和爱情。”

“我们应该感谢你，你让这个古老的村庄插上了科技的翅膀，让我们的乡村振兴，飞得更高，飞得更远。”

“如果回到从前，你还会回到这个村里来吗？”

“那当然，一定的。”

“为什么？”

“只要我们努力，梦想一定会实现，真正的小康时代一定来临。”

“对，一定来临。”马伯如和孙梅梅异口同声。

“对，老人家安度晚年，年轻人拼搏在追梦的路上，孩子们满怀梦想地健康成长。这就是我们的小康时代。”

罗妮娜弹起了钢琴，伴着钢琴声，李晓琪领唱和其他的孩子们一起唱起了《我和我的祖国》。

“我和我的祖国，一刻也不能分割。无论我走到哪里，都留下一首赞歌。我歌唱每一座高山，我歌唱每一条河……”

众人聚精会神地看着孩子们，开始低声跟随孩子们唱着：“袅袅炊烟，小小村落，路上一道辙。我最亲爱的祖国，我永远紧依着你的心窝……”

逐渐地，所有人都加入了合唱，歌声传遍了整个三泉村，彩色的气球飞向蓝天。如今的三泉村已不同往日，不仅拥有苍翠的山峦、清澈的河流等自然景色，同时，各类产业园和传统文化工艺工坊一应俱全，整个村子的总体经济和村民收入都蒸蒸日上。三泉村俨然成为中国新农村振兴发展航线上一艘乘风破浪的快艇。

迎来了新的十年，三泉村的每个人都怀揣着各自以及共同的梦想，朝向明天的曙光，携手步入小康时代。

这，是属于我们的小康时代。